Illustrierte Geschichte der westlichen Philosophie

Illustrierte Geschichte der westlichen Philosophie

Herausgegeben von Anthony Kenny

Übersetzt von Hermann Vetter

Campus Verlag
Frankfurt/New York

Die Originalausgabe »The Oxford Illustrated History of Western Philosophy« erschien 1994
bei Oxford University Press, Oxford OX2 6DP

Die Deutsche Bibliothek – CIP-Einheitsaufnahme

Illustrierte Geschichte der westlichen Philosophie / hrsg. von
Anthony Kenny. Übers. von Hermann Vetter. – Frankfurt/Main
; New York : Campus Verlag, 1995
Einheitssacht.: The Oxford illustrated history of western philosophy
<dt.>
ISBN 3-593-35347-4
NE: Kenny, Anthony [Hrsg.]; EST

Umschlaggestaltung: Atelier Warminsky, Büdingen
Umschlagmotiv: Mélancolie hermétique 1919, Ciorgio De Chirico
(Collection du Musée d'Art Moderne de la Ville de Paris)
Satz: Fotosatz L. Huhn, Maintal
Druck und Bindung: Druckhaus Beltz, Hemsbach
Gedruckt auf säurefreiem und chlorfrei gebleichtem Papier.
Printed in Germany

Inhalt

Vorwort

Eine illustrierte Geschichte der Philosophie muß sich von anderen illustrierten Geschichtsdarstellungen aus zwei Gründen unterscheiden. Einmal ist von vornherein klar, daß die abstrakte Materie der Philosophie nicht in einem historischen Text bildlich dargestellt werden kann wie Kriegsmaschinen oder landwirtschaftliche Geräte in einer Geschichte des Militärwesens oder der Landwirtschaft. Zum anderen – und das liegt weniger auf der Hand – unterscheidet sich die Geschichte der Philosophie, auch wenn nicht illustriert, grundsätzlich von der Geschichte jedes anderen Gebietes, weil nämlich die Philosophie selbst eine einzigartige Disziplin ist, die den Wissenschaften wie auch den Künsten ähnelt, aber weder zu den einen noch zu den anderen gehört.

Die Philosophie ähnelt den Wissenschaften insofern, als der Philosoph nicht anders als der Chemiker oder Meteorologe der Wahrheit nachspürt und auf Entdeckungen hofft. Doch die klassischen Werke der Philosophie veralten nicht durch die nachfolgende Forschung, wie es auch bei den größten wissenschaftlichen Leistungen der Fall ist. Niemand würde heute Ptolemäus lesen, um etwas über die Planeten zu erfahren, aber Platon liest auch, wer nicht ausschließlich historisch interessiert ist.

In dieser Beziehung ähnelt die Philosophie den Künsten und nicht den Wissenschaften: Wenn wir Homer und Sophokles lesen, dann möchten wir nicht erfahren, was die Menschen in fernen Tagen für merkwürdige Ideen hatten. Und doch, wenn wir Aristoteles lesen, dann stellen wir die Fragen, die wir über einen Wissenschaftler und nicht einen Dichter stellen würden: Sind seine Ergebnisse wahr, und sind die Argumente für sie gültig?

Die Philosophie ist etwas Einzigartiges, und so auch ihre Geschichte. Ein Medizinhistoriker treibt nicht als solcher Medizin; doch man kann keine Geschichte der Philosophie schreiben, ohne zu philosophieren. Der Interpret eines früheren Philosophen muß für dessen Gedanken Gründe anführen und die Logik seiner Argumente darlegen und beurteilen. Doch das ist selbst eine philosophische Tätigkeit im vollen Sinne. Während also ein Historiker der Malerei kein Maler zu sein braucht, muß ein Historiker der Philosophie Philosoph sein.

Von allen Disziplinen, die Frucht der menschlichen Vernunft sein wollen, ist die Philosophie die umstrittenste, und so muß es auch die Darstellung ihrer Geschichte sein. Doch selbst die Meinungsverschiedenheiten zwischen Philosophen haben ihre Grenzen; fragt man irgendeinen Vertreter der Disziplin, wer die sechs Größten der westlichen philosophischen Tradition seien, dann werden vier Namen mit Sicherheit genannt: Platon, Aristoteles, Descartes und Kant. Doch über die beiden weiteren Plätze dürfte es keine Einigkeit geben. Meine eigenen Kandidaten wären Thomas von Aquin und Wittgenstein. Andere würden ebenso überzeugt Augustinus, Locke, Leibniz, Hume, Hegel, Marx, Frege und ein halbes Dutzend andere nennen. Die verschiedene Bewertung der Philosophen spiegelt Meinungsverschiedenheiten nicht nur über das Genie der Betreffenden, sondern auch über das Wesen der Philosophie selbst wider.

Das vorliegende Buch spiegelt die Einigkeit wie auch die Uneinigkeit wider, die von Philosophiehistorikern zu erwarten ist. Alle soeben erwähnten Philosophen und alle, die irgend jemand zu den zwölf größten zählen wird, werden mit respektvoller Ausführlichkeit irgendwo in dem Buch behandelt. Andererseits haben die Mitarbeiter freie Hand bei der Behandlung der großen Gestalten und bei der Auswahl der Nebengestalten gehabt.

Alle Mitarbeiter gehören in einem weiten Sinne der angloamerikanischen analytischen Schule der Philosophie an, da sie in ihr ausgebildet wurden oder gelehrt haben. Doch keiner von ihnen würde sich, so glaube ich, als typischen Vertreter dieser Schule ansehen; mehrere, das weiß ich, legen Wert darauf, sich von ihrer Hauptströmung wohlweislich ferngehalten zu haben. Der Leser wird ganz bedeutende Unterschiede der Schwerpunktsetzung und Interpretation zwischen den verschiedenen Mitarbeitern feststellen, und der Herausgeber hat nicht versucht, sie untereinander oder mit ihm in Übereinstimmung zu bringen. Von Kapitel 5 stammen die Abschnitte über Wittgenstein von David Pears, der Rest von mir selbst.

Die bildliche Darstellung philosophischer Ideen ist nun ein wirkliches Problem. Wie jede Geschichtsdarstellung muß eine Philosophiegeschichte Porträts – authentische oder gedachte – wichtiger Gestalten enthalten, und sie kann Fotos von Orten und Gegenständen bringen, die eng mit ihnen verbunden waren. Und wie jede Geschichte von Texten muß sie Abbildungen von einigen solchen enthalten. Doch darüber hinaus ist nicht ohne weiteres klar, was für Bilder die rechte Ergänzung zu einer philosophischen Darstellung wären.

Nun haben sich Künstler in vielen Epochen bemüht, philosophische Ideen sichtbar und tastbar zu machen. Das ist am deutlichsten bei der Ethik und der politischen Philosophie und geschah besonders im Mittelalter und der Renaissance. Doch auch später haben sich Künstler weiter – in differenzierterer, aber weniger direkter Form – für die Personifizierung von Tugenden und Lastern und die Darstellung bürgerlicher Ideale und politischer Schrecken interessiert. In unserem Jahrhundert haben Künstler sogar versucht, Begriffe der Erkenntnistheorie und Metaphysik visuell anschaulich zu machen.

Die Wechselbeziehung zwischen den Abstraktionen des Verstandes und den Bildern der Sinne oder der Vorstellungskraft war überhaupt ein dauerndes Thema der Philosophie. Das Wesen der Darstellung selbst – die innere Beziehung zwischen Gedanke, Bild und Wirklichkeit – hat die Philosophen von Platons Höhlengleichnis bis zu Wittgensteins Abbildtheorie des Satzes beschäftigt. Rationalisten und Empiristen haben darüber gestritten, ob im Buche des Geistes die vom Verstande stammenden Texte oder die von den Sinnen stammenden Bilder den Vorrang haben. So war die Philosophie in ihrer ganzen Geschichte von dem Ineinander von Worten und Bildern fasziniert, und der folgende bebilderte Text möge, so hoffen wir, ein kongeniales Medium für die Darstellung dieser Geschichte abgeben.

Oxford,
November 1993

A.J.P.K.

1

Die antike Philosophie

Stephen R. L. Clark

Die ersten Anfänge

Der Vorhang der Geschichte hebt sich vor einer schon alten Welt, voller zerstörter Städte und schon abgenützter Denkweisen. Nach der heute anerkannten Theorie gab es vor hunderttausend Jahren Menschen, die uns physisch schon sehr ähnelten. Bearbeitete Steine und Malereien sind seit 40 000 v. Chr. bekannt, und schon lange vorher dürfte es geflochtene Körbe, Zeichnungen im Sand und dramatische Kunst gegeben haben. Die Erfahrung mit heutigen Primitiven deutet darauf hin, daß unsere Vorfahren auch ohne technische Fähigkeiten ihre alltäglichen Bedürfnisse gewöhnlich ziemlich leicht befriedigen konnten und Zeit zum Spiel oder Phantasieren oder Diskutieren hatten. Vielleicht sprachen sie, wie einige moderne Menschen wissen wollen, meist über Verwandtschaftsverhältnisse, erzählten Geschichten zur Bekräftigung und Rechtfertigung ihrer Heiratsregeln, aber auch über Gastfreundschaft und Beutezüge. Vielleicht waren, wie eine frühere Generation spekulativer Paläoanthropologen meinte, ihre Geschichten vom Helden, der Maid und dem Drachen verklausulierte Botschaften über Sonne und Sterne. Doch einfach indem sie redeten, sorgten sie schon dafür, daß ihre Geschichten nicht bloß die Verwandtschaft oder den Himmel zum Gegenstand hatten.

Wie andere soziale Lebewesen gaben sie sich Signale, markierten gute Pfade, spielten mit Kindern, errichteten Hierarchien und lauschten den erfahrenen Alten (nicht durchweg leichtgläubig). Die ältesten uns erhaltenen Sagen möchten erklären, warum die Tiere in keiner menschlichen Sprache mehr reden, warum der Himmel nicht mehr auf der Erde ruht, warum Brüder und Schwestern einander nicht mehr heiraten dürfen, warum wir altern und sterben (das war, so hieß es, anfänglich anders) und warum es überhaupt etwas gibt. Es gab damals Krieger, Gärtner, Baumeister, Weber, Ammen, Köche, Handwerker und Zauberer. Wahrscheinlich gab es auch Leute, deren Ruf sich darauf gründete, daß sie Wundergeschichten erzählten, Botschaften vom Himmel oder von unvergessenen Ahnen überbrachten. Manche erzählten ausgefeiltere Geschichten, um scheinbare Fehler zu beheben, während ihre Konkurrenten vielleicht versuchten, ihnen mit anderen Geschichten oder anderer Kurzweil den Rang abzulaufen.

Will sagen, wie lange auch schon Menschen in kleinen umherziehenden Gruppen lebten oder sich niederließen, um Gärten in der Wüste anzulegen, sie benahmen sich wie

Menschen. Sie erklärten einander ihre Welten, machten sich über die Unterschiede Gedanken und setzten ihre Sprachmächtigkeit zum Disput oder zur Unterhaltung ein. Stießen sie auf andere Gruppen redender Wesen, so bemühten sie sich um ein gewisses gegenseitiges Verstehen, auch wenn sie nur ihre Feinde erkennen wollten. Einige begannen zu glauben, in ihrer Sprache wohne ein Gott, etwas die sterblichen Sprecher Überdauerndes, das jede neue Generation der Sterblichen an den vergessenen Himmel zurückverband, daran, wie die Dinge wirklich einmal waren. Kurz, sie wurden zu Philosophen, und die Mythen, die spätere, der Schrift mächtige Denker aufzeichneten, sind der entstellte Niederschlag – wie Aristoteles später sagen sollte – früherer Philosophie. Die Völker im Mittelmeerraum, die definitionsgemäß die Antike ausmachen (unter Ausschluß der Völker am Jangtse, am Ganges und unzähligen vergessenen Seen und Flüssen), schufen Geschichten, die erklären sollten, was sie taten und was sich vor ihnen abspielte. Keiner gab sich wirklich damit zufrieden, daß man es schon immer so gemacht habe, und daß die Dinge so und so verliefen, weil sie so verliefen (»weil es ein Naturgesetz ist«). Jeder wollte einen Sinn erkennen, wollte wissen, warum die Dinge nicht so waren, wie sie wohl einmal waren und auch sein sollten.

So ungefähr war es wohl, doch es wäre voreilig, wollte man wesentlich weiter gehen und die Spekulationen der nicht schriftkundigen prähistorischen Menschen entfalten,

DER ÖSTLICHE MITTELMEERRAUM war die Wiege der abendländischen Philosophie. Fast jeder der bedeutenden antiken Philosophen lebte auf einer Insel oder an der Küste.

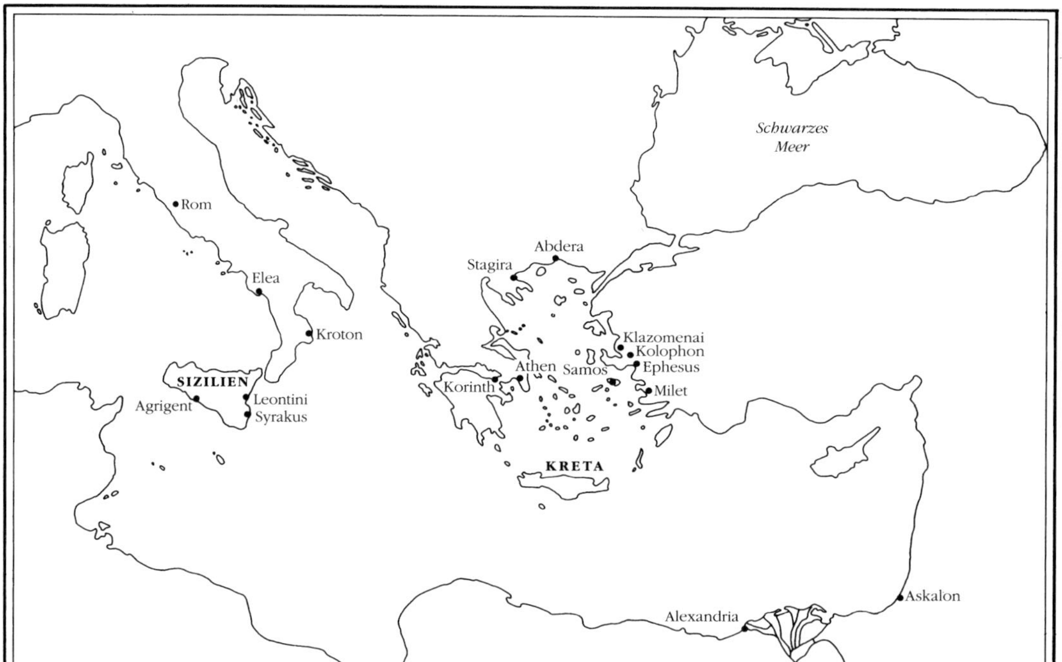

oder wollte man auch nur sicher sein, die Worte der schriftlichen historischen Dokumente völlig zu verstehen. Einige Kommentatoren haben eine reiche Phantasie entwickelt: Stellt euch vor, wie sich unsere Vorfahren von Afrika her ausbreiteten und über die Ergebnisse einer früheren Auswanderung (deren Andenken in Form von Zwergen und Riesen weiterlebt) staunten und sie dauerhaft verdrängten; stellt euch vor, wie sie sich zu gehorsamen, spielfreudigen Wesen erzogen; stellt euch vor, wie in Europa eine seßhafte Bevölkerung entstand und die Mutter Erde und ihre dienstbaren Geister verehrte, bis entwurzelte Reiterhorden, die den Himmelsvater verehrten, die alte Harmonie zerstörten und das Patriarchat und ein Priestertum in den Herzen ihrer Nachfahren errichteten. Schöne Geschichten, aber es spricht wenig für sie. Irgend etwas wurde damals gedacht, und die Menschen entwickelten für das, was sie taten und dachten, Begründungen; aber wie das aussah, wer weiß es? Es gab sicher ein archaisches Philosophieren – es sei denn, man hielte das philosophische Temperament für eine jüngere und ziellose Mutation –, aber Versuche, es zu beschreiben, verraten mehr über uns selbst als über die Damaligen. Einige der Geschichten – und vor allem jene, die »den Griechen« oder Platon (etwa 430 – 347 v. Chr.) vorwerfen, sich von Mutter Erde abgewandt zu haben – zeigen nur, daß wir nicht wissen, was eben diese Griechen oder Platon dachten. »Das Land«, so sagte er, »ist [unsere] ererbte Heimat, und [wir] müssen es hegen, noch mehr, als Kinder ihre Mutter verehren; auch ist die Erde eine Göttin und Herrin der sterblichen Menschen, und die Götter und Geister, die dorten schon wohnen, müssen ebenso geachtet werden.«

Der neugierige Historiker hat ein leichteres Leben, wenn die Geschichten auf eine für Außenseiter leichter verständliche Art niedergeschrieben wurden. In schriftlosen Kulturen verändern sich die Geschichten jedesmal, wenn sie erzählt werden, und es gibt keine wirkliche Notwendigkeit, daß jede Geschichte offensichtlich mit allen anderen vereinbar wäre. Die Toten liegen unter der Erde, aber auch in der Traumwelt und in einem fernen Himmel; die Sonne ist eine himmlische Kugel, die ein Mistkäfer den Himmelsbogen hinaufrollt, aber auch ein Boot, das den König selber über den Himmel fährt. Argumente, die wir in schriftlicher Form nicht gelten lassen würden, taugen vielleicht recht gut in der mündlichen Diskussion – weil unser Gedächtnis das Vorangegangene umformt (wie noch heute in Parlamenten und Gerichtshöfen).

Argumente und Geschichten können natürlich auch in schriftlosen Kulturen »aufgeschrieben« werden: die Heimatgeschichte ist für die, die sich erinnern, der heimatlichen Landschaft eingeschrieben; jedes Autoritätssymbol, jeder Überrest früherer Unternehmungen ist eine Botschaft an die Zukunft. Manche konnte vielleicht jeder Hominide lesen (Gerüche oder Einritzungen oder aufgeschichtete Steine); andere konnten, als die Hominiden homines zu werden begannen, nur von den Kundigen der jeweiligen Stammesgeschichte gelesen werden (das Zeichen einer denkwürdigen Person oder der Ast eines Baumes, wo vor nicht allzu langer Zeit etwas Besonderes geschehen war). Das Schreiben im heutigen Sinne machte es möglich, Fremden und der Jugend auf abstraktere Art etwas zu vermitteln (doch es sollte noch lange eine geheime Kunst bleiben). Was so niedergeschrieben wurde, in Keilschrift oder Hieroglyphen, war seit langem gesprochen und erinnert worden und in geheimen Bildern eingefangen gewesen. Doch indem unsere Vorfahren es aufschrieben, machten sie sich auf den Weg, der zur formalen Argumentation führte, zu allgemein verständlichen Botschaften, zu abstrakten Vorstellungen. Man braucht uns nicht mehr zu erklären, was eine bestimmte Reihe von Symbolen bedeutet, sie läßt sich anhand der Kenntnis der Bedeutung der Einzelsymbole entziffern. Die Kräfte, die einmal »der Landschaft eingeschrieben« waren – wie sie es noch für Völker sind, die auf das Gedächtnis angewiesen sind –, waren Personen, weil sie sich mit jedem neuen Erzählen der Geschichte veränderten, scheinbar auf den Erzähler und die Hörer eingingen; die Kräfte, die in schriftliche Texte gebannt waren, wurden weniger persönlich, weil sie sich viel weniger veränderten. Menschen, die Geschichten aus der Landschaft ablesen, werden an ihre Geschichten auf alle mögliche verschiedene Weise erinnert; wer Geschichten in Büchern liest, hat jedenfalls eine gewisse Aussicht, sie heute nicht anders als gestern zu lesen (wenn auch in Wirklichkeit jedes Lesen ein wenig anders ist). Der Gott, der in der Rede wohnte, den erleuchteten Äußerungen der wenigen Auserwählten, die sich veränderten und vervielfältigten, wenn sie von Mund zu Mund gingen, residiert nun im geschriebenen Wort, das »genau dasselbe« bedeutet, von wem es auch gelesen wird – abgesehen davon, daß es das natürlich nicht tut. Nach dem Zeitalter der Propheten kommt das der Schriftgelehrten.

Die ältesten uns bekannten aufgeschriebenen Geschichten verbinden politischen Realismus und »Phantasie« auf eine uns Heutige merkwürdig anmutende Art: die Götter wohnen zwar nicht mehr (wie sie es nach der Geschichte in alten Zeiten taten) in unserer Welt, aber sie kommen regelmäßig auf Besuch, und die Helden können leichter in jene andere Welt überwechseln als Schamanen. Wir möchten meinen, ihre Verfasser »müßten gewußt haben«, daß sie Phantasien oder Allegorien aufschrieben. Die Götter kämpften nicht »wirklich« bei Troja, und Pheidippides begegnete nicht dem Gott Pan auf der Straße von Sparta. Die Götter, von denen königliche Dynastien abstammten, müssen »offensichtlich« Kunstprodukte gewesen sein, anmaßende Umschreibungen dafür, daß der neue König zu fürchten sei, und »Weiß Gott, wer *sein* Vater war«. Wir verhalten uns ein wenig wie einer, der meint, Picassos *Guernica* entstelle die Wahrheit, bloß weil wir solche Dinge wohl noch auf keiner Dorfstraße gesehen haben. In Wahrheit sehen wir gar nicht das, was wir gerade zu sehen glauben: Unser Gesichtsfeld ist bruchstückhaft und trügerisch, und nur unsere »Vernunft« sagt uns, daß Geister, Irrlichter und Ungeheuer nicht existieren und entsprechende Bedeutungen und Bewertungen nicht »draußen« in der Welt sind.

Die beiden Hauptlehren dieser spekulativen Einleitung sind diese: einmal, daß es Erkenntnissuche durch Ideenaustausch wohl gegeben hat, seit es sprechende Wesen gab, und zum anderen, daß wir nicht ohne weiteres eine Vertrautheit mit der Welt unserer Vorfahren annehmen können, so, als hätten sie nur »hinschauen« müssen, um die Dinge so zu sehen, wie wir sie heute sehen. Allzu oft hört man, »die alten Griechen« hätten als erste über die Welt spekuliert und nachgedacht und ihre Gedanken gegenseitig kritisiert. »Die Leistungen, die manche den Barbaren zuschreiben, gehören den Griechen, mit denen nicht nur die Philosophie, sondern die Menschheit selbst anfing«, so Diogenes Laertius, der seine *Lebensbeschreibungen der Philosophen* zu Beginn des 3. Jh. v. Chr. schrieb. Clemens von Alexandria dagegen, ein Christ aus dem 2. Jh., war sich sicher, daß die Griechen von den Barbaren gelernt hätten. Allzu oft wird auch davon ausgegangen, sie hätten über die Welt nachgedacht, die *wir* vorfinden. Das philosophische Temperament findet sich nach allem, was wir wissen, auf der ganzen Welt und fand sich wohl während der ganzen hunderttausend Jahre menschlicher Existenz, ob es nun bestimmte Stämme schätzten oder nicht (wird es denn heute geschätzt?). Doch gerade weil nach allem, was wir wissen,

ZEUS, der Herrscher des griechischen Pantheons, war Himmelsgott und Verkörperung eines überirdischen Gesetzes; seine Blitze setzten die göttliche Gerechtigkeit durch. Auf dieser Malerei aus der Anfangszeit der griechischen Philosophie besiegt er das Ungeheuer Typhon, das Unordnung und Vernichtung symbolisiert.

während der meisten dieser Jahrtausende ganz andere Verhältnisse herrschten als heute, können wir nicht annehmen, daß unsere Vorfahren genau das sahen, was wir angeblich sehen, und nur die Erklärungen, die sie erfanden, andere waren. Das würde uns blind gegenüber ihrem Denken machen und uns nebenbei gegen jede radikale Kritik unserer eigenen heutigen Gedanken abschirmen.

Haben nun doch in irgendeinem Sinne die Griechen angefangen? Jene Griechen, die nach dem lange zurückliegenden Untergang der minoischen und mykenischen Kultur die Schrift wiederentdeckten, hatten zwei Besonderheiten: sie hatten eine Vorliebe für unpersönliche Erklärungen, und sie waren jederzeit bereit, Gründe anzugeben. Beides hängt vielleicht miteinander zusammen, ist aber logisch zweierlei. Andere fanden es annehmbar, zu sagen, Bäume und Städte gingen unter oder auf den Sommer folge der Winter, weil die Götter miteinander stritten oder eine Hexe sie verwünscht habe; einige Griechen aber fingen an, sich auf das »Gesetz« zu berufen. Das war zuerst einfach das Schicksal: daß nichts zu groß werden darf, daß alles seine Grenzen hat, daß dem Frühling der Winter folgt. Selbst Zeus, der größte der Götter, ist dem Schicksal unterworfen, das halb persönlich bleibt, weil so deutlich moralistisch. Wenn aber Zeus durch seinen Willen das Gesetz nicht ändert oder ändern kann, dann kann man vielleicht ohne ihn auskommen. Die Dinge verliefen so, wie sie es taten, weil es zeitlose und absichtslose Beziehungen zwischen verschiedenen und erkennbaren Faktoren gab. Andere fanden es am einfachsten, bestimmte Geschichten durch Berufung auf die Autorität auserwählter Texte oder Propheten zu verteidigen; doch einige Griechen begannen für eine Theorie Gründe zu verlangen, die grundsätzlich jeder überprüfen konnte, der sich mit ihr beschäftigte. Sie erfanden – oder entdeckten – eine Welt, die nicht mehr willkürlich, von wechselnden Zielen beherrscht war, und sie bestanden darauf, daß keine besonderen Fähigkeiten – außer der,

Argumenten zu folgen – zu ihrer Entdeckung nötig seien. Das ist die Welt, wie sie von aufgeklärten Menschen bis heute gesehen wird; freilich bewegen sich auch heute noch viele auf archaischen Denkwegen und begnügen sich zur Verteidigung ihrer moralisierenden Sicht der Dinge mit autoritativen Schriften oder charismatischen Prophetien.

Diese Geschichte spricht uns an, wie alle Geschichten mit progressiver Tendenz, die die Linie des Fortschritts bis in unsere heutigen Verhältnisse ziehen. Die Überzeugtesten

ANAXIMANDER VON MILET war wie andere Denker des 6. Jahrhunderts ein früher Naturforscher wie auch Philosoph. Er glaubte, alles Lebendige entstehe aus Schleim, und die Menschen hätten sich aus primitiveren Organismen entwickelt. Dieses römische Mosaik zeigt ihn mit einer Sonnenuhr in der Hand.

müssen natürlich sofort zugeben, daß die Griechen alsbald sündigten und wieder abfielen. Platon moralisierte die Welt wieder: die Dinge geschehen, weil dies oder doch etwas ganz Ähnliches geschehen sollte. Auch Aristoteles – der gewöhnlich als Platons Gegner gilt – meinte, alles, was uns dazu verhelfe, Gott zu erkennen, sei höchstes Gut. Auch die Stoiker, die doch Logik und »Naturwissenschaften« pflegten, sind heute am bekanntesten wegen ihres »Stoizismus«, ihres moralischen Bekenntnisses zur göttlichen Gegenwart. Nur wenige Philosophen verwarfen die gewöhnliche religiöse Praxis oder warfen die Autorität der herkömmlichen Vorstellungen ganz über Bord. Einige von ihnen (so Epimenides der Kreter, um 600 v. Chr., von dem das Diktum stammt, alle Kreter seien Lügner, oder Iamblichos aus Syrien, im frühen 4. Jh. n. Chr.) betrugen sich wie Medizinmänner oder schienen doch ähnliche Reinigungsriten anzuerkennen. Das ganze griechische Experiment, so meinen modernistische Betrachter, sei dem mystifizierenden Platonismus und okkulten Praktiken zum Opfer gefallen, und selbst Ungläubige hätten freudig in die frommen Gesänge der Ahnen eingestimmt, weil sie das Vertrauen in die Kraft der Vernunft zur Entdeckung der Wahrheit verloren hätten. Die Stränge alten Philosophierens, die solche Modernisten gelten lassen wollen, sind nur hypothetische augenblickshafte Vorwegnahmen der wahren Philosophie. Hören wir Thomas Sprat, den ersten Historiker der Royal Society:

»Die alten Dichter wollten alles verehrungswürdiger erscheinen lassen als es war, und erfanden tausend falsche Chimären; jeden Acker, Fluß, Hain und jede Höhle statteten sie mit eigenen Phantasiegebilden aus. Damit beeindruckten sie die Welt... In neuerer Zeit wurden diese phantastischen Vorstellungen wiederbelebt und beherrschten die Christenheit... Förderten nun jene klugen Philosophen solchen Mißbrauch nicht, so konnten sie ihn doch nie überwinden, so wenig wie König Oberon und sein unsichtbares Heer. Doch seit die wahre Philosophie aufgekommen ist, hört man kaum noch ein Raunen von diesen Monstrositäten... Die Dinge nehmen ruhig ihren Lauf in ihrem wahren Flußbett der natürlichen Ursachen und Wirkungen. Dafür haben wir den Experimenten zu danken, die zwar die Entdeckung der wahren Welt noch nicht vollendet, aber schon jene abenteuerlichen Bewohner der falschen Welt besiegt haben, die den Sinn der Menschen zu verwirren pflegten.«

Wenn man es so sieht, ist schwer einzusehen, warum man sich mit alten Texten abgeben sollte. Vielleicht ist es historisch von Bedeutung, daß den Griechen – mindestens seit Pythagoras – die Kugelgestalt der Erde geläufig war (damit hätten einige grobe Fehleinschätzungen des späteren Abenteuers eines Kolumbus verhindert werden können), aber niemand verspricht sich neuen Aufschluß über den Erdumfang von der Lektüre des Eratosthenes (etwa 284 – 192 v. Chr.), der ihn recht genau aufgrund eines Vergleichs der Schattenlängen in Assuan und Alexandria berechnete. Ebensowenig erwarten wir von Empedokles von Agrigent (484-424 v. Chr.) eine ernstzunehmende Alternative zur Darwinschen Entwicklungstheorie, wenn auch nachträglich eine gewisse Ähnlichkeit festzustellen ist.

Die Deutung älterer Texte als stammelnde Versuche, eine Wahrheit auszusprechen, die wir heute klarer erkennen, hat durchaus etwas für sich. Aristoteles selbst sagte von den älteren Philosophen, sie hätten nach den von ihm dargelegten Unterscheidungen getastet, vor allem der der vier Arten von Erklärungen (materiale, kausale, formale und finale). Vielleicht hat er sie mißdeutet – doch die Hinweise darauf stammen weitgehend aus seiner eigenen Darstellung von ihnen; glaubt man ihm kein Wort, so gibt es so gut wie keinen

»Erkenne dich selbst«, sollen die sieben Weisen gesagt haben; hier als Inschrift am Apollotempel in Delphi.

Aufschluß mehr über ihr Denken. Und wenn er sie mißdeutet hat, dann folgt nicht, daß wir wesentlich besser liegen; unsere Kenntnis dieser Vergangenheit ist bruchstückhaft und verzerrt. Wo sind die 232 808 Zeilen von Aristoteles' erstem Nachfolger Theophrast oder die 705 Werke des großen Stoikers Chrysippos (etwa 280 – 207 v. Chr.)? Es wären ihrer sehr viel weniger gewesen, hätte er nicht so viel zitiert, sagten seine Verleumder. Nicht jeder ernstzunehmende Denker schrieb ein Buch – wir kennen nur ein Buch eines Sklaven und keines von einer Frau; nicht jedes Buch wurde so oft abgeschrieben, daß es einige Aussicht auf Erhaltung gehabt hätte; viele Bücher verbrannten oder wurden verbrannt; viele erhaltene sind von ihrem Kontext so weit weggeraten, daß sie unverständlich sind; und auch dem, der sie zu verstehen meint, stehen ganze Komplexe an Kontext, Kommentar und Implikationen nicht zur Verfügung. Letzten Endes stellt jede unserer Darstellungen vergangener Philosophie ein heutiges Ich dar und verändert sich deshalb von einem Jahr auf das andere. »Sokrates« ist der Name beliebig vieler voneinander unterscheidbarer Philosophen: des Sokrates Platons, Xenophons, des Diogenes und des Aristoteles, Pyrrhons und Plotins, ja auch von Plotins Sokrates des Platon. Jedes Zeitalter, jeder einzelne sieht in den Texten das, was seinem Horizont entspricht, zum Guten oder Schlechten. Gewöhnlich ordnen wir schließlich die Denker in Schulen und geistige Stammbäume ein, obwohl die Erfahrung uns lehren sollte, daß die Schüler einen philosophischen Lehrer gewöhnlich nicht nahtlos fortsetzen und daß die wirklichen Einflüsse Jahrhunderte und Tausende von Kilometern überbrücken können, ohne unterwegs irgend etwas zu beeinflussen.

Daß die Wahrheit nicht so aussieht oder aussehen muß, wie wir meinen, das setzt zweierlei voraus, das in jüngster Zeit in Frage gestellt worden ist: daß es eine Wahrheit gibt, und daß wir sie finden können, und sei es nur so weit, daß wir erkennen können, was sie nicht ist. Diese Annahmen wurden auch schon in der Antike in Frage gestellt, am nachdrücklichsten von der Philosophenschule der Skeptiker, deren Argumente von Sextus Empiricus (um 200 n. Chr.) zusammengefaßt wurden. Wie sie erkannten, kann man keine der beiden Annahmen, ohne in einen Widerspruch zu geraten, für *falsch* erklären: Sagt man, es gebe keine Wahrheit, dann soll doch dies eine wahr sein; sagt man, wir könnten die Wahrheit nicht finden, dann möchte man doch diese eine gefunden haben. Läßt man die Wahrheit fallen, so kann man allenfalls noch mit der Erscheinung operieren (darüber weiter unten mehr), ohne je sagen zu können, *es sei* das Richtige. Es ist ein Weg, der viele von uns von Anfang an als einfach beeindruckt hat. Das philosophische Temperament findet sich überall, darin kann man sich einig sein, doch nicht jeder gerät in die Versuchung zu philosophieren. Ehe die Frage der »Wahrheit« gestellt wird, ist unsere Erfahrungswelt einfach, was sie ist, das Offenkundige; stellen wir erst die Frage und finden dann keine Antwort, so könnten wir uns sehr wohl wieder auf jene gar selbstverständliche Situation zurückziehen, da alles selbstverständlich war – auch König Oberons Heer. Dieses Ringen zwischen Erscheinung und Wirklichkeit ist ein brauchbarer roter Faden durch die Vergangenheit.

Inspirierte Denker

Die ältesten Geschichten, die wir kennen, enthalten Fragen über Leben und Tod und über die Geschichten, die aus dem Vogelflug, dem Wachstum der Blumen oder den unsteten Strömen herausgelesen werden können. Gewöhnlich waren die Antworten etwas müde, wie aus einer gealterten Welt: am besten sehnt man sich nicht nach Unsterblichkeit, sondern gehorcht den Göttern seiner Zeit und seines Standes; am besten erwartet man keine Wunder von den Zwillingsleidenschaften Liebe und Haß; am besten ist man ehrlich, wenn man schon nicht glücklich sein kann; Stärke ist gut, aber Klugheit ist besser; die Welt des Lichts und der Ordnung ist von ewiger Finsternis umgeben, und wer das Licht verläßt, der kehrt verändert zurück. Jedes neue Wachstum wird einmal zurückgestutzt, nur die Himmel dauern ewig. Die Aphorismen, die den Weisen des 6. Jh. (sieben, zehn oder siebzehn nach verschiedenen Quellen) zugeschrieben werden, waren »philosophisch« im Alltagssinne: erkenne dich selbst; alles mit Maß; sei nie sicher; nutze deine Chance; die meisten Menschen sind schlecht. Gleichzeitig mochten einige, eben weil sie zwischen Ruinen aufwuchsen, sich jung fühlen. Was auch früher gewonnen und wieder verloren wurde, vielleicht würde ein Augenblick kommen, da die Welt wieder jung wäre und den Glanz

THALES VON MILET (um 585 v. Chr.) wird oft als der erste griechische Philosoph angesehen. Nur kurze Aussprüche sind von ihm erhalten, so »Alles ist voller Götter«. Hier eine römische Darstellung aus dem Philosophensaal des Museo Capitolino.

wieder erfinden oder entdecken könnte. Pindar wußte: »Der Mensch ist ein Schatten in einem Traum; doch gießt der Gott ein Licht aus, dann ist's auf Erden hell und das Leben honigsüß.«

Nach den Dichtern, die als erste Griechenland eine Stimme liehen, entstand ein Etwas aus dem Nichts und wurde allmählich zur Welt der menschlichen, griechischen Erfahrung: Die Sterblichen taumelten durch die Welt voll Angst vor Schönem oder Schrecklichem, doch nicht ohne ihre sterbliche Würde. Die Kräfte, die die Welt gebildet hatten, ganz egoistische Triebe, waren jetzt im Gleichgewicht unter dem alles sehenden Himmel, welcher verlangte, Versprechen zu halten und jedem Gastfreund zu sein (oder doch jedem, der jemand war). Einige waren in unterirdische Finsternis verbannt worden; andere waren als treue – oder ziemlich treue – Olympier wiedergeboren worden, so Metis, der Schlaue, der von Zeus verschlungen und als Athene wiedererfunden wurde. Zeus xenios,

DIE NACKTE WAHRHEIT. Das griechische Wort für Wahrheit (»aletheia«) wurde etymologisch oft als »das Unverborgene« oder »das Unbedeckte« gedeutet. Daher die lange künstlerische Tradition, die Wahrheit als Nackte darzustellen – so hier in Botticellis »Calumnia«.

Zeus horkios (der Gott der Fremden, der Eide) würde keinen Verrat ungesühnt lassen noch bloße Sterbliche zu groß werden lassen. Früher, im Zeitalter des Kronos, taten die Menschen, was sie begehrten, doch jetzt standen sie unter einer Disziplin. Die Geschichten der Dichter waren auch anstößig, als wären die Mächte riesige triebhafte Kinder, entstanden in der Vorstellung jener, die den Erfolg in der Vernichtung ihrer Feinde und im Schlemmerleben suchten. Später allegorisierten die Platonisten die Geschichten (wie soeben geschehen) und regten damit Philon, einen alexandrinischen Juden aus dem 1. Jh., dazu an, in der Thora neue, philosophische Bedeutungen zu entdecken. Plutarch, ein Böotier aus dem 1. Jh., der in Delphi als Priester tätig war (und übrigens Shakespeare viele seiner Stoffe lieferte), fand ähnlich Tiefgründiges in den ägyptischen Sagen von Isis und Osiris. Xenophanes von Kolophon (570-478 v. Chr.) verachtete wie Clemens solche Mythen; die Gottheit konnte nicht gut die Gestalt irgendeines ihrer abhängigen Geschöpfe haben, sondern mußte in sich selbst vollständig sein. Kein Bild des Zeus als Mensch, Stier oder goldener Regen war annehmbar, und Zeus konnte auch nicht von niederen Begierden oder Antipathien bewegt sein. An anderen Mittelmeerküsten bestritten ähnlich erzürnte Propheten, daß Gott irgendeine darstellbare Gestalt hätte oder aus dem Nichts entstanden wäre. Dieser Gott war nur als der Gott der Gerechtigkeit faßbar, und das Volk Israel bestimmte sich zu seinem einzigen Volk und die anderen bestenfalls zu Knechten seiner Knechte; Dämonen waren alle, die ihm nicht gehorchten.

Spätere Generationen erkannten die Hebräer als ein »Volk der Philosophen« an, das sich selbst einem philosophischen Leben geweiht habe, nämlich nach Gottes Gesetzen und nicht denen des Königs oder irgendeines Haufens. Doch zunächst lag nicht auf der Hand, daß die griechischen Philosophen das gleiche sagten wie die jüdischen Propheten. Der Grundsatz des Xenophanes tat seine Wirkung: Einmal kann das, was der Welt ihre Gestalt verleiht, nicht selbst wie eine seiner Ableitungen gestaltet sein; zum anderen kann nichts als wahre Beschreibung eben dieses Dinges gelten, das seinen Ursprung zu deutlich den besonderen Eigenschaften der Beschreiber verdankt. Natürlich aber ist etwas, das jedem einzelnen Ding absolut unähnlich sein soll, mit keinen gewohnten Begriffen beschreibbar; und etwas, dessen wahre Beschreibung nichts mit den Eigenschaften der Beschreibenden zu tun haben darf, ist unerfaßbar: was immer wir einleuchtenderweise von ihm aussagen wollten, es würde von *uns* einleuchtend gefunden. Wenn es absurd ist, sich jenes Ding als blauhaarig und bärtig vorzustellen (und das ist absurd), muß es dann nicht auch absurd sein, es sich als vernünftig vorzustellen? Wenn Thales von Milet (ein Praktiker aus dem 6. Jh., der allmählich als ein Philosoph angesehen wurde) damit recht hatte, daß das Wasser der Urgrund aller Dinge sei, dann meinte er nicht das gewöhnliche Wasser. Vielleicht meinte er nur wie Heraklit, daß »alles fließt«; vielleicht suchte er nur das naheliegendste Bild für jenes Wesen, »in dem wir leben und uns bewegen und existieren«. Die Dichter hatten gewußt, daß die Götter »Gestalten annahmen«, die gar nicht die ihren waren, daß sie eine andere Sprache sprachen, eine andere Luft atmeten und doch nicht völlig fremd waren; Xenophanes machte sie völlig unbekannt, indem er den Gott ehrte und den Mißbrauch anprangerte.

Es war keine »rein theologische« Frage, als gäbe es ein anderes Reich der Vernunft, in dem solche Probleme gar nicht auftauchten. Theologie im frühesten Sinne war nichts als die Rede über die unergründlichen, unbegreiflichen Mächte und Urgründe der Welt (da-

DEMOKRIT VON ABDERA ist in der Philosophiegeschichte am bekanntesten wegen seiner Vorwegnahme der Atomtheorie. In der literarischen und künstlerischen Tradition wurde er als der angesichts der menschlichen Torheit lauthals »lachende Philosoph« dargestellt. Auf seine Physik wie auch seine Moralphilosophie wird in diesem Gemälde von Terbrugghen angespielt.

her sprach ich von dem Ding und nicht von Gott). Die vorher selbstverständliche Welt der menschlichen Spuren und Wege wurde geheimnisvoll. Die Wahrheit liegt in der Tiefe, sagte Demokrit von Abdera (etwa 460 – 357 v. Chr.). Dieser Aphorismus erscheint heute selbst als offensichtlich: wie die Dinge wirklich beschaffen sind, und wie sie uns oder irgend jemandem erscheinen, das ist nicht unbedingt oder überhaupt nicht das gleiche. Damals war das aber nicht selbstverständlich, und der Aphorismus gibt sich bewußt paradox. Das griechische Wort, das wir mit »Wahrheit« übersetzen, ist »aletheia«, und eine Menge von Wortspielen macht deutlich, daß die Griechen, wenn sie wollten, »das Unverborgene« oder »das Unvergessene« heraushören konnten. Seine wirkliche Etymologie ist wahrscheinlich eine ganz andere. Die Wahrheit, die in der Demokritischen Tiefe liegt, ist also paradox, weil »die Wahrheit« gerade das nicht Verborgene, das Offensichtliche sein sollte. Die Wahrheit können wir nicht vergessen, weil sie nie untergeht, weil nichts anderes an ihre Stelle treten kann (wie die Dunkelheit an die des Lichts) – so Heraklit von Ephesus (um 500 v. Chr.). Die Wahrheit ist der alles sehende Himmel, in dem – und nicht bloß unter dem – wir leben.

Und doch verbirgt sie sich. In Wirklichkeit, erklärte Demokrit, wissen wir nichts; alles, was wir wahrnehmen, ist nur »durch Übereinkunft wahr«, durch Gewohnheit. Verschie-

PYTHAGORAS VON SAMOS, Philosoph und mathematisches Universalgenie des 6. Jh., machte Entdeckungen in der Musik und Geometrie, und bis auf den heutigen Tag trägt der Satz über die Quadrate der Seiten eines rechtwinkligen Dreiecks seinen Namen. Hier erscheint er auf einem Relief von Lucca della Robbia am Glockenturm des Doms zu Florenz.

dene Gewohnheiten schaffen verschiedene Sinnwelten, verschiedene Geschichten, doch die eigentliche Wahrheit heißt nur »Atome und das Leere«. In einem späteren Zeitalter konnte dieser »Atomismus« als eine glänzende Vorwegnahme einer physikalischen Theorie begrüßt werden; Platon, sagten seine Verleumder, trat nie in direkten Kontakt mit Demokrit (der Athen zu des Sokrates Lebzeiten besuchte), weil er ihn als echten, fähigen Gegner fürchtete. Auch die modernen Physikalisten reden so, als wäre die gemeinsame menschliche Welt eine reine Illusion (zuweilen leugnen sie sogar, daß es irgend etwas gibt, dem die Illusion erscheint). In welchem Falle freilich die Worte und Schriftzeichen, die die Theorie darstellen, auch eine Illusion sind (und zwar noch offensichtlicher, da sie von einer bestimmten menschlichen Sprache abhängen, sollen sie überhaupt wahrgenommen werden). Demokrit war vielleicht vorsichtiger und erkannte an, daß gerade seine Gründe dafür, daß die Sinne uns nicht die Wahrheit zeigten, von dem hergeleitet waren, was die Sinne uns zeigten. Sein Atomismus war weniger eine physikalische Theorie als eine mystische Folgerung. Wie andere, ältere Weise soll er weit im Osten herumgekommen sein und gleich buddhistischen Mönchen Friedhöfe besucht haben, um – kein Zweifel – sich Betrachtungen über seine Auflösung hinzugeben. Personen (ebenso wie Geschmack, Temperatur und Farbe) existierten »durch Übereinkunft«, »in Wirklichkeit« gab es nur Atome und den leeren Raum. Alle gewöhnlichen Gegenstände waren ausschließlich aus einfachen Atomen zusammengesetzt. Weil es keinen unendlichen Regreß der Teile geben konnte, mußte es absolut einfache Einheiten (Atome) geben, denen die Eigenschaften des aus ihnen Zusammengesetzten fehlten. Wie vorhin, konnte die wirkliche Welt, das explanans, nicht selbst die Eigenschaften haben, die sie erklären sollte.

Diese Kluft zwischen der Erscheinung und einer hypothetischen Wirklichkeit wird den roten Faden der philosophischen Spekulation in der antiken (und noch mancher anderen) Welt bilden. Doch ein Philosoph ging so weit, zu bestreiten, daß es überhaupt verschiedene Wahrheiten oder irgendeine Unwahrheit gebe. »Man muß notwendigerweise sagen und denken«, sagte Parmenides, »daß das Seiende ist.« Eine mögliche Deutung besagt lediglich, man solle sich an die Wahrheit halten und von Seiendem sagen, es sei, und vom Nichtseiendem, es sei nicht. Auch diese scheinbare Selbstverständlichkeit hat ihre Bedeutung: Warum soll man eigentlich nicht lügen, alles mögliche erzählen, sich vor der Wahrheit drücken? Daß uns die Wahrheit ihre eigene Verpflichtung auferlegt, daß wir uns vor ihr verstecken *können*, aber nicht sollten, sagt uns etwas über ihr Wesen (vor allem, daß sie nicht, wie spätere Denker vorgaben, wertfrei ist). Doch Parmenides hatte mehr Konsequenzen im Auge als dies. Zu den »Wahrheiten durch Übereinkunft«, die in Wirklichkeit nicht wahr sind, gehören Behauptungen über Veränderung und Möglichkeit. Anderes als das, was ist, könnte sein; anderes als das, was ist, ist nicht; manches beginnt zu sein, anderes endet zu sein. Wie ist das möglich? Was *nicht ist*, das ist eben nicht, und deshalb kann man nicht darüber sprechen oder es beschreiben. Es kann keine Leere, kein Nichts geben, auch keine Nichtigkeiten, keine Fiktionen; und die Dinge können nicht anfangen zu sein oder jemals nichts gewesen sein. Parmenides kam nicht zu dem Ergebnis, es gebe in gewissem Sinne Dinge, die nicht existieren (die gibt es aber doch, und zwar auch für den Alltagsverstand), sondern es könne weder die Leere noch die Veränderung noch den Unterschied geben. Der Weg der Wahrheit verlangt von uns, zu denken, daß das Seiende ist, und daß es niemals anders sein könnte.

»Die Parmenideische Inspiration«: genau so hat er sie vorgestellt. Er stammte aus dem Elea des 6. Jh. v. Chr., soll später ein Schüler des Xenophanes gewesen sein und den Pythagoras gelehrt haben (über diesen weiter unten mehr). Er faßte seine Gedanken in Verse, wie die Offenbarung einer Göttin. Andere wie sein Schüler Zenon von Elea behaupteten vielleicht, es steckten unauflösliche Widersprüche in den Erscheinungen, und Parmenides selbst hat sich vielleicht – jedenfalls behauptet das Platon – auf vernünftige Argumente für sein Ergebnis konzentriert. Doch der von ihm geschriebene Text beginnt als Offenbarung. Ähnlich mochten bei den Hebräern die Lehrer am Ende über die Eigenschaften (eine unglückliche Bezeichnung) des Herrn streiten, doch angefangen haben sie mit einer zerschmetternden Offenbarung des Einen, der ist. Die Dichter und Philosophen hatten damit unrecht – so Parmenides und die Propheten –, daß das Nichts dem Jedweden vorausging: es gab und gibt kein Nichts. Es gibt etwas, das sein muß, und das ist die einzige Wahrheit, die wir in allen unseren Äußerungen zu ertasten vermögen. Jede kleine Wahrheit ist nur durch Übereinkunft »wahr«, weil wir uns darüber einig sind. Die Wahrheit selbst ist weder zufällig (als könnte es auch nichts Wahres geben) noch unvollständig (als gäbe es etwas anderes ebenso Wahres, das zu ihrer Erklärung nötig wäre) noch in diese und jene kleine Wahrheit zerspalten. Wenn (um des Argumentes willen) »Pythagoras wurde auf Samos geboren« wahr ist und ebenso »Johannes starb in Ephesus«, dann sind diese beiden Tatsachen so identisch wie Hesperus und Phosphorus (beide sind ja – wie entweder Parmenides oder sein Lehrer Pythagoras herausfand – der Planet Venus). Es sind keine *verschiedenen* Wahrheiten, denn es kann nur eine Wahrheit geben; kein Name für eine andere Wahrheit ist ein wahrer Name von irgend etwas.

Vieles davon kommt uns heute sophistisch vor; das gilt auch für Platon, der klärte, wie man trotz allem etwas Falsches vernünftig aussprechen kann und etwas nicht »Existierendes« doch denkbar sein kann. Sophismen haben auch ihren Nutzen: sie befähigen uns zu den für das tägliche Leben nötigen Unterscheidungen. Seneca etwa (ein römischer Stoiker, bekannt dafür, daß er der Lehrer – oder eben doch nicht der Lehrer? – Neros war) hielt es zwar für lächerlich, seine Zeit mit Trugschlüssen zu vergeuden (wie: »Maus« ist ein Wort und Mäuse fressen Käse, also fressen einige Wörter Käse), aber *diese* Absurdität (die ohne die Krücke der Anführungszeichen weniger leicht aufzudecken wäre) läuft auf die wichtige These hinaus, daß eine Landkarte nicht die Landschaft ist und jedenfalls *unsere* Worte nicht die Welt sind. Doch des Parmenides Seiendes hat, auch als Idee, eine längere Geschichte, als daß einfach einige Probleme im Zusammenhang mit der Kopula (dem Verbindungswort zwischen Subjekt und Prädikat, z.B. »ist«) identifiziert werden. Wenn er recht hatte, dann war die Wahrheit, die es liebt, sich zu verbergen, noch weiter von der Erscheinung entfernt, als Demokrit meinte. Wenn wir nichts über die Wirklichkeit wissen (wie Demokrit glaubte), wie können wir dann behaupten, sie bestehe aus Einzelteilchen, die über den Raum verstreut sind und sich in der Zeit bewegen? Verschließen wir einmal die Augen vor der Erscheinung, so gibt es keinen Grund mehr, daß es überhaupt mehrere Gegenstände gibt, oder daß Raum und Zeit mehr sind als Arten, wie wir zu sehen scheinen. Wenn wir überhaupt eine Wahrheit erkennen können – wie Parmenides behauptete –, dann konnte sie nicht auf der sinnlichen Erscheinung beruhen. Die Vernunft allein stellt fest, was ist. Der Verstand erklärt die Wahrheit für das, was nur dem göttlichen Verstande zugänglich ist; Sein und Denken können nicht getrennt werden. Dies ist für Parmenides das Eine.

Sein Schüler Zenon wollte andere Möglichkeiten als diese noch weniger annehmbar machen. Es klang ja merkwürdig, daß es keine Veränderung, keinen Unterschied geben könne. Heraklits Ausspruch, daß sich alles wandle, erscheint zunächst als viel einleuchtender. Doch der Begriff der Veränderung selbst, so Zenon, war mit unaufhebbaren Paradoxien verbunden. Wenn sich etwas völlig verändern sollte, mußte es sich erst einmal halb verändern. Jede halbe Veränderung war dann selbst wieder etwas, das zunächst zur Hälfte geschehen mußte, usw. Achilles konnte die Schildkröte nie einholen, weil diese stets schon ein Stückchen weiter war, wenn Achilles an ihrem vorherigen Ort ankam. Der Pfeil konnte sein Ziel nie erreichen, ja nicht einmal sich überhaupt bewegen, weil er in jedem Augenblick genausoviel Raum einnahm, wie er lang war, also – ruhte. Zenons Paradoxien, die den Rätselfreund immer noch faszinieren, sollten zeigen, daß es trotz des Anscheins nicht so etwas wie Veränderung oder Unterschied geben konnte, daß es in Wirklichkeit nur das Eine gab. Es bestehe ein unauflösbarer Gegensatz zwischen den Forderungen der Vernunft und der Sinne. Jede Unterschiedlichkeit (und nicht bloß die Veränderung in der Zeit) enthalte einen Widerspruch. Betrachten wir irgendein A, das einmal x und das anderemal nicht-x sein soll (etwa erst heiß ist und sich dann abkühlt, oder an verschiedenen Orten rot bzw. grün ist). Betrachten wir den letzten Augenblick oder Punkt, an dem A noch x ist: ist es derselbe wie der erste, an dem es nicht-x ist, oder ein anderer? Ist es derselbe, dann gibt es einen Punkt, an dem A x und nicht-x ist; ist es nicht derselbe, dann gibt es eine Lücke (wie lang ist sie eigentlich?), in der A weder x noch nicht-x ist. Im ersten Fall haben wir einen Widerspruch, im zweiten gilt der Grundsatz vom ausgeschlossenen Dritten nicht. Und das ist absurd. Es heißt, Zenon habe, um den eisernen Griff um den gesunden Menschenverstand zu lockern, die Dialektik erfunden, und solches blieb, wie wir noch sehen werden, ihr geheimer Zweck. Zenon gehörte übrigens zu denen, die so starben, wie ein Philosoph sterben sollte: er widersetzte sich einem Tyrannen so mutig, daß er zwar ermordet, dann aber auch der Tyrann gestürzt wurde.

Bei alledem ist nicht ausgeschlossen, daß die Dichtung des Parmenides nur Aufputz war, daß er seine Gedanken eigentlich nicht der Inspiration verdankte. Zwei andere Gestalten aus dem sizilianisch-süditalienischen Raum bieten der Interpretation weniger Spielraum, nämlich Pythagoras (um 530) und Empedokles (um 450). Beide leisteten wichtige Beiträge zur heutigen Wissenschaft, und beide waren Propheten reinsten Wassers, ja schamanische Seher. Beide behaupteten, sich an ein früheres Leben zu erinnern, das es für eine Tradition archaischen Denkens gegeben hatte. Beide behaupteten (oder es wurde von ihnen behauptet), auf der Suche nach der Gottheit zu sein. Gleichzeitig begründete Pythagoras die deduktive Geometrie, und Empedokles untersuchte Naturerscheinungen einfallsreicher als jeder andere Vorgänger des Aristoteles. Ein pythagoreischer oder »orphischer« Platonismus war das Endstadium der griechischen Philosophie, ehe sie auf etwa ein Jahrtausend mit dem jüdischen, christlichen und islamischen Strom verschmolz; Aufgeklärte sprechen von »phantastischer, gestaltloser Dunkelheit« – darüber weiter unten mehr. Doch es war Pythagoras, der (jedenfalls einigen) zeigte, wie die nicht vor Augen liegende Wirklichkeit, die Wahrheit, entdeckt werden konnte. Die Sprache, in der die Götter miteinander reden, war die der Zahl. Wir brauchen uns nicht mehr auf das fehlbare Gesicht zu verlassen, um neue Wahrheiten zu erkennen; sie ließen sich aus mathematischen Grundsätzen logisch ableiten, und die gleichen Strukturen ließen sich in wunderbar ver-

schiedenartigen Formen erkennen. Viel von der einschlägigen (sub-)Pythagoreischen Spekulation war bloße Zahlenmystik, die sich auf die magischen Eigenschaften der einfachen Zahlen stützte; viele Wege waren – wie auch noch in späteren Zeiten – versperrt durch die Angst vor dem scheinbar Irrationalen. Der Schüler, der durch eine einfache Anwendung des heute noch unter dieser Bezeichnung bekannten Satzes des Pythagoras entdeckte, daß die Quadratwurzel aus 2 ein unendlicher Ausdruck und kein Bruch ist, soll – rein zufällig – auf See ertrunken sein. Manchmal redeten die Götter eben Kauderwelsch. Doch es blieb die Hoffnung, daß wir die reine Wahrheit zu Gesicht bekommen würden, wenn wir vom nicht Abzählbaren absähen. Pythagoras war gewitzter als manche, die dies später glaubten: Warum sollten wir denn die Sprache der Götter lernen können, wenn wir selbst keine Götter waren? Wie konnten wir auf mehr als die Sinneserfahrung hoffen? Der Gott der Mathematiker war geboren und der Gedanke, die Mathematik könne göttlich werden. Selbst Aristoteles, der viel weniger in die Zahlen verliebt war als Platon, sagte: »Wie das Gesicht Licht von der umgebenden Luft erhält, so die Seele von der Mathematik.«

Die sophistische Bewegung

Die beschriebenen erleuchteten Denker, die einer verborgenen Wahrheit nachspürten, waren auch, und dies oft ganz offen, Reformer. Heraklit nahm die späteren Moralisten vorweg, indem er die Freuden von Ephesus verächtlich machte, und beschloß seine Tage,

Das Athen des 4. Jh. erlebte eine Blüte der Philosophie, wie sie es weder vorher noch nachher gegeben hat. Dieses Gemälde aus dem 19. Jh. stellt die erhalten gebliebenen Ruinen der klassischen Stadt unter Weglassung späterer Bauwerke dar.

wie es heißt, als Gras essender Misanthrop. Andere wollten herausfinden oder sich ausdenken, wie Gesellschaften, vor allem bürgerliche, entstanden waren und wie sie besser funktionieren könnten. Demokrit, dessen physikalische Theorien die frühen Atomisten anregten, könnte viel einleuchtender als Begründer der Vertragstheorie gelten; wie es Einzeldinge, die Atome, gab, so – jedenfalls durch Übereinkunft – Einzelpersonen, die sich ängstlich zu größeren Massen zusammenfanden. Pythagoras von Samos, dessen Zahlenlehre und Geometrie mathematische Kosmologen beflügelte, war auch der asketische Reformer der griechischen Stadt Kroton (und starb ebenfalls eine gewaltsamen Todes, anscheinend bei einem Staatsstreich). Die meisten Philosophen kamen allmählich wie Heraklit zu dem Schluß, es gebe keine allgemeine Hoffnung, der Untergang von Städten, der Verfall der Moral sei allgemeines Schicksal; nur kleine Freundeskreise oder gar nur Einzelgänger könnten so leben, wie man leben sollte. Doch noch in dieser Verzweiflung boten sie Rat. Es sei absurd, sich viel mit Logik abzugeben, meinte Seneca, wenn es um unsere Seele geht; Ziel des Philosophierens war die Heilung der Seele. Vielleicht sollten wir an die Warnung Epiktets denken (er war Sklave eines der übleren Helfershelfers Neros und ein besserer Stoiker als Seneca), wer sich anmaße, »die Philosophie zu lehren«, ohne das Wissen, die Tugend und die Seelenstärke zu besitzen, um verzweifelten und verderbten Seelen gewachsen zu sein, »und vor allem den göttlichen Auftrag dazu«, der vergehe sich an den Mysterien und sei ein Quacksalber.

»Es ist ein wichtiges Geschäft, es ist ein mystisches, priesterliches Geschäft; es kommt nicht an einen jeden; es kommt nicht so von ungefähr an den oder diesen. ... Du tust eine Apotheke auf und hast weiter nichts als Drogen und Spezereien. Wofür und wie sie zu brauchen seien, das weißt du nicht, noch hast du dich darum gekümmert. ... Warum läßt du denn in den wichtigsten Dingen den Zufall entscheiden? ... Hat die theoretische Philosophie so große Reize für dich, so sitze und schaue dich darin für dich selbst um. Aber einen Philosophen nenne dich niemals.«

Die Lektionen, die sich die Philosophen nach Epiktet immer wieder vor Augen führen, täglich niederschreiben und in die Tat umsetzen sollten, sind der Vorrang der moralischen Entscheidung des einzelnen, die relative Unwichtigkeit von Körper, Rang und Stand und das Wissen um das eigene wahre Wesen und um das Erlaubte. Der Sklave (Epiktet war ja einer) war sich hier mit dem Imperator (Aurelius) einig: Nur unsere eigene Seele können wir retten, sie und nichts anderes.

Platons Angriffe auf die Sophisten des 4. Jh. (die Bezeichnung bedeutete ursprünglich »Wissende«, »Sachverständige«) vermittelten seinen Nachfolgern die Gewißheit, daß »Sophistik« (die Methode der Sophisten) etwas Schlechtes sei – Zeitvertreib von Quacksalbern. Vielleicht hatte er damit recht, er sah ja in ihrer rhetorischen Überzeugungskunst etwas bewußt Amoralisches, das die wirklichen Werte mißachtete. Einige spätere Wissenschaftler, die die Möglichkeit der (wissenschaftlichen) Erkenntnis wahrer Werte leugneten, zogen daraus die Konsequenz, daß sie sich um Werte nicht zu kümmern brauchten. Wer aber *jedem* Herrn, der ihn bezahlt, zu dienen sich bereit erklärt, der darf sich nicht wundern, wenn ihm mißtraut wird – selbst von denen, die ihn einkaufen. Platon lag also nicht falsch, aber vielleicht stellt sich noch heraus, daß auch die Sophisten nicht ganz falsch lagen.

Erleuchtete und missionarische Denker ziehen vielleicht aus, um die Welt zu verändern, doch auch Bescheidenere können ihre Aufgabe haben. Einige Sophisten waren zweifellos nur das, was sie von sich behaupteten: Lehrer nützlicher Künste, und zwar zumeist für den Konkurrenzkampf. Ging es, wie vor Gericht möglich, um jemandes Leben oder Lebensunterhalt, dann waren solche Künste wünschenswert wie auch gefährlich. Der Bürgerfriede ist zerbrechlich: Wie viele Prüfungen kann er überstehen, und wie unbedenklich kann er denen, die bezahlen können, Vorteile gewähren? Wie man sich verteidigt, und wie man Geschworene besticht oder einen Feind vernichtet, ist vielleicht gar nicht so weit voneinander entfernt. Wie denken wir über Söldner, die jedem das Kriegshandwerk beizubringen bereit sind? An ihrer Kunst kann etwas daran sein, und manchmal ist die Sache, für die sie kämpfen, gerecht; aber wissen sie wirklich, wann und warum? Ist es ihnen wirklich wichtig? Und auch wenn die Sache gerecht ist, läßt sie sich in einem Bürgerkrieg durchsetzen? Gorgias von Leontini, der in späteren Kommentaren auch als moralischer und erkenntnistheoretischer Skeptiker figuriert, war wahrscheinlich genau so ein wohlmeinender Lehrer. Nach späteren Biographen war er ein Schüler des Empedokles und hatte selbst den Kyniker Antisthenes zum Schüler (über diesen weiter unten mehr). Diese Geschichte hat etwas Gerechtes (vom Magier zum Illusionisten zum Desillusionisten), ist aber wahrscheinlich nur ein Ausfluß des Dranges, Schulen und geistige Abstammungslinien zu erkennen. Wie viele andere Philosophen (nicht daß er sich so bezeichnet hätte) beteiligte er sich an einer diplomatischen Auslandsmission (in seinem Falle: Athen 427 v. Chr.).

Die zwei größten Sophisten waren mehr als Söldner oder Illusionisten; es handelt sich um Protagoras (etwa 481 bis etwa 411 v. Chr.) und Sokrates (469-399 v. Chr.). Platon gab sich Mühe, seinen Freund Sokrates gegen jede »sophistische Bewegung« abzugrenzen, doch seine Zeitgenossen können eigentlich nicht viel Unterschied gesehen haben, außer daß Sokrates ein athenischer Patriot war, die anderen aber entwurzelte Fremde. Die Sophisten reisten gewöhnlich umher und ließen sich bezahlen; Sokrates blieb in Athen und lebte von eigenen Mitteln – und denen seiner Freunde. Alle schienen sie mit Begeisterung überkommene Gewißheiten umzustoßen. Aristophanes verfaßte die – nicht erfolgreiche – Komödie *Die Wolken*, die vielleicht zur Vergiftung der Atmosphäre gegen Sokrates beigetragen hat. Er legt seinen Figuren ein paar Metaphern in den Mund, die in Platons ernsthaftesten Dialogen eine zentrale Rolle spielten. Der sokratische Denker »blickt weg« von Irdischem und auf Ewiges, das von den Stadtgöttern verschieden ist, betreibt aber auch eine geistige Hebammenkunst, die seine Jünger dazu anregt, neue Ideen zu gebären – und Platon fügt hinzu, die Hebammen nähmen für sich das Urteil in Anspruch, welche Kinder aufgezogen werden können.

Am engsten verbindet sich mit dem historischen Sokrates seine Paradoxie, niemand tue freiwillig Schlechtes; wer überhaupt handelt, tut das, was er für gut oder doch in der Wirkung für besser als jede andere bekannte Möglichkeit hält. Tut er trotzdem etwas Schlechtes, so muß es aus Unwissenheit geschehen. Demnach müssen »Übeltäter« nur über ihren Irrtum aufgeklärt werden, und keinem sollte es erspart bleiben. Der Strafe ausweichen heißt eine nötige Arznei ausschlagen oder freiwillig den Irrtum vorziehen. Wahre Freunde sollten einander anzeigen. Sokrates scheint es immer für besser gehalten zu haben, sich nicht zu täuschen, und auch den Schmerz darüber, daß man sich geirrt hat (aber immer noch keine bessere Vorstellung von der Wahrheit hat als die, sie nicht gefunden zu haben), für etwas Gutes. Seine Gesprächspartner waren damit nicht immer einig, ließen sich vielleicht aber zu einer nachsichtigeren Geisteshaltung bewegen, die nicht unbedingt recht zu haben meint.

Protagoras, viel deutlicher ein erfolgreicher Sophist, bestritt, daß es irgendeine Wahrheit gebe über das hinaus, was die Menschen sagen. »Der Mensch ist das Maß aller Dinge«, sagte er; das läuft auf eine Ablehnung von Demokrits Erleuchtung hinaus. Die Wahrheit war zwar auch hier offensichtlich, aber brauchte nicht für alle die gleiche zu sein. Die Entscheidung zwischen miteinander unvereinbaren »Wahrheiten« mußte von anderen Gesichtspunkten ausgehen als dem, daß eine Seite »wahrer« sei. Sein Ziel war anscheinend, den Menschen zu einem »besseren« Frieden zu verhelfen, ein paar Gesetze und Theorien zu finden, denen sich alle anschließen konnten. So etwas könnte auch nicht eher beanspruchen, »wahr« zu sein, würde jedenfalls aber die Leiden des Kampfes vermeiden. Der Bürgerfriede wurde am besten durch allseitige Überzeugung aufrechterhalten, nicht durch eine Kaste oder einen Klan, der unbestritten eine direkte Verbindung zu Gott hatte. Ein Schüler soll ihm Bezahlung versprochen haben, wenn er seinen ersten Prozeß gewonnen hätte. Als das auf sich warten ließ, soll Protagoras mit Klage gedroht und dargelegt haben, wenn der Schüler verliere, dann müsse er laut Urteil bezahlen, und wenn er gewinne, dann müsse er laut Vereinbarung bezahlen. Die – vielleicht unverbürgte – Antwort lautete natürlich, wenn der Schüler gewinne, brauche er laut Urteil, und wenn er verliere, laut Vereinbarung *nicht* zu bezahlen. Das klingt wie eine Satire, aber es ist aufschlußreich: Rhetorische Argumente können von zwei einander widersprechenden Voraussetzungen ausgehen und können immer umgekehrt werden. Maßgebend ist schließlich, was vereinbart ist.

Die Wirkung von Sokrates wie von Protagoras war also eine Schmälerung der Überzeugung, wir könnten die Wahrheit »wissen«. Wenn wir lediglich wissen, daß wir nichts wissen, dann können wir uns vielleicht darauf konzentrieren, was wir uns im Augenblick am meisten wünschen (ohne zu behaupten, wir wüßten, daß es gut für uns sei). Es könnte so aussehen, als hätte die Ablehnung solcher Absolutheiten eine »antinomische« Wirkung, daß man sich also nicht an Gesetze der Gerechtigkeit gebunden fühlen will (wie Platon vielleicht meinte), doch man könnte auch argumentieren, es seien die Antinomiker, die eher von einer absoluten, objektiven Erkenntnis sprechen. Als der ehemalige athenische Heerführer Thukydides eine Geschichte des Niederganges seines Landes in den Kriegen des späten 5. Jh. v. Chr. schrieb und die Argumente der athenischen Gesandten gegenüber der dem Untergang geweihten Insel Melos (die Athen dann eroberte und plünderte) beschrieb, legte er ihnen die alte Unterscheidung zwischen Gesetzen der Natur und der Sitte in den Mund: Es sei natürlich, daß die Starken die Schwachen beherrschen und keine für beide gleiche Gerechtigkeit anerkennen. Nur die Sitte und Göttermärchen verlangten Achtung gegenüber dem Wehrlosen. Das hieß ganz realistisch: Es zählt nur der eigene Erfolg, und dafür ist jedes Mittel recht. Kurz, die Athener glaubten zu wissen, was »Erfolg« sei, und daß jede Interaktion ein Nullsummenspiel sein müsse, bei dem man nur auf Kosten anderer etwas gewinnen kann. Wenn das falsch ist, dann war der athenische Realismus fehlgeleitet, und ein besserer, erfolgversprechenderer Weg wäre es, nach einer für alle Beteiligten annehmbaren Lösung zu suchen.

Gemäß dieser Betrachtungsweise setzten sich Sokrates und Protagoras beide für Toleranz und Einhelligkeit ein und wollten jenen ihre Illusionen nehmen, die einen so sicheren Zugang zur Wahrheit zu haben glaubten, daß sie es sich leisteten, die Tradition und die Meinung ihrer Freunde zu mißachten. Die bessere »Wahrheit« war das, worauf man sich jedenfalls für eine Weile einigen konnte. Vielleicht steht Sokrates nur durch Zufall als Vertreter der altmodischeren Auffassung da, daß die Fähigsten regieren sollen, und Protagoras als Theoretiker der Demokratie. Heute stellt man sich oft vor, der »objektive Moralismus«, der Glaube an echte Wert-Wahrheiten, müsse zur »Expertenherrschaft« führen, während die »Demokratie« davon ausgehe, der »rechte Weg« sei lediglich der von den meisten gutgeheißene. Doch dafür scheint es gar keinen Grund zu geben. Protagoras wollte den Städten zu einem »besseren« Staat verhelfen, dem sie zustimmen konnten, und Sokrates erinnerte an die einfachen Regeln, die man im Alltagsleben anwenden würde, wenn man sich für einen Baumeister, Schuster, Arzt und dergleichen zu entscheiden hätte. Faktisch verwies Sokrates die Leute auf ihren gesunden Menschenverstand, wenn es darum ging, wer sie regieren sollte; sie sollten nicht einfach jemandem gehorchen, der die Wahrheit zu kennen vorgab. Protagoras meinte, die besten Regierenden seien die, die das Volk am besten zum Frieden überreden könnten. Es folgt nicht, daß Sokrates für die Aristokratie und Protagoras für die Demokratie gewesen wäre. Es könnte umgekehrt sein. Die Schwachen werden am besten durch eine *althergebrachte* Ordnung geschützt, auf die die Starken glauben verzichten zu können. Daß Sokrates für die Herrschaftselite und Protagoras für die brodelnden Massen gewesen wäre, ist absurd; vielmehr griff Sokrates die Elite an, und Protagoras verkaufte ihr Waffen. Beide scheinen also starke Parteien vor den

DER ANFANG DER PHILOSOPHIE ist nach Aristoteles das dem Menschen eigene Sich-Wundern. Paul Gauguins *Woher kommen wir? Was sind wir? Wohin gehen wir?* stellt seinen Ausdruck in einer schriftlosen Kultur dar.

ϹΩΚΡΑΤΗϹ

Kopf gestoßen zu haben, und der eine wurde ja auch von der Stadt Athen getötet und der andere verbannt (wie auch Anaxagoras von Klazomenai (500-428 v. Chr.) mit dem Spitznamen »Geist«, der als erster behauptete, die Vernunft regiere, allem Anschein zum Trotz, die Welt, und die Sonne sei ein heißer Metallklumpen und kein Gott). Beide könnten durchaus den Anspruch erheben, auf Gutes aus gewesen zu sein, und sei es nur die Befreiung der Menschen vom Irrtum.

Der göttliche Platon

Keine Geschichte des antiken Denkens kommt um den Koloß Platon herum. Zu seiner Zeit war freilich die Monumentalität dessen, was er war und tat, sehr viel weniger offensichtlich. Es gab viele andere Nachsokratiker, die die von Sokrates geschaffene oder umgeformte Rolle auf verschiedene Weise ausfüllten. Phaidon von Elis scheint die logischen Untersuchungen fortgeführt zu haben, die seitdem unzählige Rätselfreunde entzückt haben. Aristippos von Kyrene wollte wahre Freuden herausfinden, die gewichtiger und langlebiger waren als die des modischen Athen. Antisthenes und nach ihm der Kyniker Diogenes, den Platon als verrückt gewordenen Sokrates bezeichnete, folgten Heraklit in seiner Ablehnung der Zivilisation zugunsten der Wilden (nur daß sie in Städten blieben, bloß um sie zu beschämen). Pyrrhon von Elis versuchte, »die menschliche Natur so weit von sich abzustreifen«, daß er bestritt, daß irgend etwas, das ihm zugestoßen war, etwas Gutes oder Schlechtes gewesen sei. Am Ende erlangten diese Radikalen die Bezeichnung »wahre Philosophen«, obwohl sie im Grunde Platons Theorien feilboten.

Platon selbst war hauptsächlich verantwortlich für die Neuschöpfung eines Sokrates, der sich durch seinen Kontakt mit der wahren Schönheit unsterblich gemacht habe, und spätere Kommentatoren stritten über die Genauigkeit von Platons Sokratesporträt und selbst darüber, in welchem Maße er in seinen Dialogen (dramatisierten Diskussionen zwischen Sokrates oder einem anderen und einem jüngeren Freund – oder Strohmann) »seine eigene« Philosophie dargestellt habe. Die Platon zugeschriebenen Briefe, vor allem der zweite und siebente, bestreiten, daß er irgendwo in seinen Schriften seine eigene Philosophie darstelle, freilich nicht, weil er die Sokrates zugeschriebenen Meinungen nicht geteilt hätte, sondern weil solche philosophischen Wahrheiten nie schriftlich vermittelt werden könnten. Die heutige Auffassung geht dahin, daß die frühen Dialoge, die sich durch eine verhältnismäßig einfache Sprache und einen ungewissen Ausgang auszeichnen, etwas vom »wirklichen« Sokrates zeigen könnten, der falsche Gewißheiten erschüttern wollte und der Wahrheit nachspürte. Typisch sind Untersuchungen darüber, was die Menschen mit »Mut«, »Frömmigkeit«, »Freundschaft« oder »Tugend« meinen, wobei die übliche Beantwortung durch Beispiele abgelehnt wird: Ohne einen Grundsatz könne man nicht wissen, wie die Liste der Beispiele etwa für mutiges Handeln fortzusetzen wäre. Wenn dann ein

SOKRATES, der geachtetste aller Philosophen, ist der Nachwelt vor allem durch die Dialoge seiner Schüler Platon und Xenophon bekannt. Hier – mit römischen Augen gesehen – auf einem Wandgemälde in Ephesus.

Kriterium angeboten wird, führt er Gegenbeispiele ins Feld, die offensichtlich z.B. als mutig zu gelten haben, aber das Kriterium nicht erfüllen, oder umgekehrt. Der Dialog schließt dann mit dem kläglichen Eingeständnis, daß wir nicht wissen, was wir z.B. mit »Mut« meinen. Oft scheint wohl in dieser Methode ein uneingestandener Widerspruch zu stecken: Wenn wir Mut auch ohne Kriterium erkennen können und auf dieser Grundlage ein vorgeschlagenes Kriterium zurückweisen, dann scheint doch klar, daß wir das, was wir so gut wissen, eigentlich gar nicht zu artikulieren brauchten. In seinem Dialog mit Euthyphron kann Sokrates leicht in einem unlauteren Licht erscheinen: Euthyphron ist sicher, daß sein Vater eine schwere Missetat begangen hat – und die meisten von uns dürften seiner Meinung sein (er hatte nämlich einen aufsässigen Arbeiter in einen Kanal geworfen, so daß er starb). Sokrates macht ihn (den »Herrn Denkrichtig«) durch Zweifel an seinen – von Sokrates verlangten – Erklärungen unsicher.

In den mittleren Dialogen, dem triumphalen Höhepunkt der philosophischen Literatur (wie *Menon, Phaidon, Gastmahl, Staat*), kippt Platon selbst einige anscheinend Sokratische Axiome. Erstens entwickelt er eine Psychologie, nach der die Menschen wissentlich auch Schlechtes tun können. Das menschliche Handeln kann aus anderen Quellen als der Vernunft fließen, nicht nur Unwissenheit schafft Schlechtes. In der schematischen Psychologie des Buddhismus sind Zorn, Begierde und Unwissenheit die Ursache – und das meinte auch Platon (wobei er unter »Zorn« auch falschen Ehrgeiz einbezog). Zweitens hält er fest, daß sich Sokrates auf ein unartikuliertes Wissen davon stützt, was als Mut, Gerechtigkeit usw. zu gelten hat. Wir können ein vorgeschlagenes Kriterium beurteilen, weil wir schon Bescheid wissen, ähnlich wie wir angeben können, ob ein vorgeschlagener Name der von uns vergessene ist. Drittens sprach er deutlicher von der Seinsweise solcher Gegenstände (und gab damit auch eine Antwort auf die Parmenideischen Rätselfragen). Kurz, er umriß das, was seitdem als Ideenlehre bezeichnet wird (nicht freilich, daß es jemals eine einheitliche, ausformulierte Theorie gegeben hätte); ich werde sie weiter unten skizzieren. Viertens gab er zu – was überhaupt in der Sokratischen Praxis beschlossen lag –, daß »richtige Meinung« und eine vernünftige Erziehung der Stadt viele von den »Freidenkern« stammende Übel ersparen könnten. In dieser mittleren Periode versuchte Platon auch, in der Politik von Syrakus eine praktische Rolle zu spielen, und scheiterte; wie mag sich das auf seine Haltung ausgewirkt haben?

Die Dialoge der dritten Periode (die sich durch einen neuen komplexen Stil und die allmähliche Ausschaltung des dramatischen Sokrates auszeichnen) wenden eine neue Methode zur Aufstellung von Definitionen an: ein strittiger Begriff wird durch aufeinanderfolgende und oft recht seltsame Dichotomien eingekreist. Der Staatsmann etwa wird an einer Stelle als Hirt zahmer Herdentiere bestimmt, und zwar jener landbewohnenden, gehenden, hornlosen, mit keinen anderen sich paarenden, zweibeinigen Lebewesen, die wir Menschen nennen. Dem Staatsmann am nächsten steht so der Schweinehirt. Mit leicht anderem Akzent hätte man aber auch die Menschen als federlose Zweifüßler bestimmen können, und dann wäre, kraft stillschweigender Analogie, dem Staatsmann am ähnlichsten der Gänsehirt oder Kranichhüter gewesen. Diese Art der dichotomisierenden Definition wurde in den damaligen Komödien oft verspottet und von Aristoteles ernsthafter kritisiert (wie sogar, indirekt, von Platon). Diogenes Laertius ist ein gutes Beispiel, er stellte Platon als jemanden dar, der komplizierte Listen aufstellte: drei Arten des Guten,

PLATONS Aussehen ist unbekannt, nur idealisierte Darstellungen sind erhalten.

fünf Formen der Bürgerregierung, drei Arten der Gerechtigkeit, drei der Wissenschaft, fünf Arten von Medizin, drei Arten der Menschenfreundlichkeit und fünf der Weisheit. Einige spätere Kommentatoren kamen zu dem Ergebnis, Platon habe schließlich jegliche Ideenlehre, die er je vertreten haben könnte, aufgegeben und auch schließlich den radikalen, freidenkerischen Geist seines Lehrers verraten. Sokrates, sagte man, wäre gewiß von der Gedankenpolizei in Platons letztem geistigen Höhenflug, den *Gesetzen*, für schuldig befunden worden. Atheisten, heißt es dort, und jene, die nicht glauben, daß sich die Götter um die Menschen kümmern, sind Feinde des Bürgerfriedens und sollten umerzogen, ausgewiesen oder hingerichtet werden.

Der Gedanke, Platon habe seinen Sinn und seine Methoden radikal geändert und sei auf seine späten Tage gleichzeitig zum analytischen Philosophen und zum Inquisitor geworden, ist zu modern, um völlig zu überzeugen. Ältere Kritiker sahen wenig Anzeichen irgendeines Sinneswandels, wenn auch die Einzelheiten der Darstellung sich wandelten. Daß wir den Gesetzen unseres Landes wie unseren Eltern und Altvorderen Gehorsam schulden, ist ein Gedanke, der sich vom (frühen) *Kriton* bis zu den *Gesetzen* findet. Daß der Staatsmann eine Art Hirte sei, dieser Gedanke wird Sokrates selbst von Xenophon zugeschrieben, einem ehemaligen Söldner und weiteren Verfasser »Sokratischer Dialoge«. Sokrates wurde nie als »Freidenker« gerühmt, der seinen eigenen Weg gehen wollte, sondern als gehorsamer Diener der Götter. Daß Könige Philosophen werden könnten, steht am Ende so gut wie am Anfang als – freilich wenig aussichtsreiche – Hoffnung da. Selbst die »ungeschriebenen Lehren«, die manchmal dafür angeführt werden, daß Platon seinen Sinn geändert habe, beweisen das nicht, weil sie eben – ungeschrieben und unbekannt sind.

Immerhin gibt es aber ein Problem im Hinblick auf die Ideen. Sie und die damit zusammenhängende Unsterblichkeit der Seele sind gewöhnlich mit dem Platonismus gemeint, und nicht selten stellen Historiker und Theologen einhellig diesen Platonismus als einen furchtbaren Irrtum dar, der von den Griechen irgendwie zu erwarten war (die, wie solche Leute »wissen«, die physische und die historische Welt verachteten). Es ist alles die Schuld des Platonismus und der Griechen, daß der moderne industrielle Komplex die Erde plündert und Patriarchalisten die weiblichen Gefühle verachten. Doch schon eine oberflächliche Kenntnis der Kritiker des Platonismus sollte zeigen, daß vielmehr sie es waren, die die Gefühle verächtlich machten und Gründe vorbrachten, die Erde und ihre Mitbewohner zu verachten. Historisch haben gewöhnlich die Platonisten auf unsere Verpflichtungen gegenüber anderen Lebewesen hingewiesen. Von Xenokrates, dem dritten Haupt der Akademie, wird erzählt, als sich ein Sperling vor einem Habicht zu ihm flüchtete, habe er ihn gestreichelt und fliegen lassen, denn einen Schutzflehenden dürfe man nicht verraten. Platonisten haben die körperliche Natur als heilig empfunden. Plotin, der größte heidnische Platoniker, war Vegetarier, lehnte Arzneien ab, die aus Tierversuchen stammten, sorgte rechtschaffen für Waisen und verurteilte jene »Gnostiker«, die die Erde verachteten. Sein Schüler Porphyrios war bis vor kurzem der einzige »Fachphilosoph«, der sich eingehend über die »Rechte der Tiere« ausließ.

Was ist also »die Ideenlehre«? Sie hat mindestens drei Wurzeln: in der Rede davon, was ist, wie wir es erkennen, und was wir tun sollten. Zum ersten ist sie eine Antwort auf das Problem der Doppelhypothese, daß sich alles und daß sich nichts verändere. Sie lautet:

PLATONS HÖHLE. Im *Staat* faßte Platon seine Erkenntnistheorie in einer Allegorie zusammen. Angekettete Gefangene in einer Höhle sehen auf deren Innenwand die Schatten von Statuen, die hinter ihnen vorbeigetragen werden. Sie stehen für die Mehrzahl der Menschen, die ihre Meinungen selbst über weltliche Dinge aus zweiter Hand beziehen. Das schmerzhafte und zunächst blendende Auftauchen aus der Finsternis hat drei Phasen: Man sieht die Dinge der Höhlenwelt so, wie sie wirklich sind; dann erkennt man die Ideen, die die unvollkommenen Gegenstände dieser Welt transzendieren; schließlich erfaßt man die Idee des Guten, die Quelle aller Wahrheit und Vernunft. Das entspricht dem Hinaustreten aus der Höhle in den Sonnenschein. Hier eine Darstellung der Allegorie aus dem 16. Jh.

Wenn sich irgend etwas verändern soll, dann muß es unveränderliche Formen oder Ideen geben. Wenn überhaupt nichts jemals von einem Augenblick zum nächsten oder an verschiedenen Orten »dasselbe« wäre, dann könnte es nicht einmal diese Augenblicke oder verschiedenen Orte geben. Die Vernunft fordert, daß es Wirkliches gibt, das an vielen verschiedenen Raum- und Zeitpunkten gegenwärtig ist. Selbst wenn solche Selbigkeit *nur* diesen Punkten immanent wäre und sich nie außerhalb von ihnen fände, wären sie doch höchst wirklich (manchmal wird »eidos« für immanente und »idea« für transzendente Ideen gebraucht). Alle Versuche, von einem solchen Realismus loszukommen, können konsequenterweise nur von einem einzigen Gedanken ausgehen: es gebe nichts Gemeinsames zwischen dem Einen und dem Anderen, außer daß wir *denselben* Namen (etwa »Hund«) für beide verwenden; doch indem man das sagt, wird stillschweigend davon ausgegangen, daß es einen Sprecher gibt, der *derselbe* ist, und daß es ein Wort gibt, das in vielen Verwendungsfällen *dasselbe* ist. Der Nominalismus, wie er später genannt wurde, ist eine im wörtlichen Sinne unaussprechliche Theorie. Der Platonische Realismus unterscheidet sich von immanenteren Varianten durch das Zugeständnis, daß es unverwirklichte Formen gibt, Ideen, zu denen es keine konkreten Beispielsfälle gibt, und daß dies wiederum so sein muß, sollen wir überhaupt denken können. Die mathematischen Gegenstände, die Pythagoras erkannte, können nicht mit ihren Abbildern in Sand oder Stein gleichgesetzt werden. Wahrheiten über Kreise und Dreiecke blieben wahr, auch wenn nie konkrete geometrische Figuren gezeichnet worden wären, und obwohl die, die gezeichnet wurden, diese Eigenschaften überhaupt nicht aufweisen. Die meisten aktiven Mathematiker sind wohl im Herzen immer noch Platonisten, obwohl ihnen das moderne Philosophen vielleicht ausreden wollen.

Zu der Frage, wie wir dies oder sonst etwas erkennen: Platon sah (wie oben), daß wir schon eine Menge wissen müssen, das wir gar nicht alles angeben können. Er sah insbesondere, daß wir nie Beweise für irgendeinen Gedanken finden könnten, wenn wir nicht schon wüßten, was als ein Beweis und was als wahr zu gelten hat. Wie könntest du ein Bild des Antisthenes zuverlässig erkennen, wenn du ihn nie in Fleisch und Blut gesehen hättest? Und wie kannst du es nun? Wie kommt es, daß Wesen wie wir Fähigkeiten zur Entdeckung von Wahrheiten haben oder sie überhaupt aussprechen können? Moderne Versuche, es mit der Entwicklungstheorie zu erklären, sind zum Scheitern verurteilt: die natürliche Auslese kann ihrer Natur nach niemals Wesen heranzüchten, die in den Himmel schauen und trotzdem zurechtkommen. Vielleicht kann sie Wesen heranzüchten, die unmittelbare Gefahren meiden oder Vorteile erkennen können, denn das hat ja einen unmittelbaren Nutzen. Doch auch wenn – so unglaublich es wäre – eine Variante aufträte (und wie?), die den Himmel genau beobachten kann, würde sie den so viel praktischeren Bodenschnüfflern nicht überlegen sein. Die komische Anekdote von Thales stimmt genau: Als er den Himmel beobachtete, fiel er in einen Brunnen. Die andere, daß er aus Himmelsbeobachtungen eine Rekord-Olivenernte voraussagen konnte, leuchtet viel weniger ein und hat auch gar nichts zu sagen. Solche langfristigen Gewinne wirken sich auf die Entwicklungsgeschichte wenig aus. Platons Antwort scheint die einzige Hoffnung zu sein: Wir können Wahrheiten erkennen, weil wir die Idee der Wahrheit in uns tragen, und das tun wir nicht durch Zufall und natürliche Auslese, sondern von unserem Ursprung her, der auch der Ursprung der Welt ist. Nie könnten wir zu Wahrheiten nur mit Hilfe der Sinne gelangen; das Rüstzeug dazu haben wir, weil wir Abkömmlinge ein und desselben Verstandes sind, der das ganze Weltall hervorbringt. Dieser Gedanke beherrschte die nächsten tausend und mehr Jahre.

Und was sollten wir tun? Die Ideen selbst sind das Wertvolle und Maßstab aller Urteile. Es gibt keine Idee der Krankheit oder der Verworfenheit, nur die der Gesundheit und der Rechtschaffenheit, von denen das Kranke und Verworfene abweicht: krank sein heißt einfach nicht gesund sein, auf wieviele Arten das auch der Fall sein kann. Die Maßstäbe, denen das Konkrete nahekommt, sind die Weisen, wie die reine Schönheit erkannt werden kann; die Ziele, nach denen wir uns sehnen, sind die Arten, wie das reine Gute unserem konkreten Sein entspricht. Die Wahrheit ethischer Aussagen ist so unveränderlich wie die Wahrheit der Mathematik, aber sehr viel schwerer auszumachen – nur daß selbst die Wahrheiten der Mathematik in Wirklichkeit von den ethischen abhängen. Nur wenn es *wahr* ist, daß mathematische Eleganz eine Form der Schönheit ist, daß die Schönheit ein für uns verbindlicher Maßstab ist, kann es (in irgendeinem nichttrivialen Sinne) wahr sein, daß der Satz des Pythagoras (oder irgendein anderer) eine zu achtende Wahrheit ist. Und warum sollten wir uns mit der Schönheit abgeben? Das ist, so Aristoteles, die Frage eines Blinden. Wie abstrakt und pedantisch die Platonischen Ideen auch erscheinen mögen, vor allem, wenn sie mit Zahlen identifiziert werden, man darf doch nicht vergessen, daß sie mit Recht Gegenstand einer leidenschaftlichen Liebe sind. Sie sind Schönheit in ihren verschiedenen Formen, oder aber es leitet sich ihr Sein vom Guten selbst her. Dieses Gute liegt noch »jenseits des Seins«, wie das Eine jenseits des Verstandes; Platons öffentlicher Vortrag über das Gute als solches überraschte seine Hörer, er schien von der Arithmetik zu handeln. »Das Gute« und »das Eine« sind verschiedene Namen für Es, für etwas, das erst möglich macht, daß irgend etwas ist oder gedacht wird, und das selbst nie Gegenstand vernünftigen Denkens sein kann.

Die Seele, oder jedenfalls das Bewußtsein, hat teil am ewigen Sein der Ideen. Einige haben das so verstanden, daß wir unseren wichtigsten Teil als unzerstörbar ansehen dürfen, weil er nämlich keinen Inhalt hat als die ewigen Gegenstände, die er betrachtet. Indem ich mich selbst mit ewigen Wahrheiten identifiziere, erkenne ich mich, jedenfalls dieses Selbst, als unsterblich. Was an Platon, an seinen Fragen wesentlich ist, muß etwas Ewiges sein. Metaphysischer gesprochen: Der unsterbliche Geist in mir ist genau derselbe wie der in dir (dieser Gedanke wird auch Aristoteles und späteren Philosophen zugeschrieben). Er ist faktisch Gott – wenn auch das Denken konkreter körperlicher Wesen nur manchmal und schwankend der unsterbliche Geist ist. Wir denken nicht immer die Wahrheit; wenn aber, dann ist ein und derselbe Gedanke in jedem von uns. Das ist vielleicht alles, was Platons tatsächliche Argumente für die Unsterblichkeit zeigen könnten (oder schon mehr als das), doch man wird kaum daran zweifeln können, daß er in Wirklichkeit mehr wollte, daß er – wie Pythagoras – glaubte, es gebe wirkliche unsterbliche, individuelle Seelen, die zu unserem irdischen Leben verurteilt sind, bis sie ihr Denken genügend gereinigt haben. Vielleicht beruhte diese Überzeugung auf seinem Glauben, es gebe »Ideen von Einzelpersonen«: Sokrates war keine Fiktion, die nur als vergänglicher Reflex des einen ewigen Geistes wirklich war, sondern eine wirkliche, aktive Idee, ewig unterschieden von der unsterblichen Idee eines Kritias oder Dion (aber nicht unbedingt von der *jedes* anderen Sterblichen, der ja eine Wiederverkörperung eben desselben Geistes sein könnte – so behauptete Pythagoras, des Hermes Sohn Aithalides gewesen zu sein). Gab es keine Ideen, so war weder die allgemeine noch die spezielle Form der Unsterblichkeit so recht sinnvoll; es fragte sich nur noch, ob die Ideen Verkörperungen brauchen, um wirklich zu sein. Ohne die Ideen war auch keine Form der persönlichen Identität sinnvoll; läßt man nun solche wirklichen Identitäten zu, warum müssen sie sich dann ständig manifestieren?

Hat nun die Theorie so viele und so große Vorzüge, warum hat sie dann nicht jeden überzeugt? Ein unwichtiger (weil völlig willkürlicher) Grund ist zweifellos lediglich der, daß einige Menschen nicht an unveränderliche Maßstäbe glauben möchten, an denen wir gemessen werden können. Ein ernster zu nehmender Einwand besagt, daß in dem üblichen Begriff der Idee ein Widerspruch stecke. Dieses Argument »vom dritten Menschen«, wie es gewöhnlich bezeichnet wird, findet sich in Platons Dialog *Parmenides* wie auch in den Schriften des Aristoteles; kurz, es war gängige Münze. Es verläuft so: Angenommen, man postuliert eine Idee zu jeder Klasse von Gegenständen, die mit Recht denselben Namen haben (z.B. die Idee des Menschen); diese Idee entspricht selbst der Idee des Menschen (wenn nicht, was könnte ihr dann überhaupt entsprechen?); »folglich« gibt es eine weitere Idee des Menschen, der die Klasse der einzelnen Menschen plus die Idee des Menschen entspricht. Davon gibt es wieder eine Idee, und so weiter und so fort. Also fängt man am besten gar nicht damit an, aber was ist der Anfang? Gewöhnlich wird behauptet, Platon habe sich zwei miteinander unverträgliche Vorstellungen zu eigen gemacht: zum einen, daß jede wirkliche Klasse von Gegenständen eine Idee manifestieren oder nachbilden oder an ihr teilhaben müsse, die von jedem Mitglied dieser Klasse verschieden ist (die Monroe war schön, aber nicht die Schönheit), und zum anderen, daß eine solche Idee selbst ein – denkbar guter – Beispielsfall derselben Klasse wie ihre Abbilder sei. Das heißt also:

1. Nichts, worauf f zutrifft, ist identisch mit der Idee, die es manifestiert.
2. Die von jedem solchen Einzelding manifestierte Idee selbst ist von der Art f.

Es ist unnötig (ja höchst gefährlich), den Gedanken aufzugeben, daß die Idee selbst die Eigenschaft f hat (wenn die Gerechtigkeit nicht gerecht ist, was könnte dann überhaupt gerecht sein?). Ebenso unnötig (und höchst gefährlich) ist es, den Gedanken aufzugeben, es gebe ein F, das jeder f-Gegenstand manifestiert (gibt es keine Gerechtigkeit, was könnte dann gerecht sein?). Der Trugschluß des Arguments liegt in der Gleichsetzung von »ist f« und »f trifft darauf zu«. Eine Analogie: Alles, was kraft eines anderen naß ist, ist es, weil es von einer dünnen Flüssigkeitsschicht bedeckt ist; die Flüssigkeit selber ist naß – von welcher ur-nassen Schicht ist sie nun bedeckt? Die einfache Antwort lautet, daß die Flüssigkeit ihrem Wesen nach naß ist, sie ist identisch mit der Nässe. Ebenso ist die Idee des Menschen (die ein späteres Zeitalter mit dem Verstande gleichsetzen würde) ihrem Wesen nach menschlich und mit dem Menschlichen identisch, und wir Einzelmenschen manifestieren sie. Wir »sind«, als Teilhabe, was sie *ist*.

Aristoteles

Der zweite Gigant der antiken Philosophie ist Aristoteles von Stageira (384-322 v. Chr.). Auch seine Werke wurden oft entstellt, sein Name mißbraucht. Elementare Darstellungen der Wissenschaftsgeschichte pflegen sich über die typisch griechische Abneigung gegen Handarbeit zu entrüsten und erzählen von Aristoteles gern, er habe nicht einmal die Zähne seiner Frau richtig zählen können. Mit seinen Geschichten über Steine, die in der Erde ruhen möchten und um so schneller fallen, je schwerer sie sind, und von Arten, die wohlunterschieden geschaffen sind und weder aussterben noch sich vermischen, habe er dem mittelalterlichen Europa noch dazu einen grotesken Bären aufgebunden. Und das Schlimmste: Er redete den Leuten ein, nur was in den Texten aufgeschrieben ist, sei wahr, und gewöhnliche Beobachtungen und Experimente seien allesamt irrelevant. Die Wissenschaft rettete uns Schritt für Schritt vor Aristoteles: Leichte und schwere Steine fielen doch mit der gleichen Geschwindigkeit; die Erde drehte sich um die Sonne; die Arten hatten kein festgefügtes Wesen mehr; die Lebewesen wurden nicht durch »lebendige Geister« bewegt, sondern durch Muskeln an Hebeln. Es war für die Wissenschaftler und Philosophen des 17. Jh. von zentraler Bedeutung, sich von der Aristotelischen Synthese loszusagen, und seitdem glauben die Wissenschaftler – mit seltenen lobenswerten Ausnahmen – alles, was sie lesen.

Aristoteles. Dieser Kopf aus der Zeit von Kaiser Claudius gilt als Kopie einer Statue, die zu Lebzeiten des Philosophen entstand.

Aristoteles selbst, aus einer Arztfamilie stammend, Student der Akademie, Lehrer Alexanders und unermüdlicher Sammler von Informationen, würde sich in seinem Zerrbild kaum erkennen. Der Aristoteles des Mittelalters, eingebaut in heidnische und islamische Kommentare und schließlich von Thomas von Aquin in seine christliche Rolle eingeübt, war auch eine größere Gestalt, als die aufkeimende Aufklärung wahr haben wollte, doch darum geht es mir jetzt nicht. Die abwegigste Verwendung des Aristoteles war zweifellos, daß man ihm die Eucharistie in den Mund legte; kaum weniger abwegig, daß man ihn zum Wortführer des biologischen Essentialismus machte, des Gedankens, jeder Vertreter einer biologischen Art entspreche einer einmaligen und eindeutigen Idee, und es gebe keine Zwischenformen, Varianten oder ausgestorbene Formen. Die Wahrheit ist, daß Aristoteles die »Transsubstantiation« für lächerlich gehalten hätte (denn was etwas *ist*, ist das, was es ersichtlich *tut*), wie auch, daß der »Transformismus« ein fester Bestandteil seiner Biologie ist.

Bei Aristoteles ist die Chronologie nicht so einfach wie bei Platon. Als er von seiner mazedonischen Erzieheraufgabe zurückkehrte und seine Schule gründete (während ein geborener Athener Platons Akademie leitete), entstand eine neue philosophische Richtung, die der Peripatetiker. Doch die späteren Platoniker betrachteten ihn als einen Platoniker, der die formale Logik schuf und Platons Trennungen zwischen Sprache und Welt richtigstellte oder richtigstellen wollte. Außer Frage stand, daß das beste Leben für Aristoteles wie für Platon in der Kontemplation des Gottes und des Dienstes an ihm bestand, der auf ewig identisch mit den Gegenständen des reinen Denkens war. Daß unser Charakter ausgebildet und unser Geist geschult werden müsse, war auch allgemein anerkannt. Daß etwas Göttliches und Schönes auch in den unbedeutendsten Naturgegenständen erkennbar sei, war bei Platon angelegt und bei Aristoteles ausgesprochen. In späteren Zeiten bildete der über die islamischen Kommentatoren nach Westeuropa gelangte Aristoteles eine Alternative zum Platonismus, indem er das personale Sein gegen eine scheinbare mystische Extravaganz betonte. Doch auch damals hielt niemand den Aristoteles für einen Gegner Platons. Er meinte zwar, wo beide Freunde seien, ziehe die wahre Liebe die Wahrheit dem Platon vor – doch Platon hatte eben dasselbe gesagt, und Aristoteles meinte in Wirklichkeit, Platon sei in der Tat sein Freund. In der Renaissance wurde Platon zum Schlachtruf gegen Aristoteles, die Menschen hätten genügend am Göttlichen teil, um echte Wahrheiten zu schauen, während sich die mittelalterlichen Aristoteliker damit zufrieden gegeben hatten, die Erscheinungen durch Modelle und Hypothesen zu retten. In unserem Jahrhundert schien es völlig klar, daß Aristoteles als Platoniker anfing, als treuer Verteidiger der persönlichen Unsterblichkeit und der realen Ideen, sich aber nach und nach der Alltagswelt zuwandte: den erreichbaren Gütern und genauen Berichten, was wo geschehen war. Die Wahrheit liegt wahrscheinlich viel näher bei der antiken Auffassung, Aristoteles weiche zwar manchmal von Platon ab (und habe wohl weniger leicht vom Alltagsverstand lassen wollen), aber in den wichtigsten Fragen sei er mit ihm einig.

Vielleicht hatte Aristoteles, der aus einer Arztfamilie stammte, mehr als Platon für den soliden Empirismus übrig, der sich bei manchen Autoren des Hippokratischen Korpus ausdrückt, welcher Gedanken und diagnostische Notizen hippokratischer Ärzte aus verschiedenen Zeiten enthält. So läßt sich der Verfasser von *Alte Heilkunst* (gewöhnlich auf das frühe 4. Jh. datiert) verächtlich über das Theoretisieren als Weg zur medizinischen

Des Aristoteles Forschungsassistenten. Aristoteles war der Begründer der modernen Biologie. Alexander der Große schickte ihm von seinen Feldzügen Exemplare seltener Arten. Dieser Dienst an seinem früheren Lehrer ging in die hellenistische und mittelalterliche Legende ein; unsere mittelalterliche Illustration zeigt Alexander bei der Erforschung des Meeresgrundes in einer gläsernen Taucherglocke.

Wahrheit aus. Es kam auf die Einzelfälle an und nicht auf die Idee, die ideale Form. Das ist eine geziemende Antwort auf übertriebene Hoffnungen, eine komplizierte Welt allein mit Denkmodellen einzufangen. Vielleicht entsprach es auch einer Familientradition, daß Aristoteles so darauf beharrte, daß auch das trivialste und niedrigste Geschöpf etwas Wundervolles, Göttliches erkennen lasse, wenn es nur mit aufgeschlossenem Sinn untersucht wird. Seine faszinierenden Versuche, etwas Ordnung in der quirlenden Vielfalt der biologischen Natur zu finden, wurden fortlaufend durch Beobachtungen korrigiert, obwohl ihm auch methodologische Aphorismen wie »Die Natur tut nichts ohne Zweck« lieb und teuer waren.

Als äußerstes Gegenstück zur Naturgeschichte, so will es scheinen, schuf Aristoteles die formale Logik, insbesondere die systematische Analyse der Schlüsse. Er ermittelte die gültigen Schlußformen, und zwar durch Beispiele und durch Argumente. Die erste hat zwei Prämissen mit einem gemeinsamen Mittelbegriff (der in der ersten Prämisse als Subjekt und in der zweiten als Prädikat auftritt, z.B.: »Alle Menschen sind sterblich, und alle Dichter sind Menschen«, daraus folgt: »Alle Dichter sind sterblich« – später nannte man das den Modus »Barbara«). Die zweite Schlußfigur, bei der der gemeinsame Begriff in beiden Prämissen das Prädikat ist, kann nur negative gültige Folgerungen haben (z.B.: »Wenn sich keine Philosophen um Geld kümmern und alle Professoren es tun, dann sind keine Professoren Philosophen« – der Modus »Cesare«). Die dritte Figur, bei der der ge-

Platonismus und Aristotelismus. Vor allem seit der Renaissance hat die philosophische Tradition Platon und Aristoteles gern als Antipoden dargestellt. Hier zeigt Raffael auf seinem Gemälde Die athenische Schule Platon mit einem kosmologischen Buch und auf den Himmel weisend, während Aristoteles mit einem ethischen Buch in der Hand eine Geste macht, die sein Interesse für das tägliche Leben ausdrückt. In Wirklichkeit war weder Platon so jenseitig noch Aristoteles so weltlich orientiert, wie die Tradition es hinstellt.

meinsame Begriff in beiden Prämissen das Subjekt ist, liefert weder positive noch negative All-Folgerungen (z.B. »Ferison«: »Wenn keine nichtmenschlichen Wesen Pflichten haben und einige nichtmenschliche Wesen Rechte, dann haben einige Dinge, die Rechte haben, keine Pflichten«). Die vierte Figur, die lediglich die Folgerung der ersten umformuliert (»Einige sterbliche Wesen sind Dichter«), wurde erst später der Vollständigkeit halber hinzugefügt. Diese munteren Umformungen waren das A und O der mittelalterlichen Logik und wurden da ganz im Sinne ihres Erfinders benutzt, nämlich in Streitgesprächen. Aristoteles wollte ja die Rhetorik vor Gericht und in den Schulen systematisieren und disziplinieren.

Bei der Klassifikation der Argumente war Aristoteles in seinem angeblichen Element. So auch in der Biologie, wo er überzeugende Klassifikationen der verschiedenen Arten von Lebewesen anstrebte, von den Muscheln über Fische, Vögel und Vierfüßler bis zum Menschen. Doch biologische Klassen ließen sich nicht ableiten oder beweisen, und sie waren auch nicht so scharf voneinander abgegrenzt. Im Gegenteil, »die Natur scheut Sprünge« so sehr wie die Leere. Zwischen zwei Klassen gibt es immer Zwischenformen; viele Arten lassen sich am einfachsten als Varianten, Entartungen einer umfassenderen Art verstehen (so Seehunde als »entartete Vierfüßler« oder Plattfische als gegenüber der Norm »verdreht«). Vielleicht könnte man sogar alle existierenden Lebewesen als Varianten eines Urtyps auffassen, nämlich der »wenigst spezialisierten, ausgewogensten, vollständigsten Art«, des Menschen. Klassen sind Festsetzungen zum Zwecke der Beschreibung, und die biologischen Arten sollten nicht als bloße Abbilder wohlunterschiedener Ideen aufgefaßt werden. Nicht die Art wird fortgepflanzt, sondern nur die Einzelform des Vaters, mehr oder weniger gut abgedrückt in der mütterlichen Materie. Kurz, die spätere Vorstellung, wohlunterschiedene Arten seien aus Gottes Geist entsprungen und vermischten sich nie (und sollten es auch nie werden), ist völlig unaristotelisch.

Scharf abgegrenzte Klassen sind sprachliche Fiktionen, die Wirklichkeit, die wir sehen, hat immer stetige Übergänge. Das erwähnte Problem Zenons des Eleaten beantwortete Aristoteles damit, daß es keine »augenblicklichen« Wahrheiten gebe. Es gibt keinen ersten oder letzten Augenblick oder Punkt, an dem A x ist; das sind nur Merkzeichen auf der ständig sich verändernden Wirklichkeit. Eine komplexere Antwort gleicher Art versuchte er auf ein Argument, das später die Stoiker beeindrucken sollte: »Wenn etwas jetzt für das Zukünftige gilt (und daher von jeher wahr war), und wenn wir jetzt das, was wahr war, in keiner Weise beeinflussen können, dann können wir auch nicht das beeinflussen, was aus dieser Wahrheit folgt.« Also können wir gar nichts beeinflussen; und doch – so betont Aristoteles – können wir es nachweislich. Seine Antwort lautet wiederum, daß wir uns von logischen Gesetzen nicht dazu verleiten lassen dürfen, Erfahrungstatsachen zu leugnen. Lieber zugestehen, daß wir die Vergangenheit beinflussen können, als leugnen zu müssen, daß wir die Zukunft beeinflussen können. Die wirkliche Welt ist veränderlich und stetig, sie läßt sich nicht richtig mit den statischen, unstetigen Begriffen des formalen Schließens beschreiben.

Offenbar ist also etwas Wahres daran, daß Aristoteles den Theorien Platons mißtraute? Seine politischen Theorien, nach denen der Staatsmann gegensätzliche Interessen um des Friedens willen ausgleichen soll, schließen nahtlos an Platons Spätschriften an. Seine ethischen Theorien, nach denen das Gute in der Gemeinschaft zu erlangen ist, im Streben

THEORIE UND EXPERIMENT. Aristoteles glaubte, die Geschwindigkeit des freien Falles sei proportional zum Gewicht des fallenden Körpers. Das blieb die herrschende mechanische Theorie, bis sie Galilei durch Fallversuche am schiefen Turm von Pisa widerlegte.

nach dem Guten und Schönen, sind kaum mehr als eine Schwerpunktverschiebung. Seine Erkenntnistheorie beruht nicht ausdrücklich auf irgendeiner Vorstellung, wir würden grundlegende Wahrheiten schon »kennen« oder »halb und halb erinnern«, sondern erkennt die geistige Schau als Quelle entscheidender Grundsätze an, die schon bekannt sein müssen, ehe irgendein Beweis möglich ist. Er stützte sich vielleicht wesentlich stärker als Platon auf das, was wir für gewöhnlich wahrnehmen können, doch er zweifelte nicht daran, daß wir mehr »wahrnehmen«, als wir im strengen Sinne sehen, hören oder tasten. Farben und Durchscheinendes sind spezielle Gegenstände des Sehens, sie werden wahrgenommen – so könnte man es sich vorstellen –, weil unsere Augen zu diesen »werden« können. Doch Gestalten, Größen, Zeiten und ähnliches (die später als primäre Eigenschaften bezeichnet wurden) hängen nicht mit einem bestimmten Sinn zusammen; wir nehmen sie »common sensically« wahr [Wortspiel: common = gemeinsam, sensical = die Sinne betreffend, aber auch common sense = Alltagsverstand, d. Üb.], weil unser Geist (und nicht nur unsere Augen) zu solchen Formen werden können. Der Unterschied liegt in seiner Metaphysik – doch gerade hier ist Aristoteles am wenigsten klar.

Er fängt bei Einzelsubstanzen an, etwa Einzelpersonen: Sie sind die primären Subjekte, von denen etwas ausgesagt wird, sie sind etwas über die Zeit und den Wandel hinweg Bleibendes, das nicht auseinandergenommen und wieder zusammengesetzt, nicht in mehreres Gleichartiges zerlegt werden kann (wie ein Stein in Steinbrocken). Eine Person kann bleich oder gebräunt sein, kann 100 Pfund oder 110 wiegen, sich – morgens oder abends – in der Stadt oder auf dem Lande aufhalten, Vater und/oder Sohn sein, bekleidet oder unbekleidet sein, liegen oder stehen, handeln oder von Handlungen betroffen sein (so die vollständige Liste der nach Aristoteles möglichen »Kategorisierungen«). In allen diesen einzelnen Beziehungen kann sich eine Person verändern und doch dieselbe Person bleiben. Was diese Person ihrem Wesen nach ist, was es heißt, daß diese Person überhaupt existierte, das ist nicht auf gleiche Weise »vorhanden bei« der Person (als ob sie es verlieren und doch fortbestehen könnte). Jemanden wirklich kennen heißt wissen, was es heißt, daß er existiert. Dieses Wesen wiederum kann – akzidentiell – von der Materie ausgesagt werden, die die Person bildet: dieser Haufen, könnte man sagen, ist Kritias (aber abgesehen davon, daß Kritias da ist, gibt es gar keinen Haufen). Dieser radikale Individualismus stellt Platon auf den Kopf. Für Platon blieb das Ding dasselbe, woran viele Einzelerscheinungen teilhatten, und das war viel eher ein Seiendes als der Treibsand, in den diese Figuren gezeichnet wurden. Aristoteles behauptete, die Einzeldinge trügen die gemeinsamen Eigenschaften, sie seien das eigentliche Seiende, dessen Existenz nicht von anderem, von den Eigenschaften abhing. Ohne rote Einzeldinge konnte es keine Röte geben, doch etwas Rotes konnte blau oder farblos werden, ohne aufzuhören zu existieren.

Leider läßt sich ein reines, unwiederholtes Einzelding überhaupt nicht beschreiben. Einzeldinge sind in ihrer Invidualität unerkennbar; nur eine gemeinsame Form ist erkennbar (auch wenn sie nur der Möglichkeit nach mehrerem gemeinsam ist). Und die Einzelsubstanzen, auf die Aristoteles vertraute, sind schon mehr als punktförmige Einzeldinge: Wenn Kritias als Kritias bei mehr als einer Gelegenheit da sein kann, so nur, weil aufeinanderfolgende Momente materieller Art das besitzen, »was es heißt, daß Kritias existiert« (und das ist das, was Kritias *qua* Kritias tut). Eigenschaften werden von wirklichen Substanzen ausgesagt – aber das Wesen dieser Substanzen wird von einem Träger ausgesagt. Daß dieser mit jedem Argument mehr das Aussehen der primären Materie, der reinen Substanz gewinnt, das machte späteren Denkern Schwierigkeiten: Er ist das letzte Subjekt aller Aussagen und hat alle Eigenschaften, aber in Wirklichkeit *ist* er nichts. Es ist das Gefäß, nichtseiend, das Nichts, dem die Form des Lebens aufgeprägt wird. Und weil es nichts ist (und was sollte es auch sein, denn es ist ja – im prädikativen Sinne – alles), können wir es überhaupt nicht erkennen. Nur die Formen sind erkennbar (und damit stehen wir wieder am Anfang, bei Platon).

Und doch gibt es einen Unterschied zwischen den Giganten. Aristoteles zog letzten Endes die Erfahrung jeder logischen Ableitung vor (oder vielmehr benützte er jene logischen Ableitungen, um die Voraussetzungen, die zu unannehmbaren Ergebnissen führten, in Zweifel zu ziehen). Und aus genau diesem Grunde ließ ihn die Renaissancewissenschaft fallen. Daß schwere Gegenstände schneller fallen als leichte, wird ja durch die Alltagserfahrung bestätigt (man lasse doch einmal ein Buch und ein Blatt Papier gleichzeitig fallen). Nicht die Erfahrung, sondern die Logik machte Galilei glauben, die Wahrheit sehe anders aus, die verschiedene Fallgeschwindigkeit rühre von anderen Faktoren als dem verschiedenen Gewicht her. Zwei Einpfundgewichte wiegen zusammen so viel wie ein Zweipfundgewicht; wie schnell sollen denn die drei fallen? Würden zwei Gewichte schneller fallen, wenn sie zusammengebunden wären? Müßte dies sehr fest sein? Kurz, weil Galilei Platonist war und seiner Vernunft traute und nicht seinen fehlbaren Sinnen, deshalb stieß er zu einer größeren Welt vor als der, mit der sich Aristoteles letzten Endes begnügte.

Niemand, so kann man mit gutem Grund meinen, hat seit Aristoteles so viele Gebiete menschlicher geistiger Betätigung so umfassend beherrscht. Und nur wenige sind von Freund und Feind so viel mißdeutet worden. Seinen ethischen Theorien wird manchmal vorgeworfen, sie hätten die Sklaverei für diejenigen verteidigt, die nicht nach eigener Entscheidung leben könnten, dann wieder, sie hätten gerade die grundlegende Bedeutung der Entscheidung für die menschliche Existenz vernachlässigt. Der erste Vorwurf ist gerechtfertigt (wenn auch sein Denken die befreiende Konsequenz hatte, daß formale Herren in Wirklichkeit Sklaven sein können); der zweite – manchmal in die Formel gefaßt, es gehöre zur menschlichen Natur, keine vorgegebene Natur zu haben – wird in Wirklichkeit von Aristoteles selbst viel besser formuliert. Das gute Leben der Menschen muß von eben diesen Menschen gewählt und gelebt werden; unser Leben ist eines der bewußten Tätigkeit, und damit müssen wir zurechtkommen.

Stoiker, Epikureer und Wanderphilosophen

König Alexander starb 323 v. Chr. (und am selben Tage, so heißt es, auch Diogenes der Kyniker), und Aristoteles verließ schleunigst Athen – auf daß sich, wie er sagte, die Athener nicht ein zweites Mal gegen die Philosophie versündigten. Im Jahr darauf starb er selbst, und damit – so das Klischee vieler Einführungsvorlesungen in die Philosophie – starb die Philosophie, bis sich ein gewisser René Descartes entschloß, wieder von vorne anzufangen. Die Wahrheit ist, daß die Philosophie am deutlichsten in den folgenden Jahrhunderten das wurde, was sie der Alltagssprache nach immer noch ist: eine Weise, mit einer mit sich selbst im Krieg befindlichen Welt fertig zu werden. Wie kam es dazu?

DIE ATHENISCHE SCHULE. Raffaels Fresko in der Stanza della Segnatura im Vatikan ist die eindrucksvollste Renaissancedarstellung der griechischen Philosophie. Die Figuren auf diesen vier Ausschnitten sind wahrscheinlich (von oben links im Uhrzeigersinne) Parmenides, Heraklit, Pythagoras und Sokrates.

Diogenes von Sinope. Die Bitte des kynischen Philosophen, Alexander möge ihm aus der Sonne gehen, war ein beliebtes Thema für verschiedene Künste. Hier erscheint es auf einer Majolikaschale aus Urbino.

Ein Teil der Antwort muß bei Sokrates liegen, wenn er auch Vorläufer hatte. Nach seinem Leben und Tod, wie sie von seinen empörten Freunden dargestellt wurden, gehörte bis vor hundert oder zweihundert Jahren das Gefühl, wenn man schon kein Sokrates ist, sollte man sich doch wenigstens *wünschen*, einer zu sein, zu den Bestimmungsmerkmalen eines wahren Philosophen. Wohl eine beunruhigende Sicht. Epiktet selbst bekannte, er und seine Schüler seien gewissermaßen Juden dem Wort, aber nicht der Tat nach, keine »waschechten Juden« und weit davon entfernt, die von ihnen gelehrten Grundsätze in die Tat umzusetzen: »Obgleich wir nicht einmal dazu fähig sind, die Rolle des Menschen zu erfüllen, legen wir uns auch noch die Rolle des Philosophen zu.« Ein so hohes Bild von der bloßen Philosophie muß zu Unbehagen führen, wie es in Descartes' Aphorismus zusammengefaßt ist: »Die Philosophie lehrt uns, mit einem Schein der Wahrheit über alles zu reden, und trägt uns die Bewunderung der weniger Gelehrten ein.« Doch wie hochgegriffen die nachsokratische Vision auch sein mag, und wie oft sie auch verraten worden ist, ihr Einfluß ist nicht zu übersehen. Mancher Kyniker war zweifellos buchstäblich »hündisch«, nicht mehr als ein Landstreicher – doch jedes Zeitalter und jedes Volk außer dem unseren hat erkannt, daß mancher Landstreicher ein umherziehender Weiser sein kann. Als die Feldzüge Alexanders (und seiner Nachfolger) die Griechen mit indischen »Gymnosophisten« (also »nackten Sophisten«, nackten Weisen) bekannt machten, scheinen sie nicht viel vom indischen Denken gelernt zu haben (das ihnen ja über mehrere Zwischenstationen übersetzt wurde), doch sie hatten damit nicht unrecht, daß diese »Gymnosophisten« nicht unähnlich den »Philosophen« seien, die eifrig an der Abtötung der Begierde arbeiteten.

Wer waren also die Weisen? Diogenes, der ursprünglich aus Sinope stammte, aber schon lange in Korinth lebte (etwa 404 bis etwa 323 v. Chr.), ist durch Anekdoten bekannt wie etwa die folgende: Als er von einem (ausnahmsweise für einen Augenblick) respektvollen Alexander gefragt wurde, was er, Alexander, für ihn tun könne, antwortete er: »Geh mir aus der Sonne.« Viele der Anekdoten sind recht grobschlächtig; viele sind heute nicht mehr verständlich; es bleibt eine Vorstellung von Freiheit. Zu seinen Anhängern gehörte Krates, der ein großes Erbe ausschlug, um das Leben eines Kynikers zu führen (gemeinsam mit seiner ebenso entschlossenen Frau Hipparchia). Er vertraute sein Vermögen einem Treuhänder an und bestimmte, daß es seine Söhne bekommen sollten, wenn sie gewöhnliche Menschen würden; wenn aber Philosophen, so daß sie es nicht nötig haben würden, solle man es dem Volk geben. Ein anderer Zenon, ein Kaufmann aus Kition auf Zypern, kam nach dem Bericht Xenophons über Sokrates in Athen zufällig in eine Buchhandlung und fragte, wo er einen solchen Menschen finden könne; der Buchhändler verwies auf Krates, und Zenon gab sein Geschäft um des Guten willen auf und machte sich schließlich in der bemalten Säulenhalle, der Stoa, heimisch. Diese frühen Stoiker scheinen fast so un-verschämt wie die Kyniker gewesen zu sein und die herkömmlichen Tugenden und Tabus nicht geachtet zu haben. Warum keinen Liebesakt im Tempel, warum nicht die toten Eltern essen, warum nicht anderer Leute Besitz als den eigenen betrachten? Schließlich gehört alles den Göttern; Freunde haben alles gemeinsam, und nur die Weisen sind wahre Freunde der Götter; also gehört den Weisen alles, was sie wollen, nur daß sie es, weise, wie sie sind, nicht zur Befriedigung unnötiger Bedürfnisse verwenden werden. Diese Auffassungen wurden nicht in die Praxis umgesetzt, und die späteren Theoretiker schwächten sie allmählich ab. Ein stoischer Philosoph war einer, dessen Verhalten nicht in jedem Staat ein anderes, sondern von der Natur bestimmt war und nicht von den nichtigen »Gesetzen« törichter Herrscher; doch die wahren Gesetze entpuppten sich als jene, die den herkömmlichen Gerechtigkeitvorstellungen entsprachen. Privateigentum war in gewissem Sinne absurd, die ganze Welt stand ja jedem zur Verfügung – doch die bestehenden Eigentumsrechte mußten geachtet werden, ähnlich wie ein Platz im Theater in einer Beziehung der Öffentlichkeit zur Verfügung steht und und in einer anderen dem vorbehalten ist, der ihn eingenommen hat. Der Stoizismus fordert dazu auf, sich vor Augen zu halten, was wirklich in der eigenen Macht steht: Ich kann die Räubereien von Tyrannen (oder auch kleinen Schurken) nicht verhindern, oder daß sie mich foltern oder töten; aber sie wiederum können nicht verhindern, daß ich das tue, was Gott-und-Natur mich heißt. Unabweisliche Bedürfnisse habe ich nur wenige; wenn ich dafür sorge, daß ich mir nur wünsche, was ich auch bekommen kann, und nicht vergesse, daß »die Tür immer offensteht« (ich mich jederzeit töten kann), dann bin ich gegen jede Bestechung und jede Drohung gefeit. Nur so kann ich »frei« sein; nur die Weisen sind frei, und nur sie sind vernünftig.

Die Ethik der Stoiker, sagten sie, sei das Eiweiß der Philosophie, doch sie trieben auch Logik (die Eierschale) und Naturphilosophie (das Eigelb). Ihre logischen Analysen bildeten eine der schöpferischsten Perioden in der Geschichte der Logik, indem sie von der Aristotelischen Syllogistik (die heute zumeist als ein Teil des Prädikatenkalküls angesehen wird) zu dem fortschritten, was heute als Aussagenkalkül bezeichnet wird, und sich über natürliche und vereinbarte Zeichen Gedanken machten. Ihre Naturphilosophie wiederum war eine tiefschürfende und kühne Erforschung einer streng deterministischen Welt. Zu den größten Namen, die nur in Fragmenten auf uns gekommen sind, gehören Chrysippos und Poseidonios (135-51 v. Chr.); letzterer scheint einen stärker platonistischen Realismus vertreten zu haben, während ersterer den monistischen Materialismus der stoischen Hauptströmung begründete. Nichts konnte, so die Stoiker, als Ursache wirken als die materiellen Einzelgegenstände, und die wirkten genau so, wie sie wirkten, und nicht anders. Alles, was geschieht – auch die menschlichen Handlungen – ist unausweichlich im strengen Sinne, es ergibt sich aus den Prinzipien, dem Prinzip, das der den Dingen innewohnende Gott ist. Gott ist noch nicht völlig offenbar – jedenfalls nicht dem gewöhnlichen Volke –, aber es wird eine Zeit kommen, da Gott das All in allem, da alles offenkundig voll Gottes ist: der »Weltbrand« am Ende des weltlichen Zeitalters. Jedes folgende Zeitalter, da Gott sich wieder verbirgt, entfaltet sich genau so wie das entsprechnde vorige, und die Weisheit liegt darin, dies gutzuheißen. Besonders individualistische Stoiker (deren Haupt Ariston von Chios war, ein Schüler Zenons aus dem 3. Jh.) erkannten noch etliche weitere Konsequenzen der allgemeinen Lehre. Einige bestritten, kurz gesagt, daß es einen besondern Brand geben würde (da Gott bereits das Ganze regiere), und daß das für gewöhnlich Begehrte (Essen, Trinken, Sexualität und Obdach) irgendeinen Wert habe. Die Mehrheit einigte sich darauf, daß heute noch nicht alles offenkundig in Ordnung sei, daß wir jenen moralisch gleichgültigen Dingen (wie Essen, Trinken, Sexualität und Obdach – keiner ist

KRATES VON THEBEN wird hier als typischer kynischer Philosoph gezeigt, der die Konvention verachtet und abgetragene Kleider trägt. Das Gemälde stammt von Domenico Fetti.

ZENON AUS KITION, der Begründer der Stoa, hier als hellenistische Marmorbüste aus dem Louvre.

ja »wirklich« etwas Besseres, nur weil er derlei hat) immer noch von Natur aus nachstreben. Gute Stoiker entschieden sich für das »vorzuziehende Gleichgültige«, vergaßen aber darüber nicht, daß das eigentlich für das wirklich Wesentliche (die »Tugend«) keinen Unterschied mache.

Dieser Stoizismus hatte in gefühlvolleren Zeiten eine schlechte Presse: Gute Menschen, so ist man geneigt zu denken, müssen sich sehr darum kümmern, was den Freunden und vor allem den Kindern zustößt. Distanzierte Gleichgültigkeit gilt nicht mehr viel. Diese Reaktion ist verständlich, doch es ist nicht uninteressant, daß die stoische Theorie des moralischen Bewußtseins (und die Praxis der großen Weisen) von der Kindesliebe ausging. Die »Rechte künftiger Generationen«, über die die modernen Moralisten diskutieren, waren dem stoischen Denken stets vertraut, obwohl es – wie Cicero berichtet – die Moral (angemessener) in Form von Pflichten ausdrückte. »Wir empfinden es als schlecht und unmenschlich, wenn jemand erklärt, wenn er tot sei, dann interessiere ihn der Weltbrand nicht mehr; zweifellos müssen wir uns also um die Interessen der Nachgeborenen um ihrer selbst willen kümmern.« Die Sentimentalität und nicht das Gefühl war ihr Feind. Epiktet machte einen in Tränen aufgelösten Vater, der sich nicht mehr um seinen fiebernden Sohn kümmern konnte, darauf aufmerksam, daß seine »pathetische« Natur der Liebe hinderlich werde. »A-pathie«, Distanzierung, ist nicht apathisch im modernen Sinne, sondern nur nicht pathetisch.

Wurden die Stoiker manchmal als zu streng hingestellt, so hatten die Epikureer unter der entgegengesetzten Verunglimpfung zu leiden, es gehe ihnen nur um das Angenehme. In Wirklichkeit sind die von Epikur (341-270 v. Chr.) empfohlenen Freuden solche, die keinen Schmerz nach sich ziehen, und zwar hauptsächlich die der Freundschaft und eines ruhigen Lebens. Sie lassen sich garantieren, wenn man seine Wünsche einschränkt, und Schmerzen lassen sich aushalten, bis sie nicht mehr auszuhalten sind, wenn »die Tür offensteht«. Epikur wurde (wie Pythagoras) auf Samos geboren, doch 306 v. Chr. hatte er sich in einem Garten außerhalb von Athen niedergelassen, und seine Schüler hießen einfach die Freunde. Seneca berichtet uns: »Epikur sagt, man solle sich mehr darum kümmern, mit wem man Speise und Trank teilt, als was man ißt und trinkt. Denn Essen ohne einen Freund am Tisch sei das Leben eines Löwen oder Wolfes.« Vielleicht hätte er zugestimmt, daß es auf das Angenehme ankomme (während die Stoiker von der Tugend sprachen), doch in der Praxis gab es womöglich wenig Unterschied. Römische Verwaltungsleute (Cicero nicht unähnlich) konnten sich vernünftigerweise auf den Standpunkt stellen, die stoische Betonung der Pflichten gegenüber Familie, Freunden und Vaterland sei nützlicher als epikureische Gartenpflege, doch radikale Stoiker waren so störend, wie radikale Epikureer angenehm sein konnten. Jene waren schließlich fähig (wenn sie schon nicht mehr vorschlugen, die Eltern zu essen), einen zur Majestätsbeleidigung zu drängen, während die Epikureer den Hof lieber links liegen ließen. Auch hier liegen uns fast nur Fragmente vor – und die größte philosophische Einzeldichtung, Lukrezens *De rerum natura*, entstand in den letzten Tagen der römischen Republik. Es beginnt mit einer Bitte an Venus, den Kriegsgott zu besänftigen, doch im wesentlichen ist es eine streng materialistische, atheistische Predigt. Es endet mit einer eingehenden Darstellung der großen Pest, die vierhundert Jahre zuvor zum Niedergang Athens beigetragen hatte, kurz, es endet vielleicht in der Hoffnungslosigkeit.

Im Mittelpunkt von Epikurs Glauben stand die Ethik, doch auch er (und seine Anhänger) stützten sich auf die Naturphilosophie. Bei ihm kommt die Vision Demokrits wieder zur Geltung: Die Wirklichkeit, das ist »die Atome und der leere Raum«, und was im täglichen Leben als Substanzen erscheint (und auch die visionären Formen der Gottheiten), waren nur Atomkomplexe ohne bleibende Substanz. Die stoische Meinung, es gebe letzten Endes nur *eine* Substanz, die ganze Welt, fand ihr Gegenstück in der epikureischen, es gebe unzählige Substanzen, aber kein Ich. Die monistische Auffassung, die Menschen seien nur Teile der einen Substanz, und die atomistische, sie seien nur Aggregate einfacherer Teilchen, legen beide nahe, auf unsere persönliche Identität zu verzichten. Von Bedeutung – wenn überhaupt etwas von Bedeutung ist – konnte nur der Zustand von allem sein (sei es nun das Eine oder das Viele). Aufklärung ist die Entdeckung, daß ich nicht existiere.

Damit das nicht überspannt klingt: Das Buch *Fragen König Milindas* (das ist Menander, der im 2. Jh. v. Chr. in Nordwestindien regierte) kommt gewöhnlich nur in Geschichtsdarstellungen des indischen oder buddhistischen Denkens vor, doch hier ist es ebenso am Platze. Sein Einfluß im Westen war jahrhundertelang gemindert, doch gleiches läßt sich von vielen Texten sagen, die ihren stärksten Einfluß in einem späteren Zeitalter entfalteten. Nagasena setzt Menander auseinander, jedes Zusammengesetzte sei nur das Zusammenwirken seiner Teile, ja, die Namen des Zusammengesetzten seien nur bequeme Bezeichnungen für etwas, das nicht als Substanz existiere. »Nagasena« selbst ist »nur eine Art des Zählens, Begriff, Benennung, bequeme Bezeichnung, bloßer Name für das Haupthaar, das Körperhaar...Gehirn des Kopfes, Form, Empfindung, Wahrnehmung, die Neigungen und das Bewußtsein. Doch im absoluten Sinne läßt sich kein Ich finden.« Spätere Buddhisten lösten sogar noch die Elemente, auf die die zusammengesetzten Gegenstände reduziert worden waren, auf und erklärten gleichzeitig die Begierde zur einzigen Ursache von allem. Die Buddhisten wollten wie die hellenistischen Weisen »uns« vor Kummer bewahren, und zwar dadurch, daß sie, bald so, bald anders, die Überzeugung nährten, es gebe gar niemanden, der bewahrt werden müsse.

Epikureer wie Stoiker behaupteten (hier im Unterschied zu den meisten buddhistischen Schulen), körperliche Entitäten seien die einzigen Ursachen. Für die Epikureer gab es keinen Weltplan, keine Vorsehung, keine Furcht vor göttlichem Zorn, keinen Grund für menschliches Handeln außer dem, ein wenig Ruhe zu finden. Die Stoiker hingegen meinten, zwar seien körperliche Entitäten die einzigen Ursachen, dies aber kraft eines ewigen Gesetzes, der innewohnenden Göttlichkeit. Wie die Dinge sind, so sollten sie auch sein, und Seelenfrieden erlangt man, indem man seine Ziele mit den göttlichen zur Deckung bringt. Die radikaleren und wurzelloseren Weisen, die als Kyniker bezeichnet werden, hatten mit den Stoikern viele moralische Überzeugungen gemeinsam, doch sie verzichteten auf jeden Versuch, ihr Verhalten darauf zu gründen, wie die Dinge waren. Statt dessen erlangten sie Seelenfrieden (wenn sie welchen erlangten) durch Verzicht auf die gefährlichen Abenteuer einer kosmologischen Vernunft. Was wir wissen müssen, ist nur, wie wir hier und jetzt leben sollen, wobei wir unsere Wünsche auf das leicht Erreich-

LUKREZ DER EPIKUREER. Seite einer bebilderten Handschrift seines großen Gedichts *De rerum natura.* Hier der Beginn des ersten Buches, eines Lobgesangs auf Venus, die Personifikation der geschlechtlichen Liebe.

AENEADUM GENITRIX HOMINŪ DIVUM

q; uoluptas

Alma uenus coeli subter labentia signa
Quae mare nauigerum quae terras frugiferantis
Concelebras per te quoniam gen' omne animatum
Concipitur uisitque exortum lumina solis
Te dea te fugiunt uenti te nubila coeli
Aduentumque tuum tibi suauis daedala tellus
Summittit flores tibi rident aequora ponti
Placatumque nitet diffuso lumine coelum
Nam simulac species patefacta est uerna diei
Et reserata uiget genitabilis aura fauoni
Aeriae primum uolucres te diua tuumque
Significant initum perculsae corda tua ui
Inde ferae pecudes persultant pabula laeta
Et rapidos tranare amnis ita capta lepore
Te sequitur cupide quocunq; inducere pergis
Denique per maria ac montes fluuiosq; rapacis

bare beschränken und keine Meinungen darüber hegen sollen, wie die Dinge passieren. Als Diogenes auf dem Markt masturbierend angetroffen wurde, bemerkte er, es sei ein Jammer, daß der Hunger nicht so leicht gestillt werden könne. Das spiegelte unausgesprochen etwas von der pyrrhonischen Skepsis wider: keine Urteile über die wahre Wirklichkeit, sondern Anschluß an Natur, Sitte, Trieb und die Disziplin der Künste, die man betreiben mochte. Hatten die Kyniker die Sitte verachtet, weil sie nicht erkennen konnten, daß sie von Bedeutung sei, so folgten ihr die pyrrhonischen Skeptiker aus eben demselben Grunde. Diese hatten natürlich keinen allgemeinen Grund zur Ablehnung der Zivilisation wie die Kyniker, aber auch keinen, es für falsch zu halten. Ihre Skepsis war eine vernünftige Reaktion auf die ganzen Theorien, die faktisch nicht den geringsten Grund sahen, den wahrheitssuchenden Fähigkeiten des Menschen zu trauen. Wenn alles, was wir denken, nur durch physische Teilchen verursacht wird, sei es zufällig oder im Rahmen biophysikalischer Gesetze, mit welcher Begründung konnte man dann diese Gedanken als grundsätzlich richtig ansehen? Ebensogut könnte man erwarten, auf Seeschnecken einen Stadtplan von Athen zu finden, wie glauben, diese kleine »Ausschwitzung des Gehirns, die da Gedanke heißt« (wie ein späterer Skeptiker, David Hume, sagte), sei ein Modell des Weltalls. Der Seelenfriede mußte in der Aufgabe solcher Träume liegen. Die Stoiker behaupteten, unsere Vernunft sei nichts anderes als Gottes Gegenwert in uns; das Gesetz des Weltalls war in Geheimschrift dem Geist der Weisen einbeschrieben. Solche weisen Menschen waren im Rahmen der Natur die Ebenbilder Gottes selbst – wenn man sie nur finden konnte. Wenn, wie die Stoiker meinten, die meisten Menschen nicht weise sind, welchen Wert haben dann unsere Mutmaßungen über das, was weise Menschen sagen? Wenn, wie die Stoiker meinten, alles, was wir tun, vorherbestimmt ist, welche Verpflichtung können wir dann haben, zu anderen Ergebnissen als unseren gegenwärtigen zu kommen? Die stoische Aufklärung ist die Erkenntnis, daß Gott schon alles ist, und daß die scheinbaren Irrtümer unseres Denkens (auch solche, die einem wahrhaft Aufgeklärten nicht unterlaufen können) immer auch so sein sollten.

Das Ergebnis – wenn Ergebnisse möglich bleiben – muß lauten, daß das epikureische Denken überhaupt keine Möglichkeit ließ, etwas Richtiges über die Welt zu sagen (außer durch einen verrückten Zufall), und das stoische keinen Raum für eine Verpflichtung, alte Irrtümer aufzugeben. Man könnte auch sagen, die Epikureer hielten jeden Eindruck für »wahr« (d.h.: er war da), und die Stoiker meinten, nur der Weise könne die wirklich zuverlässigen Eindrücke erkennen. Die Kosmologie begann zu dem zu werden, als was sie Clemens bezeichnet hatte, zur Fabelgeschichte, um Kindern ihre Angst zu nehmen, die aber in Wirklichkeit weiter in die Verzweiflung führt.

»Warum, im Namen der Wahrheit, redest du denen, die auf dich hören, ein, sie stünden unter der Herrschaft von Strömungen, Bewegungen und Turbulenzen? Warum, ich bitte dich, durchtränkst du das Leben mit Götzenbildern, machst Wind, Luft, Feuer, Erde, Stock und Stein, Eisen, diese Welt überhaupt zu Göttern? Warum schwafelst du über die Göttlichkeit der Wandelsterne vor denen, die wirkliche Wanderer durch diese prahlerische Astronomie, nein, Astrologie sind? Ich dagegen habe Sehnsucht nach dem Herrn der Winde, des Feuers, nach dem Weltschöpfer, der der Sonne ihr Licht verleiht. Ich suche Gott selbst und nicht seine Werke.«

Vom Zweifel zum Dogma

Clemens' Angriff auf das »überkommene Konglomerat« von bürgerlicher Sitte und Philosophie berief sich auf Platon, und es war der Platonismus, der in verschiedenenen Formen das ernsthafte Denken der ersten Jahrhunderte n. Chr. prägte. Diese offenkundige Wahrheit wurde manchmal verdunkelt: Der von Christen und heidnischen Polemikern

Philon von Alexandria versuchte als einer der ersten Autoren eine Versöhnung von Platonismus und Judentum. Hier seine Darstellung auf einem Wandfries aus dem 17. Jh. im oberen Leseraum der Bodleian Library in Oxford.

gemachte Unterschied zwischen Philosophie und Aberglaube (die beide obenan stehen wollten) mündet in die Fachunterscheidung zwischen Patristik und Geschichte der spätantiken Philosophie. Doch die Wahrheit sieht etwas anders aus. So gewichtig die Meinungsverschiedenheiten zwischen dem Juden Philon von Alexandria, dem Evangelisten Johannes samt dem Christen Clemens und dem Heiden Plotin auch waren, sie hatten eine gemeinsame Welt, die wir nicht einfach ignorieren dürfen. Das Europa der Renaissance entdeckte Platon neu und betätigte sich wissenschaftlich und literarisch, und das war kein bloßer Zufall. Platonische Werkzeuge sind immer noch von entscheidender Bedeutung für den Rationalisten und den Realisten, und nicht minder für eine aufrichtige Frömmigkeit.

Was für eine Linie verbindet also Athen, Alexandria, Jerusalem und Rom? An Clemens' Bemerkung über den Einfluß der »Barbaren« und an späteren Spekulationen über die »semitische« Tönung (z.B.) des stoischen Denkens oder die »östliche« der späteren mystischen Philosophie ist richtig, daß einige der glänzendsten Denker der hellenistischen und der römischen Welt aus »dem Osten« kamen. Man braucht sich keinen rassistisch angehauchten Spekulationen über die (möglicherweise) phönizische Herkunft Zenons oder die (mit Sicherheit) phönizische Herkunft des Porphyrios (Schülers und Biographen Plotins, der ursprünglich Malchus hieß) hinzugeben; ihr rassischer oder selbst ihr kultureller Hintergrund brauchte von dem eines reinen Atheners gar nicht verschieden zu sein, um sie zu genau den Methoden und Ergebnissen zu führen, die sich bei ihnen finden. Wesentlich ist vielmehr, daß die mediterrane Welt eine Einheit war, obwohl sie viele Sprachen sprach (vom Latein über das Griechische bis hin zum Aramäischen). Eine wichtige Lehre aus dieser Selbstverständlichkeit lautet, daß das zwischentestamentliche Judentum und das Christentum hellenistische Bekenntnisse waren und ihre Intellektuellen philosophische Beiträge leisteten, die denen jener Heiden ebenbürtig waren (was nicht immer so gesehen wird), die sich noch ganz mit den Göttern Griechenlands verbunden fühlten.

Platons unmittelbare Nachfolger als Häupter und Führer »der Akademie« waren deutlicher »Akademiker« als alle früheren Philosophen. Sie leisteten zuweilen Beiträge zum politischen Leben, und man erwartete von ihnen ein gutes Beispiel, womöglich auch, daß sie eine Bekehrung zur Philosophie erlebt hatten. So hatte Polemon, der vierte Leiter der Akademie bis 276 v. Chr., in seiner Jugend um die Stadt herum Geld versteckt, damit er sich jederzeit ein Vergnügen leisten könne (er war gewissermaßen der Erfinder des Geldautomaten), erlebte aber eine Wandlung durch ein Zusammentreffen mit dem großen Xenokrates (dem dritten Leiter, der 314 v. Chr. starb). Der Lebenswandel und der Tod dieser Leute wurde nach Hinweisen durchsucht, ob ihre philosophischen Ambitionen Heuchelei wären. Doch es waren zumeist etablierte alte Gelehrte, die kein Bedürfnis hatten, den kynischen Weg zu gehen oder viele zum ewigen Licht zu führen. Mit jedem neuen Leiter wurde die Verbindung zu Platon schwächer: Arkesilaos – von dem Diogenes Laertius nicht zu erwähnen vergißt, er habe Abschriften der Werke Platons besessen – lenkte die Akademie in ein polemischeres Fahrwasser, er und seine Nachfolger wollten die Gewißheiten der Dogmatiker, vor allem der Stoiker zu Fall bringen (er war 273-242 v. Chr. Akademieleiter). Ein solcher »akademischer Skeptizismus« konnte sich an Sokrates orientieren, der nur dies wußte, daß er nichts wisse, und der Streit zwischen Stoa und akademischer Skepsis hielt alle auf Trab. Vor allem Karneades (der sich 137 v. Chr. zurückzog und 129 starb) trug zur Diskussion der stoischen Ethik und zu ihrem Einfluß auf Rom bei, doch wie Sokrates und andere Weise vor und nach ihm hinterließ er nichts Schriftliches. Als er 156 v. Chr. Rom besuchte, hielt er einen mit allgemeinem Beifall aufgenommenen öffentlichen Vortrag zur Verteidigung der Gerechtigkeit. Den Tag darauf hielt er einen öffentlichen Vortrag zur Verteidigung der Ungerechtigkeit. Der Zensor Cato (der seine Bindung an eine gewisse »Gerechtigkeit« erkennen ließ, indem er für die Zerstörung Karthagos sorgte) sprach sich gegen solche Philosophen aus, weil sie die Jugend verwirrten. Die »Platonische Toleranz« (»und alle dorische Disziplin«) ging viele Jahre vor der Passion dahin. Die akademischen Skeptiker, wie die Akademiker allenthalben, »lebten« wohl ihre Überzeugung nicht so ganz: die pyrrhonischen Skeptiker ließen alles Vertrauen selbst in die Dialektik fahren und behaupteten nicht einmal mehr, sie wüßten, daß sie nichts wüßten. Sie taten eben irgend etwas, und damit basta (aber es konnte natürlich die Dialektik sein).

Antiochos von Askalon (um 87 v. Chr.) lenkte die Akademie zu einem Platonismus zurück, der freilich nicht in Platons veröffentlichten Werken zu finden ist. Er stammte aus Palästina, aus derselben Gegend wie einige späthellenistische Intellektuelle (in der Umgebung von Gadara oder Gerasa könnte es sogar eine Schule gegeben haben, wenn auch wohl nur einen Ableger). In seiner Synthese nahmen Dinge, die sich vorher nur angedeutet hatten, feste Gestalt an; er sagte, sein Lehrer Philon von Larissa (Akademieleiter 110-79 v. Chr.) habe damit unrecht gehabt, daß es eine ununterbrochene Linie analytischen und undogmatischen Denkens von Sokrates über Platon zur damaligen Akademie gegeben habe (was viel zu viele aktive Philosophen an den britischen Universitäten geglaubt haben). Es gab doch schließlich Wahrheiten, auf die man sich verlassen konnte. Sokrates hatte sich (für eine Weile) von Wahrheiten abgewandt, die die Natur in Geheimnis hüllte, doch Platon hatte ein Unternehmen ins Leben gerufen, das in zwei kooperierenden Schulen, der akademischen und der peripatetischen, unter Xenokrates und Aristoteles betrieben wurde. Und dieses wiederum harmonierte mit den wichtigsten Lehren der Stoa, die von Zenon unter Polemon entwickelt wurden. Antiochos scheint in Form der Unerkennbarkeit einer »immateriellen Substanz« den Stoikern weiter entgegengekommen zu sein, als jeder echte Platonist verdauen konnte, doch sein Hauptbemühen galt dem Kriterium der Wahrheit und dem Aus für die naive Skepsis. Die Ideen (hier fehlen uns freilich wörtliche Zitate) erweisen sich als die ewigen Gedanken Gottes (was sie wahrscheinlich auch für Xenokrates waren).

Die Hauptthesen der sogenannten »ewigen Philosophie« (der Überzeugung, es gebe eine Wahrheit, die wir zum Teil erfassen können, wenn wir unsere Seele läutern), wie sie sich (vielleicht) in den Händen von Poseidonios, Antiochos, Philon von Alexandria und zuletzt Plotin entwickelten, sind folgende. Wir sehen zwar nicht immer alles richtig, können aber in guten Momenten einige unmittelbare Wirklichkeiten erfassen. Wer das bestreitet, darauf verwiesen die Stoiker, der muß es in Wirklichkeit doch voraussetzen: Kein Argument gegen die Möglichkeit einer sicheren Erfassung der Wahrheit ist gültig, denn seine Folgerung soll ja mit Sicherheit wahr sein. Wenn wir uns nicht von Gefühlen und irreführenden Erinnerungen (die entweder Dämonen sind oder von solchen hervorgerufen werden) fehlleiten lassen, können wir wirkliche Strukturen in der Welt erkennen, wie sie unveränderlich im Geiste Gottes existieren. Dieser Gott, der göttliche Geist, ist – wie Aristoteles sagte – ewiglich identisch mit seinen eigenen Gegenständen, den ewigen Ideen. Obwohl ewig, ist er aber nicht die erste Ursache, das Eine. Nur wenige Menschen, vielleicht nur ein einziger, können hoffen, Geist und Wort Gottes zu sein, zu verkörpern (und damit in Philons Sprache Gottes Sohn zu sein). Die übrigen können hoffen, die Kinder der Welt – das heißt, einer guten Offenbarung – zu sein und am Leben der Seele, des immanenten Gottes, teilzunehmen. Indem wir uns ständig an das Wort erinnern (erinnert werden), werden wir von allen Fehlern und Übeln gerettet, die regelmäßig als Tiere symbolisiert werden (so von Epiktet, Clemens, Spinoza und vielen anderen). Kurz, erkennbare Vorstellungen von der göttlichen Dreieinigkeit (das Eine, das Wort, die Seele) und der göttlichen Menschlichkeit waren in den ersten nachchristlichen Jahrhunderten gang und gäbe. Streitigkeiten über die Einzelheiten dieser Lehren gaben in den christlichen Kirchen Anlaß zu Häresievorwürfen – das Wort leitet sich von dem griechischen »hairesis« (»philosophische Schule«, ab) –, doch es waren vertraute Fragen, mindestens so üblich wie Diskussionen über Einzelheiten der Entwicklungstheorie im späten 20. Jahrhundert.

Philons System kannte eine »Unterordnung«, nämlich zwischen denen, die sich vom Wort, von der Thora und der göttlichen Philosophie nur belehren lassen konnten (den »Söhnen der Welt«), und denen, die »sich selbst lehrten«, dem verkörperten Wort, den »Söhnen Gottes«.

> »Wir sollen keineswegs jede althergebrachte Lehre verwerfen..., doch wenn Gott in der Seele die jungen Triebe einer aus sich selbst schöpfenden Weisheit sprießen läßt, dann muß man die Dogmen einfach abschütteln. Wer Gotteserkenntnis hat, wer Gottes Schüler ist, Gottes Jünger oder wie man ihn sonst nennen mag, der kann sich nicht mehr nach den Sterblichen richten.«

Zu diesen Söhnen Gottes, dem fleischgewordenen logos, zählten der Hohepriester Melchisedek und vor allem Moses. Auch Plotin unterscheidet die, deren Horizont nur so weit wie der Verstand reicht, von denen, die in die »Wolke des Nichterkennens« geholt werden, wo alle Worte verstummen. Für die Christen spielte das keine Rolle, da sie die Möglichkeit einer *weiteren* Inkarnation verneinten; das fleischgewordene Wort ist unser *einziger* Weg nach oben, kein zweitbester. Keiner hat den Vater gesehen oder kann sich ein zutreffendes Bild von ihm machen; nur das Wort verkündet ihn.

Die Gleichsetzung des Wortes mit Moses oder der dramatischen Gestalt eines Moses – Philon ist sich nämlich nicht immer sicher, daß es eine wirkliche historische Gestalt gegeben hat, die die Israeliten aus der Sklaverei führte, oder daß das eine Rolle spielt – taucht auch im samaritanischen Denken auf. Die ganze Welt wurde um Mose willen erschaffen, für das eine Wesen, das das verkörperte Wort war und ist. Die Christen, für die Jesus dieses Wort war und ist, übernahmen dieselbe Sprache und mit ihr dieselben Probleme. Philon nennt das Wort einen erstgeborenen Sohn und (was das gleiche ist) die Weisheit eine erstgeborene Tochter, doch er folgt auch der Schrifttradition darin, daß das Wort etwas von Gott – und nicht unbedingt für die Ewigkeit – Geschaffenes ist. Es gibt einfach nichts anderes als das Wort, wie es ist, für das Weltall und die menschliche Vernunft – doch Gott »hätte« auch anders handeln können. Das Erschaffen ist ein Willensakt, nichts Notwendiges. Eusebius von Cäsarea sagte in den Diskussionen, die in Nikäa gipfelten: »Nichts stammt von [Gottes] ousia (seinem Sein), sondern alles entsteht durch seinen Willen, jedes

Die Predigt des Paulus auf dem Areopag in Athen – hier dargestellt von Raffael in einem Entwurf für einen Wandteppich – war der früheste überlieferte Kontakt zwischen dem Christentum und der griechischen Philosophie.

existiert gerade so, wie es geschaffen wurde.« Diese Sicht von der Beziehung zwischen Gott und dem Wort, die in der Kirchengeschichte als die arianische Häresie figuriert (und für die Eusebius und sein Herr, Kaiser Konstantin, Sympathien hegten), läßt die Standardargumente aus Platons *Euthyphron* zum Zuge kommen: »Hätte« Gott uns Haß, Raub oder Lüge befohlen, dann »wäre« die Untugend eben das Tugendhafte gewesen. Die orthodoxe Antwort lautet, daß das Wort als solches nicht aus Gottes arbitrium (seinem Willen) hervorgegangen ist, sondern aus seinem Sein selbst. Das Wort ist überhaupt nicht willkürlich, es hätte nie ein anderes geben können. Ja, schon die Vorstellung, es sei durch Gottes Willen und Vernunft geschaffen worden, ist absurd – das Wort *ist* Gottes Wille und Vernunft.

Die frohe Botschaft, daß das Wort unter uns gewohnt hat und wohnt, wurde von einer Sekte von Wanderern über die Welt verbreitet. Diese, die wir heute als christliche Sendboten bezeichnen, wären den meisten ihrer Zeitgenossen einfach als eine weitere Sorte von Kynikern erschienen. In der Tat gibt es viele Anklänge an kynische Gespräche in den Evangelien (wie man es von jemandem aus dem stark hellenisierten Galiläa erwarten konnte). Doch die Lehre der Evangelien war ihrem Wesen nach »platonisch«. Spätere Polemiker freilich schmähten sie entweder als »Platon für die Massen« oder griffen die angeblichen Entstellungen einer anständigen Theorie an. Heidnische Angriffe auf das christliche Dogma klingen in der Tat ganz ähnlich wie christliche Angriffe auf Heiden. Wie so oft bei solchen Fehden, wirft jede Seite der anderen die gleichen Verstöße vor. »Wie konnte sich Gott mit der niederen Materie einlassen? Wie konnte er leiden und sterben? Wie können vernünftige Menschen Riten ernst nehmen, in denen so einfache Dinge wie Brot und Wein eine Rolle spielen? Das waren Ausreden für abwegiges Verhalten.« Es ist leicht verständlich, daß die Heiden hier die Christen verurteilen mochten; die Pointe ist, daß alle drei Fragen und der abschließende Seitenhieb von Clemens gegen heidnische Denk- und Handlungsweisen gerichtet waren. Orthodoxe Theologen bleiben dabei, daß die »Platonisten« Zeit und Materie verachteten oder absolut nicht kannten. In Wirklichkeit ist ihre Orthodoxie platonistisch.

Hebräisches, samaritanisches und christliches Denken sind, recht verstanden, keine ungeheure Finsternis. Im Gegenteil, diese Denker sahen sich mit Recht auf der Seite der Vernunft gegen die Finsternis. Der berühmte Ideengeschichtler A. O. Lovejoy meinte:

»Der primäre und universalste Glaube des Menschen [ist] sein unausrottbarer Realismus, seine Doppelüberzeugung, einmal daß er sich unter lauter Wirklichkeiten befindet, die nicht er und auch keine bloß sklavischen Schatten seiner selbst sind, in einer Welt, die die engen Grenzen seines vergänglichen Seins überschreitet; und zum anderen, daß er irgendwie über diese Grenzen hinausblicken und jene äußeren Existenzen in seinen Lebenskreis hereinholen könne, ohne doch ihre Transzendenz aufzuheben.«

Ein dritter unausrottbarer Glaube ist der, daß wir wirklich existieren und uns nicht in Atome oder das Unwandelbare auflösen werden. Unser Jahrhundert wie auch die ersten Jahrhunderte der sogenannten jetzigen Ära haben einen Angriff auf Wahrheit, Vernunft und das Ich erlebt. Die platonisierende Synthese, mit der unsere Vorläufer die Verzweiflung vertreiben wollten, leistete ihnen gute Dienste, in welcher kleinen Sekte sie sich auch immer fanden.

Die heidnischen Alternativen

Die folgenden Jahrhunderte waren hebräisch in ihrer Hauptinspiration, wenn auch heidnische Schulen in Athen und Alexandria weiter Schüler fanden, auch als Justinian die Akademie geschlossen hatte. Moderne Kommentatoren stellen es manchmal so hin, als hätten die Hebraisten die Philosophie verraten, indem sie sich dem unterwarfen, was aus der Schrift bestätigt werden konnte. Die Wahrheit ist, daß sie sich damit als Realisten erwiesen: Ist es wirklich besser, »dem Argument zu folgen«, wohin es auch führt, wenn wir guten Grund für die Annahme haben, daß wir bereits einige unerwartete Wahrheiten kennen? Jüdische, moslemische und christliche Gelehrte und Philosophen bestimmten, welche Richtung die Philosophie nehmen sollte. Dieses Ergebnis, so wären alle überzeugt gewesen, entsprach der Vorsehung; es gab keine wirkliche Aussicht, daß Julian »der

Abtrünnige« die Entwicklung in der Generation nach Konstantin aufhalten und einen »heidnischen« Platonismus wiederherstellen würde. Vielleicht hatten sie recht; trotzdem ist es nicht unpassend, mit einer Skizze dessen zu schließen, was hätte geschehen können, wenn einer der letzten – und vielleicht der größte – der eindeutig hellenischen Weisen das letzte Wort gehabt hätte. Das war unstreitig Plotin, dessen Freund und Schüler Porphyrios sich schmeichelte, seine durchdachten Auffassungen über fast alles und jedes (ohne Konzept und ohne Korrektur) aufzuschreiben. Plotin stammte aus Oberägypten und hatte in Alexandria einen Lehrer namens Ammonius, der fast mit Sicherheit auch Origenes als Schüler hatte, einen der philosophischsten Kirchenväter (der schließlich als der Ketzerei gefährlich nahe beurteilt wurde). Porphyrios berichtet, als Origenes zu Plotins Vortrag kam, habe dieser errötend innegehalten, weil sein Hörer nichts von ihm lernen könne. Plotins tätiges Leben spielte sich in Rom ab, wo er sich als Anhänger Platons bezeichnete. Vom »Neuplatonismus« spricht man erst seit etwa hundert Jahren; vorher hatte es wenig Zweifel an der Kontinuität des Platonismus gegeben.

Wie anders wäre die Zukunft verlaufen, wenn ein heidnischer Plotinismus gesiegt hätte? Als erstes ist natürlich festzuhalten, daß Julian selbst von viel geringeren Philosophen als Plotin beeinflußt war (wenn auch Iamblichos [gest. etwa 330 n. Chr.], dessen Werke vielleicht die Schriften einer wiedergeborenen »heidnischen Kirche« werden sollten, nicht so schlecht ist wie sein Ruf). Die Heere König Oberons schwärmten überall aus. Ohne eine tiefere Überzeugung, es gebe einen eindeutigen Weg zur Wahrheit, standen die Menschen wieder einmal vor dem »Offenkundigen«. Die Epikureer sagten, alle Wahrnehmungen seien wahr, nämlich das, was sie sind; die Stoiker sagten, wir seien alle nicht weise und somit verrückt und könnten uns deshalb nicht – außer in der Phantasie – vor unseren Überzeugungen in Sicherheit bringen. Die Skeptiker jeglichen Schlages waren darin einig, daß wir, da wir die Wahrheit nicht erkennen könnten, in der Erscheinung gefangen seien. Die Konsequenz war keineswegs, wie liberale Autoren meinen, ein Triumph des materialistischen Alltagsverstands, sondern sie band alle möglichen Erscheinungen in der geistigen Welt los. Erinnerungen an Triumphe und gebrochene Herzen, alte Geschichten, scheinbar (und damit unentrinnbar) sinnvolle Begebenheiten sind alle »offenkundig«. Ohne eine wirksame allgemeine Einigkeit darüber, was das Offenkundige im einzelnen eigentlich sei, hielten sich die Menschen besser an ihren Ahnenglauben und machten jedenfalls keine Bekehrungsversuche. Das war in den Augen Julians das größte Verbrechen der Christen, daß sie »die Götter ihrer Väter« aufgaben.

Und da auch eine tiefere Überzeugung fehlte, daß es ein »wirkliches Ich« gebe, wurden die vielen verschiedenen fixen Ideen und Leidenschaften der Menschen so wirklich wie irgend etwas. Fraktioniertes Gedächtnis, widerstreitende Motive, verdrängte Ursachen sind keine Anomalien, sondern der gewöhnliche menschliche Zustand, und nur der Heilige, der Held oder der Philosoph hat seine stürmischen Regungen so weit gezähmt und sublimiert, daß er »sich selbst kennt« als *eine* in sich stimmige Person. Die anderen wissen nicht, warum sie etwas tun, sind nicht »derselbe« von einem törichten Augenblick auf den anderen und verkennen ständig selbst ihre »gegenwärtigsten« und »unmittelbarsten« Gefühle. Daraus folgt nicht, daß es kein eindeutiges Ich zu entdecken gäbe. Es ist ein wichtiger Schritt bei der Selbsterkenntnis, daß man erkennen muß (am leichtesten vielleicht um drei Uhr morgens), wie unstet und unkontrolliert unser gewöhnliches Denken eigentlich

JULIAN DER ABTRÜNNIGE. Dieses Gemälde des viktorianischen Künstlers Edward Armitage zeigt den Kaiser, wie er sich über eine Gruppe streitender christlicher Gelehrter amüsiert.

ist. »Woher kam die Seele«, fragt Philon, »wohin wird sie gehen, und wie lange wird sie unser Begleiter und Gefährte sein? Kennen wir ihr Wesen? ... Selbst in diesem Leben sind wir die Beherrschten und nicht die Herrscher, wir werden erkannt und erkennen nicht. ... Besitze ich meinen Geist? Diese Quelle falscher Vermutungen, Täuschungen, der Wahn, die Dummheit in Raserei oder Hinfälligkeit – das ist doch das völlige Gegenteil des Geistes.«

Kurz, die geistige Situation zur Zeit Julians war ganz ähnlich wie die unsere. Einige ernsthafte Denker, darunter auch die von Julian geschätzten, widmeten sich der Bändigung von »Dämonen« (den beschriebenen Erinnerungen, »Projektionen« und abgespaltenen Persönlichkeitsteilen) mit Hilfe von Riten, sie wollten Oberon bändigen. Die Vernunft, so sagten sie, war nicht genug; es brauchte auch den freien Blick auf »Gotteswerk« (Theurgie) – weil eben die meisten nicht imstande waren, mit ihrer Vernunft durchzukommen. Sie versuchten, in einer erweiterten Welt die olympische tour de force wiederzuerschaffen, die Dämonen, die verrückten Regungen, die gräßlichen Erinnerungen zu bändigen im Rahmen einer dramatischen Darstellung dessen, was für sie wirkliche Beziehungen waren, wie es die Propheten verkündet hatten. Die Riten, die Gottes Wort in die lebendige Vorstellung gläubiger Christen hereinzogen, waren vielleicht gar nicht so verschieden von jenen, die heidnische Be-geisterte um des Friedens willen vollzogen, nur daß die Christen, so wie die orthodoxeren Plotinisten, Blutopfern abschworen (was Julian nicht tat). Christen »redeten in Zungen« (wurden aber angehalten, das nicht zu wichtig zu nehmen); Heiden schrieben lange Tiraden von Kauderwelsch auf. Beide meinten dabei Babel zu umschiffen, das »wirklich Offenkundige« wiederzugewinnen, zur Stunde, da die Götter bei den Menschen waren.

Plotin war nicht ganz einverstanden; mit Dämonen sollte man sich nicht abgeben, sondern nur mit dem »daimon«, unserem besseren Selbst, der Stimme des göttlichen Geistes, der für die Christen Christus war. Es sei eine Sache, anzuerkennen, daß es Dämonen gebe, und daß sie mit der Kette des Zeus gefesselt oder von Kronos verschlungen sein müßten (je nachdem, welcher Mythos versinnbildlicht wurde); etwas ganz anderes sei die Vorstellung, sie würden uns gehorchen, wir könnten beliebig über die Mächte gebieten, die die Welt regieren – oder ihnen dienen. Ganz ähnlich war es eine Sache, die Welt der Sinneserfahrung, wie Plotin, als nicht ideal anzuerkennen, und eine ganz andere, sie zu verachten. Für Plotin gehörten die »Christen« höchstwahrscheinlich zu den »Gnostikern«, die er verachtete: Leute, die einen so merkwürdigen Zugang zum Göttlichen für sich in Anspruch nahmen, daß sie von allen gewöhnlichen Pflichten frei wären, auch der der geistigen Folgerichtigkeit. Es ist eine Ironie der Geschichte, daß er in diesem Punkt unwissentlich mit ihnen einig ging. Die Volksreligion hat zwar stets lieber so geredet, als gäbe es *zwei* Welten (diese niedere und die andere, himmlische), aber kein Platoniker konnte sich so recht damit befreunden. Es gibt keine zwei wirklichen Welten, so wenig wie zwei wirkliche Dinge, die Seele und den Körper. Der Körper war nach den späteren Platonikern der Teil der Seele, der den fünf Sinnen zugänglich ist. Plotins »Flug des Allein zum Allein« war, wie er sagte, »kein Fußmarsch«! Die Dinge richtig sehen lernen heißt sie sehen, wie sie sind, als sichtbaren Abdruck der göttlichen Schönheit. Porphyrios, der sich heftiger und unmittelbarer gegen die Christen wandte (ein Grund, warum so wenig von ihm erhalten ist), hätte ebenfalls feststellen müssen, daß er mit ihnen übereinstimmte und nicht mit einem Kaiser, der Blutopfer für eine konkrete Pflicht hielt.

Zwei Irrtümer, nach Plotinschen und orthodox christlichen Maßstäben, liefen auf das gleiche hinaus. Der erste besagte, die Welt sei durch und durch schlecht, man könne nichts Weltlichem trauen oder es achten. Wenn dem so wäre, dann dürften wir nicht einmal unserem Verstande trauen, unserer Reaktion auf die Offenbarung. Der zweite Irrtum besagte, die Welt, genau wie sie ist, verdiene unsere Verehrung, sie, die Sinnenwelt, sei nichts anderes als Gott. Wenn dem so wäre, könnten wir uns nicht über sie erheben und an keinen höheren Maßstab denken als »wie es nun einmal ist«. Der Mittelweg besagt, daß die Welt gefallen ist oder wir in ihr gefallen sind; daß die Welt ihr Sein der die durchdringenden Seele verdankt (denn ohne das gibt es so gut wie nichts, keine Grenze und keine Form), daß aber diese Seele unsere Schwester ist und nicht unsere Mutter (da sie ein zweites Abbild der einen göttlichen Seele ist). Wir schulden ihr Achtung, nie aber Verehrung. Julian wollte eine bürgerliche Gesellschaft wiedererstehen lassen, die das tat, was die christlichen Kirchen taten, nämlich den geplagten Völkern seiner Zeit Sinn wie auch Lebensunterhalt zu vermitteln. Natürlich waren die Christen nicht die einzigen, die sich um die Wehrlosen kümmerten. Plotin selbst genoß Vertrauen als Fürsorger vieler Waisenkinder, und wie Krates bewahrte er ihr Vermögen für den Fall, daß sie keine Philosophen würden. Doch nur die christlichen Kirchen übten eine organisierte und umfassende Mildtätigkeit. Julian wollte das auch, konnte aber die anderen Züge der heidnischen Tradition nicht abschütteln. So wollte er in Daphne (bei Antiochia in Syrien, an der kastalischen Quelle) 362 n. Chr. Orakel und Blutopfer wieder einführen, wogegen die Christen auf eine Weise Front machten, die jedem Aufklärer zur Ehre gereichen würde – nur daß sie das Versagen des Orakels in erster Linie auf die Gebeine des Märtyrers Babylas zurückführten.

Stellen wir uns vor, Julian wäre nicht der an Iamblichos anknüpfenden »theurgischen Schule« gefolgt, sondern hätte mit Plotin oder Porphyrios vorlieb genommen -? Hätte es ein »heidnisch«-platonisches Reich geben können? In einer solchen Welt wäre das Göttliche als die drei Hypostasen bezeichnet worden: das Eine, der Geist, die Seele, in dieser Rangordnung, versinnbildlicht als Uranos, Kronos, Zeus. Die menschliche Verkörperung des Geistes wäre nicht ein mythischer Pythagoras gewesen, sondern entweder ein Platonischer Sokrates oder Plotin selbst. Unsere Heiligen wären Weise gewesen, fröhlich asketisch in ihrer Lebensführung und ihrem gelegentlichen Martyrium. Die Materie wäre heilig gewesen und die Sonne gleichzeitig »eine rotglühende Metallmasse« und sichtbares Abbild des Göttlichen. Es hätte keine Blutopfer mehr gegeben, nicht nur, weil sie niederen Geistern dienten, sondern weil die geopferten Kreaturen als Freunde gegolten hätten. Die Platonische Achtung vor unseren Mitgeschöpfen wurde zu deren Unglück nicht von der christlichen Kirche übernommen; die Kirchenlehrer entschieden (groteskerweise), Sorge für die Tiere sei Sorge für die in wilden Bestien wohnenden Dämonen. Ein platonischeres oder plotinischeres Reich wäre freundlicher gewesen. Als Porphyrios an Selbstmord dachte (den die Platoniker weniger ehrenhaft fanden als die Stoiker), tauchte Plotin unangemeldet auf und legte dar, die Entscheidung sei aus bloßer Melancholie und nicht aus der Vernunft entsprungen. Das delphische Orakel, über Plotin befragt, soll geantwortet haben, die Götter hätten ihn schon oft auf den rechten Weg zurückgebracht und ihm einen Horizont geschenkt, der über »die bitteren Wogen dieses blutgetränkten Lebens« hinausreichte. Kurz, er schien seinen Freunden mit dem von Epiktet entworfene Leben ernst gemacht zu haben: »Es ist etwas Bedeutendes, voller Geheimnisse, kein zufälliges Geschenk und nicht allen Kommenden vergönnt.« Plotin schaffte es, aber als er einmal »entschwoben war«, wie konnten seine Anhänger mithalten? Ein strenges plotinisches Reich hätte eine absolute Trennlinie zwischen einer (vielleicht zivilisierteren) Sitte für die Massen und einer asketischen Weisheit für die wenigen gezogen (so liefen die Dinge in der buddhistischen Welt). Julians Reich hätte jeden Sinn dafür verloren, daß die althergebrachte Sitte überhaupt kritisiert werden könne. Er ordnete ja an, daß Christen nicht die klassischen Texte lehren dürften, weil sie sie nicht für wahr hielten. Vielleicht wurde dadurch Gregor von Nyassa gezwungen, die Klassiker um der Theologie und eines Bischofsamtes willen aufzugeben. Bei allen seinen Fehlern bestand doch das theoretisch christliche Reich nach Julian darauf, daß nicht nur Weise auf das Licht hoffen dürften, daß es neben den Weisen auch »gewöhnliche« Heilige gebe. Die Philosophen waren nicht die einzigen Freunde Gottes, und niemand hatte die Existenz weniger verdient als irgendein anderer. Dieser Gedanke war sogar schon vor Plotin dagewesen: Aristoteles, der geschmäht wurde, mildtätig gegen Unwürdige gewesen zu sein, erwiderte, er habe Mitleid mit dem Menschen gehabt und nicht mit seinem Charakter. Die Praxis ging bei vielen Heiden über die Lehre hinaus (und bei vielen Christen war es umgekehrt).

Anders gesagt, alle wären, wie bei den Hebräern, zu Philosophen bestimmt gewesen. Das lange Experiment des Christentums versagt vielleicht gerade, ebenso wie das des anderen Erben des hebräischen Platonismus, des Islam. Wenn sie versagen, dann finden sich unsere Nachfahren vielleicht wieder in einer Welt, die unseren Ahnen wohlbekannt war: der Welt hoffnungsloser Sitte, Kaste und Verwirrung. Andererseits sind dann wir vorher dagewesen. Schon die Tatsache, zwischen den Ruinen aufgewachsen zu sein, könnte doch manchen den Gedanken eingeben, sie jedenfalls seien jung. Was immer davor erreicht und verloren wurde, vielleicht gibt es einen Augenblick, da die Welt neu ist und die Herrlichkeit wieder erfinden oder finden kann.

2

Die mittelalterliche Philosophie

Paul Vincent Spade

Der hervorstechendste Zug der mittelalterlichen Philosophie ist der, daß sie im Kontext der christlichen Lehre betrieben wurde. Damit soll die Bedeutung jüdischer und moslemischer Beiträge nicht geleugnet werden, doch in der Hauptströmung der späteren europäischen Philosophie war die mittelalterliche christliche Tradition am einflußreichsten. Man kann also sagen, die mittelalterliche Philosophie habe begonnen, als die Denker damit anfingen, ihre philosophischen Spekulationen an den Forderungen des christlichen Glaubens zu messen. Ja, im Sinne der Unterscheidung zwischen Philosophie und Theologie, wie sie z.B. im 13. Jh. getroffen wurde, hätten sich die meisten von denen, die heute als wichtige mittelalterliche »Philosophen« gelten, gar nicht als Philosophen, sondern als Theologen betrachtet.

Diese enge Verbindung zwischen Philosophie und Kirchenlehre im Mittelalter verführt leicht dazu, die mittelalterliche Philosophie als bloße kaum verschleierte Apologetik des Christentums abzutun. Doch das wäre naiv. Nehmen wir eine vergleichbare Situation: Im späten 20. Jh. behaupten gelegentlich angesehene Philosophen (ob zu Recht oder Unrecht, spielt keine Rolle), die allgemein anerkannte Logik selbst müsse revidiert werden, weil sie zu bestimmten Ergebnissen der Quantentheorie in Gegensatz stehe. Die Philosophie scheint selten auf ideal autonome Weise voranzuschreiten. Da ist immer etwas »Gegebenes«, das bewahrt werden soll – eine theologische Lehre, eine naturwissenschaftliche Theorie, die immer die richtigen experimentellen Ergebnisse liefert, gleichgültig, welche realen theoretischen Schwierigkeiten damit verbunden sind, oder sonst etwas. Doch fürs Mittelalter gilt nicht anders als heute, daß der Druck solcher äußerer »Gegebenheiten« die Philosophie oft mehr anregt als lähmt. Und genau wie es heute viele Gebiete der Philosophie gibt, auf denen man freizügig spekulieren kann, ohne fürchten zu müssen, der Wissenschaft ins Gehege zu kommen, so gab es auch im Mittelalter viele Gebiete der Philosophie, auf denen man freizügig spekulieren konnte, ohne der Theologie ins Gehege zu kommen. Die Verhältnisse sind durchaus ähnlich.

Setzt man den Beginn der mittelalterlichen Philosophie so früh an wie oben vorgeschlagen, so überschneiden sich chronologisch die spätantike und die frühmittelalterliche Philosophie. So lebte Proklos (etwa 410-485 n. Chr.), der letzte bedeutende Vertreter der antiken heidnischen Philosophie, wesentlich später als Augustinus (354-430).

An der anderen Grenze der Periode wird das Ende der mittelalterlichen Philosophie gewöhnlich irgendwo vor 1500 angesetzt. Es läßt sich an keinem bestimmten Ereignis festmachen, doch zweifellos hatten um 1450 die Kräfte des Humanismus deutlich neue Themen eingebracht. Die mittelalterliche Philosophie macht also ungefähr die Hälfte der gesamten Geschichte der abendländischen Philosophie aus.

In einem einzigen Kapitel lassen sich unmöglich alle wichtigen Gestalten und Themen aus dieser langen Periode behandeln, obwohl auch ganze Jahrhunderte philosophisch wenig Interessantes bieten. Wegen solcher Einzelheiten sei der Leser auf eine der großartigen Gesamtdarstellungen der mittelalterlichen Philosophie aus den Leseempfehlungen verwiesen. Das vorliegende Kapitel wird sich auf einige wenige Personen und Themen konzentrieren. Anderes wird knapper, gewissermaßen als »Bindegewebe« behandelt. Doch viele wichtige Themen mußten ganz ausgelassen werden; man kann nicht alles tun.

Das in diesem Kapitel entworfene Bild der mittelalterlichen Philosophie ist kein endgültiges. Eine erstaunliche Zahl mittelalterlicher philosophischer Texte ist nie kritisch ediert worden; viele existieren nur als Manuskripte, oft stark korrumpiert. Das gilt nicht nur für kleinere Werke unbedeutender Autoren, sondern auch für einige anerkannt wichtige und für viele andere, deren Bedeutung noch nicht beurteilt werden kann. Die Sache wird noch dadurch erschwert, daß die Manuskripte seit etwa 1200 gewöhnlich ein stark komprimiertes System von Abkürzungen verwenden, zu dessen Entzifferung besondere Übung nötig ist. Diese Situation unterscheidet sich erheblich von der bei der antiken, der frühneuzeitlichen oder späteren Philosophie, wo meistenteils die wichtigeren erhaltenen Texte leicht verfügbar sind und im wesentlichen nur noch eine Interpretationsaufgabe besteht. Trotz der Arbeit vieler selbstloser Gelehrter kennen wir die Geschichte der mittelalterlichen Philosophie nur sehr unvollständig.

Der Einfluß der griechischen Philosophie

Die mittelalterliche Philosophie war eine Mischung zweier Haupteinflüsse, der christlichen Lehre und des griechischen philosophischen Erbes. Im Hinblick auf dieses darf man nicht vergessen, daß nach den ersten christlichen Jahrhunderten die griechische Philosophie mindestens bis zum 12. Jh. meist nur mittelbar auf den Westen wirkte. Die griechischen Originaltexte waren den Lateinern verschlossen, nur wenige konnten sie lesen, wenn ihnen überhaupt Manuskripte vorlagen. Die Kenntnis des Griechischen ging im Westen rasch zurück, und im 6. Jh. war sie eine Seltenheit geworden.

Von Platon besaß das Mittelalter nur einen Teil des *Timaios* (bis 53c) in einer lateinischen Übersetzung des Chalkidios (um 300 n. Chr.). Ein paar andere Werke waren ebenfalls übersetzt, aber wenig verbreitet. Erst Marsilio Ficino (1433-99) machte den ganzen Platon auf Lateinisch zugänglich. Bei Plotin standen die Dinge noch schlechter. Seine Schriften waren fast völlig unbekannt. Marius Victorinus im 4. Jh. könnte einen Teil der *Enneaden* übersetzt haben, doch wenn, dann verschwanden diese Übersetzungen bald. Aristoteles erging es etwas besser. Die meisten seiner logischen Schriften wurden um 500 von Boethius übersetzt, doch nur die *Kategorien* und *De interpretatione* waren vor dem 12. Jh. allgemein verbreitet. Etwa zwischen 1150 und 1250 wurden so gut wie alle übrigen

Werke des Aristoteles übersetzt und gut zugänglich. Diese »Wiederentdeckung« des Aristoteles stellt eine Zäsur in der mittelalterlichen Philosophie dar. Gelegentlich wurden ein paar weniger bedeutende Autoren übersetzt. Doch abgesehen von Aristoteles waren die wichtigsten Texte der griechischen Philosophie im Mittelalter zumeist nicht zugänglich.

Trotzdem erreichte man damals eine ganz gute Kenntnis wenigstens einiger Seiten der griechischen Philosophie aus zweiter Hand, teilweise von lateinischen heidnischen Autoren wie Cicero und Seneca, die Griechisch lasen und viele Kenntnisse der philosophischen Vergangenheit vermittelten. Teilweise stammten die Kenntnisse auch von den lateinischen »Kirchenvätern« wie Ambrosius und Boethius, die griechische Theorien relativ eingehend diskutierten.

Im Frühmittelalter beherrschten platonische, neuplatonische und in einem weiten Sinne stoische Einflüsse das philosophische Denken. Das dauerte bis zur Wiederentdeckung des Aristoteles im 12. und 13. Jh. Es ist also abwegig, die mittelalterliche Philosophie, wie es manchmal geschieht, hauptsächlich als ein sklavisches Nachbeten des Aristoteles hinzustellen. Für den überwiegenden Teil der Mittelalters spielte Aristoteles eindeutig eine Nebenrolle.

Augustinus

»Patristik« oder »Patrologie« ist das Studium der »Kirchenväter«, der frühen christlichen Autoren, die als Repräsentanten der authentischen Tradition galten. Die patristische Periode wird angesetzt bis zu Gregor dem Großen (etwa 540 – 604) oder Isidor von Sevilla (etwa 560 – 636) im lateinischen Westen und Johannes Damascenus (etwa 675 bis etwa 729) im griechischen Osten.

Zweifellos der wichtigste Autor der patristischen Periode war der hl. Augustinus. Er wurde 354 in Thagaste in Nordafrika (heute Souk Ahras in Algerien) geboren. Er hatte einen heidnischen Vater und eine christliche Mutter. Trotz seiner christlichen Erziehung führte er in seiner Jugend ein ausschweifendes Leben. Er wurde in der Rhetorik ausgebildet, und 373 las er Ciceros (heute verlorenen) *Hortensius*, der ihn zur Philosophie brachte. Eine Zeitlang war er stark von der manichäischen Religion beeinflußt. 383 ging er nach Rom, um Rhetorik zu lehren, und später nach Mailand. Dort kam er unter den Einfluß des hl. Ambrosius und des Neuplatonismus. Nach langen inneren Kämpfen bekehrte er sich zum Christentum und wurde 387 getauft. Wieder in Afrika, wurde er 391 zum Priester geweiht, und 395 oder 396 wurde er Bischof von Hippo Regius (heute Annaba oder Bône in Algerien). Dieses Amt verwaltete er an die 35 Jahre und starb 430 während der Belagerung der Stadt durch die Vandalen. Seine literarische Produktivität war enorm. Er hinterließ über 100 Bücher und Abhandlungen über verschiedene Themen, mehr als 500 Predigten und über 200 Briefe.

Man kann die Ansicht vertreten, Augustinus sei der einflußreichste Philosoph aller Zeiten gewesen. Seine Autorität hat sich viel weitreichender und länger bemerkbar gemacht als die des Aristoteles, der bis zum Spätmittelalter nur eine verhältnismäßig geringe Rolle spielte. Was Platon anbetrifft, so wirkte er lange großenteils durch die Schriften des Augu-

DIE CHRISTLICHE PHILOSOPHIE unterschied sich von der heidnischen vor allem darin, daß sich die Christen einem geoffenbarten göttlichen Gesetz verantwortlich fühlten, das Moses von Gott erhalten hatte und das erst den Juden und dann der ganzen Menschheit verkündet wurde.

stinus. Für mehr als ein Jahrtausend nach seinem Tode war Augustinus eine völlig unangreifbare Autorität. Er prägte das mittelalterliche Denken wie sonst keiner. Und sein Einfluß endete nicht mit dem Mittelalter. Während der Reformation beriefen sich alle Seiten ständig auf Augustinus. Seine Theorie der Erleuchtung lebt bei Malebranche und in Descartes' »Licht der Natur« fort. Seine Betrachtungsweise des Problems des Bösen und des freien Willens ist heute noch weit verbreitet. Sein Gewicht machte und macht sich nicht nur in der Philosophie, sondern auch in der Theologie, der Volksreligion und im politischen Denken etwa in der Theorie des gerechten Krieges bemerkbar.

Es ist deshalb eine Ironie, daß Augustinus seiner Ausbildung oder seiner Tätigkeit nach eigentlich gar kein Philosoph war. Er war ein »rhetor«, ein Rhetoriker und Rhetoriklehrer. Ein solcher hielt vielleicht Reden bei feierlichen Anlässen, vertrat aber auch Fälle vor Gericht. Die Rhetorik ist das Studium der praktischen Anwendung der Sprache, wie man mit Worten etwas bewirkt und z.B. auch den Sinn und Charakter von Menschen formt. Sie war ein Eckstein der klassischen Pädagogik, ja eines großen Teils der klassischen Gesellschaft. Die Rhetorik ist aber nicht ganz Philosophie im modernen Sinne, und Augustinus darf man sich keinesfalls in erster Linie als einen Philosophen im modernen Sinne vorstellen.

Seine rhetorische Ausbildung erklärt die Eigenheit seines Stils. Genaue, systematische Argumentation gibt es wenig. Manchmal vertritt Augustinus in verschiedenen Werken gegensätzliche Auffassungen. In anderen Fällen ist seine Auffassung nicht genau zu entschlüsseln. Im Augustinismus ist also am besten eine Sache allgemeiner Themen und Tendenzen und nicht strenger Theorien zu sehen.

Dieser Stil der Philosophie herrschte bis zu Anselm im 11. Jh. vor. Die Philosophen waren in der klassischen Kultur und den Freien Künsten bewandert und spekulierten über ihre Religion und über philosophische Themen in lockerer, aber oft keineswegs seichter Weise. Ein großer Teil dieser Spekulationen bestand in der Darstellung und Untersuchung eines Wirklichkeitsbildes ohne irgendwelche stringenten Argumente für seine Wahrheit. Zur Zeit Anselms begann sich dann dieser Stil dramatisch zu wandeln.

Die hierarchische Welt des Augustinus

In bester platonischer Manier sieht Augustinus die Welt als hierarchisch geordnet, und zwar nach dem inneren Wert der Dinge. Gott steht ganz oben (wie Platons Idee des Guten), materielle Gegenstände weit unten, die menschlichen Seelen dazwischen, die von guten Menschen höher als die von schlechten. Gute Engel stehen zwischen Gott und den Seelen guter Menschen, schlechte zwischen den Seelen schlechter Menschen und den bloßen materiellen Gegenständen.

So weit ist die Ordnung unproblematisch, einfach die Anordnung der Dinge nach dem ihnen von Augustinus beigemessenen Wert. Doch sie hat ontologische Konsequenzen, denn Augustinus legt großen Wert auf 2. Mose 3,14: »Gott sprach zu Mose: Ich werde sein, der ich sein werde. Und sprach: Also sollst du zu den Kindern Israel sagen: Ich-werde-sein hat mich zu euch gesandt.« Augustinus verstand das so, daß Gott ein Seiendes par excellence sei, das Allerwirklichste. Damit wird die Hierarchie des Wertes auch zu einer der Wirklichkeit, man kann sinnvoll von »Graden des Seins« sprechen. Die materiellen Gegenstände und auch alle Geschöpfe sind im Vergleich zu Gott »prope nihil« (d.h. fast nichts). Sie sind natürlich nicht gar nichts, aber keinesfalls völlig wirklich; das ist nur Gott.

Diese Betrachtungsweise der Wirklichkeit hat viele Konsequenzen. Erstens ist Veränderung oder Werden ein weiteres Beispiel dafür, daß Dinge existieren, aber nicht ganz wirklich sind. Wirklich sind sie in gewissem Sinne, sie sind ja nicht gar nichts. Aber sie sind noch nicht *ganz* wirklich, sondern erst »auf dem Wege«, »im Entstehen begriffen«. Dieser Zwischenstatus scheint in der Tat für Veränderung oder Werden kennzeichnend zu sein, die deshalb philosophisch so schwer in den Griff zu bekommen sind, wie man seit Parmenides weiß. Daher sind die Geschöpfe, die ja nicht vollständig existieren, an Veränderung und Werden gebunden. Kurz, *Veränderlichkeit ist ein Kennzeichen der Kreatürlichkeit*; nur Gott ist im strengen Sinne unveränderlich.

Geschöpfe, veränderliche Dinge, sind nicht völlig, sondern nur »teilweise« wirklich. Aus dieser Redeweise (wie auch der philosophischen Analyse der Veränderung, die sich letztlich von Aristoteles herleitet) folgt, daß Geschöpfe metaphysisch zusammengesetzt sind, aus Teilen bestehen. Andererseits setzte Augustinus in neuplatonischer Manier das Eine mit dem höchsten Gut gleich, so daß die Hierarchie der Wirklichkeit eine von Graden nicht nur des Wertes und des Seins, sondern auch der Einheit ist. Gott als höchstes Gut und höchstes Sein ist also auch in höchster Weise Einheit und in keiner Weise zusammengesetzt, hat keine Teile. Neben der Veränderlichkeit ist also auch die *Zusammengesetztheit ein Kennzeichen der Kreatürlichkeit.*

Wenn Grade des Guten auch Grade des Seins sind, dann kann es nichts absolut Schlechtes geben, das auch nicht den geringsten Grad an Wert aufwiese: es würde auch nicht den geringsten Grad von Wirklichkeit aufweisen, es würde einfach nicht existieren. Es gibt also in der Welt des Augustinus keinen Platz für eine absolut böse Kraft, einen polaren Gegensatz zu Gott in der Hierarchie. (Das ist ein scharfer Unterschied zum dualistischen Manichäismus, dem Augustinus vor seiner Bekehrung anhing.)

Gibt es nicht das reine Böse, dann läßt sich der geringere Wert der Geschöpfe nicht als eine Art »Verdünnung« des reinen Guten durch Vermischung mit seinem Gegenteil erklären. Daher ist bei Augustinus alles in der Hierarchie, also alles Wirkliche, in verschiedenem Grade gut, es gibt kein Böses. Natürlich ist das Böse eine Tatsache, die erklärt werden muß; der Verfasser der *Bekenntnisse* wußte viel zuviel davon, als daß er das geleugnet hätte. Aber er sagt nicht, manches sei einfach als solches schlecht. Er leugnet das, was manchmal als Theorie des »metaphysischen Übels« bezeichnet wird, nämlich daß alles außer dem höchsten Gut (Gott) mehr oder weniger »unvollkommen«, also seiner Natur nach schlecht sei.

Gut und Böse

Bei Augustinus gilt nicht, daß etwas um so schlechter wäre, je weniger gut es ist. Gut und Böse verhalten sich nicht wie Positives und Negatives; ein bestimmter Grad des Schlechten oder Bösen ist einfach das Fehlen eines bestimmten Grades des Guten. Etwas in geringem Grade Gutes ist nicht ohne weiteres schlecht oder böse. Das ist es nur, wenn es besser sein sollte, als es ist. Anderenfalls, so Augustinus, wäre es, als wollte man die Erde dafür tadeln, daß sie nicht der Himmel ist (*Über die Willensfreiheit*, III.5). Das Böse ist also nicht einfach ein »Fehlen« von Gutem, sondern die »Vorenthaltung« des Guten, das Fehlen eines Guten, das da sein *sollte*.

Das Hauptbindeglied zwischen dieser Vorstellung vom Sollen und dem metaphysischen Guten in der Hierarchie des Augustinus scheint folgende zu sein (*Über die Willens-*

AUGUSTINUS IN SEINER STUDIERSTUBE nach einer Darstellung Botticellis aus dem 15. Jh.

freiheit, I): Höheres sollte Niedereres »regieren und beherrschen« (Macht über es haben) und nie umgekehrt. Kausal gesprochen: Wirkungen sollten immer nur die Hierarchie abwärts fließen, nie aufwärts. (Kenner Descartes' wird das an seine Behauptung erinnern, in einer Ursache müsse stets mehr Wirklichkeit stecken als in ihrer Wirkung.) Wenn das Höhere das Niedere beherrscht, wie es sein soll, dann sind die Dinge »in der rechten Ordnung« oder »gerecht geordnet«, anderenfalls »in Unordnung« oder »ungerecht geordnet«. Als letztes Kettenglied betrachtet nun Augustinus das Böse als Ungerechtigkeit oder Unordnung, Herrschaft von Niederem über Höheres, Umkehrung der rechten Ordnung. Das Böse ist keine Entität in der Hierarchie der Wirklichkeit, sondern eine Anordnung der Dinge der Hierarchie, wie sie nicht sein sollte. Die Frage, wie das Böse in der Welt entsteht, ist also die Frage, wie Niederes über Höheres Macht gewinnen kann.

Die Verantwortlichkeit für das Böse

Gott schuf die Welt im beschriebenen Sinne »gerecht«, so daß das Höhere Macht über das Niedere hat und nicht umgekehrt. Doch diese Ordnung wurde irgendwie umgestürzt. Wie ist das möglich? Wer oder was konnte die von Gott gegebene Ordnung umstürzen? Augustinus antwortet: die Menschen tun es (und vorher taten es bestimmte Engel), und zwar aus freiem Willen. Die Welt, wie sie von Gott geschaffen wurde, war und bleibt gerecht und richtig geordnet; er ist für das Böse nicht verantwortlich, sondern die Menschen (und die gefallenen Engel) sind es, weil sie unrechterweise Niederem Macht über Höheres geben.

Niederes hat nie Macht über Höheres, so hat es Gott nach seinem ewigen Gesetz geordnet. Manchmal hat es aber doch Macht über Höheres, so haben es die Menschen eingerichtet. Hat es nun solche Macht oder nicht? Es zeichnet sich ab, daß es Augustinus so herum und auch andersherum haben möchte, daß er sich in einen glatten Widerspruch verwickelt hat.

Er diskutiert das Problem des Bösen viele Male und in vielen Zusammenhängen, doch diese Widersprüchlichkeit wird nie völlig ausgeräumt. Das ist aber auch kein Wunder. Der freie Wille hat ja von vornherein mindestens den Anschein des Paradoxen. Und wenn er für das Böse verantwortlich ist, dann ist nur zu erwarten, daß das Böse in der gleichen Weise als paradox erscheint.

So nimmt in der Liebe zwischen zwei Menschen jeder in den Augen des anderen eine Bedeutung an, die er vorher nicht hatte. Wünsche werden zu Gesetzen, Bitten zu Befehlen. Jeder verleiht dem anderen freiwillig eine Macht, die so real ist, daß sie sein Verhalten bestimmt, aber eigentlich überhaupt keine Macht ist; jeder bleibt im strengen Sinne frei, anders zu handeln.

Das klingt jedenfalls wie eine Paradoxie im Zusammenhang mit dem freien Willen und der Einräumung von Macht. Natürlich ist es letzten Endes nur eine scheinbare Paradoxie, aber genau von der Art, wie sie in Augustinus' Analyse des Bösen steckt. Man erinnere sich an die griechisch-antike und biblische Vorstellung (z.B. Röm. 6, 16), man sei Sklave der Dinge, denen man den höchsten Wert beimißt. Der Gerechte mißt ihn dem wirklich Höchsten bei und gehorcht somit dem, dem er gehorchen sollte; er setzt die richtigen Prioritäten. Der Ungerechte begibt sich unter den Einfluß von Niederem, wenn dieses auch in einem strengen Sinne keine Macht über ihn hat.

Nirgends in den Schriften des Augustinus wird der paradoxe Anschein des Bösen in einer recht geordneten Welt oder des menschlichen freien Willens wirklich ausgeräumt. Jedoch reduziert er die erste Paradoxie auf die zweite. Das Ergebnis ist, daß man nicht weniger Grund für die Anerkennung des Vorhandenseins des Bösen in einer göttlich geordneten Welt hat – auch wenn man die scheinbare Paradoxie nicht aufzulösen weiß – als für die Anerkennung des Vorhandenseins des freien Willens, auch wenn man die damit verbundene scheinbare Paradoxie ebenfalls nicht aufzulösen weiß. Ja, die beiden scheinbaren Paradoxien sind letzten Endes dasselbe. Nun ist Augustinus völlig sicher, daß die Menschen einen freien Willen haben (*Über die Willensfreiheit*, I). Und wenn das richtig ist, dann folgt aus seinem Beweis auch, daß freie Geschöpfe in einer von einem gerechten und vollkommen guten Gott geordneten Welt für das Böse verantwortlich sein können. Wenn das alles stimmt, dann kann sich Augustinus rühmen, gezeigt zu haben, daß das Problem des Bösen kein guter Grund gegen den Glauben sei – wenn er auch das Problem nie durch völlige Beseitigung der mit ihm verbundenen Paradoxie »auflöst«. Jedenfalls ein sinnreicher Ansatz.

Die Skepsis

Augustinus war eine Weile von der Skepsis der späten Platonischen Akademie angezogen gewesen. Und eine seiner ersten Schriften nach seiner Bekehrung, *Wider die Akademiker*, war ein Angriff auf die Skepsis. Auch in anderen Schriften kam er auf das Thema zurück.

Viele der von Augustinus betrachteten skeptischen Argumente sind Standardargumente aufgrund der Sinnestäuschungen. Zumeist erkennt er sie freudig an und meint, in der Praxis müsse man sich zwar auf die Sinne verlassen, doch letztlich seien sie fehlbar. Daraus folgt für ihn aber keine umfassende Skepsis. In *Bekenntnisse*, X, unterscheidet er zwischen dem, was uns unmittelbar, und dem, was nur mittelbar, durch eine Darstellung gegeben ist. Die Schwierigkeit bei der Sinneswahrnehmung besteht darin, daß sie die Dinge nur auf die zweite Art zugänglich macht, durch eine Darstellung oder ein Wahrnehmungsbild. Sofort stellen sich alle bekannten Probleme der Darstellungstheorien der Erkenntnis ein. Von der Richtigkeit der Darstellung könnte man sich nur durch einen Vergleich mit der Wirklichkeit selbst überzeugen. Doch voraussetzungsgemäß liefert die Sinneswahrnehmung nur Darstellungen und nie die Wirklichkeit selbst, der Vergleich ist nie möglich.

In dieser bekannten Situation macht Augustinus die bekannten Züge. Solange man nur sagt: »Es scheint ein geknicktes Ruder im Wasser zu sein«, und nicht auch sagt: »Es ist wirklich ein geknicktes Ruder im Wasser«, bewegt man sich auf festem Grunde. Nicht behebbare Irrtümer können nur entstehen, wenn man über die unmittelbar gegebene Darstellung hinausgeht und etwas über den dargestellten Gegenstand behauptet, der nicht unmittelbar gegeben ist. Im allgemeinen kann man nur mit absoluter Sicherheit wissen, was einem unmittelbar gegeben ist. Das ist ein wichtiges Thema der Augustinischen Theorie der Erleuchtung (s. unten).

Augustinus will damit nicht behaupten, man könne sich im Hinblick auf etwas unmittelbar Gegebenes nicht irren, oder die einzige Quelle des Irrtums sei etwas zwischen dem Bewußtsein und dem Gegenstand (ein Wahrnehmungsbild oder sonst eine Darstellung).

Man kann sich auch über etwas dem Bewußtsein unmittelbar Gegebenes irren, wenn man nachlässig oder unaufmerksam ist. Doch solche Irrtümer lassen sich eben durch mehr Sorgfalt oder Aufmerksamkeit erkennen und berichtigen. Nur bei den Wahrnehmungsbildern von Gegenständen steht man vor einem *unüberwindlichen* Hindernis für die Gewißheit.

Der aufmerksame Leser wird erkennen, daß ein Problem bestehen bleibt, und zwar ein radikaleres. Wie kann man jemals entscheiden, ob man aufmerksam und sorgfältig genug gewesen ist? Kurz, wie kann man zu unfehlbaren Kriterien für die Erkenntnis kommen und wissen, daß man sie erfüllt hat? Doch Augustinus wollte keine solchen Kriterien aufstellen. Es ging ihm lediglich darum, daß es Dinge gebe (die dem Bewußtsein unmittelbar gegebenen), die man bei gebührender Sorgfalt bei seinen Urteilen als absolut glaubwürdig ansehen dürfe (dies in einem moralischen Sinne). Demgegenüber gebe es andere Dinge (die dem Bewußtsein nur mittelbar gegeben sind wie die äußeren Gegenstände der Wahrnehmung), die man auch bei gebührender Sorgfalt bei seinen Urteilen nie als absolut glaubwürdig ansehen dürfe.

Welche Dinge hielt nun Augustinus für unmittelbar gegeben, so daß sie grundsätzlich mit Gewißheit erkannt werden können? Natürlich die Wahrnehmungsbilder (nicht aber die wahrgenommenen äußeren Gegenstände), aber auch anderes. Das Bewußtsein kenne

OPTISCHE TÄUSCHUNGEN UND SKEPSIS. Die Philosophen aller Zeitalter waren von optischen Täuschungen fasziniert und haben oft skeptische Schlüsse bezüglich der Unzuverlässigkeit der Sinne gezogen. Die hier wiedergegebenen Täuschungen dürften den meisten modernen Lesern bekannt sein. Ältere Autoren wie Augustinus beschäftigten sich mit Beispielen aus dem praktischen Leben wie der scheinbaren Knickung eines Ruders im Wasser.

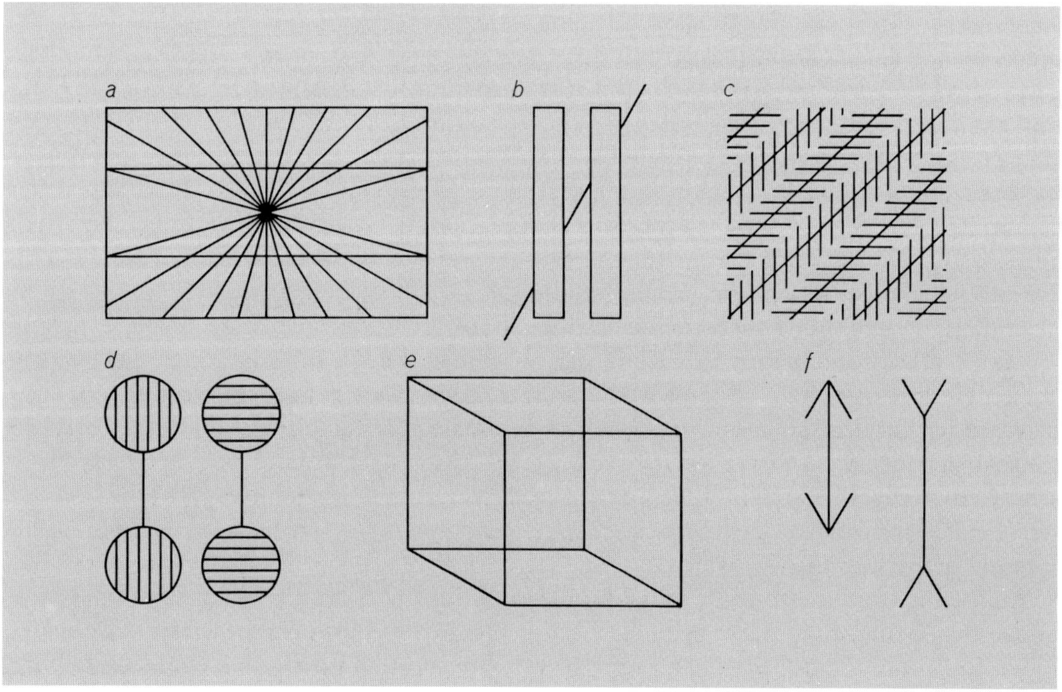

sich selbst unmittelbar und wisse auch, daß es existiert und lebt, ferner daß es glücklich sein und Irrtümer vermeiden möchte. Das alles wird den modernen Leser ganz mit Recht an Descartes erinnern. Es gibt in der Tat eine Passage in Augustinus' *Über die Dreieinigkeit*, XV.XII.21, wo die Parallele zu Descartes' 1. Meditation mehr als zufällig ist. Augustinus beschäftigt sich da mit skeptischen Argumenten aufgrund von Sinnestäuschungen, Träumen und Wahnsinn und sagt darüber vieles, was sich auch bei Descartes findet.

Doch es gibt auch wichtige Unterschiede. Augustinus findet wie Descartes, das Bewußtsein könne nicht nur sich selbst, seine Handlungen und seine Wahrnehmungsbilder mit Gewißheit kennen, sondern auch andere Wahrheiten, die in keiner Weise »auf das Bewußtsein bezogen« sind und nicht durch die Sinne gewonnen sein können, so die Wahrheiten der Mathematik und (für Augustinus, aber nicht für Descartes) bestimmte apriorische Wahrheiten über Werte wie »Das Gute ist dem Schlechten vorzuziehen« (*Über die Willensfreiheit*, II). Für Descartes gewinnt man solche Erkenntnisse durch »klare und deutliche Ideen«, die (wie alle Ideen) Darstellungen sind. Alle Probleme im Zusammenhang mit der Darstellungstheorie der Erkenntnis sind wieder da, und Descartes steht vor dem bekannten Problem, das Vertrauen in klare und deutliche Ideen zu rechtfertigen. Für Augustinus dagegen ergeben sich solche »nicht bewußtseinsmäßigen« Gewißheiten nicht aus Darstellungen, das wird durch die Diskussion in *Bekenntnisse*, X ausgeschlossen. Vielmehr sind solche mathematischen und Wert-Wahrheiten dem Bewußtsein unmittelbar, ohne etwas Dazwischentretendes gegeben. Wie geht das zu? Dies ist das Thema der Augustinischen Theorie der »Erleuchtung«.

Göttliche Ideen und die Theorie der Erleuchtung: die allgemeine Theorie

Die Theorie der Erleuchtung ist faktisch Augustinus' Version von Platons Theorie der »Erinnerung« oder des »Wiedererkennens« oder von Descartes' späterer Theorie der »angeborenen Ideen«. Alle drei Theorien beschäftigen sich mit einer gemeinsamen Gruppe von Problemen. Die des Augustinus hat zwei Formen, eine stärkere und eine schwächere. Texte im Sinne beider Versionen finden sich in Schriften aus seinem ganzen Leben.

Die stärkere Version stellt die allgemeine Behauptung auf, daß Erleuchtung, ähnlich der Platonischen Erinnerung, für alle menschliche Erkenntnis nötig sei. Die schwächere behauptet davon nur einen Spezialfall, nämlich daß sie für bestimmte Arten der menschlichen Erkenntnis nötig sei, die nicht anders zu gewinnen sind.

Die stärkere oder allgemeine Theorie ist folgendermaßen motiviert. Erkenntnis, die diesen Namen verdient, ist etwas sehr Hohes, eine Art kognitiver Idealzustand, fest und unveränderlich. (Diese Haltung ist schon in Platons Unterscheidung zwischen Wissen und Meinung vorhanden und in der Aristotelischen Vorstellung, die der Wissenschaft Universalität und Notwendigkeit zuschreibt.) Da nun feste und unverrückbare Erkenntnis von flüchtigen und veränderlichen Dingen nicht möglich ist, müssen auch die *Gegenstände* der Erkenntnis etwas Hohes sein, ideale Gegenstände wie die Platonischen Ideen. (Aristoteles lehnte diesen Schritt ab.) Nun kann der Mensch auf diese herausgehobene Weise nur Gegenstände erkennen, die ihm unmittelbar gegeben sind. (Dieser »Bekanntheitsgrundsatz« ergibt sich aus der obigen Diskussion des Skeptizismus.) Und da manchmal eine solche Erkenntnis vorliegt, muß das Bewußtsein manchmal in unmittelbare Berührung mit diesen idealen Gegenständen der Erkenntnis kommen.

Für Platon bedeutete die ausgesprochene Nicht-Idealität der uns umgebenden Welt, daß diese unmittelbare Berührung vor diesem Leben erfolgte und die jetzige Erkenntnis nur Erinnerung ist. Dazu muß die Seele oder das Bewußtsein des Menschen natürlich schon existieren, eher er in diesem Leben in den Körper schlüpft. Descartes dagegen gibt den Bekanntheitsgrundsatz faktisch auf. Nach seiner Theorie der angeborenen Ideen, die wirkliche Erkenntnis im höchsten und edelsten Sinne liefern, sind diese von Gott in unsere Natur selbst hineingelegt worden, ohne daß wir unbedingt einen unmittelbaren kognitiven Kontakt mit den Gegenständen dieser Ideen gehabt haben müssen. Demgemäß braucht Descartes im Unterschied zu Platon die Präexistenz der Seele nicht. Doch für beide beruht die Erkenntnis aufgrund der Erinnerung oder der angeborenen Ideen auf einer

DAS GRAB DES AUGUSTINUS, wiederhergestellt im 15. Jh., in der Kirche S. Pietro in Ciel d'Oro in Pavia.

Darstellung. Die Erinnerung an eine unmittelbare Berührung mit einer Platonischen Idee ist nicht selbst diese unmittelbare Berührung, und eine angeborene Idee, auch wenn von Gott eingepflanzt, ist immer noch eine Idee ihres Gegenstandes und keine unmittelbare Berührung mit diesem.

Das genügt Augustinus nicht; für ihn ist sichere Erkenntnis unmittelbare Erkenntnis und nicht Erkenntnis aufgrund einer Darstellung. Daher konnte er weder die alte Platonische Theorie der Erinnerung noch so etwas wie die spätere Kartesische Theorie der angeborenen Ideen anerkennen. Wenn man wirkliche Erkenntnis hat, dann steht man in unmittelbarer Berührung mit den idealen Gegenständen der Erkenntnis.

Was sind diese Gegenstände? Da sie unveränderlich sind, müssen sie göttlich sein; Veränderlichkeit war ja eine Eigenschaft der Geschöpfe. Für Augustinus sind diese Gegenstände Gedanken im Geiste Gottes, »göttliche Ideen«. Faktisch sind sie die alten Platonischen Ideen, in Gottes Geist versetzt. Philon von Alexandria (der Jude Philon, gest. etwa 40 n. Chr.) und andere vor Augustinus hatten diesen Schritt bereits getan. Eine gute Frage ist dann, wie sich die Vielzahl der göttlichen Ideen mit der Einfachheit Gottes verträgt.

Die allgemeine Theorie der Erleuchtung geht also von einem so hohen Begriff der Erkenntnis und ihrer Gegenstände aus, daß diese nur Gott vorbehalten bleibt. Das Bewußtsein der Geschöpfe ist zu wandelbar, um den festen und bleibenden Zustand wirklicher Erkenntnis mit ihren natürlichen Kräften zu erreichen. Wenn die Menschen trotzdem manchmal eine solche Erkenntnis haben, so nur, weil sie ihnen unverdient von Gott verliehen wurde. Das ist dann so etwas wie ein flüchtiger Blick in den göttlichen Geist selbst.

Die spezielle Theorie der Erleuchtung

Die schwächere oder spezielle Theorie der Erleuchtung (»Illumination«) beruht demgegenüber nicht auf dem hierarchischen Wirklichkeitsbild des Augustinus oder auf einem derart hoch angesiedelten Erkenntnisbegriff. Auch wenn Augustinus mit alledem unrecht hatte, scheint es doch gewisse Arten menschlicher Erkenntnis zu geben, die nicht auf ihren eigenen Kräften beruhen können. Sie betreffen Idealbegriffe, Grenzbegriffe. Man begegnet ihnen am deutlichsten auf zwei Hauptgebieten: 1. in der Mathematik und Geometrie einschließlich der mathematischen Physik oder Naturphilosophie (z.B. der Begriff des vollkommenen Kreises, des geometrischen Punktes, der euklidischen Ebene, der reibungsfreien Oberfläche, des idealen Gases usw.) und 2. bei den Werten (vollkommene Gerechtigkeit, ideale Schönheit usw.). Nicht ohne Grund waren auf diesen beiden Gebieten die verschiedenen Formen des Platonismus in der Geschichte immer am überzeugendsten.

Wie die Menschen zu solchen Begriffen und irgendwelchen damit zusammenhängenden Erkenntnissen kommen, ist nicht einfach zu erklären. Sie werden offenbar nicht durch einfache Feststellungen über die uns umgebende empirische Welt gewonnen. Und diese Welt entspricht ganz offensichtlich nicht diesen Idealen; in der uns bekannten Welt ist keine vollkommene Gerechtigkeit und kein vollkommener Kreis zu erkennen. Und es ist auch schwer einzusehen, wie man zu solchen Idealbegriffen durch Verbindung und gewisse Veränderung oder irgendwelche *Operationen* mit nichtidealen Begriffen gelangen sollte, die sich auf gewöhnliche Art aus der empirischen Welt ergeben.

Man kann beispielsweise den Begriff des vollkommenen Kreises nicht gewinnen, indem man verschiedene nicht ideal kreisförmige Münzen oder Teller anschaut und dann ihre Unvollkommenheiten irgendwie »wegdenkt«. Man könnte gar keine wegzudenkende Unvollkommenheit erkennen, wenn man nicht schon den Begriff des idealen Kreises hätte, hinter dem die Münzen und Teller zurückbleiben. Aus dem gleichen Grunde kann man nicht einfach sagen, man »erkenne« eben die Gestalt, der sich diese Münzen und Teller nähern, oder mache den Grenzbegriff, auf den sie alle konvergieren, irgendwie aus. Der Verstand tut dies zweifellos, aber wie er das *kann*, ohne schon den Begriff des Ideals zu haben, dem sich die anderen nähern oder auf den sie konvergieren – das ist die Frage. Man kann sich auch nicht auf den Standpunkt stellen, es gebe zwar keine vollkommenen Kreise oder wirkliche euklidische Ebenen in der Natur, gewiß aber Dinge, die sich in der Wahrnehmung nicht von diesen Idealen unterscheiden, so daß der Verstand doch Idealbegriffe unmittelbar aus der Erfahrung ableiten könne. Denn wenn sich diese Dinge in der Wahrnehmung nicht von jenen Idealen unterscheiden, dann sind sie auch nicht von leicht ungenauen Kreisen oder Ebenen unterscheidbar. Wie unterscheidet dann der Verstand die einen Begriffe von den anderen? Und für Werte ist diese Theorie der Ununterscheidbarkeit von vornherein unplausibel. Die ideale Gerechtigkeit ist ja leider sehr klar unterscheidbar von allem, was die Erfahrung liefert.

Diese Überlegungen sind vielleicht nicht entscheidend. Sie zeigen aber doch, daß die Erklärung, wie man zu Idealbegriffen und zu irgendwelchen diesbezüglichen Erkenntnissen kommt, mindestens mit ernsten Schwierigkeiten zu kämpfen hat, wenn man sich auf das beschränkt, was Menschen selbst leisten können. Doch offensichtlich haben Menschen solche Erkenntnisse. Also scheint so etwas wie eine Theorie der Erinnerung (Platon), der angeborenen Ideen (Descartes) oder der Erleuchtung (Augustinus) nötig zu sein. Wenn man mit Augustinus davon ausgeht, daß die Gegenstände einer sicheren Erkenntnis dem Bewußtsein unmittelbar gegeben sein müssen und nicht bloß durch eine Darstellung, dann ist es mit Erinnerung oder angeborenen Ideen nicht getan, es braucht die unmittelbare Berührung mit den idealen Gegenständen. Wieder gewährt uns die Augustinische Erleuchtung einen flüchtigen Blick auf die göttlichen Ideen.

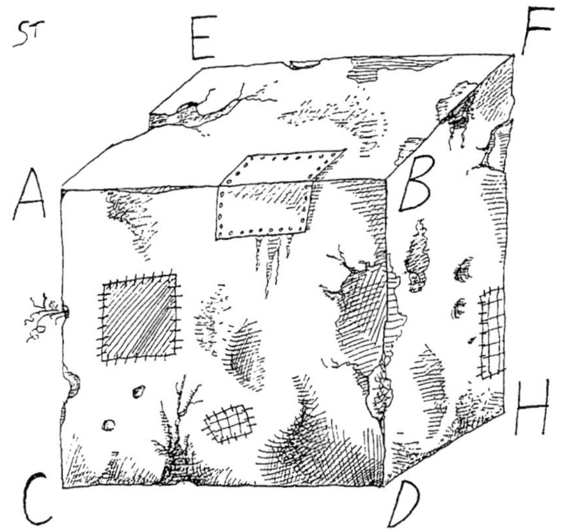

IDEAL UND WIRKLICHKEIT. Die Platonisten sehen, wie auch Augustinus, in den Gegenständen dieser Welt unvollkommene Annäherungen an eine Wirklichkeit, die einer Welt des reinen Geistes angehört. In dieser Karikatur setzt Saul Steinberg geistvoll den vollkommenen Würfel der Geometer zum Durcheinander der Alltagswelt in Beziehung.

Die Augustinische Theorie der Erleuchtung stützte sich stark auf die mystischen Passagen in den Paulusbriefen. Dieses Gemälde von Jacopo Amigoni zeigt Paulus vom göttlichen Licht geblendet auf der Straße nach Damaskus.

Probleme im Zusammenhang mit der Theorie der Erleuchtung

Die Theorie der Erleuchtung wirft in beiden Formen vielleicht nicht weniger Probleme auf, als sie löst. Das erste Problem bezieht sich nur auf die Theorie in ihrer allgemeinen Form: In welchem Sinne ist Erleuchtungserkenntnis »menschliche« Erkenntnis? Wer erkennt da? Erkenntnis ist ja mindestens zum Teil ein *Akt* eines erkennenden Bewußtseins. Doch nach der allgemeinen Erleuchtungstheorie ist das menschliche Bewußtsein passiv und rezeptiv; nur der göttliche Geist ist tätig und erleuchtet es. Und wenn das menschliche Bewußtsein bei der Erkenntnis passiv ist, warum muß man sich dann für die wenige Erkenntnis, die man hat, so abmühen – jahrelange Schule, Studium, umfangreiche Lektüre? Kurz, die allgemeine Theorie, so wie sie dasteht, muß durch eine Analyse ergänzt werden, die dem menschlichen Geist eine gewisse aktive Rolle zuschreibt.

Ein zweites Problem entsteht für beide Formen der Theorie. Wenn zur Erleuchtung ein unmittelbarer Blick auf die göttlichen Ideen gehört, und wenn es wegen Gottes Einfachheit keinen Unterschied zwischen ihm und seinen Ideen gibt, wie unterscheidet sich dann die Erleuchtung von der unmittelbaren Begegnung mit Gott, der »beseligenden Schau«, die doch den Seligen im nächsten Leben vorbehalten sein soll? Die Erleuchtung scheint Gottes Geist mit dem unseren unmittelbar in Berührung zu bringen. Wir sehen »von Angesicht zu Angesicht«, nicht »durch einen Spiegel in einem dunklen Wort« (1. Kor. 13, 12); letzteres wäre eine bloße Darstellung und würde den Hauptpunkt der Theorie zu Fall bringen. Auch bezeichnet Augustinus die unmittelbare Schau Gottes als das höchste Ziel der Menschheit (so *Gottesstaat*, XIX). Doch dieses Ziel ist sicher nicht in diesem Leben zu erreichen, indem man etwas Mathematik oder Geometrie treibt. Das Heil kann doch nicht im Addieren von Zahlenkolonnen bestehen.

Drittens: Wer wird erleuchtet? Die Erleuchtung sieht sehr wie eine beseligende Schau aus. Doch abgesehen von dem Problem, daß es zu dieser erst im nächsten Leben kommen soll, soll sie ja auch den Seligen, den Heiligen vorbehalten sein. Doch noch das verkommenste Subjekt kann etwas Geometrie lernen – und wenn irgend etwas Erleuchtung erfordert, dann sie.

Diese Probleme fallen faktisch unter die Überschrift »Natur« kontra »Gnade«. Gott verleiht den Geschöpfen manches von Natur, es ist in ihre Grundstruktur eingebaut. Einigen Geschöpfen verleiht er aber mehr. Er verleiht ihnen Übernatürliches, ihre Natur Übersteigendes. Das sind »unverdiente« Geschenke der »Gnade«. In diesem Rahmen macht die Erleuchtungstheorie die Erkenntnis (zum Teil oder ganz) zu einer Sache der übernatürlichen Gnade. Doch übernatürliche Erkenntnis, die wir haben, aber nicht mit unseren natürlichen Kräften erlangen könnten, heißt »Offenbarung«, oder nicht? Kurz, die Erleuchtungstheorie tendiert dazu, etwas, das als rein natürliche Erkenntnis erscheint, zum Teil oder ganz mit der Offenbarung gleichzusetzen. Doch die alten Griechen, die sich keiner Offenbarung erfreuen konnten, waren erstaunlich gute Mathematiker und Geometer, wozu auch nach der schwächeren oder speziellen Theorie Erleuchtung nötig ist. Wie ist das möglich?

Das alles zeigt, daß Augustinus keine abgeschlossene Erleuchtungstheorie hinterlassen hat. Es bedurfte weiterer Verfeinerungen und Unterscheidungen. Die Nachfolger des Augustinus hatten einiges zu tun.

Boethius

Nichts Bemerkenswertes geschah in der lateinischen Philosophie zwischen Augustinus und Boethius. Boethius wurde etwa 480 in der vornehmen alten römischen Familie der Anicii geboren. Sein Vater starb, als Boethius noch jung war, und das Kind wurde von dem ebenso vornehmen Symmachus adoptiert (einem Nachkommen des älteren Symmachus, der in den 370er Jahren das Heidentum wiederbeleben wollte). Damals waren die alten römischen Familien, auch die des Boethius, schon orthodoxe Christen, doch die ostgotische Verwaltung Roms unter Theoderich war es nicht; sie waren arianische Christen, die von den orthodoxen als Häretiker betrachtet wurden. Trotz dieser Spannungen stieg Boethius unter Theoderich zum »magister officiorum« auf. Es gibt kein gutes modernes Gegenstück zu diesem Amt, doch jedenfalls war es eine mächtige Position mit militärischen und zivilen Funktionen. Boethius geriet schließlich in politische Intrigen und wurde des Verrats bezichtigt, eingekerkert und zum Tode verurteilt. In Erwartung seiner Hinrichtung schrieb er sein berühmtestes Werk *Trost der Philosophie,* worin er seine Unschuld beteuert, und die meisten Gelehrten haben ihm geglaubt. Doch er wurde 524 oder 525 hingerichtet.

Boethius kannte die Sprache und das geistige Erbe der Griechen, er ist einer der wichtigsten Vermittler der griechischen Gelehrsamkeit an den lateinischen Westen. Außer *Trost der Philosophie* und mehreren anderen Werken verfaßte er Übersetzungen von des Aristoteles *Kategorien* und *De interpretatione* sowie von *Isagoge*, einer Einführung in die *Kategorien* von Porphyrios, dem Schüler und Biographen Plotins. Boethius scheint auch von anderen logischen Werken des Aristoteles Übersetzungen angefertigt zu haben, die aber erst viel später eine größere Verbreitung fanden. Außerdem schrieb er Kommentare und mehrere unabhängige Abhandlungen über logische Fragen. Abgesehen von einem Teil von Platons *Timaios* (der von Chalkidios übersetzt wurde) und den Schriften eines Pseudo-Dionysios des Areopagiten (s. unten) waren die Übersetzungen des Boethius die einzigen primären Texte der griechischen Philosophie, die bis zum 12. Jh. im Westen allgemein zugänglich waren.

Der Trost der Philosophie

Des Boethius *Trost der Philosophie* ist faktisch eine Meditation über das Übel und die Unzuverlässigkeit des Glücks. Es überrascht nicht, daß viel Augustinus darin steckt. Boethius schließt sich Augustinus sowohl darin an, daß das Böse keine eigene Entität, sondern das Fehlen eines Guten sei, als auch darin, daß der freie Wille der Geschöpfe letztlich für das Böse verantwortlich sei. Über all das spricht er eingehend in *Trost der Philosophie*, doch es ist nicht sein eigentliches Problem. Das ist eine etwas andere Frage: Wenn man von alledem ausgeht, warum scheinen dann böse Menschen in dieser Welt zu gedeihen und die guten zu leiden? Auch wenn Augustinus im Hinblick auf das Wesen des Bösen und die Verantwortlichkeit dafür recht hat, warum geschieht eigentlich nichts? Im Grunde fragt Boethius in diesem Werk, warum er im Gefängnis sitzt.

Vorauswissen und freier Wille

Der philosophisch vielleicht wichtigste Teil von *Trost der Philosophie* ist Buch V (das letzte). Dort erkennt Boethius an: Wenn der freie Wille der Geschöpfe das Übel in der Welt erklären soll, dann muß doch eigentlich ihr freier Wille mit Gottes Vorauswissen dessen, wie sie sich verhalten werden, verträglich sein. Kurz, es handelt sich um das klassische Problem: Wenn Gott im voraus weiß, was jemand tun wird, wie kann er dann in dieser Sache einen freien Willen haben?

Augustinus hatte sich bereits mit diesem Problem in *Über die Willensfreiheit*, III auseinandergesetzt, doch Boethius hat die Diskussion wesentlich weiter vorangetrieben. Er erkennt (im Unterschied zu Augustinus) klar, daß es sich nicht um eine Frage der *Kausalität* handelt, ob das Vorauswissen die zukünftige Handlung verursacht, oder umgekehrt. Vielmehr geht es für Boethius allein um die logischen Beziehungen zwischen Notwendigkeit, Zeit und Wissen.

Einer der am häufigsten zitierten Teile von Boethius' Diskussion unterscheidet zwischen der Notwendigkeit eines Bedingungssatzes und dem, was man als Notwendigkeit »unter einer Bedingung« bezeichnen könnte. Im Lateinischen und Deutschen ist die Aussage »Wenn man weiß, daß p, dann notwendig p« nicht eindeutig. Sie kann bedeuten, der Bedingungssatz »Wenn man weiß, daß p, dann p« sei ein notwendiger Satz – und das ist richtig (denn etwas Falsches kann man nicht wissen); doch es hindert in keiner Weise, daß es eine zufällige Sache des freien Willens ist, daß p. Oder die Aussage kann bedeuten, wenn man weiß, daß p, dann sei es eine notwendige Tatsache, daß p – und daraus *würde* folgen, daß es *keine* zufällige Sache des freien Willens ist, daß p, jedenfalls nicht, während man weiß, daß p. Das würde in der Tat das Vorauswissen mit dem freien Willen unvereinbar machen, doch es scheint keinen Grund zu geben, warum es allgemein gelten sollte.

Auf jeden Fall muß jede ernstzunehmende Behandlung des Problems diese Unterscheidung beachten. Doch Boethius bleibt hier nicht stehen. Es ist nämlich etwas Merkwürdi-

BOETHIUS DER PATRIZIER mit seinem Schwiegervater Symmachus, Illustration in einer Handschrift aus dem 9. Jh. von Boethius' Abhandlung über die Arithmetik.

ges um die Zukunft. Ich weiß z.B. nicht, ob es heute in einem Jahr (hier) regnen wird oder nicht, das kann ich unmöglich wissen. Ich weiß aber jetzt schon, daß es *entweder* regnen *oder* nicht regnen wird. Das eine ist eine kontingente zukünftige Tatsache, das andere aber eine notwendige Tatsache.

Der Gesichtspunkt läßt sich verallgemeinern. Was man über die Zukunft wissen kann – nicht bloß mit Zuversicht voraussagen, sondern wirklich »wissen« –, das scheint auf das Notwendige beschränkt zu sein. Ist also p eine Aussage über die Zukunft, so scheint nicht nur die unproblematische notwendige Aussage »Wenn man weiß, daß p, dann p« zu gelten, sondern auch die stärkere Aussage »Wenn man weiß, daß p, dann ist es eine notwendige Tatsache, daß p«. Und dann ist das Vorauswissen doch unvereinbar mit dem freien Willen.

Boethius geht das Problem mit einem geistvollen Kunstgriff an. Er nimmt Gott aus der Zeit heraus. Darin war er nicht der erste, doch in der lateinischen Tradition war er der erste große Autor, der es im Zusammenhang mit diesem Problem tat. Gott, so die Theorie, sieht nicht, wie wir, wie sich die Ereignisse eins nach dem anderen entfalten. Er sieht sie alle auf einmal, in einer Art »ewiger Gegenwart«. Dabei bleibt die Reihenfolge der Ereignisse für Gott erhalten (er weiß, was vorher und was nachher kommt), aber er *erfährt* sie nicht in dieser Reihenfolge, sie sind ihm alle gleichzeitig »gegenwärtig«. Genau wie ich jetzige kontingente Tatsachen kennen kann, ohne daß das ihrer Kontingenz irgendwie Abbruch tut, so kann Gott sogar unsere zukünftigen freien Handlungen kennen, ohne daß das ihrer Kontingenz irgendwie Abbruch tut.

Diese Lösung des Boethius ist zu einer klassischen geworden, doch ihr Erfolg ist ungewiß. Wenn sie stimmt, dann muß man alle Aussagen über Vergangenheit, Gegenwart und Zukunft (Aussagen, deren Wahrheitswert sich im Laufe der Zeit ändern kann) ohne Gehaltverlust in Aussagen über »vor...«, »gleichzeitig mit...« und »nach...« übersetzen können (deren Wahrheitswert sich nicht im Laufe der Zeit ändert). Ob das möglich ist, das ist ein Problem der Zeitlogik; das Ergebnis läßt nicht gerade hoffen.

Die Universalien

Das Universalienproblem ist das Problem, ob unseren Allgemeinbegriffen in der Wirklichkeit Allgemein-Entitäten (»Universalien«) entsprechen. Wenn ja, dann steht der Philosoph vor dem metaphysischen Problem, zu erklären, was diese Entitäten sind und wie es so etwas geben kann. Wenn nicht, dann steht er vor der erkenntnistheoretischen Gefahr, daß unsere Allgemeinbegriffe nicht der Wirklichkeit zu entsprechen scheinen, so daß jede allgemeine Erkenntnis der Welt unmöglich wäre.

Boethius war der erste lateinische Philosoph, der dieses Problem ernsthaft diskutierte. Er beschäftigt sich mit ihm in verschiedenen Werken, und es könnte faktisch mehr als eine Universalientheorie in seinen Schriften geben. Die wohl einflußreichste Diskussion findet sich im zweiten (längeren) seiner beiden Kommentare über des Porphyrios *Isagoge*.

Porphyrios behandelte dort systematisch die Begriffe Gattung, Art, Unterschied, kennzeichnende Eigenschaft und Zufall. Doch in einer Vorrede sagte er dem Leser, bestimmte für eine Einführung zu schwierige Fragen werde er nicht behandeln. Insbesondere werde er nicht fragen: 1. ob Gattungen und Arten etwas Wirkliches oder bloß etwas Gedachtes sind; 2. wenn sie wirklich sind, ob sie dann materieller oder immaterieller Art sind; und 3. ob sie von den sinnlich wahrnehmbaren Dingen getrennt sind (wie die Platonischen Ideen) oder ihnen innewohnen (wie das Aristotelische Wesen).

In dieser Situation konnte es nicht ausbleiben, daß sich die Kommentatoren gedrängt fühlten, mehr zu den von Porphyrios aufgeworfenen, aber demonstrativ nicht beantworteten Fragen zu sagen. Boethius stellte sich der Herausforderung. Im Zuge seiner Diskussion lieferte er eine ausgezeichnete Kennzeichnung der Universalien. Ein Universale ist etwas, das vielen Dingen gemeinsam ist (a) als Ganzes und nicht in Teilen wie etwa ein Kuchen, von dem mehrere Leute ein Stück nehmen; (b) gleichzeitig und nicht nacheinander wie etwa ein Wagen, der im Laufe seines Daseins verschiedenen Besitzern gedient hat; und (c) so, daß es fest in die metaphysische Konstitution der Dinge eingeht, denen es gemeinsam ist, und ihnen nicht bloß äußerlich ist wie etwa ein Ereignis, das für ein Publikum als Ganzes und gleichzeitig gegenwärtig ist. (Man beachte, daß wegen (c) Platonische Ideen keine Universalien wären.)

Während des Mittelalters galt diese Passage als eine der Standarddefinitionen der Universalien. Doch es war nicht die einzige gebräuchliche Definition. Zu Beginn von *De interpretatione* (*Hermeneutik*), 7 (von Boethius übersetzt), hatte Aristoteles gesagt: »Mit ›allgemein‹ [einem ›Universale‹] meine ich, was seinem Wesen nach von mehrerem ausgesagt wird.« Das Aussagen ist natürlich in erster Linie eine sprachliche Beziehung. Doch im Mittelalter führten sie viele Autoren auf eine tieferliegende, metaphysische Beziehung gleichen Namens zurück. Dann lautet das Universalienproblem, ausgehend von der Aristotelischen Definition: Gibt es Entitäten, die »metaphysisch« von mehrerem ausgesagt werden, oder gibt es keine?

Das Universalienproblem wurde im Mittelalter in seiner Boethischen wie seiner Aristotelischen Form diskutiert. Es gibt zwar zunächst keinen Grund, zu meinen, wer an Universalien im einen Sinne glaubt, müsse es auch im anderen tun, doch tatsächlich war es im Mittelalter zumeist der Fall. Es gab aber einige interessante Ausnahmen, so Peter Abaelard im 12. Jh. (s. unten).

Boethius selbst nimmt in seinem *Isagoge*-Kommentar einen Standpunkt ein, der manchmal als »gemäßigter Realismus« bezeichnet wird. (Er führt ihn auf Alexander von Aphrodisias zurück, den berühmten Aristoteles-Kommentator aus dem 3. Jh. n. Chr.) Universalien seien nicht wirklich, doch das verhindere keine allgemeine Welterkenntnis. Unsere Allgemeinbegriffe beruhten auf der Wirklichkeit, wenn auch nicht auf allgemeinen *Gegenständen* in der Wirklichkeit. Dazu dient ihm faktisch eine Theorie der Abstraktion (die Boethius »Einteilung« nennt). Die Schwierigkeit für Boethius wie für alle gemäßigten Realisten besteht in der Erklärung, wie dieses Abstrahieren (oder Einteilen) zustande kommt. Darüber hat er wenig zu sagen.

Boethius kommt auf das Universalienproblem an anderen Stellen zurück, so mehrfach in einer Werkreihe, die als *Theologische Abhandlungen* bezeichnet wird. Manches davon ergänzt seine Ausführungen im Porphyrios-Kommentar. Anderes freilich, vor allem in *Über die Dreieinigkeit*, weist doch in die Richtung, daß die Universalien wirklich seien. Alle diese Texte wurden im Mittelalter viel gelesen und regten eine Vielfalt späterer mittelalterlicher Universalientheorien an.

Pseudo-Dionysios und Johannes Scottus Eriugena

Die Auflösung der griechisch-römischen Kultur, die lange vor Boethius begonnen hatte, setzte sich nach seinem Tode fort und beschleunigte sich sogar. Europa trat in eine lange Periode geistiger Erstarrung ein, die Gelehrsamkeit im allgemeinen und die Philosophie im besonderen wurden wenig gepflegt. Dieser Zustand hielt bis nach der Jahrtausendwende an, mit einer beachtlichen Ausnahme, der »karolingischen Renaissance« unter Karl dem Großen (768-814) und seinen Nachfolgern.

Karl der Große förderte in seinem ganzen Reich die Kloster- und Domschulen und versammelte an seinem Hofe eine internationale Gruppe von Gelehrten. Zu ihnen gehörte Alkuin von York (etwa 730 – 804), der dort eine ernstzunehmende Bildungsstätte schuf. Doch vielleicht die bedeutendste Gestalt dieser Renaissance war Johannes Scottus Eriugena (etwa 810 – 877) um 850 am Hofe Karls des Kahlen, Enkels Karls des Großen.

Wie sein Name besagt, war Eriugena seiner Herkunft und Erziehung nach Ire. Damals hieß Irland »Scotia maior«, daher der Beiname »Scottus«. Er wird manchmal »Johannes der Schotte« genannt und ist nicht zu verwechseln mit Johannes Duns Scotus, der viel später lebte (s. unten).

Im größten Teil Westeuropas war die Kenntnis des Griechischen zur Karolingerzeit so gut wie ausgestorben. Doch aus irgendeinem Grunde verschwand sie nie ganz bei den irischen Mönchen. Eriugena konnte so gut Griechisch, daß er nachhaltig vom spätgriechischen Denken beeinflußt wurde, auch von einigen griechischen Kirchenvätern, und daß er griechische Schriften ins Lateinische übersetzte.

Dazu gehörten die Werke eines gewissen Pseudo-Dionysios des Areopagiten. Eriugenas Übersetzung war weder die erste noch die letzte mittelalterliche Übersetzung dieses wichtigen Autors, aber die einflußreichste. *Corpus areopagiticum* besteht aus 10 Briefen und 4 Abhandlungen: *Über die göttlichen Namen, Mystische Theologie, Über die himmlische Hierarchie* und *Über die kirchliche Hierarchie.* Die ersten beiden sind die philosophisch wichtigsten.

Wer Pseudo-Dionysios eigentlich war, ist bis heute ungeklärt. Er lebte im Nahen Osten, wahrscheinlich, seinen philosophischen Ansichten nach zu urteilen, im späten 5. Jh. Doch seine wirkliche Identität ist nicht so wichtig wie seine angenommene. Denn die ihm zugeschriebenen Werke geben sich als die jenes Dionysios aus, der Paulus auf dem athenischen Areopag predigen hörte und ihn im Unterschied zu den anderen dort versammelten Philosophen nicht auslachte, sondern ihm glaubte (Apg. 17, 33-34).

Diese Werke wurden im lateinischen Westen, nachdem sie einmal allgemein bekannt geworden waren, sehr ernst genommen. Ihr angeblicher Verfasser war ja ein unmittelbarer Schüler des Apostels selbst, so daß ihre Autorität gleich hinter der der Heiligen Schrift rangierte. Das war freilich nicht ganz problemlos, denn manchmal waren die Lehren nicht unbedingt orthodox, und stellenweise standen sie in starkem Gegensatz zu der im Westen vorherrschenden Augustinischen Tradition. Ihre Echtheit war von Anfang an bezweifelt worden, doch erst im späten 19. Jh. wurde sie endgültig widerlegt.

Für den lateinischen Westen war Pseudo-Dionysios die nächstgelegene Quelle der bekannten Lehre, daß man auf dreierlei Art über Gott sprechen könne: (1) in Form der »via affirmativa«, die Gott Eigenschaften zuschreibt; (2) in Form der »via negativa«, die ihm

Eigenschaften abspricht; und (3) in Form der »via eminentiae«, die die beiden anderen miteinander versöhnt und Gott nur Über-Eigenschaften zuschreibt. Z.B. (1) Gott ist »gut« als Quelle oder Ursache alles Guten an den Geschöpfen; aber (2) Gott an sich, nicht in Beziehung auf seine Geschöpfe, müssen alle gewöhnlichen Eigenschaften abgesprochen werden. In diesem Sinne ist Gott nicht gut, ja, er existiert nicht einmal! Doch diese via negativa ist kein glatter Atheismus, denn (3) zwar ist Gott an sich nicht gut und existiert nicht, aber das heißt nicht, er sei weniger als gut oder weniger als existent, sondern er ist »super-gut« oder »hyper-existent« – mehr als gut und mehr als existent.

Daß Gott in diesem neuplatonischen Sinne »mehr als existiert«, hat erkenntnistheoretische Konsequenzen. Nach der herkömmlichen Gleichsetzung von Sein und Erkennbarkeit (schon bei Parmenides, Fragment 2) ist dann Gott absolut unerkennbar. Demgemäß wird in der von Pseudo-Dionysios herrührenden westlichen mystischen Tradition die unmittelbare Begegnung mit Gott in der mystischen Erfahrung nicht durch Licht und Verstand, sondern durch Dunkelheit und den Willen beschrieben (der auch lieben kann, was er nicht versteht). Bekannte Formulierungen wie »Wolke des Nichterkennens« und »dunkle Nacht der Seele« sind für diese Tradition kennzeichnend, ganz im Gegensatz zur oben beschriebenen Augustinischen Tradition, für die – gestützt auf 2. Mose 3, 14 – Gott nicht höher als seiend ist, sondern das wirklichste und damit auch erkennbarste aller Wesen. Demgemäß wird hier eine unmittelbare Begegnung mit Gott anhand von Verstehen und Licht beschrieben als blendender Blitz, »beseligende Vision«, ja »Erleuchtung«. Aufgrund der Autorität des Augustinus und der angeblichen des Pseudo-Dionysios hatte beides sein Gewicht und führte das ganze Mittelalter hindurch eine manchmal prekäre Koexistenz.

Eriugena, der Übersetzer des Pseudo-Dionysios, war stark von ihm und anderen spätgriechischen Autoren beeinflußt. Daher erscheinen seine Werke oft als ausgefallen und bizarr, wenn man nur die lateinische Haupttradition kennt. Auch das Mittelalter empfand sie so. Zwei seiner Abhandlungen, *Über die Prädestination* und *Über die Einteilung der Natur*, wurden als ketzerisch verdammt, erstere zweimal zu seinen Lebzeiten. Eriugena wurde alles mögliche geheißen, vom Pantheisten bis zum großen freidenkerischen Rationalisten. Die richtige Einschätzung seiner Ansichten ist noch umstritten.

Über die Einteilung der Natur ist zweifellos Eriugenas Hauptwerk. Es ist ein langer Dialog in fünf Büchern und enthält eine Sicht der Wirklichkeit, die die Augustinische Tradition mit neuplatonischen Themen des Pseudo-Dionysios und anderer verbindet. Trotz seiner ungewissen Deutung ist es wohl die systematischste Darstellung einer philosophischen Gesamtschau, die das Mittelalter bis dahin hervorgebracht hatte. Trotzdem wurde es von späteren Autoren nur gelegentlich herangezogen und scheint nicht besonders einflußreich gewesen zu sein.

Anselm von Canterbury

Die karolingische Renaissance war eine vorübergehende Erscheinung. Erst nach der Jahrtausendwende trat Europa in eine neue und lange Periode kultureller und sozialer Entwicklung ein, an der auch die Philosophie beteiligt war. Bis etwa 1050 gab es nicht einmal

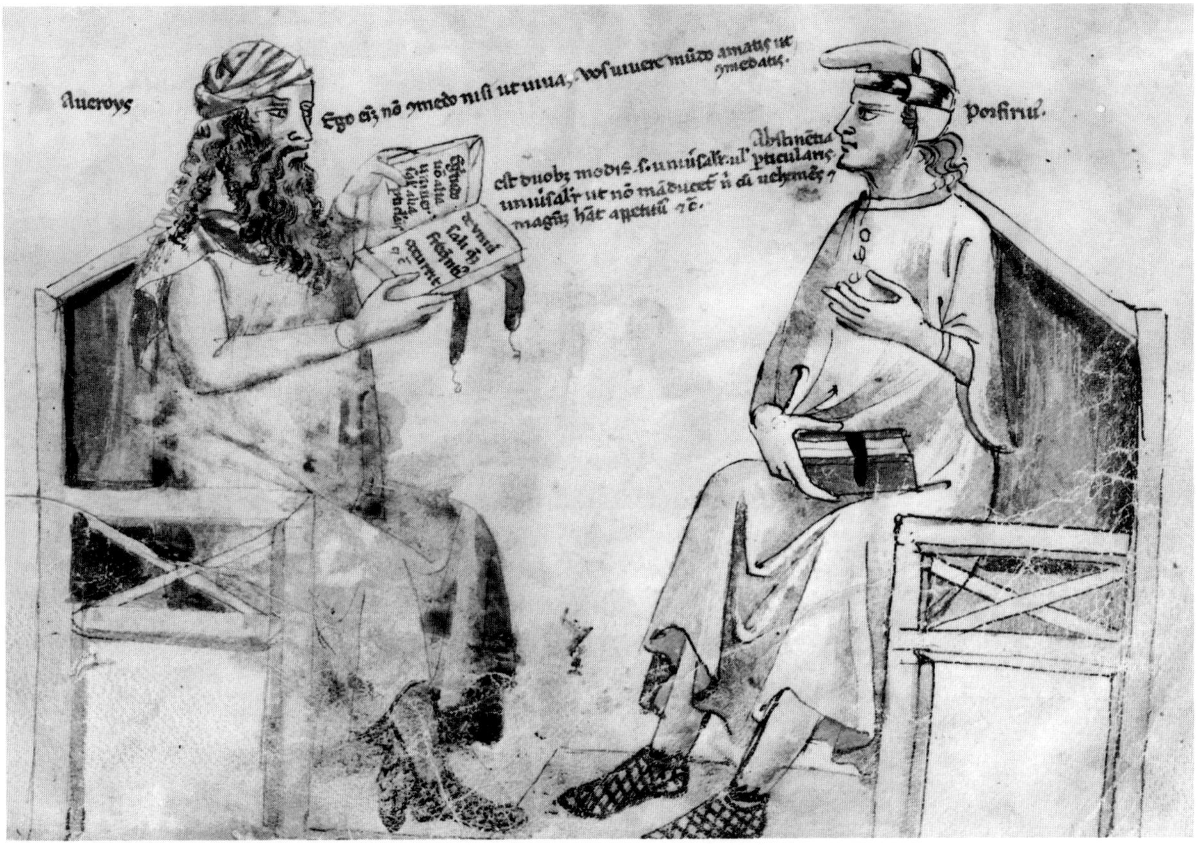

DIE LATEINISCHE MITTELALTERLICHE PHILOSOPHIE IN DER SCHULD der Griechen und Araber: diese Handschriftenillustration zeigt Averroes (links) und Porphyrios.

ein Dutzend bedeutende mittelalterliche Philosophen. Doch danach wurden die wichtigen, tiefen und einflußreichen Philosophen so zahlreich, daß man sie gar nicht alle im Auge behalten kann. Und auch der Stil der Philosophie änderte sich. Er wurde weniger »visionär«, es ging einfach um eine Deutung der Wirklichkeit, und es wurde viel mehr argumentiert.

Das zeigt sich schon beim hl. Anselm von Canterbury (1033-1109). Er war von Geburt Italiener, trat aber später in die Benediktinerabtei von Bec in der Normandie ein, und nach der normannischen Eroberung wurde er dort Abt und Nachfolger Lanfrancs, der Erzbischof von Canterbury geworden war. Schließlich ging Anselm selbst nach England und wurde Nachfolger Lanfrancs in Canterbury.

Anselm legte großen Wert auf durchdachte Argumentation, was den heutigen Philosophen angenehm und vertraut berührt. Gleichzeitig hatten seine Schriften noch nicht jenes Niveau hochspezialisierter scholastischer Terminologie erreicht, das die späteren mittelalterlichen Texte so spröde macht. Für den Nichtspezialisten, der Originaltexte lesen möchte, ist deshalb Anselm vielleicht der zugänglichste Autor.

Anselm schrieb mehrere wichtige Werke, die meisten in Bec. Die wichtigsten sind *Monologion*, eine systematische Diskussion der Existenz und des Wesens Gottes; *Proslogion*, eine wesentlich knappere Diskussion vieler der gleichen Themen, darunter Anselms berühmter »ontologischer Gottesbeweis« (s. unten); und *Cur deus homo* (»Warum wurde Gott Mensch?«, das schrieb er als Erzbischof von Canterbury), ein Dialog über die Menschwerdung.

Anselm möchte »zwingende Gründe« für die Glaubenswahrheiten finden. So versucht er nicht nur, die Existenz und das Wesen Gottes in *Monologion* und *Proslogion* zu demonstrieren, sondern im ersten Werk möchte er sogar »zwingende Gründe« für die Dreieinig-

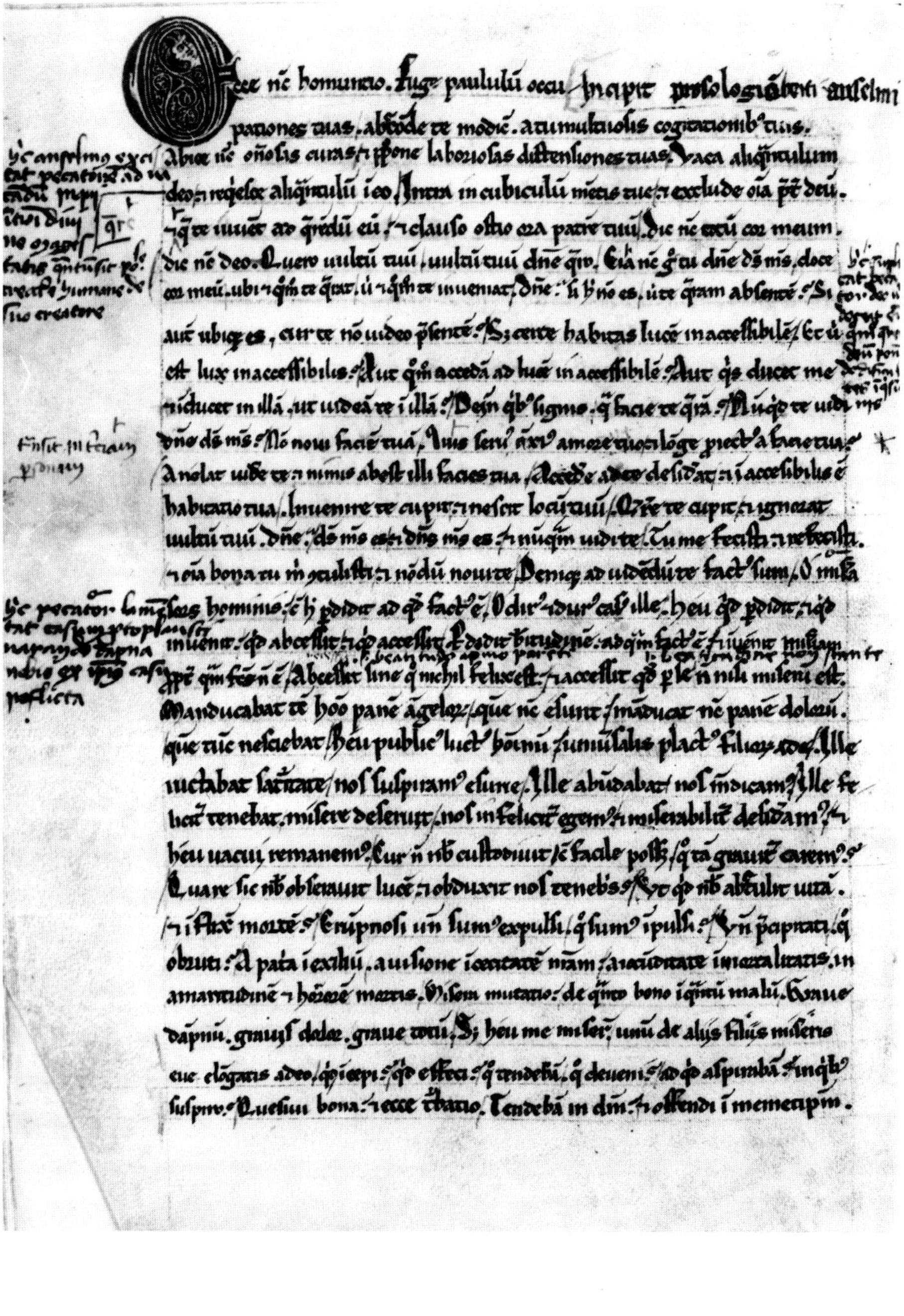

ANSELMS »PROSLOGION« in einer Abschrift aus dem 12. Jh.

keit finden und in *Cur deus homo* für die Inkarnation. In allen diesen Fällen sollen die »zwingenden Gründe« der rein natürlichen Vernunft zugänglich sein. Im Unterschied zu Augustinus beruft sich Anselm verhältnismäßig wenig auf die Schrift oder die Autorität der Kirchenväter.

Anselm erntete zwar Kritik wegen dieser neuen und extremen Berufung auf die Vernunft in religiösen Dingen, doch es war der Weg der Zukunft. Die späteren Scholastiker sahen in der Theologie in zunehmendem Maße nicht bloß eine Sache der »maßgeblichen Schriften«, sondern eine wissenschaftliche Disziplin. Doch zu Anselms Gebrauch der Vernunft ist zweierlei zu bemerken. Erstens versuchte er nicht deshalb die Wahrheiten der Theologie zu beweisen, weil sie ansonsten zweifelhaft gewesen wären. Es wollte nicht einen Glauben stützen, der sonst zusammengebrochen wäre, sondern nur erforschen, was er schon fest glaubte. Seine Einstellung ist gegen Anfang des *Proslogion* in einem berühmten Satz ausgesprochen: »Ich glaube, um zu erkennen« (»Credo ut intellegam«). Und zweitens wollte Anselm mit seinem Vernunftansatz nicht das Reich des Mysteriums aus der Religion verbannen. Im *Monologion* etwa glaubt er beweisen zu können, daß Gott eine Trinität von Personen ist, doch er glaubt nicht erklären zu können, wie das eigentlich zugehe (s. Kap. 64).

Anselms bleibendster Beitrag zur Philosophie ist zweifellos sein sogenannter »ontologischer Gottesbeweis«. (Die Bezeichnung ist ein späterer Neologismus.) Im Einleitungskapitel des *Proslogion* teilt uns Anselm mit, nach der Abfassung des *Monologion* habe er sich gefragt, ob sich ein einzelnes Argument finden lasse, welches das in einem Zuge leisten würde, was *Monologion* mühsam mit einem Netz komplizierter Überlegungen geleistet habe. Schließlich verfiel er auf folgendes geistvolle Argument (das hier auf das Wesentliche reduziert worden ist): (1) Mit »Gott« meinen wir »das denkbar Größte«. (2) Angenommen (zum Zwecke der reductio ad absurdum), dieses existiere nicht wirklich. (3) Trotzdem kann man sich *denken*, daß es wirklich existiere. (4) Das denkbar Größte ist größer, wenn es wirklich existiert, als wenn nicht. (5) Nach (3)-(4) läßt sich etwas Größeres denken als das denkbar Größte. Das ist aber ein Widerspruch, also ist (2) falsch, d.h.: (6) Das denkbar Größte – d.h. Gott – existiert wirklich. Die Voraussetzungen seines Arguments sind (1), (3) und (4). (3) scheint völlig unproblematisch, und (1) ist bloß eine Definition, die eine – spezifische – der Eigenschaften dessen ausdrückt, was wir normalerweise unter »Gott« verstehen. Die eigentliche Argumentationslast liegt bei (4).

Zur Kritik oder Verteidigung des Anselmschen Arguments ist schon viel Tinte geflossen. Nur allzu oft wurde es kritisiert, ohne genau darauf zu achten, was es eigentlich besagt. So wurde es oft mit einem völlig andersartigen »ontologischen Argument« des Descartes und anderer vermengt. Anselm sagt z.B. nicht, Existenz trage zur Vollkommenheit bei; von »Vollkommenheit« spricht er überhaupt nicht. Er sagt auch nicht, alles Existierende sei als solches größer als alles Nichtexistierende, oder jedes Existierende sei größer als das *entsprechende* Nichtexistierende; vielmehr soll dies nur für einen ganz bestimmten Gegenstand gelten, über den er spricht. Das Argument setzt auch nicht, wie manchmal gerügt wird, stillschweigend voraus, daß der Gottesbegriff widerspruchsfrei sei (welche der Prämissen täte es denn?); natürlich *folgt* aber, wenn das Argument gültig ist, daß der Gottesbegriff widerspruchsfrei ist (ab esse ad posse: was ist, ist möglich – und somit widerspruchsfrei). Ferner stützt sich Anselms Beweis auch nicht – wieviel auch immer darin von »Größe« die Rede ist – auf irgendeine Theorie absoluter oder objektiver »Größe«

oder Wertes. Denn die formale Struktur des Beweises ist genau dieselbe, ob unter »größer« nun »größer in einem absoluten Sinne« oder »größer nach meinen subjektiven Maßstäben« gemeint ist. Und die persönlichen Maßstäbe können gewiß so aussehen, daß die Prämissen erfüllt sind. Auch wenn also Anselm anderweitig an eine Theorie absoluter »Größe« oder absoluten Wertes geglaubt hat – was zweifellos der Fall ist –, hängt der Beweis, so wie er dasteht, in keiner Weise von einer solchen Theorie ab.

Schließlich wurde Anselms Beweis oft zurückgewiesen, weil er unberechtigt aus dem Reich der reinen Begriffe (den »Beziehungen der Ideen«, wie Hume sagte) in das Reich der wirklichen Existenz (der »Tatsachen«) übergehe. Das sei aber nicht möglich, sonst könnte man die Existenz aller möglichen fiktiven Dinge aus der bloßen Tatsache ableiten, daß sie sich denken lassen. Doch diese Widerlegung ist nichtig. Aus Anselms Beweis folgt keineswegs, daß man die Existenz von allem und jedem aus seinem bloßen Begriff ableiten könnte. Das soll nur in einem bestimmten Fall so sein, aus den im Beweis selbst angegebenen Gründen. Außerdem ist es nicht einmal so, daß man aufgrund einer Untersuchung von Begriffen sonst nie etwas über die wirkliche Existenz sagen kann. So kann man aus dem Begriff des viereckigen Kreises ganz richtig folgern, daß so etwas *nicht* existiert. Und warum sollte man nur die Nichtexistenz von Dingen aus ihrem Begriff folgern können, aber nie die Existenz? Das wäre eine seltsame Asymmetrie. Kurz, diese »Widerlegung« des ontologischen Beweises ist wohl nichts als ein Dogma, das sich das Argument, das es widerlegen will, gar nicht wirklich angesehen hat.

Trotzdem, *etwas* scheint an Anselms Beweis nicht in Ordnung zu sein. Und diesen Eindruck hatten jedenfalls einige schon zu Anselms Zeit. So schrieb einer seiner Zeitgenossen – ein gewisser Mönch Gaunilo in Marmoutier – eine Entgegnung. Anselm hatte sein »ontologisches Argument« an die biblischen Toren gerichtet, welche »sprechen in ihrem Herzen: Es ist kein Gott« (Ps. 14, 1). Deshalb gab Gaunilo seiner Entgegnung den Titel »Plädoyer für den Toren«. Natürlich bezweifelte er die Existenz Gottes ebensowenig wie Anselm. Aber ein schlechtes Argument wollte er nicht im Raume stehen lassen.

Der Text Gaunilos ist schwierig und auffallend dunkel. Doch eine Passage hebt sich heraus. Gaunilo behauptet faktisch, wenn Anselms Beweis gültig wäre, dann könnte man die Existenz ideal großer Gegenstände jeglicher Art beweisen. Angenommen, so heißt es bei ihm, man spreche von einer Insel irgendwo im Ozean, wie sie größer nicht gedacht werden könne, mit dem naheliegenden Namen »Die verlorene Insel«. Sie ist natürlich größer, wenn sie existiert, als wenn nicht, also muß sie nach Anselms Argument wirklich existieren. Die Argumente sind genau parallel. Das Beispiel soll verallgemeinerbar sein, und so lautet die unausgesprochene Konsequenz, da man mit dem Anselmschen Argument die Wirklichkeit von allem möglichen Mummenschanz beweisen könne, müsse etwas daran nicht in Ordnung sein.

Anselm schrieb eine Antwort an Gaunilo, und wir wollen seine Reaktion auf das Argument mit der verlorenen Insel hören:

IBN SINA ODER AVICENNA, wie er im Mittelalter genannt wurde, war ein im Iran lebender Arzt, der mehr als 100 Werke hinterließ, einige in Persisch, die meisten jedoch in Arabisch, darunter einflußreiche Aristoteles-Kommentare. Hier eine Seite aus seinem *Kanon der Medizin* mit einer Illustration der Urinoskopie.

הפרק
הראשון מהלמוד
הראשון מהאופן הר
הראשון מהספר
הראשון בגדר
הרפואה
אומר
הרפואה

»Nun sage ich kühnlich, wenn mir irgend jemand etwas anderes als das denkbar Größte zeigt, das in der Wirklichkeit oder nur im Denken existiert und worauf die Logik meines Arguments paßt, dann will ich diese verlorene Insel, die dann nicht mehr verloren ist, finden und ihm schenken.«

Und das ist bei Anselm alles dazu! Kurz, das Argument mit der verlorenen Insel sei *nicht* parallel zu dem seinigen.

Und doch, Anselm scheint nicht recht zu haben. Gaunilos Argument ist formal zu dem Anselmschen genau parallel. Er beschränkt lediglich die betrachteten Gegenstände auf die denkbaren Inseln. Doch jedes Argument, das in einem größeren Gegenstandsbereich gilt, gilt auch in einem Teilbereich davon. Und da Gaunilos Argument wie das Anselmsche keine absolute oder objektive Rangordnung der Dinge voraussetzt, kann man seine Prämissen durch eine geeignete Rangordnung nach der »Größe« wahr machen. Kurz, wenn der Anselmsche Beweis stimmt, dann auch der Gaunilos. Und da dieser offenbar ungültig ist, so ist es auch der Anselmsche.

Gaunilo hat gezeigt, daß etwas an Anselms Argumentation nicht stimmen kann, aber er hat keinen Hinweis darauf gegeben, wo der Fehler steckt. Dazu mußten die Denker noch die größten Anstrengungen machen. Der Anselmsche Beweis bleibt einer der interessantesten und verwirrendsten Beweise aller Zeiten.

Das 12. Jahrhundert

Als Anselm 1109 starb, hatte das Wiedererstarken der europäischen Kultur und Gelehrsamkeit schon erhebliche Fortschritte gemacht. Ja, das 12. Jahrhundert gehört zu jenen Perioden, die manchmal als »Renaissance« bezeichnet werden.

Vor allem ein Ereignis in diesem Jahrhundert veränderte den ganzen weiteren Gang der europäischen Geistesgeschichte. Griechische und arabische Schriften begannen in großer Zahl übersetzt zu werden, und zwar in Sizilien, gelegentlich in Konstantinopel und vor allem in Spanien, wo Erzbischof Raymond von Sauvetât (gest. 1151) in Toledo eine Art Übersetzerschule errichtet hatte. Übersetzt wurden dort unter anderem Werke der Mathematik, Medizin und Philosophie. Anfang des 13. Jh. begann dieser Fundus neuen Materials wie ein frischer Sturm in Westeuropa zu wirken. Plötzlich bestand die Gelehrsamkeit nicht mehr bloß in der Bewahrung einer Tradition, sondern auch in der Auseinandersetzung mit neuen und manchmal recht ungewohnten Ideen. Für die Philosophie waren die entscheidenden Übersetzungen natürlich die der Werke des Aristoteles. Ende des 12. Jh. lagen die meisten seiner Werke auf Lateinisch vor, und Anfang des 13. Jh. waren sie schon weit verbreitet. Außerdem wurden die Werke der großen arabischen Philosophen zugänglich gemacht, am wichtigsten Avicenna (Ibn Sina) (980-1037) und Averroes (Ibn Ruschd) (1126-1198).

Peter Abaelard

Peter Abaelard (1079-1142) hatte seine Laufbahn beendet, ehe sich diese neuen Texte auswirkten. Er ist überhaupt der letzte mittelalterliche Philosoph, auf den das zutrifft. Und ein bedeutender Philosoph war er ohne Zweifel! Sein Denken ist außergewöhnlich reich-

ABAELARD UND HELOISE. Peter Abaelard studierte um 1100 in Paris und gründete dann eine eigene Schule. Seine Liebesaffäre mit Heloise führte dazu, daß ihn ihr Onkel kastrieren ließ. Später wurde er Abt von St. Gildas in der Bretagne. Er hinterließ die bemerkenswerte Autobiographie *Geschichte meiner Mißgeschicke.*

haltig und originell. Er leistete Bedeutendes in der Theologie, der Ethik und besonders in der Logik, doch am meisten wurden vielleicht seine metaphysischen Auffassungen diskutiert, vor allem die zum Universalienproblem.

Abaelard behandelte dieses Problem in verschiedenen Zusammenhängen; am bekanntesten ist die Behandlung in den Bemerkungen zu Porphyrios' *Isagoge* in Abaelards *Logica »ingredientibus«*. Dort diskutiert er kontrovers verschiedene zeitgenössische Theorien, ehe er seine eigene darstellt. Die erste ist eine stark »realistische« Theorie seines Lehrers Wilhelm von Champeaux, der einmal Leiter der Domschule von Paris und später der Klosterschule der Abtei St. Victor außerhalb von Paris war. Wilhelm war faktisch der Auffassung, Sokrates z.B. sei eine metaphysische »Schichttorte« aus aufeinanderfolgenden metaphysischen Ingredienzien: Substantialität, Körperlichkeit, Lebendigkeit, Animalität, Menschlichkeit, Griechentum usw., wobei jede folgende die vorangehenden einengt oder spezialisiert. Das Individuum Sokrates ist die Summe aller dieser Bestandteile. Eine »realistische« Auffassung ist das im Sinne der Definition der Universalien im 2. Porphyrioskommentar des Boethius deshalb, weil man, z.B. mit Sokrates und Platon anfangend, nach Aufhebung aller Bestandteile unterhalb der »Menschlichkeit« bei *einer* Sokrates und Platon gemeinsamen Menschlichkeit endet und nicht bei zwei spezifischen Menschlichkeiten.

Abaelard verwirft diese Theorie als metaphysisch widersprüchlich. Es gibt zwar an dieser Stelle bei Abaelard ein wichtiges Textproblem, doch seine Argumente erscheinen auf jeden Fall als nicht schlüssig. Sie scheinen sich auf eine andere Behauptung Wilhelms zu stützen, daß bei der herkömmlichen Definition durch Gattung und Unterschiedsmerkmal (genus und differentia) (z.B. Mensch = vernünftiges Lebewesen) der Differenzbegriff indirekt einen Bezug auf die Gattung enthalte (etwa: vernünftig = vernünftiges *Lebewesen* = Mensch). Doch Wilhelm hätte diese semantische Behauptung sicher fallenlassen können, ohne an dem grundsätzlich realistischen Charakter seiner Theorie etwas zu ändern.

Wie dem auch sei, Abaelard behauptet in *Geschichte meiner Mißgeschicke*, aufgrund seiner sinnreichen Argumente habe Wilhelm seine Theorie aufgeben müssen und sich eine andere zu eigen gemacht, nach der man – wenn man sich alle Eigenschaften Sokrates' und Platons nach der der Menschlichkeit wegdenkt – für Sokrates und Platon zu *zwei* Menschlichkeiten gelange, die einander natürlich völlig gleichen, aber eben zwei an der Zahl sind.

Abaelard berichtet weiter, er habe auch Wilhelms zweite Theorie angegriffen, mit dem Ergebnis, daß Wilhelm das Universalienproblem überhaupt fallenlassen mußte und seine »Vorlesungen in Ungenauigkeit versandeten«. Um diese Zeit zog sich Wilhelm nach St. Victor zurück.

Abaelards Haupteinwand gegen Wilhelms zweite Theorie ging nicht dahin, daß sie widerspruchsvoll sei; Abaelards eigene Theorie war da nicht viel besser. Er wandte vielmehr ein, es handle sich gar nicht um eine realistische Theorie in dem Aristotelischen Sinne, daß es nichtsprachliche Entitäten gebe, die »von mehrerem ausgesagt« werden. Er betrachtet verschiedene Spielarten von Wilhelms zweiter Theorie und sucht jedesmal nach etwas, das in dieser nichtsprachlichen Weise »von mehrerem ausgesagt« wird, findet aber keine brauchbare Antwort. Die Vertreter dieser Theorien hielten sich anscheinend für Realisten im Aristotelischen Sinne. Abaelard bestreitet ihnen das.

Die richtige Deutung von Abaelards eigener Universalientheorie ist erheblich umstritten. Doch mindestens nach einer einleuchtenden Auffassung suchte er einen Mittelweg: Es gebe doch etwas Metaphysisches, das Sokrates und Platon gemeinsam hätten, wie Wilhelms erste Theorie behauptet hatte. Abaelard nennt es den »status« des Menschen und drückt es mit der Infinitivwendung »ein Mensch sein« (und nicht mit dem Substantiv »Menschlichkeit«) aus. Dieses metyphsische Etwas sei kein »Ding«, und das scheint zu bedeuten, daß es nicht ausgesagt werden könne und damit nicht unter die anerkannten Aristotelischen Kategorien falle. (Diese Qualifikation hebt wohl seinen eigenen Einwand gegen Wilhelms erste Theorie auf.) Doch es ist etwas Wirkliches und das metaphysische Korrelat des Allgemeinbegriffs »Mensch«. Diese Theorie bewahrt die Objektivität unserer allgemeinen Behauptungen über die Wirklichkeit. Sie ist »realistisch« in dem Sinne, daß sie Allgemein-Entitäten postuliert, die der Beschreibung der Universalien im 2. Porphyrios-Kommentar des Boethius entsprechen. Sie ist aber nicht realistisch im Aristotelischen Sinne: sie führt nicht dazu, daß etwas Nichtsprachliches »von mehrerem ausgesagt« wird. Damit hebt die Theorie Abaelards jede zwanglose und einfache Verbindung zwischen Ontologie und Prädikation auf.

So gibt es viele Komplikationen. Insbesondere verbindet Abaelard diese ganze Analyse mit einer subtilen Theorie der »Bedeutung« und einer Sprachpsychologie. Wir können auf diese Fragen hier nicht weiter eingehen, aber sie lohnen eine eingehende Beschäftigung.

Die Universitäten

Im 12. Jh. entwickelten und veränderten sich die Formen des mittelalterlichen Bildungswesens auf bedeutsame Weise. Die Klosterschulen wie die Anselms in Bec oder Wilhelms von Champeaux in St. Victor waren seit der Zeit Cassiodors (etwa 477 bis etwa 570) für die Ausbildung junger Mönche und anderer Schüler zuständig gewesen. Außerdem wurden seit etwa 1050 gelegentlich Schulen errichtet, die mit bestimmten Lehrern verbunden waren. Diese reisten oft mit ihren Studenten von Ort zu Ort. Abaelard betrieb eine solche Schule eine Zeitlang (um 1104) in Melun.

Etwa ab 1150 ging die Bedeutung beider Arten von Institutionen zurück, wenn sich auch Klosterschulen bis heute erhalten haben. Nun entstanden an den Bischofssitzen andere Arten von Schulen für die Anwärter des weltlichen Klerus. Als Abaelard unter Wilhelm von Champeaux studierte, geschah dies an der Pariser Domschule. Er studierte auch Theologie an einer anderen solchen Domschule in Laon unter einem Leiter Anselm (nicht Anselm von Canterbury). Diese Domschulen blühten ungefähr zwischen 1000 und 1200.

Die späteren mittelalterlichen Universitäten entstanden häufig aus solchen Domschulen durch eine königliche oder kirchliche Stiftungsurkunde. Die ersten Universitäten gab es in Italien um 1150 und in Frankreich um 1200. Oxford und Cambridge kamen etwas später. Es ist festzuhalten, daß die Universität eine der wenigen großen mittelalterlichen Institutionen (neben der Kirche und dem Parlament) ist, die sich bis heute mehr oder weniger unverändert erhalten haben.

Als die Universitäten erst einmal einen festen Platz hatten, wurde die Philosophie zu einer zunehmend spezialisierten akademischen Disziplin, die sich immer weiter von der Theologie absetzte. Sie wurde in der Artistenfakultät gelehrt, die eine Art »Grundstudium« anbot, das alle Studenten vor dem Übergang in die »höheren« Fakultäten zu absolvieren hatten. Die Theologie dagegen, die sich nicht nur auf die Vernunft, sondern auch auf die Heilige Schrift, die Kirchenväter und die Kirchenkonzilien stützte, wurde an der zu den »höheren« zählenden theologischen Fakultät als »Fortgeschrittenenstudium« gelehrt.

Man darf nicht vergessen, daß vieles (aber durchaus nicht alles) vom Besten der spätmittelalterlichen Philosophie in Wirklichkeit von Theologen stammt. Berufen sie sich auf Schrift oder Kirchendogma, so bringen sie nicht unerlaubt Glaubensdinge in eine Argumentation ein, die allein anhand der Vernunft verlaufen sollte. Vielmehr erfüllen sie einfach ihre Aufgabe als Theologen. Der moderne Leser sollte nicht verkennen, daß eine Lektüre solcher Texte, die nur auf ihren philosophischen Gehalt blickt, ein künstlich beschränkter Blickwinkel wäre, der den Absichten der Verfasser in gewissem Maße Gewalt antäte. Daneben findet sich aber in diesen theologischen Texten auch viel gute reine Philosophie.

Der streng akademische Kontext der spätmittelalterlichen Philosophie ist auch für einen wichtigen Stilwandel verantwortlich. Es entwickelte sich ein sehr genaues und spezialisiertes scholastisches Vokabular und ein charakteristisches »Frage«-Schema zur Diskussion von Problemen, wonach eine manchmal recht lange Reihe von Argumenten beider Seiten betrachtet werden mußte, ehe der Verfasser seine eigene Meinung darlegte und auf die vorangegangenen Argumente antwortete. (So wurde nicht nur beim Schreiben, sondern auch in der mündlichen akademischen Diskussion verfahren.) Diese Faktoren machen die spätmittelalterliche Philosophie für den Nichtspezialisten wesentlich schwieriger, und an sie dachten die Renaissance-Humanisten, wenn sie »Haarspalterei« und Obskurantismus der Scholastik verspotteten. Doch den geduldigeren Leser sollte das nicht abschrecken.

Die Universitäten führen ihrer Natur nach viele Gelehrte zusammen. So ist es kein Wunder, daß die Zahl der wichtigen philosophischen Denker ab 1200 gewaltig anstieg.

Neue Entwicklungen in der Logik

Von den Werken des Aristoteles wurden außer der *Kategorienschrift* und *De interpretatione*, die von Boethius übersetzt worden waren, die logischen Arbeiten mit als erste im 12. Jh. in lateinischer Übersetzung wieder zugänglich. Vor allem begannen sich die *Sophistischen Widerlegungen* kurz nach 1125 zu verbreiten. Dieses kleine Werk hatte einen großen Einfluß auf die Entwicklung der mittelalterlichen Logik.

Es handelt sich um einen Überblick über Trugschlüsse verschiedener Art, wie sie entstehen und wie sie zu vermeiden sind. Eine gewisse Struktur der Diskussion ist nicht zu verkennen, doch schon beim ersten Lesen wird klar, daß die Behandlung nicht erschöpfend ist und auch ohne weiteres anders hätte angeordnet werden können. Auch achtete das Denken zur Zeit der Wiederverfügbarkeit des Werkes bereits sehr auf Trugschlüsse, die vor allem bei Diskussionen über die Dreieinigkeit und die Fleischwerdung grassierten und leicht die Form offener Widersprüche annehmen konnten.

Die Theorie des Syllogismus (außer der modalen Syllogistik, die jeden verwirrte – was sie noch heute tut) war mit Ausnahme einiger geringfügiger Einzelheiten schon von Aristoteles selbst völlig erschöpfend behandelt worden; es blieb hier wenig zu tun. Die Beweistheorie der *2. Analytik* war so schwierig, daß sich das Mittelalter erst später mit ihr anfreundete. Die *Topik* des Aristoteles war ein so buntes Sammelsurium, daß die mittelalterlichen Denker auch da wenig zu tun fanden. Doch die *Sophistischen Widerlegungen* ließen auf einem aktuellen Gebiet vieles offen, das die Menschen des Mittelalters bearbeiten konnten, ohne auch schon die anderen Feinheiten des Aristotelischen Denkens zu beherrschen.

Infolgedessen erlangte Mitte des 12. Jh. die Logik der Trugschlüsse neues Gewicht, und das scheint für viele der typisch mittelalterlichen Beiträge zur Logik verantwortlich zu sein. Es entwickelte sich eine Kategorie von Abhandlungen *De sophismatibus*, die verschiedene Arten von Sophismen vorführten, diskutierten und aussonderten; ferner eine Kategorie *De syncategorematibus*, die sich mit der Logik verschiedener schwieriger sprachlicher Ausdrücke wie »insofern als«, »abgesehen von«, »lediglich« u.a. beschäftigte. Diese Abhandlungen gingen weit über alle bisherigen Leistungen auf dem Gebiet der Logik hinaus.

Des weiteren entstand eine Reihe von Zweigen der Logik, die sich mit logisch-semantischen Faktoren wie Bezeichnung, Zeit, Äquivokation (nicht eindeutige Verwendung von Ausdrücken), Wahrheitsbedingungen u.a. befaßten. Diese Faktoren wurden zusammenfassend als »Eigenschaften der Terme« und die entsprechende Logik als »Termlogik« bezeichnet. Die mittelalterlichen Hauptbeiträge auf diesem Gebiet lagen alle um 1350 vor, wenn auch bis zum Ende des Mittelalters noch viel interessante Arbeit geleistet wurde.

Der augustinische Theorienkomplex

Im 13. Jh. gab es einen losen Komplex von Lehren, die zunächst als völlig unabhängig voneinander erscheinen, sich aber oft bei denselben Autoren finden, vor allem beim hl. Bonaventura und seinen franziskanischen Anhängern ab der Jahrhundertmitte. (Zu Bonaventura Näheres weiter unten.) Man spricht von einem »Lehren-« oder »Theorienkomplex«, und im vorliegenden Falle handelt es sich in einem weiten Sinne um einen »augustinischen«. Doch seit Augustinus hatte er erhebliche Veränderungen erfahren. Er wurde nicht nur von Boethius, Anselm und anderen aus der lateinischen Tradition beeinflußt und umgestaltet, sondern im 12. Jh. auch von Avicenna und anderen Autoren, die damals übersetzt wurden, vor allem einem gewissen Solomon Ibn Gabriol (etwa 1021 bis etwa 1058).

Ibn Gabriol (= Avencibrol, Avicebron u.a.) war ein spanischer Jude, der in Arabisch schrieb. Daher wurde er von vielen Lateinern für einen Moslem gehalten. Er schrieb ein einflußreiches Buch *Fons vitae* (»Lebensquell«), das deutliche neuplatonische Einflüsse erkennen läßt. Solche finden sich ja auch bei Augustinus, was zweifellos erklärt, warum so viel vom Denken Ibn Gabriols ohne weiteres in das grundsätzlich augustinische lateinische Denken Eingang fand.

Zu den immer wiederkehrenden Themen dieses »augustinischen« Theorienkomplexes gehören die realistische Behandlung des Universalienproblems, die Erleuchtungstheorie sowie ein »universaler Hylomorphismus« und ein »Formenpluralismus«.

Die letzten beiden Theorien treten bei den mittelalterlichen Autoren stets gemeinsam auf. Nach der ersten ist alles außer Gott aus Materie und Form zusammengesetzt. Diese Auffassung geht von zwei Grundsätzen aus: 1. nur Gott ist einfach, alle Geschöpfe sind in irgendeiner Weise zusammengesetzt; 2. bei der Zusammengesetztheit geht es stets um Materie und Form, um etwas mehr oder weniger Unbestimmtes und etwas dieses Bestimmendes. Demgemäß enthalten alle Geschöpfe irgendeine Art Materie, physikalische Gegenstände »körperliche Materie«, »spirituelle« Geschöpfe (z.B. Engel, Seelen) dagegen »spirituelle Materie«. Augustinus hatte schon, wie oben bemerkt, die Zusammengesetztheit zum Kennzeichen der Geschöpfe erklärt. Auch der Ausdruck »spirituelle Materie« kommt bei ihm vor (z.B. *Bekenntnisse*, XII.XVII.25), ohne daß freilich eine ausgereifte Theorie davon entwickelt würde.

Diese seltsame Lehre scheint für Sprache und Denken davon auszugehen, daß jede wahre Aussage über einen Gegenstand eine ihn bestimmende wirkliche ontologische Eigenschaft widerspiegele, ohne die er insoweit unbestimmt wäre. Dieses Unbestimmte ist das »Material«, welches die »Form« zu etwas Bestimmtem macht. (Übrigens folgt daraus die »via negativa« des Pseudo-Dionysios: da Gott absolut einfach ist, kann man nichts über ihn aussagen.) Ist dies der »universale Hylomorphismus«, so erklärt das, warum diese Lehre so oft mit dem »Formenpluralismus« zusammenging. Denn im allgemeinen kann man ja von einem Gegenstand vieles zutreffend aussagen, also müssen ihm viele Formen innewohnen.

Trotzdem wird »Formenpluralismus« meist in einem engeren Sinne verstanden, nämlich jene »Ineinanderschachtelung« von Formen, für die folgende Reihe von Aussagen (alle über denselben Gegenstand) ein Beispiel ist: »Dies ist eine Substanz«, »Diese Substanz ist körperlich«, »Diese körperliche Substanz ist belebt«, »Diese belebte körperliche Substanz ist empfindend«, »Diese empfindende belebte körperliche Substanz ist vernünftig«, usw. Hier hat man jeweils Gattung und Unterschiedsmerkmal vor sich, und jedem Prädikat entspricht eine eigene Form in dem betreffenden Gegenstand. Definiert man demgemäß den Menschen als vernünftiges Lebewesen – also als vernünftige, empfindende, belebte, körperliche Substanz –, so besitzt er offenbar definitionsgemäß mehrere Formen. Als mit den wieder zugänglichen metaphysischen Schriften des Aristoteles der Ausdruck »substantielle Form« in Umlauf kam, wurde die Theorie des »Formenpluralismus« so verstanden, daß eine individuelle Substanz gleichzeitig mehrere substantielle Formen besitze, die nach der Hierarchie von Gattung und Unterschiedsmerkmal ineinandergeschachtelt waren.

Wenn nun die menschliche Seele eine spirituelle Materie eigener Art besitzt, dann scheint sie auch nach dem Tode, wenn sie losgelöst von der körperlichen Materie existiert, eine vollständige aristotelische Substanz eigener Art zu sein. Somit ist schwer einzusehen, wie sie im Körper nach Art einer aristotelischen substantiellen Form in ungeformter Materie wohnen und eine einzige einheitliche Substanz hervorbringen kann; denn die Seele ist *schon* eine Substanz. Daher tendiert der Hylomorphist dazu, statt dessen die Beziehung zwischen Seele und Körper platonisch-augustinisch als die zweier Substanzen zu sehen, deren eine irgendwie in der anderen wohnt »wie ein Herrscher in seiner Stadt« oder »ein Kapitän in seinem Schiff«.

Ist die Seele eine eigene Substanz, so muß sie wie jede Substanz eine Eigentätigkeit ausüben. Und wenn sie nach dem Tode eine vollgültige Substanz ist, dann muß sie ihre Eigentätigkeit ohne den Körper ausführen können. Diese muß offenbar eine spirituelle und keine körperliche sein – kurz, es muß das Erkennen sein. Der universale Hylomorphismus tendiert also zu einer Erkenntnistheorie, die die Rolle der Sinneswahrnehmung minimiert, und damit natürlicherweise zu einer Form der Erleuchtungstheorie.

Der aufmerksame Leser wird das alles als eine unglückliche Mischung von Aristotelischen Ideen und Formulierungen mit herkömmlichen Augustinischen Themen erkennen, wobei die Verbindungen zwischen den verschiedenen Bestandteilen des Theorienkomplexes keine logischen Folgebeziehungen, sondern andersartige Kräfte und Tendenzen sind. Die verschiedenen Autoren haben die Einzelheiten verschieden gestaltet.

Thomas von Aquin

Für den modernen Leser ist der hl. Thomas von Aquin (1224/25-1274) zweifellos der bekannteste Denker des Hochmittelalters. Sein Ruhm wurde vielleicht dadurch künstlich vermehrt, daß Papst Leo XIII. in seiner Enzyklika »Aeterni patris« von 1879 Thomas als den »größten aller scholastischen Gelehrten« bezeichnete und empfahl, daß »sorgfältig ausgewählte Lehrer die Lehre des Thomas von Aquin den Studenten nahebringen und seine Vernünftigkeit und Großartigkeit im Vergleich zu allen anderen deutlich hervorheben sollen«. Kein Wunder, daß die Gedanken des Thomas eine Zeitlang übertrieben in den Vordergrund rückten und ihre Originalität wie auch ihr Inhalt nicht ganz richtig beurteilt wurden. Damit soll aber die wahre Bedeutung des Aquinaten keineswegs geschmälert werden.

Thomas wurde in Italien geboren, doch während der wichtigsten Abschnitte seines Lebenswegs war er an der Universität von Paris, die damals die hervorragendste Lehranstalt der ganzen Christenheit war. Er trat dem Dominikanerorden bald nach seiner Gründung bei, was zweifellos dazu beitrug, daß er für die nachfolgenden Generationen dessen hauptsächlicher philosophischer und theologischer Sprecher wurde.

Die Aristotelesrezeption

Thomas hat mit Recht den Ruf, den Aristoteles für das christliche Denken annehmbar gemacht zu haben. Die gerade erschienenen Aristoteles-Übersetzungen waren eine Herausforderung für den nachdenklichen und informierten Christen. Die Erleuchtungstheorie, wie sie Augustinus hinterlassen hatte, hatte nie ganz klar zwischen vollgültiger Erkenntnis, die Erleuchtung erforderte, und Offenbarung unterscheiden können. Nun gab es den Aristoteles, der offensichtlich vieles Wichtige wußte und doch als Heide nicht in den Genuß der Offenbarung gekommen war. Noch komplizierter wurden die Dinge dadurch, daß die Aristotelischen Auffassungen manchmal heterodox waren. Für ihn war z.B. die Welt ewig, und seine Stellung zur Unsterblichkeit der Seele war bestenfalls unklar. Auch gab es im Aristotelischen Weltbild nichts, was dem christlichen Gott und seiner Vorsehung entsprochen hätte. Mit Platon hatte das Mittelalter kein ähnliches Problem, weil keine seiner eigenen Schriften (außer einem Teil des *Timaios*) vorlag und er nur durch den »taufenden« Filter des Augustinus und anderer Kirchenväter bekannt war.

In dieser Situation meinten einige Autoren, die Irrtümer des Aristoteles zeigten nur, wohin man kommen könne, wenn man ohne die Hilfe der Offenbarung zu denken versuche. Andere wie Bonaventura, ein fast genauer Zeitgenosse des Thomas, kannten und schätzten mit Sicherheit den Aristoteles, schlugen sich aber trotzdem auf die konservative augustinische Seite.

Die Zurückweisung des universalen Hylomorphismus und des Formenpluralismus

Thomas lehnte den universalen Hylomorphismus und den Formenpluralismus stets ab. Letzterem warf er eine Verwechslung der substantiellen und der akzidentiellen Formen vor. Den Aristoteles verstand er so, daß etwas, das eine substantielle Form besitzt, eine Substanz sei, und daß alle weiteren Formen, die es vielleicht besitzt, akzidentielle Formen ein müssen, wie sie bereits bestehenden Substanzen innewohnen. Daß eine Substanz gleichzeitig mehrere substantielle Formen haben könne, ist für Thomas einfach ein Widerspruch, ein Mißverständnis dessen, was eine substantielle Form tut. Für ihn besitzt etwa ein Mensch nicht mehrere substantielle Formen oder Seelen (etwa eine »vegetative Seele«, die ihn zu einem lebendigen Organismus macht, der wachsen, sich ernähren und fortpflanzen kann; dann eine »sensitive Seele«, die Empfindung und die anderen spezifischen Fähigkeiten der Tiere und Menschen hinzufügt; und schließlich eine »vernünftige Seele«, die den Menschen auszeichnet). Für Thomas hat der Mensch eine einzige, vernünftige Seele, die als die eine substantielle Form wirkt und außerdem die vegetativen und sensitiven Fähigkeiten verleiht. Man beachte, wie diese Theorie von jener Auffassung der Prädikation und der Sprache abweicht, die den Formenpluralismus mit dem universalen Hylomorphismus verbindet; für Thomas ist die Sprache nicht immer ein zuverlässiger Führer in Sachen Ontologie.

Die Situation bezüglich des Hylomorphismus ist komplizierter. Für Thomas stehen dessen beide erste Behauptungen – (1) daß nur Gott absolut einfach und alle Geschöpfe in irgendeiner Weise zusammengesetzt seien, und (2) daß die Zusammengesetztheit stets etwas mit Materie und Form zu tun habe – im Gegensatz zu einer wichtigen These der Aristotelischen Erkenntnistheorie, nämlich daß (3) die Materie die Erkenntnis behindert. Das bedeutet für Thomas zweierlei: Erstens, daß die Materie des Gegenstands der Erkenntnis dessen Erkenntnis verhindert. Die Form ist das Prinzip der Erkennbarkeit, und ehe über einen materiellen Gegenstand irgend etwas erkannt werden kann, muß man in Gedanken seine Materie von seinen rein formhaften Seiten trennen. Zweitens aber bedeutet es auch, daß die Materie des Erkennenden die Erkenntnis verhindert. Aristoteles hatte bemerkt (*De anima*, 3.4, 429a24f.), der Geist oder der erkennende Teil der Seele könne nicht »mit dem Körper vermischt sein«. Thomas verstand das so, daß die Erkenntnisfähigkeit einem absolut immateriellen agens zukommen müsse. In Verbindung mit der hylomorphistischen Auffassung, daß alle Geschöpfe eine Art Materie besitzen, folgt, daß (4) nur Gott Erkenntnis hat, und das ist offensichtlich falsch. Auch die glühendsten Anhänger des Augustinischen »Komplexes« würden zugestehen, daß Menschen wirkliche Erkenntnisse haben, wenn sie auch dazu der Erleuchtung von außen bedürfen.

In dieser Situation verwarfen die traditionellen Augustiniker den Punkt (3), jedenfalls nach Auffassung des Thomas. Für einige von ihnen verhindert nicht jede Materie Erkenntnis, sondern nur die körperliche. Dem tritt Thomas in *Über Sein und Wesen* entgegen, er möchte an (3) überhaupt keine Abstriche machen. Für ihn ist die menschliche Seele in ihrer inneren Struktur völlig immateriell, obwohl sie in diesem Leben an den materiellen Körper gebunden ist.

Thomas gesteht den Hylomorphisten immer noch (1) zu, daß nur Gott absolut einfach und unzusammengesetzt sei, zum Teil deshalb, weil er die bei Avicenna und anderen vor-

Albertus Magnus und sein Schüler Thomas von Aquin grüßen Dante und Beatrice auf dieser Illustration Giovanni di Paolos zu *Paradiso*. Unten sitzen Repräsentanten der Weisheit, darunter Beda Venerabilis, der hl. Ambrosius, Isidor von Sevilla, Dionysios Areopagita, Solomon, Boethius, Gratian, Petrus Lombardus, Richard von St. Victor und Siger von Brabant.

kommende Auffassung teilt, daß jede Zusammengesetztheit – sei es aus Materie und Form, aus Essenz und Akzidenz oder sonstwie – ein agens erfordere, das die Bestandteile zusammenfügt. Genau das tue ein agens oder eine »wirkende« Ursache. Da nun Gott erste Ursache und von nichts verursacht ist, muß er absolut einfach sein, während die Geschöpfe, die alle Gott zur Wirkursache haben, alle zusammengesetzt sind. Thomas muß also die Geschöpfe aus etwas anderem als Materie und Form zusammengesetzt sein lassen. Kurz, seine einzige Möglichkeit, an (4) vorbeizukommen, ist die Negation der hylomorphistischen Behauptung (2). Das tut er aus verschiedenen Gründen, die nicht alle mit seiner Einstellung zum universalen Hylomorphismus zu tun haben.

Existenz

Das zusammengesetzte Geschöpf braucht also für Thomas nicht aus Materie und Form zu bestehen. Grundlegender ist die Zusammensetzung aus Wesen und Existenz (esse). Diese Unterscheidung ist von ganz entscheidender Bedeutung für das Verständnis seiner Metaphysik. Aristoteles hatte zwar die Frage nach dem Wesen (*was* etwas ist) von der nach der Existenz (*ob* es ist) unterschieden, und andere Autoren (vor allem Avicenna) hatten mit dieser Unterscheidung gearbeitet, doch Thomas machte den Existenzbegriff zu einem wichtigen neuen metaphysischen Faktor.

Für ihn ist die Existenz eines Gegenstandes natürlich nicht seine Materie, denn immaterielle Gegenstände existieren ja auch. Sie ist aber auch keine Form, denn dann müßte sie entweder eine essentielle Form sein, so daß man nicht mehr zwischen den Fragen, *was* und *warum* etwas ist, unterscheiden könnte, oder aber eine akzidentielle Form. Dann aber wäre sie ontologisch von einer schon existierenden Substanz abhängig. Die Existenz läßt sich also auf keine der anerkannten Aristotelischen Kategorien oder Prinzipien zurückführen; sie führt eine völlig neue ontologische Dimension ein.

Materielle Substanzen haben für Thomas ein Wesen, das aus primärer Materie und substantieller Form zusammengesetzt ist. Dieses zusammengesetzte Wesen ist des weiteren mit dem Existieren zusammengesetzt. Diese beiden müssen in irgendeinem Sinne »wirklich« und nicht nur im Denken verschieden sein, denn sonst könnte man nicht wirklich wissen, was etwas ist, ohne zu wissen, ob es existiert. Spirituelle Geschöpfe dagegen haben kein aus Materie und Form zusammengesetztes Wesen, sie sind ihrem Wesen nach immateriell. Aber sie sind immer noch aus Wesen und Existenz zusammengesetzt. Nur Gott ist in keiner Weise zusammengesetzt, sein Wesen ist schlicht und einfach sein Existieren. Gott ist »ipsum esse subsistens« (die wesenhafte Existenz selbst).

Thomas von Aquins Theorie der Existenz hat wichtige Anwendungen in seinem gesamten Denken. So spielt die Existenz die Rolle eines »Identitätsprinzips«, sie macht ein Individuum zu dem Individuum, das es ist. So ist etwa ein einzelner Mensch seinem Wesen nach aus Körper und Seele zusammengesetzt. Doch nach seinem Tode überlebt seine individuelle Seele unabhängig vom Körper. Gab es da nun ein Individuum oder zwei? Für Thomas ist die selbständige Seele dasselbe *Individuum* wie der materielle Mensch, weil in beiden Fällen dasselbe Existieren vorliegt. Sie ist aber nicht dieselbe *Substanz*, weil der Mensch seinem Wesen nach einen Körper hat, während die selbständige Seele eine immaterielle Substanz ist. Aus diesem Grunde ist es z.B. sinnvoll, zu den Heiligen zu beten – denn die jetzt existierende selbständige Seele des hl. Petrus ist dasselbe *Individuum* wie die zusammengesetzte *Substanz* aus Fleisch und Blut, die vor langer Zeit zugrunde ging.

Die theologische Bedeutung der Anschauungen des Thomas zu diesen Fragen ist zwar offenkundig, doch diese beruhen keineswegs nur auf theologischen Erwägungen. Vielmehr hat er eine beachtliche Zahl rein philosophischer Argumente für seine theologisch erforderlichen Ergebnisse. Und darauf hat Thomas offensichtlich erhebliche Denkarbeit verwendet.

Natürlich sind viele Nuancierungen und Verfeinerungen nötig. Wenn z.B. Gottes Wesen im strengen Sinne identisch mit seiner Existenz ist, dann kann man wohl nicht erkennen, was Gott ist, ohne zu erkennen, daß er ist. Bedeutet das, daß Thomas das Anselmsche ontologische Argument anerkennt? Oder wenn jedes Individuum eine von seinem Wesen verschiedene Existenz hat, und wenn Gott reine Existenz ist, wie Thomas meint, ist dann die göttliche Existenz auch die den Geschöpfen innewohnende? Wenn nicht, worin könnten sie sich unterscheiden? Und wenn, würde es dann nicht, da die Existenz das Identitätsprinzip ist, bedeuten, daß alles Existierende letztlich dasselbe Individuum ist – nämlich Gott? Eine stärkere Form des Pantheismus kann man sich kaum vorstellen. Thomas stellt sich diesen Problemen und löst sie. Doch eine vollständige Darstellung würde dieses Kapitel sprengen.

BONAVENTURAS Lebensweg verlief parallel mit dem des Thomas. Er war eine einflußreiche Figur im Franziskanerorden, wie Thomas im Dominikanerorden. Beide studierten den Aristoteles, doch Bonaventura stand ihm distanziert und konservativ gegenüber. Sein Tod, hier von Zurbaran gemalt, fällt in das gleiche Jahr wie der des Thomas.

Bonaventura

Bonaventura (1221-1274) wurde wie Thomas in Italien geboren und verbrachte den wichtigsten Teil seines Lebenswegs an der Universität von Paris. Während Thomas Dominikaner wurde, schloß sich Bonaventura den Franziskanern an und stieg bis an die Spitze des Ordens auf. Wie Thomas gebot er über gewaltige Geisteskräfte. Doch im Unterschied zu

Thomas, der sich für Aristoteles stark machte und ihn so weit wie möglich in die christliche Theologie einbauen wollte, stand Bonaventura diesem äußerst skeptisch gegenüber und verteidigte die herkömmlicheren Augustinischen Anschauungen. Doch sein Konservativismus war alles andere als uninformiert oder reaktionär. Vielmehr kannte er ohne Zweifel seinen Aristoteles und übernahm von ihm gerne, soviel er eben konnte. Doch er lastete ihm schwere Irrtümer an.

Für Bonaventura war der Aristotelische Grundirrtum mit der Ablehnung der Platonischen Ideen verbunden. Natürlich lagen ihm die Platonischen Originaltexte nicht vor, und – wie Philon von Alexandria, Augustinus und so gut wie jeder Spätere – deutete er die Platonischen Ideen als Gedanken im Geiste Gottes (göttliche Ideen). Mit ihrer Ablehnung hatte Aristoteles in Bonaventuras Augen die Weichen in Richtung auf mehrere Folgeirrtümer gestellt.

Erstens gab es keine Vorsehung.

Zweitens war die Welt ewig, ohne Anfang und Ende. Es ist vielleicht nicht recht einzusehen, wie das aus der Ablehnung der göttlichen Ideen folgen sollte, doch jedenfalls war Aristoteles dieser Meinung. Man beachte, daß Bonaventura philosophisch beweisen zu können glaubte, daß die Welt einen Anfang in der Zeit hatte. Thomas hielt die Frage für philosophisch nicht entscheidbar, während theologisch die Sachlage klar war.

Drittens konnte es, da die Welt – und damit wohl auch die Menschheit – keinen Anfang hatte, keine persönliche Unsterblichkeit der Seele geben. Entweder überdauerten die Seelen den Tod überhaupt nicht, oder sie mußten mehreren Menschen gemeinsam sein, wie in der Theorie der Seelenwanderung oder der arabischen Form des Aristotelismus, nach der der Geist oder Verstand (als Ganzes oder in Teilen) ein einziger, isolierter Gegenstand ist, an dem alle Menschen teilhaben. Diese Überlegung beruht auf der ganz klaren Aristotelischen Auffassung, daß nicht unendlich viele Gegenstände aktual existieren können. Wenn es aber seit ewigen Zeiten Menschen mit je einer nur einem einzelnen gehörenden unsterblichen Seele gegeben hat, dann müßten jetzt unendlich viele Seelen existieren.

Und viertens: Wenn es keine persönliche Unsterblichkeit gibt, dann gibt es auch keine persönliche Belohnung oder Strafe nach dem Tode.

Das sind keine Bagatellen. Bonaventura legte den Finger auf genau die Seiten des Aristotelismus, die den christlichen Denkern die größten Schwierigkeiten machten. Und man muß sich sehr gut überlegen, ob man einige Aristotelische Lehren ablehnen und den Rest übernehmen soll. Die Auffassungen eines Philosophen sind ja mehr oder weniger aufeinander bezogen und miteinander verknüpft. Bonaventura meinte in der Ablehnung der Platonischen Ideen durch Aristoteles den Grundfehler gefunden zu haben, mit dem die anderen alle zusammenhingen.

Die mittelalterliche Theorie der Erleuchtung

Wie schon gesagt, hinterließ Augustinus die Erleuchtungstheorie unvollendet, mit vielen Unklarheiten und unbeantworteten Fragen. Bonaventura trug viel zur Klärung der Situation bei. Er stimmte mit Augustinus darin überein, daß wirkliche Erkenntnis etwas Feststehendes und Unveränderliches sei, desgleichen ihre Gegenstände. Ferner darin, daß es in der Schöpfung keine solchen erhabenen Gegenstände der Erkenntnis geben könne. Nur die »ewigen Ursachen« (göttlichen Ideen) waren so unveränderlich. Daher war so etwas wie die Augustinische »Erleuchtung« für die Erkenntnis nötig.

»Erleuchtung« wurde von jedermann als Metapher verstanden. Bonaventura wollte wissen, was diese eigentlich bedeutete. Er betrachtete drei Deutungsmöglichkeiten für die Augustinische Theorie.

1. Nach einer Deutung waren die göttlichen Ideen die »einzige und ganze Ursache« für die menschliche Erkenntnis. Außer den göttlichen Ideen und dem menschlichen Geist war nichts nötig, und nichts wäre von Nutzen. Demnach sind die göttlichen Ideen die *Gegenstände* der Erkenntnis, weil sonst nichts im Spiele ist. Doch diese Deutung, so bemerkt Bonaventura, vermengt die gewöhnliche Erkenntnis in diesem Leben mit der beseligenden Schau Gottes »von Angesicht zu Angesicht«, die ja den Seligen im nächsten Leben vorbehalten sein soll. Sie vermenge die Erkenntnis durch die Vernunft mit der Erkenntnis durch Offenbarung, Erkenntnis durch unsere natürlichen Fähigkeiten mit Erkenntnis durch übernatürliche Gnade. Diese ganzen Schwierigkeiten haben wir schon kennengelernt.
2. Aus diesen Gründen erwägt Bonaventura eine zweite Deutung. Diesmal sind die göttlichen Ideen nicht die Gegenstände der Erkenntnis, spielen aber trotzdem eine notwendige Rolle in der menschlichen Erkenntnis, ähnlich wie das Sonnenlicht beim Sehen der Dinge, auch wenn man nicht die Sonne selbst ansieht. Einige neuere Gelehrte haben das für die richtige Augustinus-Deutung erklärt, doch Bonaventura behauptete, sie tue den Texten Gewalt an. Und was wäre denn genau die »notwendige Rolle« der göttlichen Ideen? Bonaventura nennt sie einen »Einfluß«, eine Art Zusammenwirken der göttlichen Ideen mit dem menschlichen Geist. Er betrachtet zwei Untertheorien darüber, was das sein könnte.

a. Handelt es sich nur um einen Spezialfall von Gottes allgemeinem Beitrag zur Beschaffenheit der Dinge? Gott ist erster Beweger und Schöpfer und »beeinflußt« seine Geschöpfe allein dadurch, daß er ihnen ihre Natur verleiht. Doch wenn die Erleuchtung lediglich darin besteht, dann reichen die natürlichen Fähigkeiten des Menschen doch für wirkliche Erkenntnis aus, im Gegensatz zur offensichtlichen Absicht des Augustinus. Das liefe faktisch auf die völlige Aufgabe der Erleuchtungstheorie hinaus.
b. Geht aber die göttliche Rolle bei der Erleuchtung über den allgemeinen Einfluß Gottes auf die Natur der Dinge hinaus, dann handelt es sich um einen »übernatürlichen« Einfluß, und viele der Probleme im Zusammenhang mit (1) sind wieder da. (Freilich nicht alle. (2b) vermengt nicht die beseligende Schau und die Erkenntnis in diesem Leben.)

Ist nun die Theorie, daß die göttlichen Ideen Gegenstände der Erkenntnis seien, unannehmbar, und desgleichen die Theorie, die dem noch hinzufügt, daß nichts weiter nötig sei, dann ist vielleicht die annehmbare Lösung die von Bonaventura selbst, nämlich: (3) Die göttlichen Ideen sind in der Tat Gegenstände der Erkenntnis bei der Erleuchtung, aber nicht die einzigen. Daneben gibt es einen kreatürlichen Gegenstand, den der Geist mittels eines Begriffes erfaßt, der auf gewöhnlichen, natürlichen menschlichen Fähigkeiten beruht. (Dies sowie der Umstand, daß der Geist die göttlichen Ideen nicht »klar« erfaßt, unterscheidet die Erleuchtung von der beseligenden Schau.) Bei der Erkenntnis

Europa auf dem Höhepunkt der mittelalterlichen Philosophie um 1300.

durch Erleuchtung spielen also die menschlichen Erkenntnisfähigkeiten eine berechtigte und notwendige Rolle; nur reichen sie nicht aus.

Bonaventuras Diskussion klärt vieles, doch es bleibt zweifelhaft, ob seine eigene Theorie funktioniert. Einmal scheint es der Erfahrung zu widersprechen, daß der Geist bei der wirklichen Erkenntnis zwei Gegenstände vor sich habe, einen göttlichen und einen geschaffenen. Und zweitens scheinen die Probleme im Zusammenhang mit (2b) (und einige der Probleme im Zusammenhang mit (1)) immer noch nicht richtig angefaßt worden zu sein.

Die Autoren nach Bonaventura schlugen sich weiter mit diesen Problemen herum. Doch schon zu Bonaventuras Zeit hatte Thomas von Aquin faktisch die Erleuchtungstheorie völlig aufgegeben, und Duns Scotus tat es bald darauf. Für Thomas war die Erleuchtungstheorie ein Versuch, verständlich zu machen, wie die rein natürlichen Fähigkeiten des Menschen zur Erklärung seiner rein natürlichen Erkenntnis nicht ausreichen –

also der Erkenntnis, die ausschließlich durch rein natürliche Fähigkeiten gewonnen wird. Wenn das nicht zu Schwierigkeiten führt! Trotzdem war Thomas bereit, die Autorität des Augustinus nicht völlig fallenzulassen, sondern als »Erleuchtung« die rein natürliche Tätigkeit jenes Teils des Geistes gelten zu lassen, den die Aristoteliker als den »tätigen Verstand« bezeichneten. (Aristoteles selbst hatte in diesem Zusammenhang von Licht gesprochen.) Scotus tat später dasselbe. Faktisch machten sich Thomas und Scotus obige Deutung (2a) zu eigen.

Universalien, Individuation, Einheitlichkeit und Unterschiedlichkeit

Im 13. und 14. Jh. wurden das Universalienproblem und verwandte Fragen mit einer scheinbar unbegrenzten Vielfalt von Meinungen und Nuancen diskutiert. Thomas machte sich eine Theorie zu eigen, die manchmal als »gemäßigt realistisch« bezeichnet wird und der des Boethius in seinem 2. Kommentar zu des Porphyrios *Isagoge* stark ähnelt. Andere Meinungen reichten von der stark realistischen Theorie Walter Burleys (etwa 1275 – 1344/45), die wohl an das erinnert, was Abaelard als die erste Theorie Wilhelms von Champeaux bezeichnete, bis zur kompromißlosen Ablehnung aller wirklichen Universalien durch Wilhelm von Ockham.

Diese Auffassungen sind kompliziert und subtil, und es ist auf beschränktem Raum unmöglich, auch nur die wichtigsten von ihnen ohne Übervereinfachung und Entstellung vorzuführen. Möglich ist aber, einige der neuen Formen der Diskussionen und der sie beeinflussenden neuen Faktoren aufzuzeigen.

So wurde manchmal der metaphysische Status der Universalien nicht direkt behandelt, sondern nur indirekt im Zusammenhang mit dem verwandten »Individuationsproblem«. Von diesem gibt es mehrere Formen, die von den mittelalterlichen Autoren ebensowenig wie von den heutigen immer klar unterschieden wurden. So kann das Individuationsproblem mindestens folgendes bedeuten: (1) Was macht etwas zu einem Einzelgegenstand (statt einem Universale)? (2) Was macht ein Individuum zu dem Individuum, das es ist? (Oben als »Identitätsproblem« bezeichnet.) (3) Was macht es möglich, daß es mehr als ein Individuum einer Art gibt? Thomas' Antwort auf (2) und vielleicht auch auf (1) findet sich in seinem Begriff der Existenz (esse), während seine Antwort auf (3) auf die Materie zurückgreift, insbesondere auf das, was er »designierte« Materie nennt – ein sehr unklarer Begriff.

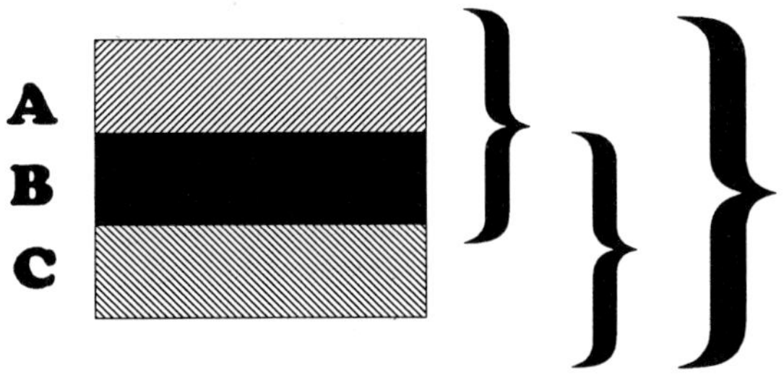

EINE FRAGE DER EINHEITLICHKEIT. In der Säule von Ziegelsteinen ABC ist B zugleich Teil von AB, BC und ABC. Dennoch ist es kein Universale.

Doch vielleicht der auffallendste neue Zug der Diskussionen des Hochmittelalters ist der Raum, den Fragen von Einheitlichkeit und Unterschiedlichkeit einnahmen. In den Jahrhunderten davor wurde das Problem der Universalien im allgemeinen im Hinblick auf deren *Sein* gestellt; und zwar im Anschluß an die Definition der Universalien im 2. Porphyrios-Kommentar des Boethius: Was, wenn überhaupt etwas, ist in der von Boethius beschriebenen Weise metaphysisch »vielem gemeinsam«? Und im Anschluß an die Aristotelische Definition der Universalien anhand der Prädikation: *Was* (außer bloßen Worten oder Begriffen) wird »von mehrerem ausgesagt«? Das Universalienproblem wurde im 13. und 14. Jh. durchaus noch in diesen Formen sehr differenziert diskutiert, doch außerdem wurden neue Fragen im Zusammenhang mit Einheitlichkeit und Unterschiedlichkeit gestellt, etwa: Was ist die Verbindung, die »Einheit« zwischen einem Universale und seinen Einzelbeispielen?

Solche Fragen in ihrer mittelalterlichen Form können heutigen Philosophen so gut wie heutigen Laien als sehr dunkel und fremdartig erscheinen. Vielleicht kann die Abbildung auf S. 111 helfen. Betrachten wir eine Säule aus Ziegelsteinen ABC wie in der Abbildung. Man kann sie in einem Sinne als einheitlichen Gegenstand auffassen, sie bilden ja *eine* Säule. Ebensogut kann man aber auch die Teilsäulen AB und BC als einheitliche Gegenstände betrachten. Und nun ist, in scheinbarer Übereinstimmung mit der Boethius-Definition des Universale, B AB, BC und ABC »gemeinsam«, und zwar »als Ganzes« und »gleichzeitig« und so, daß es in deren »metaphysische Konstitution« eingeht. Doch Ziegelstein B dürfte kaum das sein, was die Philosophen mit einem Universale meinen, es ist doch ein ganz gewöhnlicher Ziegelstein.

Das Beispiel verweist auf eine allgemeine Frage: Was ist der Unterschied zwischen der Einheitlichkeit eines bloßen Haufens und der eines echten »Individuums«? Dazu muß man den Unterschied klären zwischen der Art, wie etwas gleichzeitig Teil mehrerer Ganzer sein kann, und der Art (wenn es eine gibt), wie ein Universale mehreren Individuen gleichzeitig »gemeinsam« sein soll. Das führt auch mittelbar zu einer Klärung dessen, wie man sich Universalien denkt.

Der Einfluß Avicennas

Dieser neue Schwerpunkt geht zum Teil auf den Einfluß Avicennas zurück, der gerade in lateinischer Übersetzung zugänglich geworden war. Avicenna hatte die Ansicht vertreten, ein Universale oder eine »gemeinsame Beschaffenheit« habe einen ontologischen Status eigener Art. Es sei keinesfalls an sich überhaupt nichts, denn es erfülle wichtige philosophische Aufgaben. Doch Universalien seien keine vollgültigen Gegenstände von der Art der Individuen. Ihnen selbst komme eine Art schwächeren Seins zu, ein »esse essentiae«, das Sein eines Wesens im Unterschied zu dem eines Individuums. Die Frage, ob es jeweils ein oder viele Universalien gibt, hatte Avicenna einfach zurückgewiesen. Er hatte ja Abstufungen des »Seins«, aber nicht Abstufungen der »Einheitlichkeit« zugelassen.

Als diese Auffassung in den lateinischen Westen gelangte, stand sie natürlich im Gegensatz zu der Augustinischen Gleichsetzung von Sein und Einheitlichkeit. Schloß man sich der Theorie Avicennas von einem »schwächeren Sein« der Universalien an, so mußte man

Die hl. Katharina von Alexandria galt im Mittelalter als Schutzpatronin der Philosophie. Nach der Legende bot Kaiser Maxentius (gest. 312), der sie heiraten wollte, fünfzig Philosophen auf, um sie von den Irrtümern des Christentums zu überzeugen; doch sie überwand sie alle in der Disputation, worauf sie der erzürnte Kaiser rädern ließ. Die Disputation und das Martyrium sind hier dargestellt (links) auf einem Diptychon der Donauschule, um 1520.

Philosophie und Medizin waren im Denken Galens (122-199 n. Chr.) eng miteinander verschränkt. Er war der einflußreichste Arzt der Antike. In dieser französischen Handschrift aus dem 14. Jh. spricht er über die Texte Hippokrates', des halblegendären Begründers der griechischen Medizin.

Carmina qui quondā· studio florēte p/egi· Flebiles heu mestos cogor inire modos · Ecce michi lacere· dictant scribenda camene · Et veris elegi· fletibus ora rigant

Van vreugdē screef ic wilen eer· Wat ic dichte hets laes al seer· Dus es verkeert dat eerste scriuē· dat ic des moet mijn oghē wriuē

Ter eeren ende loue ons heeren ihesu xpristi· siner lieuer moeder alle des ghesinde van hemelrike/ emmer gods ende haer alder gracie ende hulpe voren aenghe roupen · Alse dat plato in sinē bouc van tymeo leert te doene · So wil

ae

auch eine Theorie der »Grade« der Einheitlichkeit und Unterschiedlichkeit ersinnen. Natürlich war Kennern der Augustinischen Hierarchie des Seins jener Gleichsetzung wegen auch die Vorstellung von Graden der Einheitlichkeit vertraut. Sie war aber noch nicht unmittelbar auf das Universalienproblem angewandt worden.

Johannes Duns Scotus

Zu den eigenständigsten und interessantesten Arbeiten auf diesem Gebiet gehörten die des Franziskaners Johannes Duns Scotus (etwa 1265 – 1308). Parallel zu dem schwächeren Sein, das den gemeinsamen Beschaffenheiten zugesprochen wurde, führte Scotus für sie eine »reale geringere Einheitlichkeit« ein, »real«, weil sie nicht bloß im Denken bestehe, und »geringer«, weil sie weniger war als die strikte Einheitlichkeit oder Identität eines Individuums. Individuen hatten nach der scholastischen Terminologie eine »numerische« Einheitlichkeit oder Identität, sie waren »numerisch« ein und dasselbe. Das Kriterium dafür war die »Ununterscheidbarkeit«: Individuum A und B sind numerisch identisch genau dann, wenn alles, was auf das eine zutrifft, auch auf das andere zutrifft. Universalien oder gemeinsame Beschaffenheiten dagegen hatten diese Art von Einheitlichkeit nicht. So war die animalische Beschaffenheit des Sokrates eine vernünftige, die eines Esels dagegen (ein beliebtes mittelalterliches Beispiel) eine nicht vernünftige. Die beiden Animalitäten waren also nicht numerisch identisch, nicht ein und dasselbe. Doch nach Scotus mußten die beiden Animalitäten auch in einem Sinne bei Sokrates und dem Esel dieselbe sein. Daher Einheitlichkeit, aber die reale geringere. (Viele weitere Schritte zur Ausräumung von Einwänden sind hier natürlich weggelassen.)

Neben der realen geringeren Einheitlichkeit der gemeinsamen Beschaffenheiten gab es für Scotus auch eine entsprechende Nichteinheitlichkeit oder Unterschiedlichkeit. Das ist die mit Recht berühmte »formale« Unterschiedlichkeit. Es ist bekanntermaßen schwierig, sie auf eine Weise genau zu formulieren, die allen einschlägigen Texten des Scotus gerecht wird, dem zu verschiedenen Zeiten geradezu zwei verschiedene Versionen davon vorgeschwebt zu haben scheinen. Die Einzelheiten sind noch Gegenstand der Fachdiskussion.

Die formale Unterschiedlichkeit ist eine der bekanntesten Hinterlassenschaften des Scotus, und der Begriff der »haecceitas« (Diesesheit) ist eine weitere. Merkwürdigerweise stammt die Bezeichnung »haecceitas« wohl nicht von Scotus selbst (die Textlage ist unklar), sicher aber die Theorie. Sie ist seine Antwort auf das »Individuationsproblem«, von dem oben drei Formen unterschieden wurden. Die Diesesheitstheorie scheint sich in erster Linie mit der zweiten zu beschäftigen: Was macht ein Individuum zu dem Individuum, das es ist? (Je nach der Scotus-Interpretation kann sie aber auch mit den anderen Formen zu tun haben.)

Der spezifische Unterschied »kontrahiert« eine Gattung auf eine Art, und entsprechend kontrahiert ein »individueller Unterschied« die engste Art auf ein Individuum, z.B.

Der »Trost der Philosophie« des Boethius berichtet, wie ihm die Dame Philosophie im Traume erschien. Hier eine Seite aus einer Folioausgabe des Werkes aus dem 15. Jh. Auf das Kleid der Frau sind die Namen der sieben Freien Künste gestickt, die die Grundausbildung an der mittelalterlichen Universität ausmachten: Arithmetik, Musik, Geometrie, Astronomie, Grammatik, Logik und Rhetorik.

Johannes Duns Scotus lehrt mit Engelshilfe (Beginn seiner *Ordinatio* in einer Pariser Handschrift).

Mensch auf Sokrates. Ein solcher individueller Unterschied muß nach Scotus unter anderem (1) etwas Positives sein und nicht bloß das Fehlen oder die Negation von etwas; (2) zusammen mit der spezifischen Beschaffenheit eine substantielle (wesenhafte) und nicht bloß lockere akzidentielle Einheit bilden; und (3) etwas für den Verstand nicht »Begreifbares« sein. Letzteres bedeutet nicht, daß ein individueller Unterschied für den Verstand überhaupt nicht erfaßbar wäre, sondern daß dieser davon lediglich eine Art »Aufgabenbeschreibung« besitzt (zu der (1)-(3) gehören). Der Verstand weiß, wozu ein individueller Unterschied gut ist, aber weil seine angemessenen Gegenstände für Scotus gemeinsame Beschaffenheiten sind, kann er sich kein unmittelbares Bild davon machen, was die Aufgabenbeschreibung erfüllt. Und eben dies wird mit »haecceitas« bezeichnet.

Es ist nicht uninteressant, daß die Diesesheit bei allen Unterschieden in den Einzelheiten bei Scotus eine ganz ähnliche Rolle spielt wie die Existenz bei Thomas. Beide stehen ganz im Mittelpunkt der Auffassungen der beiden Autoren, beide sind in dem Sinne mysteriös, daß man sich keinen rechten Begriff davon machen kann (bei Thomas deshalb, weil der Verstand Formen erkennt und das Sein keine Form ist), und beide machen ein Individuum zu dem Individuum, das es ist. Bei diesen starken Parallelen ist es um so wichtiger, die Unterschiede ins Auge zu fassen.

Wilhelm von Ockham

Wilhelm von Ockham (etwa 1285 – 1347) war wie Scotus Franziskaner. Doch philosophisch und in vieler Beziehung auch theologisch trennten die beiden Welten. Ockham lehnte die reale Existenz von Universalien oder gemeinsamen Beschaffenheiten konsequent ab, sei es in der Scotusschen oder irgendeiner anderen Form. Er hielt sie für theoretisch überflüssig und jedenfalls in einigen Versionen für widerspruchsvoll. Diese Ansichten verteidigte er mit zahlreichen starken Argumenten. Er hielt sich für einen Anhänger der wahren Lehre des Aristoteles gegen ihre platonistischen oder arabischen Verfälschungen

Ockhams Universalientheorie wird als »Nominalismus« bezeichnet, weil für ihn nur Namen (und Begriffe, die für ihn »Namen« in einer Sprache des Geistes waren) wirklich »von mehrerem ausgesagt« werden und damit die Aristotelische Definition der Universalien erfüllen. Nichts aber erfülle die Definition des Boethius, daß sie »mehrerem gemeinsam« seien.

Für Ockham war die lange Suche nach einem »Individuationsprinzip« völlig fehlgeleitet. Die Dinge brauchen nicht »individuiert« zu werden; sie sind Einzeldinge von allem Anfang an, in der Form sind sie einfach da. Erklärungsbedürftig ist statt dessen, wenn es absolut nichts Gemeinsames zwischen Individuen gibt, wie der Verstand trotzdem universelle oder allgemeine Begriffe bilden kann, die irgendwie auf mehrere Individuen gleichzeitig zutreffen. Kurz, er braucht kein metaphysisches »Individuationsprinzip«, sondern ein erkenntnistheoretisches »Verallgemeinerungsprinzip«. Und darauf, so gibt er ehrlicherweise zu, habe er keine Antwort; bei der Bildung von Allgemeinbegriffen »wirkt die Natur auf verborgene Weise«. Trotzdem ist klar, daß sich der Schwerpunkt bei Ockham von einer metaphysischen auf eine erkenntnistheoretische Frage verlagert hat.

Ein anderer Gedanke bei Ockham wurde manchmal ebenfalls als eine Art des »Nominalismus« bezeichnet, obwohl er völlig unabhängig von der Leugnung der Universalien ist. (Als »Nominalismus« werden überhaupt ganz verschiedene Behauptungen bezeichnet; man sollte immer ausdrücklich angeben, was man damit meint.) Es handelt sich um Ockhams Programm, die Liste der ontologischen Kategorien auf zwei zu beschränken: Substanz und Qualität. Auf die übrigen acht Aristotelischen Kategorien sollte verzichtet werden, es seien nur Kürzel für das Sprechen über Substanzen und Qualitäten. Dieser Teil der Philosophie Ockhams ist etwas umstritten. Trotz seiner wiederholten Behauptung, eine solche Reduktion sei möglich, liefert er kein einziges überzeugendes Beispiel dafür. Er nennt nur unvollständige Reduktionen: Sätze mit Aristotelischen Kategorien werden in andere übersetzt, in denen aber keineswegs nur Substanz und Qualität (und logische Wörter) vorkommen. Diese merkwürdige Sachlage hat einige moderne Interpreten zu der

Frage veranlaßt, ob Ockhams ontologisches Programm vielleicht mißverstanden worden sei.

Ockham war zweifellos ein ganz großer und einflußreicher Denker, doch sein Einfluß findet sich nicht immer dort, wo er angeblich gewirkt hat. So wurden seine logischen Schriften als einflußreich, ja entscheidend für die spätmittelalterliche Logik bezeichnet, doch das war stark übertrieben. Manchmal wurden sogar seine logischen Auffassungen mit seiner Metaphysik in Zusammenhang gebracht, so daß von Ockhams »nominalistischer Logik« die Rede ist.

Doch nichts könnte falscher sein. Natürlich findet sich vieles von dem, was Ockham über die Logik sagt, auch bei späteren Autoren. Doch fast immer handelt es sich dann nicht um eigene Gedanken Ockhams, sondern bloß um die anerkannte Lehre. So wurde in seiner Analyse der »persönlichen Supposition« – der Bezeichnungsfunktion eines zutreffend verwendeten Ausdrucks (trotz des Namens braucht es sich nicht um Bezeichnungen von Personen zu handeln) – manchmal ein Hilfsmittel für sein nominalistisches Universalienprogramm gesehen, weil sie sich nur auf Einzeldinge und keinerlei gemeinsa-

Wilhelm von Ockham, eine Skizze auf dem letzten Blatt einer Handschrift im Gonville and Caius College, Cambridge, von 1341. Die Inschrift lautet: »Das ist Bruder Ockham«.

me Beschaffenheiten berufe. Doch eine im Effekt (und stellenweise sogar in der Formulierung) fast völlig gleiche Auffassung findet sich bei Walter Burley (etwa 1275 – 1344/45), der einen Universalienrealismus vertrat. (In anderen Beziehungen gingen Ockham und Burley freilich weit auseinander.)

Und wenn Ockham eigenständige, unübliche logische Auffassungen vertritt, dann waren sie später im allgemeinen gerade *nicht* einflußreich. So meinte er, Sätze mit Zeitangaben, die nicht im Präsens stehen, oder die Modalwörter wie »möglicherweise« oder »notwendigerweise« enthalten, seien nicht eindeutig und könnten in zweierlei verschiedenem Sinne verstanden werden; in völligem Gegensatz dazu ging die häufigere Auffassung dahin, daß ein eindeutiger Sinn vorliege, der der Oder-Verbindung jener beiden Lesarten entsprach. Es gibt noch viele andere terminologische und theoretische Unterschiede.

Das alles soll natürlich nicht die Bedeutung oder die Differenziertheit von Ockhams Denken schmälern, sondern nur Zweifeln an unberechtigten Einflußbehauptungen Raum geben.

Über Aristoteles hinaus

Thomas, Scotus und Ockham gelten herkömmlich als die »großen Drei« der spätmittelalterlichen Philosophie. Doch es gab noch viele, die eine ernsthafte Betrachtung verdienen würden. Nur einige wenige können hier, und auch nur knapp, betrachtet werden.

DIE MERTON-RECHNER. Die früheste Form der mathematischen Physik wurde von einer Gruppe von Logikern entwickelt, die im frühen 15. Jh. am Merton College in Oxford arbeiteten. Hier eine Darstellung des College von John Bereblock aus dem Jahr 1556.

Schon im späten 13. Jh. und jedenfalls Mitte des 14. Jh. waren die Hauptzüge des Aristotelismus bei den Lateinern so bekannt, daß einige Autoren bei Aristoteles nicht nur theologische, sondern auch rein philosophische Probleme ausmachten. Es ging nicht mehr nur um konservative Verteidigungen herkömmlicher Auffassungen gegen aristotelische Neuerungen, sondern manchmal auch im Anschluß an Aristoteles um ganz neue Wege.

So begann am Merton College in Oxford ab etwa 1320 eine Gruppe von Logikern und Philosophen die Physik der Bewegung und Veränderung weit über Aristoteles hinaus zu entwickeln und häufig mathematische Methoden auf physikalische Probleme anzuwen-

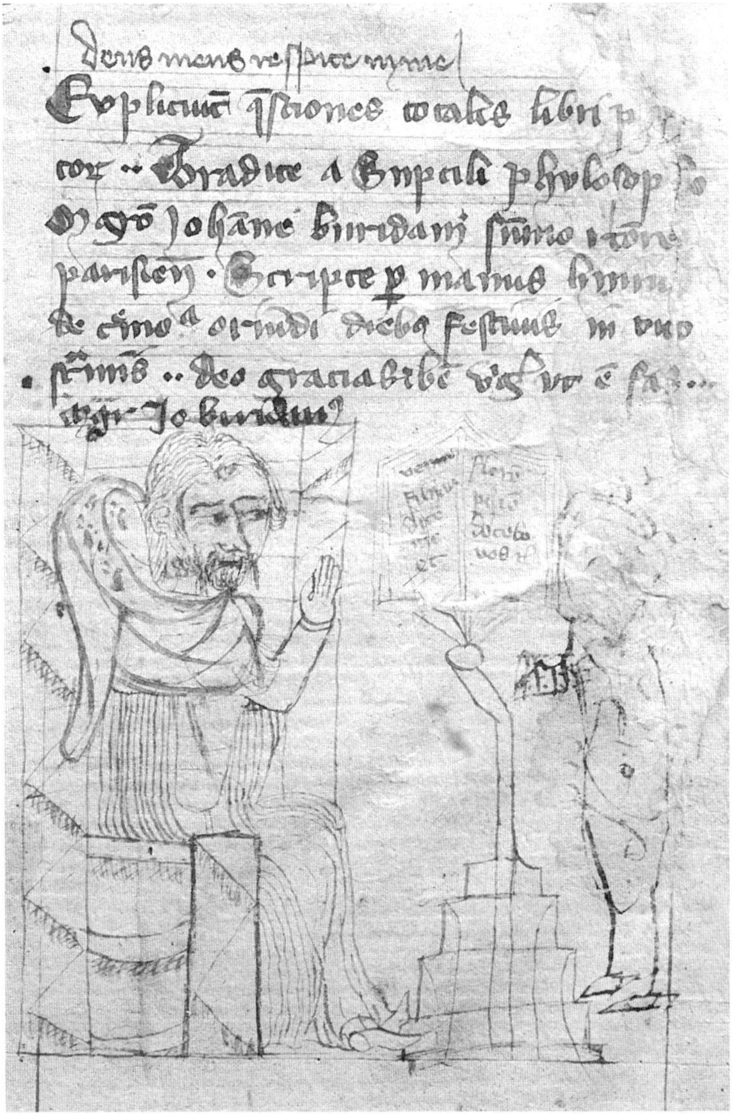

JOHANNES BURIDAN LEHREND, aus einer Pariser Handschrift von etwa 1370. In dem geöffneten Buch steht: »Kommt, Söhne, hört mich, und ich will euch die Blüte der Philosophie lehren.«

den. Das war absolut zukunftweisend und hatte in der Tat einigen unmittelbaren Einfluß auf die Entwicklung der Anfänge der modernen Naturwissenschaft in den folgenden Jahrhunderten. Die mathematischen Methoden waren so kennzeichnend für die Merton-Physik, daß ihre Vertreter manchmal als »Rechner« bezeichnet wurden. Auf dem Kontinent gingen von Johannes Buridan (etwa 1295/1300 bis nach 1358) und anderen weitere nichtaristotelische Entwicklungen in der Physik aus, darunter die »Impetustheorie« der Wurfbewegung.

Wieder gab es Schwierigkeiten mit der Aristotelischen Erkenntnistheorie. Nach der Aristotelischen Metaphysik war die individuelle Substanz die primäre und grundlegendste Art von Seiendem. Aufgrund der Gleichsetzung von Sein und Erkennbarkeit (die für so gut wie das ganze Mittelalter ebenso wie für die Griechen galt) müßte folgen, daß die individuellen Substanzen die am besten erkennbaren Gegenstände seien. Doch die Aristotelische Erkenntnistheorie, wie sie im Mittelalter verstanden wurde, machte zum Gegenstand des Verstandes das Allgemeine und nicht das Einzelne. Dabei dachte Aristoteles in erster Linie an die beweisende »Wissenschaft« in seinem sehr strengen Sinne, doch es bleibt bestehen, daß er nicht recht erklären konnte, wie der Verstand irgendeine Erkenntnis von Einzeldingen haben könne, die über die bloße Sinneswahrnehmung hinausgeht. Thomas hatte dieses Problem in gewissem Umfang behandelt, doch erst Scotus und Ockham und ihre Theorien der »intuitiven Erkenntnis« widmeten sich ihm nachdrücklich.

Einige Autoren brachen radikaler mit Aristoteles. So lehnte in Paris Nikolaus von Autrecourt (etwa 1300 bis nach 1350) den Aristotelismus vollständig ab. Er habe im ganzen Aristoteles keinen einzigen wirklich zwingenden Beweis gefunden! Nikolaus wollte alle natürlichen Gewißheiten (im Unterschied zu den Glaubensgewißheiten) aus dem Grundsatz der Widerspruchsfreiheit gewinnen, ergänzt, wie es scheint, durch die Erfahrung. (Ohne diesen Zusatz sind manche seiner Argumente einfach nicht sinnvoll.) Es gebe auch keinen genügenden Grund, an Aristotelische Substanzen zu glauben, und keinen philosophischen Gottesbeweis. Ja, im Gegensatz zum Aristotelischen Ideal der beweisenden Wissenschaft erklärte es Nikolaus für unmöglich, die Existenz von irgend etwas aus der von etwas anderem abzuleiten. Deshalb nennt man ihn manchmal (etwas unbekümmert) den »Hume des Mittelalters«. Seine Ansichten fanden keine weite Verbreitung, und sein Hauptwerk wurde sogar 1346 in Avignon verdammt. Doch sie zeigen, daß sich das geistige Klima nachdrücklich veränderte.

Ab etwa 1350 ging die philosophische Tätigkeit in England aus nicht ganz ersichtlichen Gründen dramatisch zurück. Sicher hatte die Pest damit zu tun, doch das kann nicht die ganze Erklärung sein. Es sind aus dieser Zeit recht wenige Philosophen bekannt, und das Wenige, das man von ihren Arbeiten kennt, ist manchmal durchaus differenziert, doch im allgemeinen unoriginell. Es gibt ein paar Ausnahmen, die wichtigste ist John Wyclif (etwa 1330–1384). Seine Auffassungen sind höchst originell, und ihr Verständnis steckt noch in den Anfängen. Er war in der Universalienfrage ein standhafter Realist, wobei er vielleicht etwas rhetorisch überspitzte. Wyclif scheint in England und wegen seiner Verbindung mit Johannes Hus auch in Böhmen erheblichen Einfluß gehabt zu haben.

Auf dem Kontinent lagen die Dinge anders. Buridans zahlreiche Schüler arbeiteten weiter, und im späten 14. und im 15. Jh. bestand in Italien großes Interesse an den älteren englischen Philosophen, vor allem an den Merton-»Rechnern«. Und in Paris und anderswo gab es eine Zeitlang eine sehr lebhafte und subtile Diskussion über das Problem zukünftiger kontingenter Tatsachen und die damit zusammenhängenden Fragen des freien Willens und der Prädestination. Viele dieser Arbeiten sind sehr gut, einige sind Originalleistungen. Doch umstürzend waren sie nicht. Einen Thomas, Scotus oder Ockham gab es in dieser Abenddämmerung des Mittelalters jedenfalls nicht.

3

Von Descartes bis Kant

Anthony Kenny

Die Werke der klassischen Philosophen des 17. und 18. Jh. in Europa bilden ein zusammenhängendes Kapitel der Philosophiegeschichte. Trotz der vielen Unterschiede zwischen ihren Lehren widmen sich die wichtigen Philosophen zwischen Descartes und Kant ziemlich ähnlichen Themen mit ziemlich ähnlichen Methoden. Zur Zeit von Descartes war die aristotelische Tradition ans Ende ihrer produktiven Entwicklung im Mittelalter gekommen; nach dem Tode Kants begann sich die europäische Philosophie in Schulen aufzuspalten, die sich kaum gegenseitig zur Kenntnis nahmen. Doch zwischen Descartes und Kant waren die Unterschiede zwischen den »empiristischen« Philosophen in England und den »rationalistischen« Philosophen auf dem Kontinent gering im Vergleich zu ihren gemeinsamen Ausgangspunkten und Zielen.

An der Oberfläche jedoch war die Philosophie des 17. und 18. Jh. weniger homogen als die Philosophie des Mittelalters. In Westeuropa schrieben die mittelalterlichen Philosophen ausschließlich in Latein; jetzt erschienen zwar immer noch klassische Werke wie Descartes' *Meditationen* und Spinozas *Ethik* zunächst auf Lateinisch, doch immer mehr wichtige Werke in der Muttersprache des Verfassers. Wer die großen Werke dieser Periode im Original lesen möchte, der muß neben Latein auch Englisch, Französisch und Deutsch beherrschen.

Es gibt weitere Unterschiede zwischen der mittelalterlichen und dieser frühmodernen Philosophie. Die mittelalterliche Philosophie war, wie die mittelalterliche Architektur, das Werk einer Tradition. Die einzelnen Gelehrten bauten auf der Arbeit der früheren Generationen auf und stellten auch ihre originellsten Gedanken in der Form von Kommentaren zu den Schriften ihrer Vorgänger dar. In der Moderne wird die Geschichte der Philosophie, wie die Geschichte der Architektur, zu einer Prozession hervorragender einzelner Denker, jeder mit seinem persönlichen Stil, und jeder stolz darauf, eine Epoche zu markieren. Alle wichtigen Philosophen des Mittelalters waren fest in Bildungsanstalten wie Klöstern oder Universitäten verankert; doch die bekanntesten philosophischen Texte aus den beiden Jahrhunderten vor Kant stammen von Verfassern, die keine Universitätslehrer waren. In dieser Periode konnte man den typischen Philosophen ebensogut an einer Gesandtschaft oder einem Hof wie auch an einer Universität finden.

Die mittelalterlichen Philosophen waren Fachleute, die ihre dickleibigen Werke für andere Fachleute schrieben; sie verwendeten eine Fachsprache und Schemata für die Dar-

FRANCISCI
DE VERULAMIO,
Summi Angliæ
CANCELLARII,
Instauratio
magna.
Multi pertransibunt & augebitur scientia.
Sim: Pass: sculp:
Anno
LONDINI
Apud Joannem Billium
Typographum
Regium.
1620.

stellung. Die großen Philosophen der Frühmoderne schrieben auch kurze und geschliffene Abhandlungen, um die Aufmerksamkeit der allgemeinen Leserschaft beiderlei Geschlechts auf sich zu ziehen. Die Druckerpresse hatte es dem Denker erlaubt, mit einem wesentlich größeren Publikum in Verbindung zu treten als nur den Kollegen und Schülern des Professors an einer mittelalterlichen Schule. Erst Kant war wieder ein erstrangiger Philosoph, der sein ganzes Leben an einer Universität verbrachte und sich am liebsten in akademischen Vorlesungen äußerte, die freilich auch in Buchform erschienen und auf der ganzen Welt gelesen wurden.

Die Philosophie der Frühmoderne ist nicht mehr kirchlich. Die mittelalterlichem Philosophen waren ausnahmslos Bischöfe, Priester, Klosterbrüder oder Bettelmönche gewesen; jetzt waren fast alle bedeutenden Philosophen Laien. George Berkeley war Bischof, aber damals hatten selbst Bischöfe eine gewisse Distanz zur religiösen Begeisterung.

Ein Ergebnis der Reformation und der Religionskriege war eine neue Beziehung zwischen Philosophie und Theologie. Nicht, daß die Philosophen nicht mehr an Gott geglaubt hätten; von den Großen der Epoche war nur Hume Atheist, und der Gottesbegriff spielt eine grundlegende Rolle in der Philosophie von Descartes, Spinoza und Berkeley. Geändert hatte sich die Haltung gegenüber der kirchlichen Hierarchie. Die Lehrautorität der katholischen Kirche galt nicht mehr uneingeschränkt. England und Nordeuropa hatten sie zugunsten verschiedener Formen des Protestantismus abgebaut. Die Spaltung des christlichen Europa verschaffte der philosophischen Spekulation größere Freiheit von theologischen Beschränkungen.

Freilich wurden die einzelnen christlichen Konfessionen nicht unbedingt toleranter gegenüber Abweichungen. Im Gegenteil, die Gedankenkontrolle der Gegenreformation im 17. Jh. war durchgreifender und strenger als alles im Mittelalter. Auch in protestantischen Ländern hatten Philosophen mit Häresievorwürfen zu rechnen, wie Descartes und Spinoza erfahren mußten, und noch 1793 wurde Kant von seinem König verboten, über religiöse Themen zu schreiben. Wichtig war, daß die Philosophen über konfessionelle Grenzen hinweg die Werke der anderen lesen und miteinander verkehren konnten. So wurden ihnen die Grenzen der religiösen Einigkeit ständig vor Augen geführt.

Die Autorität der Bibel wurde zwar fast allgemein anerkannt, aber durch die unterschiedlichen Interpretationen geschwächt, die von verschiedenen Autoritäten vorgeschrieben wurden. Das ernsthafteste Bibelstudium erfolgte von einer literarischen oder mystischen Position aus und nicht um der Erleuchtung zu philosophischen Fragen willen. Die Gefahren führt der Fall Galilei vor Augen. Die Inquisition verdammte ihn, weil seine Lehre von der Bewegung der Erde um die Sonne alttestamentlichen Texten widerspreche. Doch diese Verdammung des Heliozentrismus war bald bei Katholiken so gut wie bei Protestanten nur noch toter Buchstabe.

Im ganzen Mittelalter war Aristoteles die uneingeschränkte wissenschaftliche Autorität gewesen; für Thomas von Aquin war er *der* Philosoph, für Dante »der Meister der Wis-

FRANCIS BACONS Leben (1561-1626) und Werk sind ein Beispiel für die Säkularisierung der Philosophie im 17. Jh. Er war kein Geistlicher, sondern Jurist und Politiker und vertraute stark auf empirische Methoden, auf Beobachtung und Experiment. Die Titelseite seines *Novum organum* (1620) – der Titel ist eine Herausforderung an Aristoteles – zeigt das Schiff der Erkenntnis, wie es auf das neue Meer der Wissenschaft hinaussegelt.

senden«. In der ersten Hälfte des 17. Jh. änderte sich das endgültig durch René Descartes, der als der Vater der modernen Philosophie in die Geschichte einging.

Descartes

Descartes wurde 1596 in der Touraine geboren, ungefähr als Shakespeare den *Hamlet* schrieb. Er war zwar sein ganzes Leben Katholik, verbrachte aber die meiste Zeit im protestantischen Holland und nicht in seinem Herkunftsland, dem katholischen Frankreich. Er wurde von Jesuiten erzogen und kämpfte kurz in den Religionskriegen. Er war Laie im kirchlichen wie im fachlichen Sinne. Er war ein Mann von Welt, der von seinem Besitz leben konnte; er lehrte nie an einer Universität und schrieb gewöhnlich für den allgemeinen Leser. Sein berühmtestes Werk, die *Abhandlung über die Methode des richtigen Vernunftgebrauchs und der wissenschaftlichen Wahrheitsforschung* (1637), war nicht im Latein der Gelehrten, sondern in gewöhnlichem Französisch geschrieben.

Descartes war ein ganz außergewöhnliches Genie. Heute liest man zumeist seine philosophischen Werke; zu seiner Zeit beruhte sein Ruf ebenso auf seinen mathematischen und naturwissenschaftlichen Werken. Er war der Begründer der analytischen Geometrie, und die kartesischen Koordinaten, die in der Schule gang und gäbe sind, haben ihren Namen von der lateinischen Form seines Namens, Cartesius. In seinem vierten Lebensjahrzehnt schrieb er eine Abhandlung über die Lichtbrechung (Dioptrik), die ein wesentlicher Beitrag zur wissenschaftlichen Optik war und auf sorgfältigen theoretischen und experimentellen Arbeiten über Auge und Licht beruhte. Er verfaßte auch eine der ersten wissenschaftlichen Abhandlungen über die Meteorologie und klärte als erster das Phänomen des Regenbogens.

Der Gipfelpunkt dieser frühen naturwissenschaftlichen Arbeiten war die Abhandlung *Die Welt*, die eine erschöpfende wissenschaftliche Erklärung des Ursprungs und der Beschaffenheit des Weltalls und des Funktionierens des menschlichen Körpers liefern sollte. Wie Galilei machte er sich die ungewohnte Hypothese zu eigen, daß die Sonne und nicht die Erde der Mittelpunkt des Weltalls sei. Als er damit fast zu Ende war, erfuhr er von der Verdammung Galileis und ließ das Manuskript sein ganzes Leben lang unveröffentlicht. Im Alter von etwa 40 Jahren hatte er in einem Freundeskreis den Ruf eines Genies erworben, ohne daß er bisher etwas veröffentlicht hätte.

1637 gab er dann seine Dioptrik, Geometrie und Meteorologie heraus und schickte ihnen eine kurze *Abhandlung über die Methode* voraus. Die drei wissenschaftlichen Abhandlungen werden heute nur noch von Spezialisten der Wissenschaftsgeschichte gelesen, doch der Vorspann erlebt jedes Jahr Neuauflagen, er wurde in mehr als hundert Sprachen übersetzt und wird immer noch von Millionen mit Interesse gelesen.

Zunächst einmal ist es ein köstliches Stück Autobiographie: lebendig, weltmännisch, ironisch. Ein paar Auszüge mögen die Atmosphäre vermitteln.

Galilei (hier porträtiert von J. Susterman) war der Überzeugung, daß sich die Erde um die Sonne bewege. Descartes war es auch, aber als er von Galileis Verdammung erfuhr, behielt er seine Meinung für sich.

»Daher gab ich die wissenschaftlichen Studien ganz auf, sobald es das Alter mir erlaubte, mich der Abhängigkeit von meinen Lehrern zu entziehen, und entschlossen, kein anderes Wissen zu suchen, als was ich in mir selbst oder im großen Buche der Welt würde finden können, verbrachte ich den Rest meiner Jugend damit, zu reisen, Höfe und Heere kennenzulernen, mit Menschen verschiedenen Temperaments und Standes zu verkehren, manche Erfahrung zu sammeln...«

»Ich hatte aber schon auf der Schule gelernt, daß man sich nichts so Sonderbares und Unglaubliches ausdenken kann, was nicht schon von irgendeinem Philosophen behauptet worden wäre; später stellte ich auf meinen Reisen fest, daß Leute, deren Gesinnungen den unseren geradewegs zuwiderlaufen, deswegen noch nicht Barbaren oder Wilde sind, sondern daß mancher von ihnen ebensoviel oder sogar mehr Vernunft gebraucht als wir.«

»Es ist viel mehr Gewohnheit und Beispiel, was unser Urteil bestimmt, als irgendeine sichere Einsicht, und Stimmenmehrheit ist gleichwohl kein Beweis, der für schwer zu entdeckende Wahrheiten die geringsten Kraft hat – denn es ist weit wahrscheinlicher, daß ein Mensch allein sie findet, als ein ganzes Volk -: deshalb konnte ich mir niemanden wählen, dessen Überzeugungen mir einen Vorzug vor anderen zu verdienen schienen, und fand mich gleichsam gezwungen, es selbst zu übernehmen, mich zu leiten.«

Die *Abhandlung* bietet auf erstaunlich geringem Raum eine Zusammenfassung von Descartes' wissenschaftlichen Ansichten und seiner philosophischen Methode. Er hatte die Gabe, komplizierte philosophische Theorien so elegant darzustellen, daß sie beim ersten Lesen völlig verständlich wirken und doch für die besten Spezialisten noch Stoff zum Nachdenken liefern. Er hielt sich etwas darauf zugute, daß seine Werke »ganz wie Romane« lesbar seien. In der Tat lassen sich seine Hauptideen so knapp ausdrücken, daß man sie auf eine Postkarte schreiben könnte; und doch waren sie so revolutionär, daß sie den Gang der Philosophie auf Jahrhunderte veränderten.

Auf die Postkarte brauchte man nur zwei Sätze zu schreiben: Der Mensch ist ein denkendes Bewußtsein; die Materie ist Ausdehnung und Bewegung. Alles in seinem System läßt sich anhand dieses Dualismus von Geist und Materie erklären. Wir verdanken es Descartes geradezu, daß für uns Bewußtsein und Materie die beiden großen, einander ausschließenden und nichts übriglassenden Kategorien unserer Welt sind.

Für Descartes ist der Mensch denkende Substanz. In der Aristotelischen Tradition war der Mensch seinem Wesen nach aus Seele und Körper zusammengesetzt; körperlose Existenz, sofern es das überhaupt gab, war verkürzte, unvollständige menschliche Existenz. Für Descartes ist das ganze Wesen des Menschen sein Geist. Im gegenwärtigen Leben ist er eng mit dem Körper verbunden, aber nicht dieser macht uns zu dem, was wir wirklich sind. Und der Geist wird neu aufgefaßt, sein Wesen ist nicht der Verstand, sondern das Bewußtsein von den eigenen Gedanken und ihren Gegenständen. Die Menschen sind die *einzigen* bewußten Lebewesen, alle anderen hielt Descartes für komplizierte, aber bewußtseinslose Maschinen.

Die Materie ist für Descartes Ausdehnung und Bewegung. Mit »Ausdehnung« sind die geometrischen Eigenschaften der Gestalt, Größe, Teilbarkeit usw. gemeint, und das waren die *einzigen*, die Descartes auf Grundlagenebene der Materie zuschrieb. Er machte sich anheischig, alle Erscheinungen von Wärme, Licht, Farbe und Schall anhand der Bewegung kleiner Teilchen verschiedener Größe und Gestalt zu erklären. Er ist einer der ersten systematischen Vertreter der modernen westlichen Auffassung der Naturwissenschaft als Verbindung mathematischer und experimenteller Methoden.

Beide Hauptgrundsätze der kartesischen Philosophie waren, wie man heute weiß, falsch. Schon zu seinen Lebzeiten wurden Erscheinungen entdeckt, die anhand von Materie und Bewegung nicht zwanglos erklärt werden konnten. Der Blutkreislauf und die Herztätigkeit, die der englische Arzt John Harvey entdeckte, erforderten Kräfte, für die es in Descartes' System keinen Platz gab. Trotzdem war seine wissenschaftliche Welterklärung für ungefähr ein Jahrhundert nach seinem Tode wirksam, und seine Auffassung der Tiere als Maschinen wurde später von einigen seiner Jünger zum Schrecken ihrer Zeitgenossen auf den Menschen ausgedehnt.

Descartes' Auffassung vom Bewußtsein hielt sich viel länger als seine Auffassung von der Materie, ja, sie ist im ganzen Westen bei gebildeten Nichtphilosophen immer noch die verbreitetste. Kant unterzog sie einer bohrenden Kritik, und in unserem Jahrhundert wurde sie von Wittgenstein endgültig widerlegt, der zeigte, daß wir uns auch bei unseren privatesten und spirituellsten Gedanken einer Sprache bedienen, die nicht von ihrem öffentlichen und physischen Ausdruck losgelöst werden kann. Die kartesische Dichotomie von Geist und Körper ist letzten Endes unhaltbar. Doch ihr ungeheurer Einfluß zeigt sich daran, daß auch die stärksten Bewunderer Wittgensteins dessen größte Leistung im Sturz der kartesischen Philosophie des Geistes erblicken.

Nach Descartes ist die Erkenntnis wie ein Baum, seine Wurzeln sind die Metaphysik, sein Stamm die Physik und die fruchttragenden Zweige die moralischen und nützlichen Wissenschaften. Seine eigenen Schriften nach der *Abhandlung* folgten dieser Anordnung. 1641 schrieb er die metaphysischen *Meditationen*, 1644 die *Prinzipien der Philosophie* (ei-

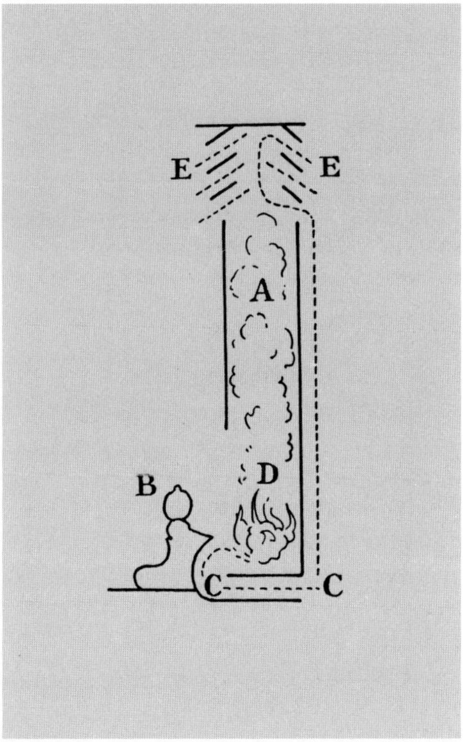

Die philosophische Meditation. In der Abhandlung über die Methode berichtet Descartes, seine philosophische Berufung sei ihm »an einem Ofen« aufgegangen. Er war ein Spätaufsteher und sein ganzes Leben sehr darauf bedacht, nicht zu frieren, wenn er wach war. Diese Skizze aus einem Brief an einen Freund zeigt eine philosophische Methode, wie sich verhindern läßt, daß ein Kamin qualmt.

ne Bearbeitung von *Die Welt*) und 1649 das Werk *Von der Leidenschaft der Seele* im wesentlichen eine Ethik. Die 40er Jahre waren das letzte und philosophisch fruchtbarste Jahrzehnt seines Lebens.

Der methodische Zweifel

Einen tiefgreifenden Einfluß auf die spätere Philosophie übte Descartes mit seiner Überzeugung aus, die erste Aufgabe des Philosophen bestehe darin, sich von allen Vorurteilen zu befreien und alles zu bezweifeln, was sich nur bezweifeln läßt. Das verleiht der Erkenntnistheorie – der methodischen Untersuchung, was wir wissen können und wie wir es erkennen können – den Vorrang in der Philosophie. Die zweite Aufgabe des Philosophen ist dann die Abwehr der Skepsis. Diese Strategie tritt in den *Meditationen* deutlich hervor. Hier einige Auszüge aus der 1. Meditation, in der die skeptischen Zweifel zur Sprache gebracht werden.

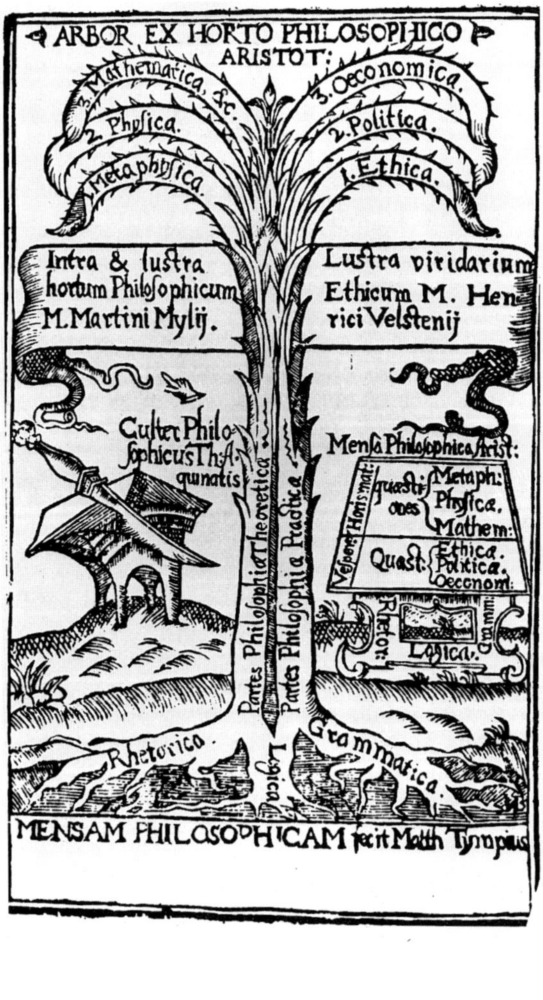

DER BAUM DER ERKENNTNIS war keine Erfindung Descartes'. Hier eine Abbildung aus einem scholastischen Lehrbuch, wo der Baum der Erkenntnis unter der Obhut der vorkartesischen Gärtner Aristoteles und Thomas von Aquin gedeiht.

Der doctor angelicus (der »engelgleiche Lehrer«) (links). Dieses Porträt des Thomas von Aquin von Justus von Leiden weist wohl am ehesten eine Ähnlichkeit mit dem Heiligen auf.

Die Brüder des hl. Franziskus (rechts). Der Orden der Minoritenbrüder oder Franziskaner brachte viele der besten Philosophen des Mittelalters hervor, darunter den hl. Bonaventura (hier mit dem Gründer, dem hl. Franziskus), Johannes Duns Scotus und Wilhelm von Ockham.

»Alles nämlich, was ich bisher am ehesten für wahr gehalten habe, verdanke ich den Sinnen oder der Vermittlung der Sinne. Nun aber bin ich dahintergekommen, daß diese uns bisweilen täuschen, und es ist ein Gebot der Klugheit, denen niemals ganz zu trauen, die uns auch nur einmal getäuscht haben.

Indessen – mögen uns auch die Sinne mit Bezug auf zu kleine und entfernte Gegenstände bisweilen täuschen, so gibt es doch am Ende sehr vieles andere, woran man gar nicht zweifeln kann, wenngleich es aus denselben Quellen geschöpft ist; so z.B., daß ich jetzt hier bin, daß ich, mit einem Winterrock angetan, am Kamin sitze, daß ich dieses Papier mit den Händen betaste und ähnliches.«

»Vortrefflich! – Als ob ich nicht ein Mensch wäre, der des Nachts zu schlafen pflegt, und dem dann genau dieselben, ja bisweilen noch weniger wahrscheinliche Dinge im Traume begegnen, als jenen im Wachen! Wie oft doch kommt es vor, daß ich mir all diese gewöhnlichen Umstände während der Nachtruhe einbilde, etwa daß ich hier bin, daß ich, mit einem Rocke bekleidet, am Kamin sitze, während ich doch entkleidet im Bett liege!«

»Meinetwegen: wir träumen. ... Ich mag wachen oder schlafen, so sind doch stets 2+3=5, das Quadrat hat nie mehr als vier Seiten, und es scheint unmöglich, daß so augenscheinliche Wahrheiten in den Verdacht der Falschheit geraten können.

Es ist indessen in meinem Denken eine alte Überzeugung verwurzelt, daß es einen Gott gebe, der alles vermag, und von dem ich so, wie ich bin, geschaffen wurde. Woher weiß ich aber, ob er nicht bewirkt hat, daß es überhaupt keine Erde, keinen Himmel, kein ausgedehntes Ding, keine Gestalt, keine Größe, keinen Ort gibt, und daß dennoch dies alles genau so, wie es mir jetzt vorkommt, bloß da zu sein scheint; ja sogar, so wie ich überzeugt bin, daß andere sich bisweilen in dem irren, was sie vollkommen zu wissen meinen, ebenso könnte auch ich mich täuschen, sooft ich 2 und 3 addiere oder die Seiten des Quadrats zähle, oder was man sich noch Leichteres denken mag. Aber vielleicht hat Gott nicht gewollt, daß ich mich täusche, heißt er doch der Allgütige.«

»So will ich denn annehmen, nicht der allgütige Gott, die Quelle der Wahrheit, sondern irgendein böser Geist, der zugleich allmächtig und verschlagen ist, habe all seinen Fleiß daran gewandt, mich zu täuschen; ich will glauben, Himmel, Luft, Erde, Farben, Töne und alle Außendinge seien nichts als ein täuschendes Spiel von Träumen, durch die er meiner Leichtgläubigkeit Fallen stellt; mich selbst will ich so ansehen, als hätte ich keine Hände, keine Augen, kein Fleisch, kein Blut, überhaupt keine Sinne, sondern glaubte nur fälschlich das alles zu besitzen. Und ich werde hartnäckig an diesem Gedanken festhalten und werde so – wenn ich auch nicht imstande sein sollte, irgend etwas Wahres zu erkennen – mich doch entschlossenen Sinnes in acht nehmen, soviel an mir liegt, nichts Falschem zuzustimmen, noch von jenem Betrüger mich hintergehen zu lassen, so mächtig und verschlagen er auch sein mag.«

Diese Zweifel werden mit Descartes' berühmtem Argument zur eigenen Existenz beigelegt. So viel ihn auch der böse Geist täuschen kann, er kann ihn nie dahin bringen, zu glauben, er existiere, wenn er nicht existiert. »Nun, wenn er mich täuscht, so ist also unzweifelhaft, daß ich bin. Er täusche mich, soviel er kann, niemals wird er es doch fertigbringen, daß ich nichts bin, solange ich denke, daß ich etwas sei.« »Ich bin« kann nicht falsch sein, wenn man es denkt; man muß es aber denken, wenn man es bezweifeln will; damit erweist es sich als unbezweifelbar.

Das Mysterium des Glaubens. Ein Hauptanliegen der mittelalterlichen Denker war die Versöhnung zwischen klassischer Philosophie und katholischer Theologie. Eines der bemerkenswertesten Ergebnisse war hier die Theorie der Transsubstantiation, die mit Hilfe der Aristotelischen Begriffe der Substanz und Akzidenz die Lehre formulierte, daß sich bei der Eucharistie Brot und Wein in Leib und Blut Christi verwandeln. Thomas von Aquin war ein führender Vertreter der eucharistischen Frömmigkeit, die auf diesem Gemälde von Ingres aus dem 19. Jh. dargestellt wird.

Descartes im Wald des Zweifels: Stich von Roger Vieillard

Cogito ergo sum

Descartes' Argument wird gewöhnlich in der knapperen Form dargestellt, in die er es an anderer Stelle faßt: »Cogito ergo sum«, »Ich denke, also bin ich«. Mit diesen wenigen Worten beendet er seinen Zweifel, und von da aus sucht er sein eigenes Wesen zu erkennen, die Existenz Gottes zu beweisen und das Kriterium für die Wahrheitssuche zu liefern. Kein Wunder, daß jedes einzelne dieser Worte von den Philosophen tausendmal auf die Goldwaage gelegt wurde.

»Ich denke«. Was heißt hier »denken«? Aus anderen Stellen bei Descartes geht hervor, daß jede Form des inneren Bewußtseins dazu zählt. Wie wichtig ist das »ich« in »ich denke«? Im gewöhnlichen Leben meinte er damit René Descartes; darf er »ich« in einem Selbstgespräch sagen, wenn er noch zweifelt, ob es jemanden dieses Namens gibt? Hätte er lediglich sagen dürfen: »Es geht Denken vor sich«? Hätte er dann zu seinem Ergebnis kommen können?

»Also«. Damit sieht »cogito« wie die Prämisse eines Schlusses aus. Doch an anderer

Stelle meint Descartes, er nehme seine Existenz unmittelbar wahr, und nicht, er erschließe sie mittelbar. Wahrscheinlich sollte es ein Schluß sein, aber ein unmittelbarer, nicht einer, der einen allgemeinen Grundsatz wie »Alles, was denkt, existiert« voraussetzt.

»Ich existiere«. Hätte die Prämisse gelautet »Es geht Denken vor sich«, dann hätte die Folgerung lauten müssen: »Es geht Existieren vor sich«. Kritiker haben gemeint, der zweifelnde Descartes habe kein Recht gehabt, auf ein dauerndes, substanzhaftes Ich zu schließen statt auf ein flüchtiges Subjekt flüchtiger Gedanken. Wie kann er wissen, daß das »Ich«, das der kartesische Zweifel enthüllt, dasselbe ist wie jenes, das er ohne Läuterung durch den Zweifel »René Descartes« genannt hat? Ist einmal das Band zwischen Körper und Geist zerschnitten, wie kann man dann sicher sein, welche Identität dem Denker der *Meditationen* zukommt?

Diese Frage wurde später von Kant in aller Schärfe gestellt. Lassen wir sie im Augenblick auf sich beruhen und fragen wir mit einigen heutigen Kritikern Descartes', wie sich »Ich denke, also bin ich« von »Ich gehe spazieren, also bin ich« unterscheidet. Seine Antwort lautet, beide Argumente seien gleich gut, nur sei die Voraussetzung des ersten im Unterschied zu der des zweiten unbezweifelbar. Wenn ich keinen Körper habe, dann gehe ich nicht spazieren, auch wenn ich es glaube; aber soviel ich auch zweifle, eben dies bedeutet, daß ich denke.

Sum res cogitans

Im restlichen Teil der *Meditationen* wendet sich Descartes der Frage zu, *was* dieses Ich sei, von dem ich weiß, daß es existiert. Die sofort sich einstellende Antwort lautet: Ich bin ein denkendes Ding (res cogitans). »Ein denkendes Wesen! Was heißt das? Nun – ein Wesen, das zweifelt, einsieht, bejaht, verneint, will, nicht will und das sich auch etwas bildlich vorstellt und empfindet.« »Denken« wird in einem weiten Sinne verwendet, es bedeutet für Descartes nicht unbedingt: denken, *daß* dies oder jenes der Fall sei. Für ihn ist Bewußtsein die bestimmende Eigenschaft des Denkens. »Ich verstehe darunter alles, was auf solche Weise in uns ist, daß wir seiner unmittelbar bewußt sind. Demnach sind alle Tätigkeiten des Willens, des Verstandes, der Vorstellungskraft und der Sinne Gedanken.«

Eine Unklarheit zieht sich durch Descartes' Analyse. Es ist nicht klar, ob bei einem bewußten Gedanken Gedanke und Bewußtsein identisch sind (mein Gedanke eine Form oder Art des Bewußtseins ist), oder ob das Bewußtsein etwas den Gedanken Begleitendes ist (ich *habe* nicht einfach einen Gedanken, sondern ich bin mir seiner *bewußt*). Diese Unklarheit hat Konsequenzen für die kartesische Erkenntnistheorie; er wollte ja unbezweifelbare Gewißheit in der Unmittelbarkeit des Denkens finden. Wenn die Gedanken eine Form des Bewußtseins sind, dann gibt es Gedanken (z.B. Schmerzen), die weder wahr noch falsch sind. Ist dagegen das Bewußtsein etwas das Denken Begleitendes, dann scheint die Möglichkeit zu bestehen, daß Bewußtsein ohne richtigen Gedanken besteht und somit falsch ist (z.B. wenn man etwas Geometrisches zu verstehen glaubt, aber es in Wirklichkeit nicht richtig versteht). Descartes braucht aber etwas, das wahr sein *kann* und *nicht* falsch sein *kann*.

Das denkende Ding ist ein Ding, das »versteht, sich einen Begriff macht«. Abgesehen vom Wollen lassen sich nach Descartes alle Formen des Denkens als Vorstellungen oder

DESCARTES wurde in seinem Leben mehrere Male gemalt. Das bekannteste Porträt ist das von Frans Hals im Louvre; dieses weniger bekannte von Bourdin zeigt einen älteren und vielleicht weniger selbstbewußten Menschen.

Tätigkeiten des Verstandes bezeichnen. Klare und deutliche Vorstellungen sind die Tätigkeiten des Verstandes par excellence. Das Verstehen der Aussage »2+2=4« wäre ein Beispiel einer Vorstellung; das Urteil, daß sie wahr sei, die Behauptung, daß zwei und zwei in der Tat vier sei, ist kein Akt des Verstandes, sondern des Willens. Der Verstand liefert die Ideen, den Inhalt, über den der Wille zu urteilen hat. Er liefert gewissermaßen die nicht behaupteten Aussagen, die dann der Wille bejaht oder verneint. In vielen Fällen kann sich der Wille eines solchen Urteils enthalten, nicht aber, wenn die Vorstellung des Verstandes klar und deutlich ist. Eine solche zwingt den Willen, sie kann mit dem besten Willen nicht bezweifelt werden – so die Vorstellung der eigenen Existenz aufgrund des cogito.

Ein denkendes Wesen hat also nicht nur Einsicht und Vorstellungen, sondern es bejaht und verneint auch, es will oder sträubt sich. Die Tätigkeit des Willens besteht in der Bejahung oder Verneinung von Aussagen (darüber, was der Fall sei) und Pläne (was zu tun sei). Descartes schrieb dem menschlichen Willen zwei kennzeichnende Eigenschaften zu: Unendlichkeit und Freiheit. »Der Wille oder die Willensfreiheit, die ich in mir erfahre, ist etwas so Großes, daß mir die Idee irgendeiner noch größeren Fähigkeit einfach unzugänglich ist.« Beim Menschen ist der Wille das besondere Ebenbild Gottes.

Man muß aber zwei Arten der Freiheit unterscheiden. Die eine (manchmal als »Freiheit der Indifferenz« bezeichnet) ist die Fähigkeit, zwischen zwei Möglichkeiten zu entscheiden, die andere (manchmal als »Freiheit der Spontaneität« bezeichnet) ist die Fähigkeit, seinen Wünschen zu folgen. Diese achtete Descartes wesentlich höher als jene. Eine klare und deutliche Vorstellung, die dem Willen keine Möglichkeit als die Zustimmung läßt, hebt die Indifferenz-, aber nicht die Spontaneitätsfreiheit auf. Der menschliche Geist leistet sein Bestes, wenn er – spontan, aber nicht indifferent – einem als klare und deutliche Vorstellung Gegebenen zustimmt.

Schließlich gilt für die *res cogitans*, daß sie »imaginiert und empfindet«. Das versteht Descartes manchmal in einem weiten und manchmal in einem engen Sinne. Im weiten Sinne ist es nicht ohne den Körper möglich, weil zur Empfindung die Tätigkeit von Körperorganen gehört und auch die Imagination bei Descartes als Betrachtung von Bildern durch das Gehirn verstanden wurde. Doch im engen Sinne – wie in der Definiton der *res cogitans* – sind Empfindung und Imagination nichts als Formen des Denkens. Descartes formuliert es bei der Befreiung von seinem Zweifel so: »Ich sehe doch jetzt offenbar das Licht, ich höre das Geräusch, fühle die Wärme; aber nein – das ist falsch, denn ich schlafe ja. Aber es scheint mir doch, als ob ich sähe, hörte, Wärme fühlte, das kann nicht falsch sein, das eigentlich ist es, was an mir Empfinden genannt wird.«

Das Gesamtergebnis des kartesischen Zweifels und des cogito lautet: Er ist ein denkendes Ding, ein bewußtes Wesen. Ist er aber *nichts weiter ?* Nun, in diesem Stadium ist das alles, dessen er sicher ist. »Das Denken ist's, es allein kann von mir nicht getrennt werden. Ich bin, ich existiere, das ist gewiß. Wie lange aber? Nun, solange ich denke. Denn vielleicht könnte es sogar geschehen, daß ich, wenn ich ganz aufhörte zu denken, alsbald auch aufhörte zu sein. Für jetzt lasse ich aber nichts zu, als was notwendig wahr ist! Ich bin also genau nur ein denkendes Wesen.« Später kommt Descartes zu dem Ergebnis, »daß mein Wesen auch allein im Denken (quod sim res cogitans) besteht«.

RENATI
DES CARTES,
MEDITATIONES
DE PRIMA
PHILOSOPHIA,
IN QVA DEI EXISTENTIA
ET ANIMÆ IMMORTALITAS
DEMONSTRATVR.

PARISIIS,
Apud MICHAELEM SOLY, via Iacobea, sub
signo Phœnicis.

M. DC. XLI.
Cum Priuilegio, & Approbatione Doctorum.

Die Erstausgabe von Descartes' »Meditationen«, Paris 1641.

Nun kann man nicht von
»Es ist nicht sicher, daß ich irgendein anderes Wesen als das Denken habe«
auf
»Es ist sicher, daß ich kein anderes Wesen als das Denken habe«
schließen. Die Kritiker Descartes' wissen bis heute noch nicht, ob er diesen Trugschluß begangen hat. Sicher ist, daß er sein Endergebnis – daß er auch einen Körper und nicht nur einen Geist habe – nur auf dem Umweg der Existenz und Wahrhaftigkeit Gottes erreicht hat. Und auch danach hielt er noch Körper und Geist für voneinander trennbar: er kann sie sich ganz klar getrennt voneinander vorstellen, und alles, was er sich getrennt vorstellen könne, das könne Gott auch trennen.

Geist und Körper

Die Menschen in dieser Welt sind auch für Descartes aus Geist und Körper zusammengesetzt. Doch die Art dieser Zusammensetzung, dieser »innigen Verbindung« zwischen Geist und Körper, ist eine der verwirrendsten Seiten des kartesianischen Systems. Sie wird nur noch dunkler, wenn es in der 6. Meditation und in den *Leidenschaften der Seele* heißt, der Geist werde von keinem Teil des Körpers außer der Zirbeldrüse unmittelbar beeinflußt. Alle Empfindungen bestehen aus Bewegungen im Körper, die über die Nerven in diese Drüse gelangen und dort dem Geist ein Signal geben, das ein bestimmtes Erlebnis hervorruft.

Die Vorgänge in dieser Drüse, am Übergangspunkt zwischen Körper und Geist, sind höchst mysteriös. Gibt es eine ursächliche Einwirkung von der Materie auf den Geist, oder umgekehrt? Gewiß nicht, denn die einzige Art der materiellen Verursachung in Descartes' System ist die Mitteilung von Bewegung, und der Geist bewegt sich ja nicht im Raume. Oder spielt sich der Verkehr zwischen Körper und Geist, ähnlich wie der zwischen den Menschen, über Nachrichten und Symbole ab? Dann wäre der Geist faktisch ein homunculus, ein Mensch im Menschen. Das Problem von Geist und Körper wird nicht gelöst, sondern nur auf die Zirbeldrüse verkleinert.

Diese Schwierigkeiten in Descartes' System wurden noch zu seiner Zeit bald bemerkt. Zu seinen scharfsichtigsten Kritikern gehörte Prinzessin Elisabeth von der Pfalz, die Nichte König Karls I. Wie könne die Seele den Körper bewegen? Bewegung sei gewiß mit Berührung verbunden und diese mit Ausdehnung, aber die Seele ist nicht ausgedehnt. Descartes erwiderte, sie möge an die Schwere denken, die jeden Körper ohne Berührung nach unten zieht. Doch diese Vorstellung, meinte sie sofort, habe Descartes selbst als scholastische Unklarheit verworfen.

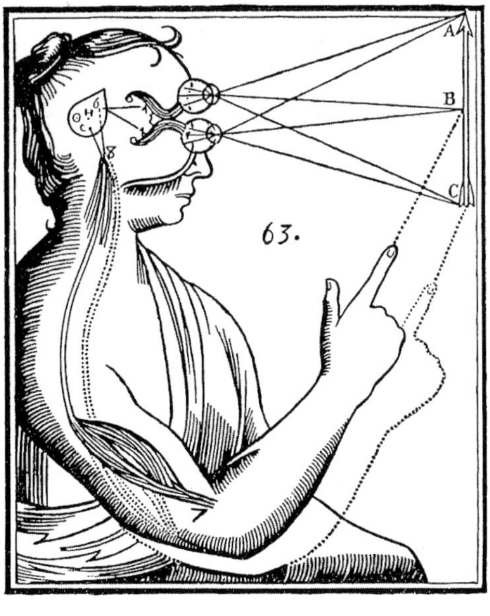

Die Zirbeldrüse im Gehirn war nach Descartes der Ort der Interaktion von Körper und Geist. Die physiologischen Zeichnungen in seinen Werken zeigen, wie Wahrnehmung und Bewegung von dieser Drüse kontrolliert werden.

Die Seele als homunculus. Mittelalterliche Künstler stellten die Seele ganz ausdrücklich als kleinen menschlichen Körper in einem großen dar wie auf diesem Mosaik von der Erschaffung Adams in der Markuskirche in Venedig. Descartes' Theorie von der Interaktion zwischen der Seele und der Zirbeldrüse begeht den gleichen Fehler in weniger grober Weise.

»Leichter könnte ich«, so schrieb sie, »der Seele Materie und Ausdehnung zugestehen, als daß etwas Immaterielles einen Körper bewegen und von ihm bewegt werden könne.« Descartes meinte, das könne sie ruhig tun, denn der Seele Materie und Ausdehnung zuschreiben heiße einfach, sie als eine Einheit mit dem Körper anzusehen. Doch diese Antwort war wenig fair. Ausdehnung, wie von Descartes definiert, konnte nicht ernsthaft als Eigenschaft der Seele angesehen werden, wie sie Descartes definiert hatte: erstere war nämlich teilbar und letztere nicht.

Elisabeth behielt in dieser Diskussion zweifellos die Oberhand, und der große Philosoph wußte ihr nichts Besseres mehr zu sagen, als daß sie sich darüber nicht weiter ihr hübsches Köpfchen zerbrechen solle. Es sei sehr schädlich, so belehrte er sie, zu viel über die Grundsätze der Metaphysik zu meditieren, es koste zuviel Muße für die Betätigung der Phantasie und der Sinne.

Descartes' Dualismus ist schwer mit seiner – von manchen seiner akademischen Kritiker verkannten – Behauptung in Einklang zu bringen, im gegenwärtigen Leben seien Geist und Körper ein einziges Ganzes. Nur wegen Gottes Wahrhaftigkeit kann er ja sicher sein, überhaupt einen Körper zu haben. Damit ist der Beweis für die Existenz Gottes ein entscheidender Schritt beim Aufbau seines philosophischen Systems.

Prinzessin Elisabeth, die Nichte Karls I. von England, in Jägerkleidung. Ihr Briefwechsel mit Descartes zeigt, daß sie die Schwachpunkte seines Systems genau aufs Korn zu nehmen verstand.

Die Existenz Gottes

In der *Abhandlung über die Methode* argumentiert Descartes folgendermaßen für die Existenz Gottes:

»Ich sah z.B. wohl, daß, setzt man voraus, es sei ein Dreieck gegeben, seine drei Winkel gleich zwei rechten sein müssen; aber ich sah deswegen nichts, was mich versicherte, es gebe ein solches Dreieck auf der Welt. Statt dessen fand ich, wenn ich wiederum meine Vorstellung von einem vollkommenen Wesen prüfte, die Existenz darin mitbegriffen, ganz ebenso oder sogar noch offenkundiger, als es in der Vorstellung eines Dreiecks mitbegriffen ist, daß seine drei Winkel gleich zwei rechten sind, oder in der einer Kugelfläche, daß alle ihre Teile gleichen Abstand von ihrem Mittelpunkt haben, so daß es folglich mindestens ebenso gewiß ist, daß Gott, das heißt das vollkommenste Wesen, ist oder existiert, wie irgendein geometrischer Beweis es sein kann.«

Descartes glaubte auf jeden Fall, daß Sätze über Dreiecke bewiesen werden können, gleichgültig, ob es in der Welt wirklich irgendein Dreieck gibt. Ebenso konnte man Sätze über Gott aufstellen, ohne damit zu präjudizieren, daß es einen Gott gab. Nach einem solchen Satz ist Gott ein absolut vollkommenes Wesen, er vereinigt alle Vollkommenheiten. Nun ist aber die Existenz selbst eine Vollkommenheit, also muß Gott existieren.

Einer von Descartes' zeitgenössischen Kritikern, der Mathematiker Pierre Gassendi, meinte, so könne man die Existenz nicht behandeln: »Weder bei Gott noch bei irgend etwas anderem ist die Existenz eine zur Vollkommenheit beitragende Eigenschaft, sondern ohne sie gibt es keine solchen Eigenschaften... Wenn etwas keine Existenz hat, dann ist es nicht bloß unvollkommen , sondern es ist einfach nichts.«

Darauf hatte Descartes keine befriedigende Antwort. Ein nichtpräjudizierender Satz über Dreiecke lautet so: Wenn etwas ein Dreieck ist, dann ist die Summe seiner drei Winkel gleich der von zwei rechten. Entsprechend müßte man sagen: Wenn etwas göttlich ist, dann existiert es. Vielleicht stimmt das; aber es ist ohne weiteres damit verträglich, daß es nichts Göttliches gibt. Dann aber gibt es keinen Gott, und der Beweis hat versagt.

An anderer Stelle möchte Descartes sie aus dem Vorkommen der Gottesidee in einem endlichen Geist ableiten. So meint er in der 3. Meditation, die meisten seiner Ideen – etwa die des Denkens, der Substanz, der Dauer, der Zahl – könnten durchaus in ihm selbst entstanden sein, nicht aber die Gottesidee. Aus dem Nachdenken über ein begrenztes, unwissendes, ohnmächtiges Wesen wie sich selbst könne man nicht die Begriffe der Unendlichkeit, höchsten Intelligenz und Allmacht hergeleitet haben. Doch die Ursache einer Idee könne nicht weniger wirklich sein als die Idee selbst; nur Gott könne die Gottesidee hervorrufen, also könne er nicht weniger wirklich sein als ich und meine Idee.

Dieses Argument scheint durch eine Unklarheit bei der »Existenz« beeinträchtigt zu werden (wie bei »Zeus war nicht wirklich, sondern mythisch« und »Zeus war ein wirklicher Verbrecher«). Der Trugschluß in der 3. Meditation scheint mit dem präjudizierenden Charakter des Arguments in der 5. Meditation zusammenzuhängen, doch die genaue Beziehung zwischen den beiden Argumenten ist für die Descartes-Interpreten immer noch ein Problem. Klar ist nur, daß beide Argumente angebracht werden sollen, während Descartes noch zweifelt, ob irgend etwas außer ihm und seinen Gedanken existiert.

Das ist eine wichtige Frage, denn die Existenz Gottes ist bei Descartes ein wichtiger Schritt zum Beweis der Existenz der Außenwelt. Nur wegen der Wahrhaftigkeit Gottes

Pierre Gassendi (1592-1655) verfaßte eine Reihe materialistischer Einwände gegen Descartes' *Meditationen.*

können Körper, die unabhängig von unserem Bewußtsein zu sein scheinen, keine reine Täuschung sein. Wegen Gottes Wahrhaftigkeit können wir sicher sein, daß alles klar und deutlich Wahrgenommene wahr ist, und wenn wir uns an dieses Wahrgenommene halten, täuschen wir uns nicht über die Außenwelt.

Der kartesische Zirkel

Descartes' Freund Antoine Arnauld wollte in diesem Argument einen Zirkel entdeckt haben. »Wir können nur deshalb der Existenz Gottes sicher sein, weil sie klar und deutlich vor uns steht; wir müssen also vorher sicher sein, daß alles, was klar und deutlich vor uns steht, wahr ist.«

Doch in Wirklichkeit ist Descartes' Argument nicht zirkulär. Um das einzusehen, muß man unterscheiden zwischen einzelnen klaren und deutlichen Vorstellungen und dem allgemeinen Grundsatz, daß alles, was klar und deutlich vor einem steht, wahr sei. Einzelne Vorstellungen – etwa daß ich existiere, oder daß 2+3=5 – sind unbezweifelbar, solange sie klar und deutlich vor einem stehen. Aber vor dem Beweis von Gottes Existenz kann man an dem allgemeinen Grundsatz zweifeln, daß alles klar und deutlich Dastehende wahr sei.

KÖNIGIN CHRISTINA VON SCHWEDEN erhält hier von Descartes früh am Morgen Philosophieunterricht – was zu seinem frühen Tod im Jahre 1650 führte.

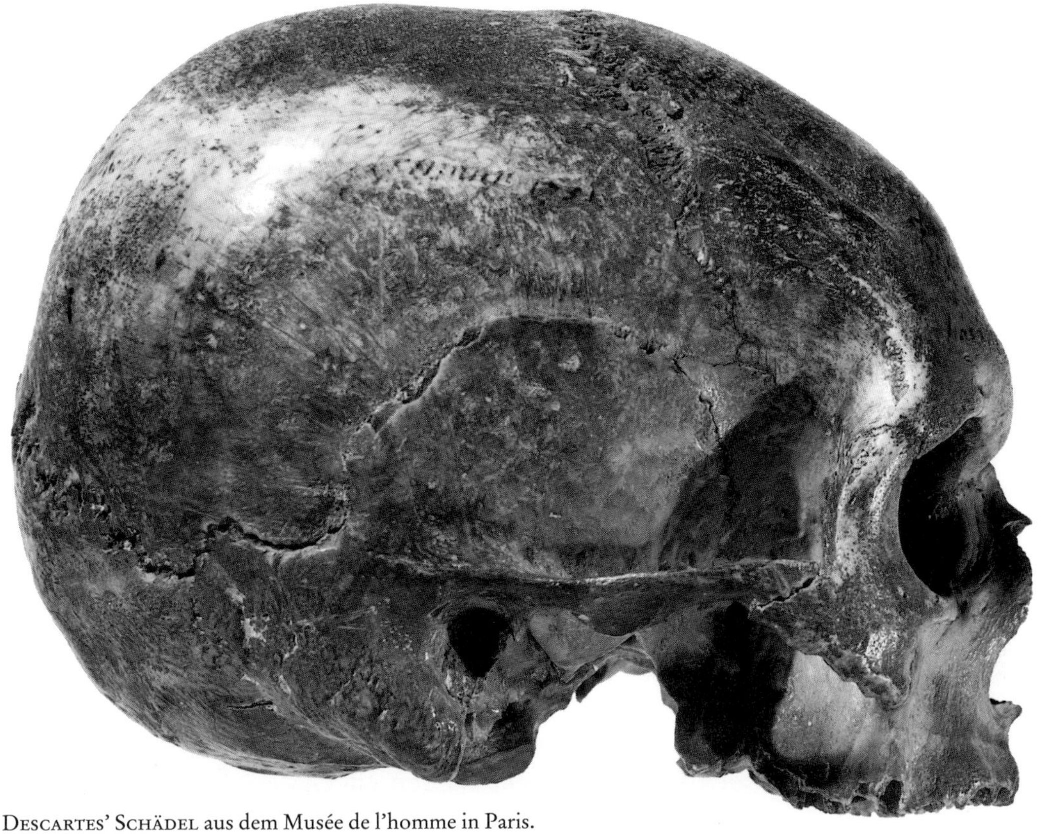

Descartes' Schädel aus dem Musée de l'homme in Paris.

Auch kann ich später an etwas zweifeln, das früher, das vor fünf Minuten einmal klar und deutlich vor mir gestanden hat. Einfache Vorstellungen können nur auf Umwegen bezweifelt werden, nicht aber im Hinblick auf ihren Inhalt. Nur für den allgemeinen Grundsatz und die umwegige Bezweiflung einzelner Aussagen ist Gottes Wahrhaftigkeit notwendig. Descartes hat also die von Arnauld gerügte Zirkularität nicht begangen.

Descartes liefert dann ein Argument zum Beweis der Wahrheit einer unmittelbaren Anschauung. Diese hielt er für ein besseres Mittel zur Erkenntnis der Wahrheit als das Argument. Mit einem solchen eine Anschauung außer Kraft setzen zu wollen, wäre ähnlich, als nähme man ein (möglicherweise defektes) Fernrohr, um etwas ganz in der Nähe anzuschauen. In Descartes' Gültigkeitsbeweis für die Vernunft gibt es kein zirkuläres *Argument*. Doch zweifellos wird in den *Meditationen* der Geist für seinen eigenen Gültigkeitsbeweis *verwendet*. Doch ein solcher Zirkel ist unvermeidlich und, wenn man ihn recht betrachtet, auch harmlos, es kommt zu keinem Trugschluß.

Seine Schriften trugen Descartes Ruhm in ganz Europa ein. Er führte Briefwechsel und Diskussionen mit den gelehrtesten Männern seiner Zeit. Einige seiner Freunde begannen seine Auffassungen an Universitäten zu lehren; *Die Prinzipien der Philosophie* waren als Lehrbuch gedacht. Andere Professoren, die ihr aristotelisches System in Gefahr sahen, griffen die neuen Lehren heftig an. Doch es fehlte Descartes nicht an mächtigen Freunden, und so war er nie wirklich in Gefahr.

Aus seinem Briefwechsel mit Prinzessin Elisabeth erwuchs das letzte seiner vollendeten Werke, *Les passions de l'âme*. Doch wurde es nicht ihr gewidmet, sondern Königin Christina von Schweden, die sich ebenfalls für Philosophie interessierte. Wider sein besseres Wissen ließ Descartes sich überreden, ihr Hofphilosoph zu werden. Er wurde von einem Admiral auf einem Kriegsschiff von Holland nach Schweden gebracht.

Descartes hatte ungeheures Vertrauen in seine Fähigkeiten und noch mehr in die von ihm entdeckte Methode. Er glaubte in ein paar weiteren Jahren und mit den nötigen Mitteln für seine Experimente alle wichtigen Probleme der Physiologie lösen und alle Krankheiten heilen zu können. Vielleicht war ihm nie klar, wie eitel diese Hoffnung war; denn sein Leben wurde durch seine unkluge Annahme der Stelle am schwedischen Hof verkürzt. Königin Christina bestand darauf, um 5 Uhr morgens ihre Philosophielektionen zu bekommen, und so fiel der notorische Spätaufsteher Descartes den Härten eines schwedischen Winters zum Opfer: Er starb 1650 an einer der Krankheiten, die er mit seinen Methoden bald heilen zu können gehofft hatte, und so paßte seine Grabinschrift – es war sein eigener Wahlspruch – auf eine seltsame und ironische Weise:

»Niemanden ereilt der Tod als den,
der, allzu gut der ganzen Welt bekannt,
allein sich selbst nicht hat erkannt.«

Locke und die angeborenen Ideen

Eine der Theorien, deretwegen Descartes nach seinem Tode berühmt war, besagte, daß einige unserer Ideen von Geburt an in uns eingepflanzt seien. So schrieb er in einem Brief, das Kind im Mutterleib »trägt in sich die Idee Gottes selbst und alle Wahrheiten, die als unmittelbar einleuchtend gelten, und zwar im gleichen Maße wie Erwachsene, wenn sie ihnen gerade nicht bewußt sind; es erwirbt sie nicht später, wenn es heranwächst«. Später schränkte er das freilich ein: »Ich habe nie geschrieben oder geglaubt, der Geist brauche angeborene Ideen, die etwas anderes wären als seine Denkfähigkeit.« Ideen seien in dem Sinne angeboren, so führte er aus, wie die Gicht in einer Familie erblich sein könne.

Trotz dieser Einschränkungen betrachtete man allmählich den Glauben an angeborene Ideen als das Kennzeichnende des kartesischen Rationalismus im Unterschied zum Empirismus anderer Philosophen des 17. Jh. wie des Engländers John Locke.

Locke war eine Generation jünger als Descartes, er wurde 1632 geboren. Nach einer Ausbildung an der Westminster School machte er 1658 am Christ Church College in Oxford sein Magisterexamen. Er qualifizierte sich in der Medizin und wurde Arzt Lord Shaftesburys, eines Mitglieds des inneren Kabinetts König Karls II. Shaftesbury führte die Whig-Partei an, die Karls katholischen Bruder Jakob von der Thronfolge ausschließen wollte; 1683 war er in eine Verschwörung gegen die königlichen Brüder verwickelt und mußte aus dem Land fliehen; Locke begleitete ihn nach Holland und schrieb in seinen Exiljahren sein größtes philosophisches Werk *Essay Concerning Human Understanding*. 1688 vertrieb die »Glorious Revolution« Jakob II. und setzte an seine Stelle Wilhelm von Oranien, dem Locke nach England folgte. Sein *Essay* erschien 1689, und in den nächsten

Jahren veröffentlichte er einige politische Abhandlungen, so *A Letter Concerning Toleration* und *Two Treatises of Government*. In den 1690er Jahren arbeitete er im Handelsministerium und starb 1704.

Locke und Descartes werden oft als die Gründungsväter zweier gegensätzlicher philosophischer Schulen betrachtet, des Empirismus und des Rationalismus, die die Erkenntnis auf die Sinneserfahrung bzw. die Spekulationen der Vernunft gründeten. Doch in Wirklichkeit sind, wie wir sehen werden, ihre vielen Gemeinsamkeiten wichtiger als ihre Meinungsverschiedenheiten.

Locke spricht ständig von den »Ideen«. Sie ähneln sehr den »Gedanken« Descartes'. Beide sind unmittelbar bewußt, beiden begegnen wir, wenn wir in unser Inneres blicken. In beiden Fällen scheint es eine Vermengung zu geben zwischen dem Gegenstand und der Tätigkeit des Denkens. Nach Locke ist eine Idee »alles, was den Geist beim Denken beschäftigen kann«. Die Unklarheit besteht bei dem Ausdruck »beschäftigen«: geht es um einen Gegenstand, mit dem sich der Geist beschäftigt, oder um seine Beschäftigung, das Denken? Diese Unklarheit belastet Lockes Philosophie des Geistes ebenso wie die Descartes'.

Es gibt schon Unterschiede zwischen Lockes Empirismus und Descartes' Rationalismus und oft zwischen beider Antworten auf philosophische Fragen. Doch diese sind die gleichen. Sind die Tiere Maschinen? Denkt die Seele immer? Kann es Raum ohne Materie geben? Gibt es angeborene Ideen?

Diese letzte Frage beschäftigte Locke viel, und die Leugnung angeborener Ideen wird oft als *das* Unterscheidungsmerkmal des Empirismus gegenüber dem Rationalismus angesehen. Doch die Frage kann verschiedene Bedeutungen haben, und wenn man sich mit diesen beschäftigt, erscheint der Gegensatz zwischen Locke und Descartes nicht mehr als scharf.

Erstens kann mit der Frage gemeint sein, ob Ungeborene Gedanken haben. Einfache Gedanken schrieben ihnen Descartes wie Locke zu, sie rechneten ja zu den »Gedanken« oder »Ideen« auch Schmerz- oder Wärmeempfindungen. Komplizierte wissenschaftliche oder metaphysische Gedanken schrieben ihnen beide freilich nicht zu.

Zweitens kann man die Frage statt auf die Denktätigkeit einfach auf die Denkfähigkeit beziehen: Gibt es als Charakteristikum des Menschen eine angeborene allgemeine Fähigkeit zum Verstehen? Das bejaht Descartes wie auch Locke.

Drittens kann man die Frage auf spezielle Aussagen wie »1+2=3« oder »Dasselbe kann nicht sein und nicht sein« beziehen. Descartes und Locke sind sich einig, daß die Zustimmung zu solchen Wahrheiten nicht auf der Erfahrung, sondern auf ihrem unmittelbaren Einleuchten beruhe. Locke sieht aber ein Lernen vorgeschaltet. Und Descartes meinte, nicht allen angeborenen Ideen stimme man zu, sobald man sie verstanden hat; bei einigen führe erst mühsames Nachdenken zu Klarheit und Deutlichkeit.

Viertens kann man fragen, ob es von jedermann anerkannte Grundsätze gebe. Locke gibt sich Mühe, zu zeigen, daß weder die allgemeine Zustimmung die Angeborenheit beweise – es könnten ja alle dasselbe gelernt haben –, noch daß tatsächlich irgendwelche theoretischen oder praktischen Grundsätze von jedermann anerkannt seien. Doch damit könnte Descartes völlig einverstanden sein: Aus allgemeiner Anerkennung folgt nicht Angeborenheit, und aus dieser nicht allgemeine Zustimmung, weil manche oder die meisten Menschen durch Vorurteile von den angeborenen Grundsätzen abgebracht worden sein können.

Kurz, die Argumente Lockes und Descartes' lassen großenteils einander gelten. Locke betont, angeborene Vorstellungen ohne Erfahrung könnten die menschliche Erkenntnis nicht erklären, und Descartes meint, Erfahrung ohne etwas Angeborenes könne es nicht. Beides kann richtig sein.

Die Diskussion im 17. Jh. darüber, welche Ideen angeboren und welche erworben seien, war von großer philosophischer Verwirrung geprägt. Es gab ein psychologisches Teilproblem (was haben wir geerbt und was durch die Umwelt erworben?) und ein erkenntnistheoretisches Teilproblem (wieviel von unserer Erkenntnis ist a priori und wieviel a posteriori?). Wie so viele philosophische Fragen wurde auch die erste im Zuge ihrer Klärung in eine nichtphilosophische übergeführt: Die Frage von Erbe oder Umwelt wurde, ob nun zum Vorteil oder Nachteil, der empirischen Psychologie überantwortet; sie ist heute keine philosophische Frage mehr. Wieviel von der Erkenntnis a priori und a posteriori ist, bezieht sich nicht auf den Erwerb, sondern die Begründung der Erkenntnis, und das blieb eine philosophische Frage.

Doch auch diese Frage spaltete sich in teils philosophische, teils nichtphilosophische Fragen auf. Die philosophischen Begriffe a priori und a posteriori verzweigten und verfeinerten sich. So wurde gefragt, welche Aussagen analytisch und welche synthetisch sind. Die Analytizität wurde schließlich exakt im Rahmen der mathematischen Logik formuliert, und am Ende erfuhr die Frage, ob die Arithmetik analytisch ist, eine exakte mathematische Antwort. Doch damit sind wir weit vorausgeeilt.

Locke behauptete, die Argumente seiner rationalistischen Gegner führten dazu, »daß alle Ideen von Farbe, Ton, Geschmack, Gestalt usw. als angeboren gelten müssen, doch nichts könnte der Vernunft und der Erfahrung stärker widersprechen«. Descartes hätte diese Konsequenz keineswegs absurd gefunden – und aus einem Grunde, den Locke selbst ohne weiteres anerkannt hätte, nämlich daß unsere Vorstellungen von Qualitäten wie Farben, Tönen und Geschmack völlig subjektiv seien.

Primäre und sekundäre Qualitäten

Locke teilte die Eigenschaften von Körpern in drei Kategorien ein: Erstens die *primären Qualitäten* wie Festigkeit, Ausdehnung, Größe, Gestalt, Bewegung, Ruhe, Masse, Anzahl, Textur usw.; sie kämen den Körpern zu, »ob wir sie wahrnehmen oder nicht«. Die *sekundären Qualitäten* bilden die zweite und die dritte Gruppe; die einen (wie Farben, Töne, Geschmäcker usw.) werden unmittelbar wahrgenommen, die anderen sind reine körperverändernde Kräfte oder mittelbar wahrgenommene sekundäre Qualitäten (z.B. die Kraft der Sonne, zu bleichen, oder des Feuers, Blei zu schmelzen). In gewissem Sinne werden nach Locke alle Qualitäten mittelbar wahrgenommen, unmittelbar wahrgenommen wird immer nur eine Idee. Der eigentliche Unterschied zwischen primären und sekundären Qualitäten hängt damit zusammen, ob die Ideen ihren Gegenständen ähnlich

JOHN LOCKE, porträtiert von Sir Godfrey Kneller, heute in der Halle seines Oxforder Christ Church College.

.72.

sind. Locke formuliert es so: »Die Ideen von primären Qualitäten der Körper ähneln jenen, und ihre Strukturen sind in den Körpern selbst wirklich vorhanden; doch die Ideen, die in uns durch sekundäre Qualitäten hervorgerufen werden, sind diesen gar nicht ähnlich.«

Locke hatte viele Vorläufer. Die aristotelische Tradition unterschied zwischen Qualitäten wie der Gestalt, die mit mehr als einem Sinn wahrgenommen werden (»gemeinsam Wahrnehmbares«), und solchen wie dem Geschmack, die nur von einem einzigen Sinn wahrgenommen werden (»spezifisch Wahrnehmbares«). Auch Galilei hatte Lockes Unterscheidung vorweggenommen, doch der engste Vorläufer war kein anderer als Descartes, er unterschied grundlegend zwischen Ausdehnungen, Gestalten und Bewegungen einerseits (das waren echte Eigenschaften der Materie) und Farben, Gerüchen und Geschmäckern andererseits (das waren »lediglich Empfindungen in meinem Denken«).

Descartes brachte eine Reihe von Argumenten für die Subjektivität der sekundären Qualitäten vor, die alle nicht recht überzeugend waren. Erstens verwies er auf die schon Aristoteles bekannte Tatsache, daß die sekundären Qualitäten nur von einem einzigen Sinn wahrgenommen werden können. Das aber schließt die Objektiviät nicht aus, sofern Aussagen über Farben, Gerüche und Geschmäcker durch verschiedene Personen mit Hilfe der gleichen Sinne intersubjektiv erhärtet werden können (so von Innendekorateuren und Weinschmeckern). Zweitens machte Descartes die scholastische Alternativtheorie lächerlich, Farben usw. seien Akzidenzien, die der Substanz innewohnen. Der Begriff einer wirklichen Akzidenz sei ein Widerspruch in sich; dabei verwechselte er aber »wirklich« und »substanzhaft«. Drittens meinte er, für die primären Qualitäten könne man im Gegensatz zu den sekundären eine quantitative Analyse angeben und apriorische Sätze (z.B. der Geometrie) beweisen. Doch dieser Unterschied stimmt nur sehr beschränkt. Mit dem Fortschritt der Wissenschaft wurden viele quantitative Analysen auf dem Gebiet der sekundären Qualitäten möglich; und ist es nur eine Erfahrungstatsache, daß nichts gleichzeitig zur Gänze grün und zur Gänze rot sein kann? Schließlich meinte Descartes, eine physiologische Erklärung der Wahrnehmung brauche sich nur auf die primären Qualitäten zu stützen: beim Sehen oder Hören oder Schmecken gehe in unserem Körper nichts anderes vor als Bewegungen geformter Materie. Doch auch wenn sich das als richtig herausgestellt hätte, wäre daraus nicht gefolgt, daß die sekundären Qualitäten subjektiv seien.

Lockes Argumente verdienen eine eingehendere Betrachtung. Erstens behauptet er, nur primäre Qualitäten seien von ihrem Träger untrennbar: es könne keinen Körper ohne eine Gestalt oder Größe geben, wohl aber einen ohne Geschmack oder Geruch. Was ist von diesem Argument zu halten? Nun, es stimmt vielleicht, daß ein Körper irgendeine Gestalt haben muß, aber jede besondere Gestalt kann verlorengehen, ein Würfel aus Wachs kann rund werden. Und bei mindestens einigen der sekundären Qualitäten ist es ebenso: ein Körper kann seine Wärme verlieren, aber irgendeine Temperatur hat er immer. Doch ist das vielleicht ein Mißverständnis? Für Locke war die Wärme kein Punkt auf einem Kontinuum – obwohl Hooke 1665 eine Temperaturskala eingeführt hatte –, sondern eine Empfindung. Doch was er von der Wärme sagt, läßt sich auch von einigen primären Qualitäten sagen. Die Bewegung ist eine, aber ein Körper kann auch unbewegt sein. Nur wenn Bewegung und Ruhe auf derselben Achse als Werte der Geschwindigkeit aufgefaßt werden, ist diese von den Körpern untrennbar.

Nach Locke sind sekundäre Qualitäten lediglich Kräfte oder Fähigkeiten, die in uns eine Empfindung hervorrufen. Betrachten wir das einmal als richtig. Es bedeutet nicht, daß die sekundären Qualitäten keine echten Eigenschaften der Gegenstände oder nur etwas Subjektives wären. Giftig sein heißt ja einfach, in bestimmter Weise auf ein Lebewesen wirken können; doch daß etwas giftig ist, das ist eine objektive, feststellbare Tatsache. Man kann Locke darin zustimmen, daß die sekundären Qualitäten durch ihre Beziehung zum menschlichen Beobachter definiert seien; doch auch eine Relationseigenschaft kann völlig objektiv sein. »Länger sein als de Gaulle« ist eine Relationseigenschaft, doch es ist eine einfache Tatsachenfrage, ob Churchill länger als de Gaulle war.

Nach Locke besteht der Überträger der Kraft, die in uns Ideen hervorruft, nur in den primären Qualitäten des betreffenden Gegenstandes. So wird die Wärmeempfindung [nach neuerer Erkenntnis, d. Üb.] durch die Teilchen eines anderen Körpers hervorgerufen, die eine Zu- oder Abnahme der Bewegung der kleinsten Teilchen unseres Körpers bewirken. Doch auch wenn nur primäre Qualitäten in die korpuskulare Erklärung eingehen, warum sollte man denn schließen, die Wärmeempfindung sei nichts als »eine Art und Stärke der Bewegung der kleinsten Teilchen unserer Nerven«? Warum sollten die sekundären Qualitäten in die kausale Erklärung eingehen? Doch nur nach dem archaischen Grundsatz, Gleiches verursache Gleiches. Welchen Grund gäbe es für diesen? Kann etwas nicht giftig sein, ohne selbst krank oder tot zu sein?

Nach Locke existieren die sekundären Qualitäten nur, wenn sie wahrgenommen werden. Doch das verträgt sich schlecht mit seiner Auffassung, daß sie Kräfte oder Fähigkeiten seien, denn solche können auch existieren, wenn sie nicht wirken (ich kann die Fähigkeit haben, Französisch zu sprechen, ohne sie im Augenblick auszuüben). Die sekundären Qualitäten sind also Kräfte, die nur wirken, wenn die Qualitäten wahrgenommen werden. Diese Verhältnisse wurden klarer in der aristotelischen Tradition dargestellt, von der sich Locke absetzte. Bei Aristoteles ist die Wirksamkeit einer sekundären Qualität identisch mit der der entsprechenden Sinnesleistung: daß ein Stück Zucker für mich süß schmeckt, ist ein und dasselbe wie daß ich seine Süßigkeit schmecke. Doch Sinnesqualität und Sinnesleistung sind zweierlei, und das eine existiert auch ohne das andere weiter. Nach Locke haben die Dinge im Dunkeln keine Farbe; doch das ist eine Folgerung aus seiner These und kein Argument für sie.

Nach Locke sind die von den sekundären Qualitäten hervorgerufenen Ideen den Qualitäten in den wahrgenommenen Körpern nicht ähnlich und somit subjektiv. Doch dieses Argument beruht auf einer falschen Analogie zwischen Ideen und Vorstellungsbildern. Wenn etwas wahrnehmen heißt: eine Idee davon haben, warum sollte dann die Idee von etwas Farbigem farbig sein? Ähnelt denn das Essen einer Kartoffel der Kartoffel, oder das Klavierspielenkönnen einem Klavier?

Schließlich argumentiert Locke mit der Analogie zwischen Empfinden und Wahrnehmen. Wenn ich meine Hand ins Feuer lege, dann verursacht das Feuer Hitzeempfindung und Schmerz; der Schmerz ist nicht der Gegenstand, warum sollte es dann die Hitzeempfindung sein? Auch diese Analogie ist schief. Das Feuer ist schmerzhaft und heiß. Daß es schmerzhaft sei, bedeutet nicht, es empfinde Schmerz; und daß es heiß sei, bedeutet ebensowenig, es empfinde Hitze. Wenn Lockes Argument stimmen würde, könnte man es gegen ihn selbst wenden: Wenn ich mich mit einem Messer schneide, dann verursacht die Bewegung des Stahls Schmerz; ist also die Bewegung eine sekundäre Qualität?

DIE HAND IM FEUER (die gleichzeitig Hitze und Schmerz empfindet) ist ein ständiges philosophisches Beispiel bei den englischen Empiristen. Dachten sie an den römischen Helden Mucius Scaevola, von dem jeder im Gymnasium erfährt, er habe seine Hand ins Feuer gelegt, um seine Gleichgültigkeit gegenüber dem Tode zu demonstrieren?

Locke hat damit recht, daß sekundäre Qualitäten Kräfte sind, die im Menschen Empfindungen hervorrufen können, und er zeigt, daß sich die von demselben Gegenstand hervorgerufene Empfindung mit den Umständen ändern kann (lauwarmes Wasser erscheint einer kalten Hand heiß und einer heißen kalt; Farben sehen unter dem Mikroskop ganz anders aus). Doch wenn die sekundären Qualitäten anthropozentrisch und relativ sind, folgt nicht, daß sie subjektiv oder in irgendeinem Sinne fiktiv wären. Nach einem ausgezeichneten Bild von Robert Boyle sind die sekundären Qualitäten Schlüssel, die in die Schlüssellöcher der verschiedenen menschlichen Sinne passen.

Die Idee der Substanz

In der aristotelischen wie der kartesischen Philosophie wird viel mit dem Begriff der Substanz gearbeitet. Nach Locke entsteht er aus der Beobachtung, daß bestimmte Ideen ständig zusammen auftreten. Niemand habe eine klare Vorstellung von der Substanz im allgemeinen, sondern »nur eine unbestimmte Annahme bezüglich des Trägers von Qualitäten, die in uns einfache Ideen hervorrufen können« wie etwa die einfachen Ideen der sekundären Qualitäten.

Die Ideen von bestimmten Substanzarten wie Pferd oder Gold heißen bei Locke Artideen: Zusammenfassungen einfacher gemeinsam auftretender Ideen und dazu jene allgemeine unklare Idee irgendeines Etwas hinter den wahrnehmbaren Qualitäten. (Es ist nicht deutlich, ob für Locke die Idee des Trägers oder Substrats eine logische Folge jeder Artidee ist oder eine unsichere Hypothese.)

Einzelsubstanzen sind konkrete Einzeldinge, die zu diesen verschiedenen Arten gehören. Sie fallen in die beiden allgemeinen Kategorien des Materiellen und des Geistigen; erstere sind durch die primären Qualitäten gekennzeichnet, letztere durch Verstand, Wille und die Fähigkeit, Bewegung zu verursachen.

Substanzen wie Menschen und Bäume haben ein Wesen, das Mensch- oder Baumsein. Bei Locke gibt es zwei Arten des Wesens: Das nominale ist das Recht, einen bestimmten Namen zu tragen; es ist eine Schöpfung des menschlichen Geistes, denn die Dinge werden durch die Sprache oft willkürlich unter Artbegriffe subsumiert. Die Dinge haben aber auch ein reales Wesen, das der Natur entspricht und uns gewöhnlich verborgen ist, jedenfalls solange noch keine experimentellen Untersuchungen angestellt worden sind.

Lockes Substanzbegriff ist völlig dunkel. Er scheint zu meinen, die Substanz als solche sei eigenschaftslos und damit unbeschreibbar; kann man aber ernstlich behaupten, die Substanz habe keine Eigenschaften, weil sie das sei, was die Eigenschaften *hat*? Die Substanz sei unerkennbar; doch was würde es denn heißen, etwas Eigenschaftsloses zu erkennen und zu kennzeichnen? Woher kommt nach Locke die unklare allgemeine Idee der Substanz? Ist sie a priori? Stammt sie aus der Erfahrung? Wird sie durch Abstraktion gebildet? Auch die Beziehung zwischen Substanz und Wesen bleibt unklar. Anscheinend ist die Substanz selbst grundsätzlich unerkennbar; doch das wirkliche Wesen einer Sache läßt sich, wenn auch zunächst unbekannt, durch wissenschaftliche Untersuchungen klären.

Spätere Lockeaner erklärten den Substanzbegriff für entbehrlich; dabei handelte es sich aber nicht um den des gewöhnlichen Lebens oder der scholastischen oder auch der kartesischen Philosophie, sondern um eine Lockesche Chimäre. Er postuliert sie, weil er ein Subjekt braucht, dem etwas innewohnt. Was aber ist in seinem System das Innewohnende? »Eigenschaften«? Die sind aber bei ihm nicht wahrnehmbar, denn zwischen ihnen und dem Wahrnehmenden stehen undurchdringlich die Ideen. Vielleicht diese? Aber die Ideen haben schon etwas, dem sie innewohnen, nämlich das Bewußtsein des Wahrnehmenden. Die Weichen sind gestellt für Berkeleys idealistische Kritik des Begriffs der materiellen Substanz.

In der aristotelischen Tradition gab es keine eigenschaftslose Substanz, die ein Einzelding ohne Artbezug gewesen wäre. Bello ist eine Einzelsubstanz nur, solange er Hund bleibt, solange dieser Artbegriff auf ihn zutrifft. Alle Identität ist relativ, man kann nicht fragen, ob a dasselbe Einzelding wie b sei, ohne zu fragen, ob das F-Ding a dasselbe sei wie b, wo F ein Artbegriff ist. (a kann dasselbe Buch wie b sein, aber aus einer anderen Auflage; oder aus derselben Auflage, aber ein anderes Exemplar.) Lockes wirre Substanzlehre brachte ihm die unlösbaren Probleme von Identität und Individuation ein; doch die regte auch einige seiner interessantesten philosophischen Äußerungen im Zusammenhang mit dem Problem der persönlichen Identität an.

Die persönliche Identität

Philosophische Probleme der persönlichen Identität entstehen in vielen verschiedenen Zusammenhängen, so etwa bei vielen religiösen Lehren. Lebt man nach dem Tode des Körpers weiter? Wenn es eine solche unsterbliche Seele gibt, ist sie noch ein Mensch? Kann dieselbe Seele nacheinander in zwei verschiedenen Körpern wohnen? Wenn ja, liegen dann zwei verschiedene Menschen vor oder einer in zwei Verkörperungen? Können zwei Seelen oder Geister gleichzeitig im selben Körper wohnen wie angeblich bei der Besessenheit?

Nicht nur religiöse, sondern auch wissenschaftliche und medizinische Zusammenhänge führen zu Problemen bezüglich der persönlichen Identität. Wenn derselbe menschliche Körper zu verschiedenen Zeiten verschiedene geistige Fähigkeiten und Verhaltensweisen zeigt, liegt es nahe, von einer gespaltenen oder doppelten Persönlichkeit zu sprechen. Kann aber derselbe Körper wirklich zu verschiedenen Zeiten zwei Personen sein? Wird die Verbindung zwischen den Gehirnhälften unterbrochen, so können dadurch die Fähigkeiten und das Verhalten der beiden Körperhälften voneinander getrennt werden. Liegen dann zwei Personen gleichzeitig im selben Körper vor? Angesichts solcher Probleme muß man über die Begriffe von Körper, Seele, Bewußtsein, Person und die Kriterien für ihre Identifikation und Wiederidentifikation nachdenken.

Locke diskutierte diese Probleme nicht als erster. Sie stellten sich in zugespitzter Form aufgrund verschiedener spezifisch christlicher Lehren, die die Theologen jahrhundertelang umgetrieben hatten. Nach dem Christenglauben würden die Toten am Jüngsten Tag auferstehen; welcher Zusammenhang bestand zwischen einem heute zerfallenen und dem künftig strahlend auferstandenen Körper? Oder: Nach der Dreieinigkeitslehre konnte ein Gott drei Personen sein, und nach der Fleischwerdungslehre konnte eine Person Mensch und Gott sein; welcher Begriff der persönlichen Identität ließ sich mit diesen Dogmen in Einklang bringen?

Zwischen Tod und Auferstehung befanden sich nach katholischem Glauben die körperlosen Seelen im Himmel, der Hölle oder dem Fegefeuer. Christliche Aristoteliker wollten das mit ihrem philosophischen Glauben vereinbaren, daß die Materie das Prinzip der Individuation sei: danach waren zwei völlig gleiche Bohnen zwei und nicht eine, weil sie zwei verschiedene Stücke Materie sind. Nun waren die körperlosen Seelen ja immateriell; wie unterschied sich dann die Seele des Petrus von der des Paulus?

Locke erkannte trotz seiner verworrenen Substanzlehre klar, daß die Probleme der persönlichen Identität nur lösbar waren, wenn man die Identität als relativ ansah; dann konnte a dasselbe F sein wie b, ohne dasselbe G wie b zu sein. So sei ein Fohlen, das zu einem dicken oder mageren Pferd heranwächst, immer dasselbe Pferd, aber nicht dieselbe Menge Materie.

Die Identität von Pflanzen und Tieren besteht in einem stetigen Leben nach dem charakteristischen Stoffwechsel des Organismus. Worin aber, so fragt Locke, besteht die Identität eines Menschen? Die Antwort lautet ähnlich:

»Wer die *Identität* des Menschen an etwas anderem festmachen möchte als, wie bei anderen Lebewesen, zu irgendeinem Zeitpunkt an einem funktionierenden Körper, der sich von da an durch die Lebenskräfte in Form seiner bewegten Materieteilchen weiterentwickelt – dem dürfte es kaum gelingen, einen Grundsatz zu finden, wonach ein *Embryo* und der reife Mensch, ein verrückt Gewordener und der einst Vernünftige derselbe Mensch ist und nicht auch Seth, Ismael, Sokrates, Pilatus, Augustinus und Cesare Borgia derselbe Mensch wäre.«

Macht man die Identität eines Menschen allein an der Seele fest, dann kann man Seelenwanderung und Wiederverkörperung nicht ausschließen. Der Mensch ist ein Lebewesen von bestimmter Art und auch Gestalt. (Man kann ihn nicht lediglich als vernünftiges Lebewesen definieren, denn nach allem, was wir wissen, könnte es einen vernünftigen Papagei geben.) Also: »Derselbe sich entwickelnde und nicht plötzlich verändernde Körper muß ebenso wie derselbe immaterielle Geist dafür maßgebend sein, daß es sich um denselben Menschen handelt.«

Locke macht aber einen Unterschied zwischen den Begriffen Mensch und Person. Eine

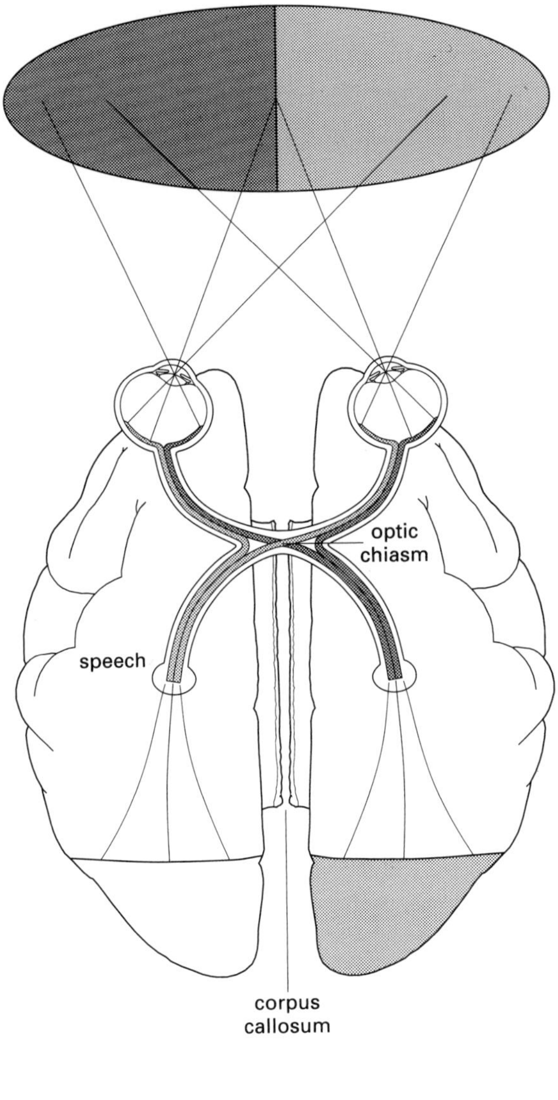

Die Zweiteilung des Gehirns. Wird die Verbindung zwischen den beiden Gehirnhälften, das corpus callosum, unterbrochen, so leidet die Koordination zwischen Sprache und Sehen. Solche Patienten haben Schwierigkeiten bei der Beschreibung von Sehreizen in der linken Hälfte des Gesichtsfelds, weil diese in der rechten Gehirnhälfte ankommen, während das Sprachzentrum in der nicht mehr mit ihr verbundenen linken Gehirnhälfte liegt. Die Psychologen sprechen hier gern wie Locke von mehreren Persönlichkeiten.

Person sei zu Denken, Vernunft und Selbstbewußtsein fähig, die persönliche Identität sei die des Selbstbewußtseins. »So weit, wie sich dieses Bewußtsein nach rückwärts auf irgendwelche Handlungen und Gedanken erstreckt, so weit reicht die *Identität* dieser Person, und dasselbe *Ich* wie das jetzt darüber nachdenkende hat damals die und die Handlung ausgeführt.«

Lockes Grundsatz besagt also: Wo dasselbe Selbstbewußtsein gegeben ist, da handelt es sich um das Bewußtsein von dem gleichen Selbst. Doch die Passage enthält eine entscheidende Unklarheit: Was heißt es, daß sich das gegenwärtige Bewußtsein in die Vergangenheit erstreckt?

Wenn man das Kriterium dafür in einer ununterbrochenen Geschichte des gegenwärtigen Bewußtseins erblickt, bleibt immer noch die Frage, was *dieses* Bewußtsein zu dem einen macht, das es ist. Locke hat sich die Antwort versperrt, *dieses* Bewußtsein sei das Bewußtsein *dieses* Menschen.

Erstreckt sich dagegen mein jetziges Bewußtsein nur so weit rückwärts wie meine Erinnerung, dann bin ich meine Vergangenheit los, sobald ich sie vergessen habe; Handlungen, an die ich mich nicht erinnere, sind dann nicht die meinen. Das scheint Locke zuweilen akzeptieren zu wollen, wenn er sagt, es sei nicht dieselbe Person, sondern nur derselbe Mensch, der die von ihm vergessenen Handlungen begangen hat, und zu bestrafen seien Personen und nicht Menschen. Doch er scheint sich nicht mit der weiteren Konsequenz beschäftigen zu wollen, daß dann jemand zu bestrafen wäre, wenn er sich wahnhaft zu erinnern glaubt, als König Herodes die Ermordung der Unschuldigen befohlen zu haben.

Nach Locke ist man gleichzeitig Mensch, Seele und Person, d.h. Organismus, immaterielle Substanz und Zentrum eines Selbstbewußtseins. Diese drei sind unterscheidbar und theoretisch verschieden kombinierbar. Man kann sich dieselbe Seele in zwei verschiedenen Körpern vorstellen (etwa als die Seele des bösen Kaisers Heliogabal in eines seiner Schweine fuhr). Man kann sich dieselbe Person in Verbindung mit zwei Seelen vorstellen (etwa wenn der heutige Bürgermeister von Queensborough und Sokrates dasselbe Bewußtsein, dieselbe Persönlichkeit hätten). Oder man kann sich dieselbe Seele in Verbindung mit zwei Personen vorstellen (so glaubte ein christlich-platonistischer Freund Lockes, die Seele des Sokrates zu haben).

Es sind noch kompliziertere Kombinationen möglich. Bei Locke soll man sich vorstellen, daß die Seele eines Fürsten, die das Bewußtsein von dessen vergangenem Leben hat, die Leiche eines Schusters belebe; dann hätte man eine Person, eine Seele und zwei Menschen. Für Locke ist der wache Sokrates nicht dieselbe Person wie der schlafende und der betrunkene nicht dieselbe wie der nüchterne; doch sie sind derselbe Mensch, ja, Sokrates als Kind und mit auferstandenem Körper ist es; es liegen also zwei Personen, aber eine Seele und ein Mensch vor.

Was ist von Lockes Trinität von Seele, Person und Mensch zu halten? Es gibt Schwierigkeiten – die keineswegs auf Lockes System beschränkt sind – mit der immateriellen Substanz, und nur wenige heutige Bewunderer Lockes verwenden diesen Begriff. Doch die Gleichsetzung von Persönlichkeit und Selbstbewußtsein findet noch ihre Anhänger. Die Hauptschwierigkeit, auf die schon vor langer Zeit Bischof Butler hingewiesen hat, entsteht im Zusammenhang mit dem Gedächtnis.

Wenn Schmidt sich zu erinnern behauptet, etwas getan oder irgendwo gewesen zu sein, kann man die betreffenden Tatbestände gemäß dem Alltagsverstand unabhängig nachprüfen, und dazu fragt man nach dem früheren Aufenthalt und der Tätigkeit von Schmidts Körper. Doch wegen Lockes Unterscheidung zwischen Person und Mensch (Organismus) erfährt man so nichts über die Person, sondern nur den Menschen Schmidt. Und Schmidt selbst, gewissermaßen von innen, kann nicht zwischen richtigen und irrtümlichen Erinnerungen unterscheiden. Lockes Vorstellung vom Bewußtsein macht jede solche Unterscheidung schwierig. Sie wird nur möglich, wenn man das von Locke Getrennte zusammenfügt und anerkennt, daß Personen menschliche Organismen sind.

Berkeley und die abstrakten Ideen

Locke hatte großen Einfluß auf die englischen Wissenschaftler und Philosophen. Unter diesen war sein wichtigster Nachfolger George Berkeley, der 1685 in Irland geboren wurde, gerade als der *Essay Concerning Human Understanding* entstand. Er schrieb seine philosophischen Hauptwerke in seinem dritten Lebensjahrzehnt, kurz nach Lockes Tod und seinem Studienabschluß am Trinity College in Dublin: *New Theory of Vision* erschien 1709, *Principles of Human Knowledge* und *Three Dialogues* 1710. 1713 kam er nach England und wurde Mitglied des Kreises um Swift und Pope; er bereiste Europa als Erzieher und Hausgeistlicher von Adeligen. Er interessierte sich sehr für die Mission und überquerte den Atlantik, um auf den Bermudas ein College zu errichten (wozu es jedoch nicht kam). 1734 wurde er Bischof von Cloyne, und 1752 starb er als Ruheständler in Oxford; er ist in der Christ Church Cathedral begraben. Ein College von Yale und eine kalifornische Universitätsstadt sind nach ihm benannt.

Berkeleys philosophische Bedeutung ist hauptsächlich die eines Kritikers von Locke. Dabei beschäftigt er sich mit drei Hauptpunkten: dem Begriff der abstrakten allgemeinen Idee, der Unterscheidung zwischen primären und sekundären Qualitäten und dem Begriff der materiellen Substanz. Lockes Empirismus wird von den von Berkeley angegriffenen Schwachpunkten befreit und in eine ganz spezielle Form des Idealismus übergeführt.

Nach Lockes Sprachtheorie haben Wörter eine Bedeutung, weil sie Ideen bezeichnen, und allgemeinen Wörtern wie etwa Artbezeichnungen entsprechen abstrakte allgemeine Ideen; die Fähigkeit, solche zu bilden, unterscheidet nach Locke den Menschen von anderen Lebewesen.

Berkeley entnahm aus Lockes *Essay* mehrere verschiedene Analysen der Bedeutung von Allgemeinbegriffen. Nach der einen, wir wollen sie als Darstellungstheorie bezeichnen, ist eine allgemeine Idee eine spezielle Idee, die auf alle Vertreter einer Art ausgedehnt wurde, ähnlich wie ein Geometrielehrer ein bestimmtes Dreieck als Vertreter aller Dreiecke benützt. Nach einer anderen, wir wollen sie als Eliminationstheorie bezeichnen, ist eine allgemeine Idee eine spezielle, die nur das enthält, was allen Vertretern der Art gemeinsam ist; die abstrakte Idee des Menschen scheidet alles aus, was nur auf einzelne Menschen zutrifft, und behält das allen Gemeinsame bei: Farbe, aber keine bestimmte, Gestalt, aber keine bestimmte, usw. Berkeleys besondere Zielscheibe ist eine Passage, in der Locke Züge der beiden Theorien verbindet und darlegt, es bedürfe besonderer Anstrengung und Geschicklichkeit, um die allgemeine Idee des Dreiecks zu bilden, »denn es darf weder schief- noch rechtwinklig, weder gleichseitig noch gleichschenklig noch ungleichseitig sein, sondern das alles und nichts davon gleichzeitig«.

Hier liegen übrigens zwei grundsätzliche Fehler vor. Der Besitz eines Begriffes (der gewöhnlich an der Fähigkeit zum Gebrauch eines Wortes festgemacht wird) ist nicht als Besitz von Vorstellungsbildern zu erklären. Wenn man mit einer Figur oder einem Bild ein X darstellen will, dann muß man schon von X einen Begriff haben. Und Begriffe können nicht einfach dadurch erworben werden, daß man Eigenschaften von Bildern abstreift. Es gibt jedenfalls Begriffe, denen kein Bild entspricht, etwa logische Begriffe wie die, die den Wörtern »alle« oder »nicht« entsprechen. Andere können nie eindeutig zu Bildern in Beziehung gesetzt werden, etwa die arithmetischen Begriffe. Dasselbe Bild kann vier Beine und ein Pferd oder sieben Bäume und ein Gebüsch darstellen.

Berkeleys Kritik geht anders vor. »Die Idee des Menschen, die ich mir bilde, muß entweder die eines weißen oder schwarzen oder braunen, eines geraden oder krummen, eines großen oder kleinen oder mittelgroßen Menschen sein. Ich kann mit keiner Anstrengung des Denkens die abstrakte Idee bilden.« Hier übernimmt die Kritik Berkeleys die Unklarheit von Lockes Ausdrucksweise. Wie Locke verwendet Berkeley das Wort »Idee« für Sinneserfahrung, Vorstellungsbild, sekundäre Qualität und Begriff. Es ist nicht klar, ob seine Kritik zur Logik oder zur introspektiven empirischen Psychologie gehört. Klar scheint aber, daß er es hier nicht auf den Übergang vom Vorstellungsbild zum Begriff abgesehen hat, sondern auf die Beschreibung des Vorstellungsbildes selbst.

Wenn Berkeley die Möglichkeit abstrakter Vorstellungsbilder bestreitet, dann dürfte er unrecht haben. Sie brauchen nicht alle Eigenschaften des von ihnen Abgebildeten zu haben, so wenig wie ein gemaltes Porträt alle Eigenschaften des Dargestellten haben muß. Ein Schnittmuster braucht nicht die Farbe des Kleidungsstücks anzugeben, obwohl dieses dann irgendeine Farbe haben muß. Und ein Vorstellungsbild eines Kleidungsstücks ohne seine Farbe ist nicht problematischer als ein Schnittmuster. Natürlich wäre ein Bild, das alle Farben und gleichzeitig keine hätte, etwas Merkwürdiges, ebenso Lockes Dreieck, das alle Formen und gleichzeitig keine hätte. Doch es ist ungerecht, Lockes Analyse nur anhand dieser einzelnen rhetorischen Passage zu beurteilen.

Berkeley hat recht, wenn er die Beherrschung der Sprache von abstrakten allgemeinen Vorstellungsbildern trennen will, nicht aber damit, daß Namen dadurch eine Bedeutung hätten, daß sie »viele verschiedene Ideen gleichermaßen bezeichnen«. Wenn einmal das Umgehenkönnen mit Begriffen vom Hantieren mit Vorstellungsbildern abgelöst ist, werden diese philosophisch uninteressant. Vorstellungsbilder sind nicht wesentlicher für das Denken als Abbildungen für ein Buch. Nicht sie erklären das Umgehenkönnen mit Begriffen, sondern diese verleihen den Bildern einen Sinn.

Berkeleys Argumente gegen abstrakte Ideen werden am vollständigsten in seinem Buch *Principles of Human Knowledge* vorgetragen; seine übrige Kritik an Locke wird am ele-

BISCHOF BERKELEY auf einem zeitgenössischen Stich mit zweien seiner Werke: ALCIPHRON, einer Verteidigung des Christentums, und SIRIS, einer Empfehlung des Teerwassers. Die Werke, auf denen sein heutiger Ruf beruht, erscheinen nicht: *Essay towards a New Theory of Vision, Principles of Human Knowledge und Three Dialogues.*

Dr. GEORGE BERKELEY BISHOP OF CLOYNE
J. Lathem Pinx
J. Brooks Fec
THE HOLY BIBLE
MINUTE PHILOSOPHER
SIRIS
This Plate is Inscrib'd to his Lordship as a mark of Gratitude by his Lordships most Obe.t Servant John Brooks

gantesten entwickelt in seinen *Three Dialogues between Hylas and Philonous*. Berkeleys eigene These ist in dem Motto enthalten: esse est percipi: daß etwas Nichtdenkendes existiert, heißt nichts anderes, als daß es wahrgenommen wird. Das System der *Three Dialogues* wird in vier Hauptschritten entwickelt. Erstens: alle wahrnehmbaren Eigenschaften sind Ideen. Zweitens: Angriff auf den Begriff der trägen Materie. Drittens: Gottesbeweis. Viertens: Neudeutung der Umgangssprache anhand seiner Metaphysik und Verteidigung der Orthodoxie seiner Ergebnisse.

Ideen und Qualitäten

Die Strategie des 1. Dialogs besteht darin, daß zunächst Locke als Kronzeuge für die Subjektivität der sekundären Qualitäten herangezogen wird, dann aber gegen ihn mit parallelen Argumenten auch die der primären Qualitäten behauptet wird. Ausgehend von Lockes Voraussetzung, daß nur Ideen unmittelbar wahrgenommen werden, kommt Berkeley zu dem Ergebnis, daß keine Ideen den Gegenständen ähneln.

Die beiden Dialogpartner sind Hylas, der Lockeaner und Freund der Materie, und Philonous, der Berkeleyaner und Idealist. Hylas spottet über Philonous, der nicht an die Wirklichkeit der wahrnehmbaren Dinge glaube; doch dieser besteht darauf, zu untersuchen, was mit »wahrnehmbaren Dingen« gemeint sei. Einiges lerne man durch die Sinne kennen, aber nur mittelbar über Symbole oder Wirkungen. Doch Hylas entgegnet: »Unter wahrnehmbaren Dingen verstehe ich nur jene, die durch die Sinne wahrgenommen werden; und die Sinne nehmen nur unmittelbar wahr, sie ziehen keine Schlüsse.« Hylas ist auch nur ein halbherziger Freund der Materie, denn er erkennt ohne weiteres an, daß man nicht die materiellen Gegenstände selbst wahrnehme, sonder nur wahrnehmbare Eigenschaften: »Wahrnehmbare Dinge sind nichts anderes als wahrnehmbare Eigenschaften.«

Doch hier möchte Hylas die Objektivität der wahrnehmbaren Eigenschaften aufrechterhalten, und Philonous greift das auf der gleichen Linie an, auf der Locke die Subjektivität der Wärmeempfindung dartat. Wie wir sahen, enthält dieses Argument mehrere Schwachpunkte. Der raffinierte Berkeley legt viele davon Hylas in den Mund.

So behauptet Hylas anfänglich, Eigenschaften wie die Wärme seien »etwas anderes als ihr Wahrgenommenwerden und ohne jede Beziehung dazu«. Ein klügerer Verteidiger der Objektivität der Eigenschaften hätte zugeben können, daß die in einer Beziehung zum Wahrgenommenwerden stehen, aber daran festhalten können, daß sie etwas anderes als die Wahrnehmung seien.

Losgelöst von der Dialogform verläuft die Argumentation folgendermaßen. Alle Grade der Wärme werden von den Sinnen wahrgenommen, und je größer die Hitze, desto nachdrücklicher wird sie wahrgenommen. Doch eine starke Hitzeempfindung ist ein starker Schmerz; die materielle Substanz kann keinen Schmerz empfinden, also kann die Hitze nicht in ihr liegen. Eine Unterscheidung von Hitze- und Schmerzempfindung hilft hier nichts, denn wenn man die Hand ins Feuer legt, tritt nur eine einheitliche Empfindung auf. Alle Grade der Hitze sind gleich wirklich, und wenn eine starke Hitze nicht in einem äußeren Gegenstand liegt, dann gilt das für jeden Wärmegrad.

Wie alle philosophischen Scheinargumente läßt sich dieses demontieren, wenn man genau auf die Worte achtet und bei jeder Mehrdeutigkeit klare Unterscheidungen trifft.

Wenn Philonous fragt: »Ist nicht der höchste Grad der Wärme ein sehr starker Schmerz?«, hätte Hylas antworten sollen: »Die Hitze*empfindung* ist vielleicht ein Schmerz, aber die Hitze selbst ist keiner. Etwas Nichtempfindendes kann keinen Schmerz empfinden, aber das bedeutet nicht, daß es nicht schmerzauslösend sein könnte.«

Und wenn Philonous fragt: »Ist deine materielle Substanz etwas Nichtempfindendes, oder hat sie Sinne und Wahrnehmung?«, hätte Hylas antworten sollen: »Manche materiellen Substanzen (z.B. Steine) sind nichtempfindend, andere (z.B. Katzen) nicht.« Wenn Philonous fragt, ob einer ein oder zwei Empfindungen wahrnehme, wenn er die Hand nahe ans Feuer hält, hätte die Antwort lauten müssen: gar keine, Empfindungen werden nicht wahrgenommen. Die Hitze des Feuers wird wahrgenommen, der Schmerz aber nicht. »Fühlen« in »die Hitze des Feuers fühlen« ist etwas ganz anderes als in »Schmerz fühlen«, nur im ersten Fall bedeutet es »wahrnehmen«.

Unterstellen wir einmal, die Hitze- und die Schmerzempfindung seien ein und dasselbe. Daraus folgt nicht, daß die Hitze und der Schmerz dasselbe wären. Ein Parallelbeispiel: Daß einer das Rennen gewinnt, und daß er die Goldmedaille gewinnt, kann dasselbe Ereignis sein, aber deshalb sind das Rennen und die Goldmedaille nicht derselbe Gegenstand.

Es wäre ermüdend, Satz für Satz die Züge zu verfolgen, mit denen Hylas in eine Leugnung der Objektivität der Wärmeempfindung hineinmanövriert wird. Und entsprechende Trugschlüsse werden auf Geschmack, Geruch, Ton und Farbe angewandt. Am Ende des 1. Dialogs fragt Philonous, wie denn Ideen Dingen gleichen könnten. Wie kann eine sichtbare Farbe einem wirklichen Gegenstand gleichen, der selbst unsichtbar ist? Kann

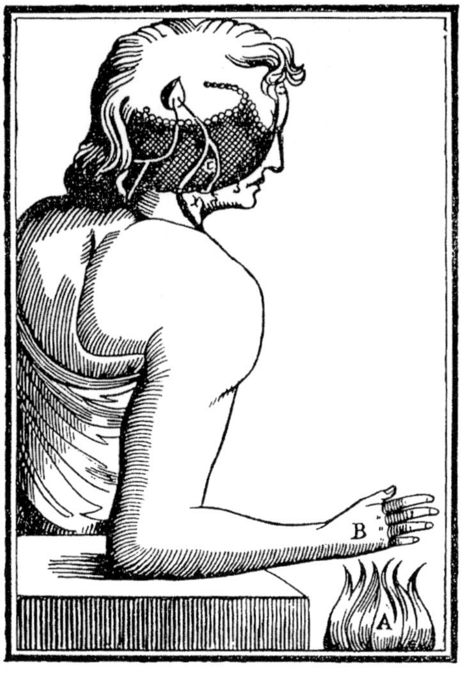

Die Beziehung zwischen Hitze und Schmerz, die gleichzeitig an der Hand empfunden werden, fesselte Berkeley wie schon Locke. Beide betrachteten das Problem von einem rein introspektiven Standpunkt aus; anders Descartes, der sich, wie diese Abbildung aus seiner *Abhandlung über den Menschen* zeigt, mehr für die einschlägige Physiologie interessierte.

denn irgend etwas einer Empfindung oder Idee gleichen außer einer Empfindung oder einer Idee? Hylas gibt es zu, und damit kann er die Wirklichkeit materieller Substanzen überhaupt nicht mehr verteidigen.

Esse est percipi

Doch im 2. Dialog rafft sich Hylas auf und trägt viele Argumente für die Existenz der Materie vor; jedes aber wird rasch erledigt. Materie wird nicht wahrgenommen, es ist ja zugestanden worden, daß nur Ideen wahrgenommen werden. Materie im gewöhnlichen Sinne ist eine ausgedehnte, feste, bewegliche, nichtdenkende, inaktive Substanz. So etwas kann doch nicht Ursache unserer Ideen sein, Nichtdenkendes kann nicht Ursache von Gedanken sein. Ist die Materie vielleicht ein Mittel der einen göttlichen Ursache? Aber Gott, der durch bloßes Wollen handeln kann, braucht doch keine toten Mittel! Oder gibt vielleicht die Materie Gott Anlaß zum Handeln? Aber der unendlich Weise braucht doch nicht erst einen Anlaß!

»Merkst du nicht endlich«, spottet Philonous, »daß du bei allen diesen Anerkennungen der Materie lediglich etwas angenommen hast, du weißt nicht was, aus keinem vernünftigen Grund, und zu keinerlei Nutzen?« Die Materie läßt sich nicht verteidigen, ob man sie nun als Gegenstand, Substrat, Ursache, Mittel oder Anlaß versteht. Sie läßt sich nicht einmal unter den allerabstraktesten Begriff, den der *Entität* bringen, denn sie existiert nicht an einem Ort, sie hat keine Existenzweise. Sie entspricht keinem Gedanken, sie ist eigentlich gar nichts.

Die Materie wurde erfunden als Grundlage unserer Ideen. Aber diese Rolle spielt in Berkeleys System nicht die Materie, sondern Gott. Alle Christen glauben, daß alles im Geiste Gotte ist in dem Sinne, daß Gott alles weiß und erfaßt. Doch Berkeley behauptet etwas anderes. »Die Menschen glauben gewöhnlich, daß alle Dinge von Gott gekannt oder wahrgenommen werden, weil sie an die Existenz eines Gottes glauben; ich dagegen schließe unmittelbar und notwendig auf die Existenz eines Gottes, weil alle wahrnehmbaren Dinge von ihm wahrgenommen sein müssen.«

Berkeley macht sich anheischig, die Existenz Gottes allein aus der Existenz der wahrnehmbaren Welt abzuleiten. Die Welt besteht nur aus Ideen, und Ideen können nur in einem Bewußtsein oder Geist existieren. Nun existieren die wahrnehmbaren Dinge außerhalb meines Bewußtseins, sie sind ja völlig unabhängig von ihm. Sie müssen also in einem anderen Geist existieren, während ich sie nicht wahrnehme. »Entsprechendes gilt auch für jeden anderen endlichen geschaffenen Geist; also folgt notwendig, daß es einen allgegenwärtigen ewigen Geist gibt, der alles kennt und erfaßt.«

Auch wenn wir Berkeley seine Voraussetzung zugestehen, daß die wahrnehmbare Welt nur aus Ideen bestehe, scheint sein Gottesbeweis nicht zwingend zu sein. Man kann nicht schlüssig von »Es gibt keinen endlichen Geist, in welchem alles existiert« übergehen zu »Also gibt es einen unendlichen Geist, in welchem alles existiert«. (Vergleiche: »Es gibt keinen Nationalstaat, dessen Bürger jedermann wäre; also gibt es einen internationalen Staat, dessen Bürger jedermann ist.«)

Nachdem Berkeley zu dem Ergebnis gekommen ist, daß alles im Geiste Gottes existiert, muß er die Umgangssprache so umdeuten, daß unsere alltäglichen Vorstellungen von der Welt doch wahr bleiben. Aussagen über materielle Substanzen werden umgedeutet in Aussagen über Gruppen von Ideen.»Die wirklichen Dinge sind genau die Dinge, die ich sehe und fühle und mit meinen Sinnen wahrnehme... Ein Stück wahrnehmbares Brot etwa würde meinem Magen besser bekommen als zehntausendmal so viel von jenem nicht spürbaren, nicht wahrnehmbaren wirklichen Brot, von dem du redest.«

Eine materielle Substanz ist eine Sammlung von Sinneseindrücken oder Ideen verschiedener Sinne, die der Geist zu einem Gegenstand vereinigt, weil sie stets zusammen auftreten. Die wissenschaftliche Forschung (z.B. mit dem Mikroskop) und die Naturgesetze (z.B. die Proportionalität von Schwere und Masse) werden von Berkeley im Sinne seiner phänomenalistischen These umgedeutet. Was wir normalerweise als den Unterschied zwischen Erscheinung und Wirklichkeit ansehen, wird einfach anhand verschiedener Lebhaftigkeit der Ideen und verschiedener willkürlicher Beeinflußbarkeit erklärt.

Berkeley schließt seine Darlegung mit der – nicht durchweg überzeugenden – Behauptung, sein System führe zu keinen Schwierigkeiten mit der orthodoxen Theologie. Die These, daß die Welt aus Ideen im Geiste Gottes bestehe, führe nicht, so versichert er, zu dem Ergebnis, daß Gott Schmerzen leide oder Urheber der Sünde sei oder ein beschränkter Schöpfer, der nichts Wirkliches außerhalb von ihm selbst erschaffen könne.

Berkeleys System ist insofern intuitionswidriger als das Lockesche, als es die Wirklichkeit der Materie und aller Existenz außerhalb des Bewußtseins leugnet und keinerlei Verursachung kennt als das willkürliche Handeln endlicher oder unendlicher Geister. Andererseits läßt Berkeley im Unterschied zu Locke zu, daß Eigenschaften wirklich zu den Gegenständen gehören, und daß die Existenz von Sinnesgegenständen wirklich erkennbar ist. Wenn keines der beiden Systeme letzten Endes auch nur einigermaßen einleuchtend ist, so wegen ihres gemeinsamen Grundfehlers, nämlich der These, daß Ideen wahrgenommen würden und sonst nichts.

Spinoza und der Monismus

Der erkenntnistheoretische Apparat Lockes und Berkeleys ist eine Bearbeitung des kartesischen Bewußtseinsbegriffs. Während die englischen Empiristen die Konsequenzen der kartesischen Erkenntnistheorie entwickelten, taten ihre kontintentalen Kollegen dies mit der kartesischen Metaphysik. Die beiden rationalistischen Metaphysiker par excellence waren Spinoza und Leibniz, und ihnen wenden wir uns jetzt zu.

Baruch Spinoza wurde in einer spanischsprechenden jüdischen Familie in Amsterdam geboren. Er wurde als orthodoxer Jude erzogen, lehnte aber schon früh die jüdische Theologie ab, und 1656, im Alter von 24 Jahren, wurde er aus des Synagoge ausgestoßen. Er verdiente seinen Lebensunterhalt mit dem Schleifen von Linsen für Brillen und Fernrohre, zunächst in Amsterdam und später in Leiden und Den Haag. Er heiratete nie und lebte als einsamer Denker; er lehnte alle akademischen Stellungen ab, korrespondierte aber mit einer Reihe von Gelehrten, darunter dem ersten Sekretär der Royal Society. Er starb 1677 an der Schwindsucht, die wohl auch – eine bekannte Berufskrankheit – auf das Einatmen des Glasstaubs beim Linsenschleifen zurückzuführen war.

Spinozas erste Veröffentlichung – die einzige, die unter seinem Namen erschien – war

Baruch Spinoza wurde von Russell als »der nobelste und liebenswerteste der großen Philosophen« bezeichnet.

eine Überführung von Descartes' *Prinzipien der Philosophie* in geometrische Form. Die Eigenschaften dieses Frühwerks – der Einfluß Descartes' und das Bemühen um geometrische Strenge – finden sich auch in seinem reifen Meisterwerk, der *Ethik*, die ein paar Monate nach seinem Tode erschien. Dazwischen erschien anonym die *Theologisch-politische Abhandlung*. Sie setzte sich für eine späte Datierung und eine liberale Interpretation der Bücher des Alten Testaments ein und enthielt eine politische Theorie, die aus einem pessimistischen Bild vom Menschen im Naturzustand die Notwendigkeit einer demokratischen Regierung, der Redefreiheit und religiösen Toleranz ableitete.

Spinozas *Ethik* ist wie die Euklidische Geometrie aufgebaut. Jeder ihrer fünf Teile beginnt mit Definitionen und Axiomen und liefert formale Beweise numerierter Sätze, die mit QED (quod erat demonstrandum) abgeschlossen werden. Der Philosoph sollte seiner Meinung nach so vorgehen, um seine Ausgangsvoraussetzungen (es sollten unmittelbar einleuchtende Wahrheiten sein) und die logischen Beziehungen zwischen den Thesen seines Systems offenzulegen. Dies sollte aber nicht nur der Klarheit des Denkens dienen; für Spinoza hielten die logischen Verbindungen auch das Weltall zusammen.

Der Schlüssel zu Spinozas Philosophie ist sein Monismus, der Gedanke, es gebe nur eine Substanz, die unendliche göttliche, die mit der Natur identisch sei: Deus sive natura, »Gott oder Natur«. Das läßt sich auf zweierlei Art verstehen. Nach der einen ist »Gott« nur eine anschauliche Art, vom geordneten System des natürlichen Universums zu sprechen; dann erscheint Spinoza als Atheist. Nach der anderen redet der Wissenschaftler, wenn er von der »Natur« spricht, in Wirklichkeit immer von Gott; dann erscheint Spinoza mit Kierkegaards Worten als ein »gott-trunkener Mensch«.

Der Ausgangspunkt von Spinozas Monismus ist Descartes' Definition der Substanz als »das, was zur Existenz nur sich selbst braucht«. Diese Definition trifft wörtlich nur auf Gott zu, weil alles übrige von ihm geschaffen sein muß und vernichtet werden könnte. Doch Descartes zählt zu den Substanzen auch Materie und endliches Bewußtsein. Sein System von Geist und Materie wird oft als »Dualismus« bezeichnet, doch es ist nicht klar, wie viele Substanzen er insgesamt anerkannte. Von den materiellen Gegenständen spricht er oft wie von Teilen einer einzigen Substanz, der Materie, doch der Geist scheint bei ihm nicht so einheitlich, der Geist jedes einzelnen Menschen scheint eine eigene Substanz zu sein.

Spinoza nahm die kartesische Definition der Substanz genau und schloß, es könne nur eine Substanz geben, nämlich Gott. Geist und Materie waren keine Substanzen; Denken und Ausdehnung, ihre definierenden Eigenschaften, waren vielmehr Attribute Gottes. Da Gott unendlich ist, mußte er nach Spinoza unendlich viele Attribute haben, doch Denken und Ausdehnung waren die einzigen, die wir kennen.

Es gibt außer Gott keine Substanzen, denn sonst würden Gott Beschränkungen auferlegt, er wäre nicht unendlich. Die einzelnen Körper und Geister sind keine Substanzen, sondern nur Weisen oder besondere Konfigurationen der beiden göttlichen Attribute des Denkens und der Ausdehnung.

In der herkömmlichen Theologie waren alle endlichen Substanzen von Gott als ihrem Schöpfer und ihrer ersten Ursache abhängig. Spinoza faßt nun die Beziehung zwischen Gott und den Geschöpfen nicht physisch als Ursache und Wirkung, sondern logisch als Subjekt und Prädikat. Eine scheinbare Aussage über eine endliche Substanz ist in Wirklichkeit eine über Gott; Geschöpfe sind nicht mit Substantiven, sondern mit Adjektiven zu bezeichnen. Ein scholastischer Philosoph hätte Gott als die Ursache der ausgedehnten Materie bezeichnet und nicht selbst als materiell oder ausgedehnt; demgegenüber ist bei Spinoza »die Ausdehnung ein Attribut Gottes, oder Gott ist ein ausgedehntes Ding«.

Da »Substanz« für Spinoza eine so tiefe Bedeutung hat, liegt nicht auf der Hand, daß es überhaupt eine gibt. Spinoza geht auch nicht einfach davon aus, die Existenz einer Substanz ist bei ihm kein Axiom. Die Substanz wird am Anfang definiert als »das, was in sich ist und durch sich begriffen wird, das heißt das, dessen Begriff, um gebildet werden zu können, den Begriff eines anderen Dinges nicht bedarf«. Ferner wird eingangs Gott als eine unendliche Substanz definiert. Mit den ersten Sätzen der *Ethik* soll bewiesen werden,

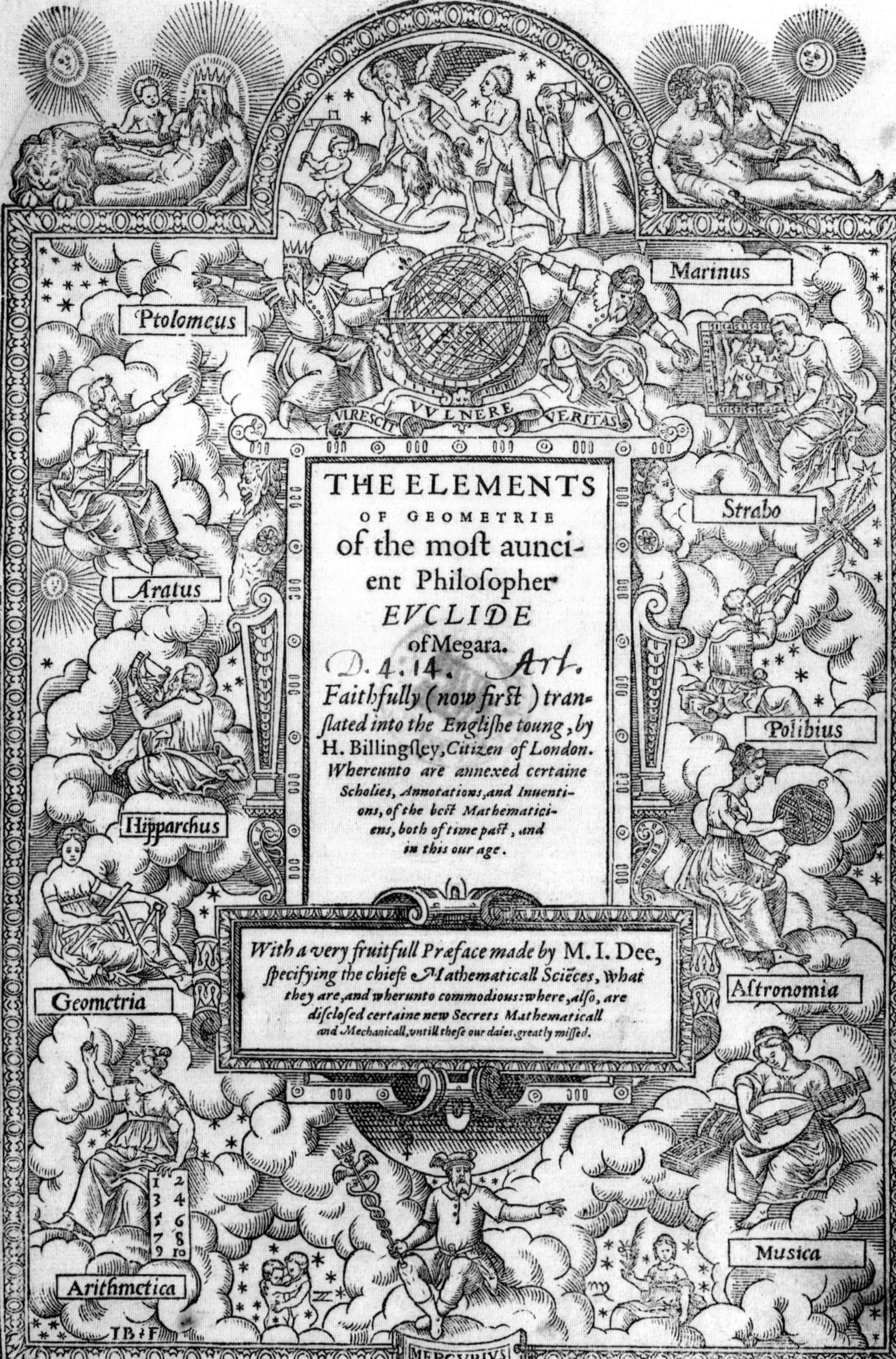

THE ELEMENTS OF GEOMETRIE of the most auncient Philosopher EVCLIDE of Megara.

Faithfully (now first) translated into the Englishe toung, by H. Billingsley, *Citizen of London. Whereunto are annexed certaine Scholies, Annotations, and Inuentions, of the best Mathematiciens, both of time past, and in this our age.*

With a very fruitfull Præface made by M. I. Dee, *specifying the chiefe Mathematicall Scieces, what they are, and wherunto commodious: where, also, are disclosed certaine new Secrets Mathematicall and Mechanicall, vntill these our daies, greatly missed.*

Imprinted at London by *John Daye*.

daß es höchstens eine Substanz gibt. *Daß* es eine Substanz gibt, geht erst aus Satz 11 hervor, wo bewiesen wird, daß »Gott oder die Substanz, die aus unendlich vielen Attributen besteht, deren jedes ewige und unendliche Wesenheit ausdrückt, notwendig existiert«.

Der Existenzbeweis für die Substanz ist Spinozas Version des ontologischen Gottesbeweises, er verläuft folgendermaßen: Eine Substanz A kann nicht durch ein anderes B geschaffen werden, denn damit wäre der Begriff von B für den Begriff von A wesentlich, was der obigen Definition von A widersprechen würde. Jede Substanz muß also ihre eigene Ursache sein und ihre eigene Erklärung enthalten, die Existenz muß zu ihrem Wesen gehören. Angenommen nun, Gott existierte nicht. Dann gehörte zu seinem Wesen nicht die Existenz, so daß er keine Substanz wäre. Das aber wäre absurd, denn er ist definitionsgemäß eine Substanz. Also existiert Gott.

Der schwächste Punkt dieses Arguments scheint zu sein, wenn B Ursache von A sein soll, dann müsse der Begriff von B in dem von A enthalten sein. Das ist eine unbegründete Gleichsetzung von kausaler und logischer Beziehung. Man kann zwar nicht wissen, was Lungenkrebs ist, ohne zu wissen, was die Lunge ist; aber kann man denn nicht wissen, was Lungenkrebs ist, ohne seine Ursache zu kennen? Die Gleichsetzung von Kausalität und Logik wird auf dem Wege über die zunächst harmlos klingende Definition der Substanz eingeschmuggelt.

Notwendigkeit, Freiheit und Befreiung

Spinozas Gottesbeweis hat nur wenige überzeugt, doch viele sehen wie er in der Natur ein Ganzes, ein einheitliches System, das seine gesamte Erklärung in sich trägt. Viele sehen auch wie er in der Natur die Notwendigkeit am Werke, alles ist determiniert, nichts hätte anders verlaufen können, als es verlaufen ist. »In der Natur der Dinge gibt es nichts Zufälliges, sondern alles ist kraft der Notwendigkeit der göttlichen Natur bestimmt, auf gewisse Weise zu existieren und zu wirken.«

Trotzdem ist Gott nach Spinoza frei; nicht aber, daß er einen freien Willen hätte: Etwas ist frei, wenn es nur aufgrund der Notwendigkeit seiner eigenen Natur existiert und seine Handlungen nur von ihm selbst bestimmt werden. Gott ist selbstbestimmt, seine Geschöpfe aber sind als seine Modi von ihm bestimmt. Es gibt aber auch für die Menschen Freiheitsgrade. Die letzten beiden Bücher der *Ethik* heißen »Von der menschlichen Knechtschaft...« und »Von...der menschlichen Freiheit«. Unfrei sind wir, soweit wir von endlichen äußeren Ursachen bestimmt sind, etwa wenn wir unseren Affekten nachgeben; frei sind wir, soweit wir selbstbestimmt sind, etwa wenn wir unseren Verstand gebrauchen.

Die Menschen glauben oft, freie, nichtdeterminierte Entscheidungen zu treffen; doch das sei eine Einbildung, die auf Unwissenheit beruht. Weil wir die Ursachen unserer Entscheidungen nicht kennen, glaubten wir, sie hätten keine; doch die einzige uns mögliche

Die Werke Euklids lieferten das Vorbild, nach dem Spinoza sein philosophisches System in geometrischer Form zu entwickeln versuchte. Der Gedanke war nicht neu; schon lange vorher hatte der Oxforder Philosoph Bradwardine (der 1349 als Erzbischof von Canterbury starb) eine Abhandlung über die Prädestination in Euklidischer Form verfaßt.

wahre Befreiung sei die Erkenntnis der verborgenen Ursachen. Spinoza möchte uns dazu verhelfen.

Alles möchte nach Spinoza in seinem Sein verbleiben, das Wesen von allem sei das Streben nach Fortbestand. Beim Menschen ist es bewußt und heißt »Begierde«. Lust und Schmerz sind das Bewußtsein eines Übergangs zu höherer oder geringerer Vollkommenheit in Geist und Körper; die anderen Empfindungen leiten sich alle davon ab. Man muß aber zwischen aktiven und passiven Empfindungen unterscheiden. Letztere, die Leidenschaften, etwa Furcht und Zorn, ergeben sich aus der Einwirkung äußerer Kräfte auf unseren Körper und aus falschen Ideen. Aktive Empfindungen ergeben sich aus der Erkenntnis der Stellung des Menschen in der Welt. »Ein Affekt, der eine Leidenschaft ist, hört auf, eine Leidenschaft zu sein, sobald wir uns von ihm eine klare und deutliche Idee bilden.«

Zur Befreiung müssen an die Stelle passiver Empfindungen wie Hoffnung, Furcht, Reue aktive wie Mut und Großherzigkeit treten. Die Furcht muß weg, vor allem die Todesfurcht. »Der freie Mensch denkt an nichts weniger als an den Tod; und seine Weisheit ist nicht ein Nachsinnen über den Tod, sondern ein Nachsinnen über das Leben.« Der Schlüssel zum moralischen Fortschritt ist die Erkenntnis der Notwendigkeit von allem. Wir werden andere nicht mehr hassen, wenn wir die Naturnotwendigkeit ihrer Handlungen erkennen. Die Erkenntnis der gesamten Naturnotwendigkeit – sub specie aeternitatis, »im Lichte der Ewigkeit« – ist eine verstandesmäßige Liebe Gottes, denn da Gott und die Natur eins sind, geht mit wachsender Erkenntnis Gottes auch wachsende Gottesliebe einher. »Wer sich und seine Affekte klar und deutlich einsieht, liebt Gott, und um so mehr, je mehr er sich und seine Affekte einsieht.«

Die verstandesmäßige Gottesliebe ist nach Spinoza nichts anderes als Gottes Menschenliebe, d.h. der Ausdruck von Gottes Selbstliebe durch das Medium der Attribute des Denkens. Andererseits gibt Spinoza zu bedenken: »Wer Gott liebt, kann nicht danach streben, daß Gott ihn wiederliebt.« Ja, wenn man möchte, daß einen Gott als Gegenleistung liebt, dann möchte man, daß Gott nicht Gott ist.

Spinoza lehnte die orthodox jüdische und christliche Idee eines persönlichen Gottes eindeutig ab. Auch die religiöse Idee der Unsterblichkeit der Seele hielt er für eine Illusion. Für ihn waren Geist und Körper untrennbar, ja, der menschliche Geist die Idee des menschlichen Körpers. »Unsere Seele kann daher nur insofern dauernd heißen und ihre Existenz nur insofern durch eine gewisse Zeit definiert werden, als sie die wirkliche Existenz des Körpers in sich schließt.« Trotzdem meint er, der Geist könne nicht mit dem menschlichen Körper völlig untergehen; ein Teil von ihm sei ewig, nämlich soweit er die Dinge im Lichte der Ewigkeit sieht.

Spinozas scheinbar unvereinbare Aussagen über die Unsterblichkeit der Seele lassen sich vielleicht miteinander vereinbaren, wenn man daran denkt, daß für ihn die Zeit nichts Wirkliches war. Wir stellen uns die Vergangenheit als etwas Unabänderliches und die Zukunft mit verschiedenen Möglichkeiten vor. Doch in Spinozas deterministischer Welt steht die Zukunft so fest wie die Vergangenheit. Daher sollte der Unterschied zwischen Vergangenheit und Zukunft für den Weisen keine Rolle sielen. »Sofern die Seele die Dinge nach dem Gebote der Vernunft begreift, wird sie gleichermaßen affiziert, ob die Idee nun die eines zukünftigen oder vergangenen oder die eines gegenwärtigen Dinges ist« – und deshalb sind Hoffnung, Furcht und Reue unvernünftige Gefühle. Jeder Geist existiert ein für allemal als Teil des einen, unendlichen, notwendigen Weltalls, das ist eine ewige Wahrheit, und soweit er die Dinge im Lichte der ewigen Wahrheiten sieht, reicht er durch das ganze unendliche, notwendige, ewige Weltall. In diesem Sinne ist jeder Geist ewig und existiert vor der Geburt und nach dem Tode. Doch das alles ist etwas völlig anderes als das persönliche Fortleben der Volksfrömmigkeit.

Leibniz und die Logik

Gottfried Wilhelm Leibniz wurde 1646 als Sohn eines Leipziger Universitätsprofessors geboren. Schon früh las er metaphysische Schriften und studierte die Scholastik. In Jena studierte er Mathematik und in Altdorf Jura, wo er mit 21 Jahren eine Professur angeboten bekam und ablehnte. Er trat in die Dienste des Erzbischofs von Mainz, und auf einer diplomatischen Mission lernte er in Paris viele der damaligen führenden Denker kennen. 1676 erfand er dort in Unkenntnis von Newtons früheren, aber unveröffentlichten Entdeckungen die Infinitesimalrechnung. Auf seinem Rückweg nach Deutschland besuchte er Spinoza und las das Manuskript der *Ethik*.

Von 1673 bis ans Ende seines Lebens war Leibniz am Hofe der Kurfürsten von Hannover. Er war Hofbibliothekar in Wolfenbüttel und verbrachte viele Jahre mit der Geschichtsforschung des Hauses Braunschweig. Er gründete gelehrte Gesellschaften und wurde der erste Präsident der preußischen Akademie. Er unternahm mehrere vergebliche Versuche, die christlichen Kirchen wieder zu vereinigen und eine europäische Föderation zu schaffen. Als 1714 Kurfürst Georg Englands König Georg I. wurde, blieb Leibniz in Hannover zurück; er wäre in England unwillkommen gewesen, weil er mit Newton über die Urheberschaft der Infinitesimalrechnung gestritten hatte. Er starb verbittert 1716.

Sein ganzes Leben lang schrieb Leibniz höchst eigenständige Arbeiten auf vielen Gebieten der Philosophie, veröffentlichte aber nur ein paar verhältnismäßig kurze Abhandlungen. Die erste war *Discours de métaphysique* von 1686, dann folgte *Système nouveau de la nature* von 1695. Das längste zu seinen Lebzeiten veröffentlichte Werk war *Essais de théodicée*, eine Verteidigung der göttlichen Gerechtigkeit angesichts der Übel der Welt, der Königin Charlotte von Preußen gewidmet. 1714 erschienen zwei seiner wichtigsten kurzen Abhandlungen, die *Monadologie* und *Principes de la nature et de la grace*. Eine gehaltvolle Kritik von Lockes Empirismus mit dem Titel *Nouveaux essais* erschien fast 50 Jahre nach seinem Tode. Viele seiner interessantesten Arbeiten wurden erst im 19. und 20. Jh. veröffentlicht.

Da Leibniz viele seiner bedeutendsten Ideen nicht in seine Veröffentlichungen einfließen ließ, ist die richtige Deutung seiner Philosophie immer noch umstritten. Er schrieb viel über Logik, Metaphysik, Ethik und philosophische Theologie; unklar bleibt, wie weit seine bedeutenden Beiträge zu diesen verschiedenen Disziplinen miteinander vereinbar sind, und welche Teile seines Systems Grundlage und welche Überbau sind.

Betrachten wir als erstes seine Logik. Er unterscheidet zwischen Vernunft- und Tatsachenwahrheiten. Erstere sind notwendig wahr und können nicht widerspruchsfrei negiert

Leibniz, ein zeitgenössisches Porträt von Bernhard Francke. Er starb enttäuscht 1716. Als erstrangiger Philosoph wurde er erst im 20. Jh. richtig erkannt.

werden, sie beruhen alle auf dem Prinzip der Widerspruchsfreiheit. Tatsachenwahrheiten dagegen können widerspruchsfrei negiert werden, sie beruhen nicht auf dem Prinzip der Widerspruchsfreiheit, sondern auf dem Prinzip, daß alles, was der Fall ist, einen zureichenden Grund haben muß.

Alle notwendigen Wahrheiten sind analytisch: »Ist eine Wahrheit notwendig, so läßt sich ihr Grund durch Analyse finden, d.h. durch ihre Zurückführung auf einfachere Ideen und Wahrheiten, bis die primären erreicht sind.« Kontingente Aussagen oder Tatsachenwahrheiten sind im gewöhnlichen Verstande synthetisch. Doch für Leibniz sind sie in einem anderen Sinne ebenfalls analytisch. Daß Alexander Darius besiegte, ist eine Tatsachenwahrheit, und die Menschen können sie nur auf empirischem Wege ermitteln. Doch wenn Gott

»den Individualbegriff oder das Sosein Alexanders ansieht, sieht er zugleich die Grundlage und Begründung für alle Eigenschaften, die diesem richtig zugeschrieben werden können, etwa ob er Darius und Porus besiegen würde, ja, er weiß a priori (und nicht durch die Erfahrung), ob Alexander eines natürlichen Todes starb oder vergiftet wurde, was wir nur aus der Geschichte wissen können.«

In »Alexander besiegte Darius« ist das Prädikat in gewisser Weise im Subjekt enthalten, in einer vollständigen und vollkommenen Idee Alexanders muß es vorkommen. Jemand, von dem es nicht ausgesagt werden könnte, wäre nicht Alexander, sondern ein anderer. In diesem Sinne ist die Aussage analytisch. Doch die dazu notwendige Analyse wäre eine unendliche, die nur Gott durchführen kann. Man könnte von einer im endlichen Sinne synthetischen, aber im unendlichen Sinne analytischen Wahrheit sprechen. Von Gott her ge-

»Die Identität des Ununterscheidbaren« heißt ein Grundsatz der Leibnizschen Philosophie, wonach keine nichtidentischen Gegenstände einander völlig gleichen. Hier zeigt er den Hofdamen, daß keine zwei Blätter einander völlig gleichen.

sehen sind zwar alle Eigenschaften Alexanders notwendig – jeder mögliche Alexander würde sie alle besitzen –, aber die *Existenz* Alexanders ist kontingent. Nur Gottes Existenz ist eine notwendige.

Die These, daß jedes Prädikat, sei es notwendig oder kontingent, auf die Vergangenheit, die Gegenwart oder die Zukunft bezogen, im Subjektbegriff enthalten sei, äußert Leibniz in einem Brief an Arnauld. Daraus leitet er eine äußerst wichtige Folgerung ab: »Es folgt, daß jede Seele eine Welt für sich und unabhängig von allem außer Gott ist, und daß sie nicht nur unsterblich und gewissermaßen nicht leidensfähig ist, sondern daß sie in ihrer Substanz Spuren von allem bewahrt, was ihr widerfahren ist.«

Die Monadologie

Eine solche »Welt für sich« nannte Leibniz später eine »Monade«. Es ist eine einfache Substanz ohne Teile. In der *Monadologie* versucht er ihre Existenz folgendermaßen zu beweisen. Alles Zusammengesetzte besteht aus Einfachem, und dieses ist ausdehnungslos, anderenfalls könnte es ja weiter geteilt werden. Doch alles Materielle ist ausgedehnt, also müssen die Monaden immateriell sein, ähnlich wie die Seele. Für Spinoza gab es nur eine Substanz mit den Attributen des Denkens und der Ausdehnung; für Leibniz gibt es unendlich viele, nur mit den Eigenschaften des Denkens.

Da die Monaden keine Teile haben, können sie nicht wachsen oder verfallen; sie können nur geschaffen werden und verschwinden. Kein anderes Geschöpf kann deshalb auf eine Monade einwirken: »Nichts in ihr kann weggenommen werden, und es ist undenkbar, daß irgendeine Bewegung in ihr begonnen, umgelenkt, vermehrt oder vermindert wird wie in Zusammengesetztem, wo die Teile Veränderungen erfahren. Die Monaden haben keine Fenster, durch die irgend etwas ein- oder ausgehen könnte.« Monaden können sich jedoch verändern, das tun sie sogar ständig, aber endogen. Physische Eigenschaften, die sich verändern könnten, haben sie nicht, es können sich also nur ihre geistigen Zustände verändern, sie haben ständig Wahrnehmungen.

Ist aber mit der Wahrnehmung nicht eine Verursachung verbunden? Wenn ich eine Rose sehe, ist dann mein Gesichtseindruck nicht von der Rose verursacht? Nein, antwortet Leibniz. Eine Monade spiegelt die Welt nicht wider, weil sie von ihr beeinflußt würde, sondern weil Gott sie sich synchron mit der Welt verändern läßt. Ein guter Uhrmacher kann zwei Uhren bauen, die bis in alle Ewigkeit gleichzeitig schlagen. Ein solcher ist Gott bezüglich aller seiner Geschöpfe: er hat die Harmonie des Weltalls ganz am Anfang »prästabiliert«.

Alle Monaden haben eine rudimentäre Wahrnehmung, d.h. ihr innerer Zustand spiegelt alles Übrige im Weltall wider. Er ändert sich, wenn sich die Umgebung verändert, aber nicht als Folge davon, sondern wegen seines inneren Dranges; die Monaden sind immaterielle Automaten und heißen bei Leibniz auch »Entelechien«.

»Es gibt eine Welt von Geschöpfen – Belebtem, Tieren, Entelechien und Seelen – im kleinsten Materieteilchen. Jedes solche kann man als einen Garten voller Pflanzen oder eine Teich voller Fische ansehen. Doch jeder Zweig jeder Pflanze, jedes Glied jedes Tieres und jeder Tropfen ihrer Körperflüssigkeiten ist selbst ein solcher Garten oder Teich.«

Eine Rechenmaschine, von Leibniz 1673 entworfen.

Heute sehen wir den menschlichen Körper als eine Ansammlung von Zellen, die je ihr Eigenleben führen. Die Monaden, die bei Leibniz einem menschlichen Körper entsprechen, ähnelten insofern den Zellen, waren aber immateriell und unsterblich. Jede Monade spiegelt das Weltall wider, aber besonders den Körper, mit dem sie speziell verbunden ist. »Jedes Lebewesen besitzt eine maßgebende Entelechie, beim Tier ist es die Seele; doch die Glieder dieses lebendigen Organismus sind voll anderer Lebewesen, Pflanzen und Tiere, deren jedes selbst wieder seine maßgebende Entelechie oder Seele hat.« Im Menschen ist die herrschende Monade die vernünftige Seele. Sie hat eine klarere Wahrnehmung und einen beherrschenderen Drang. Sie hat nicht nur »Perzeption«, sondern »Apperzeption«, d.h. Bewußtsein oder reflektierte Erkenntnis des inneren Zustands der Perzeption. Ihr Wohl ist das Ziel oder die Zweckursache nicht nur ihrer eigenen Tätigkeit, sondern auch aller von ihr beherrschten Monaden. Das ist Leibnizens Fassung der Aussage, daß die Seele den Körper beherrsche.

Freiheit, Möglichkeit und Übel

Läßt Leibnizens System Raum für den freien Willen? Die Menschen brauchen wie jeder endliche oder unendliche Akteur einen Grund zum Handeln; das ist sein »Prinzip des zureichenden Grundes«. Doch freie Akteure werden durch die Motive, die den zureichenden Grund abgeben, »geneigt gemacht, aber nicht gezwungen«. Doch es ist schwer abzusehen, wie Leibniz irgendeine besondere Freiheit für den Menschen einführen könnte. In seinem System erfährt kein Akteur Einwirkungen von außen, alle sind völlig selbstbestimmt. Doch kein Akteur, ob vernünftig oder nicht, kann aus der in der prästabilierten Harmonie für ihn vorgesehenen Lebensgeschichte aussteigen. So scheint die Freiheit, nach den eigenen Motiven zu handeln, eine Illusion zu sein.

Hier muß Leibniz auf sein Bild von der Beziehung zwischen Gott und dem Weltall zurückgreifen. Ehe Gott die Welt erschafft, betrachtet er die unendlich vielen möglichen Geschöpfe. Unter diesen gibt es viele mögliche Julius Cäsars, darunter einen, der den Rubikon überschreitet und einen, der es nicht tut. Jeder handelt aus einem Grunde, und keiner ist zu etwas gezwungen (aus der Logik ergibt sich ja nicht, ob der Rubikon überschritten wird). Wenn also Gott den Cäsar erschafft, der den Rubikon überschreitet, macht er einen sich frei entscheidenden Cäsar wirklich. Also überschritt der wirkliche Cäsar den Rubikon aus freier Entscheidung.

Wie steht es aber mit Gottes eigener Entscheidung für die Welt, in der wir leben, im Unterschied zu den unzähligen anderen möglichen Welten, die er hätte erschaffen können? Hatte er einen Grund für diese Entscheidung, und war es eine freie Entscheidung? Leibniz antwortet: Gott entschied sich frei für die beste aller möglichen Welten.

Nicht alles, was zunächst möglich ist, kann zusammen verwirklicht werden. Es kann sein, daß A und B einzeln möglich sind, aber nicht zusammen (kompossibel). Jede geschaffene Welt ist daher ein System von zusammen Möglichem, und die beste mögliche ist jene, in der das Gute das Schlechte am weitesten überwiegt. Eine Welt mit freiem Willen, der manchmal sündig mißbraucht wird, ist besser als eine ohne Freiheit und Sünde. Daher liefert das Übel in der Welt kein Argument gegen Gottes Güte. Gott ist notwendigerweise gut, daher wählt er die vollkommenste Welt. Obwohl er nur das Beste schaffen kann, handelt er frei, denn er hätte auch gar nichts schaffen können.

Interessant ist ein Vergleich dieser Auffassung Leibnizens mit Descartes und Thomas von Aquin. Descartes' Gott war völlig frei; selbst die Gesetze der Logik waren seine willkürliche Schöpfung. Leibniz meint wie Thomas vor ihm, die ewigen Wahrheiten hingen nicht von Gottes Willen, sondern seiner Vernunft ab; in logischen Dingen habe Gott keine Wahl gehabt. Der Gott des Thomas ist nicht so frei wie der Descartes', aber weniger eingeschränkt als der Leibnizsche. Denn nach Thomas ist zwar alles, was Gott tut, gut, aber er braucht nie das Beste zu tun. Ja, für Thomas könnte angesichts von Gottes Allmacht der Begriff der »besten aller möglichen Welten« ebenso sinnlos sein wie der der »größten aller möglichen Zahlen«.

Leibnizens optimistische Theorie wurde von Voltaire in seinem Roman *Candide* unvergeßlich verspottet, wo der Leibnizianer Dr. Pangloss auf eine Serie von Unbilden und Katastrophen stets mit dem Refrain reagiert: »Es ist alles zum Besten in der besten aller möglichen Welten.«

Die Leibnizsche Monadologie ist ein barocker Ausfluß der metaphysischen Grundsätze, die Descartes an die Stelle der aristotelischen Einigkeit des Mittelalters setzen wollte. Sein Werk bildet den Höhepunkt des kontinentaleuropäischen Rationalismus; seine Nachfolger in Deutschland, vor allem Wolff, entwickelten eine dogmatische Scholastik, in deren Geist Immanuel Kant erzogen wurde und die er in seinen reifen Jahren vernichtend kritisierte. Doch ehe wir uns Kant zuwenden, müssen wir jenen englischen Philosophen betrachten, der ihn, wie er sagte, aus seinem dogmatischen Schlummer weckte: David Hume.

VOLTAIRES Roman *Candide* verspottete erbarmungslos Leibnizens These, die wirkliche sei die beste aller möglichen Welten; der Roman ist heute bekannter als die *Theodizee* selbst. Hier diktiert Voltaire seinem Sekretär beim Ankleiden, um seine Zeit optimal auszunützen.

Hume

Hume wurde 1711 in Edinburgh geboren. Er war ein frühreifer Philosoph, sein Hauptwerk *A Treatise of Human Nature* schrieb er in seinem dritten Lebensjahrzehnt. Er selbst nannte es eine »Totgeburt«, was vielleicht angesichts seines manierierten, umwegigen und sich viel wiederholenden Stils kein Wunder war. Vieles von seinem Inhalt ging in zwei bekannter gewordene Bücher ein: *An Enquiry Concerning Human Understanding* (1748) und *An Enquiry Concerning the Principles of Morals* (1751). Zu seinen Lebzeiten war er als Historiker bekannter denn als Philosoph, zwischen 1754 und 1761 schrieb er eine sechsbändige Geschichte Englands. In den 1760er Jahren war er Sekretär an der britischen Botschaft in Paris. Er war ein herzlicher Mensch, er bemühte sich sehr um die Freundschaft des schwierigen Philosophen Rousseau, und der Ökonom Adam Smith meinte, er sei der Vollkommenheit so nahe gekommen, wie es einem Menschen nur möglich sei. In seinen letzten Jahren verfaßte er einen philosophischen Angriff auf die natürliche Theologie, *Dialogues Concerning Natural Religion*, der 1776 drei Jahre nach seinem Tode erschien. Zur Enttäuschung James Boswells (der seine letzte Krankheit genau protokollierte) starb er heiter, nachdem er die Tröstungen der Religion abgewiesen hatte.

A Treatise of Human Nature beginnt folgendermaßen: »Alle Inhalte des menschlichen Bewußtseins fallen unter zwei Arten, die ich als EINDRÜCKE und IDEEN bezeichne. Ihr Unterschied liegt in der Stärke und Lebhaftigkeit, mit der sie sich dem Bewußtsein aufdrängen.« Zu den Eindrücken gehören Empfindungen und Gefühle, die Ideen sind beim Denken und Schließen beteiligt. Die Unterscheidung zwischen Eindrücken und Ideen soll eine Mehrdeutigkeit bei der Verwendung des Ausdrucks »Idee« bei Locke und Berkeley beheben. Doch das Kriterium der »Lebhaftigkeit« erweist sich als schwer anwendbar. Bei Hume scheint es bald der Detailliertheit zu entsprechen, bald der Wirksamkeit für das Handeln, bald der emotionalen Lebhaftigkeit. Damit kann man keine brauchbare Unterscheidung treffen, und indem Hume es verwendet, läßt er Denken und Fühlen als gleichartig erscheinen.

Ideen sind nach Hume Kopien von Eindrücken. Ist das eine Definition oder eine empirische Hypothese? Bald scheint es das eine, bald das andere zu sein. Von Zeit zu Zeit fordert Hume den Leser auf, in sich hineinzuschauen, um eine philosophische These zu bestätigen. Diese pseudo-empirische Haltung ist typisch für die englischen Empiristen, doch eine wissenschaftlich-psychologische Untersuchung ist das keineswegs. Introspektion ist kein Experiment, und eine vorgestellte Introspektion ist von der Wissenschaft nochmals weiter entfernt.

Ob es nun als Definition oder Hypothese gemeint ist, die These, daß Ideen genau Eindrücken ähneln, wird nur auf einfache Ideen angewandt. Ich kann eine komplexe Idee des Neuen Jerusalem entwickeln, ohne je eine solche Stadt gesehen zu haben. Doch bei einfachen Ideen gilt nach Hume ausnahmslos eine ein-eindeutige Beziehung zu Eindrücken. Doch eine brauchbare Präzisierung der Humeschen Einfachheit erweist sich als ebenso schwierig wie bei der Humeschen Lebhaftigkeit. Hume aber macht im Verlaufe der Entwicklung seines Systems von dem Grundsatz »Keine Idee ohne vorherigen Eindruck« ausgiebigen Gebrauch zu betont antimetaphysischen Zwecken.

Nach Hume gibt es zwei Weisen, wie Eindrücke als Ideen wieder auftreten: als Ideen der Erinnerung und als Ideen der Einbildungskraft. Diese sind weniger lebhaft als jene,

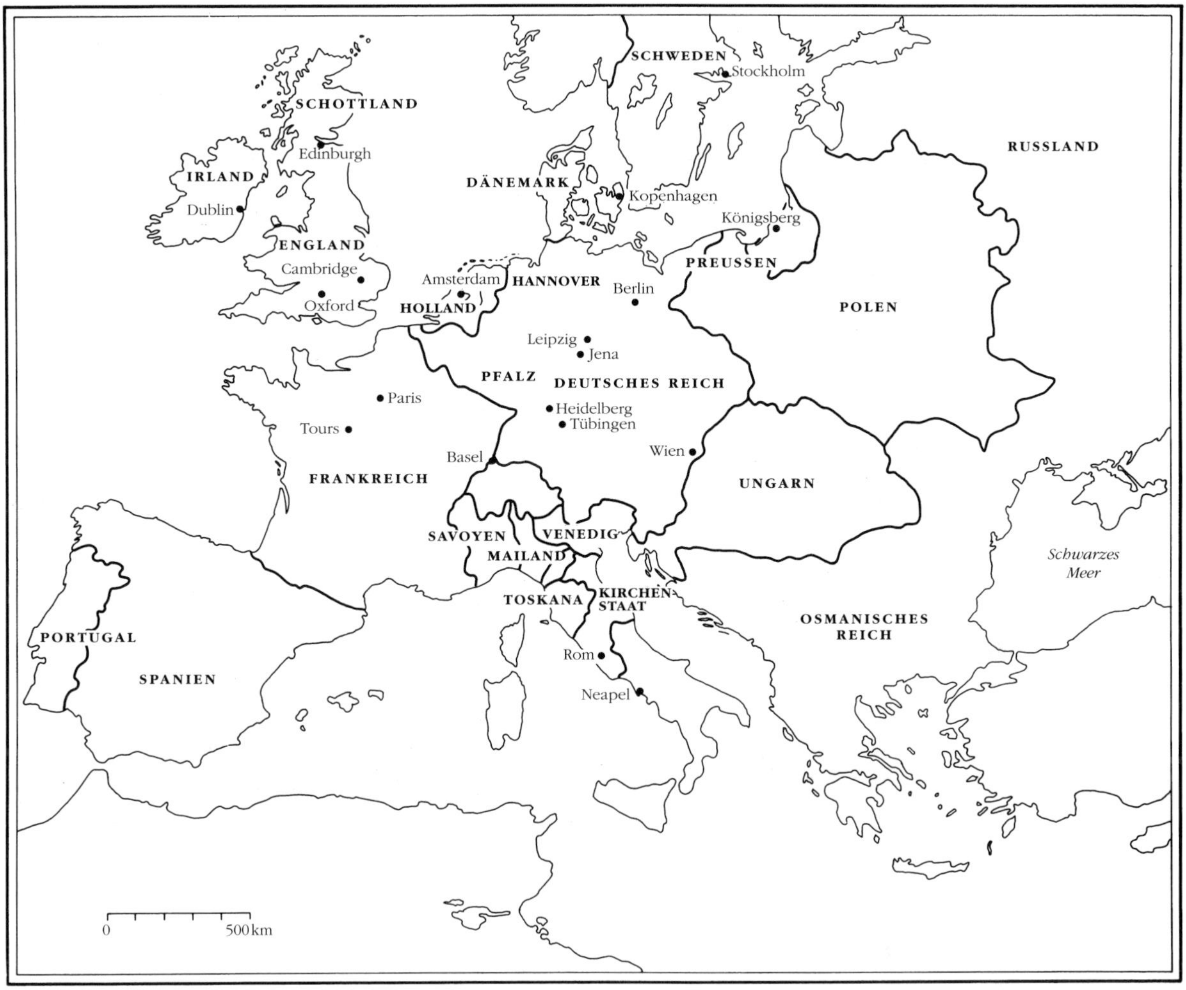

Europa im 18. Jahrhundert.

und die Erinnerung muß im Unterschied zur Einbildungskraft bei ihren Ideen die zeitliche und räumliche Ordnung der ursprünglichen Eindrücke bewahren. Man kann sich fragen, ob diese Charakterisierungen der Erinnerung Kriterien für die Unterscheidung zwischen richtigen und falschen Erinnerungen oder zwischen – richtiger oder falscher – Erinnerung und dem freien Spiel der Einbildungskraft abgeben sollen. Für letzteres könnte man an Humes Lebhaftigkeitskriterium denken, aber es wäre unzuverlässig. (Meine Phantasie, wie ich dem Chef die Meinung gesagt habe, kann lebhafter sein als jede Erinnerung an mein bescheidenes Hinnehmen seines Tadels.)

Erinnerung ist viel komplizierter, als Hume sie hinstellt. Es gibt mindestens drei verschiedene Arten. Das ist erstens das Tatsachengedächtnis: A erinnert, *daß* p. Zweitens das persönliche Gedächtnis: A erinnert, daß p, aufgrund seiner persönlichen Erfahrung. Drittens das, wie man es nennen könne, Wahrnehmungsgedächtnis: A erinnert, daß p, und ruft es sich als Vorstellungsbild wieder wach. Humes Analyse paßt nur auf die dritte Art,

David Hume, porträtiert von Allan Ramsay.

die am wenigsten grundlegende. Wie lebhaft man auch ein vergangenes Ereignis in der Vorstellung wieder durchlebt, nur mit Hilfe der anderen Gedächtnisarten weiß man, was die Vorstellungsbilder bedeuten, und kann sie zu den betreffenden Daten, Orten und Personen in Beziehung setzen.

Unter »Einbildungskraft« (engl. imagination) fallen noch verschiedenere Ereignisse, Fähigkeiten und Fehler. Einbildung kann unter anderem sein: falsche Wahrnehmung (»Hat es geklopft, oder bilde ich mir das nur ein?«), falsche Erinnerung (»Habe ich den Brief eingeworfen, oder bilde ich mir es nur ein?«), unbegründete Annahme (»Ich stelle mir vor (I imagine), er wird es bald bereuen, sie geheiratet zu haben«), Hypothese (»Stell dir die Folgen eines Atomkrieges zwischen Indien und Pakistan vor (imagine)«) und schöpferische Originalität (»Blake hatte eine unübertreffliche Phantasie (imagination)«. Nicht immer braucht da das Vorstellungsbild vorzuliegen, das Hume als Musterbeispiel nimmt. Und wo es vorliegt, spielt es eine ganz andere Rolle, als Hume ihm zuschreibt.

Für Hume bestand die Bedeutung der Worte unserer Sprache in ihrer Beziehung zu Eindrücken und Ideen. Deren Fluß in unserem Bewußtsein macht sie zu etwas anderem als nichtssagenden Lauten, zum Ausdruck des Denkens; und wenn ein Wort keinen aufweisbaren Bezug auf einen Eindruck oder eine Idee hat, ist es sinnlos, man kann darauf verzichten.

In Wirklichkeit verläuft die Beziehung zwischen Sprache und Vorstellungsbildern umgekehrt. Wenn wir in Bildern denken, dann erhalten sie durch das Denken eine Bedeutung und nicht umgekehrt. Beim stillen Selbstgespräch haben die vorgestellten Worte nur wegen unserer geistigen Beherrschung der Sprache ihren Sinn. Und wenn wir dazu noch in Vorstellungsbildern denken, dann liefern diese nur die Illustrationen zu einem Text, dessen Bedeutung durch die Worte gegeben ist, die die Gedanken ausdrücken.

Hume und das Fürwahrhalten

Der Unterschied zwischen Erinnerung und Vorstellung (Einbildungskraft) läßt sich vielleicht am besten anhand des *Fürwahrhaltens* (Glaubens) aufzeigen. Wenn ich mich zu erinnern glaube, daß p, dann glaube ich, daß p; ich kann mir aber vorstellen, daß p, ohne zu glauben, daß p. Hume sagt, wir stellen uns vieles vor, ohne es zu glauben. Trotzdem war es für ihn sehr schwierig, das Glauben in sein Modell des Bewußtseins einzubauen. Was ist für ihn der Unterschied zwichen der bloßen Vorstellung, daß p, und dem Glauben, daß p tatsächlich der Fall sei?

Der Unterschied liegt nicht im Inhalt, sonst müßte eine Idee hinzukommen – vielleicht die der Existenz. Aber nach Hume haben wir keine Idee der Existenz.

> »Es liegt...auf der Hand, daß sich die Idee der Existenz nicht von der irgendeines Gegenstandes unterscheidet; würden wir nach der einfachen Vorstellung eines Gegenstandes ihn als existierend vorstellen, so würden wir der ursprünglichen Idee nichts hinzufügen oder an ihr ändern; wenn wir etwa sagen, Gott existiere, so bilden wir einfach die Idee eines solchen Wesens, wie es sich uns darstellt; die Existenz, die wir ihm zuschreiben, wird durch keine besondere Idee dargestellt, die wir der Idee seiner anderen Eigenschaften hinzufügen würden und von ihnen unterscheiden und ablösen könnten.«

Der Unterschied zwischen Vorstellung und Glaube liegt nicht in der betreffenden Idee, sondern in der Art, wie wir sie erfassen. Der Glaube muß in der Lebhaftigkeit der Idee beschlossen liegen und in ihrem Zusammenhang mit einem gegenwärtigen Eindruck, der, welcher Art auch immer, den Grund für unseren Glauben abgibt. »Glaube ist eine lebhafte Idee, die durch eine Beziehung zu einem gegenwärtigen Eindruck hervorgerufen wird.«

Hume hat damit recht, daß sich Glaube und Vorstellung nicht nach ihrem Inhalt zu unterscheiden brauchen. Wie er sagt, wenn A glaubt, daß p, und B nicht glaubt, daß p, dann sind sie verschiedener Meinung über dieselbe Idee. Doch er hat nicht damit recht, daß es keinen Begriff der Existenz gebe. Wie könnte man, wenn seine Analyse richtig ist, urteilen, daß etwas *nicht* existiert? Die Schwierigkeit liegt in Wirklichkeit beim Begriff der »Idee«, unter den sowohl Begriffe als auch Behauptungen fallen (z.B. der Begriff Gott wie auch die Behauptung, Cäsar sei eines natürlichen Todes gestorben, oder Gott existiere).

Es gibt mehrere Schwierigkeiten im Zusammenhang mit Humes Behandlung der Lebhaftigkeit als Kennzeichen des Glaubens. Einige davon liegen innerhalb seines Systems. So kann man sich fragen, warum dieses mit einer Idee verbundene Gefühl kein Eindruck ist, und wie man einen auf der Erinnerung beruhenden Glauben unterscheidet, wo doch die Lebhaftigkeit in jedem Falle sein Kriterium ist. Andere Schwierigkeiten sind nicht auf sein System beschränkt. Die wichtigste ist, daß mit dem Glauben überhaupt keine Vorstellung verbunden zu sein braucht (wenn ich mich setze, glaube ich, daß mich der Stuhl tragen wird, aber es tritt gar kein Gedanke daran auf). Und wenn mit dem Glauben ein Vorstellungsbild verbunden ist, dann kann eine Zwangsvorstellung (etwa von der Untreue eines Gatten) lebhafter sein als ein begründeter Glaube.

Humes Analyse der psychologischen Begriffe ist problematisch, weil er sich stets auf den privaten Gebrauch psychologischer Verben in der ersten Person beschränkt, statt zu fragen, wie psychologische Begriffe öffentlich auf andere Menschen angewandt werden. Hume bezeichnete sich als den Newton der Psychologie. Er liefert eine (leere) Assoziationstheorie für die Ideen als Gegenstück zur Gravitationstheorie. Doch seine Philosophie des Bewußtseins ist so grob und dürr, daß sie allein ihm nur einen recht bescheidenen Platz in der Geschichte der Philosophie sichern könnte. Seine Bedeutung hat er wegen seiner Theorie der Kausalität.

Die Kausalität

Die Idee der Verursachung kann ihren Ursprung nicht in irgendeiner bestimmten in den Gegenständen liegenden Eigenschaft haben, denn Gegenstände der verschiedensten Art können Ursachen und Wirkungen sein. Man muß sich nach Beziehungen zwischen den Gegenständen umsehen. Und da zeigt sich, daß Ursache und Wirkung einander benachbart sein müssen, und daß die Ursache der Wirkung vorausgehen muß. Doch das genügt noch nicht. »Ein Gegenstand kann einem anderen benachbart sein und ihm vorausgehen, ohne als seine Ursache zu gelten. Man muß eine NOTWENDIGE VERKNÜPFUNG in Betracht ziehen.« Doch die ist schwer zu bestimmen.

Nach Hume muß nicht alles, was entsteht, eine Ursache haben: »Alle selbständigen Ideen lassen sich voneinander trennen, und die Ideen von Ursache und Wirkung sind offenbar selbständig; deshalb kann man sich ohne weiteres einen Gegenstand als jetzt nicht existierend und im nächsten Augenblick existierend vorstellen, ohne die Idee einer Ursache oder eines Hervorbringungsprinzips in Spiel zu bringen.« Natürlich sind die Begriffe von Ursache und Wirkung aufeinander bezogen, jede Wirkung muß eine Ursache haben. Doch deswegen muß nicht jeder Anfang oder jede Änderung des Seins eine Ursache haben, so wenig wie, weil jeder Ehemann eine Ehefrau haben muß, jeder Mann verheiratet sein muß.

Ist schon die Vorstellung nicht absurd, etwas entstehe oder verändere sich ohne irgendeine Ursache, so erst recht nicht die Vorstellung eines ursachelosen Ereignisses. Warum glauben wir dann, daß die und die Ursachen notwendig die und die Wirkungen haben müssen? Die Erkenntnis von Ursachen läßt sich nicht durch irgendwelche Überlegungen a priori aus wahrnehmbaren Eigenschaften ableiten, weder bei unbekannten, ungewöhnlichen oder komplizierten noch bei gewöhnlichen Gegenständen, etwa bei Stößen von Billardkugeln oder bei Feuer, das Hitze erzeugt. Logisch kann man sich viele verschiedene Wirkungen einer bestimmten Ursache vorstellen, nur die Erfahrung lehrt die wirkliche. Doch auf welcher Grundlage?

Es ist die Beobachtung, daß Gegenstände einer Art immer von solchen einer anderen begleitet waren. »Nachbarschaft und Aufeinanderfolge genügen nur dann, um etwas für Ursache und Wirkung zu erklären, wenn sie in mehreren Fällen beobachtet wurden.« Doch wie bringt uns das weiter? Wenn die Kausalbeziehung nicht an *einem* Fall erkannt werden kann, warum dann an mehreren? Bloße Wiederholungen können gewiß nicht die Idee einer notwendigen Verknüpfung erzeugen.

Die Wiederholung erzeugt sicher nichts in den Gegenständen. Jedes kausale Ereignis ist unabhängig von jedem anderen. »Die Übertragung von Bewegung, die ich jetzt aus dem Stoß zwischen zwei Billardkugeln hervorgehen sehe, ist völlig unabhängig von der, die ich vor einem Jahr gesehen habe.«

Die ähnlichen Fälle beeinflussen einander zwar nicht, aber sie erzeugen einen neuen Eindruck *im Bewußtsein*. Haben wir einmal genug Fälle beobachtet, in denen auf A B folgte, dann möchten *wir* von A zu B übergehen. Das ist der Ursprung der Idee der notwendigen Verknüpfung. Die Notwendigkeit ist »nur ein innerer Eindruck des Bewußtseins, eine Tendenz, unser Denken von einem Gegenstand zu einem anderen übergehen zu lassen«. Die Erwartung der Wirkung, wenn sich die Ursache zeigt, dieser Eindruck wird durch die gewohnheitsmäßige Verbundenheit erzeugt, und von ihm leitet sich die Idee der notwendigen Verknüpfung her.

Hume erkennt den paradoxen Anschein der These, daß die notwendige Verknüpfung zwischen Ursache und Wirkung auf dem Schluß von der einen auf die andere beruhen soll und nicht der Schluß auf der Verknüpfung. Trotzdem bleibt er dabei, daß die Notwendigkeit im Bewußtsein und nicht in den Gegenständen vorhanden sei, und auf dieser Grundlage stellt er seine berühmte Definition von »Ursache« auf – oder vielmehr zwei eng miteinander zusammenhängende Definitionen.

Die erste lautet: Eine Ursache ist »ein Gegenstand, der einem anderen vorausgeht und benachbart ist, wobei alle dem ersten ähnlichen Gegenstände in derselben Beziehung zu allen dem zweiten ähnlichen stehen«. Hier ist keine Rede von einer notwendigen Verknüpfung und einer Tätigkeit des Bewußtseins. Daher stellt Hume eine zweite, philosophischere Definition auf: Ein Ursache ist »ein Gegenstand, der einem anderen vorausgeht und benachbart ist und mit ihm in der Vorstellung so verbunden ist, daß die Idee des einen das Bewußtsein dazu bestimmt, die Idee des anderen zu bilden, und der Eindruck des einen, eine lebhaftere Idee des anderen zu bilden«.

Humes neue Analyse der Kausalität enthält folgende vier Elemente:

1. Weder Vernunft noch Erfahrung lassen erwarten, daß die Zukunft der Vergangenheit ähnelt.
2. Ursache und Wirkung müssen unabhängig voneinander vorstellbar sein und existieren.
3. Die Verursachung muß anhand von Nachbarschaft, Aufeinanderfolge und ständiger Verknüpfung analysiert werden.
4. Es ist keine notwendige Wahrheit, daß jedes Entstehen eine Ursache habe.

Jeder dieser Grundsätze läßt sich von Humes System der Eindrücke und Ideen loslösen. Jeder verdient genaue philosophische Prüfung, die auch erfolgt ist. Einige wurden, wie wir sehen werden, von Kant eindringlich kritisiert; andere wurden von späteren Philosophen abgeändert oder verworfen. Bis heute bewegt sich die Diskussion der Kausalität in dem von Hume gesetzten Rahmen.

Der Zusammenstoss von Billardkugeln ist Humes Standardbeispiel für Ursache und Wirkung. Billard war eine Leidenschaft der begüterten Klasse im England des späten 18. Jh. – die, wie in dieser Karikatur von Gillray, auch über die Stränge schlagen konnte.

Freier Wille und Determinismus

In der zweiten obigen Definition von »Ursache« wurde das Bewußtsein durch eine Idee »dazu bestimmt«, eine andere zu bilden. Macht das die Definition nicht zirkulär, ist dieses »Bestimmen« nicht dasselbe oder etwas ganz Ähnliches wie die »Verursachung«?

Man kann dem nicht entgegenhalten, Hume gehe es um die Verursachung in der Welt und nicht im Bewußtsein. Denn er wandte seine Theorie der ständigen Verknüpfung auf die moralische so gut wie die Naturnotwendigkeit an, auf die Sozialwissenschaften so gut wie die Naturwissenschaften. Die gleiche Zirkularität erscheint auch in seiner Definition des menschlichen Willens als »der bewußte innere Eindruck, wenn wir absichtlich eine neue Bewegung unseres Körpers oder einen neuen Inhalt unseres Bewußtseins hervorrufen«. Legt man Humes offizielle Theorie zugrunde, was hat dann »hervorrufen« in der Definition zu schaffen?

Für Hume waren die menschlichen Handlungen genau so notwendig wie die irgendwelcher anderer natürlicher Akteure. Unser Handeln wird durch Kausalbeziehungen zwischen Motiv und Verhalten notwendig gemacht. Seine Beispiele zum Beweis einer ständigen Verknüpfung in solchen Fällen sind snobistisch, provinziell und nicht überzeugend. (»Haut, Poren, Muskeln und Nerven eines Tagelöhners unterscheiden sich von denen eines Vornehmen, und ebenso seine Gefühle, Handlungen und Manieren.«) Trotzdem haben seine Argumente gegen den freien Willen Anklang bei seinen Bewunderern gefunden.

Unsere Erfahrung, daß wir unseren Wünschen gemäß handeln, beweist für Hume nicht den freien Willen. Man müsse unterscheiden zwischen »der Freiheit der Spontaneität, die der Gewalt entgegengesetzt ist, und der Freiheit der Indifferenz, die eine Negation von Notwendigkeit und Verursachung bedeutet«. Die Erfahrung zeigt unsere Freiheit der Spontaneität – wir tun ja oft, was wir tun möchten –, aber sie kann keinen wirklichen Beweis für die Freiheit der Indifferenz liefern, d.h. die Möglichkeit, anders zu handeln, als wir tatsächlich handeln. Wir können glauben, eine Freiheit in uns zu empfinden, »aber ein Beobachter kann gewöhnlich unsere Handlungen aus unseren Motiven und unserem Charakter ableiten, und auch wo er es nicht kann, geht er doch allgemein davon aus, daß er es könnte, wenn er unsere Situation und Stimmung und die geheimsten Triebfedern unseres Charakters und unserer Neigungen genau kennen würde«.

In Wirklichkeit beweist weder die Tatsache, daß man auf den Charakter und die Handlungen anderer bauen kann, noch die Möglichkeit von Verallgemeinerungen in den Sozialwissenschaften, daß willentliche Handlungen unter einer Naturnotwendigkeit stehen. Und angesichts von Humes offizieller Philosophie des Bewußtseins und der Kausalität kann man gar nicht von »geheimen Triebfedern« des Handelns sprechen. Humes These, der Wille sei notwendig verursacht, widerspricht seiner eigenen Definition des Willens wie auch seiner eigenen Theorie der Verursachung.

Hume wurde in unserem Jahrhundert viel studiert und nachgeahmt. Besonders seine Religions- und Metaphysikfeindlichkeit hat ihm viel Bewunderung eingetragen. Doch seine philosophiegeschichtliche Bedeutung beruht auf seiner Analyse der Kausalität und seinem Einfluß auf den größten Philosophen des 18. Jh., Immanuel Kant.

Kants kritisches Unternehmen

Immanuel Kant (1724-1804) verbrachte sein ganzes Leben in seiner Geburtsstadt Königsberg im damaligen Ostteil Preußens. Er wurde lutherisch-pietistisch erzogen; später wurde er theologisch ein Liberaler, behielt aber stets eine strenge und regelmäßige Lebensführung bei. Es heißt, die Königsberger hätten die Uhr nach seinem täglichen Spaziergang gestellt. Nach vorläufigen Lehrtätigkeiten wurde er 1770 Professor der Logik und Metaphysik an seiner heimatlichen Universität. Er heiratete nicht und übernahm keine öffentlichen Ämter; seine Lebensgeschichte ist die Geschichte seiner Ideen.

Als junger Mann interessierte er sich mehr für Naturwissenschaft als für Philosophie, und seine ersten philosophischen Arbeiten waren vorsichtig und konventionell. Erst mit 57 Jahren schrieb er das Werk, das ihm verdientermaßen den Ruf des größten modernen Philosophen einbrachte: die *Kritik der reinen Vernunft*, die 1781 und in erheblich revidierter Auflage 1787 erschien. Es folgten zwei weitere bedeutende Werke, *Kritik der praktischen Vernunft* (1788) und *Kritik der Urteilskraft* (1790). Die folgende Darstellung seiner Philosophie stützt sich fast ausschließlich auf die erste *Kritik*.

Mit diesem Buch wollte Kant die Philosophie zum erstenmal zu einer wahren Wissenschaft machen. Die Mathematik habe sich schon lange auf dem sicheren Weg der Wissenschaft befunden, seit ein jetzt vergessener Mathematiker die Rolle der Konstruktion in der Geometrie entdeckte. Die Physik wurde zur echten Wissenschaft erst zur Zeit Bacons und Descartes', als die Wissenschaftler erkannten, daß die Theorie durch das Experiment bestätigt und das Experiment durch die Theorie angeleitet werden muß. Diese Arbeit war für die Metaphysik noch zu leisten, die älteste Disziplin und eine, die »bleiben würde,

KANT IM SCHATTENRISS 1798, auf der Höhe seines Ruhmes.

wenn gleich die übrigen insgesamt in dem Schlunde einer alles vertilgenden Barbarei gänzlich verschlungen werden sollten«, die aber noch nicht die Reife einer Wissenschaft erlangt hatte.

Um zur Wissenschaft zu werden, bedurfte die Philosophie einer Revolution wie der des Kopernikus, der die Sonne anstelle der Erde in den Mittelpunkt des Himmelssystems stellte. Statt zu fragen, wie unsere Erkenntnis ihren Gegenständen gerecht werden kann, müssen wir davon ausgehen, daß sich die Gegenstände unserer Erkenntnis anpassen müssen. Nur so werde man zeigen können, wie Erkenntnis von den Gegenständen a priori, vor aller Erfahrung, möglich sei.

Die Unterscheidung zwischen a priori und a posteriori steht im Mittelpunkt von Kants Unternehmen. Apriorische Erkenntnis ist Erkenntnis unabhängig von jeder Erfahrung. Alle Erkenntnis fängt zwar mit der Erfahrung an, aber das bedeutet nicht, daß sie aus der Erfahrung stammt. Apriorische Erkenntnis kann rein oder nicht rein sein. Unsere Erkenntnis, daß jede Veränderung eine Ursache hat, ist a priori, aber nicht rein a priori, weil sie einen aus der Erfahrung stammenden Begriff enthält, den der Veränderung. Neben der Erkenntnis a priori gibt es die aus der Erfahrung stammende sogenannte Erkenntnis a posteriori.

Die apriorische Erkenntnis zeichnet sich durch Notwendigkeit und Allgemeingültigkeit aus. Die Aussage »Jede Veränderung hat eine Ursache« drückt, wie Kant gegen Hume behauptet, ein streng notwendiges und streng allgemeingültiges Urteil aus. »Alle Körper sind schwer« dagegen ist bloß eine Verallgemeinerung, von der keine Ausnahmen beobachtet worden sind.

Analytisch und synthetisch

Neben Urteilen a priori und a posteriori unterscheidet Kant analytische und synthetische Urteile, und zwar folgendermaßen:

> »In allen Urteilen, worinnen das Verhältnis eines Subjekts zum Prädikat gedacht ist..., gehört entweder das Prädikat B zum Subjekt A als etwas, was in diesem Begriffe A (versteckter Weise) enthalten ist, oder B liegt ganz außer dem Begriff A, ob es zwar mit demselben in Verknüpfung steht. Im ersten Fall nenne ich das Urteil analytisch, in dem andern synthetisch.«

Diese Unterscheidung ist so, wie sie dasteht, nicht ganz klar. Kant möchte sie offensichtlich auf alle Aussagen anwendbar wissen, doch in seiner Formulierung ist sie nur auf Aussagen von Subjekt-Prädikat-Form anwendbar, und nicht alle Aussagen haben diese einfache Form. Der Begriff des »Enthaltens« ist metaphorisch, und obwohl die Unterscheidung eine logische sein soll, zieht sie auch Psychologisches heran. Und es bleibt unklar, ob es auch falsche analytische Aussagen geben kann.

Im 19. Jh. übernahm Frege die Kantische Unterscheidung und brachte sie in eine klarere Form. Eine analytische Aussage ist nach Frege eine Aussage, deren Begründung nur von allgemeinen logischen Gesetzen und Definitionen abhängt. Eine synthetische Aussage ist eine Aussage, deren Begründung von Grundsätzen anderer Wissenschaften abhängt. Eine aposteriorische Aussage definieren Frege wie Kant als eine Aussage, die von der Erfahrung, von Einzeltatsachen abhängt.

Bei Kant wie bei Frege kann eine Aussage definitionsgemäß nicht gleichzeitig analytisch und a posteriori sein. Doch bei beiden kann eine Aussage zugleich synthetisch und a priori sein. In Kants System ist der Bereich dieser Aussagen groß und wichtig. So rechnete er die gesamte Mathematik dazu: Arithmetik und Geometrie waren synthetisch, weil sie die Erkenntnis weit über die reine Logik hinausführten, und sie waren trotzdem a priori, weil sie sich nicht aus der Erfahrung, sondern aus der Anschauung herleiteten. Hier unterscheidet sich Kant von vielen anderen Philosophen: die Empiristen wie John Stuart Mill betrachteten die Arithmetik als a posteriori, und Frege und Russell versuchten, wie wir in einem späteren Kapitel sehen werden, zu zeigen, daß die Arithmetik analytisch sei.

Doch das synthetische Apriori spielt bei Kant vor allem eine philosophische Rolle. Das eigentliche Problem der reinen Vernunft lautet nach Kant: Wie sind synthetische Urteile a priori möglich? Nur wenn sich diese Frage beantworten ließ, war Metaphysik möglich. In gewissem Sinne ist Metaphysik auf jeden Fall möglich, weil sie ja vorhanden ist; doch sie existiert nur als ein natürlicher Hang, bestimmte Fragen zu stellen, etwa über die Welt als ganze. Zu fragen ist, ob es überhaupt eine Wissenschaft der Metaphysik geben kann.

Aufgabe der Vernunft ist die Entscheidung, ob wir Erkenntnis über die Gegenstände der Metaphysik haben können, so daß wir entweder den Bereich der reinen Vernunft zuverlässig ausdehnen oder ihm wohlbestimmte Grenzen ziehen können. Die Vernunft muß kritisch und nicht dogmatisch gebraucht werden, das heißt, ihre erste Aufgabe ist die Klärung ihrer eigenen Beschaffenheit und ihrer Grenzen. Der einzige mögliche Anfangsschritt einer wissenschaftlichen Metaphysik muß eine »Kritik der reinen Vernunft« sein. Die Untersuchung der apriorischen Erkenntnis überhaupt nennt Kant *transzendentale* Metaphysik, und deren vorbereitender Teil ist die Kritik der reinen Vernunft. Sie ist der architektonische Plan der Elemente einer solchen Philosophie und der Methoden ihrer Errichtung.

Es gibt nach Kant »zwei Stämme der menschlichen Erkenntnis, die vielleicht aus einer gemeinschaftlichen, aber uns unbekannten Wurzel entspringen, nämlich Sinnlichkeit und Verstand, durch deren ersteren uns Gegenstände gegeben, durch den zweiten aber gedacht werden«. Die Tätigkeit von Sinnlichkeit und Verstand sind auf bemerkenswerte Weise ineinander verzahnt. Der Inhalt der Erfahrung wird durch die Konstitution der Sinnesorgane bestimmt, ihre Form aber, d.h. ihre apriorische Struktur, durch die Konstitution des Verstandes.

Die transzendentale Ästhetik

Die Untersuchung der notwendigen Bedingungen der menschlichen Sinneserfahrung nennt Kant die »transzendentale Ästhetik«. Wie für seine Vorgänger im 17. und 18. Jh. ist für ihn die Sinnlichkeit eine passive Fähigkeit, die Eindrücke aufnimmt. Er unterscheidet aber zwischen Inhalt und Form der Erfahrung; der Inhalt stammt unmittelbar aus der Sinnesempfindung, die Form verleiht der Vielfalt der Erscheinungen eine Ordnung. Zum Inhalt der Sinnesempfindungen gehört etwa der Unterschied zwischen einem Blau- und einem Grüneindruck oder dem Geruch einer Rose und eines Käses. In der transzendentalen Ästhetik interessiert sich Kant aber nur für die – apriorische – Form der sinnlichen Anschauung.

Jeder Gegenstand der Sinneserfahrung ist auch ein Gegenstand des Denkens, er wird klassifiziert und bezeichnet und vom Verstande unter Begriffe gebracht. Die erste Aufgabe der transzendentalen Ästhetik ist die Herauspräparierung der Sinneserfahrung durch ihre Loslösung von allen Verstandesbegriffen, so daß nur die empirische Anschauung übrig bleibt. Die zweite Aufgabe besteht darin, aus dieser die reine Anschauung und ihre apriorische Form herauszudestillieren. »Bei dieser Untersuchung wird sich finden, daß es zwei reine Formen sinnlicher Anschauung als Prinzipien der Erkenntnis a priori gebe, nämlich Raum und Zeit.«

Wie seine Vorgänger unterscheidet Kant zwischen inneren und äußeren Sinnen. Der Raum ist die Form des äußeren Sinnes, vermittelst dessen »wir uns Gegenstände außer uns, und diese ingesamt im Raume vorstellen«. Die Zeit ist die Form des inneren Sinnes, mit dem das Bewußtsein seine eigenen inneren Zustände wahrnimmt, die alle eine zeitliche Ordnung aufweisen.

»Was sind nun Raum und Zeit? Sind es wirkliche Wesen? Sind es zwar nur Bestimmungen, oder auch Verhältnisse der Dinge, aber doch solche, welche ihnen auch an sich zukommen würden, wenn sie auch nicht angeschaut würden, oder sind sie solche, die nur an der Form der Anschauung allein haften, und mithin an der subjektiven Beschaffenheit unseres Gemüts, ohne welche diese Prädikate gar keinem Dinge beigelegt werden könnten?«

Bei der Beantwortung seiner Fragen unterscheidet Kant zwischen einer *metaphysischen* Entwicklung eines apriorischen Begriffs und seiner *transzendentalen* Entwicklung. Erstere lehrt, daß Raum und Zeit Voraussetzungen und nicht Ergebnisse der Erfahrung sind, daß wir uns Raum und Zeit ohne Gegenstände, aber diese nicht ohne Raum und Zeit vorstellen können, und daß es nur *einen* Raum und *eine* Zeit gibt, beide unendlich.

Die transzendentale Entwicklung des Raum- und des Zeitbegriffs will zeigen, daß wir über Raum und Zeit Wahrheiten erkennen können, die auf der Anschauung beruhen (weil sie nicht analytisch sind) und doch a priori sind (weil sie jeder Erfahrung vorausgehen). Diese Erkenntnis synthetisch-apriorischer Wahrheiten über Raum und Zeit ist nur erklärlich, wenn es apriorische Formen der Sinneserfahrung gibt.

Raum und Zeit sind weder absolute noch relative Eigenschaften der Dinge selbst. Sind sie deshalb nicht wirklich? Nach Kant sind sie empirisch real, aber transzendental ideal. »Wenn wir unser Subjekt...aufheben, (würden) Raum und Zeit verschwinden, (sie können) als Erscheinungen nicht an sich selbst, sondern nur in uns existieren.« Die Beschaffenheit der Dinge an sich ist uns verschlossen.

Ist deshalb alles nur Erscheinung? Nicht im gewöhnlichen Sinne. Für gewöhnlich unterscheiden wir an der Erfahrung das für alle Menschen und das nur für einen bestimmten Standpunkt Gültige; so nennt man wohl den Regenbogen eine bloße Erscheinung, den Regen aber ein Ding an sich. In diesem Sinne ist nicht alles nur Erscheinung. Doch für Kant ist das eine bloß empirische Unterscheidung. Wenn wir die transzendentale Frage stellen, erkennen wir: »Nicht allein diese [Regen]Tropfen sind bloße Erscheinungen, sondern selbst ihre runde Gestalt, ja sogar der Raum, in welchem sie fallen, sind nichts an sich selbst, sondern bloße Modifikationen oder Grundlagen unserer sinnlichen Anschauung, das transzendentale Objekt aber bleibt uns unbekannt.«

Dieses Ergebnis will einem vielleicht nicht recht einleuchten, aber man kommt nicht darum herum, wenn man z.B. die Geometrie grundsätzlich betrachtet, diese großartige

DIE BEZIEHUNG ZWISCHEN ZEIT UND KAUSALITÄT war eine der Streitfragen zwischen Kant und Hume: Hängt unser Kausalitätsbegriff von unserem Zeitbegriff ab oder umgekehrt? Die Maler aller Epochen haben lieber die Wirkungen der Zeit selbst dargestellt; hier Andrea Mantegnas *Triumph der Zeit.*

Errungenschaft des menschlichen Geistes. Worauf beruht sie denn? Auf der Erfahrung kann sie nicht beruhen, weil sie allgemeingültig und notwendig ist. Auf bloßen Begriffen auch nicht, denn aus diesen geht z.B. nicht hervor, daß es keine nur von zwei Geraden begrenzte Fläche geben kann. Sie muß also eine synthetische Disziplin sein, die sich auf apriorische Anschauung stützt.

Die transzendentale Ästhetik ist einer der am wenigsten erfolgreichen Teile des Kantischen Unternehmens. Damals galt die Euklidische Geometrie als die einzige mögliche Theorie des Raumes; doch bald danach wurde gezeigt, daß es widerspruchsfreie nichteuklidische Geometrien gibt. Und es wurde zu einer empirischen Frage, ob wir in einer euklidischen oder nichteuklidischen Welt leben. Diese Frage ließe sich nicht stellen, wenn der Raum vom menschlichen Geist in einer einzigen, der euklidischen Form konstruiert würde.

Wegen der Entdeckung der nichteuklidischen Geometrien ist die Frage, ob die Geometrie analytisch oder synthetisch ist, komplizierter, als sie aussieht. Man könnte antworten, ob bestimmte Sätze aus bestimmten Axiomen folgen, sei eine Sache der Analyse, ob aber in der wirklichen Welt z.B. das Parallelenaxiom gilt, sei eine synthetische Frage. Vielleicht hat Kant damit recht, daß eine solche synthetische Aussage nur a priori als wahr erkannt werden kann, doch das müßte anders gezeigt werden als mit Kants Bezugnahme auf die Geometrie.

Auch die Frage, ob die Arithmetik synthetisch a priori ist, stellt sich aufgrund der Entwicklungen in der mathematischen Logik heute anders. Auch hier gibt es keine einfache Antwort; außer Frage steht aber, daß die Anschauung auf keinen Fall, wie Kant meinte, als Grundlage der arithmetischen Theorie taugt.

Umstritten bleibt, ob die transzendentale Ästhetik so umgedeutet werden kann, daß sie gleichzeitig in einem emphatischen Sinne wahr und Kantisch bleibt.

Die Analytik der Begriffe

Auf die transzendentale Ästhetik (deren Gegenstand der rezeptive Teil des Bewußtseins ist, die Sinnlichkeit) folgt bei Kant die transzendentale Logik (deren Gegenstand der kreative Teil des Bewußtseins ist, der Verstand).

Der Verstand macht die Gegenstände der sinnlichen Anschauung zu Gegenständen des Denkens. Verstand und Sinnlichkeit sind gleichberechtigt und aufeinander angewiesen. »Ohne Sinnlichkeit würde uns kein Gegenstand gegeben, und ohne Verstand keiner gedacht werden. Gedanken ohne Inhalt sind leer, Anschauungen ohne Begriffe sind blind. ... Der Verstand vermag nichts anzuschauen, und die Sinne nichts zu denken. Nur daraus, daß sie sich vereinigen, kann Erkenntnis entspringen.«

Unter »Logik« versteht Kant die Verfahrensregeln des Verstandes. Sie kann speziell oder allgemein sein. Erstere ist die Methodologie einzelner Wissenschaften; die allgemeine Logik »enthält die schlechthin notwendigen Regeln des Denkens, ohne welche gar kein Gebrauch des Verstandes stattfindet«. Die allgemeine Logik wiederum kann rein oder angewandt sein. Letztere beschäftigt sich mit den empirischen, psychologischen Bedingungen der Verstandesbetätigung. Die reine allgemeine Logik beschäftigt sich mit der Form und nicht mit dem Inhalt des Denkens. Sie interessiert sich nicht für den Ursprung unserer Gedanken, sie ist unabhängig von der Psychologie und geht ihr voraus.

Kant geht es nicht um die Darstellung oder Entwicklung der formalen Logik selbst. Er übernahm kritiklos die Logik seiner Zeit (die er fälschlich für die des Aristoteles und für das letzte Wort in der Sache hielt). Seine transzendentale Logik will etwas anderes, sie ist eine apriorische Untersuchung der Anwendbarkeit der Logik. Sie gliedert sich in die transzendentale Analytik und die transzendentale Dialektik. Erstere legt die Kriterien für die richtige empirische Anwendung des Verstandes dar, letztere ist eine Kritik seiner scheinhaften dogmatischen Anwendung.

Der Verstand bildet Begriffe und erkennt Grundsätze. (Den Begriffen entsprechen in der Sprache Worte, den Grundsätzen Sätze.) Daher gliedert sich die transzendentale Analytik in die der Begriffe und die der Grundsätze. Erstere ist der Hauptteil und heißt auch Deduktion der Kategorien. Diese erfolgt zunächst metaphysisch, dann transzendental.

Was heißt das alles? Gehen wir vom Begriff der »Kategorie« aus, den Kant von Aristoteles übernimmt, der versucht hatte, eine Liste der Arten möglicher Eigenschaften der Individuen aufzustellen. Es sind ihrer zehn: Substanz, Qualität, Quantität, Relation, Ort, Zeit, Haltung, Tätigkeit, Erleiden und Kleidung. So kann man von jemandem sagen, er sei ein Mensch (Substanz), so und so groß (Quantität), weise (Qualität), älter als Platon (Relation), in Athen (Ort) im 5. Jh. v. Chr. lebend (Zeit), sitzend (Haltung), ein Stück Stoff zuschneidend (Tätigkeit), von einem Feuer verbrannt (Erleiden) und mit einem Mantel bekleidet (Kleidung). Es ist nicht recht klar, wie nachdrücklich Aristoteles eine endgültige Einteilung sämtlicher möglichen Prädikate beabsichtigte. Kant jedenfalls fand sie hoffnungslos unsystematisch.

Statt dessen bietet er eine metaphysische Deduktion der Kategorien an. Sie beruht auf der Beziehung zwischen Begriff und Urteil. Ein Begriff sei faktisch nichts anderes als eine Möglichkeit, bestimmte Urteile zu fällen. (Z.B. über den Begriff des Metalls zu verfügen heißt Urteile in Form von Sätzen mit dem Wort »Metall« oder einem entsprechenden Wort bilden können.) Die möglichen Arten von Begriffen sind also anhand der möglichen Arten von Urteilen zu bestimmen.

	Urteile	Kategorien
Quantität	allgemeine besondere einzelne	Einheit Vielheit Allheit
Qualität	bejahende verneinende unendliche	Realität Negation Limitation
Relation	kategorische hypothetische disjunktive	Substanz Ursache Wechselwirkung
Modalität	problematische assertorische apodiktische	Möglichkeit Dasein Notwendigkeit

Die Einteilungen der Urteile übernimmt Kant von zeitgenössischen Logikern. So unterschied man routinemäßig zwischen universellen (»Alle Menschen sind sterblich«), partikulären (»Einige Menschen sind sterblich«) und singulären Urteilen (»Sokrates ist sterblich«); ferner zwischen affirmativen (»Die Seele ist sterblich«), negativen (»Die Seele ist nicht sterblich«) und unendlichen Urteilen (»Die Seele ist nicht-sterblich«); des weiteren zwischen kategorischen (»Es gibt vollkommene Gerechtigkeit«, Kants Beispiel), hypothetischen (»Wenn es vollkommene Gerechtigkeit gibt, werden die verstockt Bösen bestraft«) und disjunktiven Urteilen (»Die Welt existiert entweder aus blindem Zufall oder aus innerer Notwendigkeit oder durch eine äußere Ursache«).

Als Neuerung beansprucht Kant die Ableitung einer grundlegenden Einteilung der Begriffe anhand dieser Einteilung der Urteile. Doch das wird keineswegs auch nur einigermaßen überzeugend im einzelnen gezeigt, ja, es bleibt unklar, wie seine These aufzufassen ist, ein Begriff sei seinem Wesen nach eine Möglichkeit zum Urteilen.

Die Kommentatoren haben verschiedene Analogien zur Rolle der Kategorien bei Kant aufgestellt. Eine vergleicht die Sprache mit einem Brettspiel und die Kategorien mit den möglichen Zügen (vorwärts, rückwärts, seitwärts, schräg usw.), eine andere die Sprache mit einem Allzweck-Werkzeug, um mit der Welt zurechtzukommen, und die Kategorien mit seinen Verwendungsweisen (es soll sägen, bohren, schleifen können usw.).

Die Entwicklung der Logik seit Kant läßt seine Einteilung der Urteile, auf der seine metaphysische Deduktion der Kategorien beruht, als weniger natürlich erscheinen. Eine moderne Einführung in die Logik besteht aus zwei Hauptstücken: dem Aussagenkalkül, der Formalisierung der logischen Beziehungen, die Wörtern wie »und«, »oder«, »wenn« entsprechen, welche Sätze miteinander verknüpfen, und dem Prädikatenkalkül, der Formalisierung der Beziehungen, die den Quantoren »alle« und »mindestens ein« entsprechen, welche im Inneren von Sätzen vorkommen. Dazu paßt Kants Einteilung der Urteile nach Quantität, Qualität und Relation schlecht und erscheint eher als verwirrend.

Doch auch heute können wir fragen, ob es irgendwelche für die Betätigung unseres Verstandes – oder für eine vollständige Sprache – unentbehrlichen Begriffe gibt. Nun, jeder, der eine – der unseren auch noch so fernstehende – Sprache verwendet, muß über eine Negation und Quantoren wie »alle« und »mindestens ein« verfügen. Und wenn es ein vernünftiger Sprachanwender ist, muß er auch schließen können, also mit Wörtern wie »wenn – dann« und »folglich« umgehen können.

Die transzendentale Deduktion der Kategorien

Auch wenn Kant damit recht hat, daß es einen Kernbestand unentbehrlicher Kategorien gibt, ist es eine ganz andere Frage, ob ihre Beherrschung angeboren sein muß. Dazu müssen wir von der metaphysischen zur transzendentalen Deduktion übergehen. Die transzendentale Deduktion der reinen Verstandesbegriffe steht im Zentrum der Kantischen Philosophie, und ihr wenden wir uns jetzt zu.

»Deduktion« ist bei Kant ein quasi-juristischer Begriff, eine Metapher aus der Genealogie und dem Erbrecht. Die Deduktion eines Begriffs ist bei ihm ein Beweis, daß man zu seiner Verwendung erkenntnistheoretisch berechtigt ist. Eine Deduktion der Kategorien ist ein Beweis, daß man diese apriorischen Begriffe auf Gegenstände anwenden darf. Eine Deduktion eines apriorischen Begriffs kann keine bloße empirische Erklärung sein, wie man zu ihm gelangt; als transzendentale Deduktion muß sie zeigen, daß der Begriff notwendig ist, wenn es überhaupt Erfahrung geben soll.

Betrachten wir etwa den Begriff der Ursache, der in Kants Kategorientafel auftritt. Wenn er apriorisch ist, dann kann man ihn nicht auf die Erfahrung zurückführen, sie kann niemals die Notwendigkeit und Allgemeingültigkeit der Verknüpfung zwischen Ursache und Wirkung beweisen. Gewiß legt unsere Erfahrung alle möglichen Verallgemeinerungen nahe. Könnte es aber nicht eine so chaotische Erfahrungswelt geben, daß keine Ursachen und Wirkungen ausgemacht werden können? Das Ergebnis der transzendentalen Deduktion ist nun, daß ohne die Kategorien, darunter Substanz und Ursache, auch die beschränkteste und chaotischste Erfahrung gar nicht verstanden, unter Begriffe gebracht werden könnte. Wenn wir nicht mit Gegenständen arbeiten können, die mehr sind als die bloße Erscheinung, dann können wir überhaupt keine Anschauungen unter Begriffe bringen.

Dreierlei ist im Spiel, wenn die Erfahrung unter Begriffe gebracht wird. Da ist erstens die Zeitordnung der Anschauungen, zweitens die Einheit der Anschauung in einem Bewußtsein und drittens die Fähigkeit des Subjekts, die Anschauungen unter Begriffe zu bringen. Zu alledem gehört nach Kant die dauernde Möglichkeit des Selbstbewußtseins. »Die mannigfaltigen Vorstellungen, die in einer gewissen Anschauung gegeben werden, würden nicht insgesamt *meine* Vorstellungen sein, wenn sie nicht insgesamt zu einem Selbstbewußtsein gehöreten.«

Zum Selbstbewußtsein gehört die notwendige Zuordnung der Erfahrung zu einem Subjekt. Ich kann nicht *entdecken*, daß etwas zu *meinem* Bewußtsein gehört. Man kann nicht gewissermaßen auf einen Bewußtseinsinhalt stoßen, sich fragen, wem er zugehört,

Critik
der
reinen Vernunft
von
Immanuel Kant
Professor in Königsberg.
Riga,
verlegts Johann Friedrich Hartknoch
1781.

KANTS »KRITIK DER REINEN VERNUNFT«, Titelblatt der 1. Auflage.

nachforschen und zu dem Ergebnis kommen, er gehöre einem selbst zu. Ich kann durch Nachdenken verschiedene Züge meiner bewußten Erfahrung erkennen, nicht aber, daß es *meine* ist. Die Entdeckungen des Selbstbewußtseins über die eigene Erfahrung nennt Kant »Apperzeptionen«. Das Bewußtsein der Ich-Zugehörigkeit der Erfahrung ist keine empirische, sondern eine »transzendentale Apperzeption«.

Das Bewußtsein von Erfahrungen als den meinen ist gleichzeitig Bewußtsein von der Zugehörigkeit der Erfahrungen zu *einem* Bewußtsein. Doch die Einheit dieser Erfahrungen wird nicht durch die Erfahrung selbst gestiftet; meine Erfahrungen sind nach Kant bunt und verschiedenartig. Wieder liegt eine apriorische Verstandestätigkeit vor, die nach Kant die »Synthesis« der Anschauungen leistet, sie in die Einheit eines Bewußtseins zusammenbringt.

Der Verstand leistet die Synthesis der Anschauungen, indem er sie als mögliche Elemente eines Urteils zusammenbringt. Nun ist eine Kategorie einfach ein Urteilsbereich; also fällt die Mannigfaltigkeit jeder Anschauung notwendig unter die Kategorien.

Die Bedingungen der Ich-Zuordnung der Erfahrung sind die Einheit und Verbundenheit einer zeitlichen Abfolge von Anschauungen. Das sind aber auch die Bedingungen der Möglichkeit, daß eine Abfolge von Anschauungen *eine* objektive Welt bildet. Daher setzt die Möglichkeit des Selbstbewußtseins die Möglichkeit des Bewußtseins von äußeren Gegenständen voraus.

Kant möchte dem Empiristen so weit wie möglich entgegenkommen und ihm dann auf seinem eigenen Boden zeigen, daß der Empirismus unzureichend sei. Er gibt zu, daß zu jeder Gegenstandserkenntnis – sogar meiner selbst als Gegenstand – Erfahrung nötig ist. Die ursprüngliche Einheit der Apperzeption liefert mir nur den *Begriff* meiner selbst; für jede Selbst*erkenntnis* ist Anschauung nötig. Zu empirischer Erkenntnis aber – meiner selbst oder von etwas anderem – gehören Urteile, und die gibt es nicht ohne Begriffe. Es kann keine aus der Erfahrung abgeleiteten Begriffe geben ohne Begriffe, die von der Erfahrung vorausgesetzt werden, und deshalb muß selbst Erkenntnis von Erscheinungen oder meiner selbst unter den Kategorien stehen.

Die Quelle der objektiven Naturordnung ist das transzendentale Ich, das sich in der transzendentalen Einheit der Apperzeption zeigt, aber nicht erkannt wird. So löst sich das Rätsel, wie, da die Kategorien »nicht von der Natur abgeleitet werden und sich [nicht] nach ihr als ihrem Muster richten, es zu begreifen sei, daß die Natur sich nach ihnen richten müsse«.

Kant leitet so aus der transzendentalen Einheit der Apperzeption die Objektivität der Welt ab und zeigt, daß es einen Unterschied zwischen Wirklichkeit und Erscheinung gibt. Die transzendentale Einheit der Apperzeption ist nur möglich, wenn unsere Erfahrung die einer durch die Kategorien beschreibbaren Welt ist. Das ist im Grunde die transzendentale Deduktion der Kategorien.

Die Einzelheiten der Argumentation bleiben undeutlich. Kant formuliert sie wieder und wieder in vielen verschiedenen Formen, doch jedesmal scheint irgendein Denkschritt zu fehlen. Dem Leser verbleiben isolierte Gedankenblitze, aber kein Überblick über eine zwingende Argumentation. Kants transzendentale Deduktion weist die Richtung einer Widerlegung des Empirismus, doch wirklich bezwungen dürfte er damit noch nicht sein.

Die Analytik der Grundsätze

Kant unterscheidet Verstand und Urteilskraft, d.h. die Fähigkeit zur Bildung von Begriffen (Wörtern) und zu ihrer Anwendung (in Sätzen). Apriorische Begriffe heißen Kategorien, apriorische Urteile heißen Grundsätze. Jeder Kategorie entspricht ein Grundsatz.

Apriorische Urteile können, wie wir wissen, analytisch oder synthetisch sein. Der höchste Grundsatz der analytischen Urteile ist die Widerspruchsfreiheit; ein in sich widersprüchliches Urteil ist leer, und ein analytisches Urteil zeichnet sich dadurch aus, daß seine Negation ein Widerspruch ist. Die Widerspruchsfreiheit führt aber nicht über die analytischen Aussagen hinaus, sie ist eine notwendige, aber nicht hinreichende Bedingung für die Wahrheit synthetischer Aussagen.

In einem synthetischen Urteil werden zwei nichtidentische Begriffe zusammengebracht. Das Medium dieser Synthesis von Begriffen ist nach Kant die Einbildungskraft, die sie kraft der Einheit der Apperzeption zusammenbringt. Der höchste Grundsatz der synthetischen Urteile lautet also: »Ein jeder Gegenstand steht unter den notwendigen Bedingungen der synthetischen Einheit des Mannigfaltigen der Anschauung in einer möglichen Erfahrung.« Daraus ergeben sich synthetische Urteile a priori, indem diese Bedingungen auf jeden möglichen Gegenstand der Erfahrung angewandt werden.

Kant teilt die synthetischen Grundsätze in vier Klassen ein, die den vier Gruppen der Kategorientafel entsprechen. Da sind erstens die Axiome der Anschauung, die der Kategorie der Quantität entsprechen; zweitens die Antizipationen der Wahrnehmung, die der Kategorie der Qualität entsprechen; drittens die Analogien der Erfahrung, die der Kategorie der Relation entsprechen; viertens die Postulate des empirischen Denkens, die der Kategorie der Modalität entsprechen. Lassen wir sie uns der Reihe nach von Kant erklären.

Die Axiome der Anschauung. Deren Grundsatz besagt, daß alle Anschauungen ausgedehnte Größen sind: Alle Erfahrungen sind in Raum oder Zeit ausgedehnt (d.h. haben voneinander verschiedene Teile). »Alle Erscheinungen werden...schon als Aggregate (Mengen vorher gegebener Teile) angeschaut.« Dies ist nach Kant die Grundlage der geometrischen Axiome, etwa daß es durch zwei Punkte eine und nur eine Gerade gibt.

Die Antizipationen der Wahrnehmung. Deren Grundsatz besagt, daß in allen Erscheinungen das wahrgenommene Wirkliche eine Intensität hat. Empfindet man z.B. einen bestimmten Wärmegrad, so weiß man, daß man auch einen höheren oder einen niedrigeren empfinden könnte, der Empfindung entspricht ein Punkt auf einer in beiden Richtungen ausgedehnten Skala. Und eine Farbe ist auf einem Spektrum lokalisiert. Der Ausdruck »Antizipation« ist wenig glücklich, er suggeriert, bei jeder Empfindung wisse man a priori, was für eine folgen wird. Doch das kann natürlich nur die Erfahrung zeigen; Kant sagt, »daß die Empfindung es eigentlich sei, was gar nicht antizipiert werden kann«. A priori bekannt ist bei jeder Empfindung nur die logische Möglichkeit einer anderen Ausprägung auf der entsprechenden Skala. Vielleicht wäre »Projektion« ein besserer Ausdruck.

Die Analogien der Erfahrung. Dieser Abschnitt ist sehr gehaltvoll und interessant: er läuft auf eine erfolgreiche Widerlegung des empiristischen Atomismus und der Humeschen Skepsis im Hinblick auf die Kausalität hinaus. Der Grundsatz der Analogien besagt, daß Erfahrung nur möglich sei, wenn notwendige Verknüpfungen zwischen den

Kants zweite Analogie beruht auf einer Erkenntnis, die durch diese Miniatur illustriert wird, auf der Marco Polo in Venedig eine seiner Reisen beginnt. Ich beobachte ein Schiff, das den Hafen verläßt; indem ich meine Blicke schweifen lasse, sehe ich verschiedene Momentaufnahmen von Häusern und von Schiffen. Nicht diese Erfahrung, sondern meine Vorkenntnis der kausalen Eigenschaften dieser Gegenstände läßt mich feststehende Häuser und sich bewegende Schiffe erkennen.

Wahrnehmungen bestehen. Die Argumentation verläuft in zwei Hauptschritten: 1. Wenn ich überhaupt Erfahrungen haben soll, müssen es Erfahrungen eines objektiven Reiches sein, und dieses muß unvergängliche Substanzen enthalten. 2. Erfahrungen eines objektiven Reiches müssen Erfahrungen kausal geordneter Interaktionen von Substanzen sein.

Bei jeder der drei Analogien geht die Argumentation von unserem Zeitbewußtsein aus, und zwar von der Zeit zuerst als Dauer, dann als Aufeinanderfolge und zuletzt als Gleichzeitigkeit.

Die drei Analogien

Nach der ersten Analogie kann man die Zeit selbst nicht wahrnehmen. In der Erfahrung eines Augenblicks, lediglich als inneres Ereignis genommen, zeigt nichts, wann sie stattfindet, oder ob sie vor oder nach irgendeiner anderen Augenblickserfahrung stattfindet. Unser Zeitbewußtsein muß also die Ereignisse auf ein beständiges, substanzhaftes Substrat beziehen. »Bei allem Wechsel der Erscheinungen«, so der Grundsatz, »beharrt die Substanz, und das Quantum derselben wird in der Natur weder vermehrt noch vermindert.«

Soll es so etwas wie Veränderung geben (und nicht nur eine zusammenhanglose Abfolge), dann muß es etwas geben, das zuerst dies und nachher etwas anderes ist. Doch dieses Dauerhafte kann die Erfahrung nicht liefern, sie ist selbst ständig im Fluß; es muß von etwas Objektivem geliefert werden, das man als »Substanz« bezeichnen kann. »An diesem Beharrlichen kann alles Dasein und aller Wechsel nur als ein Modus der Existenz dessen, was bleibt und beharrt, angesehen werden. Also ist in allen Erscheinungen das Beharrliche der Gegenstand selbst, d.i. die Substanz (phaenomenon).«

Es gibt eine Reihe von Unklarheiten in der Argumentation wie im Ergebnis der ersten Analogie. »Substanz« scheint manchmal als ein Wort mit bereits bekannter Bedeutung gebraucht zu werden – vielleicht, wie bei den Kategorien, als etwas, das stets als Subjekt und nie als Prädikat auftritt; manchmal scheint es definitorisch eingeführt zu werden als das Beständige bei der Veränderung. Es ist nicht immer klar, von was für einer Veränderung die Rede ist; geht es um Entstehung und Verschwinden von Substanzen oder um Änderungen der Eigenschaften einer beständigen Substanz? Infolgedessen ist zweifelhaft, wieviel durch das Argument bewiesen wird: Soll das Ergebnis darin bestehen, daß es einige dauerhafte Dinge geben muß, oder eines, oder muß es ein unveränderliches Quantum der Substanz geben? Und völlig unklar bleibt, warum die Substanz ewig sein muß. Doch auch die schwächste Form des Ergebnisses – daß es wenigstens einige objektive Entitäten von nicht nur augenblicklicher Dauer geben muß – genügt zur Widerlegung des empiristischen Atomismus.

Die 2. und 3. Analogie sind ein stärkerer Angriff auf die Auffassungen Humes. Die zweite beruht auf einer einfachen, aber tiefreichenden Beobachtung. Wenn ich ein Haus betrachte, habe ich eine Folge von Eindrücken, vielleicht sehe ich zuerst das Dach, dann die oberen Stockwerke, dann das Erdgeschoß und dann das Kellergeschoß. Wenn ein Schiff an mir vorbei den Fluß hinabfährt, sehe ich es erst oberhalb, dann unterhalb usw. Worin unterscheidet sich eine bloß subjektive Folge von Erscheinungen (die verschiedenen Ansichten des Hauses) von einer objektiven (der Bewegung des Schiffes)? Nur im ersten Fall könnte die Reihenfolge der Wahrnehmungen umgekehrt werden, und der Unterschied kann nur durch eine notwendige kausale Regelmäßigkeit zustande kommen. »Niemals legen wir selbst in der Erfahrung die Folge...dem Objekt bei und unterscheiden sie von der subjektiven unserer Apprehension, als wenn eine Regel zum Grunde liegt.«

DIE FÜNF SINNE (oben), Gesicht, Gehör, Geschmack, Geruch und Tastsinn, haben Philosophen wie Künstler gefesselt. Während Descartes und Locke die Sinneseindrücke (die »sekundären Qualitäten«) für subjektiv erklärten, betonten Künstler wie De Vou, der Maler dieses Bildes, weiter die körperlichen und verhaltensmäßigen Äußerungen der Sinneswahrnehmung, denen sich die philosophische Betrachtung später wieder zuwandte.

DER WELTLICHE PHILOSOPH (links). Der Diplomat Constantijn Huygens war auch Philosoph und Wissenschaftler und bestärkte Descartes schon sehr früh in seinen Forschungen. Dieses Porträt von Thomas de Keyser stellt auch das typische Studierzimmer eines Gelehrten des 17. Jh. dar.

Augustinus libro secun do de doctrina xpiana:

Omniz que sut dedit in deus sciaz uaz. et ecunz sut et impinsa didici Phylosophi si qua ura dixiunt et fidei nre accomoda sunt abeis ta q ab iniustis possessoribz in usum nostrum uindicanda:

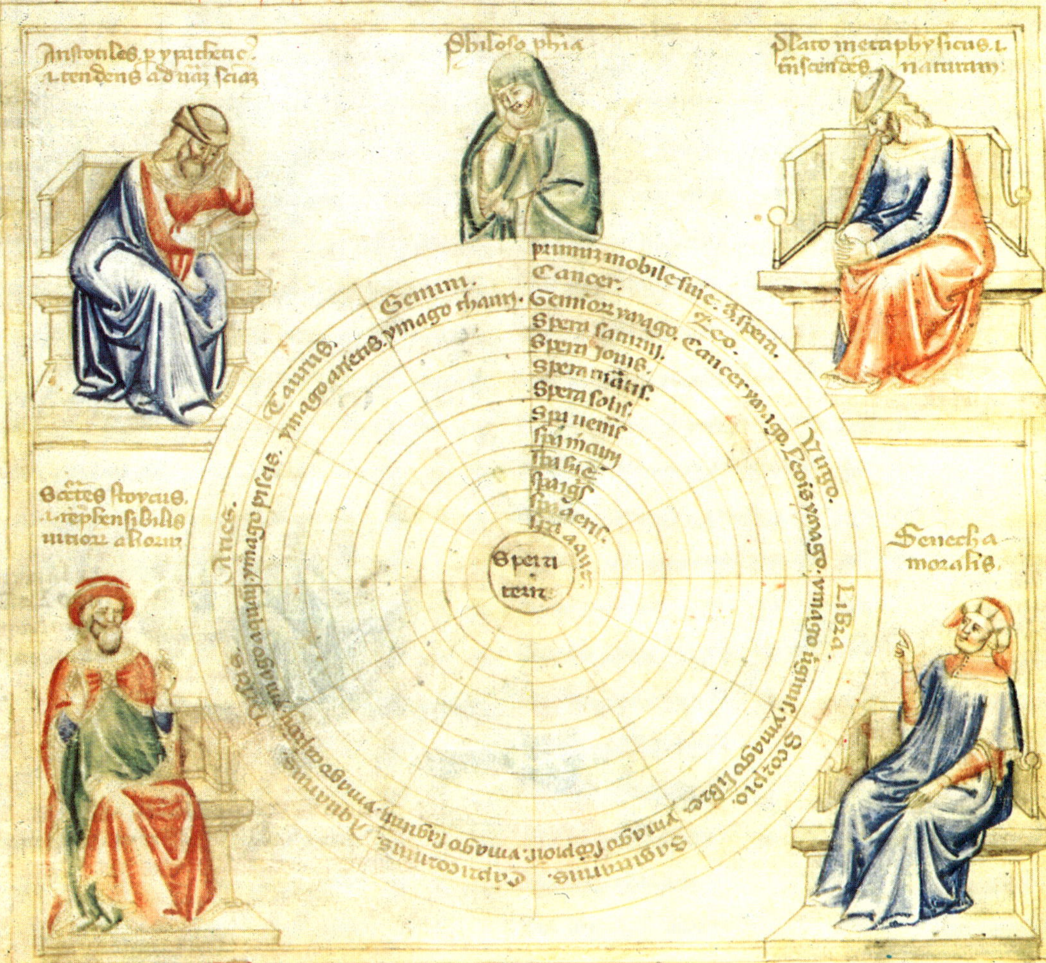

Hen lintento suo chostoro eghannni. Esepen fino al cen tro de la terra. Tutto quel chi reserra. Diuinita fino a la spiera octaua. Aristotel spicchaua. La mente sua ol tra gliatti insibili. per li sensi inuisibili. Cognoue e de chiaro no men che plato. Che contempia da lato. Phylosophya eglialtri dui magna nimi che non for pusilanimi. Reprehesen chi inuilia suo chor sotenra. Socrates qui sa ferra. Esenecha moral po de li i chaua. Chor bei cho stumi e laua. Le menti e netta de certi rixibili. Chostoro foro icre dibili. Di nostra fede et han quei chel bel prato. Cian de scientia ornato. P chui phylosophya tutta inpraticha: hauen sinicanale e mathematicha:

Daher sei der Humesche Gedanke, man nehme zunächst eine zeitliche Abfolge von Ereignissen wahr und sehe anschließend das eine als Ursache und das andere als Wirkung an, grundsätzlich unhaltbar. Es sei umgekehrt: ohne Ursache-Wirkungs-Beziehungen könnten wir gar keine objektive Zeitordnung herstellen.

Doch auch wenn die Zeitfolge unabhängig von der Kausalbeziehung feststellbar wäre, könnte diese doch nicht lediglich auf jener beruhen. Ein Ball, der auf ein weiches Kissen gelegt wird, erzeugt genau im gleichen Augenblick eine Vertiefung. Und doch ist der Ball die Ursache und die Vertiefung die Wirkung. Das wissen wir, weil jeder solche Ball eine Vertiefung hervorruft, aber nicht in jeder Vertiefung ein Ball liegt. Die Beziehung zwischen Zeit und Kausalität ist komplizierter, als Hume sich träumen ließ.

In der 3. Analogie geht Kant vom dritten Aspekt der Zeit, der Gleichzeitigkeit aus und zeigt, daß auch diese ohne Kausalbeziehung nicht denkbar ist. Sind A und B gleichzeitig, dann kann man seinen Blick von A nach B oder von B nach A schweifen lassen. Doch wenn A und B kausal isoliert sind, auf nichts anderes wirken können, dann können wir nicht sagen, ob die beobachtete Gleichzeitigkeit objektiv oder nur eine Eigenschaft unserer Wahrnehmung ist. Nur wenn unsere Beobachtung von A und B mit einer Einwirkung auf uns verbunden ist – wenn also keine kausale Isolation besteht –, können wir unsere gleichzeitige Beobachtung als eine Beobachtung von Gleichzeitigkeit auffassen.

Die 3. Analogie ist nicht so überzeugend wie die zweite, und die Kommentatoren haben den Verdacht geäußert, daß Kant zu seiner Triade der Analogien nicht durch rein philosophische Gesichtspunkte veranlaßt wurde, sondern weil er seine Metaphysik der Erfahrung mit den drei Hauptgesetzen der Newtonschen Physik parallelisieren wollte.

Die Postulate des empirischen Denkens

Der interessanteste Teil dieser Diskussion ist Kants Widerlegung des Idealismus. Sie hat ein doppeltes Angriffsziel vor Augen: den »problematischen« Idealismus Descartes' (»Ich existiere« ist die einzige unbezweifelbare empirische Behauptung) und den dogmatischen Idealismus Berkeleys (die Außenwelt ist eine Illusion). Beiden gemeinsam ist die These, das Innere sei besser bekannt als das Äußere, und die äußeren Substanzen würden aus inneren Erfahrungen erschlossen. Die Argumentation verläuft folgendermaßen. Ich nehme wechselnde Bewußtseinszustände wahr, damit bin ich mir meiner Existenz in der Zeit bewußt, daß ich also Erlebnisse zuerst zu einer Zeit und dann zu einer anderen habe. Doch die Wahrnehmung einer Veränderung setzt, wie früher gezeigt, die Wahrnehmung von etwas Beständigem voraus. Dieses bin aber nicht ich: des einheitstiftenden Subjekts meiner Erfahrung bin ich jederzeit gewahr, aber ich habe keine Erfahrung davon. Daher muß ich äußere Erfahrungen haben, um Aussagen über die Vergangenheit machen zu können.

Kants Analytik schließt mit einem nachdrücklichen Hinweis auf die Grenzen des Verstandes. Die Kategorien können nicht ihre eigene Anwendbarkeit beweisen, die Grundsätze können nicht ihre eigene Wahrheit beweisen. Der Verstand allein kann nicht

Die Gefährdung des Kosmos. Die geordnete geozentrische Welt des Mittelalters, wie sie hier dargestellt ist, wurde durch die Entwicklung der wissenschaftsorientierten Philosophie der Renaissance in Frage gestellt, die im Werke von Galilei und Descartes gipfelte. Sie stellte auch die Autorität der hier dargestellten früheren Denker in Frage.

beweisen, daß es so etwas wie eine Substanz gibt, oder daß jede Veränderung eine Ursache hat. Was sich a priori zeigen läßt, sei es durch die transzendentale Deduktion der Kategorien oder durch die Darlegung des Systems der Grundsätze, ist nur so viel: *wenn Erfahrung möglich sein soll*, dann müssen bestimmte Bedingungen erfüllt sein. Ob aber Erfahrung möglich ist, das läßt sich nicht im voraus entscheiden, die Möglichkeit von Erfahrung kann nur durch das wirkliche Auftreten von Erfahrung bewiesen werden. Begriffe lassen sich nur auf Gegenstände möglicher Erfahrung anwenden, nicht auf alles überhaupt und die Dinge an sich. Wenn nicht die Anschauung einen Gegenstand liefert, der unter einen Begriff fällt, so ist der Begriff leer und nutzlos.

Kant beobachtet, daß die Philosophen zwischen den Erscheinungen (Phänomenen) und den Gegenständen des Denkens (noumena) unterscheiden und die Welt in eine Welt der Sinne und eine Welt des Verstandes einteilen. Kants Analytik hat gezeigt, daß es keine Welt der bloßen Erscheinungen geben kann, der bloßen Sinnesgegenstände, die unter keine Kategorien fallen und keinen Regeln gehorchen. Doch daraus folgt nicht, daß es eine nichtsinnliche Welt gäbe, die nur dem Verstande zugänglich wäre. Kant erkennt noumena in einem negativen Sinne an als Dinge, die nicht Gegenstand der sinnlichen Anschauung sind; nicht aber in einem positiven Sinne, als Gegenstände einer nichtsinnlichen Anschauung. Der Begriff des noumenon ist im richtigen Verständnis nur ein Grenzbegriff, der die Grenzen der Sinneswelt aufzeigen soll. Noumena als existierende nichtsinnliche Gegenstände, die allein mit dem Verstande untersucht werden könnten, bilden eine Welt der Illusion, deren Geographie der Gegenstand der transzendentalen Dialektik sein wird.

Von der Analytik zur Dialektik

Die Analytik hat das Gebiet des reinen Verstandes abgesteckt. Kant vergleicht es bilderreich mit einer Insel der Wahrheit in einem Ozean der Täuschungen.

In der transzendentalen Dialektik möchte Kant die Logik der Illusion aufzeigen und apriorische Psychologie, Kosmologie und Theologie kritisch durchleuchten. Es geht ihm nicht um gelegentliche und zufällige Irrtümer wie optische Täuschungen oder logische Trugschlüsse, sondern um etwas Wichtigeres, etwas Transzendentales: den Versuch, den Verstand außerhalb der Grenzen der Erfahrung anzuwenden – eine »Illusion, die« in Ansehung seiner Fähigkeiten »gar nicht zu vermeiden ist« .

Alle Erkenntnis geht nach Kant von den Sinnen aus, schreitet von da zum Verstande fort und endet bei der Vernunft. Der Unterschied zwischen Verstand und Vernunft ist bei Kant nicht recht klar, womöglich sogar etwas widerspruchsvoll. Er konzentriert sich aber auf drei Schlußformen, die kategorische (wie »Alle M sind P, alle S sind M, also sind alle S P«), die hypothetische (wie »Wenn A, dann B; nun A; also B«) und die disjunktive (wie »Entweder A oder B; nun nicht A; also B«).

Die Vernunft arbeitet wie der Verstand mit Begriffen. Die reinen Verstandesbegriffe nannte Kant mit Aristoteles »Kategorien«; die Begriffe der reinen Vernunft nennt er in bewußter Anlehnung an Platon »Ideen«. Es sind notwendige Vernunftbegriffe, denen kein Gegenstand der Sinneserfahrung entspricht.

Die Ideen der reinen Vernunft werden durch eine Art Schluß und den Versuch seiner Verabsolutierung gewonnen. Wir schließen von Voraussetzungen auf Folgerungen; sind die Voraussetzungen wahr, so sind es auch die Folgerungen. Deren Wahrheit erscheint aber nur als eine bedingte, da man die Wahrheit der Voraussetzungen anzweifeln kann. Die Vernunft sucht etwas Unbedingtes, eine absolute Grundlage, die also aus ihr selbst folgt. Das absolut Gültige gilt unbedingt, in jeder Hinsicht, ohne Einschränkung.

Es gibt drei Ideen der reinen Vernunft, die durch Verabsolutierung der drei Schlußformen entstehen: Da ist die Idee der Seele als des dauerhaften, substanzhaften Subjekts, die sich aus dem Unbedingten durch den kategorischen Syllogismus ergibt. Da ist die Idee des Kosmos als der Gesamtheit der kausal verknüpften Gegenstände, die sich aus dem hypothetischen Syllogismus ergibt. Schließlich ist da die Idee Gottes als des Wesens aller Wesen, die sich aus dem disjunktiven Syllogismus ergibt. Es »gibt die reine Vernunft die Idee zu einer transzendentalen Seelenlehre..., zu einer transzendentalen Weltwissenschaft..., endlich auch zu einer transzendentalen Gotteserkenntnis...an die Hand«.

Drei Arten dialektischen Argumentierens führen zu den drei Ideen. Schlüsse von der subjektiven Erfahrung auf die Seele als Substanz heißen *Paralogismen der reinen Vernunft*. Schlüsse von den Kausalbeziehungen zwischen empirischen Gegenständen auf den Begriff eines unbedingten ganzen Weltalls, das alle Bedingungen in sich enthält, heißen *Antinomien der reinen Vernunft*. Und der Übergang von der Zufälligkeit der Erfahrungsgegenstände zur unbedingten Notwendigkeit eines Wesens aller Wesen, Gott, heißt das *Ideal der reinen Vernunft*.

Die Paralogismen der reinen Vernunft

Wir müssen zwischen empirischer und rationaler Psychologie unterscheiden. Von der Seele handelt erstere als dem Gegenstand des inneren Sinnes, letztere als dem Subjekt jedes Urteils. Die rationale Psychologie ist nach Kant »eine angebliche Wissenschaft..., welche auf dem einzigen Satze: Ich denke, erbaut worden«. Sie stützt sich nicht auf die empirischen Wahrnehmungen des inneren Sinnes, sondern auf die bloße Apperzeption ohne empirischen Inhalt. »Ich denke, ist also der alleinige Text der rationalen Psychologie.« »Dieses Ich, oder er, oder es (das Ding), welches denkt«, ist ein unbekanntes X, das transzendentale Subjekt der Gedanken.

Descartes verwendete »Ich denke« als Sammelbegriff für alle Bewußtseinszustände und -tätigkeiten. Doch im Rahmen der rationalen Psychologie ist das Bewußtsein keine Art, sondern eine Begleiterscheinung des Denkens. Es ist der vom Denken nicht ablösbare Ausdruck des Selbstbewußtseins. Wie wissen wir aber, daß alles Denkende Selbstbewußtsein hat? Antwort: Es ist notwendig, um über das Denken nachzudenken – und wir schreiben ja den Dingen a priori jene Eigenschaften zu, die Bedingungen dafür sind, daß wir über sie nachdenken können.

Kant führt vier Paralogismen der reinen Vernunft auf, vier Trugschlüsse, zu denen man durch den Drang geführt wird, über die bloß empirische Psychologie hinauszugehen. Der erste Paralogismus geht von der Voraussetzung »Notwendigerweise ist das Subjekt des Denkens ein Subjekt« zur Folgerung »Das Subjekt des Denkens ist notwendig ein Subjekt« über. Der zweite schließt von »Das Ich ist nicht teilbar« auf »Das Ich ist eine einfache Substanz«. Der dritte schließt von »Immer, wenn ich bewußt bin, bin ich als dasselbe Ich bewußt« auf »Immer, wenn ich bewußt bin, bin ich mir desselben Ichs bewußt«. Der

Rationalismus und Romantik. Der kritische Rationalismus wird in Kants Schriften oft durch überraschend poetische Bilder veranschaulicht. Seine Beschreibung der Insel der Erkenntnis inmitten eines eisigen, nebligen Ozeans läßt an den großen romantischen Maler Caspar David Friedrich (1774-1840) denken.

vierte schließt von »Ich kann mich unabhängig von jedem anderen Gegenstande, auch dem eigenen Körper, denken« auf »Unabhängig von jedem anderen Gegenstande, auch dem eigenen Körper, kann ich mich denken«.

Jedesmal wird eine harmlose analytische Aussage in eine problematische synthetisch-apriorische Aussage übergeführt. Zusammen laufen die Paralogismen auf die Behauptung hinaus, das Ich sei ein immaterieller, unvergänglicher, persönlicher, unsterblicher Gegenstand.

Die Antinomien der reinen Vernunft

Kant meinte, jeder Versuch der Vernunft, »kosmische Begriffe«, d.h. Begriffe von der Welt als ganzer zu bilden, führe zu unlösbaren Widersprüchen. Die illusionären Tendenzen der reinen Vernunft führt er an einer Reihe von Antinomien vor, d.h. Paaren von Argumenten, die zu einander widersprechenden Folgerungen führen (einer These und einer Antithese).

So führt die 1. Antinomie zu der These »Die Welt hat einen Anfang in der Zeit und ist räumlich begrenzt« und der Antithese »Die Welt hat keinen Anfang in der Zeit und keine räumlichen Grenzen, sie ist zeitlich und räumlich unendlich«.

Ob die Welt einen Anfang in der Zeit hat, darüber haben sich die Philosophen seit alters Gedanken gemacht. Aristoteles hielt das unendliche Alter, Augustinus das endliche für beweisbar, Thomas von Aquin keines von beidem. Kant hielt beides für beweisbar. Das bedeutet natürlich nicht, daß die einander widersprechenden Aussagen beide wahr wären, sondern soll lehren, daß die Vernunft nicht über »die Welt« als Ganzes sprechen kann.

In Wirklichkeit ist keiner der beiden »Beweise« bei Kant wasserdicht. Das Argument für die Endlichkeit stützt sich auf die Unmöglichkeit, eine unendliche Reihe zu vollenden. Eine solche kann nach Kant »nie durch eine sukzessive Synthesis vollendet werden«. Deshalb sei es unmöglich, daß eine unendliche Folge von Weltzuständen vor uns liegt. Die Mathematiker nach Kant haben die Unendlichkeit auch anders definiert; doch auch wenn man Kants Definition zugrunde legt, kann man seine Folgerung bestreiten. Eine unendliche Reihe kann zwar nicht in dem Sinne »vollendet« sein, daß sie zwei Endpunkte hätte; aber warum soll sie nicht in einer Richtung ein Ende haben und in der anderen unbeschränkt sein? Die verflossene Zeit wäre dann in dem Sinne »vollendet«, daß sie jetzt ein Ende hätte, aber unbeschränkt in die Vergangenheit reichte. Dagegen führt Kant keinen überzeugenden Grund an.

Eine räumlich unendliche Welt soll unmöglich sein, weil die Unendlichkeit in der Zeit unmöglich ist: Eine unendliche Welt könnte nicht mit einem Blick erfaßt werden, sondern nur durch unendlich viele, was unendlich lange Zeit beanspruchen würde. Warum aber sollte der Glaube an die räumliche Unendlichkeit darauf festgelegt sein, daß man nacheinander die ganze Welt durchzählen kann? Warum keine unendliche und unüberblickbare Welt?

Das Argument für die Unendlichkeit verläuft folgendermaßen. Hätte die Welt einen Anfang, dann gäbe es eine Zeit, in der sie noch nicht vorhanden war. Jeder Augenblick dieser »leeren« Zeit gliche genau jedem anderen, und es gäbe keine Antwort auf die Frage, warum die Welt in einem bestimmten Augenblick anfing. Man könnte entgegenhalten, daß man nicht von der »leeren Zeit« auszugehen habe. Man kann zugeben, daß man den Weltanfang nicht von außen (auf den und den Punkt der »leeren Zeit«) festlegen könne, wohl aber von innen (so und so lange vor heute).

Ein paralleles Argument soll die räumliche Unendlichkeit beweisen: Ist die Welt räumlich begrenzt, so muß sie durch einen Raum begrenzt werden; doch ein leerer Raum ist ein Nichts. Es ist auch eine parallele Entgegnung möglich. Das Kantische Argument scheint nur zu gelten, wenn man von einem absoluten Raum ausgeht, nicht aber, wenn es sich nur um eine abstrakte Darstellungsweise für räumliche Beziehungen zwischen realen Gegenständen handelt. Zusammenfassend ist festzustellen, daß die 1. Antinomie nicht geeignet erscheint, die Machtlosigkeit der Vernunft darzutun.

Die 2. Kantische Antinomie betrifft Einfachheit und Zusammengesetztheit, die dritte Freiheit und Kausalität und die vierte Notwendigkeit und Kontingenz. Jedesmal besagt die Antithese, daß eine bestimmte Reihe unbeschränkt ist, und die These, daß sie einen Endpunkt habe. Wir haben also:

1. Antinomie: Die Reihe von *Nachbarn* in Raum und Zeit endet (nicht).
2. Antinomie: Die Reihe der *Teile* endet (nicht).
3. Antinomie: Die Reihe der *Ursachen* endet (nicht) bei einem unverursachten Ereignis.
4. Antinomie: Die Reihe des *Bedingten* endet (nicht) bei einem absolut notwendigen Wesen.

Jeder der hervorgehobenen Begriffe gilt Kant als *bedingt* durch etwas anderes, jede der Reihen ist eine Reihe von Bedingungen. »Die ganze Antinomie der reinen Vernunft beruht auf dem dialektischen Argumente: Wenn das Bedingte gegeben ist, so ist auch die ganze Reihe aller Bedingungen desselben gegeben; nun sind uns Gegenstände der Sinne als bedingte gegeben, folglich usw.«

Kant hält beide Seiten jeder Antinomie für irrig; die These ist jeweils der dogmatische, die Antithese der empiristische Irrtum. Jede Antinomie demonstriert die Diskrepanz zwischen dem Bereich des Empirischen und den Anmaßungen des Vernunftideals. Die These stellt die Welt als kleiner hin als das Denken, man kann über sie hinausdenken. Die Antithese stellt sie als größer als das Denken hin, man kann sie nicht zu Ende denken. Jedesmal gilt, »daß die Weltidee für den empirischen Regressus...entweder zu groß, oder auch für denselben zu klein sei«. Wir haben unsere Weltidee auf das Empirische zurückzustutzen und nicht ihr die Welt anzubequemen, denn unsere Begriffe gewinnen Wirklichkeitsbezug nur durch mögliche Erfahrung.

Die Idee des ganzen Weltalls ist der Grundfehler der dogmatischen These wie der empiristischen Antithese. Jedesmal wird eine Aufgabe (z.B. die Ursachen eines Ereignisses zurückzuverfolgen) mit ihrer Vollendung verwechselt (z.B. einer Gesamtschau aller Ursachen). Die Welt als ganze kann nie in der Erfahrung gegeben sein, sie ist ein Scheinbegriff. Und so kann man weder sagen, die Welt sei endlich, noch, sie sei unendlich.

Diese Antinomie liefert einen Beweis des transzendentalen Idealismus. Ist das ganze Weltall etwas an sich Existierendes, so ist es entweder endlich oder unendlich. Beides ist falsch (wie der Beweis der These bzw. der Antithese jeweils zeigt). Daher ist die Welt (die Summe aller Erscheinungen) nichts an sich Existierendes. Und daraus folgt, daß die Gesamtheit der Erscheinungen nichts jenseits unserer Begriffe ist – eben dies besagt ihre transzendentale Idealität.

Die kosmologischen Ideen können nicht als echte Begriffe gelten. Sie haben aber eine regulative Funktion. »Der Grundsatz der Vernunft ist also eigentlich nur eine Regel, welche in der Reihe der Bedingungen gegebener Erscheinungen einen Regressus gebietet, dem es niemals erlaubt ist, bei einem Schlechthinunbedingten stehen zu bleiben.«

Natur und Freiheit

Die 3. Antinomie unterscheidet sich von den beiden vorhergehenden. Dort wurden These und Antithese als falsch verworfen. Bei der 3. Antinomie versucht Kant zu zeigen, daß beide, recht verstanden, wahr seien. Der Unterschied rühre daher, daß die beiden ersten Antinomien mit homogenen empirischen Reihen zu tun haben (den Teilen von Raum, Zeit und Materie), die dritte dagegen mit zwei heterogenen Elementen (natürliche und freie Verursachung).

Die These der 3. Antinomie besagt, die natürliche Kausalität genüge nicht zur Erklärung der Welt, man müsse auch Freiheit und Spontaneität heranziehen. Die Antithese besagt, das Postulat transzendentaler Freiheit laufe auf die Kapitulation vor der blinden Regellosigkeit hinaus, weil eine unverursachte Ursache das ganze System der Naturerklärung durchbrechen würde.

Kants Behandlung der 3. Antinomie gehört zu den vielen philosophischen Versuchen, Freiheit und Determinismus miteinander zu vereinbaren. Der Determinismus ist die Auffassung, jedes Ereignis habe eine Ursache im Sinne einer hinreichenden Vorbedingung. Die Deterministen werden manchmal in zwei Gruppen eingeteilt. Die »harten« Deterministen halten die Freiheit für unvereinbar mit dem Determinismus und somit für eine Illusion; die »weichen« Deterministen halten beides für vereinbar, so daß sie echte menschliche Freiheit anerkennen können. Kant gehört zu den letzteren: er möchte zeigen, daß recht verstandene Freiheit mit recht verstandenem Determinismus vereinbar sei. Ein Ereignis könne gleichzeitig natürlich determiniert sein und auf Freiheit beruhen.

Der menschliche Wille gehört nach Kant zur Sinnessphäre, ist aber frei, d.h. er wird von den Leidenschaften beeinflußt, aber nicht zwangsläufig bestimmt. »Dem Menschen wohnt ein Vermögen bei, sich, unabhängig von der Nötigung durch sinnliche Antriebe, von selbst zu bestimmen.« Doch diese Selbstbestimmung hat zwei Seiten, eine sinnliche (der Erfahrung zugängliche) und eine intelligible (nur dem Verstande zugängliche). Das freie Handeln ist die intelligible Ursache sinnlich wahrnehmbarer Wirkungen, die aber auch zu einer ununterbrochenen Kette nach unveränderlichen Gesetzen gehören.

Die transzendentale Freiheit und die Intelligibilität unseres Handelns zeigt sich am Gebrauch des Wortes »sollen«. Man kann nicht sagen, in der Natur *sollte* irgend etwas anders sein, als es ist. Die Imperative, die wir unserem Handeln geben, drücken eine Notwendigkeit aus, die nicht aus der Natur, sondern aus der selbstbestimmten Vernunft fließt. »Das Sollen drückt eine Art von Notwendigkeit und Verknüpfung mit Gründen aus, die in der ganzen Natur sonst nicht vorkommt.«

Angesichts der Schwierigkeit, die göttliche Allwissenheit mit der menschlichen Freiheit zu vereinbaren, haben Theologen oft behauptet, es liege kein Problem vor, weil die Menschen in der Zeit handeln und Gottes Wissen außerhalb der Zeit stehe. Angesichts des Problems, die menschliche Freiheit mit der deterministischen Natur in Einklang zu bringen, meint Kant, die Natur spiele sich in der Zeit ab, der menschliche Wille als noumenon (nicht als Erscheinung) aber nicht. Damit wird die Möglichkeit eines aktiv Handelnden, der ein empirischer Gegenstand mit einem empirischen und einem intelligiblen Charakter ist, davon abhängig gemacht, daß die Dinge-an-sich außerhalb der Zeit stehen.

Viele weiche Deterministen meinen, Freiheit und Determinismus seien deshalb vereinbar, weil unsere Handlungen durch Bewußtseinsvorgänge determiniert würden, und eine Handlung sei frei, wenn sie durch innere und nicht äußere Ursachen bestimmt sei. Glaubte Kant an einen solchen psychologischen Determinismus? Einerseits sagt er: »Wenn wir alle Erscheinungen seiner [sc. des Menschen] Willkür bis auf den Grund erforschen könnten, so würde es keine einzige menschliche Handlung geben, die wir nicht mit Gewißheit vorhersagen und aus ihren vorhergehenden Bedingungen als notwendig erkennen können.« Andererseits sagt er, es könne Handlungen geben, die »geschehen sind, nicht weil sie durch empirische Ursachen, nein, sondern weil sie durch Gründe der Vernunft bestimmt waren«.

Es scheint, daß Kant psychologischer Determinist war, daß aber seine Verträglichkeitsthese nicht auf der Definition der freien Handlung als psychologisch determiniert beruht. Seine Versöhnung findet nicht auf der Ebene der inneren Erfahrung statt. Er war gewiß zu Recht der Auffassung, daß Erklärungen durch Ursachen und durch Gründe grundsätzlich zweierlei und nicht aufeinander zurückführbar seien. Da aber seine Versöhnung auf der Ebene des noumenon, des Ding an sich stattfindet, leidet seine Verträglichkeitsthese entscheidend unter der Dunkelheit dieses Begriffs.

In der 4. Antinomie betrachtet Kant Argumente für und gegen die Existenz eines notwendigen Wesens. Offen bleibt die Frage, ob das notwendige Wesen innerhalb der Welt oder außerhalb als ihre Ursache zu denken ist. In dem Kapitel über das Ideal der Vernunft ist dann Gott gedacht als höchste Wirklichkeit, als Eins, einfach, sich selbst genug und ewig. Das ist der Gegenstand der transzendentalen Theologie.

DER GROSSE ARCHITEKT. Kant hatte bei seiner Kritik der Gottesbeweise die meiste Sympathie für das »physikotheologische Argument« oder Architekten-Argument, von dem man nie ohne Achtung sprechen solle. Freilich führe es nicht zu einem Schöpfer, sondern nur zu einem Planer wie Blakes *Ancient of Days*.

Argumente für die Existenz Gottes

Nach Kant müssen alle Gottesbeweise in eine von drei Klassen fallen: ontologische Argumente, die vom apriorischen Begriff eines höchsten Wesens ausgehen; kosmologische Argumente, die sich auf die Beschaffenheit der empirischen Welt im ganzen stützen; und physikotheologische Argumente, die von bestimmten Naturerscheinungen ausgehen. Das Anselmsche Argument, daß das denkbar Größte auch existieren muß, ist ein ontologisches, ebenso das kartesische in der 5. Meditation. Der 3. Argumentationsweg bei Thomas von Aquin ist eine Form des kosmologischen Arguments, und sein 5. Weg läßt sich als physikotheologisches Argument auffassen. Andere Beweise bei Thomas und anderen Philosophen passen weniger leicht in Kants Klassifikation, die vielleicht nicht so wasserdicht ist, wie er glaubte.

In Kants rationaler Theologie spielt das ontologische Argument eine Sonderrolle: das kosmologische sei nur eine verschleierte Form davon, und das physikotheologische führe nur zu einem Planer und nicht einem wirklichen Schöpfer der Welt.

Kants Kritik des ontologischen Arguments war sehr einflußreich. Er fragt zunächst, was mit einem absolut notwendigen Wesen gemeint sein könne. Es gibt verschiedene Begriffe der Notwendigkeit, etwa die notwendige Wahrheit der Sätze der Logik und Mathematik, die man zusammenfassend als logische Notwendigkeit bezeichnen kann. Dann gibt es die physische Notwendigkeit der Kausalgesetze. Gibt es so etwas wie eine metaphysische Notwendigkeit? Können neben Aussagen auch Gegenstände notwendig sein? Manche Philosophen definieren einen notwendigen Gegenstand als einen, der in allen möglichen Welten existiert. So definiert, existiert Gott auf jeden Fall. Unsere Welt ist eine mögliche, sonst wäre sie nicht wirklich, und wenn Gott in jeder möglichen Welt existiert, dann muß er in der unseren existieren.

Kann man aber die Existenz – oder auch nur die mögliche Existenz – so in eine Definition einbauen? Kant verneint das. »Ihr habt schon einen Widerspruch begangen, wenn ihr in den Begriff eines Dinges, ... es sei unter welchem versteckten Namen, schon den Begriff seiner Existenz hinein brachtet.« Das ontologische Argument möchte die Behauptung von Gottes Existenz zu einer analytischen Aussage machen. Bei einer solchen ist nach Kant das Prädikat im Subjekt enthalten und kann ihm nicht abgesprochen werden, sein Beispiel: »Ein Dreieck hat drei Ecken«. Er stellt fest:

> »Einen Triangel setzen und doch die drei Winkel desselben aufheben, ist widersprechend; aber den Triangel samt seinen drei Winkeln aufheben, ist kein Widerspruch. Gerade ebenso ist es mit dem Begriffe eines absolut notwendigen Wesens bewandt. Wenn ihr das Dasein desselben aufhebt, so hebt ihr das Ding mit allen seinen Prädikaten auf; wo soll alsdann der Widerspruch herkommen?«

Warum aber ist Kant so sicher, daß alle Existenzaussagen synthetisch seien? Man kann ja aus Begriffen eine Nichtexistenz folgern; aus dem Verständnis der Begriffe »viereckig« und »Kreis« ergibt sich, daß es keinen viereckigen Kreis gibt. Warum kann man nicht auch von einem Begriff auf die Existenz schließen? Wenn »Es gibt keinen verheirateten Junggesellen« analytisch ist, warum nicht auch »Es gibt ein notwendiges Wesen«?

Kants Hauptargument lautet, »sein« sei kein Prädikat, sondern eine Kopula. »Der Satz: Gott ist allmächtig, enthält zwei Begriffe, die ihre Objekte haben: Gott und Allmacht; das Wörtchen: ist, ist nicht noch ein Prädikat obenein. ... Sage ich, Gott ist, oder es ist ein

Gott, so setze ich kein neues Prädikat zum Begriffe von Gott, sondern nur das Subjekt an sich selbst mit allen seinen Prädikaten.«

Der Gebrauch von »ist« als Kopula ist in der Tat etwas ganz anderes als der Gebrauch in einer Existenzaussage, doch wir können Kant darin beipflichten, daß es sich in beiden Fällen nicht um ein Prädikat handelt. Existenzaussagen »setzen« aber nicht immer, wie Kant meint; wenn jemand sagt: »Wenn es einen Gott gibt, werden die Sünder bestraft«, dann setzt er nicht Gottes Existenz.

Die Aussage, A existiere, kann dazu dienen, A ins Reich der Tatsachen und nicht der Erfindung zu stellen (»Robin Hood hat wirklich existiert«), ins Reich des Konkreten und nicht Abstrakten (»Gene existieren wirklich«), ins Reich des noch Vorhandenen und nicht Vergangenen (»Existiert der Leuchtturm von Alexandria noch?«). Jedesmal hat Kant damit recht, daß »existieren« nicht einfach als Prädikat erster Stufe behandelt werden kann.

In der modernen Logik wird die Existenz stets durch Quantoren ausgedrückt. »Gott existiert« wird formuliert als »Für mindestens ein x, x ist Gott«. Das klärt, aber entscheidet nicht die Fragen im Zusammenhang mit dem ontologischen Argument. Denn das Problem des Schließens von der Möglichkeit auf die Wirklichkeit tritt wieder auf als die Frage, über welchen Wertebereich die Variable »x« laufen soll: auch über bloß mögliche Gegenstände?

Kants Hauptpunkt bleibt bestehen:

»Wenn ich also ein Ding, durch welche und wie viele Prädikate ich will, (selbst in der durchgängigen Bestimmung) denke, so kommt dadurch, daß ich noch hinzusetze, dieses Ding ist, nicht das mindeste zu dem Dinge hinzu. Denn sonst würde nicht eben dasselbe, sondern mehr existieren, als ich im Begriffe gedacht hatte, und ich könnte nicht sagen, daß gerade der Gegenstand meines Begriffes existiere.«

Das heißt also, ob etwas in der Wirklichkeit meinem Begriff entspricht, das kann nicht selbst zum Begriff gehören. Ein Begriff muß bestimmt sein, ehe er mit der Wirklichkeit verglichen wird, sonst wüßte man ja nicht, *welcher* Begriff verglichen und übereinstimmend oder nicht übereinstimmend befunden wird. *Daß* es einen Gott gibt, kann nicht zu dem gehören, was mit »Gott« gemeint ist; »Es gibt einen Gott« kann also keine analytische Aussage sein, das ontologische Argument zieht nicht.

Brechen damit alle Gottesbeweise zusammen? Kant meinte, das kosmologische Argument müsse sich insgeheim des ontologischen bedienen, da es auf die Existenz eines notwendigen Wesens schließe, zu dessen Wesen seine Existenz gehört, und das hatte sich ja gerade als unmöglich herausgestellt. Doch viele Formen des kosmologischen Arguments möchten die Existenz eines Wesens beweisen, das in einem weniger zweifelhaften Sinne notwendig ist. Vielleicht kann man ohne das ontologische Argument die Existenz eines unverursachten, unveränderlichen und ewigen Wesens zeigen im Gegensatz zu den verursachten, veränderlichen und kontingenten Gegenständen der Erfahrungswelt.

Bei Kant gibt es in der Tat folgende Kritik des kosmologischen Arguments, die von der des ontologischen unabhängig ist. Er formuliert das Argument folgendermaßen: »Wenn etwas existiert, so muß auch ein schlechterdings notwendiges Wesen existieren. Nun existiere, zum mindesten, ich selbst: also existiert ein absolut notwendiges Wesen.« Diese Formulierung deckt nicht nur den 3. Weg bei Thomas von Aquin, sondern auch das Argument in der 3. Kartesischen Meditation. Die erste Prämisse beruht auf dem Argument, daß eine Reihe kontingenter Ursachen, und sei sie noch so lang, nach rückwärts nur durch eine notwendige Ursache abgeschlossen werden könne. Doch man steht vor einem Dilemma, wenn gefragt wird, ob die notwendige Ursache zu der Ursachenkette gehört oder nicht.

Gehört sie dazu, dann kann man wie für jedes andere Glied der Kette fragen, warum sie existiert. Doch diesen Gedanken können wir nach Kant nicht ertragen: »daß ein Wesen, welches wir uns auch als das höchste unter allen möglichen vorstellen, gleichsam zu sich selbst sage: Ich bin von Ewigkeit zu Ewigkeit, außer mir ist nichts, ohne das, was bloß durch meinen Willen etwas ist; aber woher bin ich denn?« Gehört andererseits das notwendige Wesen nicht zur Kausalkette, wie kann es dann alle übrigen Glieder erklären, die bei meiner Existenz enden?

Der physikotheologische Beweis findet bei Kant das meiste Verständnis, er verdiene stets mit Achtung genannt zu werden. Er möchte nicht seine Autorität anzweifeln, sondern die Tragweite seiner Folgerung beschränken. Der Beweis geht ja davon aus, daß sich überall in der Welt Zeichen der Ordnung im Sinne eines wohlbestimmten Zweckes finden, der mit großer Weisheit verfolgt werde. Diese Ordnung liege außerhalb der Einzeldinge in der Welt, die zu ihr beitragen; daher müsse sie von hehren, weisen Ursache(n) gesetzt sein, die nicht blind wie die Natur, sondern frei wie Menschen wirken. Kant übergeht verschiedene Schwierigkeiten im Zusammenhang mit den Analogien, die das Argument zwischen den Naturvorgängen und menschlichen Veranstaltungen aufstellt. Doch er besteht darauf, das Argument könne »höchstens einen Weltbaumeister, der durch die Tauglichkeit des Stoffs, den er bearbeitet, immer sehr eingeschränkt wäre, aber nicht einen Weltschöpfer, dessen Idee alles unterworfen ist, dartun.«

Die Kantische Ethik

Die Hauptzüge von Kants Moralsystem werden knapp und beredt dargestellt in seiner *Grundlegung zur Metaphysik der Sitten* (1785). Kant entwickelt da kritisch die synthetisch-apriorischen Grundsätze der praktischen Vernunft als Gegenstück zu seiner kritischen Entwicklung der synthetisch-apriorischen Grundsätze der theoretischen Vernunft.

Sein Ausgangspunkt ist die Feststellung, das einzige ohne Einschränkung Gute sei ein guter Wille. Begabung, Charakter, Selbstbeherrschung und günstige Umstände könnten zu schlechten Zwecken eingesetzt werden; selbst das Glück könne korrumpieren. Der gute Wille ist nicht wegen des von ihm Erreichten gut, sondern an sich allein.

> »Wenn gleich durch eine besondere Ungunst des Schicksals, oder durch kärgliche Ausstattung einer stiefmütterlichen Natur, es diesem Willen gänzlich an Vermögen fehlete, seine Absicht durchzusetzen; wenn bei seiner größten Bestrebung dennoch nichts von ihm ausgerichtet würde, und nur der gute Wille...übrig bliebe: so würde er wie ein Juwel doch für sich selbst glänzen, als etwas, das seinen vollen Wert in sich selbst hat.«

Die Menschen sind nicht mit einem Willen begabt, um ihrem Glück nachzujagen, dazu wäre der Instinkt viel wirksamer gewesen. Die Vernunft wurde ihnen verliehen, um einen Willen zu erzeugen, der gut ist nicht als Mittel zu einem anderen Zweck, sondern gut an sich. Der gute Wille ist das höchste Gut und Bedingung jedes anderen Gutes, auch des Glücks.

Was also macht einen Willen gut an sich? Dazu müssen wir den Begriff der *Pflicht* untersuchen. Aus Pflicht handeln heißt guten Willen angesichts von Schwierigkeiten zeigen. Doch man muß zwischen pflichtgemäßem und pflichtmotiviertem Handeln unterscheiden. Ein Händler, der aus eigenem Interesse ehrlich ist, oder ein Menschenfreund, der an der Zufriedenheit anderer seine Freude hat, handelt vielleicht pflichtgemäß. Doch solche Handlungen, so richtig und liebenswert sie sind, haben nach Kant keinen moralischen Wert. Ein wertvoller Charakter zeigt sich erst, wenn jemand nicht aus Neigung, sondern aus Pflichtgefühl handelt, etwa wenn jemand, der allen Lebensmut verloren hat und sich nach dem Tode sehnt, immer noch alles tut, um sein Leben gemäß dem moralischen Gesetz zu erhalten.

Die Kantische Lehre steht hier in geradem Gegensatz zur Aristotelischen. Nach dieser war jemand nicht wirklich tugendhaft, solange ihm seine Handlungen »gegen den Strich« gingen; der wirklich Tugendhafte genoß zutiefst sein tugendhaftes Handeln. Für Kant dagegen ist die Schmerzhaftigkeit des Wohltuns das eigentliche Zeichen der Tugend. Erst wenn uns das Rechttun etwas kostet, können wir sicher sein, pflichtmotiviert zu handeln. Kant war klar, daß er damit abschreckende Maßstäbe für das moralische Verhalten aufstellte; er war bereit, die Möglichkeit in Betracht zu ziehen, daß es noch nie eine rein moralische oder pflichtmotivierte Handlung gegeben hat.

Was heißt es also, pflichtmotiviert zu handeln? Es heißt aus Achtung vor dem moralischen Gesetz handeln, und das entscheidet sich daran, nach welchem Grundsatz, welcher Maxime jemand handelt. Wenn ich aus Achtung vor dem moralischen Gesetz handeln will, dann muß ich stets so handeln, daß ich auch wollen kann, daß meine Maxime ein allgemeines Gesetz sei. Das ist Kants berühmter »kategorischer Imperativ«.

Es gibt hypothetische und kategorische Imperative. Ein hypothetischer besagt: Wenn du das und das Ziel erreichen willst, dann handle so und so. Der kategorische Imperativ sagt: Welches Ziel du auch erreichen willst, handle so und so. Es gibt viele hypothetische Imperative, weil sich die Menschen viele verschiedene Ziele setzen können. Es gibt aber nur einen kategorischen Imperativ, den der Moral. Er verlangt die Übereinstimmung mit der reinen Allgemeingültigkeit des Gesetzes. »Der kategorischen Imperativ ist also nur einziger, und zwar dieser: Handle nur nach derjenigen Maxime, durch die du zugleich wollen kannst, daß sie ein allgemeines Gesetz werde.«

Kant gibt dafür mehrere Beispiele an, von denen wir zwei betrachten wollen. Das erste: Wenn ich bankrott bin, könnte ich versucht sein, mir Geld zu borgen, obwohl ich weiß, daß ich es nicht werde zurückzahlen können. Ich handle dann nach der Maxime: »Wenn ich mich [sic] in Geldnot zu sein glaube, so will ich Geld borgen, und versprechen, es zu bezahlen, ob ich gleich weiß, es werde niemals geschehen.« Daß jeder nach dieser Maxime handeln soll, kann ich aber nicht wünschen, denn dann würde niemand mehr auf Versprechen etwas geben [und mir Geld leihen, d. Üb.]. Das Geldborgen unter diesen Umständen würde also den kategorischen Imperativ verletzen.

Ein zweites Beispiel: Jemand, dem es gut geht und der um Hilfe für Leidende gebeten wird, könnte versucht sein, sich zu sagen: »Was geht's mich an? Mag doch ein jeder so glücklich sein, als der Himmel will, oder er sich selbst machen kann, ich werde ihm nichts entziehen...; nur zu seinem...Beistande in der Not habe ich nicht Lust, etwas beizutragen!« Er kann aber nicht wollen, daß alle danach handeln, weil er selbst einmal auf die Nächstenliebe und das Mitleid der anderen angewiesen sein könnte.

Diese Beispiele stehen für zwei Anwendungsarten des kategorischen Imperativs. Im ersten Fall würde die Allgemeinheit der Maxime zum Widerspruch führen (wenn niemand Versprechen ernst nimmt, gibt es keine Institution des Versprechens mehr); im zweiten Falle nicht, aber niemand könnte vernünftigerweise die Allgemeinheit *wollen*. Nach Kant liegen zwei verschiedene Arten von Pflichten vor: strenge und verdienstvolle Pflichten.

Nicht alle Beispiele Kants sind überzeugend. So meint er, der kategorische Imperativ verbiete den Selbstmord. Doch ein allgemeiner Selbstmord wäre kein Widerspruch, und ein hinreichend Verzweifelter kann ihn als sehnlichst erwünschte Erlösung empfinden.

Kant gibt eine zweite Formulierung des kategorischen Imperativs an: »Handle so, daß du die Menschheit, sowohl in deiner Person als in der Person eines jeden anderen, jederzeit zugleich als Zweck, niemals bloß als Mittel brauchst.« Das sei äquivalent mit der ersten Formulierung und führe zu denselben praktischen Konsequenzen – was freilich viele seiner Leser nicht überzeugt hat. Der Selbstmord erscheint hier allerdings eher als ausgeschlossen. Sein Leben zu beenden, bedeutet nach Kant, die eigene Person als Mittel zur Beendigung seiner Unbilden zu benützen.

Als Mensch bin ich nicht nur Zweck an sich selbst, sondern auch Mitglied in einem Reich der Zwecke. Mit »Reich« meint Kant »die systematische Verbindung verschiedener vernünftiger Wesen durch gemeinschaftliche Gesetze.« Mein Wille ist ja vernünftig, wenn seine Maximen allgemeine Gesetze sein können. Die Umkehrung lautet: das allgemeine Gesetz ist jenes, das durch einen vernünftigen Willen wie den meinen entsteht. Ein vernünftiges Wesen »ist nur seiner eigenen und dennoch allgemeinen Gesetzgebung unterworfen«. Im Reich der Zwecke sind wir alle Gesetzgeber und Untertanen zugleich.

Kant beschließt die Darstellung seines moralischen Systems mit einem Loblied auf die Tugend. Im Reich der Zwecke hat alles einen Preis und eine Würde. Hat etwas einen Preis, so kann es gegen etwas anderes getauscht werden. Was eine Würde hat, ist einmalig und unersetzbar, es hat keinen Preis. Nach Kant gibt es zwei Arten von Preisen: den Marktpreis, der mit der Bedürfnisbefriedigung zu tun hat, und den »Affektionspreis«, der mit dem Geschmack zu tun hat. Die Moral steht über jedem Preis.

»Sittlichkeit und die Menschheit, so fern sie derselben fähig ist«, ist »dasjenige, was allein Würde hat. Geschicklichkeit und Fleiß im Arbeiten haben einen Marktpreis; Witz, lebhafte Einbildungskraft und Launen einen Affektionspreis; dagegen Treue im Versprechen, Wohlwollen aus Grundsätzen (nicht aus Instinkt) haben einen inneren Wert.« Kants Worte hinterließen ein Echo durch das ganze 19. Jahrhundert und sprechen noch uns Heutige an.

4

Die kontinentaleuropäische Philosophie von Fichte bis Sartre

Roger Scruton

Whitehead bezeichnete die abendländische Philosophie als »Anmerkungen zu Platon«. Weniger übertrieben könnte man die deutsche Philosophie seit der Aufklärung als Anmerkungen zu Kant bezeichnen. Seine unmittelbaren Nachfolger konnten weder außerhalb des »transzendentalen Idealismus« denken noch die Kantische Terminologie ablegen. Und während sie Kants größte Erkenntnisse ablehnten oder unbeachtet ließen, machten sie sich seine ungezügelteren Spekulationen als erwiesene Wahrheiten zu eigen. Für Reinhold, Beck, Fichte und Schelling bestand die Errungenschaft des transzendentalen Idealismus in der Entthronung des Ding an sich. Und das bedeutete für sie, daß die »äußeren Gegenstände« im Geiste eines seiner selbst bewußten Subjekts »konstituiert« werden. Die Philosophie wurde zum Studium der »Vermögen« – Anschauung, Verstand, Vernunft, Einbildungskraft, Urteil, Reflexion –, durch die das Ich Erkenntnis gewinnt. Die Basis von allem, was existiert, ist das Subjekt des Bewußtseins – dem Verstande unerkennbar, aber der praktischen Vernunft als Freiheit und Wille enthüllt.

Ist aber das Ich die Quelle der Erkenntnis, so bleibt etwas unerklärt. Wie kann etwas bloß Subjektives, das über alle Begriffe hinausgeht, eine objektive Welt aufbauen und mit der Ordnung von Raum, Zeit und Kausalität versehen? Diese Frage stand hinter der kontinentaleuropäischen Tradition der »klassischen deutschen Philosophie«, die freilich besser »romantische deutsche Philosophie« heißen sollte, nicht nur wegen ihrer Verbindung mit der romantischen Literatur, sondern auch wegen ihrer unverkennbaren Vorliebe für hochfliegende Visionen anstelle solider Argumente. Die Tradition wurde von J. G. Fichte und Friedrich Schelling begründet, und ihre größten Vertreter sind G. W. F. Hegel und Arthur Schopenhauer. Jeder von ihnen errichtete ein gewaltiges System abstrakten Denkens auf der Grundlage des seiner selbst bewußten Subjekts, und jeder betrachtete die Systemkonstruktion als die wahre Aufgabe der Philosophie, da der Philosoph zeigen müsse, wie das *Ganze* der Dinge aus dem bescheidenen Samenkorn des Ichs erwachsen könne.

Fichte

Johann Gottlieb Fichte (1762-1814) war der Sohn eines Lausitzer Bortenmachers und ältestes von vielen Geschwistern. Er wurde von einem Baron vom Miltitz entdeckt und adoptiert. 1780 wurde er auf die Universität nach Jena und anschließend nach Wittenberg und Leipzig geschickt, wo er die herrschenden Ideen und Haltungen der deutschen Romantik in sich aufnahm und der kritischen Philosophie Kants begegnete. 1788 reiste er nach Königsberg, um den Meister zu besuchen, wurde aber erst vier Jahre später empfangen, nachdem er eine *Kritik aller Offenbarung* veröffentlicht hatte, deren Erfolg (wegen eines verbreiteten Mißverständnisses, das Kant selbst für den Verfasser hielt) bei Kant Interesse an dem Denker weckte, der ihn ablösen sollte. Fichte wurde Freund Goethes und Schillers und durch deren Einfluß mit 32 Jahren zum Professor der Philosophie in Jena ernannt.

Fichtes Vorlesungen waren beliebt, und 1794 veröffentlichte er die *Grundlage der gesamten Wissenschaftslehre*. Dieses kurze, aber äußerst schwierige Buch erfuhr später mehrere Überarbeitungen, von denen eine, die bekannte *Wissenschaftslehre*, 1804 und andere nach seinem Tode erschienen; seinen kantigen und groben Charakter verlor es freilich nicht. Sein Verfasser auch nicht; er versuchte, anderen Meinungen Zügel anzulegen, verhielt sich beleidigend gegenüber Kollegen und schleuderte ätzende Kritik gegen Konkurrenten. Er trug in einem Zustand konzentrierter Ekstase vor, der seine Studenten so gründlich in seinen Bann schlug, daß es kaum noch eine Rolle spielte, ob sie ihn verstanden. Er war Republikaner und Radikaler und verlor 1799 seinen Lehrstuhl, als seine provozierenden Ansichten ihm nicht nur den Vorwurf des Atheismus eintrugen, sondern auch ihn und seine Familie physischen Angriffen aussetzten. Dank einflußreicher Freunde wie Goethe konnte er schließlich als Professor an der Universität Berlin ins akademische Leben zurückkehren; inzwischen hatte er neuen Ruhm als Verfasser der *Reden an die deutsche Nation* (1808) gewonnen, in denen er den Deutschen wegen ihrer Uneinigkeit, die zu der so schmählichen Niederlage gegen die Napoleonischen Armeen geführt habe, die Leviten las. Er beteiligte sich aktiv am Kampf gegen die Napoleonische Herrschaft 1812-13 und starb als freiwilliger Sanitäter am Typhus. Abgesehen von seinen Leistungen als Metaphysiker ist er – mit positivem oder negativem Vorzeichen – als einer der Begründer des deutschen Nationalismus in die Geschichte eingegangen.

Fichte schrieb, welche Philosophie sich jemand zu eigen mache, hänge davon ab, was für ein Mensch er sei; ein philosophisches System sei kein totes Inventar, sondern durchweht von der Seele desjenigen Menschen, der es vertritt. Das gilt zweifellos für seine eigene Philosophie, durch die eine qualvolle Ichbesessenheit höchste metaphysische Weihen erhielt, die sorgfältig auf seine von Kant berauschten Leser abgestellt waren. Im Vorwort zur *Wissenschaftslehre* verkündete Fichte stolz, sein System sei nichts anderes als das Kantische. Der alte Kant pflichtete dem zwar nicht bei, doch er stand nicht mehr in der Arena, und sein pedantischer Schüler Reinhold konnte dem dämonischen Aufschwung nicht widerstehen, der in der Maske der Verständlichmachung des Kantischen Systems die Sprengladungen legte.

Nach Fichte gibt es nur zweierlei Philosophie: Idealismus und Dogmatismus. Der Idealist sucht die Erklärung der Erfahrung im Geist, der Dogmatist im »Ding an sich«.

Herr und Knecht. Nach Hegel hat jeder die halbe Freiheit: die Macht zu ihrer Verwirklichung und die Erkenntnis ihres Wertes. Als Beispiel für diese Beziehung nahm er den Philosophenkaiser Marcus Aurelius (Bild) und den Philosophensklaven Epiktet, der jenen lehrte, frei zu sein.

STATVAM AENEAM
A.S.P.Q.R.M.ANTONINO PIO ETIAM
VIVENTI STATVTAM VARIIS DEIN VRBIS
EVERSAM ET A SIXTO IIII PONT.MAX.AD
BASILICAM REPOSITAM VT MEMO
CONSVLERET PATRIAEQ.
ATQ.ORNAMENTA RESTITVERET
LOCO IN AREAM CAPITOLINAM
TRANSTVLIT ATQ.DICAVIT
M.D XXXVIII
AVGVSTINVS TRINCIVS IACOBVS BVCCA BELLA
CONSERVATORES CVR

Zu Marxens Geburtstag:
Du hattest ja so recht!
5. Mai 1991

Der konsequente Dogmatist sei zwar unwiderlegbar, doch Kant habe ihm dennoch den Boden entzogen, indem er zeigte, daß der Idealismus alles erklären könne, was der Dogmatismus erklärt, ohne doch Voraussetzungen einzuführen, die über das Beobachtbare hinausgehen. Der Streit zwischen Idealismus und Dogmatismus geht darum, ob die Selbständigkeit des Gegenstandes der des Ichs geopfert werden solle, oder umgekehrt. Ausgangspunkt der idealistischen Philosophie ist daher das Ich, und das sei, wie Fichte (unter dem Beifall anderer Kantianer) behauptete, auch Kants Ausgangspunkt gewesen.

Aufgabe sei die Entdeckung des absolut unbedingten ersten Grundsatzes der menschlichen Erkenntnis – d.h. des Grundsatzes, auf dem alle Erkenntnis ruhen kann und der seinerseits auf nichts ruht. Die Logik biete ein Beispiel notwendiger und unangreifbarer Wahrheit im Satz der Identität: A = A. Doch selbst dabei werde etwas vorausgesetzt, das begründet werden müsse, nämlich die Existenz von A. Dieser Gedanke ließ Fichte einen Begriff einführen, der den Gang der Philosophie veränderte: das »Setzen«. Man gelange zur Wahrheit von A = A, wenn einmal A als Gegenstand des Denkens »gesetzt« sei. Doch was rechtfertigt das Setzen von A? Es gibt keine Antwort. Nur wenn sich etwas finden läßt, was im Denkakt selbst gesetzt wird, gelangt man zu einer sich selbst begründenden Grundlage für den Erkenntnisanspruch. Und dieser Gegenstand, der »absolut« gesetzt wird, ist das Ich; denn wenn dieses der Gegenstand des Denkens ist, dann ist das »Gesetzte« identisch mit dem »Setzenden«; mit der Aussage »Ich = Ich« stehen wir endlich auf Felsgrund. Da ist also eine notwendige Wahrheit, die nichts voraussetzt. Die Selbstsetzung des Ichs ist der wahre Grund für den Identitätssatz und damit für die Logik überhaupt.

Kant meinte, wir könnten die Welt weder allein mit der Anschauung noch allein mit dem Verstand erkennen, sondern nur durch die Synthese von Anschauung und Begriff. Daher erkennen wir die Welt als Erscheinung und nie als »Ding an sich«. Dieses wäre nur mit Hilfe einer intellektuellen Anschauung erkennbar, die für uns aber unvorstellbar ist. (Sie liefe auf die Erkenntnis der Welt hinaus, wie Gott sie hat, eine unmittelbare Erfassung ihrer Totalität, von keinem endlichen Standpunkt aus.) Den Begriff der intellektuellen Anschauung halte ich für ein unbedeutendes Anhängsel des Kantischen Systems. Doch Kants unmittelbare Nachfolger begrüßten ihn stürmisch als Schlüssel zu »jeder künftigen Metaphysik«. Die intellektuelle Anschauung wurde (mindestens bis Hegel sie abtat als »die Nacht, in der alle Katzen grau sind«) zum heiligen Gral der deutschen Philosophie; sie würde einem den Blick des Schöpfers verleihen, die ersehnte Sicht des Ganzen.

Fichte bezeichnete daher die Selbsterkenntnis als »Anschauung« des Ichs. Das sei die eine und einzige intellektuelle Anschauung und so das Eingangstor zu allem wirklich Realen. Die Erklärung der Möglichkeit einer solchen Anschauung ist daher die erste Aufgabe der Philosophie. Und da ist die Erklärung auch schon: Das Ich hat die Anschauung seiner selbst, indem es sich selbst setzt. Quod erat demonstrandum.

Zu diesem ersten Erkenntnisgrundsatz, den Fichte das Identitätsprinzip nennt, tritt ein zweiter. Das Setzen des Ichs ist auch ein Setzen des Nicht-Ichs. Denn etwas Gesetztes ist

Karl Marxens philosophischer Ruf hat aus nichtphilosophischen Gründen sein Auf und Ab erlebt. Diese Fotografie zeigt seine Berliner Statue, die an seinem Geburtstag 1991 mit Blumen und einem vielsagenden Grußwort geschmückt wurde.

stets ein *Gegenstand* der Erkenntnis, und ein Objekt ist kein Subjekt; was also bei der Selbsterkenntnis vor meine Anschauung tritt, das wird als Nicht-Ich angeschaut. Das ist der Grundsatz der Entgegensetzung (oder Opposition). Daraus läßt sich in Verbindung mit dem ersten Grundsatz ein dritter ableiten: daß das Nicht-Ich im Denken teilbar ist und einem »teilbaren Ich« gegenübertritt. Dieser dritte Grundsatz entsteht angeblich aus einer »Synthese« der anderen beiden. Er ist die Grundlage der Transzendentalphilosophie, die die Aufteilung des Nicht-Ichs durch Begriffe untersucht, wodurch die objektive Weltordnung konstituiert wird.

Das Ich wird »bestimmt« oder »begrenzt« durch das Nicht-Ich, welches seinerseits durch das Ich begrenzt wird. Es ist, als ginge durch das Selbstbewußtsein eine verschiebbare Grenze: Alles, was im Nicht-Ich liegt, ist vom Ich dorthin gekommen. Doch da der Ursprung des Ichs wie auch des Nicht-Ichs die Selbstsetzung ist, ist alles auf beiden Seiten der Grenze letztlich nur Ich. Freilich ist das Ich im Nicht-Ich passiv. Es ist kein Wider-

Fichte bei der Vorlesung, Skizze eines seiner Schüler.

Die Berliner Universität. 1810 übergab König Friedrich Wilhelm III. von Preußen an Wilhelm von Humboldt ein königliches Palais zur Gründung einer Universität. Zu den Professoren gehörten dann Fichte, Hegel und Schleiermacher.

spruch, diesen passiven Gegenstand unter Begriffe wie Raum, Zeit und Kausalität zu bringen und in die Naturordnung hineinzustellen. Als Subjekt dagegen ist das Ich aktiv und »setzt« spontan die Gegenstände der Erkenntnis. Das Ich ist daher frei, denn die Begriffe der natürlichen Welt (auch die Kausalität) gelten nur für das von ihm Gesetzte und nicht für das sie bestimmende Subjekt.

Alle Tätigkeit im Nicht-Ich (auch das, was wir Verursachung nennen würden) gelangt dorthin vom Ich her. Die Untersuchung dieses Übergangs führt zur Deduktion der Kategorien, der notwendigen Bestimmungen des vom Subjekt gesetzten Nicht-Ichs. Doch der Übergang von Aktivität ist auch eine »Entfremdung« des Ichs im Nicht-Ich und eine Bestimmung des Ichs *durch* das Nicht-Ich. Diese ist aber Selbstbestimmung und die Verwirklichung der Freiheit, denn das bestimmende Nicht-Ich ist ja nur die Objektivierung des Ichs im Selbstbewußtsein.

Eine weitere Betrachtung von Fichtes Argumenten verbietet sich aus Raumgründen; es handelt sich auch weniger um Argumente als um unbändige Explosionen von Terminologie, in denen jenes Kunstwort »setzen« in tausend sich selbst widerspiegelnde Kaleidoskopblitze zerstäubt. Schopenhauer nannte Fichte den »Vater der *Schein-Philosophie*, der *unredlichen* Methode, welche durch Zweideutigkeit im Gebrauch der Worte, durch unverständliche Reden und durch Sophismen...den Lernbegierigen zu übertölpeln sucht.«

F. W. J. von Schelling gilt in der Philosophiegeschichte, ob zu Recht oder Unrecht, als Ideenübermittler zwischen Fichte und Hegel.

Dieses harte Urteil (das für seinen Urheber charakteristisch ist) ist vielleicht nicht unverdient, doch es spricht nicht gegen Fichtes ungeheuren Einfluß, der sich auch in Schopenhauers eigenen Schriften zeigt. Denn Fichte vererbte seinen Nachfolgern keinerlei Argumentation, sondern ein Drama, dessen Umrisse vielleicht so zusammengefaßt werden können:

Hinter der Erkenntnis, aber außerhalb ihres Blickfelds, steht das freie und sich selbst erzeugende Subjekt. Sein Schicksal ist die Selbsterkenntnis durch Selbst-»Bestimmung« und damit die Verwirklichung der Freiheit in einer objektiven Welt. Dieses große Abenteuer ist nur möglich durch den *Gegenstand*, den das Subjekt setzt, dem es aber als seine Negation gegenübersteht. Die Beziehung zwischen Subjekt und Objekt ist eine dialektische – die These stößt auf die Antithese, woraus eine Synthese (Erkenntnis) entsteht. Jeder Ausflug nach außen ist auch eine Entfremdung des Ichs, welches Freiheit und Selbsterkenntnis erst nach langer, mühevoller Selbstentzweiung erlangt. Das Ich taucht schließlich im Besitze des heiligen Grals empor, einer intellektuellen Anschauung nicht nur seiner selbst, sondern der ganzen Welt, die in ihm wie in einer Kristallkugel eingefangen ist. Der »Vorgang« der Selbstbestimmung geschieht nicht in der Zeit, denn diese ist eines seiner Erzeugnisse; ja, die Zeitordnung der Ereignisse ist die Umkehrung ihrer »logischen« Ordnung.

Dieses Drama, mit ein paar Abstrichen oder Zusätzen, bleibt dasselbe bei Schelling und Hegel, und Reste davon gelangten über Schopenhauer, Feuerbach und Marx bis zu Heidegger. Was ihm an Überzeugungskraft fehlt, macht es reichlich durch Suggestivkraft wett, und noch heute üben seine hypnotisierenden Bilder eine heimliche Anziehungskraft auf die Sprache und die Probleme der kontinentaleuropäischen Philosophie aus.

Friedrich Schiller – hier ein Porträt (etwa 1790) von Anton Graff – verband schöpferisches Genie als Dichter mit philosophischen Erkenntnissen als Ästhetiker.

Schelling und Schiller

Friedrich Wilhelm Joseph von Schelling (1775-1854), Sohn eines gelehrten lutherischen Pastors, betete Fichte an, war aber eine urbane und kultivierte Persönlichkeit ganz ohne Fichtes Kanten. Er hatte verschiedene akademische Lehrstellen inne, und gegen Ende seines Lebens war er, ob seiner Verdienste geadelt, preußischer Geheimer Rat und Mitglied der Berliner Akademie. Sein *System des transzendentalen Idealismus*, das er 1800 im Alter von erst 25 Jahren veröffentlichte, ist Fichte auf jeder Seite verpflichtet. Schelling machte sich Fichtes Dialektik von Subjekt und Objekt zu eigen, polierte sie mit eleganter Sprache auf und fügte ihr folgenden bedeutungsschwangeren Gedanken hinzu: Der transzendentale Idealismus müsse zwei Philosophien enthalten, die subjektive, die vom Ich und seiner Freiheit handelt, und die objektive, die von der natürlichen Welt handelt. Diese beiden Reiche des Seins hätten eine gemeinsame Wurzel, das transzendentale Subjekt. Die höchste Aufgabe der neuen Philosophie sei die in Kants *Kritik der Urteilskraft* angegebene (dieses Werk wurde eher vernachlässigt, bis sich Schelling ihm zuwandte), nämlich die Harmonie von Natur und Geist darzutun, von Objektivem und Subjektivem, von unbewußter und bewußter Tätigkeit. Eine Ahnung der Einheit dieser beiden Sphären vermittle die ästhetische Erfahrung. Nur durch das unmittelbare und nichtdiskursive Erleben, das die Kunst gewährt, sei die Synthese von Geist und Natur und damit die absolute Wahrheit der Welt ganz erfaßbar. Die Kunst biete uns einen unmittelbaren und sinnlichen Weg zu einem Ziel, das die Philosophie allein nie erreichen könne.

In seinen folgenden Schriften faßte Schelling das transzendentale Subjekt nicht als individuelles Ich, sondern als universalen Geist, der sich auch als Wille kundtut. »Es gibt in der letzten und höchsten Instanz gar kein anderes Sein als Wollen. Wollen ist Ursein, und auf dieses allein passen alle Prädikate desselben.« (*Philosophische Untersuchungen über das Wesen der menschlichen Freiheit*, 1809). Der Geist offenbart sich im Anderen wie auch im Ich, und die anderen spielen eine entscheidende Rolle bei meiner Selbstverwirklichung. Insbesondere kann das Subjekt nur dann wahre Freiheit erlangen, wenn es sich der Beschränkungen seines Handelns bewußt ist, und diese gehen von allen anderen Handelnden aus. Der Weg zur Selbsterkenntnis ist deshalb auch ein Weg zur moralischen und politischen Ordnung. Er wird nach Schelling vollendet durch die umfassende Herrschaft des Rechts, die Kant in *Zum ewigen Frieden* prophezeit hatte. Zur schließlichen Vollendung der Selbsterkenntnis gehört eine Vereinigung von allem, was bisher als verschieden verstanden wurde. Das freie Wesen versteht die Wirklichkeit als das Eine, das Absolute oder Gott.

Diese Ideen, bei Schelling noch skizzenhaft, erfuhren ihre volle Ausprägung bei Hegel, mit dem zusammen Schelling das *Kritische Journal der Philosophie* herausgab, während er in Jena lehrte. Schelling verdient auch wegen seines Versuchs Beachtung, die Philosophie der Kunst in seine Metaphysik einzubauen und der Ästhetik eine zentrale Stellung in der gesamten Philosophie zu verleihen. Seine Vorlesungen über die Schönen Künste, die 1807 erschienen, enthalten Überlegungen zur Bedeutung von Musik, Malerei, Plastik und Architektur, sie sind der erste deutschsprachige systematische Entwurf einer Kulturgeschichte. Intellektuell steht Schellings Kunstphilosophie jedoch der des Dichters Friedrich Schiller (1759-1805) um vieles nach, dessen 1794-95 erschienene *Briefe über die ästhetische Erziehung des Menschen* wie Schellings Vorlesungen von Kants *Kritik der Urteilskraft* angeregt waren. Schiller stellt sich die Kantische Frage, worin der Wert von etwas bestehe, das nur verstehbar ist, wenn es als zweckfrei gedacht wird. Die ästhetische Erfahrung sei völlig »interesselos«, bewerte aber auch ihren Gegenstand – wie ist das möglich?

Die Antwort liegt nach Schiller in der Unterscheidung von Handlungen, die als Mittel wertvoll sind, und solchen, die es um ihrer selbst willen, als Zweck an sich selbst sind, etwa Arbeit (nur als Mittel) im Gegensatz zum Spiel, das kein Mittel zum Vergnügen, sondern das Genossene selbst ist. Und es ist der Urtyp allen Tuns, bei dem der Mensch mit sich selbst eins ist: Sport, Gespräch, Wandern, Kunst u.a. Schiller ging so weit, das Spiel zum Musterbeispiel des Wertes an sich zu erheben. Mit dem Angenehmen und dem Guten, bemerkt er, läßt sich der Mensch nur im Ernste ein; mit der Schönheit aber *spielt* er.

Aus diesem etwas paradoxen Gedanken entwickelt Schiller eine Theorie der ästhetischen Erziehung und ihrer Funktion bei der Heranbildung des freien Bürgers. Ästhetische Erziehung sei nicht nur für die Ausgewogenheit der einzelnen Seele nötig, sondern auch für die harmonische Entwicklung der Gesellschaft. Diese Theorie sollte einen bleibenden Einfluß auf die deutsche romantische Philosophie ausüben, nicht zuletzt auf Marx, der in Schillers Gedankengang einen Schlüssel zur Unterscheidung zwischen entfremdeter Arbeit und jener selbstverwirklichenden Tätigkeit entdeckte, in der der Mensch wieder zu sich kommt und eins mit seinem »Gattungswesen« ist (dieser Ausdruck fand seinen Weg von Schelling über Feuerbach zu Marx).

Georg Wilhelm Friedrich Hegel

Schelling kritisierte seine eigene ältere Philosophie als »negative« Philosophie und widmete seine letzten Vorlesungen einem neuen System, in dem seine aufkeimende Religiosität deutlicheren Ausdruck fand. Doch diese »positive Philosophie« war schon lange vor ihrer posthumen Veröffentlichung durch die Schriften seines einstigen Freundes und Kollegen G. W. F. Hegel (1770-1831) überholt. Wie alle Vertreter des deutschen Idealismus war er Hochschullehrer. Doch als er zu schreiben begann, gab es dutzendfach idealistische Systeme, und man mußte einige Zeit warten, bis man eines von einem Lehrstuhl aus verkünden durfte. Hegel arbeitete zunächst als Herausgeber, Journalist, Lehrer und Gymnasialrektor, ehe er 1816 den philosophischen Lehrstuhl in Heidelberg und zwei Jahre später in Berlin erhielt. Doch er hatte sich bereits einen Namen gemacht, zunächst mit der Schrift *Differenz des Fichteschen und Schellingschen Systems der Philosophie* (1801) und dann mit der *Phänomenologie des Geistes* von 1807, das weithin als revolutionäre Leistung anerkannt wurde. Die Ideen der *Phänomenologie* wurden in späteren Vorlesungen und Büchern neu formuliert und verfeinert und zuletzt in der *Enzyklopädie* zusammengefaßt, die Hegel in Heidelberg begann. In diesem Stadium hatte Hegel seinem System eine Natur-, eine Religions- und eine Geschichtsphilosophie hinzugefügt – die alle in die *Enzyklopädie* eingingen –, aber noch keine Philosophie der Kunst, die er dann in seinen *Vorlesungen über Ästhetik* glänzend behandelte. Hegel starb 1831 an der Cholera,

G. W. F. Hegel war der einfluß-reichste deutsche Philosoph nach Kant.

und diese und andere Vorlesungen erschienen erst nach seinem Tode und vermehrten seinen Einfluß noch erheblich.

Die Grundlinien von Hegels System entsprechen dem von Schelling skizzierten: die eigentliche Wirklichkeit ist der Geist, dessen Weg zur Selbsterkenntnis in dialektischen Schritten zur absoluten Idee führt, in der alle partiellen Bestimmungen des Verstandes zusammengefaßt und aufgehoben sind. Der dialektische Weg hat zwei Formen: die des subjektiven Geistes (die Philosophie des Bewußtseins) und die des objektiven Geistes (die Philosophie der Natur). (Die beiden Wege entsprechen Fichtes Ich und Nicht-Ich.) Der Weg des subjektiven Geistes ist *unser* Weg, und zwar nach außen in den Gegenstand und auf den anderen zu, eine lange Geschichte der Entfremdung und Selbstentzweiung, durch die der Geist zuletzt in objektiver und verwirklichter Form zu sich selbst zurückkehrt: im ethischen Leben (die Sphäre der Moral und Politik), in der Kunst und in der Philosophie.

In dieses Schema baute Hegel eine Kritik des Kantischen Unternehmens ein, zusammen mit einer radikalen Theorie der »Dialektik« und einer Lehre von der »Universalgeschichte« (auch eine von Schellings einflußreichen Formulierungen). Das alles hat ihn mit Recht berühmt gemacht, ebenso seine originelle und überzeugende Anthropologie, die den Zusammenbruch seiner dialektischen Methode weitgehend überlebt hat.

Die Kantische Philosophie, so Hegel, wollte unseren Erkenntnisanspruch durch den Aufweis rechtfertigen, daß unsere Vermögen ihrem Wesen nach auf die Wahrheit gerichtet seien. Doch diese »Deduktion« unserer Vermögen mache von ihnen selbst Gebrauch und setze damit gerade das voraus, was sie beweisen will. Es gebe keine nichtzirkuläre Rechtfertigung unserer Verstandeskräfte; die Philosophie könne nur eine ständige Erkenntniskritik üben und einen immer höheren Standpunkt gewinnen, indem die Mängel jeder Teilerkenntnis Stück für Stück überwunden werden. Doch gerade dadurch könne die Philosophie jene Perspektive (die absolute Idee) erreichen, in der die Erkenntnis vollständig ist und sich selbst rechtfertigt. Dieser Aufstieg der Philosophie zum Absoluten ist die Dialektik, und er spiegelt sich in jeder Sphäre menschlicher Betätigung, denn Dialektik und Vernunft sind eins und offenbaren sich im Streben des einzelnen nach Freiheit und Selbsterkenntnis, in der wissenschaftlichen Untersuchung der Natur, in Institutionen, Religionen, der Kunst und der Geschichte selbst.

Die Grundsätze der Dialektik werden in Hegels *Wissenschaft der Logik* dargelegt. Damit ist nicht die Logik im modernen Sinne gemeint, die Theorie der Schlüsse und Argumente. Hegel meinte die abstrakte Untersuchung des logos: Wort, Beschreibung, Begriff, Erklärung, Denken. Die Hegelsche *Logik* ist also eine apriorische Untersuchung der Anwendung von Begriffen. Zu jedem Denken gehört die Anwendung von Begriffen, und die erste Form (das erste »Moment«) eines Begriffes ist *abstrakt*. Um die Wirklichkeit zu erfassen, beschreibe ich sie zunächst notwendigerweise mit den abstraktesten Begriffen wie »Ding« oder »Gegenstand«. Dann erkenne ich, daß das unzureichend ist, und stoße zu einer »bestimmteren« Erfassung vor. Doch der bestimmtere Begriff liegt mit der Abstraktion in Fehde, er widerspricht ihr, weil nichts zugleich abstrakt und bestimmt sein kann. Jede Bestimmung sei eine Negation, sagt Hegel mit Spinoza.) Aus diesem Konflikt entsteht ein neuer Begriff, der »wahrer« ist als der erste, indem er genauer unterscheidet und auch ein vollständigeres Bild der Wirklichkeit liefert. Am Endpunkt der Erkenntnis, wenn die dialektische Kette abgeschlossen ist, wird der Begriff zur Idee, und die Wahrheit der Welt hat sich vor uns enthüllt.

Hegel stellt dies folgendermaßen dar:

1. Moment: Ein Begriff wird hingestellt, ist aber abstrakt, »unmittelbar« und unbestimmt. (»Unmittelbar« bedeutet: *direkt* aus dem Denken stammend, ohne die Hilfe vermittelnder Vorstellungen.)
2. Moment: Der abstrakte Begriff wird durch konkurrierende Vorstellungen modifiziert und wird dadurch »bestimmt«, d.h., er besagt etwas Bestimmtes über seinen Gegenstand.
3. Moment: Der Konflikt zwischen der abstrakten und der bestimmten Vorstellung wird gelöst durch eine geistige »Aufhebung« zu einer »wahreren« (vollständigeren) Vorstellung, die beide enthält. So verwirkliche sich das Bewußtsein, indem es sich vom abstrakten Denken zur Vernunft erhebe.

Es ist leicht einzusehen, wie die Anwendung des Begriffs vom Abstrakten zum Bestimmten fortschreiten kann, etwa wenn ich einen Gegenstand zuerst als Gegenstand im Raum, dann als Organismus, dann als Lebewesen und dann als Katze erkenne. Was aber soll es heißen, daß die verschiedenen Stadien durch den *Widerspruch* erreicht würden? Hegel meint etwa dies: Begriffe sind ihrer Natur nach allgemein und damit abstrakt. Doch ihre *Anwendung* ist immer eine Besonderung. Doch es gibt außerhalb der Begriffe nichts, was eine Besonderheit hereinbringen könnte, denn wir haben keinen Zugang zu einer vorbegrifflichen Wirklichkeit. (Das ist die Grundannahme des transzendentalen Idealismus, in dieser wie in jeder anderen Form.) Die Begriffe müssen auf irgendeine Weise *sich selbst anwenden:* sie müssen selbst alles Nötige zur Identifikation des Spezialfalls enthalten. Das Abstrakte, Allgemeine in jedem Begriff muß durch etwas Konkretes, Besonderes ausgeglichen werden, durch einen Vektor, wenn man so will, in Richtung *gegen* die Abstraktion und somit gegen den Begriff in seiner abstrakten Form. Der Zusammenstoß von beidem führt zur Idee einer konkreten Wirklichkeit, die gleichzeitig Katze *ist* und *nicht* ist, da sie ja mit dem Allgemeinbegriff nicht identisch ist.

Der Begriff des Seins liefert ein Beispiel für die Hegelsche Dialektik. Zunächst ist das Sein völlig abstrakt, es ist »unbestimmte Unmittelbarkeit«, wie Hegel es ausdrückt. Ich kann diese Idee ohne Hilfe anderer Ideen verstehen (sie ist »unmittelbar«), aber nur, weil sie völlig unbestimmt ist: sie trifft auf alles zu und sagt nichts Bestimmtes über irgend etwas. (Bei Hegel findet sich der interessante Gedanke, daß Unmittelbarkeit auf Kosten der Bestimmtheit geht und damit Gewißheit auf Kosten des Inhalts. Je gewisser unsere Erkenntnis, desto weniger wissen wir.) Wenn man also Sein aussagt, sagt man nichts darüber, *was* ist. Daß Sein ist, sagt also gar nichts. Für Hegel ist das ein Widerspruch: es ist nicht nur der Begriff des Seins verwendet worden, sondern auch der des Nichts oder Nichtseins, der gewissermaßen im Sein verborgen lag und begierig auf einen Kampf mit ihm war. Das Nichtsein bestimmt oder begrenzt das Sein und zwingt es, in den nächsten Begriff der dialektischen Kette »überzugehen«, in den des bestimmten Seins, das echten Einzeldingen zukommt. Z.B. existiere ein Tisch; doch seine Existenz hat ihre Grenzen: es gibt Orte, an denen er nicht ist, und wenn wir den Begriff des Tisches anwenden, teilen wir die Welt ein in Dinge, die Tische sind, und Dinge, die keine Tische sind. Das alles liegt in dem Gedanken, Tische hätten ein bestimmtes Sein, in welchem Sein wie auch Nichtsein enthalten ist und transzendiert wird. Hegel spricht vom »Dasein«. (Dem »da« entspricht das bestimmte Element in unserer Idee der Existenz.)

Damit entsteht ein neuer dialektischer Gegensatz – zwischen Sein und bestimmtem Sein –, der nach Hegel nur durch zeitbezogenes Denken aufgelöst werden kann. Die Idee, daß ein und derselbe Gegenstand ist und nicht ist, erhält einen Sinn, indem seine Existenz zu einer Zeit postuliert wird und zu einer anderen nicht. In der Zeit unterscheiden wir die Gegenstände, zählen sie und setzen sie voneinander ab. Die Zeit liefert auch den Begriff des »Werdens« (die nächste dialektische Stufe), durch den wir das Sein der Organismen verstehen. Ein Organismus ist ständig im Werden und bleibt doch derselbe.

Wie Fichte und Schelling spricht Hegel von logischen Beziehungen wie von *Vorgängen*, für ihn ist die »Entfaltung« eines Begriffs auch die Entwicklung des Geistes zum Selbstbewußtsein. Diese findet aber nicht in der Zeit statt, sondern *erzeugt* die Zeit als eine der Formen der Sinnlichkeit. In der *Phänomenologie des Geistes* wird das Fichtesche Drama des Subjekts ausführlich dargestellt. Wir können hier nur eines seiner Hauptargumente wiedergeben, um zumindest anzudeuten, in welchem Maße Hegel die ins Mystische führende Rhetorik seiner Vorgänger in eine echte Argumentation umsetzte und dabei das transzendentale Bezugssystem beibehielt.

Das Ich wird »gesetzt« im Sinne der ursprünglichen Fichteschen Identität Ich = Ich, die »unmittelbar« und damit auch unbestimmt und inhaltslos ist. Wenn ich weiß, daß ich existiere, weiß ich so gut wie nichts, denn das Ich ist noch nicht kampfgestählt und nimmt sich selbst nicht wahr. Dieses unbestimmte Ich ist trotzdem eine Einheit: es besitzt die

»transzendentale Einheit der Apperzeption«, wie Kant sagte, wonach es das Subjekt seiner Bewußtseinszustände ist. Doch eine solche Einheit muß *verwirklicht* werden, als eine Identität über die Zeit hinweg. Die Zustände des Ichs *folgen* aufeinander, jeder tendiert zum nächsten und wird durch die Tätigkeit des sich selbst setzenden Subjekts angetrieben. Hegel spricht von der Aristotelischen orexis, dem Appetit: dem Streben nach Inbesitznahme unserer Welt. In den Anfangsstadien des Bewußtseins ist dies das ganze Ich: das primitive »Ich möchte« des Kleinkinds, das hartnäckige Schreien des Jungen im Nest.

Doch das Begehren kann nur als Begehren *nach* etwas existieren. Das Begehren setzt seinen Gegenstand als unabhängig von sich selbst. Mit diesem kühnen Schritt auf den Gegenstand zu ist es mit der »absoluten Einfachheit« des Ichs vorbei. Doch indem der Geist den Gegenstand des Begehrens setzt, erhebt er sich nicht zum Selbstbewußtsein, er hat keinen Begriff von sich selbst als etwas *anderem* als der Welt der Gegenstände und etwas ihnen gegenüber Freiem. Er hat erst das Stadium der Animalität erreicht, die die Welt als einen Gegenstand des Begehrens untersucht und die, da sie nichts *für* sich ist, keinen echten Willen hat. Auf dieser Stufe wird der Gegenstand des Begehrens bloß als Mangel empfunden, und das Begehren selbst zerstört das Begehrte.

Das Selbstbewußtsein wartet auf das »Moment« der Opposition. Die Welt verhält sich nicht bloß passiv gegenüber dem Begehren, sie kann ihm auch aktiv *Widerstand leisten.* Dann wird die Welt zum echten *Anderen:* sie scheint den Gegenstand meines Begehrens wegzunehmen, in Wettstreit um ihn zu treten, mich als Rivalen ausschalten zu wollen.

Das Ich hat jetzt seinen Widerpart gefunden, und es folgt, was Hegel poetisch als Kampf auf Leben und Tod mit dem anderen bezeichnet; das Ich beginnt sich als Wille zu erkennen, als Macht, die anderen Willen und Mächten gegenübersteht. Doch es kommt nicht gleich zum vollgültigen Selbstbewußtsein, denn der Kampf entsteht aus dem Begehren, und das Ich muß noch sich selbst *finden* (sich als Gegenstand der Erkenntnis bestimmen). Zu dieser Selbstbestimmung kommt es erst, wenn das Subjekt die Gegenstände der Welt mit Bedeutung erfüllt und wertvolle und nicht wertvolle unterscheidet. Der Kampf auf Leben und Tod erzeugt nicht den Begriff des Ichs *in seiner Freiheit*. Vielmehr führt er zur Beherrschung einer Seite durch die andere: wer das Leben der Ehre vorzieht, der wird Sklave desjenigen, der bereit ist, sein Leben um der Ehre willen hinzugeben.

Dieses neue »Moment« des Selbstbewußtseins ist das interessanteste, und seine Darstellung bei Hegel sollte einen tiefen Einfluß auf die Ethik und politische Philosophie des 19. Jahrhunderts ausüben. Die eine Seite hat die andere zum Knecht gemacht und damit die Macht gewonnen, ihr Arbeit abzupressen. Damit kann der Herr seine Bedürfnisse ohne Willensanstrengung befriedigen und der Muße frönen. Mit dieser aber geht die Verkümmerung des Willens einher; die Welt wird nicht mehr als widerständiger Gegenstand begriffen, gegen den das Subjekt angehen muß und an dem es sich zu definieren suchen muß. Die Muße wird zur Lässigkeit; das Anderssein der Welt wird verschleiert, und das Subjekt – dessen Selbstdefinition durch seinen Gegensatz zur Gegenstandswelt zustande kommt – verliert sich in der Mystifikation. Es fällt in die Trägheit zurück, und seine neu erlangte »Freiheit« wird zu einer Art trunkener Halluzination. Die Selbstdefinition des Herrn wird entscheidend geschwächt. Er kann keinen Sinn mehr für den Wert dessen, was er begehrt, gewinnen, indem er die Tätigkeit seines Knechts betrachtet. Denn dieser ist in seinen Augen bloßes Mittel, er scheint keine eigenen Ziele zu verfolgen. Vielmehr ist er in den undifferenzierten Mechanismus der Natur eingebunden und verleiht seinen untergeordneten Aufgaben keine Bedeutung, die es dem Herrn ermöglichen würde, ihren Wert zu erkennen.

Betrachten wir nun die Dinge mit den Augen des Knechts. Sein Wille liegt in Ketten, aber er ist nicht zerstört. Er bleibt auch in seiner Unterwerfung gegenüber der Welt aktiv, und während er auf Geheiß eines Herrn tätig ist, überträgt er doch seine Arbeit auf Gegenstände und erkennt durch sie seine Identität. Er sieht die Früchte seiner Arbeit als die *seinen* an. Er macht die Welt zu seinem Abbild, wenn auch nicht zu seinem eigenen Nutzen. Daher setzt er sich von ihrem Anderssein ab und entdeckt seine Identität durch die Arbeit. Sein Selbst-Bewußtsein wächst, und obwohl er als Mittel gebraucht wird, wächst ihm unvermeidlich der Sinn für ein Ziel seiner Tätigkeit wie auch der Wille zu, es sich zu eigen zu machen. Seine innere Freiheit wächst mit der Lässigkeit seines Herrn, bis er aufsteht und den Herrn zum Knecht macht, nur um selbst in der Passivität »unterzugehen«, die zur Muße gehört.

Herr und Knecht haben je die halbe Freiheit: der eine kann sie verwirklichen, der andere erkennt in seinem Selbstbild ihren Wert. Keiner hat sie ganz, und in dem hin- und herwogenden Machtkampf zwischen ihnen ist jeder ruhelos und unerfüllt. Die Dialektik ihrer Beziehung harrt der Lösung, die erst eintritt, wenn jeder den anderen nicht als Mittel, sondern als Zweck behandelt, das heißt, wenn jeder auf den Kampf auf Leben und Tod verzichtet, der beide versklavt hat, und die Wirklichkeit des anderen Willens anerkennt. So erkennt jeder die Autonomie des anderen an und damit den kategorischen Imperativ, der verlangt, den anderen als Zweck und nicht als Mittel zu behandeln. Jeder sieht sich als Subjekt (und nicht bloß als Gegenstand), das außerhalb der Natur steht und durch die wechselseitigen Forderungen eines gemeinsamen moralischen Gesetzes an eine Gemeinschaft gebunden ist. Und das ist nach Kant das Gesetz der Freiheit. Und zu diesem »Moment« hat das Ich eine Vorstellung von seinem aktiven Wesen gewonnen; es ist autonom und doch durch das Gesetz gebunden, es nimmt an einer gemeinsamen menschlichen Natur teil und verfolgt allgemeingültige Werte. Das Selbstbewußtsein ist zum *universalen* Selbstbewußtsein geworden.

So liefert Hegel eine Art Beweis (oder doch eine »legitimierende Geschichte«) für Kants kategorischen Imperativ anhand der Voraussetzung des Ichs und seiner undifferenzierten Freiheit. Doch getreu der dialektischen Methode ist für ihn das moralische Gesetz selbst instabil und einer weiteren »Aufhebung« ausgesetzt – diesmal in der Sphäre der zwischenmenschlichen Beziehungen. Das abstrakte Recht, mit dem sich die einzelnen gegenseitig ihren Freiheitsraum zugestehen, gerät in Konflikt mit jener »Moralität«, die uns in Gemeinschaften und Gruppen aufteilt. Dieser Konflikt läßt sich nur in der höheren Sphäre der »Sittlichkeit« lösen, der Sphäre der polis, in der die irdische Existenz des Menschen ihre konkrete Erfüllung findet.

Auch das ethische Leben hat eine dialektische Struktur, denn der einzelne wächst in ihm und durch es und inszeniert in dieser öffentlichen Sphäre das ewige Drama der Vernunft. Die Gesellschaft beginnt mit unmittelbaren, undifferenzierten und abstrakten Beziehungen, Verwandtschaftsbeziehungen, in denen das Ich und die anderen verschmelzen und Verpflichtungen auf Gehorsam und Frömmigkeit beruhen. Doch der Geist möchte seine Möglichkeit als individueller Wille verwirklichen und durchschneidet die Familien-

Neue

Rheinische Zeitung.

Politisch-ökonomische Revue,

redigirt von

Karl Marx.

Drittes Heft. — März 1850.

Inhalt:

1848—1849. III. Die Folgen des 13. Juni. Von Karl Marx.
Für Republik zu sterben. I. Von Friedrich Engels

London,
E. Schramm, Gerant.
Hamburg und New-York.
In Commission bei Schuberth & Co.
1850.

Die »Rheinische Zeitung«, die Marx herausgab, bis sie 1843 verboten wurde.

bande: die Familienmitglieder gehen ihre eigenen Wege in die antagonistische Sphäre der »bürgerlichen Gesellschaft«, wo die einzelnen nur in Form von Abmachungen zueinander finden, wo der Vertrag das herrschende Prinzip ist. Familie und bürgerliche Gesellschaft stehen in dialektischem Gegensatz zueinander: die Sicherheit und Wärme der einen bedroht die Freiheit und Kälte der anderen und wird von ihr bedroht. Der dialektische Konflikt verlangt also eine weitere »Aufhebung«, sie wird durch den Staat geleistet, dessen Wille das Recht ist. Der Staat ist der Gang der Vernunft in der Welt, und seine Institutionen bilden die endgültige Verwirklichung der absoluten Idee in der ethischen Sphäre.

Karl Marx

Hegels Verteidigung des Staates trug ihm den wohl unberechtigten Vorwurf ein, er habe lediglich den preußischen Staat verteidigt und eine gefährliche Tendenz zum Absolutismus unterstützt. Interessanter sind aber die Einzelheiten seiner Argumentation, die in der 1821 zum erstenmal erschienenen *Rechtsphilosophie* vorgelegt wird – einem der subtilsten und prägnantesten Werke der politischen Philosophie aller Zeiten. Es enthält eine wichtige Verteidigung des Privateigentums als eines unentbehrlichen »Moments« in der Ver-

B
S
B
C

wirklichung der menschlichen Freiheit. Diese Verteidigung regte Karl Marx (1813-83) dazu an, »Hegel auf die Füße zu stellen« und die idealistische Metaphysik durch ihre materialistische Negation zu ersetzen.

Marxens Frühphilosophie besteht aus einer geschickten Bearbeitung von Ideen der »Linkshegelianer«, unter deren Einfluß er als Student an der Universität Berlin stand und die er später in seiner energisch radikalen *Rheinischen Zeitung* verteidigte, die 1843 von den Behörden verboten wurde (was den Beginn von Marxens lebenslangem freiwilligen Exil bildete, zunächst in Frankreich und, als er von dort ausgewiesen wurde, in Belgien und England). Die Linkshegelianer mit ihren führenden Köpfen Bruno Bauer (1809-82) und Ludwig Feuerbach (1804-72) brachten es fertig, viele von Hegels Leitgedanken beizubehalten – vor allem auch Fichtes »Drama des Subjekts« –, aber die konservative politische Perspektive und selbst die idealistische Metaphysik abzulehnen, die sich in diesen Auffassungen ausdrückte. Ihr Denken hatte zwei Hauptbestandteile: die Dialektik (mehr als Vorgang denn als Form vernünftiger Argumentation aufgefaßt) und den Begriff der Entfremdung. Beide Ideen gingen auf Fichte zurück, waren aber stark von Hegelianismen überlagert.

Bei Hegel existierte jeder Bewußtseinsgegenstand – sei es Begriff, Begehren oder Gefühl – zunächst in einer einfachen und »unmittelbaren« Form ohne Selbsterkenntnis, aber wesentlich einheitlich und mit sich selbst einig. Seine schließliche »Verwirklichung« kommt durch eine Rückkehr zu dieser ursprünglichen Einheit zustande, jedoch in einem Zustand der Selbsterkenntnis und der erfüllten Absichten. Dazu muß der Geist einen langen Weg der Trennung von seiner Heimstatt und des Durchsetzungskampfes in einer Welt durchlaufen, die er nicht unter seiner Kontrolle hat. Dieser Zustand der Entfremdung – das Tal der Tränen – ist das Reich des Werdens, in dem das Bewußtsein von seinem Gegenstand und auch von sich selbst getrennt ist. Es gibt so viele Formen der Entfremdung wie Varianten des geistigen Lebens, doch jedesmal ist das Drama im Grunde dasselbe: Der Geist kann sich selbst nur erkennen, wenn er den Gegenstand der Erkenntnis setzt, nur wenn er in seine Welt die Idee des anderen einbringt. Damit wird er sich selbst zum anderen und durchläuft Konflikt und Disharmonie, bis er sich schließlich vereint: mit dem anderen (so wie man sich mit dem Gegenstand der Wissenschaft vereint, wenn man ihn völlig versteht); mit dem Ich, wenn Schuldgefühle und religiöse Entfremdung überwunden sind; mit anderen Menschen, wenn man sich mit ihnen in einem Rechtsstaat zusammentut.

Hegel hatte das Privateigentum als eine notwendige Verwirklichung oder Vergegenständlichung (»Entäußerung«) des subjektiven Willens gerechtfertigt, als Teil des Versuchs des Subjekts, sich einen Platz in einer objektiven Ordnung zu verschaffen und souverän im Umgang mit seiner Welt zu sein. Doch die Entäußerung ist nach Marx auch »Entfremdung«, und Hegels Argument wird durch seine eigene Dialektik widerlegt. Kein Vorgang kann auf der Stufe der Entfremdung angehalten werden, diese muß ihrem Wesen nach in einer höheren Einheit »aufgehoben« werden. Daher muß das Privateigentum, das den Menschen von seinem »Gattungswesen« abschneidet, überwunden werden, so daß der Mensch wieder zu sich selbst finden und in freier Gemeinschaft mit seinen Mitmenschen leben kann. Dafür führt Marx (in seinen *Ökonomisch-philosophischen Manuskrip-*

Der runde Lesesaal der British Library, 1842 eröffnet, wo Marx am Kapital arbeitete.

Das Jahr der Revolutionen. 1848 kam es in ganz Europa zu Aufständen gegen die Monarchien, die im Pariser Vertrag von 1815 wiederhergestellt worden waren. Diese zeitgenössische Lithographie zeigt, wie die königliche Kavallerie in Berlin gegen eine Demonstration vorgeht.

ten von 1844 und andernorts) eine Reihe von Gesichtspunkten an, die von Schiller und Feuerbach inspiriert sind. Unter der Herrschaft des Privateigentums lebe der Mensch in der Sklaverei, von seinen eigenen Mitteln zum Mittel degradiert, als Objekt und nicht als Subjekt, unter dem Zwang, sich selbst als Tauschware zu behandeln in einer Welt, in der alles, auch das menschliche Leben, nur Mittel und nie Zweck an sich selbst ist.

Noch ehe Marx diese Argumentation voll entwickelt hatte, wandte er sich vom Hegelianismus ab und beschäftigte zu der empiristischen Ökonomie Adam Smiths, David Ricardos und anderer englischer Autoren. Er wollte dann seine Kritik des Privateigentums und des Systems des »Kapitals« (der Ausdruck stammt von dem französischen utopischen Sozialisten Saint-Simon) in die Form einer Sozialwissenschaft gießen. Die ökonomische Seite von Marxens Theorie (die sogenannte »Arbeitswerttheorie«) beschäftigt uns hier nicht; sie ist heute ohnehin wissenschaftlich tot. Doch die Geschichtsbetrachtung in Marxens zumeist unvollendeten späteren Werken ist von bleibendem Interesse, nicht zuletzt wegen ihrer katastrophenartigen Auswirkungen auf den Gang und die Sprache der modernen Politik.

Hegels Geschichtstheorie – die an Einfluß nur von der Marxens übertroffen wird – beruhte auf Schellings Idee einer »Universalgeschichte«, in der sich das Fortschreiten des Geistes zur Selbsterkenntnis in den Epochen des zivilisierten Lebens widerspiegelt. (Jedes »Moment des Bewußtseins« hat daher seine Parallele in der Geschichte der Menschheit: so ist das Moment von Herr und Knecht auch das des Kaisers Marcus Aurelius und des Sklaven Epiktet, der ihn lehrte, frei zu sein.) Die Epochen folgen aufeinander nach der Logik der Dialektik, jede ist vom »Zeitgeist« bewegt, jede erscheint mit mathematischer Notwendigkeit und treibt die Entwicklung dem schließlichen »Ende der Geschichte« zu, wenn sich der Geist zum erstenmal völlig erkannt hat. (Der Gedanke, dieser Zeitpunkt sei der der Hegelschen Philosophie, ist nicht von der Hand zu weisen.) Nach Hegel ist also die Hauptantriebskraft der Geschichte der Geist, und die »materiellen« Bedingungen der Menschheit einschließlich der Naturbeherrschung und der sie ermöglichenden wirtschaftlichen Verhältnisse ergeben sich durch die »List der Vernunft« bei ihrer stufenweisen dialektischen Entfaltung.

Marx übernahm das Geschichtsbild vom stufenweisen Fortschreiten zum Endziel, doch er lehnte Hegels idealistische Metaphysik als pseudoreligiösen Hokuspokus ab. Der wahre Motor der Geschichte seien die *materiellen* Verhältnisse, vor allem die Produktivkräfte, und jede Geschichtsepoche verdanke ihren Charakter den in ihr vorherrschenden wirtschaftlichen Verhältnissen (den Produktionsverhältnissen). Es gibt sechs Stadien der geschichtlichen Entwicklung: den primitiven Kommunismus, die Sklaverei, den Feudalismus, den Kapitalismus, den Sozialismus und schließlich den vollentwickelten Kommunismus, und jede bringe einen Zuwachs an Freiheit durch mehr Naturbeherrschung. Jede Epoche ist durch die herrschenden Produktionsverhältnisse gekennzeichnet, jene zwischenmenschlichen Verhältnisse, die durch die (selbst notwendigerweise gesellschaftliche) Produktion und Verteilung des ökonomischen Wertes gefordert werden. So ist der Feudalismus das System, in dem das Land einem Grundherrn gehört, dessen Leibeigener an das Land gebunden ist, es bearbeitet und einen Teil des Produkts erhält. Der Kapitalismus ist das System, in dem die Menschen ihre Arbeitskraft gemäß einem »Entlohnungsvertrag« an diejenigen (die Kapitalisten) verkaufen, denen die Produktionsmittel gehören.

Die Einzelheiten der Theorie sind kompliziert und subtil, doch die Haupttendenz gibt die Formel (aus der *Deutschen Ideologie* von 1850) wieder, daß das Sein das Bewußtsein bestimme und nicht umgekehrt. Ihre Hauptbedeutung liegt darin, daß das Recht und die Institutionen keinen sozialen Wandel verursachen, sondern von ihm bestimmt werden. Sie sind vorhanden, weil sie für die wirtschaftlichen Verhältnisse, aus denen sie erwachsen, eine Funktion haben. Gleiches gilt für die »Ideologie«, das System von Ideen, mit dem die herrschende Klasse (jene, die die Produktionsmittel kontrolliert) sich selbst in ein günstiges Licht setzt und ihre herrschende Stellung als Teil der »natürlichen« Ordnung hinstellt. Recht, Institutionen, politische Systeme und Religionen bilden den gesellschaftlichen »Überbau« und bestehen so lange wie die ökonomische Basis, die Produktionsverhältnisse. Doch die Produktivkräfte entwickeln sich ständig, und die wirtschaftlichen Verhältnisse, die auf einer Stufe zu ihnen passen, werden ihnen bald hinderlich. Der Konflikt zwischen Produktivkräften und Produktionsverhältnissen führt in der Gesellschaft zu einer revolutionären Periode. Der Umsturz der ökonomischen Basis reißt den gesamten Überbau mit sich, und eine Weile herrscht Chaos (Vorwort zur *Kritik der politischen Ökonomie*, eines der vielen von Marx nicht vollendeten Werke).

Dieses phantastische Geschichtsbild übt noch immer seinen Zauber aus. Und warum, ist nicht schwer zu erkennen. Hier wird dem alten Fichteschen Drama unter »wissenschaftlichem« Vorzeichen ein gutes Ende verpaßt. Die Geschichte fängt an mit dem »primitiven Kommunismus« – der »unmittelbaren« Einheit und Harmonie –, dann bewegt sie sich nach außen in einer langen Selbstentzweiung und Entfremdung, bei der der Mensch den Menschen ausbeutet und die Klassen um die Herrschaft »kämpfen«. Zuletzt kehrt die Geschichte zur ursprünglichen Einheit zurück, aber in der »höheren«, selbst-bewußten und voll »verwirklichten« Form des »vollentwickelten Kommunismus«. Marxens Denken war so von der Dialektik beherrscht, daß er sie nicht aufgeben mochte, auch als er eine rein »materialistische« Geschichte des gesellschaftlichen Fortschritts skizzierte. Ja, seine Nachfolger (vor allem Plechanow und Engels) waren davon überzeugt, daß die von Marx beschriebenen und vorausgesagten Revolutionen durch *Widersprüche* zustande kämen, die jeweils im Zuge des Fortschreitens der Gesellschaft auf ihr Ziel hin »aufgehoben« würden. Daher gaben sie Marxens Geschichtswissenschaft den Namen, den sie bis heute trägt: dialektischer Materialismus.

Schopenhauer

Marxens Antihegelianismus war der Ausdruck einer tiefen und dauernden Verpflichtung gegenüber dem »Vater« und ein Akt der Rebellion gegen ihn. Bei Arthur Schopenhauer (1788-1860) dagegen handelte es sich mehr um eine Geschwisterrivalität (beide waren zur gleichen Zeit Professoren an der Berliner Universität, und Hegel zog sehr viel mehr Hörer an), freilich auch Abscheu vor der, wie Schopenhauer es sah, scharlatanhaften Seite des Hegelschen Systembaus. Viele sahen in Schopenhauer einen Popularisierer, der das Kantische System übernommen und als »Lebensphilosophie« verkauft habe. Andere – darunter Schopenhauer selbst – sahen in seiner Philosophie den einzigen möglichen transzendentalen Idealismus, der mehr bot als Kants *kritische* Argumentation. An beidem ist etwas Richtiges. Doch was man auch von Schopenhauer als Philosoph halten mag, er war einer der größten Essayisten deutscher Sprache. Liest man nach dem schwerfälligen Geraune seiner philosophischen Zeitgenossen seine klugen und farbigen Essays, so ist es, als würde in ein verräuchertes Zimmer die klare Morgenluft hereingelassen.

Schopenhauers metaphysische Theorie ist im Titel seines Hauptwerks zusammengefaßt: *Die Welt als Wille und Vorstellung* (1818, erw. Aufl. 1844). Der transzendentale Idealismus sei die einzige mögliche Reaktion auf das philosophische Erbe. Ihm zufolge existiert die empirische Welt für das Subjekt nur als »Vorstellung«: Jedweder Gegenstand sei schon durch das Subjekt bedingt und somit seinem Wesen nach nur Vorstellung des Subjekts. Eine »Vorstellung« ist ein subjektiver Zustand, der nach den primären Formen der Sinnlichkeit und des Verstandes, nach Raum, Zeit und Kausalität »geordnet« ist. Die Suche nach dem Ding an sich hinter der Vorstellung ist vergeblich, solange sie sich auf die natürliche Welt richtet. Jedes Argument und jede Erfahrung führt immer zum gleichen

Endpunkt, dem System der Vorstellungen, das wie ein Schleier zwischen Subjekt und Ding an sich steht. Keine wissenschaftliche Untersuchung kann ihn durchdringen, und doch ist es in der Tat nur ein Schleier, so versichert Schopenhauer, ein Gewebe von Täuschungen, das wir, wenn wir nur wollen, mit anderen Mitteln durchstoßen können. Die Inder, so wird er nicht müde zu rühmen, hätten das erkannt.

Auf diesen Weg sei Kant unversehens geraten, habe aber die Bedeutung seiner eigenen Argumente verkannt. In der Selbsterkenntnis stehe man gerade vor dem, was nicht als Erscheinung erkennbar ist, da es die Quelle aller Erscheinungen ist: das transzendentale Subjekt. Dieses Subjekt als Objekt erkennen heiße gerade es nicht erkennen, sondern wieder vor dem Schleier der Vorstellung stehen. Doch *als Subjekt* kann ich es erkennen, durch das unmittelbare und begriffsfreie Bewußtsein, das ich vom Willen habe – also durch die praktische Vernunft. Das alles führt Schopenhauer zu einem Ergebnis, das sich etwa folgendermaßen formulieren läßt: Auf dem Wege der objektiven Erkenntnis kommt man nie über die Vorstellung, die Erscheinung hinaus. Man bleibt also den Dingen äußerlich, dringt nie in sie ein, erfährt nie, was sie an sich sind. So weit stimme er mit Kant überein. Doch als Gegengewicht habe er auch betont, daß wir nicht nur erkennendes Subjekt sind, sondern selbst auch zu den zu erkennenden Gegenständen gehören und insofern Ding an sich seien. So stehe ein Weg von innen zum wahren inneren Wesen der Dinge offen, zu dem man von außen nicht vordringen könne – gewissermaßen ein unterirdischer Gang, der mitten in die von außen nicht bezwingbare Festung hineinführe.

Mein Wesen ist der Wille (Kants »praktische Vernunft«), und mein unmittelbares und begriffsfreies Bewußtsein von mir selbst ist Bewußtsein vom Willen. Doch auch meinen eigenen Willen kann ich nur als Erscheinung erkennen, denn alle meine Erkenntnis, auch das innere Bewußtsein, ist der Zeitform unterworfen. Gleichzeitig enthüllt sich mir (wie, das erklärt Schopenhauer eigentlich nicht) das wahre Wesen des Willens als Ding an sich. Ich weiß, daß der Wille einer und unveränderlich ist, verkörpert im vergänglichen Lebenswillen der einzelnen Geschöpfe, aber an sich grenzenlos und ewig.

Wie verhält sich nun der Wille zum einzelnen Subjekt? Schopenhauers Antwort arbeitet mit Leibnizschen Begriffen. Ich bin ein Individuum und als solches durch ein principium individuationis identifiziert. Ein solches findet sich nur in der Vorstellungswelt: eine Individuation der Dinge ist nur in Raum und Zeit und anhand ihrer kausalen Eigenschaften möglich. Dem Ding an sich, das weder räumlich noch zeitlich noch kausal charakterisiert ist, fehlt also ein Identitätsprinzip. Ich bin also in keinem Sinne mit dem Willen *identisch*. Ich kann nur sagen, der Wille *manifestiere* sich in mir, gewissermaßen gefangen in einer individuellen Existenz gemäß seiner unermüdlichen Tendenz, sich in der Vorstellungswelt zu verkörpern. Der Wille an sich ist zeitlos und unzerstörbar. Er ist das universale Substrat, aus dem sich jedes Einzelwesen in die Erscheinungswelt begibt, nur um nach einem kurzen und vergeblichen Existenzkampf wieder zurückzusinken.

Der Wille manifestiert sich in den Erscheinungen auf zweierlei Art: als individuelles Streben und als Idee. Eine Idee ist so etwas wie eine vollständige Vorstellung des Willens, sie kann in der Vorstellungswelt erfaßt werden. Und sie manifestiert sich nur in der Gattung. Daher gilt in der Natur die Gattung mehr als das Individuum, denn in ihr findet der Lebenswille eine dauerhafte Verkörperung, während das Individuum, für sich betrachtet, eine vorübergehende und entbehrliche Abirrung ist. Das drückt Schopenhauer in einem seiner vielen großartigen Bilder aus: Wie sich die Tropfen eines Wasserfalls rasend verändern, während der von ihnen gebildete Regenbogen ruhig und unberührt dasteht, so bleibe auch jede Idee, d.h. jede Gattung von Lebewesen vom ständigen Wechsel der Individuen gänzlich unberührt. Sie aber sei die eigentliche Basis und Manifestation des Lebenswillens, dem es somit nur um die Erhaltung der Art gehe.

Daraus leitet Schopenhauer eine meisterhafte Skizze der Indifferenz der Natur gegenüber dem Individuum ab, wobei er die Evolutionsbiologie vorwegnimmt. Sein Pessimismus, der jede Nische besetzt, in der die Menschen es sich bequem machen und Trost finden möchten, rührt zum Teil von seiner Soziobiologie her. Von daher gewinnt er auch eine der eindrucksvollsten Theorien der sexuellen Liebe in der ganzen philosophischen Literatur. Doch sein Pessimismus hat auch andere, eher metaphysische Wurzeln. Für ihn

Arthur Schopenhauer. Diese Karikatur von Wilhelm Busch zeigt den Philosophen mit seinem Pudel.

RICHARD WAGNER, 1871 in München aufgenommene Fotografie. Seit Platon festlegen wollte, welche Tonarten für einen Idealstaat tauglich seien, waren Musik und Philosophie selten so eng verbunden wie in den Beziehungen zwischen Schopenhauer, Wagner und Nietzsche.

ist die individuelle Existenz eigentlich ein Fehlgriff, in den der Lebenswille aber dauernd hineingerät, um sich sich selbst als Idee zu zeigen. Der Wille *fällt* in die Individualität *hinein* und existiert eine Weile, gefangen in der Vorstellungswelt, abgeschnitten von dem ruhigen Meer der Ewigkeit, das seine Heimat ist. Das individuelle Leben (mein Leben) ist eigentlich eine Sühne für die Ursünde, das skandalon der Existenz selbst.

Der Verstand ist zwar zumeist Sklave des Willens und kommentiert hilflos Vorgänge, die er nicht steuern kann, doch eines steht in seiner Macht, die Fähigkeit der Entsagung. Er kann den Widerstand des Willens gegen den Tod überwinden, indem er zeigt, daß wir vom Tode nichts zu fürchten und alles zu gewinnen haben. Der Tod kann den Willen nicht auslöschen; zwar überdauert nicht das Individuum den Tod, sondern das Allgemeine, doch das sollte uns nicht bedrücken, denn der Fehler der individuellen Existenz hat überhaupt erst alle unsere Leiden verursacht. So rechtfertigt Schopenhauer den Selbstmord, den er freilich selbst nicht beging.

Der Wille drängt sich in alle unsere Gedanken und Handlungen. Trotzdem können wir uns von ihm distanzieren, ihn aufhalten und die Dinge objektiv und unabhängig von vergänglichen Zielen sehen. Dann und nur dann können wir uns mit der Welt aussöhnen, wenn wir uns von dem rastlosen Drang befreit haben, sie zu verändern. Diese Loslösung vom Willen schenkt die Kunst und die ästhetische Erfahrung. Deshalb gebührt ihnen die höchste Stellung im Selbstverständnis des Menschen. Besonders durch die Musik können wir erfassen, was sonst ständig vor uns verborgen bliebe, nämlich die objektive Darstellung des Willens selbst (im Unterschied zu seiner subjektiven Darstellung in mir). In der Musik höre ich nicht *meinen* oder *deinen* Willen, sondern den Willen losgelöst von allem individuellen Streben, von allen Gegenständen des Begehrens und der Furcht, objektiv und intelligibel geworden. Melodien und Modulationen schenken uns eine rein *ideale* Bewegung, durch die wir einen Blick auf das Meer der Ewigkeit werfen. Deshalb hören wir auch in der stürmischsten Beethovensinfonie nur die Auflösung der Kämpfe und hehren Trost. In der Musik spielt der Wille mit sich selbst wie die Wellen auf dem unergründlichen Meer.

Schopenhauer arbeitete viele Anwendungen seiner Philosophie mit Phantasie und Pathos aus, und in seinen Essays zeigt er eine bemerkenswerte Fähigkeit, seinem System neue, überraschende, aber stets treffende und scharfsichtige Beobachtungen über das menschliche Los abzugewinnen. Sein System war für den praktischen Gebrauch, keine abstrakte Fachsprache wie bei Fichte, sondern eine Waffe gegen den »ruchlosen Optimismus« um ihn herum. Er hatte viel zuviel Freude an seinen pessimistischen Ergebnissen, als daß er den Leser so recht davon überzeugen könnte, daß er an sie glaube, und seine wütenden und verächtlichen Angriffe auf verbreitete Vorurteile verraten eine viel stärkere Bindung ans Leben als an die von ihm empfohlene Entsagung. Er benahm sich gewiß arrogant und anmaßend, mit einem mürrischen Zug, der ihn stets eine geladene Pistole neben sein Bett legen ließ. Doch er war gesellig, er liebte Wein, Weib und Gesang und lebte als normaler ichbezogener Professor. Hegels Erfolg quälte ihn sehr. Doch seine eigene Philosophie hatte ebenfalls weitreichenden Einfluß. Nicht nur stellte er das Kantische System in leicht verständlicher Form dar, er paßte es auch der Stimmung im Deutschland der Mitte des 19. Jahrhunderts an, einer enttäuschten Hoffnung und romantischen Resignation. Durch seine Philosophie des Willens und der Entsagung verlieh er der christlichen Kultur neue Lebensformen (oder jedenfalls Todesformen). Ohne Schopenhauer hätte es weder den Wagner noch den Nietzsche gegeben, den wir kennen, und Nietzsches schließliche Entscheidung für den Willen und gegen die Entsagung brachte die deutsche romantische Philosophie an ihr Ende.

Nietzsche

»Die Wohltat, die Wagner Schopenhauer verdankt, ist unermeßlich. Erst der Philosoph der décadence gab dem Künstler der décadence sich selbst.« (*Der Fall Wagner*, 1888) Denn Wagner hatte von Schopenhauer gerade das übernommen, was Nietzsche für das Verderblichste hielt: die lebensverneinende Ethik der Entsagung. Deshalb hatte Wagner »die Musik krank gemacht«.

Friedrich Wilhelm Nietzsche (1844-1900) hatte mit der Mehrzahl seiner philosophischen Vorläufer zweierlei gemeinsam: das beschränkte Leben eines Professors und ein

Nietzsche in Uniform als Artillerist 1868.

übermächtiges Interesse für die Kunst. Schelling und in gewissem Maße Hegel hatten ihre Systeme auf eine ästhetische Idee aufgebaut; Schelling und Schopenhauer hatten die Kunst zur höchsten Form der Erkenntnis erklärt; und hinter der Pseudowissenschaft Marxens (der kein Professor, aber doch ewiger Student war) stehen die ästhetischen Theorien Schellings und Schillers. Doch nur bei Nietzsche räumte die Philosophie der Kunst den ersten Platz ein als dem eigentlichen Ausdruck von Wahr und Falsch. Nietzsches Denken ist *Kritik*, eine ausgedehnte Meditation über die condition humaine im allgemeinen und die Moderne im besonderen, in der die Kunst nicht nur als Hauptmerkmal, sondern auch als bevorzugtes Ausdrucksmittel gilt. Seine Philosophie ist künstlerisch aufgefaßt, sie tritt neben die Musik Wagners und die Poesie Hölderlins als Bewerber um die Krone der Musen.

Sohn eines lutherischen Pastors, rebellierte Nietzsche sein ganzes Leben gegen das Christentum, nicht nur gegen die Moral des Evangeliums, sondern auch gegen die Person

Jesu, mit dem er sich fortwährend verglich (jedenfalls in seinen Schriften). Nietzsches Prosa – aphoristisch, rhythmisch, voller Bilder und Anspielungen – ist ein ständiger Angriff auf die Zitadelle der abstrakten Philosophie. Doch sie ist reich an philosophischen Gedanken und könnte eine Bibel des einsamen Mannes sein (nicht aber für die einsame Frau).

Mit 24 Jahren wurde er Professor für klassische Philologie an der Universität Basel und rechtfertigte schon bald das in ihn gesetzte Vertrauen mit einer revolutionären Analyse des griechischen Theaters: *Die Geburt der Tragödie aus dem Geiste der Musik* (so lautet der vollständige und aufschlußreiche Titel) griff das Bild der griechischen Kultur an, das seit Winckelmann und Goethe akademische Orthodoxie war. Nietzsche liefert zum erstenmal eine *anthropologische* Sicht der Griechen, wonach ihre Kultur nicht so heiter und vernünftig war wie in den Platonischen Dialogen, sondern dunkler und atavistischer. Das Leben der griechischen Kultur stamme aus der in Dionysos personifizierten irrationalen Kraft, der Kraft des wilden Tanzes, die in das Leben der Stadt einbricht und ihre zerbrechliche Ordnung bedroht. Der Geist des Dionysos, in dessen Namen die Tragödie aufgeführt wurde, wird gemäßigt durch den Geist Apollons, des Gottes der Harmonie und Beherrschung. Und aus der Synthese des Dionysischen und Apollinischen entstehe die besondere muskulöse Schönheit der griechischen Kunst in allen ihren Formen, die Schönheit einer Kunst, in der das Leben bewahrt und nicht zerstört ist und in der das Schreckliche und Irrationale neben dem Heiteren steht.

Die Geburt der Tragödie zeigt den Einfluß Wagners (dessen Vorstellung vom Musikdrama verteidigt wird) und auch Schopenhauers. Wille und Vorstellung sind zu Dionysos und Apollon geworden. Doch Nietzsche stand auf der Seite des Dionysos. Den Griechen wandte er sich nicht wegen ihrer Verehrung der Vernunft zu (gegen Sokrates wandte er sich so stark wie gegen Jesus), sondern weil sie den Göttern der Dunkelheit ins Gesicht zu blicken vermochten und in der höchsten Kunst den Zauberbann des Vitalen, Wilden bewahrten. Nietzsches Argumentation ist voller falscher Vorstellungen von den Göttern (vor allem Apollon), und seine Spekulationen über die Tragödie sind von der späteren Wissenschaft häufig in Zweifel gezogen worden. Trotzdem war er der erste Denker, der die griechische Religion als *Religion* nahm und nicht als Sammlung künstlerischer Allegorien. Er sah etwas, das vor ihm noch kein Gelehrter gesehen hatte.

Nietzsche entfernte sich weit von diesem Frühwerk, das er später verwarf, denn es »riecht anstößig nach Hegel« (wegen der »dialektischen« Entgegensetzung von Dionysos und Apollon, die im tragischen Tanz aufgehoben wird) und »ist...mit dem Leichenbitter-Parfüm Schopenhauers behaftet«. Die Ausdrucksweise ist typisch. Nietzsche schlug sich nie bloß mit Ideen herum, sondern mit *Menschen*, mit Teilen seines Ichs, die er mit einem derart heftigen Ekel ablehnte, daß er sie einmal sehr geliebt haben mußte. Seine Gegner waren zu Feinden gewordene Freunde, und seine Angriffe auf sie galten einer »Krankheit«. Den Krankheiten der deutschen Kultur des 19. Jahrhunderts setzte er das Leben als Heilmittel entgegen. Und wie die meisten Advokaten des Lebens schrieb er sehr viel mehr, als er lebte.

Die dann folgenden aphoristischen Bücher – darunter *Fröhliche Wissenschaft* (1882, seine wichtigste Abhandlung über Metaphysik) und die glänzende Nachahmung alttestamentlicher Prophetie *Also sprach Zarathustra* (1884) – drücken eine Lebensanschauung

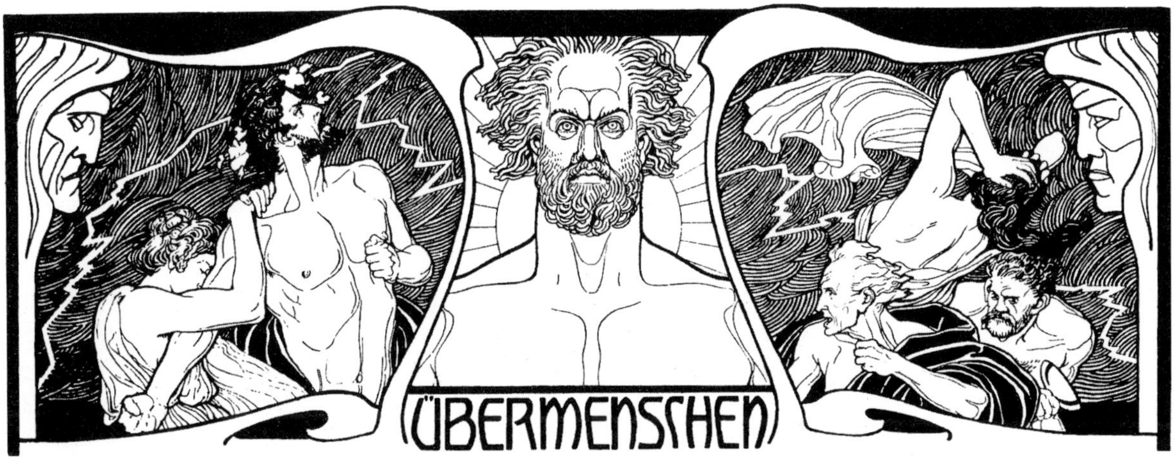

Der Übermensch auf einem Buchumschlag, wiedergegeben 1903 in der *Berliner Illustrierten Zeitung.*

aus, die gleichzeitig bilderstürmerisch und voll moralischen Pathos ist. Philosophie ist für Nietzsche nicht Wahrheitssuche; es gibt keine Wahrheiten, nur Deutungen, und jedes System ist nichts als der Versuch seines Urhebers, die Wirklichkeit zu seinen Gunsten zu deuten, die Welt auf seine Seite zu bringen. Die eigentliche Frage ist, ob man auf seine Seite treten soll. Empfiehlt uns der Philosoph ein Denken, das uns verdirbt, so daß er Macht über uns gewinnen und seine tiefsitzende Schwäche kompensieren kann? Oder bietet er uns das Lebenselixier, das unseren »Willen zur Macht« stärkt?

Einer Philosophie schließt man sich an, weil sie Kraft gibt. Doch wir sollen unterscheiden zwischen Systemen wie dem Schopenhauers, die die Schwächeren stärken, und dem Nietzsches, die ohne Hemmungen das Stärkste in uns befreien und uns eine höhere Ebene erklimmen lassen. Auf ihr wohnt der »Übermensch«, der Mensch der Zukunft wie auch die unerweckten Möglichkeiten in mir (wenn auch vielleicht nicht in dir). »Gott ist tot«, also muß ich selbst die Welt weiterbringen, und das tue ich, indem ich im Übermenschen *mich selbst transzendiere*. Dazu muß ich die Fesseln abwerfen, mit denen die Schwachen mich binden. An vorderster Stelle steht da das Christentum mit seiner lähmenden Unterscheidung von Gut und Böse. Die christliche Moral (und ihre Säkularisierung durch Kant) verdammt die Selbstbehauptung und erklärt die Demütigen, Nachgiebigen, Mitleidigen für gut – kurz, die Sklaven. Statt dieser »Sklavenmoral« wollte Nietzsche (*Jenseits von Gut und Böse*, 1886) eine griechische Moral, heidnisch, lebensbejahend, die statt Gut und Böse Gut und Schlecht unterscheidet – und zwar das gute oder schlechte *Exemplar.*

Der gute Mensch, wie der gute Krieger oder das gute Pferd, ist gesund, blühend und kraftstrotzend; der schlechte ist krank, schwächlich, hinfällig. Stolz, Mut und der Wille zur Macht, das sind beileibe keine Sünden, sondern die wahren Tugenden, für den modernen Menschen nicht weniger als für die Griechen. Den Nächsten lieben wie sich selbst – schön, aber du mußt erst einmal dich selbst lieben. Wollen, daß die Maxime des eigenen Handelns allgemeines Gesetz sei – schön, aber zuerst mußt du deine eigene Lust wollen, als Gesetz wollen.

»DIE DREIEINIGKEIT« betitelte Nietzsche dieses gestellte Foto von 1882, das links Lou Salomé und rechts ihn selbst zeigt.

Um diese provokanten Ansichten zu untermauern, ersetzte Nietzsche die Philosophie durch die Psychologie und untersuchte Argumente nicht auf ihre Richtigkeit, sondern prüfte nur den von ihnen geförderten Bewußtseinszustand. Wenn man einmal alle Systeme durchschaut hat, bleibt *nur* noch die Psychologie übrig. Nietzsches Ethik ist eine Ethik des Mißtrauens, und seine brillante, wenn auch einseitige Diagnose der Gesellschaftsordnung, in der er lebte, ist auch eine letzte Revanche an ihr. Bei seiner Diagnose bediente er sich reichlich philosophischer Positionen – vor allem der Humeschen Skepsis gegenüber Kausalität und Identität und der Kantischen Zertrümmerung des kartesischen Ichs –, doch letztlich erkannte er keinen Meister jenseits seines eigenen versengenden Geistes an, aus dessen Gefilden er jede Spur einer rivalisierenden Gottheit verbannte.

Die hartnäckige Sünde der Welt, in der er stand, war das Ressentiment. Nietzsches Gebrauch dieses französischen Wortes leitet sich von seiner affektierten Verachtung für die Deutschen her und von einem sonderbaren Glauben, in psychologischen Dingen hätten die Franzosen den richtigen Blick. Der moderne Mensch – dieses degenerierte Wesen, das Nietzsche vielleicht als erster bei diesem Namen nannte – ist verzehrt vom Ressentiment gegen die Macht und Würde, zu der er selbst unfähig ist. Er leidet an einem – zu salbungsvollem Mitleid christianisierten – kollektiven Bedürfnis, alle Unterschiede zu einem harmlosen Gleichmaß einzuebnen, jeden gleich zu machen, das bescheidene Leben zu idealisieren und die zu vernichten, die den Erfolg wagen. Nietzsches feindselige Einstellung zum Christentum schwappte daher über in eine ebenso starke Feindschaft gegen Sozialismus, Positivismus, Utilitarismus, Demokratie und alle sonstigen Heilslehren seiner Zeit.

Allein auf seinem Gipfel, können den Übermenschen freilich die eisigen Winde des Zweifels anwehen. War es das wert? Habe *ich* etwas von meiner Selbsttranszendierung gehabt, oder nur die Gattung in mir? Nietzsche bietet eine Art Trost an in der Lehre von der »ewigen Wiederkehr«. Das lineare und fortschrittsorientierte Geschichtsbild der Hegelianer ist unsinnige Selbsttäuschung, die Pflicht, sich selbst zu transzendieren, wird auf den Gott der Geschichte verlagert. Die Wahrheit (oder vielmehr, da es ja keine Wahrheit gibt, die beste und lebensstärkendste Deutung) lautet, daß die Geschichte zyklisch ist. So, wie ich jetzt lebe, werde ich ewig leben. Der Kreislauf des Werdens ist endlos und wiederholt jeden Augenblick, er läuft wieder und wieder in der Furche, die ich hier und jetzt für ihn ziehe. Deshalb lebe so, daß du ewig mit Stolz auf dich blicken kannst: »Sei dir selbst treu«, oder in Nietzsches futuristischer Formulierung: »Werde, der du bist.«

Über solchen Gedanken verlor Nietzsche seinen Verstand. Im Juni 1889 umarmte er ein mißhandeltes Pferd – eine Beute jenes Gefühls, das er mehr als jedes andere verachtet hatte. Er vegetierte still noch 11 Jahre in der Obhut einer Schwester.

Die deutsche Philosophie endete nicht mit Nietzsche – mitnichten. Doch sein Glaube, er stehe den Deutschen als Prophet ihres Untergangs fern, war nicht aus der Luft gegriffen. Es hatte zwar einen deutschen Vorläufer von Nietzsches Egoismus gegeben – in dem bemerkenswerten Buch *Der Einzige und sein Eigentum* (1845) von Max Stirner (1806-56) –, aber die *Moral* des Idealismus zerstörte Nietzsche, indem er die Hoffnung auf ein System aufgab, das den Weg von Mensch zu Mensch rechtfertigen würde. Sein größter Vorläufer bei diesem Versuch war nicht Stirner, sondern Sören Kierkegaard, ein dänischer Christ streng pietistischer Herkunft, der nach seiner Zwangsernährung mit Hegel an der Kopenhagener Universität ein Leben der Rebellion gegen das idealistische System lebte.

Sören Aabye Kierkegaard

Kierkegaard (1813-1855) wird oft der erste Existentialist genannt. Gewiß, er hat als erster das Wort gebraucht; doch was er von denen gedacht hätte, die es später für sich beanspruchten, steht auf einem anderen Blatt. Ein von Melancholie und Schuldgefühlen heimgesuchter Christ, widmete er seine beachtlichen literarischen Fähigkeiten der Verteidigung des Glaubens, der für ihn eine letzte und unbegründbare spirituelle Entscheidung

Kierkegaard, gezeichnet von seinem Vetter Christian Kierkegaard 1840, am Beginn seiner fruchtbarsten Periode.

war. Wahrheit sei Wahrheit *für mich*, die Idee, für die ich leben und sterben kann. Und in seiner *Abschließenden unwissenschaftlichen Nachschrift* (1846) versuchte er zu zeigen, daß die individuelle Existenz der einzige Grund allen vertretbaren Denkens sei. Ich existiere als konkreter und frei entscheidender Akteur; das allein ist gewiß, und alle Wahrheit ist *Subjektivität.* Es kann keine Antwort auf das Rätsel der Existenz geben – auf die Frage, *warum* ich existiere – außer in der konkreten Entscheidung. Und wenn eine Entscheidung wahrhaft die meine sein soll, muß sie kriterienfrei, unbegründet, ein reiner »Sprung des Glaubens« ins Ungewisse sein.

Diesen metaphysischen Standpunkt kann man dem Skeptiker schwer empfehlen, denn man kann ja nicht gut etwas empfehlen, das sich grundsätzlich jeder Rechtfertigung entzieht. Die interessantesten Schriften Kierkegaards sind daher seine Volten am Rande des schwarzen Loches, in das er jederzeit sich hineinzustürzen ankündigt, vor allem sein Essay *Entweder – Oder: ein Lebensfragment* (1843), worin er die ästhetische und die ethische Lebensform unterscheidet, sowie die Auslotungen religiöser Pathologie – *Furcht und Zittern* (1843), *Der Begriff Angst* (1844), *Die Krankheit zum Tode* (1849) –, deren finstere Titel gar nicht dem lebendig poetischen Inhalt entsprechen. Wie Nietzsche war Kierkegaard Künstler, freilich einer, der sich rühmte, Auffassungen darstellen zu können, die er nicht teilte. Und selten schrieb er so brillant wie im 1. Band von *Entweder – oder* mit dem zu Recht berühmten »Tagebuch eines Verführers« und dem tiefschürfenden Essay über

Mozarts *Don Giovanni*, wonach nur die Musik die »Unmittelbarkeit« des erotischen Erlebens einfangen könne.

Der vorgebliche Zweck von *Entweder – Oder* ist der Nachweis, daß man sein Leben ebensogut in den Dienst ästhetischer Ideen wie moralischer Pflichten stellen könne. Es gebe da keine *vernünftige* Entscheidung – ein Beispiel für die *Unbegründetheit* aller

Abraham opfert Isaak (hier dargestellt von Ghiberti auf der Tür des Baptisteriums des Doms zu Florenz) – der Bezugspunkt von Kierkegaards Diskussion der Beziehungen zwischen der ethischen und der religiösen Dimension.

wichtigen Einstellungen. Ja, es sei irreführend, überhaupt von einer Entscheidung zu sprechen. Der Ästhet, der jede Stimmung nachgeht, wählt sich nicht, er verliebt sich in sich wie Narziß. Selbst für das ethische Leben entscheidet man sich nicht, sondern man erhält einen *Befehl*, dem man sich gar nicht entziehen kann. Daraus scheint zu folgen, daß das religiöse Leben das einzige ist, für das man sich wirklich entscheidet, denn es ist das einzige, bei dem die Irrationalität der Entscheidung offen anerkannt und begrüßt wird.

In *Furcht und Zittern* geht Kierkegaard daher anhand der seltsamen Geschichte von Abraham und Isaak dem Übergang vom Ethischen zum Religiösen nach, der »Suspension des Ethischen«, mit der sich Abraham für den »Sprung des Glaubens« bereit zeigt. Im religiösen Glauben stehen wir vor dem Geheimnis der Existenz – ihrer Absurdität. Daher gruppieren sich um den Glaubensakt, wie von einem Magneten angezogen, unsere extremsten und hartnäckigsten Gefühle: Furcht, Angst, Verzweiflung (die »Krankheit zum Tode«), sie drängen ständig auf jene unbeschreibbare Entscheidung hin, in der allein sie aufgelöst werden können.

Kierkegaard zeichnete ein meisterhaftes Bild des religiösen Gefühls – und vor allem der Verzweiflung, die ebensogut in Glauben wie in Verweigerung umschlagen kann. Doch sein Beitrag zur Philosophie ist fragwürdig, da er keinen anderen Standpunkt als den der umfassenden Ironie einnehmen mochte. Der Leser Kierkegaards steht vor einer Vielzahl befangener Persönlichkeiten in ständig wechselnden Verkleidungen, und wenn er unbedingt dahinter blicken möchte, stößt er nur auf ein Rätsel, das bald Glaube, bald Wahrheit, bald Subjektivität genannt wird, aber unter allen seinen Bezeichnungen unerkennbar und unsagbar bleibt.

Kierkegaard war zwar Däne, aber er ist in die Geschichte als Deutscher ehrenhalber eingegangen, der einen Kampf kämpfte, der ohne die deutsche romantische Philosophie undenkbar gewesen wäre. Und wie sah es im übrigen Kontinentaleuropa im 19. Jahrhundert aus? Die Kürze meiner Antwort spricht für sich selbst. Die französische Philosophie wanderte lange im Niemandsland der spekulativen Soziologie umher und versuchte vergeblich, die utopischen Ideen Saint-Simons oder den zynischen Anarchismus Proudhons oder Babeufs zu verdauen, bis sie schließlich von Auguste Comte (1798-1857) domestiziert wurde, der selbst stark von Saint-Simon beeinflußt war. Comtes »Positivismus« war eine Reaktion einerseits gegen das organisierte Christentum und andererseits gegen die moderne Naturwissenschaft; er wollte ein System der Metaphysik auf wissenschaftlichen oder »positiven« Grundsätzen aufbauen und die Deutschen ausstechen. Comte begründete die moderne Soziologie und schrieb viel über wissenschaftliche Methode, Ethik, Religion und Philosophie des Geistes. Vielleicht seine bemerkenswerteste Leistung aber ist die Gründung einer positivistischen Kirche, einer Art Nachzügler von Robespierres Verehrung des Höchsten Wesens, die in Frankreich und selbst eine Weile in England erstaunlich viel Anhang fand. Wenig ist davon geblieben, und in Comtes umfangreiches Werk schauen heute die Philosophen nur selten hinein.

Bergson

Bedeutender war Henri Bergson (1859-1941), der mit *L'évolution créatrice* (1907) und *Matière et mémoire* (1896) die Biologie mit einer Theorie des Bewußtseins zusammenführen wollte, wobei er etwas von Comtes wissenschaftlichem Optimismus bewahrte. Vorher schrieb er den *Essai sur les données immédiates de la conscience* (1889; dt.: *Zeit und Freiheit. Eine Abhandlung über die unmittelbaren Bewußtseinstatsachen* 1911), der einen bleibenden Einfluß auf die moderne Philosophie ausübte. Er unterschied dort subjektive und objektive Zeit. Der Physiker beobachtet Gegenstände und Ereignisse in ihrer zeitlichen Aufeinanderfolge; dem Bewußtsein aber stelle sich die Zeit als *Dauer* (»durée«) dar – als unbegrenzt dahinfließender Prozeß, bei dem ein Augenblick aus dem anderen hervorgeht und selbst wieder dem nächsten weicht. Die durée ist nur innerlich erfahrbar, die äußere Beobachtung mißt »le temps«. Die innere Erfahrung zeigt uns die wirkliche Prozeßhaftigkeit der Zeit, die physikalische Zeit dagegen ist desaggregiert und atomisiert.

Henri Bergson schrieb tiefsinnig über Zeit und Entwicklung. Zu seiner Zeit war er äußerst einflußreich, doch heute haben die mathematischen Zeitlogiker und die molekulargenetischen Evolutionstheoretiker kaum etwas für ihn übrig.

In der Erinnerung zeigt sich wiederum die durée, jetzt als umgekehrter und kontrollierbarer Prozeß. Sie gibt uns unmittelbaren Zugang zur Vergangenheit und auch die Möglichkeit, deren wahre Ordnung zu erkennen. Es ist eine sinnhafte Ordnung, die von der physikalischen Zeitordnung ganz verschieden sein kann. Die Fähigkeit, in der Zeit und durch sie zu leben und sie ihrem inneren Wesen nach zu ordnen, zeichnet das Bewußtsein aus und ist ein Grund dafür, daß dieses keineswegs ein physikalischer Prozeß ist.

Bergsons Beobachtungen, mit einer heiteren Toleranz vorgebracht, die den Übermenschen entsetzt hätte, hatten Einfluß auf Whitehead und die »Prozeßphilosophen« und steckten die Ziele der anschließenden Versuche Husserls, Heideggers und Merleau-Pontys ab, in das innere Geheimnis der subjektiven Zeit einzudringen. Sie hinterließen auch bleibende Spuren in der französischen Literatur in Prousts *Auf der Suche nach der verlorenen Zeit.* Es ist so gut wie sicher, daß Bergson heute weniger gelesen wird, als er verdient, vor allem, weil er viel zu klar und kultiviert schrieb (er erhielt 1927 sogar den Nobelpreis für Literatur). Grobschlächtige Denker halten ihm sogar vor, er denke eigentlich gar nicht, sondern spinne bloß seine Sätze fort.

Croce

Gleiches gilt für einen anderen großen kontinentaleuropäischen Philosophen außerhalb der deutschsprachigen Tradition: Benedetto Croce (1866-1952), den Begründer der modernen Ästhetik. Es ist nicht ganz richtig, ihn außerhalb der deutschen Tradition anzusiedeln, denn die wichtigsten Einflüsse auf ihn gingen von Kant und Hegel aus. Doch er hatte einen so unmittelbaren, von jeglicher Fachsprache unbelasteten Stil und eine didaktische Sorge um sein Land und dessen politische Zukunft, die ihn zu einem großen italienischen Denker machen. Er stammte aus einer begüterten Familie und führte in Neapel das Leben eines vornehmen Gelehrten; er schrieb über alle aktuellen Fragen und entwickelte dabei sein eigenes idealistisches System. Er war ein namhafter Vertreter liberaler Ideen in der Politik und ein hervorragender Gesellschafts- und Literaturkritiker. Heute ist er wegen seiner *Ästhetik* (1902) bekannt, die die Kunstphilosophie nachhaltig veränderte.

Croce geht von Kants Unterscheidung von Anschauung und Begriff aus, versteht sie aber schon im Sinne seines im Entstehen begriffenen Systems. Die Wissenschaft und der Alltagsverstand erkennen die Welt mit Hilfe von Begriffen, die ein diskursives Wirklichkeitsbild mit Wahrheitsanspruch entwerfen. Das konkrete Einzelne dagegen ist Anschauung und wird auch durch sie verstanden. In der gewöhnlichen Erfahrung verbinden sich Anschauung und Begriff, so daß die Welt ganz von selbst in ihrer Allgemeinheit dargestellt wird; in der ästhetischen Erfahrung dagegen halten wir beides auseinander und erfreuen uns einer begriffsfreien Anschauung, die demnach das Einmalige und Individuelle darstellt. Solche Anschauungen drücken sich in der Kunst aus und gewinnen so objektive Wirklichkeit; sie gehören nicht mehr nur dem Künstler, sondern jedem, der sein Werk versteht. Eine Anschauung läßt sich aber nur bei Konzentration auf den einmaligen Gegenstand vermitteln, der sie verkörpert; er muß als Ausdruck *dieser* einen Erfahrung erfaßt werden. Die Kritik kann sich nicht auf Regeln oder diskursive Theorien stützen. Die

Benedetto Croce, der Begründer der modernen Ästhetik und vielleicht der einflußreichste italienische Philosoph seit Machiavelli.

Bedeutung eines Kunstwerks ist das, was es ausdrückt; sie ist für dieses eine Kunstwerk spezifisch und ist im Zusammenhang der gesamten ästhetischen Präsentation zu verstehen. Aus ähnlichen Gründen lassen sich auch nie Form und Inhalt eines Kunstwerks trennen. Ein Kunstwerk sollte auch nicht anhand der von ihm geweckten Gefühle oder Gedanken verstanden werden, denn sie sind der ästhetischen Erfahrung äußerlich, die sich nur mit der im Werk selbst enthaltenen Anschauung verbindet.

Man muß daher Ausdruck und Repräsentation unterscheiden. Darstellende Kunstwerke wie gegenständliche Malerei, Roman, Ballade enthalten etwas Diskursives. Sie erzählen alle eine Geschichte, die auch mit anderen Mitteln und anders hätte erzählt werden können. Interessiert man sich lediglich für diese, dann wird das Kunstwerk zum diskursiven Symbol, zum Informationsvermittler, und hat somit bloß instrumentellen (und keinen eigenen) Wert. Interessiert man sich aber für den Ausdruck, dann geht es um die *einmalige* Erfahrung, die *dieses* Kunstwerk ausdrückt. Es ist nicht mehr ersetzbar, man beurteilt es auch nicht als eine Möglichkeit unter mehreren, um eine unabhängig von ihm bestehende Information zu übermitteln. Wenn man die Kunst als Ausdruck versteht, erkennt man, warum sie in unserem Leben einen so wichtigen Platz hat, und warum sie nie bloß als

Mittel, sondern stets als Zweck an sich selbst behandelt wird und werden muß. Wenn Repräsentation in der Kunst ihre Bedeutung hat, dann als Mittel für den Ausdruck, als eine Repräsentation der Erfahrungsgegenstände, deren Einmaligkeit anders vermittelt werden muß.

Die moderne Ästhetik erwuchs aus dem Versuch, den Unterschied zwischen Repräsentation und Ausdruck zu verstehen, doch Croce wird selten als sein Entdecker genannt. Die Vernachlässigung, der seine luziden Werke anheimgefallen sind, wirft eigentlich ein trübes Licht auf die heutige Philosophie. Und wenn man sich von Croce den letzten Atemzügen der deutschen Romantik zuwendet, dann erkennt man so recht, wie viel die kontinentaleuropäische Philosophie seit Croces Tagen eingebüßt hat. Doch nach diesem kurzen Ausflug in den sonnigen Süden müssen wir uns wieder dem Norden zuwenden.

Brentano

Trotz seines italienischen Familiennamens stammte Franz Brentano (1838-1917) aus dem deutschsprachigen Österreich-Ungarn; sein weitreichender Einfluß wird erst heute allmählich erkannt. Er betrachtete sich als Psychologen und begann sein Werk *Psychologie vom empirischen Standpunkte*, dessen erster Band 1874 erschien. Ein zweiter Band erschien erst 1911 und ein dritter 1928 nach seinem Tode. Keiner löst das Programm des Titels ein, und Brentano begann sogar an seiner Durchführbarkeit zu zweifeln. Tatsächlich besteht das Buch aus abstrakten philosophischen Überlegungen zur Beschaffenheit des Bewußtseins, die zu dem Ergebnis tendieren, daß es davon wohl kaum jemals eine empirische Wissenschaft geben werde.

Brentanos wichtigster Beitrag zur modernen Philosophie beruht auf seiner Suche nach einem Kriterium für »Bewußtseinserscheinungen«. Die Bewußtseinsinhalte sind entweder Repräsentationen der physischen Wirklichkeit, oder sie gehören zur Bewußtseinswelt selber. Diese Bewußtseinserscheinungen zeichnen sich nach Brentano durch ihre Gerichtetheit auf einen Gegenstand aus, der *in* ihnen existiert, aber nur »intentional«. So ist im Angsterlebnis der »Gegenstand« der Angst enthalten, dem in der Wirklichkeit nichts zu entsprechen braucht, der aber als Bestandteil der Erscheinung vorhanden ist. Jeder, aber auch jeder Bewußtseinszustand ist in dieser Weise »gerichtet« und enthält einen Bewußtseinsgegenstand, der seine Richtung definiert. Nach Brentano kommt diese Eigenschaft keiner physischen Erscheinung zu, sie eignet sich daher als Kriterium des Bewußtseinsmäßigen. Im Anschluß an Edmund Husserl und Brentano (der seinerseits einer mittelalterlichen scholastischen Tradition folgte) spricht man von »Intentionalität« (von lat. intendere = abzielen auf).

Brentano hatte viele hervorragende Schüler – unter ihnen T. G. Masaryk – und wurde zum Gründer einer ganzen österreichischen Philosophenschule, zu der Alexius Meinong (1953-1920) und Christian Freiherr von Ehrenfels (1859-1932) gehören. Er war Lehrer von Begründern der empirischen Psychologie wie Wilhelm Wundt, und viele der Schöpfer des Denkens und der Kultur des modernen Wien hatten ihn gehört, darunter Sigmund Freud und Robert Musil. Doch als sein philosophisch bedeutendster Schüler – ob das nun berechtigt ist oder nicht – gilt heute der vorhin erwähnte Edmund Husserl.

Husserl und Dilthey

Edmund Husserl (1859-1938) wurde in Mähren geboren, verbrachte aber den größten Teil seines aktiven Lebens an deutschen Universitäten. Er begann als Mathematiker und schrieb eine *Philosophie der Arithmetik* (1. Bd. 1891), die – vielleicht nicht unbedingt zu Recht – vom Werk Russells und Freges (der eine vernichtende Besprechung des Buches schrieb) in den Schatten gestellt wurde. Der 2. Band wurde angekündigt, erschien aber nie. Husserl wandte sich der Logik und dann der Phänomenologie zu. Im Anschluß an Brentano beschäftigte er sich hauptsächlich mit der Intentionalität. Es ist schwer auszumachen, was Phänomenologie ist. Der Ausdruck war von dem deutschen Mathematiker J. H. Lambert im 18. Jahrhundert für die Wissenschaft von den Erscheinungen geprägt und schon von Hegel in seiner Analyse des »subjektiven Geistes« verwendet worden, des Geistes, wie er sich selbst erscheint. Bei Husserl ist die Bedeutung ähnlich: die Untersuchung dessen, was dem Bewußtsein bei der Selbstreflexion erscheint. Doch Husserls beide Hauptwerke zur Phänomenologie – *Ideen...* (1913) und *Cartesianische Meditationen* (1929) – werden jedesmal zaghaft und übersubtil, wenn die Theorie erklärt werden sollte, so daß sich die Kommentatoren heute noch heftig streiten, was Phänomenologie eigentlich ist. Klar ist aber, daß es sich um eine apriorische Denkrichtung handelt, deren Ergebnisse von keiner empirischen Wissenschaft widerlegt werden können.

In seinen älteren Arbeiten war Husserl Brentano gefolgt, indem er die Bewußtseinserscheinungen in ihre »Teile« oder »Momente« zerlegte (ein Moment ist eine nicht ablösbare Eigenschaft wie etwa die Intensität). Doch später kam er zu der Auffassung, daß keine Untersuchung des Bewußtseins möglich sei, solange die Bewußtseinserscheinungen nicht völlig von allen restlichen Auffassungen über die physische Welt abgetrennt seien. Dazu

Edmund Husserl, einer der wenigen Philosophen, die in der kontinentalen und der analytischen Tradition gleichermaßen geschätzt werden.

müsse man eine »phänomenologische Reduktion« unternehmen, die die Bezugnahme auf äußere Dinge beseitige oder »ausklammere«, um die reine Erscheinung vor sich zu haben. Wenn ich mich etwa mit meiner innerlichen Furcht vor Spinnen beschäftige, dann klammere ich den Bezug auf die Spinnen aus und beschäftige mich nur mit der auf sie gerichteten Intentionalität. Dann klammere ich den wissenschaftlichen *Begriff* der Spinne aus und halte mich an die Vorstellung einer Spinne, wie sie erscheint: als bedrohlich, fremdartig, unheimlich. Schließlich gelange ich zu dem, was im Bewußtsein rein »gegeben« ist, dem Phänomen als solchem. Die phänomenologische Reduktion wird jetzt zur »eidetischen Reduktion« oder »Ideation«, wenn man die Grenzen absteckt, innerhalb derer man sich etwas verändert denken kann, ohne daß es aufhört, das zu sein, was es ist. Das führt zu einer Idee oder einem Wesen – dem »Horizont der Potentialität«, der erreicht wird, wenn alle Trübung durch das Wirkliche weggedacht ist.

Die Reduktion muß sich auch auf den Denkenden selbst richten. Als Gegenstand meines Bewußtseins bin ich nur ein »empirisches Ich«, Bestandteil der kontingenten Welt, zufällig wie alles andere. Nur als reines Subjekt enthüllt sich mir mein Wesen. Das Subjekt muß also in diesem Sinne aufgefaßt werden – immer als erkennendes und nie als erkanntes. Kurz, die Phänomenologie führt uns zum transzendentalen Subjekt und zu den Ideen, durch die sich die Welt der Erkenntnis darbietet. Das »transzendentale Ego«, das nur als Subjekt und nie als Objekt existiert, ist ein aktives Subjekt, ein »selbstkonstituierendes Ego«, in welchem die Gegenstände des Bewußtseins nacheinander erzeugt und durch seine organisierende Kraft zur Einheit gebracht werden.

Nachdem Husserl also lange in der inneren Dunkelheit herumgetastet hat, stolpert er schließlich über das alte Fichtesche Drama: den Kampf zwischen Subjekt und Objekt. Wie seine romantischen Vorläufer spricht er schließlich die letzte Wirklichkeit allein dem Subjekt zu. Doch weil es immer Erkennendes und nie Erkanntes ist, entzieht sich dieses Subjekt jedem Versuch der Beschreibung. Hussserls transzendentales Ego wird, wie Kierkegaards »Subjektivität« oder Kants noumenon, zu einem Etwas, über das sich nichts sagen läßt. An diesem Punkt denkt man an Wittgenstein, seinen berühmten Angriff auf die Möglichkeit einer Privatsprache und seine Bemerkung, daß »ein Nichts die gleichen Dienste täte wie ein Etwas, worüber sich nichts aussagen läßt«.

Husserl war sich über die Sackgasse im klaren, in die ihn seine kartesischen Meditationen geführt hatten, und in seinem letzten, unvollendeten Werk – *Die Krisis der europäischen Wissenschaften und die transzendentale Phänomenologie*, das nach seinem Tode 1954 erschien – versuchte er die subjektive Schwerpunktsetzung der Phänomenologie durch eine Theorie der sozialen Wirklichkeit zu überwinden. Der Schwerpunkt wechselt vom »Ich« zum »Wir«, freilich einem »transzendentalen ›Wir‹«. Dieses plurale Subjekt ist so etwas wie die vorausgesetzte Gemeinschaft der Sprachverwender, die zusammen die Alltagswelt konstruieren, in der sie sich befinden. Husserl nennt sie die »Lebenswelt«, sie wird durch unsere sozialen Interaktionen konstituiert und mit den »Bedeutungen« ausgestattet, die unseren kommunikativen Akten innewohnen. Wir gelangen zum transzendentalen »Wir« durch eine vorgestellte Selbstprojektion, vom »hier« des Bewußtseins der 1. Person zum »da« des anderen. Gegeben ist darin nicht der unfaßbare Rest einer phänomenologischen Reduktion, sondern die Lebenswelt selbst.

Der Begriff der Lebenswelt ermöglichte es Husserl, ein Projekt der deutschen romantischen Philosophie aufzugreifen, das ich noch nicht erwähnt habe: den Versuch, den menschlichen Bereich (den des Sinnes) von dem der Wissenschaft (dem der Erklärung) abzugrenzen. Angeregt von Kants Trennung von Verstand und praktischer Vernunft hatte der romantische Theologe Friedrich Daniel Ernst Schleiermacher (1768-1834) behauptet, die Deutung menschlicher Handlungen sei nie mit den Methoden der Naturwissenschaften möglich. Das menschliche Handeln müsse als das eines freien Wesens verstanden werden, als vernunftgeleitet und im Dialog verstanden. Gleiches gelte für Texte, die nur in einem gedachten Dialog mit dem Verfasser gedeutet werden könnten. Die »Hermeneutik« – die Kunst der Interpretation – führe auf Gründe und nicht auf Ursachen und zu dem Versuch, einen Text als Ausdruck einer vernünftigen Tätigkeit zu verstehen – eben dessen, was auch in mir tätig ist.

Ein späterer Kantianer, Wilhelm Dilthey (1833-1911), dehnte Schleiermachers hermeneutische Methode auf die ganze Menschenwelt aus. Unsere Haltung gegenüber anderen Menschen sei grundsätzlich verschieden von der wissenschaftlichen Haltung, ja ihr Gegenteil. Man versuche ihr Verhalten nicht anhand äußerer Ursachen zu erklären, sondern »von innen heraus« in Form einer vernunftorientierten Selbstprojektion, die Dilthey als »Verstehen« bezeichnet. Beim Verstehen menschlichen Lebens und Handelns muß man die Gründe des Handelnden für sein Verhalten aufspüren. Dazu muß man sich die Welt so vorstellen wie er und die Verbindungen und Gemeinsamkeiten auf seine Weise sehen. Wenn z.B. jemand an einem bestimmten Ort nicht reden will, begreife ich das, wenn ich ihn mir als »heilig« vorstelle, wie er das tut.

Das führte Dilthey zu einem weiteren und interessanteren Gedanken. Unser alltägliches Weltbild entspricht nicht einer wissenschaftlichen Erklärung. Vielmehr wird die Welt als »bearbeitbar« vorgestellt. Ich sehe die Welt unter dem Blickwinkel meiner eigenen Freiheit und beschreibe und reagiere auf sie entsprechend. Vor mir habe ich nicht ein Exemplar der Art homo sapiens, sondern eine *Person*, die mich ansieht und lächelt; neben ihm steht nicht ein bestimmtes Materieaggregat, sondern ein *Stuhl*, auf den ich mich setzen kann; und das an der Wand ist kein Konglomerat von Farbstoffen, sondern ein *Bild*, auf dem man das Gesicht eines Heiligen erkennt; usw. Kurz, wir stehen nicht nur im Dialog miteinander, sondern ständig auch mit der Welt selber, wir schneiden sie mit unseren Beschreibungen auf unsere vernünftigen Ziele zu. Unsere Kategorien *erklären* nicht die Welt, sondern erfüllen sie mit *Sinn*.

Husserl führte diesen Gedanken noch einen Schritt weiter und sah in der vorwissenschaftlichen Weltsicht nicht nur einen Ausdruck unserer Identität als vernünftiger Wesen, sondern unseres *Lebens*. Die Welt erscheint uns in der Gestalt einer »lebenserfüllten Umwelt« als Ort, in dem wir uns als handelnde und leidende Organismen einrichten. Wir empfinden die Gegenstände als »freundlich« oder »feindlich«, »bequem« oder »unbequem«, »nützlich« oder »nutzlos« und teilen die Welt auf tausend Arten nach unseren Interessen ein. Diese Einteilungen haben nichts mit der wissenschaftlichen Erklärung zu tun, und sie haben eine Maßgeblichkeit, die keine Wissenschaft aus der Welt schaffen kann. Die neue Aufgabe der Phänomenologie besteht darin, uns an die »Lebenswelt« heranzuführen und jene »Wir«-Gedanken zu rechtfertigen, in denen die Bedeutung der Dinge erzeugt und öffentlich gemacht wird.

Dilthey versuchte als erster eine systematische Unterscheidung zwischen den Geistes-

und den Naturwissenschaften; erstere seien eigentlich großangelegte und geschichtsübergreifende Ausübungen des Verstehens. Husserl erkannte aber, daß diese »Wissenschaften vom Menschen« in unserem Jahrhundert in eine Krise geraten waren, weil die Naturwissenschaften in ihr Gebiet eingebrochen waren und den Menschen jene Begriffe als nutzlose Überbleibsel eines überholten Lebensstils ausreden wollten, mit denen sie die Lebens-

FRIEDRICH SCHLEIERMACHER war in erster Linie Theologe, hatte aber in ganz Europa beträchtlichen philosophischen Einfluß. Diese Büste ist eine der zwölf Büsten der größten Denker aller Zeiten, die von Benjamin Jowett, dem reformfreudigen viktorianische Rektor des Oxforder Balliol College, bestellt wurden.

welt verstehen und organisieren. Das ist nicht nur eine theoretische, sondern auch eine moralische, ja eine regelrechte Kulturkrise. Denn die Lebenswelt fällt auseinander, wenn sie nicht denkend aufrechterhalten wird. Das Ergebnis ist ein Sinnverlust, ein moralisches Vakuum, in das wir jedesmal hineingeraten, wenn wir vor den falschen Göttern der Naturwissenschaft kapitulieren.

Heidegger

Husserl schloß seine Untersuchungen der »Lebenswelt« nicht mehr ab, und er konnte auch nicht zeigen, daß unsere vorwissenschaftlichen Vorstellungen eine objektive Autorität hätten, die sie gegen die wissenschaftliche »Entzauberung« immun machen würde. (Der Ausdruck »Entzauberung« wurde durch einen Zeitgenossen Husserls, den Soziologen Max Weber [1864-1920] berühmt, der auch die von Dilthey begonnene Analyse systematisch fortsetzte.) Doch das Erbe von Husserls Spätphilosophie ist gewaltig; es umfaßt nicht nur eine Schule der phänomenologischen Soziologie, die von seinem Schüler Alfred Schütz (1899-1959) gegründet wurde, sondern auch ein letztmaliges Aufschimmern der deutschen romantischen Philosophie bei seinem Schüler Martin Heidegger (1889-1976). Wie seine Vorläufer in der romantischen Tradition war Heidegger Professor; sein Hauptwerk *Sein und Zeit* erschien 1927, als er an der Universität Marburg lehrte. Es gibt sich als »Phänomenologie«, verleiht aber diesem schwer faßbaren Wort eine neue Deutung. »Phänomene« sind nach Heideggers Auffassung des Griechischen »Dinge, die sich zeigen«; die Phänomenologie untersucht also die Offenbarung der Dinge in der Erscheinung. In diesem Zusammenhang stellt Heidegger die von ihm so genannte »Seinsfrage«. Diese hat »ontologische Priorität« vor allen anderen Fragen, und das heißt nicht nur, daß deren Beantwortung auf jene warten muß, sondern daß *auch wir* von ihr abhängen. Es geht um meine Existenz. Und die Antwort finde ich nur, indem ich anders existiere.

Hegel hatte zwei Seinsarten unterschieden: das An-sich-Sein der Objekte und das Für-sich-Sein des seiner selbst bewußten Subjekts. Ihnen fügt Heidegger noch einige hinzu, so das »In-der-Welt-Sein«, das »Mit-anderen-Sein« und das »Sein zum Tode«. Das sind nicht nur Eigenschaften desjenigen, der sie besitzt, sondern Grundformen der Wirklichkeit. Der Übergang von einer Seinsweise in eine andere ist ein so weitreichender und katastrophenartiger Wandel wie die dialektische Aufhebung der Hegelianer oder die revolutionäre Epoche bei Marx.

Heidegger unterscheidet das bloße »Sein« vom »Dasein«, d.h. einem »Seienden, dem es um das Sein geht«, dem also nicht nur Sein zukommt, sondern das auch die Seinsfrage stellt, kurz: das seiner selbst bewußte Subjekt. Das Dasein ist von der »Existenz« zu unterscheiden, der »Seinsweise, auf die hin das Dasein sich entwerfen kann und auch stets entwirft«. Das Dasein findet sich in der Zeit vor und sucht den Sinn seiner Existenz in der Zeit. (Das Dasein hat »Geschichtlichkeit«.) Das Wesen des Daseins ist seine Existenz – das klingt fast wie ein ontologisches Argument für die Existenz des Ichs, aber die Existenz ist ein Zustand, den das Dasein *erreichen* und aus dem es auch wieder herausfallen kann.

Die Seinsfrage entsteht zum Teil aus der keiner Erklärung zugänglichen »Geworfenheit« der Dinge in die Welt. So sehe ich sie und auch mich selbst. Doch es gibt außerhalb der Welt kein »notwendiges Wesen«, kein Gott hebt die Kontingenz der Welt auf. Jeder muß mit seiner eigenen Kontingenz fertigwerden und in ihr selbst einen Sinn finden; erst dann ist die Seinsfrage für ihn beantwortet. Das Problem und seine Lösung sind »existentiell«, sie betreffen unsere Seinsweise in der Welt. Nur durch ein bestimmtes *Sein* lösen wir die Seinsfrage. Der Sinn des Seins enthüllt sich dann nicht in einer Theorie oder einem Argument, sondern indem das Sein für uns kein Problem mehr ist. Die Antwort auf die Seinsfrage stellt sich ein, wenn sie aufhört, eine Frage zu sein.

Sein und Zeit ist jedenfalls dem Anschein nach ein äußerst schwieriges Buch. Da ich unsicher bin, wie ich es einschätzen soll, und ich auch keinen erhellenden Kommentator gefunden habe, beschränke ich mich darauf, einige seiner Themen anzuführen.

Zunächst gibt es so etwas wie eine »reine Theorie der Dinge«. Heidegger nimmt aus der Kantischen und nachkantischen Tradition die Unterscheidung zwischen Person und Ding (so vordergründig drückt er sich freilich nicht aus). Die Dinge sind »vorhanden« und »zuhanden«; das liegt in dem griechischen »pragmata«, das Heidegger als das Wort für »Dinge« betrachtet und das sich von dem Verb »prassein« = »gebrauchen, handeln« herleitet. Heideggers Theorie des Vorhandenseins ist eine phänomenologische: sie beschreibt, wie uns die Dinge in unserem Bewußtsein erscheinen, und unsere Haltung als selbst-bewußte Subjekte ihnen gegenüber.

Zweitens gibt es eine Theorie der Personen und der persönlichen Beziehungen. Das Dasein erkennt andere seiner Art; seine Welt ist voller Subjekte, die aus ihrem transzendentalen Nest mit klugen und irritierenden Augen umherblicken. Als Reaktion darauf

DIE FREIBURGER UNIVERSITÄT in den 1930er Jahren, als Martin Heidegger ihr Rektor war. Auch die größten Bewunderer seiner Philosophie werden verlegen angesichts seiner gegenüber den Nazis willfährigen Amtsführung.

kommt das Dasein in jenen Zustand, den Heidegger »Sein-für-andere« nennt, in welchem mein Bewußtsein davon, wie ich im Bewußtsein der anderen erscheine, mein Leben färbt und verändert. Die Beziehungen zu den anderen können authentisch oder inauthentisch sein. Inauthentisch sind sie, wenn ich sie zur Verdeckung der Seinsfrage benütze und mich so aus der Verantwortung dafür stehle, was ich bin. Zur Inauthentizität oder »Uneigentlichkeit« kommt es, wenn ich den anderen die Richtungsbestimmung meines Lebens überlasse, wenn ich mich dem »man« anheimgebe.

Drittens gibt es eine Diskussion der Angst, eines Seinszustands, in den ich »verfalle«, wenn ich erkenne, daß ich ganz allein vor der Seins*frage* stehe und sie beantworten muß. Um mich vor dieser namenlosen Angst zu retten, kann ich mich in jene inauthentischen Beziehungen zu anderen fallen lassen, die die Leere in mir ausfüllen (und sie *mir*, ihrem eigentlichen Ort, vorenthalten).

Zur Überwindung der Angst gehört eine Haltung der »Sorge«, in der ich für mich und für die Welt, wie sie mir erscheint, einstehe. Das ist nur in dem Zustand möglich, den Heidegger »Sein zum Tode« nennt, in welchem ich meine Endlichkeit und den Tod als ihre Grenze annehme.

Der religiöse Pulsschlag hinter diesen Ideen ist spürbar. Während seiner berüchtigten Amtszeit als Rektor der Universität Freiburg 1933 war er auch an der Ausstoßung des Mannes beteiligt, dem er so viel verdankte: Edmund Husserl – er war jüdischer Herkunft. Später aber zog er sich zurück und schrieb meditative Essays über die Verfassung der modernen Welt. Seine durchdringende Analyse der modernen Lebensformen, der Beherrschung der modernen Welt durch Apparaturen und unseres Heimatverlusts und -bedürfnisses, hatte verdientermaßen Einfluß und regte nicht nur Philosophen an, sondern auch Kritiker, Dichter und Soziologen.

Sartre

Nicht Heidegger, sondern jener Denker, der seine Hauptideen übernahm, war es, der aus der »Seinsfrage« eine Moral für den modernen Menschen ableitete und so die Philosophie oder zumindest die Mode des Existentialismus schuf. Jean-Paul Sartre (1905-80) war ein Autor von vielgestaltigen Talenten und außerordentlicher Kreativität; er konnte sich in jeder literarischen Form ausdrücken und verband echte Begabung für abstraktes Denken mit lebendiger Beobachtungsgabe und poetischer Phantasie; man kann seine Wirkung nur andeuten. Café-Intellektueller französischer Tradition mit einem nie ermüdenden Bedürfnis, sich als Bürgerschreck zu gebärden, und einem immer wieder neu definierten linken Engagement, war Sartre eine Symbolfigur seiner Zeit und einer der Schöpfer Nachkriegsfrankreichs. Vom Minister bis zum Lehrer in der Provinz, vom Theologen bis zum Dichter, vom Senior des gaullistischen Establishments bis zum Drittweltagitator – jeder Denkende wurde von ihm beeinflußt, und nichts an der französischen Kultur blieb unverändert, wenn er aus allen Rohren das Feuer darauf eröffnet hatte. Im folgenden geht es nur um die philosophischen Arbeiten seiner mittleren Jahre, die mit dem 2. Weltkrieg zusammenfielen und in seinem großen Werk der phänomenologischen Metaphysik *Das Sein und das Nichts* (1943) gipfelten.

JEAN-PAUL SARTRE ist in akademischen Kreisen durch seinen Existentialismus bekannt, der Allgemeinheit aber durch seine marxistisch inspirierte Opposition gegen das, was er als kapitalistische und militaristische Unterdrückung ansah. Hier ist er auf einem pseudo-naiven Gemälde ganz rechts zusammen mit oppositionellen französischen Intellektuel-

Sartre stellt Heideggers »Seinsfrage« auf eine Weise, die an die thomistische Tradition der französischen akademischen Philosophie erinnert. Das Wesen der Dinge gehe zwar ihrer Existenz voraus, doch im Falle des freien Subjekts sei es umgekehrt. Es gebe »mindestens *ein* Wesen, bei dem die Existenz der Essenz vorausgeht, ein Wesen, das existiert, bevor es durch irgendeinen Begriff definiert werden kann, und dieses Wesen (ist) der Mensch« (*Ist der Existentialismus ein Humanismus*?, 1946). Was ich bin, das habe ich zu *entscheiden*. Und ob ich mich dieser Entscheidung stelle oder nicht, ich lebe unausweichlich in ihrem Schatten. Die Freiheit ist der entscheidende Riß in der Dingwelt, durch den das sich selbst definierende Subjekt die Szene betritt. *Das Sein und das Nichts* beschreibt die Situation dieses Subjekts und die moralische Gefahr, vor der es steht.

Meine Freiheit ist mein Wesen; ich kann sie nicht verlieren, ohne aufzuhören zu sein. Doch sie ist allenthalben gefährdet: ich lebe als Subjekt zwischen Objekten, und ich könnte dieser Dingwelt »anheimfallen«, eins mit ihr werden. Als Reaktion darauf kann ich mich vor mir selbst verstecken, mich in einer vorbestimmten Rolle einsargen, mich verrenken, um in ein für mich vorgefertigtes Kostüm zu passen, und so den Abgrund zu den Dingen überwinden, aber nur, um selbst ein totes Ding zu werden. Das geschieht nach Sartre, wenn ich eine Moral, eine Religion, eine soziale Rolle annehme, die von anderen für mich vorgesehen ist und die für mich nur insoweit von Bedeutung ist, als ich in ihr verdinglicht werde. Das Ergebnis ist die »Unaufrichtigkeit« – Heideggers Inauthentizität oder »Uneigentlichkeit«. Mein Sein-für-andere ist ein Sturz in die Objekthaftigkeit, und dieser Sturz ist eine Entfremdung.

Der falschen Dinghaftigkeit des Subjekts (dem Ansichsein des Fürsichseins, wie Sartre in Hegelianischer Sprache sagt) steht die authentische Geste des einzelnen gegenüber, der freie Akt, in dem der einzelne sich selbst und seine Welt schafft, indem er das eine in die Form des anderen gießt. Man frage nicht, *wie* das geschieht, es läßt sich nicht beschreiben. (Dazu bräuchte man die Begriffe der Alltagsmoral, und schon wäre man wieder an der Leine der anderen.) Es kommt auf den Endpunkt der authentischen Geste an, und den bezeichnet Sartre als Engagement. Aber Engagement wofür?

Darauf gibt es keine Antwort – oder jedenfalls keine, die andere für mich geben können. Jede Übernahme eines Wertsystems, das unabhängig von meiner Entscheidung als objektiv begründet und gültig hingestellt wird, ist ein Versuch, meine Freiheit in die Dingwelt zu verlegen und mir zu entziehen. Das Bedürfnis nach einer objektiven moralischen Ordnung ist daher inauthentisch, ein Verlust jener Freiheit, ohne die überhaupt keine moralische Ordnung denkbar ist. In *Ist der Existentialismus ein Humanismus?* äußert sich Sartre etwa so: Ich stehe einsam und zitternd vor der einmaligen und einzigen Möglichkeit, die mein Sein ausmacht; alle Mauern und Geländer fallen dahin vor dem Bewußtsein meiner Freiheit; ich kann mich grundsätzlich nicht auf irgendeinen Wert berufen – ich bin es ja selbst, dem Werte ihre Existenz verdanken.

Diese paradoxe Haltung wird angesichts von Sartres düsterem Bild von der menschlichen Wirklichkeit verständlicher. Man finde sich als seiner selbst bewußtes Wesen unvermeidlich im Zustand des Heideggerschen »Für-andere-Seins«: freies Subjekt in den eigenen Augen und determiniertes Objekt in den Augen der anderen. Schaut mich ein anderes seiner selbst bewußtes Wesen an, so weiß ich, daß es in mir nicht nur das Objekt, sondern auch das Subjekt sucht. Der Blick eines selbst-bewußten Wesens hat eine seltsame Fähigkeit des Durchdringens, er fordert von mir, mich als freie Subjektivität ihm zu offenbaren. Gleichzeitig schafft meine Existenz als körperlicher Gegenstand eine Undurchsichtigkeit, eine undurchdringliche Barriere zwischen meiner freien Subjektivität und dem anderen, der zu ihr gelangen möchte. Diese Undurchsichtigkeit des Körpers ist die Quelle der Erfahrung des Obszönen, und meine Erkenntnis, daß mein Körper dem anderen gegenübersteht wie seiner mir, ist der Ursprung der Scham.

Anschließend liefert Sartre eine interessante Theorie des sexuellen Begehrens. Wenn ich eine Frau begehre, so geht es nicht einfach um meine Befriedigung mittels ihres Körpers, sonst wäre jede, ja auch ein Gegenstand wie eine Puppe genau so gut. Und dann würde mich mein Begehren mit der Dingwelt vereinigen, ich würde im »Schleim« versinken (»le visqueux«, für Sartre ekelhaft, weil Bild einer *meta*physischen, nicht physischen Auflösung). Ich müßte dann das »Fürsich« fahren lassen, um mich als Ding zu sehen. Das wahre Begehren richtet sich auf den *anderen.* Der ist wirklich nur in seiner Freiheit und wird negiert durch jeden Versuch, ihn als Objekt zu nehmen. Daher strebt das Begehren nach der Freiheit des anderen, um sie zu der eigenen zu machen. Der Liebende, der den Körper der Geliebten nur so und insoweit besitzen möchte, wie sie selbst ihn besitzt, ist daher mit einem Widerspruch geschlagen. Sein Begehren erfüllt sich nur, indem es sie zwingt, sich mit ihrem Körper zu identifizieren – das Fürsich im Ansich des Fleisches untergehen zu lassen. Dann aber besitzt es gerade nicht die Freiheit des anderen, sondern nur die leere Hülse der aufgegebenen Freiheit. In einer bemerkenswerten Passage bezeichnet Sartre Sadismus und Masochismus als Riffe, an denen das Begehren scheitern kann. Im Sadomasochismus versucht der eine, den andere zu zwingen, sich mit seinem (des einen) leidenden Fleisch zu identifizieren und ihn in seinem Körper vermittels des Quälens zu besitzen.

SARTRE UND BEGLEITER. Hier folgt dem Philosophen, wie oft in seinen späteren Jahren, ein Angehöriger der französischen Sicherheitskräfte.

Auch das ist zum Scheitern verurteilt: die angebotene Freiheit wird im Angebot selbst verleugnet. Der Sadist wird durch sein eigenes Handeln zum distanzierten Zuschauer einer fremden Tragödie gemacht und von eben der Freiheit abgeschnitten, zu der er mittels des obszönen Schleiers des gequälten Fleisches durchdringen möchte.

Man erinnere sich an Hegels Dialektik von Herr und Knecht. Personhafte Existenz wird für Hegel nur in der gegenseitigen Anerkennung gewonnen, und die verlangt die Unterwerfung unter das moralische Gesetz, in dem der andere nicht mehr der fremde Konkurrent um den Besitz meiner Welt ist, sondern ein souveräner Wille, der frei in ihr existiert, Inhaber von Rechten und Pflichten, die Spiegelbild meiner eigenen sind. Bei Sartre scheint diese Gegenseitigkeit unerreichbar. Der Wunsch nach radikaler Freiheit *schließt* den anderen aus meiner Welt *aus*, und wenn er trotzdem in ihr angetroffen wird, dann ist er zuerst einmal mein Feind. Dafür gibt Sartre eines seiner lebendigen Beispiele. Ich befinde mich in einem Park, dessen Gegenstände sich um mich herum organisieren, indem ich meine Ziele auf sie richte. Auf dieser Bank möchte ich sitzen; jenen Baum, der verdeckt ist, möchte ich sehen. (Vgl. Heideggers »Zuhandensein«.) Plötzlich sehe ich einen anderen Menschen. Sofort gruppiert sich der Park nicht mehr nur nach meinen, sondern auch nach *seinen* Wünschen. Auf die Bank hat er es nicht abgesehen, aber auf den Baum. Der andere ist ein ständiger Strom von Dingen auf ein Ziel hin, der sich mir insofern entzieht, als er sich in seiner Distanz aus sich heraus entfaltet. Kurz, in den anderen ist keine Sicherheit, ich bin auf immer in meiner Welt allein und kultiviere eine Freiheit und ein Engagement, die einzig für mich einen Sinn haben. Die Dialektik wirft mich stets auf das Anfangsstadium zurück: den Kampf auf Leben und Tod mit dem anderen, von dem mich das Postulat der Freiheit nie lossprechen kann. Das ist die eigentliche Bedeutung von Sartres berühmtem Ausspruch in dem Theaterstück *Geschlossene Gesellschaft*: »Die Hölle sind die anderen«: die anderen, das ist die Hölle.

Dies nun ist eine passende Stelle, um in Fichtes Drama den Vorhang heruntergehen zu lassen. Das Unternehmen des Subjekts in Richtung Objekt endet schließlich mit einem strategischen Rückzug. In seiner eindrucksvollen Phänomenologie des Nichts sagt uns Sartre: Im Kern des Seins sitzt das Nichtsein wie ein Wurm. Und was vom Nichts gilt, das gilt auch von Sartres subjektivem Helden: Das Ich ist in seine kostbare Freiheit verliebt und entkommt am Ende dem Nicht-Ich in das Loch des Nichtseins, aus dem dieses ganze schemenhafte Spiel einmal hervorkam. Vielleicht hätte besser eine andere Geschichte erzählt werden sollen.

5

Von Mill bis Wittgenstein

David Pears und Anthony Kenny

Der Empirismus John Stuart Mills

Nach Kant nahm die Geschichte der Philosophie in der englischsprechenden Welt eine andere Richtung als die im vorhergehenden Kapitel dargestellte kontinentaleuropäische Philosophie. Die kritischen und nicht die idealistischen Elemente des Kantischen Systems hatten einen bleibenden Einfluß, der sich noch heute in jener angelsächsischen Tradition zeigt, die gewöhnlich als »analytische Philosophie« bezeichnet wird. Deren Gründungsväter waren keineswegs lauter Engländer; die beiden bedeutendsten Figuren in der Geschichte dieser Bewegung, Frege und Wittgenstein, stammten beide aus dem deutschsprachigen Raum. Doch ihre Gedanken kamen zuerst in England vollständig zur Geltung, und die Tradition, in die sie einflossen, läßt sich ins 19. Jahrhundert auf John Stuart Mill (1806-1873) zurückführen.

Wie sein Vater James Mill und dessen Mentor Jeremy Bentham (1748-1832) beschäftigte er sich viel mit Moralphilosophie und politischer Philosophie. Seine politischen Ideen werden im nächsten Kapitel betrachtet; hier geht es uns um seine Beiträge zur Logik und Erkenntnistheorie. Mill wollte nicht gern als Empirist gelten, doch man kann in ihm einen Fortsetzer der Tradition Lockes und Humes erblicken. Er bewunderte Berkeley, weil der als erster die These aufgestellt habe, daß die äußere Wirklichkeit, die wir den Sinnesgegenständen zuschreiben, lediglich darin bestehe, daß »unsere Empfindungen in Gruppen auftreten, die von einem dauerhaften Gesetz zusammengehalten werden«. Wir glauben, daß die materiellen Gegenstände weiterexistieren, wenn sie nicht wahrgenommen werden; doch das laufe in Wirklichkeit lediglich auf die Erwartung hinaus, sie weiterhin wahrzunehmen. Die Materie definiert Mill als »eine dauerhafte Möglichkeit der Empfindung«; die Außenwelt ist »die Welt möglicher Empfindungen, die gesetzmäßig aufeinander folgen«.

Auch Mills Philosophie des Geistes folgt der empiristischen Tradition. »Wir haben keinen Begriff des Geistes als solchen im Unterschied zu seinem Auftreten im Bewußtsein.« Doch es gibt, wie er zugesteht, eine Schwierigkeit, wenn man den Geist einfach als eine Folge von Bewußtseinszuständen bezeichnet: Wie könnte eine Folge ihrer selbst als Vergangenheit und Zukunft gewahr werden? »Wir müssen entweder annehmen, der Geist oder das Ich sei etwas anderes als irgendeine Folge von Bewußtseinszuständen oder möglichen solchen, oder aber die Paradoxie gelten lassen, daß etwas, das voraussetzungsgemäß nur eine Folge von Bewußtseinszuständen ist, seiner selbst gewahr sein kann.« Jeder konsequente Phänomenalismus dürfte einem Glauben an anderes Bewußtsein als das eigene entgegenstehen; doch nach Mill kann ich von der Existenz anderen Bewußtseins wissen, wenn ich annehme, daß das Verhalten der anderen zu gewissen Empfindungen in einer analogen Beziehung steht wie das meine zu den meinen. Doch dieses Argument ist mit Mills »offizieller« Analyse anderer Körper wie auch meines eigenen Bewußtseins schwer in Einklang zu bringen.

Wir können Mills Empirismus folgendermaßen zusammenfassen: Seine Analyse der Materie entspricht der Berkeleys, nur ohne die Theologie, und seine Analyse des Geistes entspricht der Humes, nur ohne die Skepsis bezüglich des Ichs. Doch im Unterschied zu allen vorhergehenden Empiristen interessierte sich Mill nachdrücklich für die formale Logik und die Methodologie der Naturwissenschaften. Sein *System of Logic* (1843) beginnt mit eine Analyse der Sprache und besonders einer Theorie der Namen.

Mill gebraucht das Wort »Name« in einem sehr weiten Sinne. In seinem System fallen darunter nicht nur Eigennamen wie »Sokrates«, sondern auch Pronomina wie »dies«, eindeutige Beschreibungen (definite descriptions) wie »der Nachfolger Wilhelm des Eroberers«, Allgemeinausdrücke wie »Mensch« oder »weise« und abstrakte Ausdrücke wie »Alter«. Eigentlich scheinen für ihn nur Wörter wie »von«, »oder«, »wenn« *keine* Namen zu sein. Nach Mill bezeichnen alle Namen Gegenstände: Eigennamen bezeichnen die Gegenstände, deren Namen sie sind, und Allgemeinausdrücke bezeichnen die Gegenstände, auf die sie zutreffen. So wird Sokrates nicht nur von »Sokrates« bezeichnet, sondern auch von »Mensch« und »weise«.

Es gibt aber bei Mill den Unterschied zwischen konnotativen und nichtkonnotativen Namen. Jene »bezeichnen ein Subjekt und implizieren eine Eigenschaft«, so etwa »weise«, das nicht nur Sokrates (und andere weise Menschen) bezeichnet, sondern auch die Weisheit konnotiert. Nichtkonnotativ sind nicht nur Eigennamen, sondern auch ein Name wie »Weisheit«, der die Weisheit bezeichnet und nichts konnotiert. Die Bedeutung eines konnotativen Ausdrucks ist das von ihm Konnotierte und nicht das Bezeichnete.

Für Mill ist jede Aussage eine Verbindung von Namen. Das legt ihn nicht auf die extrem nominalistische Auffassung fest, jeder Satz sei als Verbindung zweier Eigennamen aufzufassen wie »Tullius ist Cicero«. Ein Satz wie »Alle Menschen sind sterblich«, der zwei konnotative Namen verbindet, besagt, daß bestimmte Eigenschaften (hier etwa die, vernünftig und ein Lebewesen zu sein) stets mit der Eigenschaft der Sterblichkeit verbunden sind.

Einige Aussagen sind nach Mill »rein sprachlicher Natur«; ihre Wahrheit ergibt sich schon aus der Bedeutung der verwendeten Ausdrücke. Weiß man etwa, was »Mensch« und »vernünftig« bedeuten, so kann man schließen, daß alle Menschen vernünftig sind, weil das zur Konnotation von »Mensch« gehört. Solche Aussagen entsprechen, wie er bemerkt, Kants analytischen Aussagen. Sie liefern keine Kenntnisse über Dinge, sondern nur über Namen. »Alle Menschen sind sterblich« dagegen besagt etwas über die Wirklichkeit, denn die Sterblichkeit gehört nicht zur Konnotation von »Mensch«. Für die empirische Wissenschaft ist die wichtigste Rolle einer solchen Aussage die einer Anleitung für Erwartungen: »die Eigenschaften des Menschen sind ein *Hinweis auf*, ein *Anzeichen für* Sterblichkeit«.

Die Schlüsse lassen sich wie die Aussagen in wirklichkeitsbezogene und sprachbezogene einteilen. Der Schluß von »Kein großer Heerführer ist vorschnell« auf »Kein Vorschneller ist ein großer Heerführer« ist kein wirklichkeitsbezogener Schluß; Voraussetzung und Folgerung besagen dasselbe. Ein wirklichkeitsbezogener Schluß liegt nur vor, wenn die Folgerung nicht schon in der Voraussetzung enthalten ist, etwa wenn von Einzelfällen auf etwas Allgemeines geschlossen wird wie in »Peter ist sterblich, Paul ist sterblich, Hans ist sterblich, also sind alle Menschen sterblich«. Das ist aber kein deduktiver, sondern ein induktiver Schluß.

Ist nun alles deduktive Schließen bloß sprachbezogen? Bis zur Zeit Mills war der Syllogismus das Musterbeispiel des deduktiven Schließens. Ist der Syllogismus ein wirklichkeits- oder ein sprachbezogener Schluß? Mill sieht es so:

»Es ist zuzugeben, daß in jedem Syllogismus als einem Argument zum Beweis der Wahrheit der Folgerung eine petitio principii liegt. Wenn wir sagen:

Alle Menschen sind sterblich,
Sokrates ist ein Mensch,
also ist Sokrates sterblich,

dann verweisen die Gegner der Syllogistik unwiderleglich darauf, daß die Aussage, daß Sokrates sterblich ist, in der allgemeineren Voraussetzung, daß alle Menschen sterblich sind, enthalten sei.«

Es scheint hier zwei Möglichkeiten zu geben. Ist der Syllogismus deduktiv gültig, dann muß die Folgerung schon irgendwie der ersten Voraussetzung zugerechnet worden sein: die Sterblichkeit des Sokrates muß zu dem Beweismaterial dafür gehört haben, daß alle Menschen sterblich seien. Enthält dagegen die Folgerung etwas Neues – setzt man etwa anstelle von »Sokrates« den Namen eines noch nicht Verstorbenen ein (bei Mill ist es »der Herzog von Wellington«) –, dann folgt sie nicht wirklich aus der ersten Voraussetzung. Die erste Voraussetzung ist nach Mill nur eine Schlußformel, »die wirkliche logische Voraussetzung sind die Einzeltatsachen, aus denen die allgemeine Aussage durch Induktion entwickelt wurde«.

Nach Mill führt »jeder Schluß von Einzelnem zu Einzelnem«. Ein Schluß, der von Einzelfällen ausgeht, wurde von den Logikern als »Induktion« bezeichnet. Manchmal scheint die Induktion eine allgemeine Folgerung zu liefern: aus »Petrus ist Jude, Jakob ist Jude, Johannes ist Jude, ...« kann man, wenn alle Apostel aufgezählt sind, schließen: »Alle Apostel sind Juden«. Doch diese »vollkommene Induktion«, wie sie manchmal genannt wird, führt nach Mill nicht wirklich von Einzelnem zu etwas Allgemeinem: die Folgerung ist nur eine Abkürzung für die vorausgesetzten Einzeltatsachen. Einige Logiker behaupteten, es gebe daneben auch eine unvollkommene Induktion (die Mill als »Induktion durch einfache Aufzählung« bezeichnet), die von Einzelfällen zu allgemeinen Gesetzen führe. Doch diese sind, wie gesagt, nur Schlußformeln und keine Folgerungen. Echte Induktionsschlüsse führen von Einzelfällen zu unbekannten Einzelfällen.

Die Induktion läßt sich nicht unter das System des Syllogismus bringen, doch das bedeutet nicht, daß sie keine eigenen Regeln hätte. »Was die Induktion ist«, so Mill, »und unter welchen Bedingungen sie berechtigt ist, das und nichts anderes ist als die Hauptfra-

John Stuart Mill vertrat in der Erkenntnistheorie einen gemäßigten Empirismus und in der Moralphilosophie einen gemäßigten Utilitarismus.

ge der Logik anzusehen.« Mill gibt fünf Regeln oder Kanons für die empirische Forschung an, die bei der induktiven Ermittlung von Ursache und Wirkung zu beachten sind.

Die erste formuliert die Methode der Übereinstimmung: Tritt eine Erscheinung F zusammen mit den Bedingungen A, B und C sowie zusammen mit den Bedingungen C, D und E auf, dann ist zu schließen, daß C, die einzige Gemeinsamkeit, mit F kausal verknüpft ist. Zweitens die Regel der Nichtübereinstimmung: Tritt F zusammen mit A, B und C, aber nicht zusammen mit A, B und D auf, dann ist zu schließen, daß C, der einzige Unterschied, kausal mit F verknüpft ist. Mills Beispiel dafür: »Wenn jemand einen Schuß ins Herz erhält, dann wissen wir aufgrund dieser Methode, daß dieser Herzschuß ihn getötet hat, denn vorher war er quicklebendig, und alle Bedingungen waren die gleichen bis auf die Schußwunde.«

Der dritte Millsche Kanon bezieht sich auf die Verbindung der Methoden der Übereinstimmung und Nichtübereinstimmung. Der vierte formuliert die Methode der Restbildung. »Man löse aus einer beliebigen Erscheinung den Bestandteil heraus, der aufgrund vorhergegangener Induktionen als Wirkung bestimmter Bedingungen bekannt ist, dann ist der übrige Teil der Erscheinung die Wirkung der übrigen Bedingungen.« Die letzte Methode, die der Kovariation, ist in Wissenschaften wie der Astronomie anwendbar, in denen man in die beobachteten Vorgänge nicht eingreifen kann. Sie besagt: »Jede Erscheinung, die sich stets irgendwie verändert, wenn sich eine andere in bestimmter Weise verändert, ist entweder eine Ursache oder eine Wirkung der letzteren oder mit ihr sonstwie kausal verknüpft.«

Kritisch wurde eingewendet, es sei unklar, ob es sich um heuristische oder um Beweismethoden handele. Auf den ersten Blick scheint es sich um Methoden zur Auswahl zwischen verschiedenen Hypothesen zu handeln – etwa ob F durch A, B oder C verursacht wird –, nicht aber zur Gewinnung von Hypothesen und nicht zu ihrer endgültigen Bestätigung.

Außerdem dürften Mills Methoden wie alle Induktionsverfahren die Konstanz allgemeiner Gesetze voraussetzen. Mill sagt ausdrücklich: »Daß der Naturverlauf gleichförmig ist, das ist der Hauptgrundsatz oder das allgemeine Axiom der Induktion.« Doch welchen Status hat dieser Grundsatz? Mill scheint ihn manchmal wie eine empirische Verallgemeinerung zu behandeln. So erklärt er die Annahme für voreilig, daß das Kausalgesetz auf entfernten Sternen gelte. Doch wenn jener sehr allgemeine Grundsatz die Grundlage der Induktion ist, dann kann er offenbar nicht selbst durch Induktion bestätigt werden.

Nicht nur das Kausalgesetz bildet für Mills System eine Schwierigkeit, sondern auch die mathematischen Wahrheiten. Im Unterschied zu manchen anderen Empiristen faßte Mill die mathematischen Aussagen nicht als rein sprachbezogene auf, die nur Folgerungen aus Definitionen formulieren. Die Grundaxiome der Arithmetik und die Euklidischen Axiome der Geometrie sind für ihn Tatsachenaussagen. Konsequenterweise muß für ihn die Arithmetik und die Geometrie nicht weniger als die Physik aus empirischen Hypothesen bestehen. Die mathematischen Hypothesen sind sehr allgemeiner Art und haben sich in unserer Erfahrung höchst zwanglos bestätigt; trotzdem bleiben sie Hypothesen und könnten im Lichte weiterer Erfahrung korrigiert werden.

In seiner Autobiographie bezeichnete Mill als Hauptziel seines *System of Logic* die Widerlegung der Vorstellung, daß empirische Wahrheiten unabhängig von der Erfahrung durch Intuition erkannt werden könnten. Sie sei »die große geistige Stütze falscher Lehren und schlechter Institutionen«. Und weiter: »Bei dem Versuch, die wirkliche Beschaffenheit des Beweismaterials für mathematische und physikalische Wahrheiten aufzuklären, stellte sich *The System of Logic* den Intuitionsphilosophen auf Gebieten entgegen, auf denen sie für unangreifbar gehalten worden waren, und lieferte eine eigene Erklärung aufgrund von Erfahrung und Assoziation für die besondere Beschaffenheit der sogenannten notwendigen Wahrheiten, von denen man hatte beweisen wollen, daß ihre Gründe aus einer tieferen Quelle stammen müßten als der Erfahrung. Ob diese Erklärung gelungen ist, das steht noch zur Diskussion.«

Nach Ansicht der meisten Philosophen hat das Gericht der Geschichte schließlich eindeutig gegen Mill entschieden, und zwar vor allem aufgrund des Plädoyers von Mills deutschem Widersacher Gottlob Frege.

Gottlob Frege

Frege (1848-1925) war der Begründer der modernen Logik. Als Logiker und Philosoph der Logik kann er sich mit Aristoteles messen; als Philosoph der Mathematik war ihm noch niemand in der Philosophiegeschichte gleichgekommen. Er lehrte an der Universität Jena von 1874 bis zu seiner Emeritierung im Jahre 1918; abgesehen von seiner geistigen Arbeit, verlief sein Leben unspektakulär und abgeschieden. Sein produktiver Lebensweg läßt sich in die folgenden Perioden einteilen: (1) die Periode der *Begriffsschrift* (1879), die das erste moderne logische System enthielt; (2) die *Grundlagen der Arithmetik* (1884), eine nichtformale philosophische Darstellung der Theorie, daß die Arithmetik aus der Logik ableitbar sei; (3) die Entwicklung eines Systems der philosophischen Logik in den Arbeiten »Funktion und Begriff« (1891), »Begriff und Gegenstand« (1892) und »Sinn und Bedeutung« (1892); (4) *Grundgesetze der Arithmetik* (1893-1903), die formale Konstruktion der Arithmetik auf der Grundlage der reinen Logik und Mengenlehre; (5) die letzte Periode – nach einem unfruchtbaren Abschnitt im Gefolge der Entdeckung von Fehlern im System der *Grundgesetze* –, in der Frege ein Buch über philosophische Logik begann, wovon Teile in Aufsatzform erschienen (*Logische Untersuchungen*, 1919-23). Frege war zu seinen Lebzeiten wenig bekannt, beeinflußte aber die kontinentaleuropäische Philosophie durch Husserl und die analytische Philosophie durch Russell. Seine Werke wurden hauptsächlich von Fachkollegen gelesen, doch sein Genie ermöglichte die Arbeit anderer, die eine breitere Aufmerksamkeit erregten wie Wittgenstein und Chomsky. Die Schaffung der mathematischen Logik förderte wesentlich die Entwicklung vieler Disziplinen, die zur Erfindung der Rechenautomaten mit allen ihren Auswirkungen auf Mensch und Gesellschaft führte.

Freges produktiver Lebensweg begann mit der Abhandlung *Begriffsschrift*. Sie bildete einen Meilenstein in der Geschichte der Logik, indem sie auf ungefähr hundert Seiten einen neuen Kalkül darstellte, der seinen dauernden Platz im Zentrum der modernen Logik gefunden hat. Diese »Begriffsschrift« war eine neue Symbolik zur klaren Formulierung logischer Beziehungen, die in der Umgangssprache nicht zutage treten.

Seit Jahrzehnten bildet heute der Aussagenkalkül den Anfang der Ausbildung in formaler Logik. Es ist der Zweig der Logik, der sich mit Schlüssen beschäftigt, die auf Negation, Konjunktion, Disjunktion u.a. in ihrer Anwendung auf ganze Sätze beruhen. Er systematisiert Schlüsse, die auf der Bedeutung der logischen Verknüpfungen »und«, »wenn«, »oder« usw. beruhen. Freges *Begriffsschrift* enthält die erste systematische, axiomatische Formulierung des Aussagenkalküls. Seine Symbolik ist zwar elegant, aber im Druck schwer wiederzugeben, sie wird nicht mehr verwendet; doch ihre Anwendung ist der Kern der modernen mathematischen Logik.

Freges größte logische Leistung war die Erfindung der Quantorentheorie, einer Methode der symbolischen Darstellung und strengen Entwicklung jener Schlüsse, deren Gültigkeit von Ausdrücken wie »alle« oder »einige« abhängt. In einer neuen Schreibweise für diese legte Frege einen Prädikatenkalkül erster Stufe vor, der die Grundlage aller neueren Entwicklungen in der Logik bildete. Damit formalisierte er die Theorie des Schließens auf strengere und allgemeinere Weise als die herkömmliche Aristotelische Syllogistik, die bis zur Zeit Kants als das A und O der Logik gegolten hatte. Seit Frege konnte die Logik zum erstenmal Argumente behandeln, die Sätze mit mehreren Quantoren enthalten wie »Niemand kennt jeden« oder »Jedes Schulkind kann jede Sprache erlernen«.

Bei seinen Untersuchungen über die Beziehung zwischen Logik und Mathematik schuf Frege auch einen Prädikatenkalkül zweiter Stufe (in *Begriffsschrift*) und eine Form der naiven Mengenlehre (in *Grundgesetze*). Eine Modallogik (die sich mit Notwendigkeit, Möglichkeit und ähnlichen Begriffen beschäftigt) oder eine Zeitlogik (für Aussagen mit ausdrücklichen Zeitbestimmungen) entwickelte er nicht. Diese Zweige der Logik waren schon im Mittelalter behandelt worden, und es geschah wieder in unserem Jahrhundert im Lichte der Fregeschen Neuerungen; wegen seiner vorwiegend mathematischen Interessen bedeuteten ihm diese Zweige der Logik, die sich mit Schlüssen über das Vergängliche und Veränderliche beschäftigen, weniger.

Seit Frege haben die Gebiete der Logik, auf denen er tätig war, eine ungeheure Entwicklung erfahren. Während er z.B. axiomatische Systeme vorlegte, wurden seither viele nichtaxiomatische Methoden für Aussagen- und Prädikatenkalkül entwickelt. Auch wurden Systeme der formalisierten Semantik entwickelt, die Freges strenger Formulierung der Syntax entsprechen.

Philosophie der Logik

Frege begründete nicht nur die moderne Logik, sondern auch die moderne Disziplin der Philosophie der Logik, die er scharf von der Psychologie abgrenzte (mit der sie von empiristischen Philosophen oft vermengt wurde) wie auch von der Erkenntnistheorie (mit der sie manchmal von Philosophen kartesischer Tradition vermengt wurde). Das entsprach einer viel älteren Tradition, die auf Aristoteles' *De interpretatione* zurückgeht. In *Begriffsschrift* und *Grundlagen* untersuchte Frege Begriffe wie Name, Satz, Prädikat in umfassenderer und differenzierterer Weise als Aristoteles. Zu seinen fruchtbarsten Methoden gehörte die Anwendung der mathematischen Begriffe der Funktion und des Arguments auf umgangssprachliche Kategorien, die herkömmlich als »Prädikat« und »Subjekt« bezeichnet wurden. Einen Satz wie »Sokrates ist weise« analysierte er als den Wert der Funktion »...ist weise« für das Argument »Sokrates«, und in dem Satz »Cäsar eroberte Gallien« analysierte er »...eroberte...« als Funktion mit zwei Argumenten, »Cäsar« und »Gallien«.

Nach Frege muß man parallel zu der sprachlichen Unterscheidung zwischen Funktionen erster Stufe und ihren Argumenten systematisch zwischen deren ontologischen Gegenstücken, den Begriffen und Gegenständen unterscheiden. Gegenstände sind das, was Eigennamen bezeichnen; sie sind von vielerlei Art, Menschen und Zahlen gehören dazu. Begriffe sind etwas grundsätzlich Unvollständiges, so wie Frege ein Prädikat als einen Satz verstand, aus dem der oder die Eigennamen entfernt worden sind.

Während andere Philosophen undeutlich von der Bedeutung oder dem Sinn eines Ausdrucks redeten, unterschied Frege zwischen »Bedeutung« (dem bezeichneten Gegenstand, etwa der Planet Venus als Bedeutung des Ausdrucks »Morgenstern«) und »Sinn« (die Ausdrücke »Morgenstern« und »Abendstern« haben verschiedenen Sinn, aber, wie die Astronomen entdeckten, dieselbe Bedeutung, nämlich die Venus).

Stark umstritten war Freges Theorie, daß die »Bedeutung« eines Satzes sein Wahrheitswert sei: die »Bedeutung« von »Cäsar wurde ermordet« war das Wahre, die von »Cäsar starb eines natürlichen Todes« das Falsche. Damit verbanden sich zwei Thesen: daß in einer wissenschaftlich brauchbaren Sprache jeder Ausdruck eine Bedeutung haben muß, und daß jeder Satz entweder wahr oder falsch sein muß. Das zieht viele Schwierigkeiten nach sich, die Frege mit zweifelhaftem Erfolg zu meistern versuchte.

In seinen Arbeiten zur Philosophie der Logik in seiner letzten Periode kam Frege auf die Beziehung zwischen der Logik und der philosophischen Psychologie oder der Philosophie des Bewußtseins zurück. Diese Arbeiten werden im allgemeinen nicht als seine besten angesehen, doch sie stellen rudimentär die Probleme vor, die eingehender und fruchtbarer der späte Wittgenstein behandelte, der sich als lebenslangen Bewunderer »der großen Werke Freges« bezeichnete.

Philosophie der Mathematik

Freges größte Leistung war zweifellos seine Philosophie der Mathematik. Seine *Grundlagen* beginnen mit einem glänzenden und höchst erfolgreichen Angriff auf die Ideen seiner Vorgänger und Zeitgenossen (darunter Kant und Mill) über das Wesen der Zahl und der mathematischen Wahrheit. Kein Philosoph der Mathematik würde heute die von Frege angegriffenen Auffassungen verteidigen, doch sie tauchen manchmal noch bei Psychologen und Pädagogen auf, so daß sich eine Beschäftigung mit seinen Argumenten immer noch lohnt.

Kant hatte die mathematischen Wahrheiten für synthetisch a priori erklärt, sie beruhten weder auf logischer Analyse noch auf der Erfahrung, sondern auf der Anschauung. Mill vertrat, wie wir sahen, eine völlig entgegengesetzte Ansicht: die mathematischen Wahrheiten waren a posteriori, empirische Verallgemeinerungen, die weithin anwendbar und weithin bestätigt waren. Frege war anderer Ansicht als beide; für ihn waren die Wahrheiten der Arithmetik nicht synthetisch, weder a priori noch a poste-

Die moderne symbolische Logik leitet sich von Freges System von 1879 her. Doch seine spezielle Symbolik wurde nicht übernommen; sie ist zwar, wenn man sie einmal erlernt hat, übersichtlich, aber im Druck schwer wiederzugeben. Die Abbildung zeigt die Formulierung einer Aussage wie: »Wenn dieser Strauß ein Vogel ist und nicht fliegen kann, dann folgt, daß manche Vögel nicht fliegen können«.

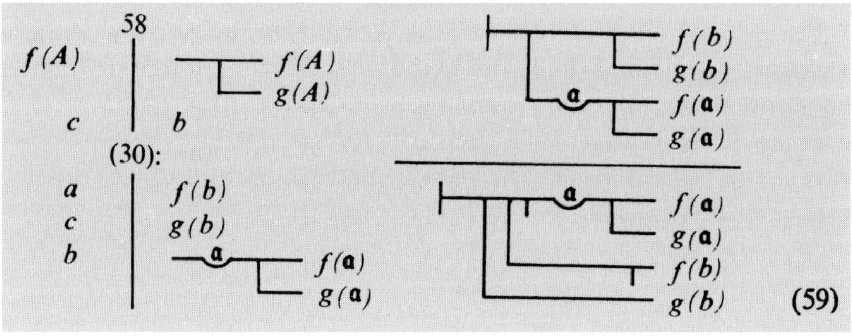

Gottlob Frege 1920, gegen Ende seines Lebens, als er seine letzten Arbeiten über die philosophische Logik schrieb.

riori, sondern analytisch, während er die Geometrie wie Kant auf die apriorische Anschauung zurückführte.

Wie wir sahen, hatte Frege schon früh eine mathematische Darstellung der Logik vorgelegt. Doch für ihn ging die Beziehung zwischen Logik und Mathematik viel tiefer: die Arithmetik selbst könne als Zweig oder Erweiterung der Logik dargestellt werden in dem Sinne, daß sie keinen eigenen Gegenstandsbereich enthalte und ohne irgendwelche außerlogische Begriffe oder Axiome formalisiert werden könne. Der arithmetische Begriff der Zahl wird in Freges System durch den logischen Begriff der Klasse ersetzt: die Kardinalzahlen lassen sich als Klassen von Klassen definieren, so die Zahl Zwei als Klasse der Paare, die Zahl Drei als Klasse der Tripel. Diese Definition ist keineswegs zirkulär, denn man kann ohne Verwendung des Zahlbegriffs erklären, was es bedeutet, daß zwei Klassen die gleiche Anzahl von Elementen haben; ein Kellner weiß vielleicht, daß auf einem Tisch gleich viele Messer und Teller vorhanden sind, ohne zu wissen wieviele, wenn er nämlich feststellt, daß neben jedem Teller ein Messer liegt. Zwei Klassen haben dann die gleiche Anzahl von Elementen, wenn diese ein-eindeutig einander zugeordnet werden können. Solche Klassen heißen äquivalent. Wir können also eine Zahl im obigen Sinne als Klasse äquivalenter Klassen definieren.

Zur Definition einer Zahl n muß man sich auf eine spezielle Klasse mit n Elementen beziehen und n als die Klasse aller mit ihr äquivalenten Klassen definieren. So könnte man die Vier als die Klasse aller Klassen definieren, die mit der Klasse der Evangelisten äquivalent sind. Doch eine solche Definition wäre für das logizistische Programm offenbar untauglich, weil es nicht zur Logik gehört, daß es gerade vier Evangelisten gibt. Man muß für jede Zahl eine Klasse finden, deren Umfang aus der Logik hervorgeht.

Am besten geht man von der Null aus. Man definiert die Zahl Null rein logisch als die Klasse aller Klassen mit der gleichen Anzahl von Elementen wie die leere Klasse, [z.B.] die Klasse der nicht mit sich identischen Gegenstände. Da es keinen mit sich nicht identischen

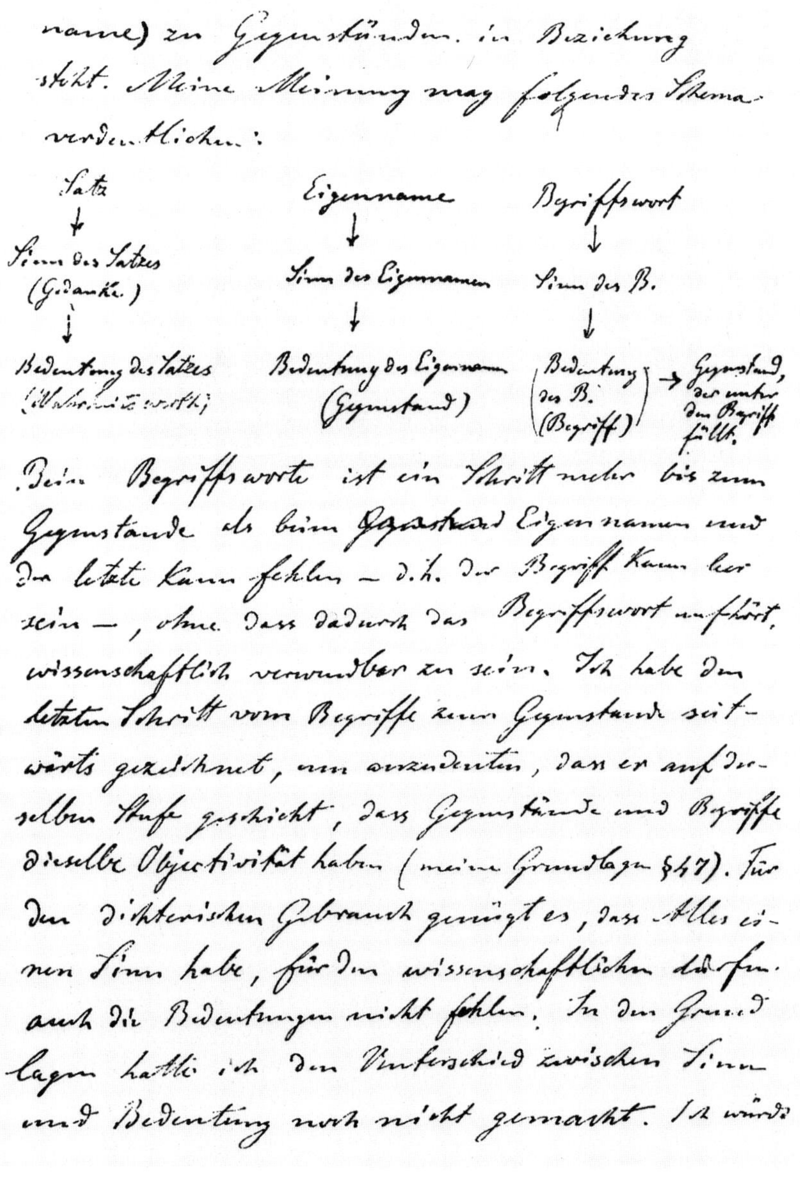

name) zu Gegenständen in Beziehung steht. Meine Meinung mag folgendes Schema verdeutlichen:

Satz	Eigenname	Begriffswort	
↓	↓	↓	
Sinn des Satzes (Gedanke)	Sinn des Eigennamens	Sinn des B.	
↓	↓	↓	
Bedeutung des Satzes (Wahrheitswerth)	Bedeutung des Eigennamens (Gegenstand)	Bedeutung des B. (Begriff)	→ Gegenstand, der unter den Begriff fällt.

Beim Begriffsworte ist ein Schritt mehr bis zum Gegenstande als beim ~~Gegenstand~~ Eigennamen und der letzte kann fehlen – d.h. der Begriff kann leer sein –, ohne dass dadurch das Begriffswort aufhört, wissenschaftlich verwendbar zu sein. Ich habe den letzten Schritt vom Begriffe zum Gegenstande seitwärts gezeichnet, um anzudeuten, dass er auf derselben Stufe geschieht, dass Gegenstände und Begriffe dieselbe Objectivität haben (meine Grundlagen §47). Für den dichterischen Gebrauch genügt es, dass Alles einen Sinn habe, für den wissenschaftlichen dürfen auch die Bedeutungen nicht fehlen. In den Grundlagen hatte ich den Unterschied zwischen Sinn und Bedeutung noch nicht gemacht. Ich würde

EIN BRIEF AN HUSSERL, in dem Frege seine Unterscheidung zwischen Sinn und Bedeutung eines Ausdrucks darlegt.

Die Gesetze der Geometrie sind nach Frege maßgebend für unser Vorstellungsvermögen. Die ausgefallensten Visionen im Delirium, die kühnsten Erfindungen von Sage und Dichtung, in denen Tiere reden und Sterne stillstehen, alles sei möglich, solange es vorstellbar ist. Die Zeichnungen Eschers zeigen, daß Frege nicht recht hatte.

Gegenstand gibt, hat diese Klasse keine Elemente. Und da zwei Klassen mit denselben Elementen identisch sind, gibt es nur eine leere Klasse, die »Nullklasse«. Die Zahl Null ist also jene Klasse, deren einziges Element die Nullklasse ist.

Diese Tatsache wird zur Definition der Zahl Eins benützt, nämlich als die Klasse der Klassen, die mit der Klasse der Nullklassen äquivalent sind. Jetzt kann man, weiter rein logisch, die Zwei als die Klasse derjenigen Klassen definieren, die ebensoviele Elemente haben wie die Klasse mit den Elementen Null und Eins; die Drei als die Klasse derjenigen Klassen, die ebensoviele Elemente haben wie die Klasse, die aus Null, Eins und Zwei besteht. Frege lieferte aufgrund dieses Verfahrens eine allgemeine Definition von »Nachfolger von«, und man definiert nun die Vier als Nachfolger der Drei, die Fünf als Nachfolger der Vier usw. usw.; damit waren alle Zahlen definierbar allein mit Hilfe logischer Begriffe wie Identität, Klasse, Element einer Klasse und Äquivalenz von Klassen.

Die Russellsche Paradoxie und die Typentheorie

Doch Freges geniale Methode für den Aufbau der Folge der natürlichen Zahlen aus rein logischen Begriffen enthielt einen verheerenden Fehler, den ein glänzender junger englischer Philosoph namens Bertrand Russell (1872-1970) entdeckte. Er war Enkel des Premierministers Lord John Russell und Patenkind von John Stuart Mill und stand am Anfang eines langen, abwechslungsreichen und herausragenden Lebenswegs. In seinen späteren Jahren, und besonders, nachdem er den Earlstitel geerbt hatte, wurde er weitesten Kreisen als Autor und Kämpfer für verschiedene soziale und politische Ziele bekannt. Doch der Großteil seiner Arbeiten, die seinen fachlichen Ruf als Philosoph und Mathematiker begründeten, fällt in die Zeit vor 1920. 1903 arbeitete er an einem Buch mit dem Titel *The Principles of Mathematics*, in dem er das Interesse des englischen Publikums auf die Philosophie Freges lenkte. So sehr er Frege bewunderte, er entdeckte eine radikalen Fehler in seinem System, den er ihm mitteilte, als gerade der zweite Band der *Grundgesetze* im Druck war.

Wenn man nach Frege von einer Zahl zur nächsten fortschreitet, so muß man ohne Einschränkung Klassen von Klassen, Klassen von Klassen von Klassen usw. bilden können. Die Klassen selbst müssen klassifizierbar sein, sie müssen Elemente von Klassen sein können. Kann nun eine Klasse Element von sich selbst sein? Die Klasse der Hunde ist bestimmt kein Hund; ist aber nicht die Klasse der Klassen selbst eine Klasse und somit ein Element von sich selbst? Es scheint also zwei Arten von Klassen zu geben: die Klasse der Klassen, die Element von sich selbst sind, und die Klasse der Klassen, die es nicht sind.

Betrachten wir nun diese zweite Klasse. Ist sie Element von sich selbst oder nicht? Angenommen, sie sei Element von sich selbst; da sie ja die Klasse der Klassen ist, die *nicht* Element von sich selbst sind, kann sie also kein Element von sich selbst sein. Angenommen aber, sie sei kein Element von sich selbst, dann gehört sie also in die Klasse der Klas-

PRINCIPIA MATHEMATICA von Russell und Whitehead war ein großangelegter Versuch, die Arithmetik aus der reinen Logik abzuleiten. Wiedergegeben ist eine Seite mit einem Teil des Beweises, daß 1+1 gleich 2 ist.

∗71·168. $\vdash :. (y) . \mathrm{E} ! R`y : (x) . \mathrm{E} ! \breve{R}`x : \supset . R \in 1 \rightarrow 1$

∗71·17. $\vdash :. R \in 1 \rightarrow \mathrm{Cls} . \equiv : xRz . yRz . \supset_{x,y,z} . x = y$

This proposition is constantly used in the sequel.

Dem.

$\vdash . ∗52·4 . \quad \supset \vdash :. \overrightarrow{R}`z \in 1 \cup \iota`\Lambda . \quad \equiv : x, y \in \overrightarrow{R}`z . \supset_{x,y} . x = y :$

$[∗32·18] \quad \equiv : xRz . yRz . \supset_{x,y} . x = y :.$

$[∗10·11·271 . ∗11·21] \supset \vdash :. (z) . \overrightarrow{R}`z \in 1 \cup \iota`\Lambda . \equiv : xRz . yRz . \supset_{x,y,z} . x = y \quad (1)$

$\vdash . (1) . ∗71·12 . \quad \supset \vdash . \mathrm{Prop}$

∗71·171. $\vdash :. R \in \mathrm{Cls} \rightarrow 1 . \equiv : xRy . xRz . \supset_{x,y,z} . y = z$

∗71·172. $\vdash :. R \in 1 \rightarrow 1 . \equiv : xRz . yRz . \supset_{x,y,z} . x = y : xRy . xRz . \supset_{x,y,z} . y = z$

∗71·18. $\vdash :. R \in 1 \rightarrow \mathrm{Cls} . \equiv : \exists ! \overleftarrow{R}`x \cap \overleftarrow{R}`y . \supset_{x,y} . x = y$

Dem.

$\vdash . ∗32·181 . ∗22·33 . \supset$

$\vdash :. \exists ! \overleftarrow{R}`x \cap \overleftarrow{R}`y . \supset_{x,y} . x = y : \equiv : (\exists z) . xRz . yRz . \supset_{x,y} . x = y :$

$[∗10·23] \quad \equiv : xRz . yRz . \supset_{x,y,z} . x = y :$

$[∗71·17] \quad \equiv : R \in 1 \rightarrow \mathrm{Cls} :. \supset \vdash . \mathrm{Prop}$

∗71·181. $\vdash :. R \in \mathrm{Cls} \rightarrow 1 . \equiv : \exists ! \overrightarrow{R}`y \cap \overrightarrow{R}`z . \supset_{y,z} . y = z$

∗71·182. $\vdash :: R \in 1 \rightarrow 1 . \equiv :. \exists ! \overleftarrow{R}`x \cap \overleftarrow{R}`y . \vee . \exists ! \overrightarrow{R}`x \cap \overrightarrow{R}`y : \supset_{x,y} . x = y$

∗71·19. $\vdash : R \in 1 \rightarrow \mathrm{Cls} . \equiv . R \mid \breve{R} = I \upharpoonright \mathrm{D}`R$

Dem.

$\vdash . ∗34·1 . ∗31·11 . \quad \supset \vdash . x (R \mid \breve{R}) y . \equiv . (\exists z) . xRz . yRz \quad (1)$

$\vdash . ∗50·1 . ∗35·101 . \supset \vdash . x (I \upharpoonright \mathrm{D}`R) y . \equiv . x = y . y \in \mathrm{D}`R \quad (2)$

$\vdash . (1) . (2) . ∗21·43 . \supset$

$\vdash :: R \mid \breve{R} = I \upharpoonright \mathrm{D}`R . \equiv :. (\exists z) . xRz . yRz . \equiv_{x,y} : x = y . y \in \mathrm{D}`R :$

$[∗33·13 . ∗10·35] \quad \equiv_{x,y} : (\exists z) . x = y . yRz :$

$[∗13·194] \quad \equiv_{x,y} : (\exists z) . x = y . xRz . yRz :$

$[∗10·35] \quad \equiv_{x,y} : x = y : (\exists z) . xRz . yRz :.$

$[∗4·71] \quad \equiv :. (\exists z) . xRz . yRz . \supset_{x,y} . x = y :.$

$[∗10·23] \quad \equiv :. xRz . yRz . \supset_{x,y,z} . x = y :.$

$[∗71·17] \quad \equiv :. R \in 1 \rightarrow \mathrm{Cls} :: \supset \vdash . \mathrm{Prop}$

∗71·191. $\vdash : R \in \mathrm{Cls} \rightarrow 1 . \equiv . \breve{R} \mid R = I \upharpoonright \mathrm{G}`R$

∗71·192. $\vdash : R \in 1 \rightarrow 1 . \equiv . R \mid \breve{R} = I \upharpoonright \mathrm{D}`R . \breve{R} \mid R = I \upharpoonright \mathrm{G}`R$

sen, die nicht Element von sich selbst sind, folglich ist sie ein Element von sich selbst. Sie muß aber doch wohl entweder ein Element von sich selbst sein oder nicht sein; doch in beiden Fällen ergibt sich ein Widerspruch.

Diese Entdeckung wird als die Russellsche Paradoxie bezeichnet; sie zeigt, daß die beliebige Bildung von Klassen von Klassen einen Haken hat, und damit ist das gesamte logizistische Programm Freges in Frage gestellt.

Russell selbst war nicht weniger ein Anhänger des Logizismus als Frege, und so machte er sich zusammen mit A. N. Whitehead an die Entwicklung eines logischen Systems, das in einer anderen Schreibweise als der Fregeschen die gesamte Arithmetik aus rein logischen Grundlagen ableiten sollte. Es erschien 1910-13 in drei monumentalen Bänden unter dem Titel *Principia mathematica*.

Zur Vermeidung der von ihm entdeckten Paradoxie stellte Russell eine Theorie der Typen auf. Klassen durften nicht als beliebig klassifizierbar behandelt werden. Klassen und ihre Elemente gehörten verschiedenen logischen Typen an, und eine Eigenschaft, die für den einen zutrifft oder nicht zutrifft, läßt sich nicht [unbedingt] auch sinnvoll von einem anderen aussagen. Was also für Klassen sinnvoll ist, ist nicht [unbedingt] für Klassen von Klassen sinnvoll, und so fort durch die ganze Hierarchie der logischen Typen. Wird der Typenunterschied zwischen verschiedenen Klassen der Hierarchie beachtet, so kommt es nicht zu der Paradoxie.

Doch jetzt entstand eine andere Schwierigkeit. Wenn man keine Klassen von Klassen zuläßt, wie läßt sich dann die Folge der natürlichen Zahlen definieren? Russell blieb bei der Definition der Null als der Klasse, deren einziges Element die Nullklasse [die leere Klasse] ist; die Eins definierte er nun als die Klasse der Klassen, die äquivalent sind mit jener Klasse, deren Elemente bestehen aus (a) den Elementen der Nullklasse und (b) einem beliebigen Gegenstand, der nicht Element dieser Klasse ist. Die Zwei wird dann definiert als die Klasse der Klassen, die äquivalent sind mit jener Klasse, deren Elemente bestehen aus (a) den Elementen der Klasse, mit deren Hilfe die Eins definiert wurde, und (b) einem beliebigen Gegenstand, der nicht Element dieser Klasse ist. So lassen sich alle Zahlen nacheinander definieren, und jede ist eine Klasse von Klassen von Gegenständen. Doch so läßt sich die Folge der natürlichen Zahlen nur dann beliebig fortsetzen, wenn es in der Welt unendlich viele Gegenstände gibt; gibt es nur n Gegenstände, dann gibt es keine Klasse mit n+1 Elementen und damit keine Kardinalzahl n+1. Deshalb nahm Russell das Unendlichkeitsaxiom hinzu, die Hypothese, daß die Anzahl der Gegenstände in der Welt nicht endlich ist. Diese Hypothese hielt Russell für sehr wahrscheinlich; doch auf den ersten Blick handelt es sich keinesfalls um eine logische Wahrheit, und daß man sie postulieren muß, ist ein Schönheitsfehler des ursprünglichen Programms, die Arithmetik allein aus der Logik abzuleiten.

Die Sprachanalyse

Mit Russells Versuch, die Arithmetik auf rein logischer Grundlage zu errichten, ging der Wunsch einher, auch die nichtmathematische Sprache in eine logisch klare Form zu fassen. Dadurch wurde Russell zusammen mit Frege zu einem der Begründer der analytischen Tradition in der Philosophie. Die logische Analyse (linguistische oder Sprachanalyse) war ursprünglich eine Methode, um eine logisch klare Formulierung an die Stelle einer irgendwie logisch irreführenden sprachlichen Formulierung zu setzen. Ihren ersten bedeutenden Schritt in der englischen Philosophie tat sie mit Russells Aufsatz »On Denoting« 1905 in *Mind*. Damals führten Russell und G. E. Moore (1873-1958) die realistische Reaktion auf den neo-hegelianischen Idealismus F. H. Bradleys und seiner Gesinnungsgenossen an, die bis dahin in der englischen Philosophie vorherrschend gewesen waren. Diese Reaktion präsentierte sich zunächst als ein extremer Realismus, der eine enge Verwandtschaft zu den Auffassungen des österreichischen Philosophen Alexius Meinong aufwies, der in Wien ein Schüler Brentanos gewesen war. In dieser Periode glaubten Moore und Russell, um die Objektivität der Begriffe und Urteile zu bewahren, müsse man eine Welt Platonischer Ideen und unvergänglicher Aussagen zugrunde legen. Nach Moore war ein Begriff »weder eine Bewußtseinstatsache noch Teil einer solchen«, sondern etwas Ewiges und Unveränderliches, das unabhängig von unserem Denken vorhanden war. Und Russell schrieb 1903: »Die Zahlen, die Götter Homers, die Relationen, die Chimären und der vierdimensionale Raum existieren alle, denn wenn sie keine Gegenstände irgendwelcher Art wären, könnten wir keine Aussagen über sie machen. Das Existieren ist also eine allgemeine Eigenschaft von allem, und wenn man von irgend etwas spricht, dann zeigt es sich darin.«

Der Alltagsverstand, auf den sich Moore und Russell später beriefen, fand sich nicht ohne weiteres mit dem Gedanken ab, es gebe eine Schattenwelt von Chimären und quasi-Platonischen Zahlen und Klassen. Doch wenn es sich zeigte, sobald man von etwas sprach, wie konnte man dann darum herumkommen? Vielleicht, so meinten die beiden schließlich, gibt es Fälle, in denen es nur so *scheint*, als spreche man von etwas. Vielleicht gab es Ausdrücke, die lediglich den Anschein erweckten, als wären sie Namen von Gegenständen. Diese Theorie entwickelte Russell zuerst in »On Denoting«.

In dieser Arbeit behandelte er die »Bezeichnungen«; er definierte sie nicht, sondern gab nur Beispiele für sie an, etwa »jeder Mensch«, »ein Mensch«, »einige Menschen«, »alle Menschen«, »der gegenwärtige König von England«, »der gegenwärtige König von Frankreich«, »der Schwerpunkt des Sonnensystems in einem bestimmten Augenblick«. Besonders beschäftigte sich Russell mit Ausdrücken, die mit »der...« anfangen und die er später als »eindeutige Beschreibungen« (definite descriptions) bezeichnete. In ihnen erblickte er »die weitaus interessantesten und schwierigsten Bezeichnungen«.

Bezeichnungen haben nach Russell nie eine eigene Bedeutung; diese haben nur die Sätze, in denen sie vorkommen. Für Russell gab es einen großen Unterschied zwischen einem Satz wie »Jakob II. wurde abgesetzt« (der den Namen »Jakob II.« enthält) und einem Satz wie »Der Bruder Karls II. wurde abgesetzt«. Ein Ausdruck wie »der Bruder Karls II.« ist eine Russellsche »Bezeichnung«; sie hat keine eigene Bedeutung, doch der Satz »Der Bruder Karls II. wurde abgesetzt« hat trotzdem eine. Er sagt dreierlei aus:

(1) jemand war Bruder Karls II.;
(2) nur diese Person war ein Bruder Karls II.;
(3) diese Person wurde abgesetzt.

G. E. MOORE (1873-1958) war einer der Anführer der Reaktion gegen den Idealismus in England zu Beginn des 20. Jahrhunderts. Sein Buch *Principia ethica* war eine zeitlang sehr einflußreich und fand besonderen Widerhall bei der Bloomsbury-Gruppe. Von längerer philosophischer Wirkung waren seine Arbeiten über die Beziehung zwischen Skeptizismus und Alltagsverstand.

Oder stärker formalisiert:
Für mindestens ein x gilt:
(1) x war Bruder Karls II.
und (2) für alle y gilt: wenn y Bruder Karls II. war, dann y=x
und (3) x wurde abgesetzt.

(1) besagt, daß mindestens eine Person Bruder Karls II. war; (2) besagt, daß höchstens eine Person ein Bruder Karls II. war; beide zusammen besagen, daß genau eine Person Bruder Karls II. war. (3) besagt, daß diese eindeutig bestimmte Person abgesetzt wurde.

So umständlich diese Übersetzung ist, nach Russell vermeidet sie als einzige die philosophischen Probleme, die sich aus jeder anderen Theorie der Bedeutung von Bezeichnungen ergeben. Es ist eine Übersetzung für alle Aussagen, in denen Bezeichnungen vorkommen, in Aussagen, in denen keine vorkommen. Das ist sehr wichtig, denn damit kann man die Meinongsche Konsequenz vermeiden, daß der heutige König von Frankreich irgendwie existieren muß, weil es den Ausdruck »der heutige König von Frankreich« gibt, der ihn bezeichnet. In Russells Übersetzungen kommen keine solchen Ausdrücke mehr vor.

Ein Satz, der eine solche leere Bezeichnung enthält, ist aber nicht sinnlos, sondern falsch. Betrachten wir die beiden Sätze:

(1) Der Herrscher des Vereinigten Königreichs ist männlich.
(2) Der Herrscher der Vereinigten Staaten ist männlich.

Beide sind falsch, aber aus verschiedenen Gründen. Der erste ist falsch, weil der Herrscher des Vereinigten Königreichs weiblich ist; der zweite ist falsch, weil es keinen Herrscher der Vereinigten Staaten gibt [und seine Übersetzung die Aussage enthält, daß genau eine Person Herrscher der Vereinigten Staaten ist, d. Üb.]. Nach Russell ist er nicht bloß nicht wahr, sondern eindeutig falsch, und demnach ist seine Negation »Es stimmt nicht, daß der Herrscher der Vereinigten Staaten männlich ist« wahr. Sätze, die leere eindeutige Beschreibungen enthalten, unterscheiden sich in Russells System scharf von Sätzen, die leere Namen enthalten, d.h. Namen, die nur scheinbar etwas bezeichnen. Für Russell ist ein Scheinsatz wie »Schlaufuchsius war ein Genie« überhaupt kein Satz und damit weder wahr noch falsch, weil es nie jemanden gegeben hat, der Schlaufuchsius geheißen hätte.

Warum wollte Russell, daß Sätze, die eine leere eindeutige Beschreibung enthalten, als falsch gelten sollen? Er wollte wie Frege eine genaue, wissenschaftlich brauchbare Sprache für die Logik und Mathematik schaffen; beide legten Wert darauf, daß diese nur Ausdrücke mit einer bestimmten Bedeutung enthalten sollte, und das bedeutete für sie, daß alle Sätze, in denen diese Ausdrücke vorkommen können, einen Wahrheitswert haben mußten.

Diese Forderung lenkte Russell in eine Richtung, die er später als »logischen Atomismus« bezeichnete. Er glaubte, wenn einmal die Logik auf eine durchsichtige Form gebracht sei, dann werde sie die Struktur der Welt widerspiegeln. Die Logik enthielt Gegenstandsvariablen und Aussagenfunktionen, denen in der Welt die Einzelgegenstände und die Universalien entsprachen. In der Logik wurden zusammengesetzte Aussagen als Wahrheitsfunktionen einfacherer Aussagen aufgebaut (das heißt, daß sich ihre Wahrheit oder Falschheit allein aus der Wahrheit oder Falschheit ihrer Teilaussagen ergibt). Ähnlich gab es in der Welt voneinander unabhängige atomare Sachverhalte, die den einfachen Aussagen entsprachen. Die atomaren Sachverhalte bestanden darin, daß entweder einem Gegenstand eine Eigenschaft zukam oder zwischen mehreren Gegenständen eine Beziehung bestand.

Die Aufgabe der philosophischen Analyse war die Herausarbeitung der Struktur der Sprache und damit auch der Welt. Hier war Russells Theorie der Beschreibungen von Nutzen. Er wendete sie allmählich nicht nur auf runde Quadrate und Platonische Entitäten an, sondern auch auf vieles, was der Alltagsverstand als durchaus wirklich ansieht wie Julius Cäsar, Tische und Stühle. Diese Anwendung beruhte auf Russells Unterscheidung zwischen Kenntnis durch unmittelbaren Kontakt und Kenntnis durch Beschreibung. 1911 schrieb er: »Jede uns verständliche Aussage muß ausschließlich Bestandteile haben, die wir unmittelbar kennen.« Die unmittelbare Kenntnis war die unmittelbare Gegenwart im Bewußtsein; sie konnte auf Universalien oder aktuelle Sinnesdaten zutreffen, nicht jedoch auf Königin Viktoria oder unsere eigenen früheren Sinnesdaten.

Der Satz »Cäsar überschritt den Rubikon«, heute in England geäußert, scheint keinen unmittelbar bekannten Bestandteil zu enthalten. Wie können wir ihn dann verstehen? Da-

BERTRAND RUSSELLS beste Arbeiten auf dem Gebiet der reinen Philosophie entstanden zwischen seinem 30. und 50. Lebensjahr. Doch er wurde 98 Jahre alt, und in der Öffentlichkeit bekannt wurde er erst im Alter (Bild). 1950 erhielt er den Nobelpreis für Literatur, und in den 1950er und 60er Jahren kämpfte er für die Atomabrüstung.

zu analysierte Russell die Namen »Cäsar« und »Rubikon« als eindeutige Beschreibungen. Deren vollständige Formulierung enthält zwar Namen, aber nicht Namen der beiden ursprünglich bezeichneten Gegenstände. Die Übersetzung enthält allgemeine Eigenschaften und Relationen sowie Namen, die sich im Augenblick ihres Gebrauchs als unmittelbar bekannt erweisen.

Für Russell waren also die gewöhnlichen Eigennamen in Wirklichkeit Beschreibungen. Jeder vollständig analysierte Satz enthielt nur Eigennamen im logischen Sinne (die sich auf unmittelbar bekannte Gegenstände beziehen) und Allgemeinbegriffe (die sich auf Eigenschaften und Gegenstände beziehen). Es ist aber nicht völlig klar, was als Eigenname im logischen Sinne gelten soll. Manchmal scheint Russell nur Demonstrativpronomina wie »dies« und »jenes« dazu zu rechnen. Ein Atomsatz hätte dann die Form »(dies)rot« oder »(dies)neben(jenem)«.

Russell legte seinen logischen Atomismus 1918 in einer berühmten Harvard-Vorlesungsreihe dar. Viele seiner Ideen schrieb er seinem früheren Schüler, dem österreichischen Philosophen Ludwig Wittgenstein zu. Dieser war ursprünglich Ingenieur gewesen und hatte vor dem 1. Weltkrieg bei Russell studiert; dann wurde er Freiwilliger im österreichischen Militär, zunächst im Osten und dann an der italienischen Front. Dabei setzte er seine logischen Studien fort, und als Kriegsgefangener in Monte Cassino vollendete er ein Manuskript mit dem Titel *Logisch-philosophische Abhandlung*, das er Russell schickte und das unter anderem die endgültige Formulierung des logischen Atomismus enthielt.

Ludwig Wittgenstein

Man kann in Wittgenstein (1889-1951) durchaus den größten Philosophen dieses Jahrhunderts sehen, und sein Einfluß war stark und breit, vor allem in England und Nordamerika. Daher überrascht es, daß die Deutung vieler seiner Hauptgedanken immer noch umstritten ist. Ganz unerklärlich ist es freilich nicht. Ein tiefer Denker kann oft auf verschiedenen Ebenen verstanden werden. Wenn er sich wie der späte Wittgenstein in tastender, aphoristischer statt in dogmatisch-theoretischer Form äußert, liegt es nahe, daß sich seine Kommentatoren an verschiedenen Seiten seines Denkens orientieren und sie herausstreichen. Man kann aber doch eine ausgewogene Darstellung des allgemeinen Charakters seiner Philosophie und ihres Ortes in der Geistesgeschichte geben, ohne freilich Vollständigkeit oder Endgültigkeit beanspruchen zu können.

Wittgenstein ist ein Philosoph für Philosophen, und seine Schriften sind ohne Kenntnisse der Arbeiten seiner Vorgänger und Zeitgenossen kaum verständlich. Sein erstes Buch, der *Tractatus logico-philosophicus* (1921), ist eine Sprachkritik, die die Grundstruktur der in der Sprache ausgedrückten Gedanken aufdecken und dadurch die Grenzen des Denkens aufzeigen soll. Kant hatte in der *Kritik der reinen Vernunft* ein ähnliches Ziel gehabt, doch Wittgenstein untersuchte als Medium die Sprache und nicht irgend etwas Geistiges und gewann damit Vorteile: das Medium war etwas Konkretes, und die Kritik konnte sich auf die neuesten Fortschritte der Logik und Semantik stützen.

Der *Tractatus* geht von den Ideen Freges und Russells aus, die wir betrachtet haben. Für Frege mußte jeder Satz einen bestimmten Sinn haben, das heißt, vor seinem Gebrauch

Ludwig Wittgenstein hatte zwei verschiedene philosophische Perioden, die eine vor und während des 1. Weltkriegs, die andere seit den 30er Jahren. Die Photographie aus dem Jahre 1905 zeigt ihn noch als Ingenieurstudenten, ehe er sich in Cambridge bei Russell der Philosophie zuwandte.

mußte festgelegt sein, welche möglichen Situationen ihn wahr und welche ihn falsch machen würden. Für Russell war der Sinn eines Satzes nur verständlich, wenn die von den verwendeten Namen bezeichneten Gegenstände bekannt waren. Wittgenstein übernahm diese beiden Thesen, entwickelte sie auf seine Art weiter und leitete zweierlei daraus ab. Zum einen behauptete er, jeder Satz sei im Grunde ein Bild, und zum anderen, jeder Satz lasse sich auf Elementarsätze zurückführen, in denen die Namen einfache Gegenstände (ohne eine innere Struktur) bezeichnen. Dies wandte er auf die Theorien anderer Philosophen an und behauptete, daß viele von ihnen aus dieser Sicht nicht sinnvoll seien und somit keine wirklichen Gedanken ausdrücken.

Ein so starkes Ergebnis braucht starke Argumente. Vielleicht das schwächste Glied bei Wittgenstein ist seine Theorie der einfachen Gegenstände. Diese stammte natürlich von Russell, doch Wittgenstein hatte ihr, wie gewohnt, ganz eigene Züge verliehen. Er kümmerte sich nicht um die Russellsche »Kenntnis« oder um die empirische Behauptung, es gebe Wörter, deren Bedeutung nur durch unmittelbaren Kontakt mit dem von ihnen Bezeichneten gelernt werden könne (man denke an Humes Theorie der einfachen Eindrücke). Wittgenstein interessierte die Forderung, daß sich der Sinn eines Satzes aus den Gegenständen ergebe, die von den im Satz oder gegebenenfalls in seiner Analyse vorkommenden Namen bezeichnet werden. Eine solche Analyse schien ihm bei einfachen Gegenständen enden zu müssen. Endete sie nämlich bei zusammengesetzten Gegenständen, so würde der Sinn des ursprünglichen Satzes von der Struktur dieser zusammengesetzten Gegenstände abhängen. Doch ein (sinnvoller) Satz mußte für ihn wahr oder falsch sein, etwas Drittes gab es nicht. Wenn nun der Sinn eines Satzes von einer Aussage über einen zusammengesetzten Gegenstand abhing, dann hatte er keinen bestimmten Sinn, solange man die Analyse nicht bis zu den einfachen Gegenständen vorangetrieben hatte.

Nach der Veröffentlichung des *Tractatus* gab Wittgenstein die Philosophie auf, und als er sich ihr 1929 wieder zuwandte, distanzierte er sich zu allererst von dieser extremen Form des logischen Atomismus. In seinem früheren System war sie in zweierlei Sinne wichtig gewesen. Einmal folgte unausweichlich, daß jeder Satz wahr oder falsch sein mußte oder, anders ausgedrückt, daß alles, was für die Wahrheit eines Satzes von Bedeutung ist, in ihm selbst enthalten sein mußte und keine Hintergrundvoraussetzung bilden durfte. Als er diese Forderung aufgab, konnte er vieles als Bestandteil des Hintergrunds behandeln, vor dem Sätze ihren Sinn haben, und das war der Ausgangspunkt seines späteren holistischen Gedankens, daß sie nur im Rahmen eines Sprachspiels Sinn haben, das nur unter bestimmten Bedingungen (einer Lebensform) gespielt werden kann.

Der logische Atomismus, den Wittgenstein 1929 aufgab, hatte eine zweite wichtige Seite. Ein Satz war nach dem Kriterium im *Tractatus* dann und nur dann ein Elementarsatz, wenn er von jedem anderen Satz gleichen analytischen Niveaus logisch unabhängig war. Danach waren Farbaussagen nicht elementar, und eine Unverträglichkeit zwischen zwei verschiedenen Farbzuschreibungen würde auf die innere Struktur der Farben zurückgehen, die dann zu analysieren war. Die Aufgabe dieses Programms war ein weiterer wichtiger Schritt in Richtung auf den Holismus; Wittgenstein war zu der Auffassung gekommen, daß Gruppen einander ausschließender Prädikate eine Eigenschaft der beschreibenden Sprache seien, die man nicht ausschalten könne, und daß jeder Versuch, die Bedeutung eines Prädikats unabhängig von seiner Gruppe anzugeben, erfolglos bleiben müsse.

Die Theorie, daß Sätze im Grunde Bilder seien – eine weitere Hauptthese des *Tractatus* –, sollte einen Mangel der Russellschen Semantik beheben. Russell hatte das Verstehen des Sinnes eines Satzes auf die extensionale Kenntnis der Gegenstände zurückführen wollen, die die darin verwendeten Namen bezeichneten, daß es also lediglich nötig sei, daß uns diese Gegenstände vorgeführt worden sind, nicht aber, daß sie als Gegenstände einer bestimmten Art vorgeführt worden sind. Nun beschäftigte sich Wittgenstein an diesem Punkt nicht mit Russells Erkenntnistheorie, sondern mit der ihr zugrundeliegenden Annahme, daß der Sinn eines Satzes aus den in ihm benannten Gegenständen hervorgehe, ohne daß eine Kategorisierung dazwischentritt. Zwar führte Russell zur Lösung dieses Problems später seine Typentheorie ein, doch Wittgenstein hielt sie für eine falsche Erklärung und jedenfalls für verspätet. Die richtige Erklärung müßte Typen an der Stelle einführen, an der der Sinn zum erstenmal auftritt, und sie würde sie nicht aufzählen oder klassifizieren.

Der Anspruch der Abbildtheorie, die richtige Erklärung zu liefern, geht davon aus, wie eine Anordnung farbiger Punkte auf einer Fläche – etwa von Land und Meer auf der Erdoberfläche – auf einem Stück Papier abgebildet werden kann, so daß sie sofort verstanden wird. Dies beruht in diesem Fall natürlich zum Teil auf der Gleichartigkeit von Gegen-

Die Abbildtheorie der Aussage wurde in diesem frühen Manuskript des *Tractatus* entwickelt. Wiedergegeben ist die Verwendung von Wahrheitstafeln, eine Erfindung Wittgensteins, die später zum festen Bestandteil der Logik wurde.

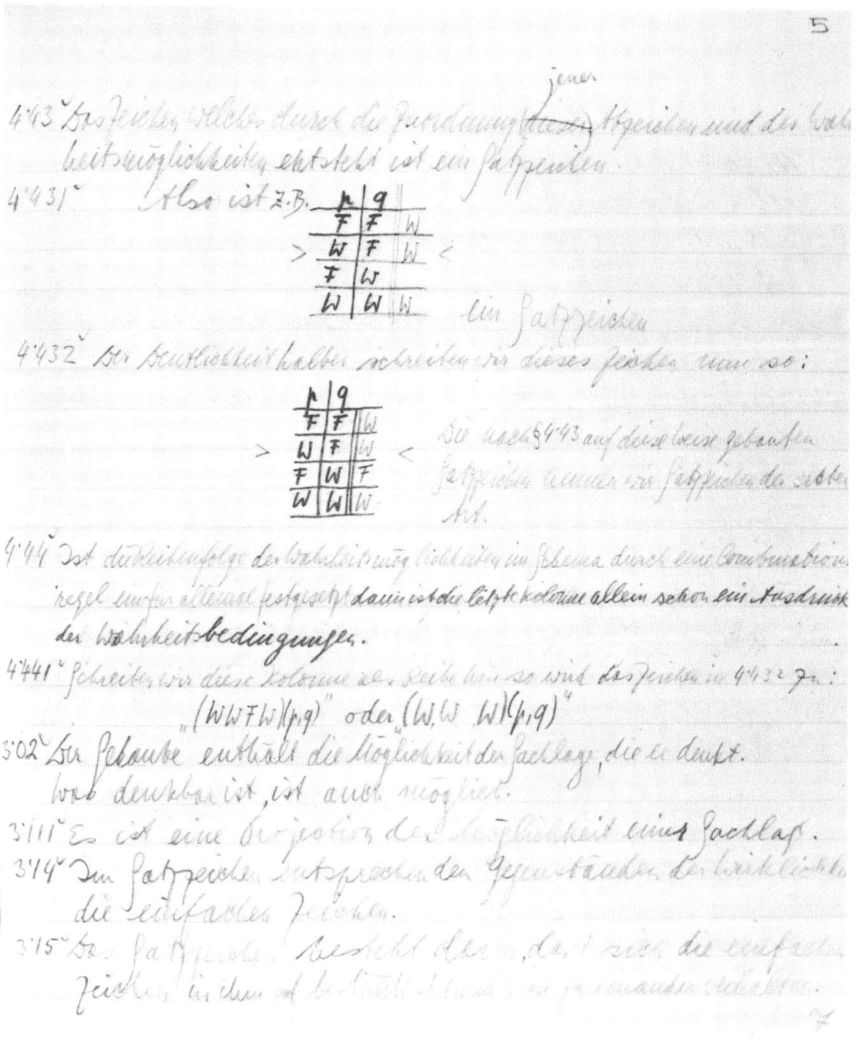

stand und Abbildungsmedium, vor allem dann, wenn jede Farbe durch sich selbst wiedergegeben wird. Auch hängt die Sinnfälligkeit der Abbildung oder irgendeines Teils davon von der Projektionsmethode ab, die nicht orthogonal zu sein braucht. Doch ist in diesem Fall die Unmittelbarkeit des Verstehens immer noch erstaunlich. Im Fall der Sprache sind nun die Verhältnisse sehr viel weniger einfach, doch es gibt Gründe dafür, daß der Unterschied nur einer des Grades und nicht einer der Art ist. Der Zusammenhang zwischen Namen und Gegenständen ist lediglich viel weniger systematisch als bei der Landkartenprojektion, doch wenn er einmal erfaßt ist, dann ist jeder neue Satz ebenso unmittelbar verständlich, in dem die Namen auf eine Weise verknüpft sind, die die Möglichkeiten der bezeichneten Gegenstände widerspiegelt.

Auf diese Weise versucht die Abbildtheorie die Schwäche von Russells Semantik zu beheben. Hätte Russell eingewendet, seine Typentheorie habe das Problem bereits gelöst, so hätte Wittgenstein entgegnet, daß die Russellsche unmittelbare Kenntnis in Wirklichkeit gar nicht extensionaler Art war, und daß die Typologie der Gegenstände ohnehin nicht in eine Theorie gefaßt werden könne, weil in deren Sprache das gleiche Problem erneut entstehen würde. Eine Typologie war etwas, das nur gezeigt werden kann.

Hier liegt der Hauptpunkt der Abbildtheorie: Alles, was wir in Worten oder Bildern sagen können, hängt von anderem ab, das nicht gesagt, sondern nur gezeigt und somit nicht als Vorschrift, sondern nur durch Beispiele gelehrt werden kann. Diese wichtige Theorie wurde in Wittgensteins späteren Schriften auf eine neue Art entwickelt, nachdem das andere Element der Abbildtheorie, die unkritische Behandlung der Beziehung zwischen Name und Gegenstand, überwunden war. Doch ehe wir diese Entwicklung beschreiben, müssen wir uns ein wenig damit beschäftigen, welche Rolle die Abbildtheorie und der logische Atomismus in Wittgensteins frühem System spielte.

Das Wesen der Sprache und ihre atomaren Grundlagen werden schon früh im *Tractatus* behandelt, und mit Hilfe dieser Ergebnisse steckt Wittgenstein dann die Grenzen der Sprache ab. Es ist schon spürbar, daß der logische Atomismus, der bald vollends aufgegeben wird, viel weniger Beachtung findet als die Abbildtheorie. Offensichtlich war ja die Frage, wie der einzelne Satz seinen Sinn erhält und wie dann zusammengesetzte Sätze gebildet werden können, wichtiger als die Frage, wie weit die Analyse in der umgekehrten Richtung zu den Elementarsätzen vordringen müsse. Die spätere Entwicklung der Rolle dieser Ideen bei den Philosophen des Wiener Kreises bestätigt das.

Wittgensteins Antwort auf die Frage der Zusammensetzung von Sätzen ging dahin, daß sie nur wahrheitsfunktionaler Art sein könne, das heißt, daß die Wahrheit oder Falschheit jedes zusammengesetzten Satzes nur von der Wahrheit oder Falschheit seiner Teilsätze abhängen darf (das ist die Extensionalitätsthese). Anders ausgedrückt: die Elementarsätze sind die Bausteine, aus denen wir alles aufbauen, was sinnvoll gesagt werden kann.

Diese Sprachtheorie stieß auf viele Schwierigkeiten. So war zum Beispiel nicht klar, wie eine Aussage über einen Glauben wahrheitsfunktional analysiert werden konnte. Doch die Theorie schien durch ihren Erfolg bei der Erklärung der logischen Wahrheiten bestätigt zu werden. Diese waren nach Wittgenstein Tautologien, ein Grenzfall der wahrheitsfunktionalen Verknüpfung, bei dem der Sinn der Teilsätze herausfällt und keine Behauptung über die Wirklichkeit übrigbleibt, ähnlich wie bei der Zahl Null in der Mathematik.

Wenn jede Behauptung über die Wirklichkeit den strengen Sinnbedingungen des *Tractatus* genügen müßte, dann wäre ein großer Teil unserer Rede unzulässig. Die Philosophen des Wiener Kreises machten sich diese Konsequenz zu eigen und legten Wittgensteins frühes System als Vorbild für den logischen Positivismus zugrunde. Doch der *Tractatus* hat viele verschiedene Facetten und wollte keine Werturteile oder religiöse Aussagen verbieten. Seine Sprachtheorie war zwar eine Theorie der deskriptiven Aussagen, doch andere Sprachformen wurden nicht abgelehnt, sofern sie eine Rolle (natürlich eine andere) im Leben spielen. Die wissenschaftliche oder deskriptive Sprache stand zwar im Mittelpunkt, doch es lag kein Szientismus vor. Wittgenstein lehnte nur die Angleichung der weicheren Peripherie an den harten Kern ab, insbesondere jene Metaphysik, die sich als Über-Wissenschaft gerierte.

Der Wiener Kreis

Die Ideen des *Tractatus* wurden in den 30er Jahren von den logischen Positivisten des Wiener Kreises gegen die Metaphysik angewandt. Diese Gruppe, die sich um Moritz Schlick nach seiner 1922 erfolgten Ernennung zum Professor der Wissenschaftstheorie in Wien bildete, bestand aus Philosophen, Mathematikern und Naturwissenschaftlern; zu ihnen gehörten Friedrich Waismann, Rudolf Carnap und Otto Neurath. 1929 nach dem Prager Kongreß gab der Kreis ein Manifest mit einem antimetaphysischen Programm der Philosophie heraus, der »wissenschaftlichen Weltauffassung« des Wiener Kreises. Darin schwang teilweise der Machsche Positivismus mit, der sich gegen die Metaphysik als einen überholten Vorläufer der Wissenschaft gewandt hatte. Die Ideen des Kreises wurden in der Zeitschrift *Erkenntnis* veröffentlicht, die 1930 gegründet und von Rudolf Carnap und Hans Reichenbach (Berlin) herausgegeben wurde. Nachdem Schlick von einem geistesgestörten Studenten ermordet worden war, löste sich der Wiener Kreis 1938 unter dem politischen Druck auf.

Die Positivisten waren besonders von dem Gedanken eingenommen, daß notwendige Wahrheiten lediglich wegen ihres tautologischen Charakters notwendig seien und nichts über die Welt aussagten. Bisher hatten die logischen und mathematischen Aussagen für den Empirismus große Schwierigkeiten aufgeworfen. Der Empirist muß sich auf den Standpunkt stellen, daß keine allgemeine deskriptive Aussage als allgemeingültig erkannt werden kann. Was soll er dann von den Wahrheiten der Logik und Mathematik halten? Nur wenige mochten sich Mill darin anschließen, daß es sich nicht um notwendige Aussagen handle. Viel eher wollte man sie als notwendig, aber nicht empirisch ansehen. So konnten die Positivisten einen konsequenten Empirismus mit der Notwendigkeit der mathematischen Wahrheiten in Einklang bringen und sich alsdann gegen die Metaphysik wenden.

Die Hauptwaffe war dabei der Verifikationsgrundsatz. In seiner ursprünglichen Form besagte er, der Sinn eines Satzes sei die Methode seiner Verifikation. Damit konnten alle Aussagen für sinnlos erklärt werden, die durch die Erfahrung weder bestätigt noch widerlegt werden können. Wenn über das Wesen des Absoluten, das Ziel des Weltlaufs oder das Kantische Ding an sich diskutiert wurde, brauchte der Positivist den streitenden Metaphysikern nur vorzuhalten: »Welche mögliche Erfahrung würde eure Frage entscheiden?« Und wenn sich die Metaphysiker über die empirischen Tatsachen und Möglichkeiten einig waren, dann gab es keine mögliche Antwort mehr, und ihre Positionen entpuppten sich als sinnlos.

Kaum war der Verifikationsgrundsatz aufgestellt, als sich auch schon Diskussionen über seinen Status und seine Formulierung entzündeten. War er selbst eine Tautologie, oder konnte er durch die Erfahrung verifiziert werden? Wenn nicht, dann schien er sich ja selbst als sinnlos zu verurteilen. Und in seiner stärksten Form (jede sinnvolle Aussage müsse definitiv verifiziert werden können) schien er nicht nur die Metaphysik, sondern auch wissenschaftliche Verallgemeinerungen auszuschließen. Einige Positivisten machten sich die Auffassung Karl Poppers (1902-1994) zu eigen, daß das Sinnkriterium für wissenschaftliche Aussagen nicht die Verifizierbarkeit, sondern die Falsifizierbarkeit sei. Allaussagen waren dann sinnvoll, weil sie definitiv widerlegt werden können. Wie aber können dann Existenzaussagen sinnvoll sein? Keine Erfahrung, die nicht das ganze Weltall ab-

MORITZ SCHLICK (1882-1936) war das einflußreichste Mitglied des Wiener Kreises der logischen Positivisten bis zu seinem vorzeitigen Tod durch einen ressentimentgeladenen Studenten.

sucht, kann eine solche Aussage definitiv widerlegen. Daher wurde der Grundsatz dahin abgeschwächt, daß eine Aussage dann sinnvoll sei, wenn es Beobachtungen gibt, die für ihre Wahrheit oder Falschheit *relevant* sind. Und es wurde anerkannt, daß es viele sinnvolle Aussagen gibt, die zwar »grundsätzlich«, aber nicht in der Praxis verifizierbar sind. Doch auch so war es nicht einfach, den Verifikationsgrundsatz auf die Geschichte anzuwenden; und jede weitere Modifikation drohte ihn so weit abzuschwächen, daß metaphysische Aussagen zulässig wurden.

Trotz dieser Schwierigkeiten verfolgten die Positivisten weiter ihr philosophisches Programm. Die Philosophie war kein Lehrgebäude, sondern eine klärende Tätigkeit. Nur die Wissenschaft konnte der Wahrheit nachgehen; die Philosophie hatte die Aufgabe, die Begriffe der Wissenschaftssprache zu analysieren und zu klären und so den Wissenschaftler vor dem Abgleiten in die Metaphysik zu bewahren. Die Philosophie war identisch mit der Logik, und die philosophischen Aussagen waren in Wirklichkeit Tautologien.

Bei der Analyse der Wissenschaftssprache ist zu zeigen, wie sich alle empirischen Aussagen wahrheitsfunktional aus Elementar- oder »Protokoll«sätzen aufbauen. Eine komplexe empirische Aussage war nur verstanden, wenn man ihren Aufbau aus Protokollsätzen erkennen konnte. Und diese waren, so Carnap in *Der logische Aufbau der Welt* (1928), unmittelbare Erfahrungssätze. Wenn man wußte, welche Erfahrungen zur Annahme oder Ablehnung eines bestimmten Protokollsatzes führen, dann wußte man kraft des Verifikationsgrundsatzes, was er bedeutet. Die Wörter in Nicht-Protokollsätzen erhielten ihre Bedeutung durch deren Übersetzbarkeit in Protokollsätze, und die Wörter in den Protokollsätzen erhielten ihre Bedeutung durch die Möglichkeit der Hinweisdefinition, des (konkreten oder metaphorischen) Hinweisens auf jene Erfahrung, die das Wort bezeichnet.

Hier entsteht eine Schwierigkeit. Der Gegenstand eines Protokollsatzes scheint ja eine private Erfahrung des einzelnen zu sein. Wenn der Sinn von der Verifizierbarkeit abhing und diese auf Bewußtseinszuständen beruhte, die ich allein erfahre, wie kann ich dann jemals die Aussagen eines anderen verstehen? Schlick versuchte dem durch eine Unterscheidung zwischen Form und Inhalt beizukommen. Der Inhalt meiner Erfahrung – das, was ich erlebe, wenn ich etwas Grünes betrachte – sei privat und nicht kommunizierbar. Doch die Form, die strukturelle Beziehung zwischen den privaten Erlebnissen der Menschen sei öffentlich und kommunizierbar. Ich kann nicht wissen, ob andere Menschen bei der Betrachtung eines Baumes oder eines Sonnenunterganges dasselbe erleben wie ich. Weiß ich denn, ob sie nicht bei der Betrachtung eines Baumes die Farbe sehen, die ich bei der Betrachtung eines Sonnenunterganges sehe? Doch solange man sich darin einig ist, Bäume grün und Sonnenuntergänge rot zu nennen – solange also die Form oder Struktur unserer Erfahrungen gleich ist –, ist Kommunikation und eine Wissenschaftssprache möglich.

Schlicks Abwehr des Solipsismus überzeugte seine positivistischen Kollegen Carnap und Neurath nicht; doch deren Lösungsvorschläge überzeugten wieder andere nicht. Die beste Behandlung des Problems findet sich im Spätwerk Wittgensteins, der zeitweise in engen Beziehungen zum Wiener Kreis gestanden hatte, aber sich im Verlauf der 30er Jahre immer weiter vom logischen Positivismus entfernte.

Der späte Wittgenstein

Wir erwähnten bereits die Wandlung in Wittgensteins Philosophie nach der langen Pause in den 20er Jahren. Er ließ die extremen Forderungen des logischen Atomismus fallen, und es zeichnete sich eine holistischere Auffassung von der Sprache ab, die im *Tractatus* bereits angelegt gewesen war. Der Sinn eines Satzes hing jetzt von seinem Ort in einer Gruppe von Sätzen ab; er war einer von vielen Zügen in einem Sprachspiel, das die Bedingungen seiner eigenen Möglichkeit voraussetzte. Bei diesen Sprachspielen ließ er ganz erhebliche Eigenheiten gelten, und auch die empirisch-deskriptiven brauchten nicht einem bestimmten Schema zu entsprechen. Kurz, die Sprache wurde nicht mehr in der abstrakten, strengen Weise des *Tractatus* behandelt, sondern wirklichkeitsnah inmitten des menschlichen Lebens aufgesucht, dessen viele Funktionen an griffigen Beispielen aufgezeigt wurden.

Die Überzeugungskraft und Schärfe von Wittgensteins Spätschriften erklären ihre Popularität auch bei Nichtphilosophen. Doch er ist immer noch ein Philosoph für Philosophen, und auch wenn seine konkreten Gesichtspunkte ohne Kenntnis der angegriffenen philosophischen Theorien verständlich sind, so wäre das doch nur ein oberflächliches Verständnis seiner Gedanken. Es wäre wie die Betrachtung eines Fechters in einem Film, aus dem die Abbildung seines Gegners entfernt ist.

Sinn und Bewußtsein sind untrennbar, und wenn die Sprache wieder im Zusammenhang mit dem menschlichen Leben gesehen wird, dann geht die Sprachphilosophie unmittelbar in die Philosophie des Bewußtseins über. Gibt etwas in unserem individuellen Bewußtsein unseren Worten ihren Sinn? Wenn ja, dann ist nicht recht zu erkennen, wie wir miteinander kommunizieren können, da doch jeder aus einem anderen Bewußtsein her-

Wittgenstein in Cambridge 1930 beim Antritt seiner Fellowship am Trinity College, nachdem er sich wieder der Philosophie zugewandt hatte.

aus spricht. Und noch schwieriger liegen die Dinge, wenn auch jeder nur über etwas in seinem Bewußtsein spricht. Doch nichts anderes wollen uns die herkömmlichen Theorien der Wahrnehmung weismachen. Können sie wirklich recht haben? Das waren Wittgensteins Hauptprobleme in seiner zweiten Schaffensperiode.

Man kann darin nicht etwa einen völlig neuen Ansatzpunkt sehen. Die Philosophie des Bewußtseins steht zwar im *Tractatus* nicht im Vordergrund, doch es gibt eine Auseinandersetzung mit dem Solipsismus. Diese außergewöhnliche Passage ist in zweierlei Hinsicht von Bedeutung. Zum einen setzt sich Wittgenstein hier wirklich mit einer tiefverwurzelten metaphysischen Theorie auseinander. Und zum anderen handelt es sich um das Anfangskapitel der Polemik, die er in den *Philosophischen Untersuchungen* 1953 (herausgegeben aus dem Nachlaß) gegen die herkömmliche Auffassung führte, die Philosophie könne im Bewußtsein für Ordnung und Gewißheit sorgen, ehe sie sich in die materielle Welt hinauswagt.

Zum Solipsismus kann es beim Nachdenken über sich selbst als Subjekt oder über die unmittelbaren Bewußtseinsgegenstände kommen. Im *Tractatus* beschränkt sich Wittgenstein auf den ersten Fall. Der Solipsist wird dargestellt als beeindruckt von der unbezweifelbaren Tatsache, daß sein Leben von einem einzigen Standpunkt aus gelebt wird, und von der scheinbaren Tatsache, daß alles, was darin ist, auch sein eigener Körper, anders sein könnte, nur nicht der Standpunkt selbst. Und so trennt er seine Bewußtseinswelt von der materiellen Welt, in die sie irgendwie eingefügt ist, und behauptet, alles, was existiere, gehöre zu seiner Bewußtseinswelt. Wittgenstein erklärt diese Behauptung für sinnlos, gibt aber zu, daß der Standpunkt des Solipsisten, den seine Behauptung ausdrücken sollte, etwas Unhintergehbares sei.

Die Behauptung ist nach Wittgenstein deshalb sinnlos, weil der Solipsist mit dem Wort »ich« nicht sich als körpergebundene Person meint, sondern als ein losgelöstes Ich, das nur durch die ihm gegebenen Gegenstände eine Identität gewinnt. Nun sind aber diese Gegenstände nur als jene identifiziert, die dem betreffenden Ich gegeben sind. Das ist offensichtlich ein Zirkel, und so ist die Behauptung des Solipsisten sinnlos. Offenbar muß sein Ich durch seine Verbindung mit einem bestimmten Körper identifiziert werden. Das würde zwar seine Behauptung (als eine empirisch-deskriptive) sinnvoll, aber auch offensichtlich falsch machen. Daher muß seine ursprüngliche Erkenntnis auf irgendeine andere Weise berücksichtigt werden.

Diese Behandlung des Solipsismus ist ein frühes Beispiel für die therapeutische Haltung gegenüber der Metaphysik, die in Wittgensteins Spätwerk klar hervortritt. Es genügt nie, eine metaphysische Behauptung zurückzuweisen, man muß stets die hinter ihr stehenden theoretischen Potenzen ausmachen und ihnen dadurch gerecht werden, daß man sie bis auf ihren Ursprung in bekannten Seiten unseres Gebrauchs (hier des Wortes »ich«) zurückverfolgt. Doch diese Aufgabe wurde im *Tractatus* nicht gelöst, und sie erwies sich als durchaus schwierig. Denn die Sichtweise der ersten Person enthält eine starke Tendenz zur Selbstüberschätzung wie auch ein eisernes Schweigen über ihren Verankerungspunkt. Die Analyse dieser Paradoxie und ihre Auflösung zieht sich durch Wittgensteins Werk zwischen 1929 und 1936.

Inzwischen begann ihn die andere Seite des Solipsismus zu beschäftigen. Wird die Identifikation des Subjekts in dieser metaphysischen Theorie als unproblematisch betrachtet, so auch die Identifikation seiner unmittelbaren Bewußtseinsgegenstände. Doch wie kann der Solipsist Bewußtseinsinhalte als *seine* entweder kategorial oder durch ihre besonderen Eigenschaften identifizieren? Kategorien und Eigenschaften brauchen stets Identitätskriterien, und Wittgenstein wandte sich gegen die herkömmliche Anschauung, diese wären in der privaten Welt des Solipsisten zu finden. Sie hingen stets, und zwar notwendigerweise, von Verbindungen zur materiellen Welt ab, und er vervollständigte seine Argumentation mit einer Diagnose des Ursprungs der herkömmlichen Auffassung: *sie behandle Bewußtseinsinhalte wie Gegenstände*. Denn sie setze bei den Eigenschaften der Bewußtseinsinhalte Identitätskriterien voraus, die unabhängig von der materiellen Welt sind, ganz wie die Eigenschaften der materiellen Gegenstände Identitätskriterien besitzen, die nicht von irgendeiner dritten Welt abhängen.

Seine Kritik dieser Seite des Solipsismus gipfelte in dem Argument gegen die private Sprache in den *Philosophischen Untersuchungen*. Dieses umstrittene Argument bezieht sich auf die Eigenschaften der Bewußtseinsinhalte und bildet nur einen Teil einer größeren Gedankenbewegung. Die Uneinigkeit über seine Deutung beruht großenteils darauf, daß es aus dem Zusammenhang gerissen wurde. Doch es steht nicht für sich allein, und es ist eine Weiterentwicklung und keine Kritik seiner frühen Gedanken zum Solipsismus.

Das Argument gegen die private Sprache

Dieses Argument geht von der Tatsache aus, daß die Beherrschung einer Sprache gelernt wird. Dazu ist ein Erfolgskriterium nötig, das nicht nur zur Entscheidung von Streitfragen über die richtige Verwendung des Wortschatzes dienen kann, sondern auch, was noch wichtiger ist, dem Lernenden die Beurteilung seines Erfolgs ermöglicht. Es kann nicht bloß in seinem *Eindruck* bestehen, daß er ein Wort für eine Wahrnehmungseigenschaft richtig verwende, denn er will den Erfolg und nicht vielleicht nur eine Illusion des Erfolgs. Er braucht also ein unabhängiges Kriterium, das nicht auf sein Bewußtsein beschränkt ist, sondern auf einer Verbindung zwischen seinen Bewußtseinsinhalten und der materiellen Welt beruht.

Die Kommentatoren sind sich nicht ganz einig, was für eine Verbindung Wittgenstein verlangte, und manche wollten neben den materiellen Gegenständen auch die sprachlichen Reaktionen anderer Menschen auf sie dazurechnen. Dieser Verbindung bedient sich ja der lernende Mensch im Familienmilieu, und sie muß herangezogen werden, wenn das Sprechen über Bewußtseinsinhalte als Kommunikationsmittel zwischen Menschen dienen soll. So wichtig Wittgenstein dies nimmt, er schließt doch die Möglichkeit nicht aus, daß ein Kind, das von Geburt an unter Wölfen aufwächst, für sich selbst eine Sprache schaffen könnte, die nur auf der Verbindung zwischen seinen Bewußtseinsinhalten und den materiellen Gegenständen beruht.

Das Argument gegen die private Sprache stellt die Sprache wieder in den menschlichen Lebenszusammenhang. Es betont die Notwendigkeit von Kriterien für den richtigen Sprachgebrauch, die auf Verbindungen zwischen den Bewußtseinsinhalten und der materiellen Welt beruhen, und als solche dienen welche aus der vorsprachlichen Menschheitsgeschichte. So verbindet sich beim Menschen wie bei anderen sozialen Tieren der

Gilbert Ryle (1900-1976) wurde 1945 Waynflete-Professor für metaphysische Philosophie und war viele Jahre der einflußreichste Oxforder Philosoph. Sein Buch *The Concept of Mind* war ein glänzender Großangriff auf den Kartesischen »Mythos vom Geist in der Maschine«.

Schmerz mit einem kennzeichnenden Schrei, und wenn wir an dessen Stelle das Wort »Schmerz« gebrauchen, dann stützen wir uns auf eine natürliche Verbindung, die im wesentlichen dafür sorgt, daß wir das Wort richtig gebrauchen. Der Erwerb dieser Fähigkeit ist also keine rein geistige Leistung. Und die Überzeugung, daß jemand anderes Schmerzen hat, beruht nicht auf einer Analogie zum eigenen Erleben, sondern auf einem natürlichen Mitgefühl, das schon vor der Sprache da war. Diese Umkehrung der herkömmlichen Ordnung läßt sich auf vieles andere übertragen; so ist die Verbindung zwischen einem Punkt im Gesichtsfeld und einem Punkt im Raum keine geistige Leistung, sondern eine im frühkindlichen Stadium erlernte motorische Gewohnheit.

Wittgenstein wollte den Intellektualismus seiner Gegner aus den Angeln heben. Als Kartesianer gingen sie davon aus, daß die Grundlagen der empirischen Erkenntnis und der sie ausdrückenden Sprache mit Erfolg vom Verstand allein gelegt werden könnten, wie beschränkt auch dessen Hilfsmittel seien. Wenn Wittgenstein recht hat, ist das unhaltbar. Wendet sich das Bewußtsein von der materiellen Welt ab, dann verliert es offenbar mehr als die Hälfte des Materials, auf das sich seine Fähigkeiten richteten. Weniger offensichtlich ist, daß es auch sämtliche Fähigkeiten einbüßt, die auf einem Netz von Verbindungen beruhten, zu dem der Körper, sein Ort in der materiellen Welt und seine Bedürfnisse gehört hatten.

Hier ist eine Erinnerung nötig. Wittgenstein unterschied stets nachdrücklich zwischen Philosophie und Wissenschaft; diese untersucht die Welt, jene ist ein rein theoretisches Unternehmen. Das führte zu der Frage, die schon die kritische Philosophie Kants gestellt hatte, der Frage nach dem genauen Status der philosophischen Kritik unserer Denkmöglichkeiten. Bezieht sie sich wie bei Wittgenstein auf die Sprache, dann muß sie sich irgendwie von der Sprachwissenschaft unterscheiden. Dem *Tractatus* zufolge unterscheidet sich die Philosophie dadurch, daß sie sich mit Dingen beschäftigt, die nur gezeigt und nicht gesagt werden können. Das ist schwerlich eine erhellende Erklärung, doch aus ihr folgt eindeutig, daß philosophische Ergebnisse nicht kontingenter oder empirischer Natur sind. Sie stellen die apriorischen Seiten unserer Schematisierung der Welt dar und nicht die Welt selber. Doch warum handelt es sich dann nicht einfach um eine wissenschaftliche Untersuchung unserer geistigen Ausrüstung ohne das Material, auf das sie angewandt wird?

In seinen Spätschriften distanziert sich Wittgenstein von jedem Interesse an den Ursachen für die Verwendung eines speziellen theoretischen Schemas und wendet sich dem Leben innerhalb eines solchen Schemas zu, besonders unserem eingefleischten Bedürfnis, unversehens seine Grenzen zu überschreiten. Es wäre also zu erwarten, daß sich seine Spätphilosophie von der Wissenschaft durch ihre therapeutische Absicht unterscheidet. Das wäre zwar für einen Großteil des in den *Philosophischen Untersuchungen* Behandelten eine klare Trennungslinie, doch es schiene die Voraussetzungen des Arguments gegen die private Sprache irgendwo zwischen einer theoretischen und einer anthropologischen Analyse schweben zu lassen.

Das Argument handelte in erster Linie von Bewußtseinsinhalten, doch seine Folgerung, daß diese äußerer Kriterien bedürfen, ließ sich offensichtlich verallgemeinern. Denn ein ähnliches Bedürfnis besteht im Hinblick auf Vorstellungen, Wünsche, Gedanken, Absichten und so gut wie alles, was als bewußtseinsmäßig kategorisierbar ist. Auf den ersten Blick könnte das Argument rein behaviouristisch aussehen, wie eine Leugnung des Innenlebens. Doch das war nicht Wittgensteins Absicht: eine Empfindung war »kein Etwas, aber auch nicht ein Nichts«. Er sah sich als einen Philosophen, der einen neuen Weg zwischen einem kompromißlosen Behaviourismus und einem kompromißlosen Introspektionismus suchte.

Dieser Mittelweg hat wichtige Konsequenzen für den Begriff der Erkenntnis. Wittgenstein behauptete, beim Lernen der Verwendung eines Wortes der Bewußtseinssprache könnten Fehler vorkommen, nicht aber, wenn sie einmal gelernt sei. Im Rahmen der Bewußtseinssprache ziehe also Ehrlichkeit Wahrheit nach sich, doch dieser Abkürzungsweg zum Erfolg stehe erst offen, wenn der Wortschatz aufgrund seiner Verbindungen zur materiellen Welt gelernt sei, und dabei gebe es keine Abkürzung.

Es ist nicht deutlich, ob er diese Analyse der Bewußtseinssprache auch auf die Beschreibung einer unbekannten Empfindung angewandt wissen wollte, doch für bekannte Empfindungen hielt er sie zweifellos für richtig. In allen diesen Fällen wies er einen Erkenntnisanspruch zurück, weil dieser die Möglichkeit des Irrtums voraussetze. Damit untergrub er sogar die Begründung seiner Gegner für die Abwehr des Skeptizismus, die da lautet: »Ich jedenfalls weiß, wann ich Schmerzen habe.«

Auf das Erkenntnisproblem kam er in seinen letzten Lebensjahren zurück, er wiederholte sein Axiom, daß Erkenntnis die Möglichkeit des Irrtums voraussetze, und stellte einen holistischen Einwand gegen den allgemeinen Skeptizismus auf: Einige Aussagen über die Welt können nicht deshalb nicht falsch sein, weil sie besser bestätigt wären als andere, sondern weil die den Hintergrund bilden, vor dem andere Aussagen bezweifelt und bestätigt oder abgelehnt werden können.

Die Philosophie des Bewußtseins trat zu Beginn von Wittgensteins zweiter Periode in den Mittelpunkt seiner Arbeit. Sie fehlte im *Tractatus* nicht völlig – man denke an die Behandlung des Solipsismus –, doch hatte sie mit der Theorie des Sinnes nichts zu tun gehabt, die deshalb über die Maßen abstrakt blieb. Daher lohnt es sich, zu untersuchen, was zu Beginn der zweiten Periode mit der Abbildtheorie geschah, und welche neuen Gesichtspunkte zu ihrer Aufgabe führten.

Sinn und Regelfolgen

Im *Tractatus* war der Fortbestand einer Sprache in der Zeit zu kurz gekommen. Ein Satz war ein Bild, das aus Wörtern bestand, die Namen von Gegenständen waren. Wie aber blieben die Wörter mit den gleichen Gegenständen verbunden, so daß der Sinn des Satzes erhalten blieb? Die Antwort lautete natürlich: durch ihren Gebrauch. Doch was ließ diesen gleich bleiben? Darüber erfuhr man aus dem *Tractatus* nichts.

In der Tradition war es anscheinend nie ein Problem gewesen, was als Gleichheit der Bedeutung zu gelten habe, nur ihr Fortbestand galt als Problem. Als sich Wittgenstein dieser Frage zuwandte, sprengte er diese Vorstellung in die Luft. Wenn der Realist erklärte, ein Eigenschaftswort werde so lange mit der gleichen Bedeutung gebraucht, wie es mit der gleichen Eigenschaft verknüpft sei, so war das leere Metaphysik. Natürlich fühlen wir uns alle gedrängt, die gleichen Dinge blau zu nennen, aber wenn jemand das Gefühl auf die Eigenschaft ausdehnte, ohne für diese ein Identitätskriterium zur Verfügung zu stellen, das von ihrer Wirkung auf uns unabhängig ist, dann würde er etwas Schattenhaftes an die Stelle von etwas Greifbarem setzen.

Diese Art Realismus fand sich nicht im *Tractatus*, wohl aber ein tieferer Realismus, wonach die Grundgesetze der Logik jeder Sprache durch die Struktur der Welt aufgezwungen werden (davon distanzierte er sich später). Doch es wurde nicht einmal die Frage gestellt, die andere zu einer realistischen Theorie der Universalien geführt haben könnte. In diesem Punkt war der *Tractatus* nicht nominalistisch, sondern vortheoretisch.

Wittgensteins Kritik der Auffassung, es sei unproblematisch, was als Gleichheit der Bedeutung zu gelten habe, geht von einem Gesichtspunkt aus dem *Tractatus* aus, der dort aber nicht auf seine weiteren Konsequenzen abgeklopft worden war. Es war das Zentrum

DAS TRINITY COLLEGE IN CAMBRIDGE ist sich so sicher, daß es auch in der Zukunft geniale Denker beherbergen wird, daß auch die größten unter ihnen nur eine recht bescheidene Gedenktafel in der Kapelle erhalten. Hier die Gedenktafeln für Russell, Wittgenstein und Moore.

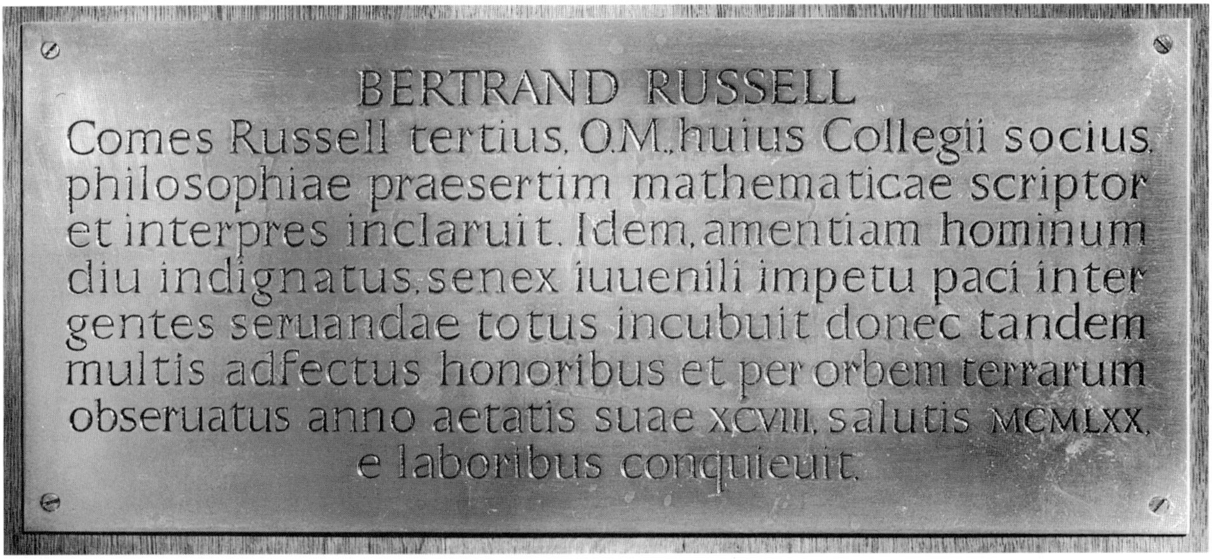
BERTRAND RUSSELL
Comes Russell tertius, O.M., huius Collegii socius,
philosophiae praesertim mathematicae scriptor
et interpres inclaruit. Idem, amentiam hominum
diu indignatus, senex iuuenili impetu paci inter
gentes seruandae totus incubuit donec tandem
multis adfectus honoribus et per orbem terrarum
obseruatus anno aetatis suae XCVIII, salutis MCMLXX,
e laboribus conquieuit.

LVDOVICVS WITTGENSTEIN
HVIVS COLLEGII SOCIVS
IN ACADEMIA PHILOSOPHIAE PER VIII ANNOS PROFESSOR
PHILOSOPHANDI NOVAM VIAM MVLTIS MONSTRAVIT
RATIONEM EX VINCVLIS ORATIONIS VINDICANDAM ESSE
RERVM NATVRAM SIC MAGIS MAGISQVE PERNOSCI
SENSIT ATQVE EXEMPLIS DOCEBAT
VERVM ADSEQVENDO SINGVLARI INTEGRITATE DEDITVS
OBIIT A.D. MCMLI AETATIS SVAE LXIII

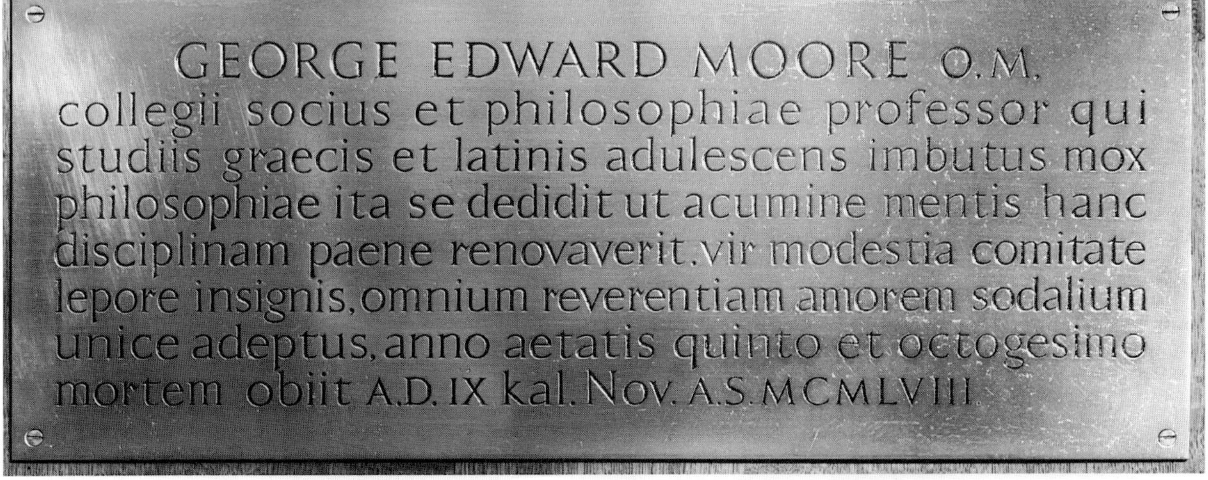
GEORGE EDWARD MOORE O.M.
collegii socius et philosophiae professor qui
studiis graecis et latinis adulescens imbutus mox
philosophiae ita se dedidit ut acumine mentis hanc
disciplinam paene renovaverit. vir modestia comitate
lepore insignis, omnium reverentiam amorem sodalium
unice adeptus, anno aetatis quinto et octogesimo
mortem obiit A.D. IX kal. Nov. A.S. MCMLVIII.

der Theorie des Zeigens: Der Sinn eines Satzes konnte mittels einer Übersetzung angegeben werden, doch am Ende jeder Folge von Übersetzungen mußte es stets etwas geben, das in keiner deskriptiven Sprache angegeben werden konnte, nämlich den Bezug der Wörter der letzten Übersetzung auf die Gegenstände. Dieser konnte nur durch die praktische Anwendung dieser Wörter auf die Gegenstände gezeigt werden.

Diesen Punkt betonte Wittgenstein in den Vorlesungen, in denen er in den frühen 30er Jahren in Cambridge die Hauptgedanken des *Tractatus* erläuterte. Und rasch wurde klar, daß es in der Tat ein Problem ist, was als Gleichheit der Bedeutung zu gelten hat. Wenn man will, könnte man sagen, wer eine Regel befolgt, der verwende ein Wort immer wieder in der gleichen Weise. Doch wenn die Regel die richtige Verwendung des Wortes angibt, braucht sie dazu andere Wörter, die ihrerseits Regeln unterliegen, und so könnte es scheinen, als bekäme man nie Boden unter die Füße. Doch wenn wir diese Hyazinthen blau nennen, dann wissen wir alle, daß wir nichts aus der Luft greifen. Die Konsequenzen der Theorie des Zeigens reichten weiter, als der Wittgenstein des *Tractatus* erkannt hatte.

In den *Philosophischen Untersuchungen* wird die Ungreifbarkeit des Begriffs des richtigen Gebrauchs an einer reductio ad absurdum seiner Negation aufgezeigt. Natürlich liegt keine Unklarheit im gewöhnlichen Sinne vor, die durch weitere Anweisungen beseitigt werden könnte, sondern eine unvermeidbare Eigenschaft aller Wörter überhaupt, wie genau sie auch definiert seien. Sie betrifft jeden Übergangspunkt von der Sprache zur Welt, denn an jedem solchen leistet eine nicht vollständig bestimmte Praxis ihren Beitrag zu dem, was als der richtige Wortgebrauch gilt. Die reductio richtet sich gegen einen Philosophen, der eine in sich abgeschlossene Regel für den richtigen Gebrauch eines Wortes formulieren möchte, ohne sich auf die Praxis des Sprachgebrauchs zu stützen. Es würde sich sofort zeigen, daß er in Wirklichkeit überhaupt keine Unterscheidungsmöglichkeit zwischen Befolgung und Nichtbefolgung der Regel angegeben hat. Denn seine sprachliche Beschreibung des richtigen Wortgebrauchs würde stets die Möglichkeit offen lassen, daß eine Verwendung, die er als unrichtig abstempeln wollte, doch richtig war.

Diese Analyse der Befolgung von Regeln behauptet natürlich nicht, daß die Menschen die Möglichkeiten beim Übergang von der Sprache zur Welt gewöhnlich auch ausnützen und längerfristig Wörter in abwegiger Weise gebrauchen würden. Vielmehr kommen uns allen die gängigen Gebräuche so natürlich vor, daß wir oft die Bedeutung eines neuen Wortes schon gelernt haben, ehe sie uns beigebracht worden ist. Wittgenstein geht es um einen tiefliegenden theoretischen Gesichtspunkt, der gegenüber den Oberflächenerscheinungen indifferent ist, nämlich daß es nur eine einzige vernünftige Antwort auf die Frage gibt, was als fortgesetzter gleicher Gebrauch eines Wortes zu gelten habe: die Beschreibung der Praxis seiner Verwendung im Lebenszusammenhang.

Das empfinden viele als Skeptizismus, sie hatten mehr erwartet. Sie würden sich mit der Platonischen Antwort zufriedengeben, daß ein Wort so lange in der gleichen Weise gebraucht wird, wie es auf Gegenstände angewendet wird, die Beispielsfälle desselben All-

Wittgenstein in New York von Eduardo Paolozzi. Während seines ganzen Lebens war Wittgenstein von Unbehagen an der westlichen Kultur erfüllt. Einmal erwog er, nach Rußland auszuwandern. Er hatte Freunde in den Vereinigten Staaten, die er auch manchmal besuchte, doch die amerikanische Kultur empfand er als sehr fremd – abgesehen vielleicht von den billigen Kinos, denen er eine reinigende Wirkung auf das Bewußtsein zuschrieb.

I went to New York to meet Wittgenstein at the ship. When I first saw him I was surprised at his apparent physical vigour. He was striding down the ramp with a pack on his back, a heavy suitcase in one hand, cane in the other.
AUGUST 1964

DAS PARADOXE (links). Für die Philosophen hat der Begriff der Paradoxie einen genauen Sinn: sie besteht darin, daß es gleich gute Beweise für zwei einander widersprechende Aussagen gibt. Paradoxien verweisen auf Mängel unserer Symbolik und oft auf einen Konflikt zwischen zwei Konventionen, die in verschiedene Richtung weisen. In Magrittes Gemälde *The Treason of Images* geben die bildliche und die schriftliche Darstellung einander widersprechende Signale.

WAS SICH NICHT SAGEN LÄSST (unten). Wittgenstein meinte, Paradoxien ließen sich vermeiden, wenn man sich an strenge Regeln für die Sinnhaftigkeit hält, und er sprach nicht über Dinge, die nur gezeigt und nicht gesagt werden könnten. Sein berühmter Satz »Wovon man nicht sprechen kann, darüber muß man schweigen« erinnert an Salvador Rosas Modell mit der Tafel: »Entweder schweige, oder sage etwas, das besser ist als Schweigen«.

gemeinbegriffs sind. Doch nach Wittgenstein ist der Vergleich, der seine eigene Antwort in ein ungünstiges Licht rückt, unzulässig. Platonische Begriffe sind bloß eine leere Projektion, und eine solche Metaphysik bietet uns nur ein Bild an, das selbst dem Problem ausgesetzt ist und es nicht löst.

An dieser Stelle wird Wittgensteins Auffassung oft mißverstanden. Wenn er den Platonismus als eine leere Antwort auf die Frage, was als fortgesetzter gleicher Gebrauch eines Wortes zu gelten habe, ablehnt, dann läßt er ihn nicht einmal als falsche Antwort, aber von richtiger Art gelten; jede Antwort, die ein einziges Kriterium des gleichen Gebrauchs nennt, ist für ihn eine Antwort der falschen Art. Dem Platonismus haftet also nicht nur der offensichtliche Fehler an, daß er sich einer Schattenmetaphysik verschreibt, sondern ein zweiter, daß er an ein einziges Kriterium für die Gleichheit des Gebrauchs glaubt.

Eigentlich ist kaum zu übersehen, daß Wittgenstein nicht ein einzelnes Kriterium für die Gleichheit des Gebrauchs angibt. Er behandelt ausdrücklich das Leben einer Sprache als getragen von vielen Verbindungen, die glücklicherweise alle ineinandergreifen, und er erinnert immer wieder daran, daß er dieses Netz nicht erklären, sondern nur beschreiben wolle. Seine Philosophie wäre nie mißverstanden worden, wenn sie nicht so komplex und so neu gewesen wäre. Der Leser seiner labyrinthischen Untersuchungen möchte unbedingt einen roten Faden haben, und da er dem Neuen dieser Philosophie nicht gewachsen ist, sucht er ihn in einer Theorie, die auf der Ebene herkömmlicher Theorien als deren Gegenpart liegt.

Immerhin ist zuzugeben, daß eine Seite seiner Analyse der Gleichheit des Gebrauchs Mißverständnissen Vorschub leistet. Wittgenstein möchte eine vollständige Beschreibung der Praxis der Anwendung von Wörtern auf Gegenstände liefern und alle verästelten Verbindungen aufzeigen, die die Bedeutung konstant halten, ohne eine davon als *das* Kriterium herauszustellen. Er lehnt zwar die Entscheidung zwischen Nominalismus und Realismus ab, stellt aber doch Gesichtspunkte in den Vordergrund, die ein Nominalist für seine Theorie anführen würde. Er gibt sich als neutral, doch praktisch haben seine Beschreibungen eine deutliche Tendenz. So verweist er oft darauf, daß wir alle gewöhnlich schon nach einer kurzen Serie von Anwendungen eines Wortes deren Fortsetzung ganz natürlich finden. Und noch öfter macht er eine zweite Bemerkung mit der gleichen Tendenz, nämlich daß Übung und Standardisierung unsere natürlichen Neigungen bestärken.

Als Ergebnis ähnelt seine Analyse des Befolgens von Regeln stark der Humeschen Analyse der Kausalschlüsse: der letzte Grund dafür, daß wir von einer Ursache so überzeugt auf eine Wirkung schließen, liegt darin, daß sich bei uns bestimmte Gedankenassoziationen natürlicherweise einstellen, die dann durch Nachdenken über die Regeln zur Beurteilung von Ursachen und Wirkungen bestärkt werden. Doch das fordert die Frage heraus, warum man diese Dispositionen als etwas Endgültiges nehmen soll. Schließlich müssen sie sich als Reaktion auf unsere Umwelt gebildet haben. So müssen die Grundeigenschaften der Dinge in unserer Umwelt, die wir herausgegriffen und sprachlich festgehalten haben, direkt oder indirekt mit unseren physischen Bedürfnissen zusammenhängen. Hume antwortet, er behandle die Gedankenassoziation einfach deshalb als etwas Endgültiges, weil er nicht wisse, wie er die Untersuchung noch weiter treiben könnte.

Ähnliche Fragen kann man im Hinblick auf den Punkt stellen, an dem Wittgenstein seine Untersuchung beendet: die menschliche Natur und die Übung. Doch seine Antwort wäre eine andere, da er nicht Humes Ansicht teilt, Philosophie und Wissenschaft gehörten beide zu ein und demselben fugenlosen Erkenntnisgeschäft. Er würde darauf hinweisen, daß er keine Theorie liefert; er möchte nicht einmal ein einzelnes Kriterium für die Gleichheit des Gebrauchs herausstellen, und noch weniger möchte er erklären, warum wir die von ihm beschriebenen verzweigten Kriterien gewählt haben. Doch warum stellt er dann Faktoren so in den Vordergrund, die ein Nominalist anführen würde? Warum betrachtet er die menschliche Natur und die Übung als »Felsgrund«? Warum sagt er nicht mehr über die Mächte, die unser Leben geformt und uns dahin gebracht haben, bestimmte fortgesetzte Abfolgen natürlich zu finden und alles daran zu setzen, diese Tendenzen der Übung zu bestärken?

Seine Antwort würde lauten, wenn man weiter gehen wollte als er, dann würde man die Grenze zwischen Philosophie und Wissenschaft verwischen. Doch die obige Diskussion seiner Argumentation gegen die private Sprache stellte am Ende die Klarheit und Festigkeit dieser Grenzlinie in Frage. Dort meinten wir, der Unterschied zwischen philosophischer und empirisch-wissenschaftlicher Anthropologie könnte in der therapeutischen Absicht liegen, doch wir verwiesen darauf, daß das nicht die Voraussetzungen des Arguments gegen die private Sprache abdecken würde. Im Zusammenhang mit dem Befolgen von Regeln könnte sich ein weiterer Zweifel an dieser Auffassung ergeben. Sind nicht die *Gründe* dafür, daß wir an bestimmten Klassen eine natürliche Struktur wahrnehmen, ein wichtiger Bestandteil der Kräfte, die uns einem Platonischen Realismus zutreiben? Wenn dem so ist, dann sollte eine therapeutische Philosophie sie sich zu eigen machen.

In den *Philosophischen Untersuchungen* bemerkt Wittgenstein, es müsse sich eine Philosophie der Mathematik unter den gleichen allgemeinen Gesichtspunkten wie seine Sprachphilosophie entwickeln lassen. Dies unternimmt er in *Bemerkungen über die Grundlagen der Mathematik*, doch er überzeugte nur wenig, vielleicht auch, weil sie nicht einfach zu verstehen sind. Jedenfalls ist seine Behandlung der Mathematik tastender, ihr genauer Sinn undeutlicher, und sie besitzt nicht die Geschlossenheit und Vollendung seiner Sprachphilosophie.

Die Schwierigkeit liegt nicht darin, daß die Ablehnung des Realismus in der Philosophie der Mathematik weniger einleuchtend wäre als in der Sprachphilosophie. In beiden Fällen beschreibt er die Praxis, und er möchte herausfinden, welche Seiten dieser Praxis den Anschein erwecken, wir könnten uns auf unabhängig angebbare Geleise berufen, auf denen sie dahinläuft. Wenn diese Behandlung der Metaphysik der Reduplikation irgendwo brauchbar ist, dann sollte sie überall brauchbar sein. Die Schwierigkeit stellt sich an einer früheren Stelle seiner Philosophie der Mathematik ein: seine Beschreibung der Praxis ist in diesem Falle nicht unbedingt richtig.

Zweifel an seiner Beschreibung stellen sich nicht bei seiner Analyse der Struktur einer durch eine Regel erzeugten Zahlenfolge ein. Es gibt in der Tat eine Analogie zwischen einer solchen Struktur und einer Folge von Anwendungen eines deskriptiven Wortes. Die Schwierigkeit liegt in seiner Analyse des systematischen Charakters der Mathematik. Sein Gedanke, ein Beweis lege die Bedeutung seiner Voraussetzungen fest, steht geradewegs der Meinung jedes Mathematikers entgegen, er gehe von Voraussetzungen mit einer festgelegten Bedeutung aus und schreite zu einer darin schon enthaltenen Folgerung fort. Wenn das eine Täuschung ist, so ist es keine philosophische Täuschung, sondern gehört zur grundlegenden Selbstbeschreibung eines Mathematikers. Man könnte sie mit Wittgensteins Beschreibung durch den Hinweis in Einklang zu bringen versuchen, diese wolle nur sagen, ein Beweis versperre einen Weg, den ohnehin niemand gehen wollte (ähnlich wie eine ausdrückliche Vorschrift gegen einen abwegigen Gebrauch eines deskriptiven Wortes). Doch diese Deutung verträgt sich wohl nicht mit Wittgensteins ausdrücklicher Behauptung, Beweise legten neue Bedeutungen fest.

Schließlich ist nicht uninteressant, daß ein ähnliches Problem in der Philosophie der Logik auftritt. Wir stehen also nicht vor dem Gegensatz zwischen einer einleuchtenden Sprachphilosophie und einer fragwürdigen Philosophie der Mathematik, sondern zwischen einer einleuchtenden Philosophie der nichtlogischen Sprache und einer fragwürdigen Philosophie der Logik und Mathematik.

6

Politische Philosophie

Anthony Quinton

Einleitung

Politische Philosophie – Der Ausdruck »politische Philosophie« wird oft in einem ganz ähnlichen Sinne wie »politische Theorie« oder »politisches Denken« gebraucht. Für alle drei gilt zweifellos, daß sie nicht dasselbe bedeuten wie »politische Wissenschaft«. Diese ist eine eindeutig empirische Untersuchung der Struktur und Funktion der politischen Institutionen – des Staates und seiner bekannten Funktionsteile: der gesetzgebenden, der ausführenden, der rechtsprechenden Gewalt, des öffentlichen Dienstes usw. – und in unserer stärker soziologisch geprägten Zeit: des politischen Verhaltens der einzelnen und sozialer Gruppen. Die politische Wissenschaft hat eine fast ebensolange Geschichte wie die politische Philosophie. Bei Platon findet sich davon wenig, aber sie ist ein starkes, vielleicht das stärkste Element in der *Politik* des Aristoteles, die sich auf eine Untersuchung von mehr als hundert griechischen Stadtstaaten stützte.

Der Begriff der politischen Theorie ist etwas enger als der des politischen Denkens. Die Befürwortung einer konkreten Politik gehört, sofern sie nur gründlich durchdacht ist, zum politischen Denken, etwa Gladstones Selbstverwaltungspolitik für Irland oder de Gaulles Plan für das Wiedererstehen Frankreichs nach dem 2. Weltkrieg. Das sind aber keine politischen Theorien im üblichen Sinne. Dazu sind sie nicht systematisch und allgemein genug, sondern zu stark an eine bestimmte Zeit und einen bestimmten Ort gebunden. Der Nationalismus dagegen, für den beides Beispiele sind, ist eine politische Theorie.

Die Unterscheidung zwischen politischer Theorie und politischer Philosophie ist schwer, ja fast überhaupt nicht zu treffen. Die Abfolge der großangelegten und systematischen Theorien, die wir später betrachten werden, bildet eine wohlbestimmte Tradition. In ihr lassen sich drei Hauptbestandteile ausmachen: Tatsachenaussagen über Politik, Gesellschaft und menschliche Natur; die Empfehlung politischer Ziele und institutioneller Mittel dazu; schließlich theoretische Überlegungen zum Wesen, um einen altmodischen Begriff zu gebrauchen, des Staates, der Bürgerrechte, die er schützen soll, und der Bürgerpflichten.

Nach einer verbreiteten Auffassung ist die Philosophie ein rein analytisches oder theoretisches Unternehmen, das sich ideologisch neutral mit den Ideen beschäftigt, die in verschiedenen Diskussionsfeldern im Mittelpunkt stehen, und demgemäß ist nur der dritte der oben genannten Hauptbestandteile politische Philosophie im strengen Sinne. Das führt zu einer übermäßigen Idealisierung. Nur die wenigsten der großen Werke der Tradition bestehen vorwiegend oder gar ausschließlich aus Philosophie in diesem eingeschränkten Sinne.

Der Grund liegt darin, daß die politische Sprache aus politischen Ausdrücken besteht, d.h. Audrücken, die sich auf die Ergebnisse zielgerichteten Handelns vernünftiger Wesen beziehen, von Menschen oder auch Göttern. Der Staat ist nicht einfach ein Naturgegenstand wie ein Berg oder ein Regenbogen. Er wurde von Menschen (oder auch Gott) auf bestimmte Ziele hin geschaffen. Grob gesprochen, dient er *zu* etwas, etwa Menschen vor dem Schaden zu bewahren, den ihnen andere antun könnten. Über politische Begriffe läßt sich grundsätzlich streiten.

Es bringt also wenig, wenn man die politische Philosophie im Sinne ihres analytischen Ideals von der politischen Theorie absetzt. Doch beide unterscheiden sich vom politischen Denken, das weder allgemein orientiert noch systematisch ist. Ein beiden gemeinsamer philosophischer Zug im engeren Sinne ist der, daß sie ihre Überlegungen als stringent und nicht bloß überzeugend darstellen, sie sollen etwas beweisen und nicht bloß überzeugen oder bekehren.

Die Einheit der Tradition – Der Interpret der Auffassungen der großen Philosophen der Vergangenheit sieht sich dem häufigen und gar nicht unbegründeten Vorwurf ausgesetzt, er behandle sie wie Zeitgenossen, so als hätten sie sich mit denselben Problemen wie wir in der Gegenwart befaßt und den heute noch gebräuchlichen Ausdrücken dieselbe Bedeutung beigelegt. R. G. Collingwood vertrat die Auffassung, daß es in der Philosophie keine ewigen Probleme gebe, und machte dies, schwer widerlegbar, an den gewaltigen Unterschieden zwischen den Staatsformen fest, über die die Philosophen der verschiedenen Epochen nachdachten. »Platons *Staat*«, so meinte er recht überzeugend, »ist eine versuchte Theorie *eines* Gegenstandes, Hobbes' *Leviathan* eines ganz anderen.«

Manche Gegenstände der philosophischen Betrachtung sind historisch sehr viel wandelbarer als andere. Am einen Ende stehen die Begriffe von Geist, Sprache und Erkenntnis, die sich seit den Anfängen der abendländischen Philosophie vor zweieinhalb Jahrtausenden kaum verändert haben dürften. Am anderen Ende stehen Kunst, Religion, Geschichte, Naturwissenschaft und vor allem die Politik; die Moral steht irgendwo dazwischen. Demgemäß muß die Philosophie bei der Behandlung der historisch wandelbareren Institutionen die inzwischen eingetretenen Veränderungen berücksichtigen. Doch das bedeutet nicht, daß die Auffassungen der Philosophen verschiedener Epochen einfach unvergleichbar wären. Grundlegender Wandel ist nicht nur mit Kontinuität vereinbar, sondern auch mit einer gewissen fortdauernden Identität.

Die Geschichte der abendländischen politischen Philosophie seit Platons erstem ernsthaften Nachdenken über sie läßt sich in fünf Hauptabschnitte einteilen, die sich natürlich in gewissem Maße überschneiden. Der erste ist der des griechischen Stadtstaates und des italienischen, der sich zur römischen Republik entwickelte. Dann folgt die Periode der quasi-orientalischen Despotie Alexanders und seiner Nachfolger, der römischen Kaiser von Augustus bis zum Untergang Roms und des byzantinischen Reiches im Osten bis zu seinem Sturz durch die Türken 1453. Als dritte folgt die Periode der Barbaren-Königreiche auf dem Gebiet des ehemaligen weströmischen Reiches und der aus ihnen entstandenen Feudalmonarchien, von denen viele lose mit dem Heiligen Römischen Reich verbunden waren. Die vierte Periode ist die der zentralisierenden Monarchien, die in England unter Heinrich VII. oder schon seinem Vorgänger Eduard IV. begann und im Absolutismus Ludwigs XIV. gipfelte. Schließlich der moderne Staat, in dem die Erbmonarchien durch mehr oder weniger repräsentative Institutionen ersetzt oder an den Rand gedrängt wurden. Er begann mit der hannoverianischen »gekrönten Republik« in England nach 1714, war voll ausgebildet in der amerikanischen Unabhängigkeitsbewegung von 1776 und wies in Frankreich zwischen 1789 und der Schaffung der Dritten Republik im Jahre 1870 eine Fieberkurve auf. Die repräsentative Regierungsform – faktisch, wenn auch nicht immer der Form nach, republikanisch – ist heute in den drei westlichen Kontinenten (Europa, Nordamerika und Australasien) sowie in Indien und Israel die Regel und in Lateinamerika unsicher und mit Unterbrechungen installiert. Abschnitte des vorliegenden Kapitels sind den politischen Theorien des Stadtstaats, des Feudalstaats und des dynastischen Staates gewidmet. Die drei letzten Abschnitte beschäftigen sich mit dem modernen Staat in den letzten drei Jahrhunderten. Unter den quasi-orientalischen Despotien des römischen und byzantinischen Reiches entstand wenig politische Philosophie. Die Römer trugen nichts Eigenes zur Theorie bei, wohl aber zur Rechtsentwicklung. Die byzantinische Kultur war rückwärtsgewandt und von der Theologie beherrscht.

In allen seinen historischen Formen hat der Staat zwei miteinander zusammenhängende Funktionen zu erfüllen gesucht: die Aufrechterhaltung der Ordnung auf seinem Gebiet durch Rechtssetzung und Rechtspflege und die Verteidigung der Nation gegen äußere Feinde. Der soziale Wandel hat weitere Funktionen hinzugefügt: Einbeziehung oder Regulierung der Städte, Überwachung der Währung, Förderung und Regulierung des Handels, Unterstützung der Armen und Aufrechterhaltung einer Staatsreligion oder Regelung der Beziehungen zu einer unabhängigen und übernationalen Kirche. In den letzten 200 Jahren hat sich die Armenfürsorge zu einer breiten Palette sozialer Maßnahmen auf dem Gebiet der Sozialpolitik, Erziehung und Krankenversorgung erweitert. Doch im Vordergrund der Staatsaufgaben steht nach wie vor der Schutz. Platons Stadtstaat und Hobbes' Nationalstaat waren nicht das gleiche, aber von der gleichen Art wie unsere heutigen Staaten.

Ein weiterer Unterschied ist der zwischen den vorchristlichen Kulturen Griechenlands und Roms (vor der Bekehrung von Kaiser Konstantin) und der christlichen Kultur. Diese Unterscheidung schließt in gewissem Maße, aber nicht durchweg an umfassende Geschichtstheorien wie die von Spengler und Toynbee an. Jedenfalls folgt sie nicht Spenglers Gedanken, die klassischen und westlichen Kulturen seien völlig voneinander verschieden und abgekapselt.

Im Nieder- und Untergang des römischen Reiches sah man naheliegenderweise das größte Ereignis der Geschichte und einen angemessenen Stoff für die größten Historiker. Doch er führte nicht zu einem vollständigen Bruch. Die Barbarenkönige, die im Westen die römischen Besitzungen übernahmen, orientierten sich größtenteils an der römischen Kultur und den römischen Institutionen und erhielten sie so weit wie möglich. Das Christentum wurde ein Jahrhundert vor dem Untergang des römischen Reiches im Westen zu dessen offizieller Religion erhoben. Damals schufen die Kirchenväter die formelle Theo-

Die Theorie des Staates hat sich im Laufe der Geschichte verändert, doch zwei seiner Funktionen blieben maßgebend: die Aufrechterhaltung der Ordnung in einem Gemeinwesen und die Sicherung gegen seine Feinde. Ambrogio Lorenzettis Fresken *Die Wirkungen guter und schlechter Regierung* im Palazzo Pubblico in Siena drücken die mittelalterlichen Erwartungen an den Staat aus.

logie der Kirche auf der Grundlage der griechischen Philosophie, vor allem der Platonischen, in ihrer Filterung durch Plotin. Seit 1200 und der Wiederentdeckung des Aristotelischen Gesamtwerks wurde die Theologie durch und durch aristotelisch. Die Denker der Renaissance sahen sich als Wiedererwecker der klassischen, vor allem der Platonischen Weisheit. In der Aufklärung wurde ständig auf klassische Themen zurückgegriffen. Kein Wunder, waren doch Latein und seit der Renaissance Griechisch die Hauptbestandteile der höheren Bildung seit dem Untergang Roms bis zur Mitte des 19. Jahrhunderts. Trotz der gewaltigen politischen, sozialen und kulturellen Veränderungen seit dem Untergang des weströmischen Reiches gab es also viel Kontinuität zwischen diesen beiden Kulturen.

Die Probleme der politischen Philosophie – Die politische Philosophie wurde gewöhnlich als Untersuchung des »Wesens« des Staates bezeichnet. Darunter verstand man weniger eine Gesamtschau all der verschiedenen historischen Erscheinungsformen des Staates als eine Bestimmung dessen, was er idealerweise sein sollte – worauf er als in allen seinen historischen Formen hinstrebend gesehen werden konnte. Platon stellte seinen *Staat* als eine Untersuchung des Wesens der Gerechtigkeit dar. Doch heraus kam die Skizze eines Idealstaates oder mindestens eine Antwort auf die Frage, was für Menschen regieren sollten und wie sie auf diese Aufgabe vorbereitet werden sollten. Die *Politik* des Aristoteles beschäftigt sich ausdrücklich mit dem Wesen des Staates, wobei dann freilich das Utopische bei der Diskussion der Staatsformen und ihrer Stärken und Schwächen nur eine ganz geringe Rolle spielt.

Im 16. und 17. Jahrhundert ging es weniger darum, was der Staat idealerweise sein sollte, als darum, was für eine Institution er sein müsse, um überhaupt Staat zu sein. Die Idee der Souveränität sollte den Unterschied zwischen dem Staat und anderen Institutionen zur Regelung menschlicher Tätigkeiten erklären. Als Reaktion auf den darin enthaltenen absolutistischen Anspruch wurden die Bedingungen betont, unter denen die Ansprüche eines Staates an seine Bürger berechtigt waren. Die Gehorsamspflicht wurde von der Achtung der »natürlichen« Rechte der Bürger abhängig gemacht, die dem positiven Recht des Staates vorgeordnet waren. Damit trat in den Mittelpunkt der politischen Philosophie das Problem der Grundlage der politischen Pflichten, der Bedingungen, unter denen allein der einzelne dem Staat zu gehorchen hatte. Das Interesse begann sich proklamierten natürlichen Rechten zuzuwenden – Freiheit, Eigentum und verschiedenen Formen von Gleichheit: vor dem Gesetz, bezüglich der Teilnahme an der Regierung, bezüglich Vermögen und Einkommen –, in denen man mindestens Kriterien für die Zulässigkeit oder Güte einer Regierung oder sogar strenge Bedingungen der politischen Pflichten sah. Diese sind eine Hauptfrage für alle, die politisch nur zwischen Gehorsam und Ungehorsam wählen können. Mit der Erweiterung der politischen Betätigungsmöglichkeiten wurden diese speziellen politischen Werte wichtig, sei es nun bloß für den Wähler oder für das Mitglied einer politischen Partei oder jemanden, der eine Meinung öffentlich äußert.

Eine genauere und spezifischere Aufführung der Probleme ist erst nützlich, nachdem bestimmte Teile der politischen Philosophie im einzelnen vorgestellt worden sind. Das Feld, auf dem der Staat, seine richtigen Ziele und die Art ihrer Verfolgung durch eine kritische Vernunft zu untersuchen und zu bewerten ist, haben wir hinreichend abgesteckt.

Griechenland und Rom

Der Stadtstaat – Die griechische Welt des 5. und 4. Jahrhunderts v. Chr., in der das abendländische Nachdenken über die Politik unter allgemeinen Gesichtspunkten begann, bestand aus gut 150 Stadtstaaten. Der größte, Athen, hatte etwa eine Viertelmillion Einwohner; die meisten anderen waren wesentlich kleiner. Gewöhnlich lagen sie am Meer oder in seiner Nähe, und ihre rückwärtigen Täler waren durch Gebirge von den Nachbarn getrennt. Diese geographischen Tatsachen erklären die politische Uneinigkeit Griechenlands, die trotz des Stolzes auf eine gemeinsame Kultur bestand. Die Seefahrt – zunächst um der Ernährung, dann um des Handels willen – führte den Griechen moralische Praktiken und politische Institutionen vor Augen, die von den ihren grundverschieden waren.

Wer soll regieren? Seit Platon haben manche Philosophen die Beschreibung des gerechten Herrschers als Hauptaufgabe der politischen Philosophie betrachtet. Das Thema wird in diesem Gemälde von De Poorter (1635) *Vorübergehende Machtergreifung der Tugend* allegorisch dargestellt.

Diese Bedingungen begünstigten die außerordentliche geistige Explosion des griechischen Goldenen Zeitalters – dürften sie aber kaum erklären –, das die ersten und immer noch unübertroffenen Beispiele der Tragödie, Philosophie, abstrakten Mathematik, Geschichtsschreibung, demokratischen Regierung und natürlich politischen Theorie hervorbrachte. Die alten Stammeskönigreiche wichen in der Zeit der Kolonisierung vom 8. bis 6. Jahrhundert v. Chr. der Tyrannis, einer charismatischen Herrschaft, gestützt auf eine breite Zustimmung des Volkes. Unter dem Bevölkerungsdruck entstanden Kolonien im Osten in Kleinasien und im Westen in Sizilien und Süditalien. Athen erhielt seine demokratische Verfassung 507 v. Chr. von dem Tyrannen Kleisthenes.

Die athenische Demokratie vereinte die Griechen gegen den persischen Einfall bei Marathon 490 v. Chr. und Salamis 480 v. Chr.; durch die strenge Militärautokratie Spartas wurde sie am Ende des Peloponnesischen Krieges 404 v. Chr. besiegt, aber nicht zerstört. Es handelte sich um eine direkte, keine repräsentative Demokratie. Alle erwachsenen Männer, die weder ansässige Fremde noch Sklaven waren, bildeten die Bürgerversammlung, aus deren Mitte ein Regierungsgremium durch das Los bestimmt wurde. Das war eine ganz ungewöhnliche Regelung. In den meisten Stadtstaaten herrschte eine aristokratische Oligarchie oder eine mehr oder weniger populistische Tyrannis. Überall aber ging die Politik wegen der Kleinheit der souveränen politischen Gebilde von Angesicht zu Angesicht vor sich, jeder war beteiligt. Klassenkonflikte zwischen den wohlhabenden Landbesitzern und den ärmeren Handwerkern, Seeleuten und Kleinhändlern herrschten allenthalben. Es gab also Anlaß wie auch Möglichkeit zum Nachdenken über politische Grundfragen.

Die griechische Philosophie in der Form durchdachter Spekulation über die Welt als ganze begann in den Kolonien in Kleinasien. Sie wandte sich im Werk der Sophisten seit der Mitte des 5. Jahrhunderts nach innen, dem Menschen und der Gesellschaft zu, etwa 30 Jahre nach dem Sieg über Persien und 20 Jahre vor dem Ausbruch des Hauptkonflikts zwischen Athen und Sparta 431 v. Chr. Die Sophisten waren vor allem Lehrer der Rhetorik, die für die Teilnahme an der demokratischen Politik wichtig war. Platons Lehrer Sokrates gehörte nach seinen Methoden und Interessen zu ihnen, doch er wandte sich gegen ihren Skeptizismus, ihre Orientierung am Argumentationserfolg statt an der Wahrheitsfindung. Sokrates wurde 399 v. Chr. von der wiederhergestellten Demokratie zum Tode verurteilt, vielleicht weil zu seinen Schülern der begabte Verräter Alkibiades gehörte und der rücksichtslose Oligarch Kritias, der gerade gestürzt worden war. Zwei Onkel Platons gehörten zu den Oligarchen, und er selbst war von adeliger Geburt. Sein Idealstaat ist eine Geistesaristokratie, in der Philosophen eine der spartanischen ähnliche Gesellschaft regieren. Platon hatte also starke persönliche Gründe für seine Ablehnung der Demokratie.

Die Schlacht von Chäronea 338 v. Chr., neun Jahre nach Platons und sechzehn Jahre vor Aristoteles' Tod, setzte der politischen Bedeutung der griechischen Stadtstaaten ein Ende. Alle wurden dem verhältnismäßig barbarischen mazedonischen Reich einverleibt, das bald Alexander der Große, ein Schüler des Aristoteles, erben sollte; er machte aus ihm ein riesiges, freilich kurzlebiges Weltreich. Griechenland blieb Bestandteil eines seiner drei Bruchstücke, bis dieses Rom anheimfiel. Rom begann als Stadtstaat, doch fünfzig Jahre nach Chäronea hatte es seine Macht auf Mittel- und Süditalien ausgedehnt, und 202 v. Chr. ging es siegreich aus einer Reihe von Kriegen gegen seinen nordafrikanischen Rivalen Karthago hervor. Rom war eine Republik unter einem aristokratischen und sich streng abgrenzenden Senat; trotzdem enthielt seine Verfassung volksvertreterische Züge. Seine großen und rasch aufeinanderfolgenden Eroberungen führten zu einem sich lange hinziehenden Bürgerkrieg und der Errichtung der Kaiserherrschaft durch Augustus nach der Schlacht von Aktium 31 v. Chr. Seine Nachkommen regierten bis zum Tode Neros; dann folgten nach einer Zeit der Wirren vier fähigere Kaiser von Trajan bis Mark Aurel in einem Jahrhundert, in dem das Reich seine größte Ausdehnung erreichte und den meisten Frieden und Wohlstand genoß. Es folgte eine lange Periode politischer Instabilität, wirtschaftlichen Niedergangs und der Bedrängnis durch die Barbaren, bis das Westreich 476 n. Chr. endgültig zusammenbrach.

In dieser Zeit der Großreiche, die meist von Militärführern beherrscht wurden, zog sich die Philosophie in die private Sphäre zurück und beschäftigte sich hauptsächlich mit der persönlichen Moral und dem Seelenfrieden. Die römische Zivilisation, die auf dem Gebiet des Rechts und der Verwaltung bis dahin unerreichte Fähigkeiten aufwies, war im politischen Denken unoriginell. Ihr Zusammenbruch gab den Anlaß zum Augustinischen *Gottesstaat*, dem ersten Versuch einer christlichen Behandlung politischer Fragen. Damit begann eine 1200jährige Periode, in der das politische Denken in die Religion eingebaut war und sich vor allem mit den Beziehungen zwischen Kirche und Staat beschäftigte. Bis dahin war die Religion im Abendland etwas Bürgerliches und nichts Transzendentes gewesen, sei es als organisierte öffentliche Riten in den griechischen Städten und der römischen Republik oder als Kult eines vergöttlichten Kaisers wie unter Alexander und Augustus.

Platon – Drei Platonische Dialoge beschäftigen sich mit der Politik: zuvörderst *Der Staat*, aber auch *Der Staatsmann* und *Die Gesetze*. *Der Staat* greift weit über die Politik hinaus, nicht nur auf die benachbarten Gebiete der Erziehung und der sozialen Seiten der Literatur und Kunst, sondern auch in die Metaphysik und Erkenntnistheorie. Seine politischen Hauptbestandteile sind die Skizze eines Idealstaats und eine Analyse der verschiedenen Formen, in denen die wirklichen Staaten hinter diesem Ideal zurückbleiben. Platons Erkenntnistheorie wird zur Stützung der These herangezogen, daß nur jene wenigen regieren sollen, die wahre Erkenntnis besitzen. Die ganze Diskussion beginnt mit einer Reihe von Argumenten zum Wesen der Gerechtigkeit, die sich gegen die moralische Skepsis der Sophisten richten.

Die Gerechtigkeit wird in den ersten beiden Büchern als Eigenschaft des einzelnen und seiner Handlungen und nicht als Eigenschaft politischer Systeme behandelt. Naiv oberflächliche Auffassungen der Gerechtigkeit – sie bestehe darin, Schulden zurückzuzahlen oder Freunden zu helfen und Feinden zu schaden – werden auf triviale und spitzfindige Weise abgetan. Die ernster zu nehmende Herausforderung des Thrasymachos, Gerechtigkeit sei das Interesse des Stärkeren, wird auch nicht gerade befriedigend behandelt. Er wird arglistig zu der Behauptung verleitet, Gerechtigkeit zahle sich nicht aus, was nicht die Frage beantwortet, worin die Gerechtigkeit besteht, sondern die Frage, ob es sich lohnt, sich an ihr zu orientieren. Im *Gorgias* wird eine skeptische Auffassung kritisiert, die der des Thrasymachos entgegengesetzt ist, nämlich der an Nietzsche gemahnende Gedanke, die Gerechtigkeit sei eine Verschwörung der Schwachen, um die Starken niederzuhalten. Im *Staat* wird dieser Gedanke in gemilderter und höchst vernünftiger Form von

Glaukon vertreten: sie sei eine Vereinbarung, nach der alle der Gewalt gegen andere um des Selbstschutzes willen entsagen (der Kern der politischen Theorie Hobbes'). Dem hält Platons Sprecher Sokrates entgegen, der Selbstschutz motiviere nicht zum Verzicht auf übles Handeln, das keine Entdeckung zu befürchten braucht.

Nach diesen ethischen Vorüberlegungen werden ausgesprochen politische Fragen aufgeworfen, wenn Sokrates meint, die Gerechtigkeit sei im Großmaßstab des Staates klarer erkennbar als auf der Ebene des Einzelmenschen. Und ein Staat sei gerecht und richtig geordnet in dem Maße, wie er die Bürger an den Platz stelle, für den sie aufgrund ihrer Fähigkeiten am besten geeignet seien: die Vernünftigsten und wirklich Wissenden sollten ihn regieren, die Energischen und Hochherzigen ihn verteidigen und für Ordnung sorgen, und der große Rest, der sich impulsiv und triebhaft verhalte, solle die von allen benötigten Güter herstellen. Und Platon meint weiter, eine entsprechende Hierarchie von Vernunft, »Lebensgeistern« und Begierde mache die Gerechtigkeit oder rechte Ordnung im Einzelmenschen aus.

Platon widmet der Erziehung und Lebensweise seiner Herrscherklasse der »Wächter« große Beachtung. Ausgewählt werden sie teils aufgrund ihrer Abstammung (einschließlich eugenisch gesteuerter Paarungen), teils aufgrund ihrer Leistungen. Sie dürfen kein persönliches Eigentum haben und müssen in Gemeinschaftsunterkünften leben, um der Korruption vorzubeugen. Sie dürfen kein Familienleben haben; die Frauen sind Gemeinbesitz, und der einzelne Wächter darf nicht wissen, welche seine Kinder sind, damit er sich am Gemeinwohl orientiert und keine Vetternwirtschaft betreiben kann. Die Erziehung der Wächter muß sie von metaphysisch und moralisch dubiosen Formen der Kunst, Musik und Literatur abschirmen. Homer steht wegen seiner unerbaulichen Geschichten vom Fehlverhalten der Götter auf dem Index. Die Wächter mit den richtigen Tendenzen werden durch die Mathematik zur abstraktesten und sublimsten Erkenntnis geführt (wofür nur wenige als geeignet gelten). Da sich die Mathematik mit dem Wesen und den Beziehungen des Ewigen und Unveränderlichen auf rein geistige Weise beschäftigt, ist sie eine wichtige Vorschule der Philosophie, vor allem für die Erkenntnis des Guten.

Daß die Gegenstände der Erkenntnis und vor allem das Gute abstrakt und zeitlos seien, ist die erste politisch bedeutsame These der Platonischen Erkenntnistheorie. Die zweite lautet, man müsse das Höchste notwendig lieben, wenn man seiner ansichtig werde, oder, genauer, man müsse dem Guten notwendig folgen, wenn man erkannt habe, worin es besteht. Tugend ist Erkenntnis, so die bekannte Formel. Nun tun wir natürlich in gewissem Sinne immer das, was wir in dem betreffenden Augenblick, wie unvernünftig und kurzsichtig auch immer, irgendwie als das Beste ansehen. Jedenfalls ist die zweite These einleuchtender als die erste, daß die Erkenntnis des Guten überhaupt und dessen, was ein guter Herrscher braucht, eine gesteigerte Form der reinen Mathematik sei.

In Buch 8 und 9 von *Der Staat* betrachtet Platon die verschiedenen nichtidealen Staaten als eine unhistorische Abfolge zunehmender Abweichungen von seinem spekulativen Ideal der Regierung durch die (oder sogar den) Weisesten. Die Idealgesellschaft verkommt – was Platon schwer erklärlich findet – zur »Timokratie«, der Soldatenherrschaft, die von der Ritterehre beherrscht ist. Diese verkommt zur Oligarchie, in der die Reichen an die Stelle der Ehrenhaften treten. Die Oligarchie weicht der Demokratie und diese schließlich der Tyrannis, der schlechtesten aller Regierungsformen.

Die tatsächlich vorhandenen Regierungsformen kommen auch in den beiden späteren politischen Dialogen *Staatsmann* und *Gesetze* wieder vor. Hier teilt Platon die Regierungsformen in Herrschaft des einen, der wenigen und der vielen ein, und jede hat eine gute und eine schlechte Variante: Monarchie und Tyrannis, Aristokratie und Oligarchie, verfassungsgebundene und gesetzlose Demokratie. Hauptthema des *Staatsmanns* ist, ob der Staat nach einem festgelegten Recht (dieser Gedanke kommt im *Staat* überhaupt nicht vor) oder gemäß der Einsicht der Weisen regiert werden soll. An diesem Punkt seiner Lebensbahn – Platon war vom Scheitern seiner utopischen Bemühungen im Dienste der Tyrannen von Syrakus enttäuscht – meint er, das Ermessensideal sei unerreichbar, der richtig geordnete Staat müsse sich auf das Recht stützen.

In den *Gesetzen* wird diese Verwässerung der Grundsätze aus dem *Staat* im einzelnen durchgeführt. Viele Themen aus dem älteren Dialog kommen wieder vor, so die Weibergemeinschaft und die kontrollierte und organisierte Erziehung. Entsprechend dem Übergang von der persönlichen Erkenntnis zum unpersönlichen Recht wird den Regierenden die Ehe (unter gewisser öffentlicher Kontrolle) und das Eigentum (gleichfalls mit Einschränkungen) zugestanden. Der zweitbeste Staat, den Platon angesichts der Schwächen der menschlichen Natur empfiehlt, strebt nach Harmonie, indem allen Bürgern und nicht nur einer kleinen geistigen Elite eine gewisse verfassungsmäßige Rolle zuerkannt wird. Die soziale Ordnung wird nicht durch Unterordnung der Törichten unter die Weisen angestrebt, sondern durch ein Kräftegleichgewicht. Die Notwendigkeit des Rechts und eines Gleichgewichts der Klassen sollte zu den Hauptpunkten der *Politik* des Aristoteles werden.

Trotz seiner praktischen Undurchführbarkeit und der Gleichgültigkeit gegenüber den realen Bedürfnissen der Regierenden wurde Platons *Staat* immer wieder bewundert, so von Rousseau und von Liberalen, die über die totalitäreren Seiten des Modells hinwegsahen. Er inspirierte die Schaffung des aus Prüfungen hervorgehenden öffentlichen Dienstes im letzten Jahrhundert des britischen Weltreichs, und er bleibt die verführerischste Fassung des geistigen Elitismus, der Akademikern wegen des ihnen dort verliehenen herausgehobenen, wenn auch mühevollen und asketischen Platzes in der Gesellschaft lieb und teuer ist.

Aristoteles – Aristoteles bereitete sich auf die Abfassung seiner etwas buntscheckigen *Politik* durch das Studium der Verfassungen – der Regeln für die Verleihung öffentlicher Ämter – von rund 150 griechischen Stadtstaaten vor. Er starb im Alter von 62 Jahren, 16 Jahre nach dem Aufgehen der griechischen Stadtstaaten im mazedonischen Reich; trotzdem blieb er dabei, ein rechter Staat müsse so klein sein, daß sich die Bürger alle kennen. In ihren Einzelheiten ist daher die *Politik* ein rückwärtsgewandter Anachronismus. Aristoteles' Schüler Alexander der Große trug die griechische Zivilisation weit nach Asien, doch er war der vergöttlichte Herrscher des größten Reiches, das die Welt bis dahin gesehen hatte.

Aristoteles beginnt mit der berühmten Bemerkung, der Mensch sei von Natur ein »politisches Wesen«. Das heißt nicht, daß alle Menschen von Natur aus Politiker wären, sondern daß die Menschen nur in einer politisch organisierten Gesellschaft ihre natürlichen Anlagen verwirklichen können. Familie und Stammesdörfer genügen dazu als bloße Wirtschafts- und Produktionsgemeinschaften nicht. Die biologisch orientierte Vorstellung, die

DER URSPRUNG DER DEMOKRATIE wird gewöhnlich auf die Reformen des Kleisthenes in Athen 508 v. Chr. zurückgeführt. Die hier abgebildeten Bronzescheiben wurden im 5. und 4. Jahrhundert bei öffentlichen Abstimmungen benutzt.

Natur eines Gegenstandes bestehe darin, worin er seine höchste Entwicklung erfährt, hat sich weniger gehalten als sein Gedanke, das gute menschliche Leben sei nur in einem Staat möglich. Sie rechtfertigte nicht die damalige Form der Sklaverei: Die Sklaven der Griechen waren Kriegsgefangene und deren Abkömmlinge, nicht Leute, die bei einer Prüfung durchgefallen waren. Aristoteles hielt zwar den Staat für notwendig für die Zivilisation, doch anders als Platon sah er in der politischen Betätigung nicht die höchste Lebensform. Diese war für ihn vielmehr die Kontemplation, das Streben nach Erkenntnis um ihrer selbst willen, ein Professorenideal, das eigentlich besser auf Platon paßte, der jedoch darin nur eine Vorbereitung für die Regierenden erblickte. Die Staatskunst war eine praktische und keine spekulative Wissenschaft.

In der Politik wie auch sonst sind die Auffassungen des Aristoteles oft mehr oder weniger Verwässerungen der theoretischen Extravaganzen Platons im Sinne des Alltagsverstands. Seine Argumente gegen Platons Theorie der Form leitet er aus dessen *Parmenides* ab, und seine Kritik des *Staates* hat vieles mit Platons *Gesetzen* gemeinsam. Seiner Meinung nach ist nicht gewährleistet, daß Platons ideal gebildete und tugendhafte Philosophen-Könige gefunden werden können; die egoistischen Leidenschaften können nicht ausgemerzt werden. Der beste praktisch mögliche Staat sei der auf das Recht gegründete;

dieses bestimmt er als »leidenschaftslose Vernunft«. Platons Vorstellung von einer idealen Herrscherklasse sei mit der wirklichen menschlichen Natur unvereinbar. Würde sie verwirklicht, so liefe sie auf eine Herrschaft der Schlechten hinaus, die ebensolche Untertanen haben würden.

Der Bürger ist für Aristoteles jemand mit einem verfassungsmäßigen Recht auf Ämter, und eine Verfassung ist ein System von Regeln für die Vergabe von Ämtern. Der Bürger braucht Muße und die Fähigkeit und Möglichkeit zum Nachdenken, daher haben Handarbeiter (und natürlich Sklaven) keinen Anspruch auf das Bürgerrecht. Die drei möglichen Hauptformen von Verfassungen – Herrschaft des einen, der wenigen oder der vielen – können auf das Gemeinwohl orientiert sein oder abwegigerweise den egoistischen Interessen der Herrschenden dienen. Monarchie, Aristokratie und »Politie« (eine Art konstitutioneller, beschränkter Demokratie) sind von der rechten Art, Tyrannis, Oligarchie und rechtlose Demokratie (also die Pöbelherrschaft) sind abwegig.

Aristoteles befaßt sich wie Platon sehr mit der Erziehung als politischer Frage und mit dem Problem der Stabilität und der Vermeidung von Revolutionen. Für ihn besteht Erziehung und vor allem moralische Erziehung nicht in der Vermittlung theoretischen Wissens, sondern in der Einübung guter Gewohnheiten. Die Instabilität der Stadtstaaten geht auf den charakteristischen Konflikt zwischen Reichen und Armen zurück; die einen möchten die Oligarchie errichten – die wohl besser als Plutokratie zu bezeichnen wäre –, die anderen die chaotische Pöbelherrschaft. Die Rechtsstaatlichkeit kann diese gegensätzlichen Parteilichkeiten in ihre Schranken weisen. Die besonderen Fähigkeiten der wenigen müssen durch die Zustimmung der vielen ergänzt werden, denn wer den Schuh anhat, der weiß, wo er drückt – das hat Aristoteles vielleicht als einer der ersten auf die Politik übertragen. Die wenigen sollen also herrschen, aber die vielen sollen abstimmen können.

Die mittleren Bücher (4-6) der *Politik* sind den empirischen Einzelheiten des politischen Lebens des Stadtstaates gewidmet. Da die Hauptursache von Revolutionen der Klassenkonflikt ist, braucht ein stabiler Staat eine Mittelklasse, die die Kluft zwischen reich und arm überbrückt. Wenn alle Bürger gewisse Macht haben, wird die Umsturzgefahr verringert. Die beste Verfassung für einen Staat muß nach Aristoteles in gewissem Maße von seiner Größe, seiner Wirtschaftsform und seinen physischen Gegebenheiten abhängen. Eine recht beiläufige Bemerkung gegen Anfang des Buches sollte das europäische Mittelalter nachhaltig beeinflussen. Das Eigentum ist zwar für Aristoteles etwas Natürliches, doch sollte es nicht über die Bedürfnisse hinausgehen, und es sollte verwendet und nicht bloß angehäuft werden. Insbesondere sei der Wucher eine unnatürliche und abwegige Verwendung des Geldes. Ähnlich ökonomisch primitiv verlangte Aristoteles, der Staat müsse autark und möglichst wenig auf Handel angewiesen sein; er vergaß, daß der Wein- und Olivenölhandel der griechischen Städte einer großen Zahl von Bürgern ein Leben oberhalb des Existenzminimums und damit ein noch nie dagewesenes kulturelles Niveau ermöglicht hatte.

Die Stoiker und Epikureer – Das Aufgehen der griechischen Stadtstaaten in dem Reich Alexanders des Großen und dann in dem unruhigen rein mazedonischen Königreich der Antigoniden beendete das rund zweihundertjährige griechische politische Experiment der direkten Teilnahme eines großen Teils der Regierten an der Regierung. Es hatte in

Die »Politik« des Aristoteles war im Mittelalter auf eine Weise einflußreich, die er nie hätte voraussehen können. Eine Illustration (oben) zu einer Textabschrift aus dem 15. Jahrhundert zeigt einen Handwerkeraufstand.

Kaiser Justinian (links, auf einem Mosaik in Ravenna), 527 gekrönt, war der berühmteste Gesetzgeber der Geschichte. Er ließ alle bisherigen kaiserlichen Dekrete sammeln und überarbeiten und alle bisherigen Rechtskommentare aufeinander abstimmen. So entstand das Römische Recht, das jahrhundertelang die politische Philosophie beeinflußte.

MACHIAVELLIS SCHREIBPULT spiegelt die eiskalte Strenge seiner berühmten Abhandlung *Der Fürst* wider.

Form raschen politischen Wandels Rohmaterial für Grundsatzüberlegungen geliefert, die nicht an die herkömmlichen Vorstellungen gebunden waren und die durch die verbreitete Alphabetisierung – eine völlig neue Erscheinung – beschleunigt wurden. Die Schreibkunst, nicht mehr bloß etwas Esoterisch-Religiöses oder ein Mittel der Buchführung, ermöglichte das gründliche Studium von Abhandlungen, die fundierte Argumente enthielten.

In den meisten der Staaten, in die das Reich Alexanders zerfiel, lebte die griechische Zivilisation fort, oder vielmehr die hellenistische, denn sie war von den orientalischen Kulturen vor allem Ägyptens und Persiens beeinflußt, wo Städte vorwiegend griechischen Gepräges entstanden. Die größte von ihnen war Alexandria, der Mittelpunkt des schöpferischen Denkens der Epoche, das sich hauptsächlich der spezialisierten Mathematik und Naturwissenschaft widmete. Die Regierung wurde vorwiegend von Militärherschern ausgeübt – die gewöhnlich weit weg und manchmal vergöttlicht waren –, was das politische Denken und Handeln völlig veränderte. Die Philosophie wandte sich weitgehend von der Politik ab und dem Glück und Heil der Einzelseele zu. In ihrer griechischen Form blieb sie säkular, doch von der – mystischen oder abergläubischen – orientalischen Religion wurde sie zunehmend zurückgedrängt.

Die philosophischen Lehren der hellenistischen Periode machten zu ihrem Hauptgegenstand die weise Lebensführung in einer zerrütteten Welt, die Gewinnung von Seelenfrieden unter Verhältnissen, die das gewöhnliche Wohlbefinden ständig gefährdeten. Die Epikureer empfahlen einen maßvollen Rückzug vom öffentlichen Leben. Die Kyniker verwarfen alle herkömmlichen Zivilisationsgüter – Familie, Eigentum, Staat – beim ersten jener Ausbrüche des Primitivismus, die in der Geschichte immer wieder vorkommen, über den mittelalterlichen Chiliasmus bis Rousseau und Tolstoi. Für die Stoiker wurde Immunität gegenüber dem Schicksal am besten durch Abtötung der Begierden gewonnen.

Bei Epikur oder in dem bedeutenden Gedicht des Lukrez, dem wir einen großen Teil unserer Kenntnisse von Epikurs Auffassungen verdanken, gibt es wenig politische Philosophie. Der Weise lebt so, daß er Leid vermeidet, was sicherer erreichbar ist als ungeschmälerte Lust. Der Staat ist eine menschliche Einrichtung, bei der sich die Menschen darauf einigen, den anderen nichts anzutun, solange diese ihnen nichts antun. Er ist nicht wie bei Platon und Aristoteles ein unentbehrliches Instrument für die Entwicklung oder Vervollkommnung des Menschen. Mit seiner materialistischen Ablehnung der transzendenten Religion und des Unsterblichkeitsgedankens, die mit der Furcht vor Göttern und ewiger Strafe Schluß machte, und seiner rein instrumentalistischen Auffassung des Staates als Schutzeinrichtung nahm der Epikureismus Hobbes vorweg, wobei er sich freilich auf die Furcht vor Beeinträchtigung konzentrierte, Hobbes dagegen auf die Todesfurcht. Die Idee des Vertrages als Ursprung der politischen Autorität war schon in Platons *Staat* angesprochen, aber rasch beiseitegeschoben worden. Sie sollte das politische Denken vom Ende des 16. bis zur Mitte des 18. Jahrhunderts beherrschen.

Die leidenschaftliche Ablehnung der herkömmlichen weltlichen Güter durch die Kyniker ging in die distanziertere Verachtung durch die Stoiker über. Der sich selbst genügende kynische Weise ist von den anderen Menschen isoliert. Die Stoiker fanden hinter den Unterschieden zwischen den Menschen, die die Kyniker verurteilt hatten, die gemeinsame Menschlichkeit, die sie einte. Alle Menschen waren mit Vernunft begabt und insofern in einer grundlegend wichtigen Hinsicht gleich. Die Stoiker gelangten zu einer kosmopolitischen Vorstellung von einer idealen Gemeinschaft aller Menschen, einem möglichen Weltstaat, dessen Bürger jedermann war. Die Welt als ganze, die Natur im unmittelbarsten Sinne, galt als vernünftige harmonische Ordnung, die von einem vernünftigen Gott gelenkt wurde, und die Menschheit wurde analog als einem Naturrecht verantwortlich betrachtet, einem allgemeingültigen Regelwerk des vernünftigen Handelns. Diese spekulative Vorstellung, in der eine objektive Moral von der Sitte und der positiven Religion losgelöst war, wirkte fruchtbar auf das römische Recht. Als sich das römische Reich immer größere Teile der Welt einverleibte, mußte sein Recht dem anderer Gemeinschaften angepaßt werden. Den Weg hatte die Idee des Völkerrechts (ius gentium) bereitet, gewissermaßen der gemeinsame Bestandteil der verschiedenen Rechtssysteme, der die Rechtsbeziehungen zwischen Römern und Nichtrömern regeln sollte. Dieser praktische Kunstgriff erlangte größere Maßgeblichkeit, indem er in die stoische Vorstellung des für alle Menschen verbindlichen Naturrechts eingebaut wurde; er lieferte der Verleihung des römischen Bürgerrechts an die Einwohner eroberter Staaten eine abschließende rechtliche Verankerung.

Zenon gründete die Stoa, wie auch Epikur seine Schule, um 300 v. Chr., etwa 20 Jahre nach dem Tode Alexanders. Er hatte gute Beziehungen zu Antigonos II. von Mazedonien, und einer seiner Schüler war Lehrer des Sohnes des Antigonos. Doch erst in römischer Zeit gewann die Stoa politischen Einfluß, zunächst durch die erwähnte Lösung eines Rechtsproblems des stark erweiterten römischen Machtbereichs und dann gewissermaßen als die offizielle Philosophie des römischen Reiches. Der letzte bedeutende Stoiker war bekanntlich Kaiser Mark Aurel, der 180 n. Chr. starb, ein halbes Jahrtausend nach der Gründung der Schule. Der Epikureismus erlosch etwa zur gleichen Zeit, ohne unmittelbaren politischen Einfluß gehabt zu haben.

Cicero und Seneca – Die Römer waren groß auf dem Gebiet der Kriegführung, der Verwaltung und des Rechts, aber keine schöpferischen Denker. Ihr größter Philosoph, Cicero – er wurde 43 v. Chr. auf Befehl Oktavians (des späteren Augustus) im Zuge des Bürgerkriegs, der die Republik ins Kaiserreich überführte, ermordet –, war ein Eklektiker, der seine philosophischen Produktionen, vielleicht übermäßig bescheiden, als bloße Kompilationen bezeichnete. Jedenfalls ist er die einzige Quelle für einen großen Teil dessen, was wir vom nacharistotelischen Denken wissen oder zu wissen glauben. Die geistige Autorität, die ihm zu seiner Zeit allgemein zuerkannt wurde, wurde durch seinen öffentlichen Ruf und seine literarischen Fähigkeiten unterstützt. Er war ein prominenter konservativer Verteidiger der im wesentlichen aristokratischen Senatsrepublik, aktiv in der Politik und vor Gericht, er schrieb viel über die verschiedensten Gegenstände in einer lateinischen Prosa, die von der Renaissance bis zum Beginn unseres Jahrhunderts die geistige Hauptnahrung der europäischen Schüler war. Die Republik, die er verherrlichte, war aber nur noch der Form nach vorhanden. Seine unmittelbaren politischen Bindungen waren so unzeitgemäß wie die Platons oder des Aristoteles.

Aufgrund einer etwas eigenwilligen Deutung der römischen Geschichte meinte er, als gemischter Staat sei die römische Republik dem Ideal nahegekommen: monarchisch in ihren Konsuln, aristokratisch in ihrem Senat, demokratisch in ihren Volksversammlungen

MARCUS TULLIUS CICERO war der größte philosophische Prosaist im klassischen Rom. Er war in den letzten Tagen der Republik politisch tätig, und als Konsul des Jahres 63 v. Chr. schlug er eine revolutionäre Verschwörung nieder. Als Julius Cäsar an die Macht kam, zog er sich aus dem politischen Leben zurück und schrieb über Philosophie und Rhetorik. Nach Cäsars Tod wurde er auf Befehl von Cäsars Adoptivsohn Oktavian ermordet. Das Bild zeigt eine Kopie aus dem 2. Jahrhundert von einer originalen Porträtbüste, die kurz nach seinem Tode angefertigt wurde.

(und, so hätte er hinzufügen können, in der Institution des Tribunen, die von den Gracchen zu revolutionären Zwecken genutzt wurde und zu dem Bürgerkrieg führte, dem Cicero selbst zum Opfer fiel). Bedeutender war seine Theorie des Naturrechts, des Vorrangs der Moral vor der Politik (und nicht, wie bei Platon und Aristoteles, ihrer Fast-Identität). Diese Idee war bis heute ein immer wiederkehrender (und lange ein vorherrschender) Bestandteil des abendländischen politischen Denkens überall dort, wo Rechtssysteme römischen Ursprungs galten und die Kirche geeint und damit stark genug war, der Tätigkeit des Staates Grenzen zu setzen. Heute lebt sie im Begriff der Menschenrechte fort.

Die Stoa hatte als private Weisheitslehre, als Anleitung zur distanzierten Gelassenheit begonnen. Doch mit Panaitios von Rhodos gegen Ende des 2. Jahrhunderts v. Chr., als Rom nach der Niederwerfung Karthagos im 3. Jh. und Mazedoniens im 2. Jh. zum Herrn des gesamten Mittelmeerraums geworden war, wandte sie sich stärker nach außen und den öffentlichen Angelegenheiten zu. Bei Panaitios gewann der Dienst am Staat etwas von seiner Bedeutung bei Platon und Aristoteles zurück. Alle Menschen sind bei allen Unter-

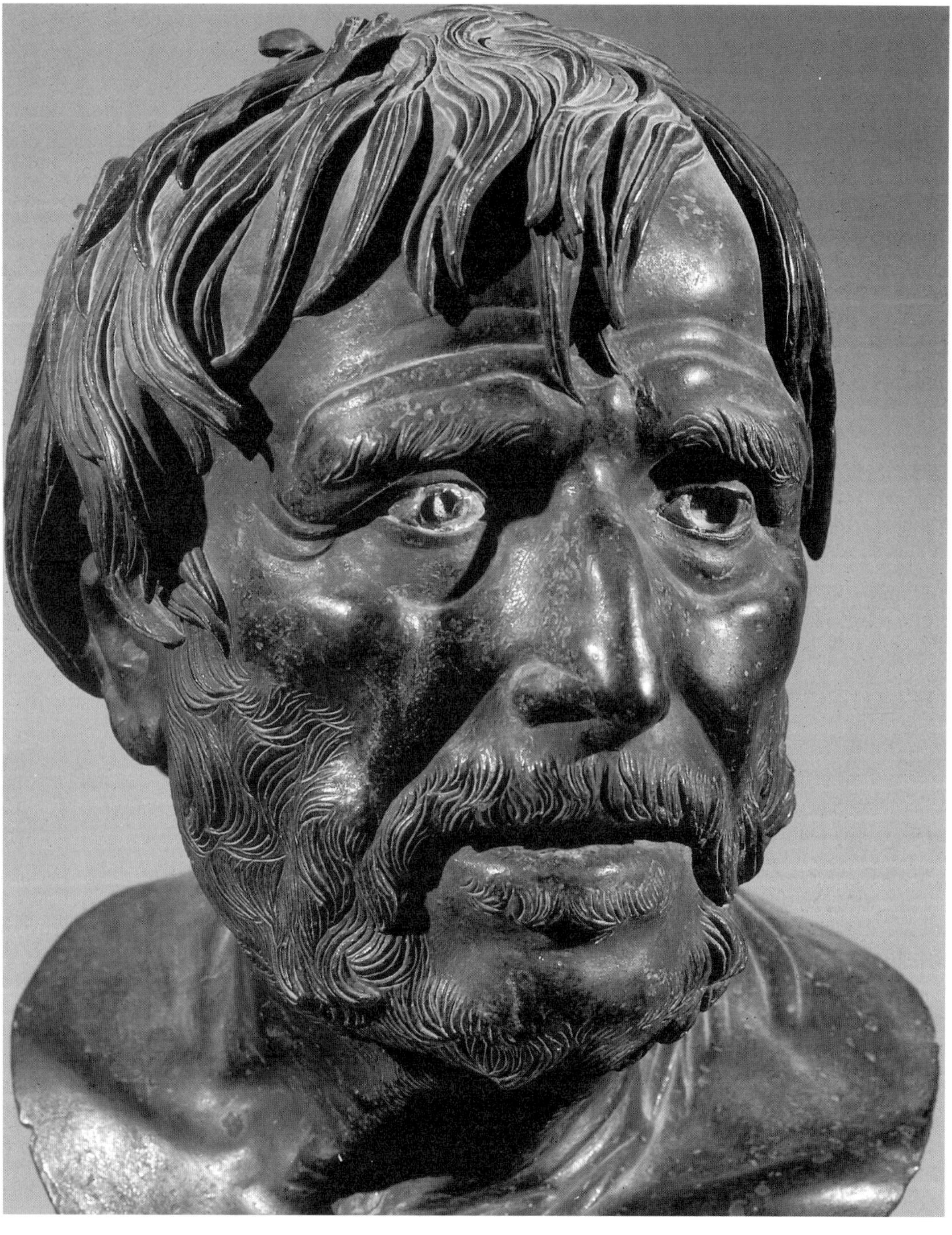

Lucius Annaeus Seneca war ein Höfling des Kaisers Claudius, der, nachdem er vorübergehend in Ungnade gefallen war, Erzieher des künftigen Kaisers Nero wurde. Als dieser den Thron bestieg, wurde Seneca sein Hauptberater, und er brachte ihn einige Jahre lang dazu, gut zu regieren. Doch Nero wurde aller Einschränkungen überdrüssig und machtbesessen; Seneca zog sich in ein philosophisches Exil zurück und wurde schließlich zum Selbstmord gezwungen. Abgebildet ist eine in Herculaneum gefundene römische Kopie aus dem 2. Jahrhundert von einer griechischen Originalbüste; ihre Echtheit als Porträt wird angezweifelt.

schieden der Fähigkeiten, des Besitzes und der sozialen Stellung grundsätzlich gleich, indem ihre Vernunft an der allumfassenden Vernunft Gottes teilhat. Dieser Gott der Vorsehung gab den Menschen ein umfassendes Naturrecht, von dem sie von Geburt an wissen. Das positive Recht der Staaten entstand aus der Sitte, in der das Naturrecht undeutlich enthalten ist. Dieses kann, bewußt gemacht, als Maßstab für die Richtigkeit und Verbindlichkeit des positiven Rechts dienen. Während bei Platon die Vernunft auf eine geistige Elite beschränkt war, kam sie nach Cicero allen Menschen zu. Und diese Gleichheit sollte das Recht berücksichtigen. Die eigentliche Autorität des Staates beruhte auf seiner Konformität mit der objektiven Gerechtigkeit. Die Herrscher verdanken ihre Autorität einer undeutlichen Zustimmung des Volkes, auch wenn diese keine ausdrückliche demokratische Ausformung erfährt.

Das war nicht, wie es auf den ersten Blick scheinen könnte, bloß eine fromme Rationalisierung der brutalen Wirklichkeit der Macht. Das römische Recht, wie es von Justinian fast 500 Jahre nach Ciceros Tod maßgeblich kodifiziert wurde, behandelte im Vergleich zu dem harten Recht der alten römischen Republik unterdrückte Gruppen wie Frauen, Kinder, Sklaven und Rechtsbrecher wesentlich menschlicher. Die Idee, daß das Naturrecht irgendwie über dem positiven Recht des Staates stehe, stand im Hintergrund der Überlegungen der römischen Juristen, die in den Kodex Justinians eingingen.

Bei Cicero war die Politik wieder das höchste Betätigungsfeld des Menschen, ein Gedanke, der unter den unglaublich grausamen und despotischen Nachfolgern des Augustus kaum zur Geltung kommen konnte. Seneca war Erzieher Neros, des schlimmsten von ihnen, und wurde von ihm zum Selbstmord gezwungen. Er war wie Cicero ein Jahrhundert zuvor Stoiker, aber viel weniger optimistisch als dieser. Mit Trajan begann etwa 30 Jahre, nachdem sich Seneca die Pulsadern geöffnet hatte, ein Jahrhundert guter, stabiler und verhältnismäßig friedlicher Regierung, bis nach Mark Aurel die Herrschaft von Heerführern barbarischer Herkunft und ihres Gefolges begann. Seneca wies verständlicherweise den Gedanken zurück, daß sich der Weise an der Politik beteilige, denn das sei gefährlich wie auch moralisch erniedrigend. Während Cicero die objektive, ewige Moral zu der politischen Praxis des Staates als Prüfstein und Grundstein in Beziehung setzen wollte, löste Seneca sie völlig von der Politik ab.

Seneca zog daraus aber nicht die Konsequenz eines völligen Rückzugs aus der öffentlichen Sphäre. Er betonte wie kein Philosoph vor ihm die zentrale moralische Bedeutung einer aktiven Linderung des Leidens anderer. Für die griechische Ethik war die Tugend etwas auf die eigene Person Bezogenes, eine persönliche gute Eigenschaft und keine Wohltätigkeit. Angesichts der Welt um ihn, und womöglich seiner selbst, erkannte Seneca sehr deutlich das, was Kant das »radikale Böse in der menschlichen Natur« nennen sollte. Er kleidete diesen Gedanken in den Mythos von einem goldenen Zeitalter, in dem alle harmonisch und zufrieden gelebt hatten. Zum Sündenfall kam es in seinen Augen durch die Raffgier. Der Staat und die Institution des Eigentums waren daher Mittel zur Bändigung des Bösen im Menschen, »Heilmittel gegen die Sünde«. Dem Staat sollte man gehorchen, doch das hatte nicht mehr viel mit Vervollkommnung zu tun, die für ihn zwar sozialer, aber nicht politischer Art war.

Ciceros Naturrechtslehre durchdrang allmählich das Rechtsdenken des römischen Reiches. Als das seinen Höhepunkt im Kodex Justinians gefunden hatte, war das weströmische Reich schon den Barbaren zum Opfer gefallen. Doch das römische Recht erhielt sich in Byzanz und gelangte im 11. und 12. Jahrhundert wieder in den Westen. Die Naturrechtsidee ging in das politische Denken des Hochmittelalters ein. Senecas melancholische Abwendung von der Politik hin zu einer wohltätigen Moral, die einen Damm gegen die Sünde bildete, erwies sich kurzfristig als prophetisch. Sie entsprach der politischen Haltung des Frühchristentums, für die der Staat zur Last einer gefallenen Menschheit gehörte und passiv hinzunehmen war, während die moralische Vollendung durch private Wohltätigkeit anzustreben war und natürlich durch Glauben, asketische Praktiken und rituelle Veranstaltungen.

Der Gottesstaat – Das Christentum bezog aus dem vorchristlichen Judentum einen intensiven und fordernden Monotheismus. Paulus verwarf die jüdische Exklusivität, er wollte alle Menschen zum Christentum bekehren und ließ die hinderlichen Formalitäten der Beschneidung und der Speisegesetze fallen. Die alten Könige Israels waren von den Propheten heftig moralisch kritisiert worden, eine Vorwegnahme der mittelalterlichen Konflikte zwischen Kirche und Staat (die mit der kühnen Praxis des heiligen Ambrosius im 4. Jahrhundert begannen). Anschließend war Judäa eine Zeitlang eine von Hohepriestern regierte Theokratie; die Römer errichteten kurz nach dem Tode des Königs Herodes zur Zeit der Geburt Christi eine direkte Regierung durch Prokuratoren. Die Juden erwarteten vom Messias die baldige Errichtung seines Reiches auf Erden, das die Leiden ihrer Geschichte ausgleichen sollte. Doch ihre sich fortsetzende Leiderfahrung machten aus einem zunächst undeutlichen Glauben an die Unsterblichkeit der Seele eine ausgebaute Jenseitslehre. Diese stand im Mittelpunkt des Christentums, das alles Streben nach weltlicher Macht, es sei denn geistlicher Art, aufgab.

Als Führer einer kleinen Schar radikaler Außenseiter lehrten Christus und Paulus auf politischem Gebiet den passiven Gehorsam gegenüber dem Staat: nach Christus sollte man »dem Kaiser geben, was des Kaisers ist«, und nach Paulus war alle »Obrigkeit von Gott verordnet«. Doch diese politische Unterwürfigkeit hatte eine entscheidende Grenze. Die Christen konnten keine Kaiser als göttlich verehren. Für die römischen Behörden war das Verrat und führte zu grausamer Verfolgung, die freilich letzten Endes unwirksam war. Es gab immer mehr gläubige Christen, vor allem unter den Soldaten, deren Beruf naheliegenderweise den Gedanken einer anderen Welt attraktiv machte, und auch ihre organisatorische Stärke nahm zu. Konstantin erkannte das alles an, indem er das Christentum zur offiziellen Religion des römischen Reiches machte.

In Byzanz, wo die kaiserliche Gewalt wenig geschmälert fortbestand, geriet die von ihr einst geschaffene und durchaus verherrlichte und beschenkte Kirche doch unter ihre feste Kontrolle. Der Kaiser ernannte die Kirchenführer. Im zerfallenden Westreich breitete sich die christliche Gemeinde unter verschiedenen konkurrierenden Mächten aus. Die meisten Barbarenkönige waren bekehrt, aber sie waren wie die späteren Kaiser nie stark genug, um sich die Kirche länger unterzuordnen. Ambrosius drohte Kaiser Theodosius wegen eines Massakers in Thessaloniki mit der Exkommunikation, und der Kaiser unterwarf sich. Doch Ambrosius beanspruchte nur eine geistliche Autorität über die weltliche Macht. Das ist schon weit entfernt von der sich zurückziehenden Unterwürfigkeit bei Christus und Paulus, aber noch weiter von einer wirklichen Theokratie. Diese älteren

Die moralische Autorität der Kirche über den Staat wird in diesem Gemälde von Ambrogio Bergognone (1550) dargestellt: Bischof Ambrosius vom Mailand verweigert Kaiser Theodosius nach der Massakierung von 7000 Bürgern in Thessaloniki die Kommunion.

Vorstellungen sollten erst mit der Reformation in Kraft treten: der passive Gehorsam bei Luther und die Theokratie bei Calvin.

Der heilige Augustinus schrieb im ersten Viertel des 5. Jahrhunderts seinen *Gottesstaat* zunächst als Antwort auf die Behauptung – die noch im 18. Jahrhundert in Gibbons Diagnose enthalten war –, Rom sei durch Verschulden der Christen 410 an Alarich gefallen. Er trifft eine ausgefeilte Unterscheidung zwischen dem weltlichen und dem Gottesstaat, die durch Babylon und Jerusalem symbolisiert werden. Augustinus stellt ausdrücklich klar, daß es sich dabei weder um Kirche und Staat noch um Himmel und Erde handle. Manche Staatstätigkeit ist gottgefällig, anders als manche Tätigkeit der Christen – abgesehen von der unfehlbaren Kirche. Insofern die Kirche ihren geistlichen Auftrag in der Welt – Verkündung des Glaubens und Steuerung des Verhaltens – erfüllt, ist das Gottesreich auf Erden gegenwärtig. Und soweit der Staat die Kirche schützt und gerecht handelt, gehört auch er dazu. Die Kirche steht zwar als etwas Spirituelles über dem Staat, doch sie hat nicht seine Aufgaben; sie muß nur mahnen und rein religiöse Sanktionen anwenden, wenn er falsch handelt.

Nach der Zeit des Augustinus nahmen Stärke und Einheit der Kirche ständig zu, während die Staaten nur noch schwächer, instabiler und zersplitterter wurden. Die Kirche konnte ihren Mangel an militärischer Macht ausgleichen, ihre geistliche Rüstung war dauerhafter wirksam als die gewöhnlichen Waffen des Staates. Ihre Überzeugung, daß das wahre Ziel des Menschen nicht von dieser Welt sei, ermöglichte ihr die Beschränkung auf die für das Heil bedeutsamen Seiten des menschlichen Lebens: rechter Glaube, Ausübung der verlangten religiösen Praktiken, Handeln im Sinne der Nächstenliebe. Solange diese geistlichen Forderungen respektiert wurden, mischte sie sich nicht in die Staatstätigkeit ein. Wie bei anderen gespaltenen Jurisdiktionen führte das zu ständigen Abgrenzungsstreitigkeiten, doch es blieb – trotz Unterbrechungen wie dem Großen Schisma 1378-1415 – bis zur Reformation im 16. Jahrhundert bei der Bestimmung weitgehend unabhängiger Einflußsphären für Kirche und Staat.

Das Mittelalter

Von den Barbaren-Königreichen zur Feudalgesellschaft – Der endgültige Zusammenbruch des weströmischen Reiches im Jahre 476 führte nicht gleich zu einem grundlegenden sozialen und politischen Zerfall. Die weströmischen Besitzungen wurden in größeren Portionen unter einigen germanischen Stämmen aufgeteilt: Nordafrika fiel an die Vandalen, Spanien an die Westgoten, Italien an die Ostgoten und Gallien an die Franken. Sie waren schon weitgehend christianisiert und wollten die römische Zivilisation keineswegs nur zerstören. Vieles davon erhielten sie in ihren großen Königreichen. Doch der Ehrgeiz Justinians, das römische Reich in seiner alten Herrlichkeit wiederherzustellen – der sich nur kurz und nur teilweise verwirklichte –, führte mit seinem Scheitern nur zu heftigeren Einfällen wie denen der Langobarden in Italien und zu einer allgemeinen Zunahme der politischen Unordnung und Zersplitterung nach seinem Tode 565. Seit Beginn des 7. Jahrhunderts fielen seine Wiedereroberungen nach und nach immer neuen Angreifern zum Opfer. Die spätere Wiedervereinigung eines großen Teils Westeuropas durch Karl den Großen, die in seiner Krönung zum Kaiser des Heiligen Römischen Reiches durch den Papst im Jahre 800 gipfelte, bestand nur kurze Zeit.

Durch den Feudalismus brachte man einen gewissen Zusammenhalt in die Bruchstücke des zentralisierten römischen Reiches. Die kleineren Grundherren wirtschaftlich autarker Güter mit eigener Gerichtsbarkeit und bescheidenen Streitkräften waren die Vasallen größerer Herren mit vielen Besitzungen, die von ihnen militärische Unterstützung und in zunehmendem Maße Geld erhielten. Diese waren ihrerseits Vasallen der Könige, die sich

Die feudalistische Sozialstruktur beruhte auf der persönlichen Treue eines Vasallen zu seinem Herrn. Als Wilhelm der Eroberer in England einfiel, war seine Hauptrechtfertigung weder erbrechtlicher noch nationalistischer Art, sondern er berief sich auf den Treueeid, den Harold ihm angeblich einmal geschworen hatte, was hier auf dem berühmten Wandteppich von Bayeux gezeigt wird.

von ihnen eigentlich nur der Größe nach unterschieden. Den Anfang machten vielleicht Verleihungen durch Könige an Grundherren, doch später ging die Bewegung ebenso in umgekehrter Richtung vor sich, indem kleinere Herren sich unter den Schutz größerer stellten. Adel und Landbesitz beruhten ursprünglich auf militärischen Leistungen, wurden aber durch Herkommen und Recht bewahrt und weitervererbt, nicht gewaltsam angeeignet.

Mit der Zeit wurden die Dienstleistungen durch Pachtzahlungen und direkte Besteuerung abgelöst, und die Herrscher geographisch abgegrenzter und kulturell gleichartiger Regionen wie England, Frankreich und Spanien machten allmählich ihren Adel zu – wenn auch reichen und mächtigen – Untertanen; auch wurde die lokale Rechtsprechung allmählich von den königlichen Gerichten an sich gezogen. Das war in England zur Zeit Eduards IV. nicht mehr zu übersehen, ebenso in Frankreich, wo es auch ein normannisches zentralistisches Erbe gab, unter dem vorsichtigen und erfolgreichen Ludwig XI., und in Spanien unter Ferdinand und Isabella. Im 16. Jahrhundert war nach einem Jahrtausend bunter politischer Improvisationen, in dem souveräne Staaten nur eine unbedeutende und unbeständige Existenz führten, der Nationalstaat aufgekommen.

Wegen der destruktiven Gleichgültigkeit der barbarischen Eindringlinge im Westen und der frömmelnden und philisterhaften Fixierung der Kirche auf die Religion wurden Kultur und Gelehrsamkeit lange Zeit verdunkelt und unterdrückt. Zwischen Boethius, der durch den Ostgotenkönig Theoderich 525, ein Jahrhundert nach dem Tode des Augustinus, hingerichtet wurde, und um die 600 Jahre später Anselm, dem ersten großen mittelalterlichen Philosophen, gab es nur einen bedeutenden Philosophen, den Neuplatonisten Johannes Scottus Eriugena im 9. Jahrhundert. Dieser verließ das kulturell isolierte Irland, das bald von den Nordmännern überrannt werden sollte, und ging an den Hof des Frankenkönigs Karls des Kahlen. Zur Politik hatte er nicht das Geringste zu sagen.

Während der »finsteren« Periode vom 5. bis zum 11. Jahrhundert gab es niemanden, der viel über Politik auf abstrakter oder allgemeiner Ebene nachdachte, und er hätte auch kein Publikum gefunden. Das geistige Rüstzeug der damaligen Herrscher bestand aus germanischen Erinnerungen an die Kriegergemeinschaft und einigen spektakulären Mahnzeichen der römischen Vergangenheit, an erster Stelle die Errichtung des Heiligen Römischen Reiches durch Karl den Großen. Nach seinem kurzen Kaisertum erstand es wieder Mitte des 10. Jahrhunderts, und bis zum Ende der Stauferdynastie im 13. Jh. konnte es sich überzeugend als die höchste politische Autorität der westlichen Christenheit behaupten. Von da an war es faktisch die von den Kurfürsten gewählte Spitze der deutschen Nation.

Das Hauptthema des mittelalterlichen politischen Denkens war das richtige Verhältnis zwischen Kirche und Staat. Beide erkannten ein Gesamt-Oberhaupt an, doch während der Papst als Oberhaupt der zentralisierten Kirche ständig erstarkte, wurde der dem Namen nach universale Staat des Kaisers immer kleiner und schwächer. Praktisch gesehen, gipfelte der Konflikt zwischen Kirche und Staat im späten 11. Jahrhundert in der Verurteilung der Ernennung von Bischöfen durch Laien als Simonie durch Gregor VII. und seine Exkommunikation Kaiser Heinrichs IV. wegen dieser Sünde. Der Kaiser mußte sich in Canossa dem Papst unterwerfen, der die Macht des Kaisers untergraben hatte, indem er dessen Vasallen von ihrer Treuepflicht entband. Im 10. Jahrhundert war das Papsttum korrupt und nichtswürdig gewesen. Doch die kluniazensische Reformbewegung, die damals einsetzte, hatte es um die Mitte des 11. Jahrhunderts regeneriert und mächtig gemacht.

Kirche und Staat – Im 11. Jahrhundert erlebte Europa eine neue Stabilität und Prosperität. Äußere Feinde waren weitgehend zurückgeschlagen oder aufgesogen worden, es gab überall eine geordnete Herrschaft, und neue Landbaumethoden und das Wiedererstehen des Handels vermehrten Bevölkerung und Wohlstand. Der Konflikt zwischen dem geläuterten und sehr erstarkten Papsttum und der Kaisermacht gab Anlaß zu neuem politischem Nachdenken. Die gängige Auffassung sah in Kirche und Staat universale Institutionen mit je einem Oberhaupt, Papst und Kaiser. Jede hatte ihr eigenes Betätigungsfeld, die geistliche Leitung der Menschen mit ihrer unsterblichen Seele bzw. die weltliche Regierung der Menschen in ihren irdischen Angelegenheiten. Der Zusammenstoß zwischen beiden war unvermeidlich, vor allem, weil die Handlungen der weltlichen Herrscher oft den moralischen Tadel der Kirche auf sich zogen, und auch, weil die Kirche zu einem Großeigentümer geworden war, ihre leitenden Figuren waren selbst Feudalmagnaten.

Keine Seite nahm einen extremen Standpunkt ein, weder den der Theokratie, daß der Staat nichts anderes sei als die Kirche in weltlicher Betätigung, noch den des Erastianismus, für den die Kirche eine Abteilung des Staates war wie faktisch im byzantinischen Reich. Die Regierung war eine göttliche, keine kirchliche Institution; ebenso war die Kir-

Manegold von Lautenbach war der führende Vertreter der papalistischen politischen Theorien, auf die sich Papst Gregor VII. in seinem Investiturstreit mit Kaiser Heinrich IV. stützte. Hier wird Manegold gezeigt, wie er seine Werke dem Erzbischof von Salzburg darbringt, einem Führer der päpstlichen Partei im Reich.

Die Kaiser des Heiligen römischen Reiches gründeten ihren Machtanspruch auf zwei miteinander unverträgliche Gesichtspunkte: einmal als Nachfolger der Kaiser des klassischen Imperiums, das dem Papsttum voranging, zum anderen als Nachfolger Karls des Großen, der 800 von Papst Leo III. gekrönt wurde.

che eine göttliche und keine politische Institution. Die geistliche und die kaiserliche Macht galten als etwas Verschiedenes. Argumente für die Unabhängigkeit des Staates beriefen sich im wesentlichen auf die Tradition. Verfechter der Oberhoheit der Kirche griffen auf Präzedenzfälle zurück: die Schaffung des jüdischen Königreichs unter Saul durch den Propheten Samuel und die Krönung (und, daraus abgeleitet, die Einsetzung) Karls des Großen durch den Papst. Sie beriefen sich auch auf einige Fälschungen aus der späten »finsteren« Periode, die gefälschten Dekretalien, die die Unabhängigkeit der Bischöfe vor weltlichen Eingriffen bewahren wollten, sowie die Konstantinische Schenkung, die die Kaisermacht zu einer Gabe des Papstes machen wollte, indem Konstantin bei seiner Bekehrung zum Christentum seine Macht dem Papst zu Füßen gelegt und von ihm nur bedingt wiederempfangen haben sollte.

Nach der germanischen Auffassung, die die Barbaren-Herrscher des ehemaligen römischen Reiches mitgebracht hatten, war das Königtum erblich und von Gott eingesetzt, aber auch durch das Gewohnheitsrecht der Gemeinschaft beschränkt. Die Frage, was geschehen sollte, wenn ein König dieses Recht brach, legte es nahe, der deutlichsten moralischen Autorität, der Kirche, eine moralische Funktion zuzuerkennen. Die Verfechter der Unabhängigkeit des Staates von kirchlichen Eingriffen konnten sich auf die frühchristliche Lehre vom passiven Gehorsam berufen und die päpstliche Zentralisierung der Kirche zu einer usurpatorischen Neuerung erklären. Aus der moralischen Autorität der Kirche folgte nicht die höchste Autorität des Papstes.

Einen Monarchen tadeln ist eine Sache, ihn exkommunizieren eine andere, denn das entband alle seine Untertanen von ihrer Gehorsamspflicht. Die päpstliche Partei argumentierte im allgemeinen, es gebe ein Widerstandsrecht gegen einen Monarchen, der durch Fehlverhalten und Bruch grundlegender Gesetze gegen seinen Krönungseid verstößt. Einen extremeren Standpunkt nahm Johannes von Salisbury ein, der in seinem *Policraticus* von 1159 für das Recht und gegebenenfalls sogar die Pflicht des Tyrannenmordes eintrat. Er lebte in einer Zeit des allgemeinen geistigen Aufbruchs erst in den Klosterschulen und dann in den Universitäten, die sich aus und neben ihnen entwickelten. Sein Buch war das erste wesentliche Werk auf dem Gebiet des politischen Denkens seit dem *Gottesstaat* des Augustinus mehr als 700 Jahre zuvor. Seine Denkweise entspricht der Tradition, sie beruft sich auf Cicero, das römische Recht und die Kirchenväter. Die Wiederentdeckung des Aristoteles, die das spätmittelalterliche Denken beherrschen sollte, begann gerade erst, und er hatte ihr nichts zu verdanken. Doch in zwei Beziehungen ähnelt Johannes von Salisbury dem Aristoteles: seine Abhandlung ist verhältnismäßig unsystematisch, und sie geht nicht auf die hauptsächlichen politischen Gegebenheiten seiner Zeit ein. Er schrieb, als existierte das römische Reich noch, und überging den Feudalismus, ganz wie Aristoteles den Niedergang des Stadtstaates in einer Epoche der Weltreiche ignoriert hatte.

Es gab drei Hauptzusammenstöße zwischen Kirche und Staat im Mittelalter, das heißt, zwischen dem späten 11. und dem späten 14. Jahrhundert. Jeder rief eine Welle ernstzunehmenden politischen Denkens hervor. Der erste beruhte auf dem Verbot der Laieninvestitur der Bischöfe 1075 durch Papst Gregor VII. und seiner Exkommunikation Kaiser Heinrichs IV. im folgenden Jahr, die zur Unterwerfung des Kaisers in Canossa führte. Manegold von Lautenbach im späten 11. Jh. und Johannes von Salisbury Mitte des 12. Jh.

waren führende Verteidiger des Papsttums, sie sprachen ihm das Recht zu, schlechte Herrscher als Tyrannen zu verdammen. Nach Manegold war die Tyrannis ein Bruch der Grundvereinbarung zwischen Herrscher und Untertanen. Dieser Gedanke sprach freilich indirekt gegen die Oberhoheit der Kirche, da er die Autorität des Herrschers nicht an der Bestätigung durch die Kirche, sondern der Zustimmung des Volkes festmachte. Der zweite Konflikt bestand 1296-1303 zwischen Papst Bonifaz VIII. und König Philipp dem Schönen von Frankreich wegen der Besteuerung des Kircheneigentums. Bonifaz' sehr weitgehende Ansprüche auf päpstliche Oberhoheit scheiterten auf praktisch-politischer Ebene. Kurz vor diesem zweiten Konflikt schuf Thomas von Aquin den repräsentativsten und einflußreichsten Korpus mittelalterlichen politischen Denkens in einer Reihe von Werken, die 1274 bei seinem Tode zum Teil unvollendet waren. Die *Politik* des Aristoteles war 1260 ins Lateinische übersetzt worden, und Thomas baute als erster mittelalterlicher Denker diese Ideen in einen christlichen Rahmen ein.

Die Ansprüche Bonifaz' auf kirchliche Oberhoheit wurden von Aegidius Colonna (auch als Julius von Rom bekannt), einem Anhänger des Thomas, 1302 theoretisch formuliert, worauf alsbald eine Verteidigung des Gegenstandpunkts durch Johannes von Paris folgte. Zehn Jahre später machte Dante in *Monarchia* einen anachronistischen Kompromißvorschlag, der die Autorität von Kirche und Staat aufeinander abstimmen wollte. Nach weiteren zehn Jahren führte ein Versuch des Papstes, sich nach einer Periode des Bürgerkriegs in Deutschland in die Kaiserwahl einzumischen, zum dritten Konflikt, der die noch kompromißloser weltlichen politischen Lehren eines Marsiglio von Padua und Wilhelm von Ockham auslöste. Sie warfen die bisher wenig beachtete Frage nach dem Herrschaftsanspruch des Papstes *in* der Kirche auf. Mit dem Großen Schisma von 1378, dem Beginn eines langen Streites zwischen verschiedenen Papstprätendenten, verbreitete sich der Gedanke, daß nur einem allgemeinen Kirchenkonzil, das indirekt als Vertretung aller Christen galt, die höchste kirchliche Autorität zukomme. Damals hatten bereits Wyclif und Johannes Hus den späteren protestantischen Widerstand gegen die römischen Ansprüche vorweggenommen.

Thomas von Aquin – Ein großer Teil des mittelalterlichen politischen Denkens stützte sich nur geringfügig auf abstrakte philosophische Grundlagen, sondern vielmehr auf Präzedenzfälle aus der Bibel, den Kirchenvätern, der Geschichte und dem Recht – auf Dinge wie die Beziehungen der Könige Israels zu den Propheten, die Haltung Christi und Pauli zu den damaligen Mächten, die Senecanische Auffassung des Augustinus vom Staat als Heilmittel gegen die Sünde, den langdauernden Erfolg des römischen Reiches als Zeichen göttlicher Bestätigung oder den Ausspruch Ulpians, Recht sei, was der Herrscher anordnet. Insofern gehört es eher zur Geschichte der politischen Streitfragen als zur politischen Philosophie. Doch Thomas, beeindruckt von dem anscheinend zeitlosen und bis dahin umfassendsten Werk des Aristoteles, versuchte, politische Grundsätze auf eine allgemeingültige vernünftige Grundlage zu stellen.

Seinen Sympathien nach war er ein gemäßigter Anhänger der Papstpartei, doch er sprach dem Staat eine wesentliche und unabhängige Autorität zu. Der Mensch ist von Natur ein soziales Wesen, indem er die ihm mögliche Vollendung, zu der Tugend wie auch Glück gehören, nur als Mitglied einer Gemeinschaft erreichen kann, und die Herrschaft ist nach Thomas für eine Gemeinschaft notwendig. Das Gute ist etwas Einheitliches, das Gemeinwohl, und es sollte von etwas Einheitlichem, einem Monarchen, angestrebt werden, einem irdischen Analogon des Allherrschers Gott. Der Staat ist demnach kein Ergebnis des Sündenfalls und Verlusts der Unschuld, sondern gehört zu der von Gott eingesetzten Natur der Dinge und ist der menschlichen Freiheit vorgeordnet. Gleiches gilt von der Ungleichheit, von der die politische Unterordnung ein Spezialfall ist. Die Sklaverei und die Institution des Eigentums dagegen sind Folgen der menschlichen Schwäche. Während er also nicht mit Aristoteles darin einig ist, daß die Sklaverei für einige »natürlich« sei, schließt er sich seinem Argument für das Eigentum an, daß sich jeder am besten um das ihm Gehörende kümmere. Die Milderung der Armut ist für ihn eine Aufgabe des Staates wie des einzelnen, und ein Verhungernder ist für ihn kein Dieb,

Bonifaz VIII. ging mit seinen Ansprüchen auf päpstliche Oberhoheit weiter als jeder seiner Vorgänger oder Nachfolger. Wir sehen hier seine Skulptur von Arnolfo di Cambio auf seinem Grab.

wenn er sich das Notwendige nimmt. Den Wucher verbietet er als den Verkauf von etwas nicht Existierendem.

Da der Staat etwas Natürliches ist – das heißt für Thomas: Bestandteil von Gottes Plan für den Menschen –, ist er unabhängig von der Kirche, die ihm bei der Ausübung der weltlichen Gewalt nicht dreinreden soll. Doch nur, wenn der Herrscher kein Tyrann ist, den Thomas recht unscharf definiert als jemanden, der unwürdig ist, zu regieren, oder der die Macht gewaltsam an sich gerissen hat oder dem Gemeinwohl zuwider gebraucht. Ein Tyrann, meint er, ist der Revolte in höherem Maße schuldig als jemand, der ihn stürzt. Die Kirche oder die geistliche Macht ist maßgebend im Hinblick auf alles, was die letzte Bestimmung des Menschen betrifft, auf die andere Welt. Was genau darunter fällt, darüber kann man offensichtlich diskutieren.

Der ausgefeilteste Teil der Thomistischen politischen Philosophie ist seine Analyse der verschiedenen Formen des Rechts. Es gibt ihrer vier: erstens das ewige göttliche Recht, das allgemeine Ordnungssystem, das Gott dem Weltall gegeben hat; zweitens das göttliche Recht, das Gott dem Menschen in der Schrift offenbart hat; drittens das Naturrecht: allgemeingültige Verhaltensvorschriften, die für die Vernunft jederzeit und überall einsichtig sind; schließlich das menschliche Recht: spezielle Vorschriften, die entweder aus dem Naturrecht abgeleitet sind oder sich im Einklang mit diesem auf spezielle Verhältnisse beziehen. Nicht alle entsprechen ohne weiteres der berühmten Thomistischen Definition des Rechts als »eine Vorschrift der Vernunft im Hinblick auf das Gemeinwohl, aufgestellt und verkündet von dem, der für die Gemeinschaft zu sorgen hat«. Vernunftgemäßheit ist das Spezifikum des Naturrechts, hingegen das des menschlichen Rechts, verkündet zu sein. In seiner Theorie des Rechts vereinigt Thomas nicht eigentlich Vernunft und Wille, sondern stellt sie in benachbarten Teiltheorien nebeneinander.

Es soll nicht versäumt werden, kurz auf des Thomas angreifbare, aber zweifellos ziemlich repräsentative Gedanken über die Juden einzugehen. Da sie Christus getötet haben, sind sie zur Knechtschaft verurteilt. Sie sollten mit Maßen unterdrückt werden, indem ihnen eine besondere Kleidung auferlegt wird und die Wuchergewinne, von denen sie gewöhnlich leben, entzogen werden, weil sie eine Form des Diebstahls sind. Das verträgt sich nicht ganz mit der Thomistischen Auffassung, der christliche Glaube solle gepredigt und nicht gewaltsam aufgezwungen werden.

Sein Anhänger Aegidius Colonna legt sehr viel mehr Wert auf den Vorrang der geistlichen Macht. Für ihn sind Eigentum und politische Macht Formen der Herrschaft oder des *dominium* und nur dann berechtigt, wenn sie von der Kirche gutgeheißen werden. Das Geistliche steht seinem Wesen nach höher als das Weltliche und sollte herrschen, es verhält sich zu diesem wie die Seele zum Körper. Dem Papst als geistlichem Oberhaupt kommt deshalb *plenitudo potestatis* zu, absolute Autorität zur Einsetzung und Kontrolle der weltlichen Macht, wann immer deren Ausübung mit einer Todsünde verbunden ist (und das ist nach Aegidius oft der Fall). Nur der Papst als Stellvertreter Christi hat wegen seiner unmittelbaren Verbindung zu Gott ein göttliches Herrschaftsrecht.

Als diese extreme Form des kirchlichen und speziell päpstlichen Absolutismus vorgetragen wurde, fiel das Papsttum selbst unter die Macht der neuen nationalen Monarchie Frankreichs. Bonifaz VIII., der Papst, den Aegidius verteidigte und der die Anerkennung

Die Juden im Mittelalter litten unter verschiedenen bürgerlichen Benachteiligungen; so mußten sie eine besondere gelbe Tracht tragen wie hier in Konrad Witzens Darstellung der Synagoge als einer blinden Frau, die sich auf einen zerbrochenen Stab stützt.

der Oberhoheit des Papstes zu einer Bedingung des Seelenheils erklärte, starb 1303. Sechs Jahre später wurde der Heilige Stuhl unter einem französischen Papst, Clemens V., nach Avignon verlegt und unter französische Kontrolle gebracht. Dort gab es einen Papst bis zum Beginn des 15. Jahrhunderts, und seit dem Großen Schisma von 1378 auch einen in Rom. Luxus und Korruption der Päpste und vieler anderer Kirchenführer riefen heftige Kritik beim Franziskanerorden hervor, dem Wilhelm von Ockham angehörte. Das Papsttum wurde schließlich in Rom wiedererrichtet. Es blieb seitdem eine vorwiegend italienische Institution und hat die führende öffentliche Rolle nie wiedergewonnen, die es zwischen seiner Regeneration im 11. Jahrhundert und seiner babylonischen Gefangenschaft in Avignon innehatte.

Der Antipapalismus: Dante, Marsiglio und Wilhelm von Ockham – Johannes von Paris war Zeitgenosse und Gegenspieler des Aegidius, er unterstützte geistig König Philipp von Frankreich, wie Aegidius den Papst Bonifaz. Er erkannte auf interessante Weise die politischen Gegebenheiten seiner Zeit und gab faktisch die Idee eines universalen Reiches auf. Der Glaube, so argumentierte er, ist unteilbar einer und muß auch von einer einzigen Kirche gelehrt und bewahrt werden. Doch die menschlichen Verhältnisse auf Erden sind vielfältig, und man kann ihnen am besten mit verschiedenen Mitteln an verschiedenen Orten etwas abgewinnen. Die Königreiche sind in sich abgeschlossene Gemeinschaften. Doch das alles bedeutet nicht, daß die Kirche den Staat kontrollieren sollte. Die weltliche Macht ist älter als die christliche Offenbarung, die dem Staat neue Pflichten auferlegt – nämlich die Erhaltung von Bedingungen, unter denen die Kirche gedeihen kann –, aber nicht an seine Stelle tritt. Zur Frage des Eigentumsrechts der Kirche, um die sich der Konflikt zwischen Bonifaz und Philipp drehte, meinte er, das Kircheneigentum sei Gemeineigentum und der Papst sein Verwalter, nicht sein Eigentümer. Da kein Naturrecht ins Spiel komme, könne es der König durchaus besteuern. Johannes wollte nicht nur die geistliche Macht abgrenzen, sondern auch die Stellung des Papstes in ihr beschränken; er diene der Verwaltung und sei kein absoluter Monarch, sondern dem allgemeinen Kirchenkonzil untergeordnet, ein Gedanke, der das politische Denken im 15. Jahrhundert beherrschen sollte. Eine weniger praktische und geschäftsmäßige Form des Antipapalismus trug etwa zehn Jahre später Dantes Werk *Monarchia* vor. Das Reich gilt ihm als die primäre politische Institution – ein rückwärtsgewandter Gedanke. Seinen Platz in der Geschichte des politischen Denkens verdankt es eher Dantes ungeheurem Ruf als Dichter und der Eleganz der Darstellung als der Überzeugungskraft und Bedeutung seiner Überlegungen. Dante zieht alle anerkannten Quellen heran: Aristoteles, die jüdische und römische Geschichte, die Bibel, das bürgerliche und das kanonische Recht. Er gibt sich neutral zwischen Kirche und Staat und kommt auf die Auffassung von Papst Gelasius aus dem 5. Jahrhundert zurück, Gott habe diesem ein weltliches und jener ein geistliches Schwert verliehen. Ein universaler Monarch sei für den Frieden der Welt unentbehrlich und erste Bedingung für ihr Wohlergehen. Seine Autorität stamme unmittelbar von Gott und nicht von dessen Stellvertreter. Die Römer hätten mit Recht das ursprüngliche römische Reich akzeptiert, sein langdauernder Erfolg beweise, daß es der Vorsehung entsprach – was unter anderem die fragwürdige Voraussetzung einer realen Kontinuität zwischen dem eigentlichen römischen Reich und dem im Niedergang begriffenen Heiligen Römischen Reich enthält. Dante meint kurioserweise, indem Christus sich Pilatus unterworfen und die römische Strafe auf sich genommen habe, sei diese gerechtfertigt worden. Das verträgt sich kaum mit Christi Worten: »Vater, vergib ihnen, denn sie wissen nicht, was sie tun.« Dante bestreitet jegliche Autorität der Kirche aufgrund der Konstantinischen Schenkung (die erst 1440 als Fälschung entlarvt wurde) mit der Begründung, der Kaiser habe kein Recht gehabt, dem Papst eine Souveränität zu übertragen, die er vom Volk erhalten habe.

Zwischen 1323 und 1347 versuchte das Papsttum, sich in die Wahl des Kaisers einzumischen, der damals bestenfalls noch Herrscher Deutschlands und Italiens war. Dem war 1321 eine päpstliche Erklärung vorausgegangen, daß die franziskanische Lehre von der evangelischen Armut ketzerisch sei. Jetzt entwickelte sich Opposition gegen den Papst an zwei Fronten, einmal gegen seine Übergriffe in weltlichen Angelegenheiten, die über seine geistliche Autorität hinausgingen, und andererseits gegen seine autokratische Regierung der Kirche selbst.

Der eindrucksvollste und systematischste Angriff auf die päpstliche Autorität außerhalb und innerhalb der Kirche war das 1324 entstandene Buch *Defensor pacis* von Marsiglio von Padua. Diesem ging es, wie Dante vor ihm und Machiavelli fast 200 Jahre später, um die verderblichen Auswirkungen der päpstlichen Machenschaften auf das politische

Der politische Dante neigte eher zur kaiserlichen als zur päpstlichen Position. Hier erscheint er auf einem allegorischen Gemälde aus dem 16. Jahrhundert in der Washingtoner Nationalgalerie.

Leben Italiens, vor allem auf die wachsenden Stadtstaaten Norditaliens. In Frankreich und England entstanden nationale Monarchien, was der Hundertjährige Krieg zunächst verzögerte, letzten Endes aber bestärkte. In den deutschen und italienischen Teilen des Reiches fand die Einigung erst im 19. Jahrhundert statt. Doch die Lehre Marsiglios ist allgemein und nicht bloß lokal anwendbar; über das Reich hat er wenig zu sagen.

Wichtig ist, daß Marsiglio anstelle der vier Arten des Rechts nur zwei anerkennt: das göttliche Recht – der moralische und religiöse Inhalt der Offenbarung – und das menschliche Recht, die positive Gesetzgebung der Staaten. Die Herrschaft betrachtet er wie Ari-

KAISER KONSTANTIN übertrug nach einer mittelalterlichen Legende, der hier auf einem Fresco von 1246 aus San Silvestro dargestellt ist, die Souveränität Roms auf die Päpste in Person Silvesters I. Die »Konstantinische Schenkung«, das Dokument, das diese Legende stützen sollte, wurde von dem Humanisten Lorenzo Valla im 15. Jahrhundert als Fälschung entlarvt.

stoteles als für den Menschen natürlich. Das Recht ist ihre Grundlage, es hat den negativen Zweck, Konflikte zu verhindern, und nicht den edleren, zur menschlichen Vollendung beizutragen. Recht im eigentlichen Sinne ist mit Zwangsmaßnahmen verbunden, daher ist das göttliche Recht, das keine weltlichen Sanktionen kennt, eigentlich nur eine Metapher. Die Regierung als Gesetzgeber wird mit dem Volk oder seinen Vertretern gleichgesetzt, welche als der »stärkere Teil« (valentior pars) der Gemeinschaft, als die Fähigsten gedacht werden. Die gesetzgebende Gewalt wird als verschieden von der ausführenden gesehen. Kann sich diese nicht auf Zustimmung stützen – die sich im Idealfall in Wahlen ausdrückt –, dann ist sie Tyrannis und damit unrechtmäßig. Das erinnert schon an die Ideen der Gewaltenteilung und der Volkssouveränität.

Marsiglio legt besonderen Wert auf die Anwendung dieser Grundsätze auf die Kirche. Der Klerus ist lediglich eine Ergänzung der sozialen Bestandteile der Gemeinschaft; weder er noch der Papst ist mit der Kirche selbst identisch, diese besteht vielmehr aus der Gesamtheit der gläubigen Christen. Der wahre institutionelle Ausdruck der christlichen Gemeinschaft ist ein allgemeines Konzil. Wie der politische Gesetzgeber sollte auch das Konzil numerisch repräsentativ sein. Der Papst, das ausführende Organ der Kirche, hat im wesentlichen nur Verwaltungsaufgaben. Aufgabe der Kirche ist Predigt und Lehre, die Ausrichtung auf die andere Welt, nicht die Herrschaft.

Hier finden sich Vorwegnahmen von Luthers Vorstellung vom »Priestertum aller Gläubigen« und der späteren protestantischen Vorstellung von der Freiwilligkeit des religiösen Zusammenschlusses. Kein Wunder, daß Marsiglio von der Kirche verdammt wurde; freilich scheinen seine Lehren wenig unmittelbaren Einfluß ausgeübt zu haben. Seine These, die höchste Autorität in der Kirche komme einem allgemeinen Konzil zu, wurde zum politischen Hauptstreitpunkt im 15. Jahrhundert. Doch seine erastianische Auffassung, daß die Kirche mehr oder weniger eine Abteilung des Staates sei, wurde erst später ernstgenommen. Mit seinem ungehemmten Säkularismus war er seiner Zeit weit voraus.

Seine allgemeine Einstellung hat vieles mit Wilhelm von Ockham gemeinsam, obwohl dessen Gläubigkeit weniger zweifelhaft ist und obwohl die beiden miteinander stritten. Ockham hatte wie Marsiglio einen negativen Staatsbegriff, für ihn diente er der Bestrafung von Übeltätern. Vor päpstlichem Zorn floh er zu Kaiser Ludwig dem Bayern nach München und betonte verständlicherweise die Idee des Kaisers als der höchsten politischen Autorität. Die Menschen haben das natürliche Recht, sich ihre Herrscher auszusuchen, welches sie im Falle des Kaisers durch die Kurfürsten ausüben. Der Papst hat mit der Autorität des Kaisers oder anderer weltlicher Herrscher nichts zu schaffen.

Ockhams Hauptziel ist der Widerstand gegen päpstlichen Absolutismus und päpstliche Aggression vor allem im Hinblick auf die Lehre des Franziskanerordens, dem Ockham angehörte, von der evangelischen Armut. Die Priester brauchen etwas Eigentum zu ihrem Lebensunterhalt, doch das Nutznießungsrecht ist nicht dasselbe wie das Eigentum. Ockham betrachtete die letzten Handlungen des Papsttums auf weltlichem Gebiet wie in der Kirche als unannehmbare absolutistische Neuerungen, die zum Niedergang des Amtes und der Kirche führten, indem der Papst sie geradezu beherrsche. Wie Marsiglio, aber weniger radikal säkularistisch, wollte er den Papst einem allgemeinen Konzil unterordnen, das den Willen der gesamten Christenheit verkörpern sollte.

Das Ende des Mittelalters – Ältere Geschichtsbücher pflegten das Ende des Mittelalters auf das Jahr 1453 zu legen, als Konstantinopel an die Türken fiel (und übrigens auch der Hundertjährige Krieg endete). Doch Petrarca, der erste unverkennbare Renaissancemensch, starb schon 1374. Der Übergang ist jedenfalls zwischen die Mitte des 14. Jh. und das Ende des 15. Jh. zu legen, als renaissancehaftes Denken und Kultur schon England erreicht hatten. Außer Wyclif gab es damals in England weder bedeutende politische Denker noch bedeutende Denker überhaupt, jedenfalls im Vergleich mit der beachtlichen Menge produktiver Denker zwischen Grosseteste zu Beginn des 13. Jh. und dem Tod Ockhams 1347. Kontinentaleuropa war weniger unfruchtbar, doch erst Machiavelli im frühen 16. Jh. war eine wirklich bedeutende Erscheinung.

Das Bedrückendste für das politische Denken im früheren Teil dieser Periode war der Skandal zweier und einmal sogar dreier Päpste. Das untergrub eine Institution, die schon scharf kritisiert wurde, und die Kirche machte sich das von den Kritikern empfohlene Heilmittel zu eigen: ein allgemeines Konzil, oder vielmehr mehrere. Das Konstanzer Konzil von 1414 bis 1418 schuf wieder ein einheitliches Papsttum, das jetzt freilich schwächer war. Die Institution des Konzils wurde später vom Papsttum unterdrückt:

nach dem Trienter Konzil 1545 fand bis zum ersten vatikanischen Konzil 1869 keines mehr statt.

John Wyclif wandte sich dem Problem der Reform einer korrumpierten Kirche mit einer schwer faßbaren Lehre vom *dominium* oder der Herrschaft zu, nach der das Recht auf Eigentum und politische Macht nur jemandem zukam, der sich im Stande der Gnade befand – etwas Ähnliches, aber anscheinend nicht dasselbe wie das Auserwähltsein zur ewigen Seligkeit. Damit wandte er sich gegen päpstliche Ansprüche gegenüber der Königsmacht (was ihm eine Zeitlang offizielles Ansehen eintrug) und befürwortete eine Enteignung der Kirche. Als er schließlich aus abstrakten metaphysischen Gründen die Transsubstantiation leugnete, war es zuviel, und er wurde aufs Land verbannt. Für sein Augustinisches Denken war die wahre Kirche die gesamte vergangene, gegenwärtige und zukünftige Christenheit oder die darin durch Prädestination Auswerwählten, und der Unterschied zur sichtbaren Kirche war tiefgreifend und nicht zu übersehen. Wyclif starb eines natürlichen Todes, doch sein Nachfolger Johannes Hus wurde 1415 in Konstanz

DAS KONSTANZER KONZIL (1414-18) beendete das Große Schisma. Diese Illustration in einer Konzilschronik aus dem 15. Jahrhundert zeigt die Wahlmänner nach der Wahl Papst Nikolaus V. beim Verlassen des Konklaves.

verbrannt. Wyclifs Ideen hatten in ihrer radikalen Jenseitigkeit eine Affinität zu dem damaligen revolutionären Populismus, der sich in dem Bauernaufstand von 1381 niederschlug.

Jean de Gerson, der 1429 starb, stellte sich auch gegen den päpstlichen Absolutismus, doch für ihn sollte die Kirche nicht, wie bei Marsiglio, nur von der ganzen Christenheit regiert werden, sondern von der kirchlichen Hierarchie, die das Konzil bilden sollte, und der Papst sollte deren ausführendes Organ und kein Autokrat mit gottgegebener Autorität sein. Gerson wandte diese in einem weiten Sinne konstitutionalistische Auffassung auch auf den Staat an: ein gemischter Staat, in dem Monarch, Adel und Eigentümer harmonisch ausgewogen waren, sei die beste Regierungsform, und Frankreich komme ihr nahe, zu welcher Meinung auch andere französische Denker wie Bodin und Montesquieu neigten.

Ein Konstitutionalismus findet sich auch im Denken von Nikolaus von Kues. Er ging von einer mehr oder weniger mystischen Theorie des Universums als göttlich geordneter Harmonie aus und faßte Kirche und Staat als Teilharmonien des Ganzen auf. In beiden sollte die Macht auf Zustimmung beruhen; der Wille Gottes drücke sich im Volk als ganzem aus. Doch der Kusaner war so weit ein Mann seiner Zeit, daß er die Zustimmung des Volkes durch die führenden Figuren vermittelt sein ließ, die es zu vertreten hatten. In seinem späteren Leben, als er Kardinal geworden war, nahm er von seiner Idee der Regierung der Kirche durch allgemeine Konzilien Abstand.

Die Frühmoderne

Der dynastische Staat – Das Ende des Mittelalters wurde durch vier wichtige Neuerungen des Denkens und Handelns markiert: die Renaissance, die Reformation, die Entdeckungen, die zur Ausdehnung Europas in die übrige Welt führten, und die Entstehung zentralisierter nationaler Monarchien, die die absolute Macht anstrebten. Die letztgenannte war die politisch bedeutsamste. Doch im Bereich der Theorie hatte sie mehr negative als positive Auswirkungen. Sie förderte im wesentlichen Theorien, die sich um die Autorität der Monarchen drehten und sie nicht von Gott, sondern vom Volke, gewöhnlich kraft irgendeines Vertrages, herleiteten. Die beiden großen Ausnahmen von dieser Regel – die Theorien von Bodin und Hobbes – bestätigen sie in Wirklichkeit indirekt. Bei aller Betonung der Unbeschränktheit der Souveränität beschränkt Bodin sie doch in verschiedenen Beziehungen. Und Hobbes rechtfertigt in einer brillanten *tour de force* mit der Vertragsmaschinerie seiner Zeit einen fast unumschränkten Souverän.

Ein guter Kenner der mittelalterlichen politischen Theorie sagte, es sei ihr in erster Linie darum gegangen, daß die Autorität von Gott auf die Herrscher *herniederstieg*; doch gegen Ende des Mittelalters meinten Neudenker wie Marsiglio, die Autorität steige vom Volke zu den Herrschern *auf*. Die am besten auf den Absolutismus passende Theorie, die des Gottesgnadentums der Könige, tauchte erst im 17. Jahrhundert auf bei Jakob I. von England, Sir Robert Filmer (gegen den sich Lockes Kritik richtete) und Bossuet, dem beredten, aber recht einfältigen Apologeten Ludwigs XIV.

Die drei neuen, nachfeudalen Monarchien Westeuropas entstanden im späten 15. Jahrhundert: in England 1485 mit dem Regierungsantritt Heinrichs VII., des ersten Tudorkönigs; in Frankreich 1453 mit dem Ende des Hundertjährigen Krieges; in Spanien 1469 mit der Heirat zwischen Ferdinand und Isabella. Deutschland blieb in eine Vielzahl von Fürstenstaaten zerteilt, und das Reich sank (abgesehen von dem merkwürdigen Zwischenspiel Karls V.) zur Bedeutungslosigkeit herab. In Italien waren eine Gruppe blühender Stadtstaaten im Norden (Mailand, Florenz, Venedig) durch die mittelitalienischen Besitzungen des Papstes vom rückständigen Neapel im Süden getrennt. Die politische Aufgabe der neuen Monarchen bestand in der Zentralisierung von Verwaltung und Recht und der Bändigung der widerspenstigen Feudalherren. Dazu brauchten sie stehende Heere und zu deren Unterhalt Steuereinkünfte. Neue Waffen, vor allem die Artillerie, halfen bei der Zerstörung der Adelsburgen. Das Recht des französischen Königs, für sein Heer eine Steuer zu erheben (1439), war ein entscheidender Schritt.

Die Renaissance drückte sich im politischen Denken, abgesehen von den allein dastehenden, besonderen Figuren Machiavellis und des Thomas Morus, nicht sinnfällig aus. Bis zu Hobbes Mitte des 17. Jahrhunderts wurde auf dem Gebiet der Politik scholastisch argumentiert und meist ausgiebig aus der Bibel zitiert. Die Reformation trieb das Zerbrechen einer einheitlichen Christenheit sehr viel weiter als die spätmittelalterlichen Wechselfälle des Papsttums. Die Protestanten (und einige Jesuiten) mußten sich mit dem Problem der Gehorsamspflicht gegenüber einem andersgläubigen Herrscher auseinandersetzen, was sich als der Hauptmotor der Vertragstheorie erwies. Die katholische Kirche fühlte sich zur Gegenreformation getrieben, sie wurde durch sie moralisch, aber nicht dogmatisch reformiert, und die Autorität des Papstes über das, was von der allumfassenden Kirche übrig war, wurde wiederhergestellt. Die Entdeckung und Ausbeutung Nord- und Südamerikas, die das Zentrum des westlichen Handels vom Mittelmeer in den Atlantik verlegte, sollte bald das Machtgleichgewicht in Europa weiter nach Westen verlegen. Der politischen Theorie brachte sie lediglich Ideen des Naturzustands ein.

Machiavelli – Machiavellis Stellung in der Geschichte der politischen Theorie wurde aufgrund verschiedener Faktoren überbewertet: da ist seine literarische Brillanz; der Schock, den sein recht banaler Rat an einen ehrgeizigen Fürsten auf den ersten Blick auslöst; der außerordentlich scharfe Bruch zwischen seiner und der herkömmlichen Behandlungsart, bei der umfangreiche Abstraktionen durch fleißiges Zitieren von Autoritäten gestützt wurden; ja selbst die nüchterne Bescheidenheit seiner Ziele jedenfalls in *Der Fürst*.

Dieses Buch sagt einem Fürsten, wie er Macht gewinnen und sich erhalten könne: er solle sich zum Schein tugendhaft geben, selbst Wohltaten verteilen und die schmutzige Arbeit des Strafens Untergebenen überlassen, das Eigentum und die Frauen seiner Untertanen in Ruhe lassen, blitzschnell zuschlagen, sich schwache und nicht starke Verbündete suchen, Furcht und keine Liebe erzeugen usw. usw. Das alles wird auf eindrucksvoll unapologetische Weise vorgebracht und aus der römischen und jüngeren italienischen Geschichte belegt. Wegen seiner kompromißlosen Abwendung von den angesehenen Tugenden hat *Der Fürst* bei vielen Lesern ein wirres Deutungsfieber ausgelöst. Handelt es sich in Wirklichkeit um eine Satire? Ist der eigentliche Schwerpunkt der Schlußabschnitt, in dem der fürstliche Widmungsträger beschworen wird, Italien vor seinen äußeren Feinden zu retten?

Auf jeden Fall ist es nicht alles, was Machiavelli zur Politik zu sagen hat. Es beschränkt sich auf ein spezielles Thema: wie man aufgrund eines scharfsichtigen Studiums der Geschichte am besten wirksame Macht in einem Staat gewinnen und sich erhalten kann. In den *Discorsi* wendet sich Machiavelli der weiter gespannten Frage der langfristigen Gesundheit und Stabilität eines Staates zu, der wirksamen Erhaltung dessen, was *Der Fürst* erst einmal gewinnen lehrt. Hier drücken sich die edleren Seiten der Renaissance in Machiavellis Hochschätzung der Moral und Religion der heidnischen Antike aus. Als Bürgertugend, die ein wohlgeordneter Staat von seinen Bürgern verlangen soll, lehnt er die christliche Demut und Anderweltlichkeit zugunsten der selbstbewußteren Tugenden des Mutes und der Entschlossenheit ab. Aus solchen Menschen läßt sich ein mächtiges und zuverlässiges Bürgerheer bilden. Hier, wie in *Der Fürst*, läßt Machiavelli seine tiefe Abneigung gegen Söldner erkennen, die Soldaten-Schakale, die sich am Kadaver Italiens gütlich taten. Doch gegen den Krieg ist er nicht. Ein Staat muß sich seiner Meinung nach ausdehnen, oder er geht zugrunde; Wachstum ist das Gesetz des politischen Lebens. Das verträgt sich nicht mit seiner Idealisierung des Stadtstaats in den *Discorsi*, einem schwerwiegenden Anachronismus in einem Zeitalter der nationalen Großmonarchien.

Machiavellis rein praktische Ausrichtung auch in den weniger einseitigen *Discorsi* läßt ihn unter den großen politischen Theoretikern etwas klein erscheinen. Ihm geht es nicht um Rechtfertigung, sondern um Erfolg. Sein Denkstil ist nicht nur völlig säkular, er behandelt Religion und Moral als bloße Mittel zu politischen Zwecken. Als typischer Vertreter der Renaissance setzt er echte Tugend mit *virtù* gleich: Vortrefflichkeit, Macht, Durchsetzung. Doch er hat auch etwas für die Massen übrig, die die Sicherheit lieben; sie seien die natürlichen Verbündeten eines wahren Fürsten, nicht die anmaßenden Adeligen. Die von Machiavelli empfohlenen Methoden blieben weiter allgemeine Praxis der Herrscher; indem er so offen davon redete, könnte er freilich die Menschen stutzig gemacht haben. Am Beginn einer großen religiösen Erschütterung (Machiavelli schrieb sein Buch, als Luther seine Thesen zu Wittenberg an der Kirchentür anschlug) mußte sich seine mögliche Wirkung auf das Denken jedenfalls verzögern.

1516, ein Jahr vor Luthers Thesenanschlag, erschien *Utopia* von Thomas Morus – gleichzeitig einnehmender und unergründlicher als Machiavellis Schriften. Der Name ging auf eine Art der politischen Phantasterei über, als deren erstes Beispiel man, etwas unfreundlich, Platons *Staat* bezeichnen könnte. Morus hielt – wie Rousseau – das Eigentum für die Wurzel allen sozialen Übels und empfahl ein Gemeinwesen, in welchem alles Gemeineigentum war, die Menschen in der Landwirtschaft, aber nicht im Handel, sechs Stunden am Tag arbeiteten und religiöse Toleranz herrschte. Dagegen sticht Morus' eigene Laufbahn als grausamer und fanatischer Ketzerverfolger ungünstig ab.

Die Reformation: Luther, Calvin und die Monarchomachen – Luther wollte althergebrachte Mißbräuche in der Kirche, die Korruption und den Luxus ihrer Führer abschaffen und rief fast versehentlich eine Spaltung der Christenheit hervor. Es ging ihm um eine verinnerlichte, private, spirituelle Religion. Dieser Weltabwendung entsprach seine unerschütterliche Verteidigung der politischen Lehre des Frühchristentums, daß alle Menschen den über sie gesetzten Herrschern bedingungslos gehorchen sollten. Unter den gegebenen Verhältnissen konnte er diese Auffassung leicht vertreten. Die Fürsten der norddeutschen Staaten, in denen er die meisten Anhänger hatte, waren selbst Protestanten.

Calvin war grundsätzlich ebenso für den passiven Gehorsam. Doch in der Praxis entfernten sich er und seine Anhänger davon. Sein Protestantismus war viel aktiver und mehr nach außen gerichtet als der Luthers. Der Staat war zwar nicht dasselbe wie die Kirche, die aristokratisch von einem Ältestenrat geleitet werden sollte, doch seine erste Pflicht, höher als die Sicherung von Friede und Ordnung, war der Schutz der Frömmigkeit und Religion und die Unterstützung der Kirche als aktiver moralischer Instanz. In seinem Genf stand er an der Spitze einer Theokratie. Er starb 1564, noch ehe die Lage seiner Anhänger in Frankreich und Schottland unter katholischen Herrschern problematisch wurde. Dann begann ein Jahrhundert der Religionskriege: zuerst in Frankreich in den letzten drei Jahrzehnten des 16. Jahrhunderts, beendet 1598 mit der dortigen Tolerierung der kalvinistischen Hugenotten durch das Edikt von Nantes; in Deutschland endeten sie mit dem 30jährigen Krieg 1618-48 und in England mit dem beschränkteren und vielleicht nur am Rande religiösen Bürgerkrieg 1642-49.

Die Probleme der kalvinistischen Minderheiten in Frankreich und Schottland führten zur Wiederbelebung der alten mittelalterlichen Vorstellung vom Recht auf Widerstand, ja auf die Tötung von Tyrannen in den Werken einer Gruppe von antimonarchistischen Denkern (der »Monarchomachen«). Das wichtigste davon ist *Vindiciae contra tyrannos*, in Frankreich 1579, sieben Jahre nach dem Massaker der Bartholomäusnacht, von einem nicht sicher bekannten Verfasser geschrieben. Dort heißt es, man dürfe einem König den Gehorsam versagen, wenn er das göttliche Gesetz verletzt, und man dürfe ihm Widerstand leisten, wenn er durch Ketzerei oder Unterdrückung den angeblichen Urvertrag zwischen Gott einerseits und König und Volk andererseits bricht. Diese unklare, ja fadenscheinige Vorstellung orientierte sich an dem ursprünglichen Bund im Alten Testament zwischen Gott und seinem auserwählten Volk Israel. Wichtiger ist ein zweiter Vertrag zwischen König und Volk, welches ihm aber nur im Hinblick auf einen Zweck beitreten könne, so daß für den König eine absolute, für das Volk aber nur eine bedingte Verpflichtung entstehe. Im Sinne der herrschenden Furcht vor Wiedertäufer- und Bauernaufständen meint der Verfasser weiter, der Widerstand gegen Tyrannen dürfe nicht von einzelnen geübt werden, sondern von bestehenden niederen Autoritäten wie Magistraten und Versammlungen.

Eine ähnliche Auffassung äußerte George Buchanan, Erzieher des künftigen Königs Jakob I., in und für Schottland. Der Gedanke, daß alle Macht vom Volke stamme und die Königsmacht eine bedingte sei, wurde auch von katholischen, vor allem jesuitischen Denkern aufgegriffen. Mariana meinte, da das Volk dem König die Macht übertrage, könne es ihn auch stürzen, nötigenfalls durch Tyrannenmord. In machiavellistischem Geist meinte er, der Krieg (und damit stehende Heere) seien unvermeidlich, und gab nicht gerade erbauliche Ratschläge, so etwa den, daß der Krieg die öffentliche Aufmerksamkeit sehr schön von inneren Ursachen der Unzufriedenheit ablenken könne. Bei Mariana ist der

HEINRICH IV., der erste Bourbonenkönig Frankreichs, auf seinem Totenbett. Als Protestant trat er zum Katholizismus über und verkündete religiöse Toleranz im Edikt von Nantes; er selbst fiel 1610 einem bigotten Tyrannenmörder zum Opfer.

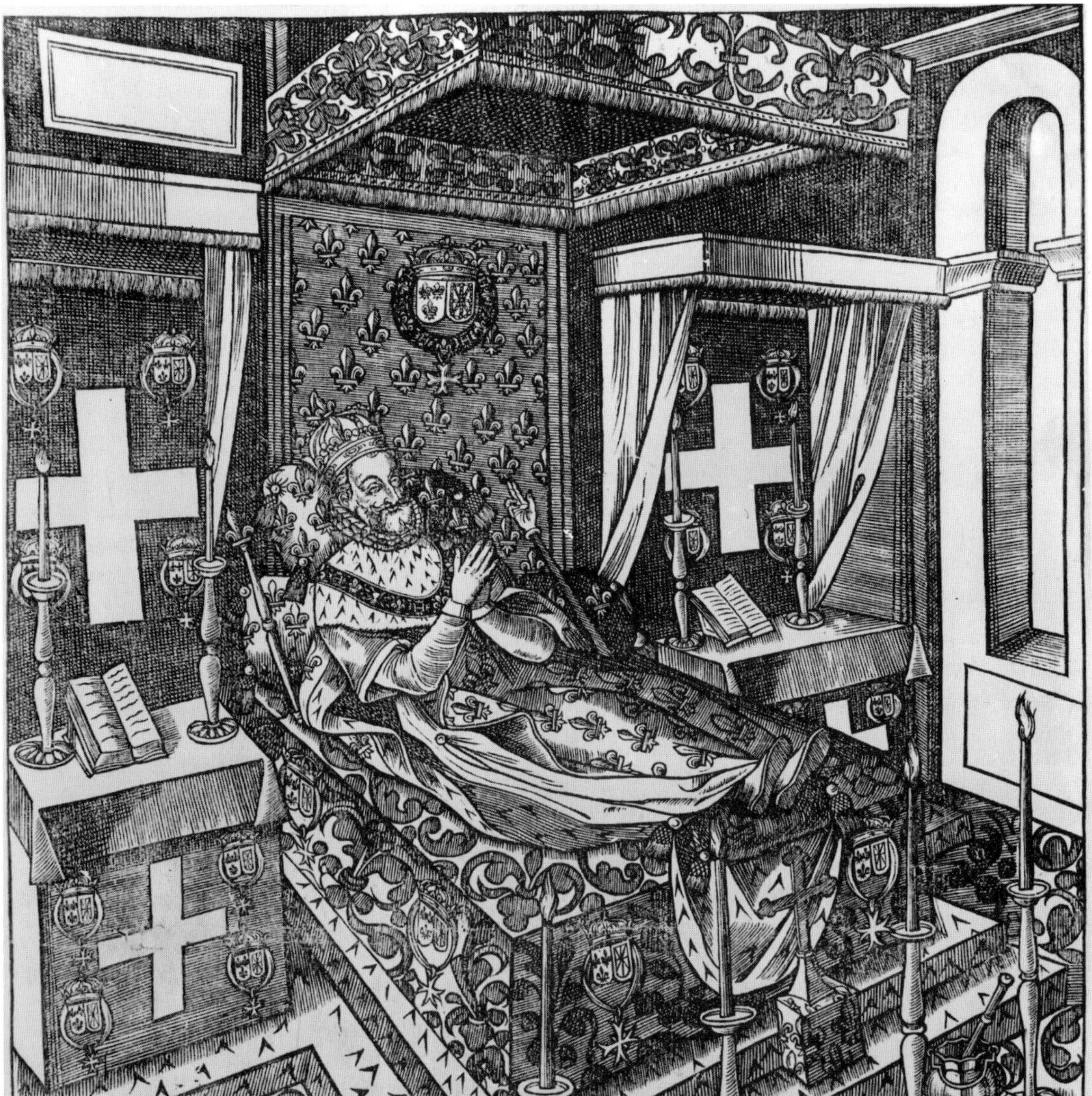

Le plus grand Roy qui fut pour la gloire des armes
Et des vertus, ſurpris d'vn iniuſte treſpas,
Comble nos cœurs d'ennuis, noye nos yeux de larmes:
Mais nos cris & nos vœux ne le r'animent pas.
La France reſtablie, augmentee, & regie
Par ſon Sceptre innocent: parfaiſoit ſon bon-heur
Si l'execrable coup d'vne lame rougie
En ſon ſang, n'eut tourné noſtre ioye en douleur.

Le Ciel tient ſon Eſprit aſſis au rang des Anges,
Sainct Denis a ſon corps au Sepulchre des Roys,
O Empire tu n'as que les ſeules louanges,
Et les faits de celuy que tant tu deſirois.
Les ſiecles ja paſſez & les ſuiuants encore,
N'ont veu & ne verront vn Prince tant parfaict,
Dans les trois parts du monde & au lict de l'Aurore
Son redoutable nom vn beau chemin s'eſt faict.

Gedanke eines Naturzustands als einer der Institution der Herrschaft vorausgehenden Sozialordnung deutlich vorhanden. Suarez war weniger kühn, aber immer noch darauf bedacht, die Macht der Monarchen um der Autonomie der Kirche willen in Grenzen zu halten. In kompromißlerischem Geiste schrieb er das Naturrecht sowohl Gottes Willen als auch der rechten Vernunft zu und unterschied es vom Völkerrecht, jenem Gewohnheitsrecht, das im Unterschied zum Naturrecht Sklaverei und Privateigentum verordne.

Souveränität, Vertrag und Naturrecht – Seit Beginn des 17. Jahrhunderts wurden die mehr oder weniger säkularen Ideen von Denkern mit eher religiösen als im engeren Sinne politischen Interessen, die die Macht der Monarchen beschränken wollten, für eigentlich politische Zwecke aufgegriffen und eingesetzt. Schon vorher war eine im weiteren Sinne säkulare Theorie von Bodin mit der entgegengesetzten Zielsetzung entwickelt worden, die Religion aus der Politik zu verdrängen und nicht den Staat aus der Religion. Bodin war der bedeutendste Denker der »politiques«, die von den Religionskriegen abgestoßen waren. Er war Katholik, aber kein eifernder. Er kannte das Recht und die Geschichte und war ein scharfer, wenn auch undisziplinierter Denker. Mit ihm verbindet sich hauptsächlich die Lehre, daß ein Staat durch einen in ihm vorhandenen Souverän definiert werde, eine Quelle des Rechts, die nicht selbst an das Recht gebunden ist. Die Souveränität sei unteilbar und unveräußerlich. Das läuft nicht ohne weiteres auf das Einschmuggeln einer politischen Präferenz unter dem Deckmantel einer Definition hinaus. Der Gedanke ist naheliegend, daß eine Vielheit letzter Autoritäten den Weg ins Chaos weist. Doch vielleicht lassen sich die Vorteile eines stabilen, geordneten Staates ohne *eine* höchste Macht gewinnen.

Bei näherem Hinsehen ist Bodins Souverän gar nicht so absolut. Da er zunächst von Familien, den natürlichsten Vereinigungen, geschaffen wurde, kann er über das Eigentum, das mit der Familie verbunden ist, nicht unbeschränkt verfügen; Bodin meinte sogar, Besteuerung setze die Zustimmung des Besteuerten voraus. Er läßt keinen Zweifel, daß die Gesellschaft, ein Produkt des sozialen Instinkts, etwas anderes ist als der Staat, der aus Gewalt entsteht. Die Sklaverei kritisierte er, da sie weder natürlich noch nützlich und nicht verbreiteter als das Menschenopfer sei. Der Souverän ist seiner Ansicht nach weiter beschränkt durch die *leges imperii,* die alten Sitten der Gemeinschaft. Er hat aber keinen Menschen über sich. Bei Bodin verbindet sich ein analytischer Begriff, der zur Ermittlung der letzten Ursprünge des positiven Rechts nützlich ist, mit der Befürwortung einer starken Regierung.

Der deutsche Jurist Johannes Althusius verleiht dem Vertragsgedanken eine zentralere Stellung als jeder seiner Vorgänger. Wie der Verfasser der *Vindiciae* unterscheidet er zwei Verträge, in diesem Fall einen Vereinigungsvertrag und einen Vertrag mit einer Autorität. Ersterer erschafft die Gruppe aus Einzelmenschen oder kleineren Gruppen; letzterer besteht zwischen ihr und einer von ihr geschaffenen Autorität. Alle Vereinigungen, nicht nur die Staaten, beruhen im Grunde auf Verträgen. Da der Staat eine Vereinigung von Vereinigungen ist, ist es nicht Sache der einzelnen, sondern ihrer Vertreter, der Führungspersonen in den Vereinigungen, auf das Oberhaupt Druck auszuüben. Im Hinblick auf die neuere holländische Geschichte erklärt er es für ein Recht der Vertragsparteien, aus einer Vereinigung wieder auszutreten. Diese merkwürdige föderalistische Vertragstheorie findet sich nur bei Althusius. Sie dient offensichtlich zur Beschränkung der Ansprüche der Könige, läßt aber den politischen Leidenschaften des einzelnen Dissidenten nicht die Zügel schießen.

Wesentlich einflußreicher als Althusius war Grotius, der allgemein als der erste bedeutende Theoretiker des Völkerrechts gilt. Das Naturrecht ist für ihn vernünftig in dem Sinne, daß es der Vernunft als notwendig zur Befriedigung der sozialen Bedürfnisse der Menschen einleuchtet. Wichtige Artikel verlangen die Einhaltung von Versprechen und die Achtung des Eigentums. Das Naturrecht ist allgemeingültig und unveränderlich; sein Kriterium ist die allgemeine Anerkennung. Grotius unterscheidet ebenfalls die Gesellschaft als Produkt des sozialen Instinkts vom Staat, der durch einen Vertrag geschaffen wird, zu dem sich die Menschen im eigenen Interesse getrieben fühlen. Darin steckte mehr Volkssouveränität, als er zugeben mochte. Für ihn ist der Souverän nicht durch die Interessen oder das Urteil des Volkes eingeschränkt. Man darf ihm ungehorsam sein, aber keinen Widerstand leisten.

Das Völkerrecht ist, wie gewöhnlich, etwas anderes als das Naturrecht. Es betrifft die zwischenstaatlichen Beziehungen und wird durch das gewohnheitsmäßig (vielleicht eher dem Namen als der Tat nach) Anerkannte bestimmt. Bei Grotius gibt es den gerechten Krieg, der im wesentlichen der Verteidigung von Leben und Eigentum gilt. Ihm muß eine Verletzung des Naturrechts und nicht bloß des Völkerrechts zugrunde liegen. Ein Präventivkrieg ist für ihn nicht gerechtfertigt.

Bei diesen Denkern findet sich zum erstenmal das nicht religiös gebundene System von Vorstellungen, in dessen Rahmen die klassischen politischen Theorien Hobbes' und Lockes formuliert wurden. Hobbes leitete aus der Vertrags- und Naturrechtsidee eine gegenüber Bodin wesentlich umfassendere Verteidigung der absoluten Souveränität ab, die – wegen der Vertragsidee notwendigerweise – gerade noch vor dem schrankenlosen Absolutismus halt machte. Locke, vielleicht immer noch der einflußreichste politische Denker, wandte sie unmittelbarer, aber weniger konsequent als Hobbes, auf ihren ursprünglichen Zweck an: die Beschränkung der Regierungsgewalt.

Thomas Hobbes – Johannes von Salisbury, Wilhelm von Ockham und Wyclif waren Engländer, doch ihre Auffassungen hatten wenig mit dem eigentlichen politischen Leben Englands zu tun, entweder weil ihre Perspektive, wie bei Johannes und Ockham, eine europäische war, oder weil ihr Hauptinteresse, wie bei Ockham und Wyclif, auf die Kirche gerichtet war – bei Ockham auf die Beschränkung der Papstmacht auf den geistlichen Bereich, bei Wyclif auf die Reformation einer korrumpierten, dem Luxus ergebenen Kirche. Das englische Denken in bezug auf die Grundsätze der englischen Politik im Mittelalter war im wesentlichen praktisch und deskriptiv, so in den Schriften Bractons Mitte des 13. Jh. und Fortescues im späten 15. Jh. Aus diesen und ähnlichen Überlegungen zum englischen Recht entstand die Idee des *common law*, eines Gewohnheits- und Präzedenzfall-Rechts, das der Macht des Königs ausdrückliche und nicht nur pragmatische Grenzen setzte. Und selbst das hinzukommende gesatzte Recht mußte vom Parlament genehmigt werden, ehe es vom König anerkannt werden konnte. Im frühen 17. Jahrhundert war es dieses Instrument, mit dem sich der kämpferische Richter Edward Coke, der Hauptgegner Francis Bacons, den absolutistischen Anmaßungen Jakobs I. widersetzte.

Die Lehre vom Gottesgnadentum der Könige, die von Anhängern der Stuartkönige vertreten wurde, rettete Karl I. nicht vor dem Schafott; doch das Buch *Eikon basilike,* das sich auf seine Schriften stützte und zur Zeit seines Todes veröffentlicht wurde, erlebte in einem Jahr 35 Auflagen und erhob seine Hinrichtung zum Martyrium.

Kühnes politisches Denken war gefährlich unter der cholerischen Despotie Heinrichs VIII. in der ersten Hälfte des 16. Jahrhunderts und den beiden folgenden kurzen klerikal-tyrannischen Regierungsabschnitten. Unter Elisabeth in der zweiten Hälfte des Jahrhunderts erstand der Calvinismus in England wieder und wollte die englische Kirche protestantisch wie auch national prägen. Richard Hookers *Laws of Ecclesiastical Polity* war im wesentlichen eine Verteidigung der elisabethanischen Kirchenregelung gegen die Puritaner und ihre Bibelgläubigkeit, aber auch eine politische Theorie, besonders weil für Hooker Kirche und Staat dieselbe Gemeinschaft waren, nur unter verschiedenen Gesichtspunkten gesehen. Hooker vertrat eine mehr oder weniger thomistische Auffassung des Naturrechts, das er, anders als die Puritaner, von dem göttlichen Gesetz unterschied, das den Menschen nicht vermittels der Vernunft, sondern der biblischen Offenbarung gegeben war. Er verwarf den passiven Gehorsam, den die Tudorkönige beanspruchten, wie auch das Gottesgnadentum. Für ihn steht der König unter dem Recht und ist ein Produkt menschlicher Übereinkunft und Veranstaltung, keine göttliche Institution. Ein gutes Beispiel für den Scharfblick, den Locke Hooker attestierte, ist dessen These, das Naturrecht sei verhältnismäßig unbestimmt und müsse vernünftig und flexibel auf die verschiedenen Verhältnisse angewandt werden. Der indirekte Konstitutionalismus der mittelalterlichen englischen Rechtstheoretiker tritt klar hervor in seinen von einem gesunden Menschenverstand geleiteten Auseinandersetzungen mit puritanischen und royalistischen Extremisten.

In den Jahren vor dem englischen Bürgerkrieg von 1642-49 führte der Widerstand gegen königliche Übergriffe – Verweigerung von Gewohnheitsrechten, Regieren ohne Parlament – zu einem Schlagwort mit einer wichtigen Zukunft: »Leben, Freiheit und Eigentum«. Die ursprünglichen presbyterianischen Anführer des Aufstands waren keine Demokraten; sie wollten hauptsächlich die Bischöfe loswerden. Doch die Independenten oder Kongregationalisten des Heeres, dessen Befehlshaber Cromwell war, hatten es zwar in erster Linie darauf abgesehen, daß jede freiwillige Vereinigung von Christen eine Kirche bilden konnte, neigten aber sehr zu der demokratischen Lehre der Levellers, die der Einzelperson und nicht bloß organisierten Gemeinschaften Rechte zuerkannte. Sie traten für das allgemeine Wahlrecht und regelmäßige Neuwahlen des Parlaments ein, das aber keine Befugnisse auf dem Gebiet des Eigentums und der Religion haben sollte. Andere, kleinere und alsbald unterdrückte Gruppen wie die Diggers gingen noch weiter und traten für Gleichheit oder Gemeineigentum ein.

Zwei Jahre nach der Hinrichtung Karls I. erschien ein Buch, das als das größte Werk der politischen Philosophie aller Zeiten gelten kann: Thomas Hobbes' *Leviathan*. Abgesehen von der granitenen Pracht seiner Sprache und der elektrisierenden Klarheit und Strenge seiner Argumentation, ist es eine erstaunliche *tour de force,* die den gesamten geistigen Apparat des Naturzustands, des Naturrechts und des Vertragsgedankens, der von Leuten wie Althusius oder Grotius für eine konsequente Beschränkung der Staatsmacht entwickelt worden war, genau dem gegenteiligen Zweck dienstbar machte, der äußersten Steigerung der Staatsmacht.

Hobbes sah im Bürgerkrieg und dem gewaltsamen Ende der Monarchie ein schrankenloses Unglück. Er schrieb es dem unbeschränkten privaten Urteil in religiösen Dingen zu, das die antiklerikalen Protestanten anerkannt und praktiziert hatten. Sein unmittelbares praktisches Ziel in der Politik war es, die Kirche zu einer Abteilung des Staates zu machen und die maßgebliche Interpretation ihrer Schriften dem Souverän und nicht den Launen erregter Fanatiker zu übertragen.

Sein offizieller Ausgangspunkt ist ein durchweg materialistisches metaphysisches System, das nichts als die bewegte Materie kennt (zu der anscheinend auch Gott gehört). Es wird mit Hobbes' Politik durch eine ebenso materialistische Philosophie des Geistes verbunden, für die Bewußtseinsvorgänge »kleine Bewegungen im Kopfe« sind, physische Veränderungen im Gehirn. Näher an seinem Zweck steht seine Analyse der menschlichen Motivation. Als angenehm wird das dem Leben Förderliche empfunden, das Gegenteil als Schmerz, und diese Empfindungen verursachen Begehren und Abstoßung, rudimentäre Bewegungen auf das Angenehme zu oder vom Unangenehmen weg. Das ist schon an sich interessant, und es kann als Stütze seiner politischen Lehren angesehen werden, was von den Kommentatoren ausgiebig hin- und hergewendet worden ist. Wesentlich ist es für sie nicht, wie er selbst zugibt (und was sich auch daran zeigt, daß er den *Leviathan* unter seinem Namen veröffentlichte). Eine wichtigere Hintergrundvoraussetzung ist seine Erkenntnistheorie, eine Art geometrischer Empirismus, die alle Ideen von der Sinneswahrnehmung herleitet, aber unsere Fähigkeit, Beziehungen zwischen ihnen zu erkennen, dem »Kalkulieren« zuschreibt, der bescheidensten denkbaren Form der vernünftigen Erkenntnis.

DIE TITELSEITE VON HOBBES' »LEVIATHAN«, der den absoluten Staat als die einzige Alternative zu einem Naturzustand hinstellt, der ein Krieg aller gegen alle und unter dem das Leben »einsam, arm, gefährlich, roh und kurz« wäre.

Für Hobbes' politische Zwecke genügt es, daß die Menschen vorwiegend von einem egoistischen Wunsch nach Macht und Selbsterhaltung bewegt werden, was seiner Meinung nach auch ohne seine Metaphysik ganz eindeutig erkennbar ist. Im Naturzustand, in dem es keinen gemeinsamen Souverän gibt, führt das zu den schlimmsten Folgen. Jeder strebt nach Macht über die anderen, möchte sie seinem Willen unterwerfen und ihre Güter an sich bringen. Es herrscht also allgemeine Furcht, verschärft durch die rudimentäre Gleichheit der Menschen in ihrer gegenseitigen tödlichen Verwundbarkeit, ihre konkurrenzliche Ruhmsucht auf Kosten der anderen und die unersättliche Begierde, die sie vom Tier unterscheidet.

Im Naturzustand hat jeder ein natürliches Recht auf alles, was er erwischen und behalten kann. Doch da es sich um einen Kriegszustand handelt, ist das gewöhnlich sehr wenig. Das erste natürliche Gesetz, das jedermanns Vernunft einleuchtet, lautet: suche den Frieden, die elementare Sicherheit des Lebens. Wie die Menschen nun einmal sind, können sie Frieden nur dadurch erreichen, daß sie sich darauf einigen, alle ihre natürlichen Ansprüche mit Ausnahme des Lebensrechts selbst auf einen Souverän zu übertragen und auch dessen Form und Eigenart einer Mehrheitsentscheidung anheimzugeben. Daß man »getroffene Vereinbarungen einhalten« soll, ist ein weiteres natürliches Gesetz. Doch »Vereinbarungen ohne das Schwert sind bloß Luft«, sie müssen mit Hilfe von Sanktionen durchgesetzt werden. Der ursprüngliche Vertrag, der die bürgerliche Gesellschaft schafft, muß also gleichzeitig die souveräne Macht einsetzen, ohne die jene wieder auseinanderfallen würde. Hobbes bemerkt, seine Darstellung seiner Regel: *Suche den Frieden, auch wenn du ihn nur durch Übertragung aller deiner natürlichen Rechte oder Freiheiten, abgesehen vom Lebensrecht, auf einen Souverän erreichen kannst*, sei eigentlich kein Gesetz, nämlich kein Gebot eines Gesetzgebers, sondern »ein Satz der Vernunft«, eine vernünftige Klugheitsregel.

Die Hobbesschen Vertragsparteien sind die feindlichen Individuen. Der Souverän ist keiner von ihnen, aus dem unangreifbaren Grunde, daß er als solcher vor Vertragsabschluß noch nicht existiert. Doch Hobbes schlachtet diese Tautologie rhetorisch aus, um die Macht des Souveräns zu erhöhen. Die Bildung eines Staates »durch Einsetzung«, ein Vertrag zwischen freien, natürlichen Individuen ist nicht die einzige legitime Möglichkeit. Es gibt auch den »Staat durch Eroberung«, wobei die Besiegten die Autorität des Siegers aus wohlbegründeter Furcht anerkennen.

Der Hobbessche Souverän ist ein Gesetzgeber (abgesehen vom metaphorischen »natürlichen Gesetz«). Alles Eigentum beruht auf seiner Genehmigung. Er regiert die Kirche, verordnet ihre Organisation und bestimmt die Interpretation ihrer Schriften. Alle sonstige Autorität leitet sich von ihm her. Die politische Freiheit ist einfach das Schweigen des Gesetzes auf den Gebieten, die der Souverän in seiner Weisheit als nicht kontrollbedürftig angesehen hat. Es scheint, als hätte Hobbes das paradoxe Kunststück fertiggebracht, die absolute Unterwerfung der einzelnen unter den Staat auf ihre eigene vernünftige Zustimmung zurückzuführen. Das ist natürlich nicht möglich. Er gibt zu, daß der Souverän kein Recht hat, einem Bürger den Selbstmord zu befehlen, denn die Sicherheit des Lebens ist der ganze Zweck seiner Unterwerfung, so daß den Bürgern sogar die Verweigerung eines gefährlichen Kriegsdienstes gestattet ist. Völlig unklar ist, wie der Hobbessche Untertan diese Rechtsansprüche durchsetzen soll. Ein handfesteres Zugeständnis ist, daß die Untertanen nicht mehr gehorchen müssen, wenn der Souverän ihnen keinen angemessenen Schutz gewährt. Dem entspricht ganz genau Hobbes' eigenes Verhalten: 1651, im Jahre der Veröffentlichung des *Leviathan*, kehrte er aus dem Exil bei den französischen Royalisten nach England zurück und machte seinen Frieden mit den parlamentarischen Mächten.

Vieles an Hobbes' großartiger Konstruktion ist kritisierbar, umso leichter wegen ihrer Klarheit und Kühnheit. Eine ganz grundsätzliche Kritik, die meist nur indirekt geäußert wird, geht dahin, daß seine Theorie von einem äquivoken Gebrauch des Wortes »Leben« abhängt. Das Leben als gewissermaßen kollektiver Gegenstand der menschlichen Wünsche – das er das Gute nennt – ist Vitalität in einem weiten Sinne, bekräftigtes Leben, Selbstverwirklichung oder Erfüllung. Das Leben dagegen, um dessentwillen das vernünftige Hobbessche Individuum so viel opfert, ist *nacktes* Leben, Vitalität im Minimalsinne, d.h. lebendig und nicht tot zu sein. Natürlich ist das nackte Leben eine Voraussetzung des erfüllten Lebens. Doch für sich allein ist es vielleicht wenig wert, ähnlich wie das Salz zwar unentbehrlich ist, aber allein keine Ernährung abgeben kann.

Hobbes verband eine Hinneigung zu dem neuen wissenschaftlichen Rationalismus (dessen größte Gestalt Galilei war), zu etwas Subversivem, Gefährlichem und Revolutionärem, mit einer akuten Furcht vor der Anarchie, die durch die politische Turbulenz im England der Mitte des 17. Jahrhunderts noch zugespitzt wurde. Die soziale und politische Lehre Benthams und James Mills, die eine strenge Argumentation mit sehr selektiver Beobachtung verband, ist Hobbes tief verpflichtet.

Vielleicht ist der *Leviathan* noch ganz gut auf die Verhältnisse im nachkolonialen Afrika und in Osteuropa anwendbar, doch schon wenige Jahre nach seinem Erscheinen stellten sich in England und Westeuropa allgemein friedliche Zustände ein. 1660 kam Karl II. ohne nennenswertes Blutvergießen wieder auf seinen ererbten Thron, und 29 Jahre später wurde sein Bruder auf ähnlich schmerzlose Weise abgesetzt. Der Westfälische Friede beendete 1648 den 30jährigen Krieg in Deutschland. 1659 schlossen Frankreich und Spanien Frieden. 1661 übernahm der 23jährige Ludwig XIV. die absolute Macht in Frankreich, das bald den Höhepunkt seiner politischen Vormachtstellung in Europa (von dem es in Ludwigs späterer Regierungszeit stetig abstieg) und auf längere Zeit seine kulturelle Führungsrolle erreichte. Die Praxis Ludwigs XIV. wurde in der erhabenen Prosa Bossuets in eine doktrinäre, aber kaum theoretische Form gegossen, und zwar größtenteils durch fleißige Neuinterpretation biblischer Texte über das Königtum in einem absolutistischen Sinne. Die absolute Monarchie sei die älteste und natürlichste Regierungsform. Sie entspreche der Rolle des Vaters in der Familie und der Gottes im Universum. Der Souverän habe auch Pflichten, aber gegenüber Gott und nicht gegenüber seinen Untertanen, und ihm obliege es, über ihre Erfüllung zu wachen. Unterdrückte Untertanen konnten nur beten.

Außerhalb Frankreichs nahm überall die religiöse Toleranz zu. In Frankreich fand eine verderbliche Gegenbewegung statt: 1685 wurde das Edikt von Nantes widerrufen, das den Protestanten beschränkte Rechte eingeräumt hatte. In Deutschland dagegen koexistierte aus Erschöpfung der Protestantismus im Norden und Westen mit dem Katholizismus im Süden und Osten. In England erlitten die Nonkonformisten und die Katholiken bürgerliche Benachteiligungen, doch bei der Religionsausübung wurden sie immer weni-

JOHN MILTON war als politischer Theoretiker eher eloquent als konsequent. Sein berühmtestes Prosawerk war *Areopagitica,* eine klassische Anprangerung der Zensur.

ger behelligt. In Holland herrschte eine wesentlich umfassendere Toleranz. Dort leitete Spinoza Argumente für sie aus ganz ähnlichen Voraussetzungen wie den Hobbesschen ab. Alles menschliche Handeln sei von einem Grundtrieb zur Selbsterhaltung und Selbsterhöhung motiviert, es herrsche eine natürliche Feindschaft. Eine Gesellschaft mit einem Souverän, der wie der Hobbessche bestimmt, was Recht ist, sei einem kriegsähnlichen Naturzustand vorzuziehen. Ein vernunftgeleiteter Staat sei mächtiger und unabhängiger, und ein irrationaler Tyrann würde seine eigene Macht untergraben; Spinoza hat also vom Bürger einen weniger niedrigen Begriff als Hobbes. Die staatliche Ordnung ermögliche die Unterordnung der blinden Leidenschaften unter die Vernunft, was nach Spinoza echte Freiheit bedeutet. Ein Herrscher könne die Gedanken nicht kontrollieren, und ihren Ausdruck solle er nur einschränken, wenn sonst die Sicherheit des Staates gefährdet wäre – eine ziemlich erdrückende Bedingung. Anders als Hobbes zog er die Aristokratie der Monarchie vor, doch wie er ordnete er die Beziehungen zwischen souveränen Staaten dem Naturzustand zu.

Ein klassische Synthese der Vertrags- und Naturrechtsansätze zu einer völlig säkularen Rechtfertigung der Herrschaft lieferte Pufendorf, der wie Spinoza und Locke 1632 geboren wurde, aber sein Hauptwerk schon 1672, fast zwei Jahrzehnte vor Lockes *Treatises on Government*, veröffentlichte. Das Naturrecht könne im Naturzustand von der natürlichen Vernunft erkannt werden, und es ist das Grotiussche ethische Recht und nicht Hobbes' egoistische Klugheitsregeln. Das Eigentum ist für jede Form menschlichen Lebens wesentlich und geht der Staatsgewalt voraus. Diese wird durch die Unvernunft der meisten Menschen nötig, die sich in sozialen Konflikten ausdrückt. Wie Althusius und in gewissem Maße später Locke unterscheidet er zwei Verträge: der eine schafft die bürgerliche Gesellschaft, indem durch Mehrheitsbeschluß ein Souverän eingesetzt wird, der andere besteht zwischen diesem und der Gemeinschaft. Der Souverän ist daher nicht nur durch das absolute und unveränderliche Naturrecht eingeschränkt, sondern auch durch das Gemeinwohl, das er kraft des zweiten gedachten Vertrages zu fördern hat. Die Entscheidung, wann er das etwa nicht getan hat, wird wenig hilfreich dem Urteil »vernünftiger Menschen« übertragen – ein schwacher Nachklang der repräsentativen Versammlungen der *Vindiciae* hundert Jahre zuvor.

Miltons politische Theorie, die zwischen der Hinrichtung Karls I. 1649 und dem endgültigen Zusammenbruch des Commonwealth 1660 entstand, ist viel kühner und konsequenter liberal als alles Bisherige. Die Menschen sind von Natur aus frei und haben ein natürliches Recht auf Selbsterhaltung. Sie können Könige und Magistrate wählen, doch solche Vereinbarungen sind nicht ewig gültig, wenn sich die mit der Macht Betrauten einer schweren Verfehlung schuldig machen, und sie können einvernehmlich beendet werden – vielleicht ist das eine Parallele zu Miltons Einstellung zur Ehescheidung. Mit einem hübschen argumentum ad hominem gegen die Theoretiker des Gottesgnadentums fragt er: Wenn die Wahl eines Königs eine Handlung Gottes ist, sollte man dann seine Absetzung nicht ebenso sehen? Er spricht sich für religiöse Toleranz und Pressefreiheit mit der Begründung aus, daß Freiheit für die Betätigung der Vernunft notwendig sei, des eigentlich Menschlichen und die Würde des Menschen Ausmachenden. Doch Demokrat ist er nicht. Die beste Regierungsform ist die parlamentarische Oligarchie, gewählt von den Besitzenden.

Eine interessante Variante dieser Herrschaft der Besitzenden findet sich in James Harringtons *Oceana*, ebenfalls im Interregnum 1656 erschienen. Hobbes wird vorgehalten, er habe übersehen, daß das Militär auf Wirtschaftskraft angewiesen sei. Soll eine Regierung stabil sein, so müsse ihre Form die herrschende Besitzverteilung widerspiegeln (für Harrington die des Landbesitzes). Die reine Monarchie sei nur stabil, wenn der König das meiste Land besitze; die »gemischte Monarchie« nur, wenn es auf den König und ein paar große Adelige zutreffe; ein »Commonwealth« oder eine Republik erfordere eine breite Streuung des Besitzes. Die Verteilungswirkungen der Rosenkriege und der Auflösung der Klöster bedeuteten, daß England reif für die Republik war. Ein Landgesetz mit einer Obergrenze für den Besitz und einem Ausschluß des Erstgeburtsrechts würde diese breite Streuung unterstützen. Etwas von Miltons Platonischem Elitismus schwingt in dem Vorschlag mit, die Regierung solle bestehen aus einem Senat, der Gesetzesvorschläge ausarbeitet, einem stärker volksverbundenen Rat, der über die Vorlagen entscheidet, und einem Magistrat zu ihrer Ausführung.

Als sich die Regierung Karls II. ihrem Ende zuneigte, führte die Aussicht auf die Nachfolge seines streng katholischen Bruders zur Krise. Der Versuch der Partei von Lockes Schirmherrn Shaftesbury, ihn zu blockieren, führte zur Veröffentlichung von Robert Filmers *Patriarcha* etwa 40 Jahre nach der Entstehung und 30 Jahre nach dem Tode des Verfassers. Das Gottesgnadentum der Könige wird gegen die Kontrolle der Krone durch

Volk oder Parlament mit einer wenig überzeugenden Argumentation verteidigt, die sich auf die Übertragung königlicher Autorität durch Gott auf Adam und ihre Weitervererbung stützt. Wesentlich überzeugender war die Kritik des Begriffs der Volksherrschaft: Das Volk sei keine Institution; ohne ein höchstes Gesetzgebungsorgan gebe es keine Regierung. Filmer wurde seinerseits von Algernon Sidney (der 1683 hingerichtet wurde) in den nach seinem Tode veröffentlichten *Discourses* sorgfältig kritisiert. Die republikanische Gesinnung, die Sidney mit Milton und Harrington teilte, erregte den Unwillen Cromwells und wurde in der folgenden englischen politischen Theorie unterdrückt, wurde aber zur vorherrschenden englischen politischen Praxis seit der Thronbesteigung Georgs I. im Jahre 1714 bis mindestens zur Reform Bill von 1832.

Das 18. Jahrhundert

Der Staat der Aufklärung – Das Europa des 18. Jahrhunderts war die Epoche des aufgeklärten Despoten. Er war das Ideal verschiedener typischer Theoretiker wie Voltaires und des Bolingbroke von *The Patriot King*. In der Praxis gab es etliche mehr oder weniger starke Annäherungen an das Ideal. Am nächsten kam ihm Joseph II., österreichischer Kaiser von 1765 bis 1790, der ein umfangreiches und nur teilweise erfolgreiches Reformprogramm durchführte, darunter die Abschaffung der Leibeigenschaft, der Folter und der Todesstrafe. Katharina die Große, russische Kaiserin von 1762 bis 1796, Schirmherrin Diderots, kam der aufgeklärten Herrschaft so nahe, wie es die barbarischen Verhältnisse in Rußland erlaubten. Friedrich der Große, preußischer König von 1740 bis 1786, Gönner Voltaires, war in der Theorie aufgeklärter als in der Praxis; in seiner Jugend schrieb er eine moralische Kritik des Machiavellismus. Die Regierung Ludwigs XV. in Frankreich war in der Praxis aufgeklärter als in der Theorie. Das ancien régime blieb in den sechs Jahrzehnten von 1715 bis 1774 formal in Kraft, doch es gab genug Gedankenfreiheit und Ausdrucksmöglichkeiten für die außerordentliche geistige Produktion der französischen Aufklärung. Selbst das rückständige und klerikale Spanien hatte in Karl III. einen wohltätigen und reformerischen König, der von 1759 bis 1788 regierte und die Jesuiten vertrieb. Der letzte aufgeklärte Despot war vielleicht Napoleon, oder auch Alexander I. von Rußland, jedenfalls bis er einem mystischen Christentum anheimfiel.

In England lagen die Dinge wesentlich anders. 1689 wurde Wilhelm III. vom Parlament zum Nachfolger des abgesetzten katholischen Jakob III. berufen, wobei die parlamentarische Grundlage seines Thronanspruchs feierlich bekräftigt und seine Befugnisse durch eine Bill of Rights eingeschränkt wurden. Mit dem Tode von Anne, der Schwester seiner Gemahlin, im Jahre 1714 ließ sich das Problem der protestantischen Nachfolge nicht mehr dadurch zurechtbiegen, daß die protestantischen Töchter des abgesetzten Jakob auf den Thron gesetzt wurden. Die anschließend berufenen Könige aus dem Hause Hannover wiesen mit Ausnahme Georgs III. beschränkte Fähigkeiten und schlechte Charaktere auf. Die ersten beiden sprachen kaum Englisch und interessierten sich mehr für Hannover als für England. Als letzter britischer Monarch hat Anne gegen ein vom Parlament beschlossenes Gesetz ein Veto eingelegt. Die Whigs, eine von den größeren Grundbesitzern beherrschte Partei, die stark an dem wachsenden Handel des Landes beteiligt waren, hat-

Joseph II., österreichischer Reformkaiser von 1765 bis 1790, wird auf diesem Porträt Joseph Hickels in der Uniform der Kaiserdragoner gezeigt.

ten bis zum Tode Georgs II. 1760 das Heft in der Hand. Sein Enkel Georg III. versuchte eine Zeitlang, zu herrschen und nicht bloß zu regieren, scheiterte aber mit dem Verlust der amerikanischen Kolonien. Mit dem Amtsantritt des Premierministers William Pitt 1784 zog sich der König endgültig aus der direkten Politik zurück, nicht zu spät angesichts der periodischen geistigen Umnachtung, die ihn ein paar Jahre später befiel. Die Monarchen, die ihre Position in aller Form dem Parlament verdankten, leisteten durch ihre eigenen Charakter- und Geistesschwächen ihrer weitgehenden Marginalisierung Vorschub. Als Ergebnis wurde England, wie H. G. Wells sagte, eine gekrönte Republik, in der die tatsächliche Verfassung milde unter einem dünnen Schleier monarchischen Dekors verborgen war. Bis zur Mitte des Jahrhunderts und der Niederschlagung des zweiten Jakobineraufstands 1745 bestand eine gewisse Gefahr, daß die dem Katholizismus und dem

Gottesgnadentum ergebenen Stuarts zurückkehren würden. Doch der persönliche Charme eines Charles Edward Stuart konnte ihm auch keine nur einigermaßen genügende Unterstützung verschaffen. Die Briten fanden sich bald mit der unattraktiven Dynastie ab, die bis heute auf dem Thron sitzt.

Locke und Hume – Locke verlieh den Grundsätzen der *Glorious Revolution* von 1688-89 theoretischen Ausdruck, er inspirierte das politische Denken der französischen Aufklärung (nicht freilich das der Jakobiner der französischen Revolution) und lieferte das geistige Gerüst der amerikanischen Unabhängigkeitserklärung; er ist zweifellos der einflußreichste politische Denker, noch vor einem Platon, Aristoteles, Hobbes, Rousseau und Marx. Seine *Treatises of Government* erschienen 1690, gleich nach dem Regierungantritt von Wilhelm und Mary, und in einigen Zügen waren sie stark auf die lokalen politischen Verhältnisse des Augenblicks zugeschnitten. Doch es besteht kein Zweifel, daß die Hauptlinien von Lockes politischer Theorie mindestens zehn Jahre früher ausgearbeitet wurden.

In einem ersten Buch widmet er sich ausschließlich der scheinbar unwürdigen Aufgabe, die Argumente Filmers zu demontieren – die einzige vorliegende ernstzunehmende Verteidigung der monarchistischen Position. Das geschieht sehr ausführlich und mit überlegener Leichtigkeit.

Die zweite *Abhandlung* beginnt mit einer Darstellung des Naturzustands, des sozialen Lebens einer Menschheit ohne Herrschaft. Mit Aristoteles geht er davon aus, daß der Mensch seinem Wesen nach sozial veranlagt und vernunftbegabt sei, dies jedenfalls in solchem Maße, daß er das Naturrecht anerkennt, wonach man des anderen Leben, Freiheit und Eigentum zu achten hat. Ganz unempiristisch erklärt er moralische Wahrheiten für ebenso beweisbar wie mathematische und das Naturrecht für allgemeingültig und der Vernunft unmittelbar einleuchtend. Im Naturzustand haben die Menschen das Recht, sich gegen Verletzungen ihrer natürlichen Rechte zu wehren. Doch das ist, wie er es ausdrückt, untunlich. Sie sind vielleicht zu schwach, um ihre Rechte zu schützen, oder zu parteiisch, wenn eine Rechtsverletzung zur Frage steht. Ungerechtigkeit und Konflikt sind unvermeidlich. Ein paar Bösewichter können den Naturzustand in einen Kriegszustand verwandeln. Daher einigen sich die Menschen darauf, ihr natürliches Recht auf »die Verwirklichung des Naturrechts«, seine Verkündung, Anwendung und Durchsetzung einer gemeinsamen Obrigkeit zu übertragen und deren besondere Form durch Mehrheitsbeschluß festzulegen.

Die Ausführung dieser gemeinsamen Absicht schafft nach Locke eine »Gemeinschaft«. Es handle sich hier nicht um einen zweiten Vertrag zwischen Regierung und Gemeinschaft, sondern erstere übernehme treuhänderisch die Aufgabe, die ihr nicht übertragenen Rechte der letzteren zu schützen. Dieses Treuhandverhältnis kann durch Tyrannei gebrochen werden, wenn die Regierung die den Bürgern verbliebenen natürlichen Rechte verletzt, oder durch Usurpation, wenn ein Teil der Staatsgewalt die Funktionen eines anderen übernimmt (etwa wenn die Stuartkönige ohne das Parlament regierten). Wird eine Regierung aufgelöst, oder verwirkt sie ihre Macht, so fallen die Bürger nicht in den Naturzustand zurück, sondern in den der Gemeinschaft, deren Mitglieder sich gemeinsam eine Regierung zum Schutz ihrer Rechte wünschen. Der Vertrag ist im Unterschied zu dem Treuhandverhältnis unwiderruflich. Locke betont, seine Überlegungen zur Auflösung einer Regierung seien keine Aufforderung zu ständigem Aufstand. Die Menschen müßten schon stark provoziert werden, ehe sie rebellieren, und es müßten sich darin auch erst genug Menschen einig sein, um einen Erfolg wahrscheinlich zu machen.

Locke hielt den Vertrag für ein geschichtliches Ereignis. Da es Herrschaft schon überall in vorgeschichtlicher Zeit gegeben hat, könne es dafür freilich keine Dokumente geben. Den Menschen, die in existierenden Staaten geboren wurden, wird unterstellt, daß sie sich *stillschweigend* zum Gehorsam verpflichtet hätten, und dazu genüge es schon, wenn sie »einfach nur auf der Landstraße reisen« oder überhaupt die Vorteile des Bürgerseins etwa in Form eines vererbten Besitzes angenommen haben. Interessanter und weniger rückwärtsgewandt ist seine Analyse der Entstehung des Eigentumsrechts. Man erwirbt jedes herrenlose Ding, dem man »seine Arbeit beigemischt« hat, dem man Wert verliehen hat, indem man es gesammelt oder gejagt oder gepflügt hat usw. Für die Menge des berechtigten Besitzes gibt es zwei Grenzen: Man darf sich nicht mehr nehmen, als man verwenden kann, und es muß genug ebenso Gutes für andere übrigbleiben. Die erste Bedingung wird dadurch abgeschwächt, daß nach Locke Geld nicht verdirbt und nur durch Vereinbarung wertvoll ist, so daß die Menschen stillschweigend anerkannt hätten, daß man beliebig viel davon anhäufen darf.

Locke unterscheidet die gesetzgebende und die ausführende Gewalt; erstere ist übergeordnet, aber nicht ständig aktiv. Übergeordnet ist sie, weil sie der unmittelbarste Ausdruck der Gemeinschaft sei, der höchste, wenn auch für gewöhnlich inaktive Souverän. Das Problem, wie das Bedürfnis des Staates nach Steuereinkünften mit dem natürlichen Eigentumsrecht zu vereinbaren ist, wird etwas schwächlich mit dem Hinweis erledigt, alle Steuern müßten von der Legislative genehmigt sein. Über die von der Staatsgewalt zu schützende Freiheit läßt sich Locke nicht sehr genau aus. Jedenfalls scheint wesentlich die Religionsfreiheit dazuzugehören, der Gegenstand seiner Schriften zur Toleranz. Trotz seiner allgemeinen Verbeugung vor Hooker teilt er nicht dessen Meinung, es müsse eine einzige, allumfassende Kirche für die Gemeinschaft geben. Im Geiste der Independenten oder Kongregationalisten (der Sekte Cromwells) bestimmt er eine Kirche als eine freiwillige Vereinigung, deren außerweltliche Ziele sie vom Staat unterscheiden. Die von ihm befürwortete Toleranz hat auch Grenzen: Katholiken wird sie als Untertanen eines fremden Monarchen, des Papstes, nicht zuteil, und Atheisten nicht, weil sie keinen Grund hätten, Versprechen zu halten.

Hobbes wird in der zweiten *Abhandlung* wenig erwähnt, doch er ist ständig hinter den Kulissen präsent, vor allem in der allgemeinen Struktur der Theorie, die Locke vollständig übernimmt, aber mit einem völlig entgegengesetzten Inhalt füllt. Der Natur- und der Kriegszustand, der Vertrag, die Unterscheidung zwischen den übertragenen und den zurückbehaltenen Rechten, alles ist wieder da, aber mit völlig anderen Konsequenzen. Lockes Naturzustand ist nicht unausweichlich ein Kriegszustand, er droht nur in diesen abzugleiten. Im Vertrag wird nur ein Recht aufgegeben, bei Hobbes dagegen nur eines behalten, das Lebensrecht. Beide unterscheiden Kirche und Staat; Hobbes macht die Kirche zu einer Abteilung des Staates, Locke verweist sie in die Privatsphäre. Doch bei allen Unterschieden sind beide durch und durch säkularistisch und letzten Endes beide Vertreter der Volkssouveränität, wenn auch alles andere als Demokraten.

Lockes politische Schriften wurden gewissermaßen zum heiligen Text des Whiggismus des 18. Jahrhunderts. In England regten sie wenig neue Gedanken an, es gab dort auf fast hundert Jahre wenig interessante politische Theorie, während Lockes Botschaft in Frankreich eine einflußreiche und interessante Weiterentwicklung erfuhr. Aus dem 18. Jahrhundert sind nur noch zwei britische Denker erwähnenswert: am Rande der voluminöse Bolingbroke, etwas nachdrücklicher Hume, der früheste und nachdrücklichste Kritiker der Lockeschen Naturrechts- und Vertragstheorie auf Lockes eigener säkularistischer, empiristischer Grundlage.

Bolingbroke hat unter seinem schlechten Ruf gelitten. Er verband eine bemerkenswerte Begabung mit ebenso bemerkenswerten Charakterschwächen; seine politische Karriere endete nach glänzenden Anfangserfolgen in einem vollständigen und lange sich hinziehenden Scheitern. Johnson und Burke mißbilligten seinen deistischen Angriff auf das Christentum, doch seine Zeitgenossen Swift, Pope, Voltaire und (was immer man davon halten mag) Lord Chesterfield bewunderten ihn zutiefst. In der praktischen Politik war er der zäheste Gegner der Finanzinteressen, die sein Hauptgegner Walpole anführte und in denen er eine Untergrabung der »althergebrachten Verfassung« und ihrer durch ein Machtgleichgewicht geschützten Freiheiten erblickte, indem die Legislative einer mit Bestechungen arbeitenden Exekutive dienstbar gemacht wurde. Das wurde auf theoretischer Ebene mit einer Kritik an Lockes Individualismus und seiner abstrakt rationalistischen Auffassung des Naturrechts und der natürlichen Rechte untermauert. Die Unterordnung war für ihn in allen Entwicklungsstadien der Menschheit etwas Natürliches, sie sei schon vor der bürgerlichen Gesellschaft in der Familie vorhanden gewesen und habe sich bruchlos in sie fortgesetzt. In seinen Schriften zur Religion verwarf er Lockes quasi-mathematische Auffassung der Moral und des Naturrechts und erklärte diese konsequent im Sinne von Lockes Empirismus für auf das allgemeine Glück gerichtet. Wie Hume und im Unterschied zu Bentham setzte er den Utilitarismus zu konservativen und nicht zu reformistischen Zwecken ein.

Hume war ein knapperer und weitaus gefährlicherer Kritiker der Vertrags- und Naturrechtstheorie. Er schrieb eine Reihe politischer Essays, die einen »idealen Staat« auf den Spuren Harringtons skizzierten und behaupteten, bis zu einem gewissen Grade lasse sich »die Politik auf eine Wissenschaft zurückführen«. Sein theoretischer Hauptbeitrag findet sich auf den wenigen Seiten seines Essays *Of the Original Contract*, der eine wesentliche Neuorientierung der Hintergrundannahmen der politischen Theorie ankündigte oder sogar konkret einleitete. Er läßt gelten, daß die ersten Staaten durch einen Vertrag zwischen den verhältnismäßig wenigen Beteiligten geschaffen worden sein könnten. Doch für die aktuellen politischen Beziehungen habe das nichts zu sagen. Diese könnten nicht auf eine stillschweigende Zustimmung zurückgeführt werden. Die meisten Menschen hätten keine Ahnung davon, daß sie eine solche Zustimmung gäben; auch könne der bloße Aufenthalt innerhalb eines Staates nicht auf eine solche hinauslaufen, da die meisten keine andere Wahl hätten als da zu bleiben, wo sie sind. Die heute in der Welt vorhandenen Regierungen seien zumeist durch Eroberung oder Usurpation entstanden, doch das nehme ihnen nicht die Legitimität. Der Gehorsam ihnen gegenüber ergebe sich aus Herkommen und Gewohnheit, nicht aus irgendeiner Zusage.

Humes entscheidendes Argument gegen die Vertragstheorie lautet: Wenn die Loyalität auf Treue oder Einhaltung von Zusagen beruht, dann erhebe sich die Frage, warum man Zusagen einhalten soll. Die Antwort: es ist zum Besten der Gemeinschaft. Doch genau so könne man auch fragen, warum man der Regierung gehorchen soll. Da Loyalität und Treue unmittelbar durch das allgemeine Interesse gerechtfertigt werden könnten, sei es »ein unnötiger Umweg«, jene mit dieser zu begründen. Beide, zusammen mit der Achtung des Eigentums – die merkwürdigerweise mit der Gerechtigkeit gleichgesetzt wird –, nennt er andernorts künstliche Tugenden: Verhaltensweisen, die nur vorteilhaft sind, wenn sie allgemein befolgt werden. Ihnen stellt er die Menschenfreundlichkeit gegenüber, die auch Gutes bewirkt, wenn sie nicht zu einer allgemeinen Vereinbarung gehört, und zu der eine natürliche Neigung bestehe; man habe eine instinktive Sympathie mit anderen, ein milde Passion, die mit der Entfernung abnimmt. Ein geringer Restbestand des Vertragsdenkens ist in seinem Zugeständnis enthalten, daß bei der Aufrechterhaltung der künstlichen Tugenden ein Element der Vereinbarung im Spiele sei.

Hume scheint noch stärker als Locke die Staatsgewalt auf den Schutz oder, wie er sagt, die Stabilisierung des Eigentums zu beschränken, die viel wichtigere Sicherheit von Leben und Gesundheit bleibt unerwähnt. Gesellschaft sei ohne Staatsgewalt möglich, sie habe in Vergangenheit und Gegenwart ohne sie bestanden. Sie fängt bei der Familie an und ermöglicht das vorteilhafte Zusammenwirken mit anderen in Form von Arbeitsteilung und gegenseitiger Hilfe. Erst das Eigentum mache – wie später bei Rousseau – die Staatsgewalt nötig. Bei Bolingbroke war der Staat weniger das Ergebnis eines Vertrags als das eines Handels gewesen, und Hume entwickelt das weiter: die Loyalität liege im aufgeklärten Eigeninteresse. Hobbes war in gewissem Sinne ebenso verfahren, doch das Eigeninteresse, auf dem sein Souverän beruhte, war zu verängstigt, um annehmbar zu sein. Hume war nicht ganz Utilitarist. Bei ihm erklärt die Erwartung des Nutzens die moralischen Reaktionen, statt daß ihm der Nutzen selbst zu ihrer Begründung diente. Doch da er dazu tendierte, das Gewohnte als das Vernünftige anzusehen, ist der Unterschied gar nicht so groß. Über Helvétius und Beccaria führte der Utilitarismus, dem er sich näherte, zu der konsequenten Lehre Benthams und der philosophischen Radikalen.

Frankreich im 18. Jahrhundert: Montesquieu und die »philosophes« – Lockes Lehre hatte in Frankreich so ziemlich die Wirkung von Alkohol auf einen leeren Magen. In England stützte sie eine im wesentlichen konservative Revolution gegen absolutistische Neuerungen, sie schützte das Parlament, das common law und die etablierte Kirche vor der Gefahr der katholischen Despotie. In Frankreich hatte sich die katholische Despotie schon lange etabliert, und es gab gegen sie keine ernsthaften institutionellen Schranken. Ludwig XV. war in der Praxis liberaler oder doch lässiger als sein Großvater, man konnte die bestehende Ordnung in Kirche und Staat in gewissen Grenzen kritisieren, wenn auch nicht immer ohne Risiko. Voltaire war Lockes glühendster und wirksamster Fürsprecher in Frankreich; doch es ging ihm in erster Linie um die Kirche als Unterdrückerin der geistigen Freiheit und damit des Fortschritts, den man sich von ihr erhoffen konnte.

Lockes Ruf stieg durch seine Verbindung mit Newton, der die Naturwissenschaft mit seinem allumfassenden und allgemeingültigen System zum Abschluß gebracht zu haben schien. Englands weltlicher Erfolg, sein Sieg über Frankreich im spanischen Erbfolgekrieg und wieder im Siebenjährigen Krieg Mitte des Jahrhunderts, der zur Übernahme der mei-

Lord Bolingbroke, konservativer Premierminister Königin Annes, fiel nach deren Tod in Ungnade und widmete sich der politischen Theorie und dem Journalismus als Gegner der Whig-Kabinette Robert Walpoles.

sten französischen Besitzungen in Indien und Nordamerika führte, zeigte, daß ein verhältnismäßig kleiner liberaler Staat einen großen despotischen überrunden konnte.

Montesquieu ist der bedeutendste der politischen Theoretiker Frankreichs im 18. Jahrhundert, hat aber mit der Hauptgruppe der *philosophes* nichts zu tun. Sein *Esprit des lois* von 1748 ist größtenteils ein weitschweifiger Versuch einer Soziologie der Politik mit der These, daß ein Staat, um stabil zu sein – was ja im allgemeinen der Fall ist –, auf viele verschiedene Bedingungen abgestimmt sein müsse: Klima, geographische Gestalt, Beschäftigungen und Nationalcharakter der Bewohner. Er unterscheidet drei Hauptarten von Staaten, die jeweils durch Größe, Klima und Herrschaftsprinzip gekennzeichnet sind. Die Despotie paßt für große Staaten mit heißem Klima und stützt sich auf die Angst. Die sogenannte gemischte Monarchie (z.B. England) paßt für mittelgroße Staaten mit gemäßigtem Klima und stützt sich auf die Ehre. Die Republik paßt für kleine Staaten mit kaltem Klima und stützt sich auf die Bürgertugend. Diese Denkweise steht faktisch dem universalistischen Rationalismus kritisch gegenüber, für den es nur ein einziges Naturrecht für die ganze Menschheit gibt (das bestreitet Montesquieu nicht, aber es spielt bei ihm eine geringe Rolle) und eine universale menschliche Natur, was selbst der skeptische Hume für ausgemacht hielt. Montesquieus Erweiterung des politischen Denkens war nicht viel einflußreicher als das ungefähr gleichzeitige und brillantere historische System Vicos mit seiner zyklischen Aufeinanderfolge von Zeitaltern der Götter, Helden und Menschen und dem Zusammenhang zwischen allen Seiten der Kultur eines Volkes: Sprache, Literatur, Religion und Politik. Vicos Vorausnahme des Historismus des 19. Jahrhunderts gipfelte schließlich in der weitgespannten, faszinierenden historischen Systemkonstruktion Spenglers. Die Soziologie im heutigen Sinne verdankt Montesquieu und Vico weniger als den solideren Ideen Adam Fergusons in seinem *Essay on Civil Society*.

Montesquieu verband seine distanzierte, relativistische Übersicht über die gesamte ihm zugängliche politische Erfahrung der Menschheit mit einer Begeisterung für eine sehr viel engagiertere Freiheit. Seine Definition ist wenig eindrucksvoll: es ist die Möglichkeit, rechtmäßig zu handeln. Gleichzeitig erkennt er an, daß das bestehende Recht reformbedürftig sei. Jedenfalls wird die Freiheit – die die Briten haben und die Franzosen nicht – mit einer institutionellen Regelung in Verbindung gebracht: der Gewaltenteilung. Der lange Kampf zwischen Parlament und Krone von Elisabeth bis zur Ankunft der Hannoveraner verlieh dieser Sicht der britischen Verfassungspraxis Farbe. Montesquieu übernahm sie von Bolingbroke (der die Gewaltenteilung durch Walpoles Programm der Korrumpierung des Parlaments gefährdet sah) und reichte sie an Blackstone weiter. Ob nun richtig oder nicht, sie spielte jedenfalls eine wesentliche Rolle beim Entwurf der amerikanischen Verfassung. Die geschichtliche Erfahrung des unabhängigen Amerika bestätigt Montesquieus Theorie. Am Rande sei seine wirkungsvolle Verurteilung der Sklaverei vermerkt. Gegen Locke z.B. sieht er kein Recht, Kriegsgefangene zu töten oder zu verkaufen.

Der politisch bedeutendste der eigentlichen *philosophes* war Helvétius. Er verband eine abstrakt rationalistische Sicht der menschlichen Natur – eine Verallgemeinerung der Lockeschen Lehre, der menschliche Geist sei anfänglich ein leeres Blatt und werde völlig von Umwelteinflüssen geprägt – mit einer Ablehnung seiner rationalistischen Ethik zugunsten eines klaren und ausdrücklichen Utilitarismus. Die Moral ist nicht angeboren, sie muß aus der Erziehung hervorgehen. Problem ist die Vereinbarung dessen, was die Menschen als ihr Interesse ansehen, mit dem Gemeininteresse, dem Kriterium der Moral. Helvétius erkannte wie sein Schüler Bentham, daß die Freiheit nicht unbedingt durch den Gemeinnutzen gefordert werde. Und er fragte nicht einmal, ob aus dem Utilitarismus die Demokratie folge, was Bentham am Ende glaubte. Die *philosophes* waren im allgemeinen Liberale, aber keine Demokraten. Sie wollten geistige und religiöse Freiheit, damit eine aufgeklärte Elite die Vernunft dem Fortschritt und allgemeinen Glück dienstbar machen könne. Doch für die Herrschaft der Massen waren sie nicht. Das war Rousseaus grundlegende Neuerung.

Jean-Jacques Rousseau (1712-1778) – Rousseaus politiktheoretisches Hauptwerk trägt den Titel *Der Gesellschaftsvertrag*, doch der Vertrag spielt darin keine wesentliche Rolle, ebensowenig die natürlichen Rechte oder das Naturrecht, während vom Naturzustand ständig die Rede ist. Rousseau war fast klinisch paranoid, ein hoffnungslos unsozialer Mensch – den größten Teil seines Lebens faktisch im Naturzustand gegenüber der übrigen Menschheit, ein gemeiner Wilder.

Vor seinem Hauptwerk schrieb er drei Abhandlungen. Die über die Künste und Wissenschaften lastete diesen die Verderbnis des ursprünglich naiven, primitiven Menschen durch unnötigen Luxus und künstliche Bedürfnisse an. Die Zivilisation habe die Menschheit versklavt. In der Abhandlung über die Ungleichheit wird der natürliche Mensch eingehender beschrieben. Er ist ein vormoralisches, trotzdem unschuldiges Wesen, unabhängig von anderen und somit kein Schädiger und kein Geschädigter. Er ist nicht in erster Linie Vernunftwesen, sondern von seinen Gefühlen zum Handeln bewegt, vor allem vom eigenen Interesse und vom Mitleid für andere. Verbrechen und Konflikt kommen in die Welt durch die Aneignung, und das führe zur Schaffung einer unterdrückerischen Staatsgewalt. In der Abhandlung über die politische Ökonomie taucht zum erstenmal sein berühmter Begriff des Gemeinwillens auf, der beherrschende Zentralbegriff seines politischen Denkens.

Im *Gesellschaftsvertrag* soll der Gemeinwille das Problem lösen, wie sich die Menschen einer Regierung unterordnen und doch so frei bleiben können wie zuvor. Er entsteht, indem Menschen ihre ganzen Machtbefugnisse (es wird nicht wie bei Locke von Rechten gesprochen) der Gemeinschaft übertragen und sie dann in einer höheren, moralisierten Form zurückbekommen. Der Gemeinwille ist seinem Wesen nach auf das Gemeinwohl gerichtet und hat immer recht, während das, was als dieser Gemeinwille erscheint, dem alle oder die Mehrheit zustimmen, sich irren kann. Der Gemeinwille ist nicht identisch mit dem Willen aller. Andererseits kann der Mehrheitswille ein Indikator für ihn sein, wenn bestimmte Bedingungen erfüllt sind.

Ganz wichtig ist die Bedingung, daß sich der Gemeinwille, die souveräne Gemeinschaft, nur mit ganz allgemeinen Angelegenheiten befassen sollte. Spezielle Anwendungen der von ihm verkündeten Gesetze sind Sache des »Fürsten«, der Regierung, die von der souveränen Gemeinschaft bevollmächtigt und von ihr ganz verschieden ist. Die Souveränität des Gemeinwillens ist unveräußerlich, sie findet sich nicht in den Entscheidungen der repräsentativen Organe, die wie alle anderen partiellen Vereinigungen einen eigenen Pseudo-Gemeinwillen entwickeln, der auf ihre speziellen Interessen gerichtet ist. Daraus folgt, daß es keine unabhängige Kirche geben kann; es muß eine bürgerliche Religion mit einer mehr oder weniger deistischen Minimallehre geben. Es folgt auch in der Praxis, daß ein Staat, um einen wirksamen Gemeinwillen zu haben, so klein sein muß, daß sich alle aktiv und unmittelbar an der Gesetzgebung beteiligen können. Die Kommentatoren haben in dieser konsequenten Einstellung Rousseaus Treue zu seiner Heimat, dem Stadtstaat Genf erkennen wollen.

Der Bürger einer geeinten Gemeinschaft tauscht seine natürliche Freiheit gegen etwas Besseres ein, die moralische Freiheit. Der Gemeinwille drückt den eigentlichen Willen der Bürger aus, die ihn gemeinsam schaffen. Mit seiner Anerkennung erlangen sie eine Art moralischer Reife. Das Problem, wie aus naiven, vormoralischen Menschen moralische Wesen werden, wird mit einem Mythos gelöst: dem Gesetzgeber der ursprünglichen Gesetze, deren Einhaltung die Bürger sozialisiert und moralisiert. Das Vorhandensein eines solchen Deus ex machina ist wohl ein ganz besonderer Glücksfall, auf den man sich normalerweise kaum verlassen kann. Spätere Anhänger von Rousseaus Idee, daß der Staat den eigentlichen Willen seiner Bürger ausdrücke, deuteten sie als die geschichtliche Sozialerfahrung der Gemeinschaft, eine langdauernde moralische Entwicklung und nicht als die magische, einmalige Handlung eines gesetzgebenden Halbgotts.

JEAN-JACQUES ROUSSEAU zeigt auf diesem zeitgenössischen Stich dem Betrachter seine Oper *Le devin du village. Der Gesellschaftsvertrag* liegt, scheinbar unbeachtet, auf der Erde.

Rousseau bemerkt einmal, die Demokratie sei unrealistisch, zu gut für eine unvollkommene Menschheit. Vielleicht meinte er, die Regierung dürfe nicht von demokratischer Form sein, weil die ganze Gemeinschaft sich nicht bei ihrer Gesetzgebung, die den Gemeinwillen verwirklicht, auf das Gemeinwohl beschränken und gleichzeitig die nötigen speziellen Anwendungen dieser Gesetze durchführen könne. Jedenfalls erlegt er dem Fürsten starke demokratische Beschränkungen auf: das souveräne Volk soll regelmäßig und ziemlich häufig einberufen werden, um Verfassungsänderungen zu erwägen und über die weitere Besetzung der Ämter zu entscheiden. Allerdings scheint die zweite Bestimmung der Forderung zu widersprechen, daß sich der Gemeinwille auf allgemeine Fragen beschränken sollte; Amtsinhaber sind ja spezielle Personen.

Eine wesentlichere Schwierigkeit besteht darin, daß die einzige Gemeinschaft, deren Gemeininteresse einleuchtenderweise mit dem moralisch Richtigen gleichgesetzt werden kann, die ganze Menschheit ist (vielleicht sogar alle empfindenden Lebewesen). Im Rahmen der ganzen Menschheit ist ein kleiner Rousseauscher Volksstaat lediglich eine partielle Vereinigung. Um dieses Hindernis auszuräumen, müßte er festlegen, daß der Gemeinwille eines kleinen Staates nur dann moralisch richtig ist, wenn er von allen anderen Staaten völlig unabhängig ist – nicht gerade ein realistischer Standpunkt.

Die anschließende politische Geschichte der zivilisierten Welt hat Rousseau den Vorwurf eingetragen, er habe den Totalitarismus erfunden. Gewiß hielt er es für notwendig, daß die Menschen *alle* ihre Machtbefugnisse aufgeben, wenn der Gemeinwille entstehen sollte. Er kennt keine zurückbehaltenen Rechte des einzelnen, die staatlichen Eingriffen entzogen wären. Zumindest ist sein Totalitarismus demokratisch; doch indem er die Entscheidung einer informierten und am öffentlichen Wohl orientierten Mehrheit für einen zuverlässigen Indikator des Gemeinwillens erklärte, stellte er keinen Schutz gegen die Tyrannei der Mehrheit bereit, über die sich John Stuart Mill Sorgen machen sollte. Mindestens beließ die Ungreifbarkeit des Gemeinwillens charismatischen Führern, die einen ergebenen Parteiapparat, Terrormittel und manipulierte Volksabstimmungen hinter sich haben, den Anspruch, seine maßgeblichen Verkünder zu sein. Rousseau zog die Konsequenz, daß Bürger, die sich über ihren eigentlichen Willen im unklaren sind, mit Fug und Recht gezwungen werden können, sich ihm zu fügen – sie können gezwungen werden, frei zu sein, so die berühmte Formulierung. Seinem eigentlichen Willen gemäß handeln heißt sich selbst gehorchen. Das ist Rousseaus Lösung seines eigenen Problems. Sie gestattet Zwang gegen unaufgeklärte Widerspenstige; aber gewiß nicht durch einen charismatischen Führer.

Kann Rousseau nur als recht entfernter Vorfahr des Totalitarismus gelten, so besteht andererseits kein Zweifel, daß er der einflußreichste und klarste Verfechter der Demokratie ist. So sahen ihn seine jakobinischen Bewunderer in der französischen Revolution, wenn sie auch seine Botschaft bald in diktatorischen Terror verkehrten. Etwas weniger direkt trug er zur Idee des Nationalismus bei. Die sozialen Gruppen, in denen ein Gemeinwille am wirksamsten entstehen kann, sind echte kulturelle Gemeinschaften und keine zufälligen dynastischen Konglomerate einander unsympathischer Völker. Doch diese Konsequenz zieht er nicht ausdrücklich. Zusammen mit der Demokratie sollte es das Leitthema des politischen Lebens Europas in der folgenden Epoche bilden.

Paine und Godwin – Thomas Paine war der einflußreichste der englischen Radikalen des späten 18. Jahrhunderts; er war Exponent einer Anschauung, die seit der Wiederherstellung der Monarchie der Stuarts 1660 weitgehend in den Hintergrund getreten war, nachdem sie in der Periode des Bürgerkrieges höchst aktuell gewesen war. Paine und viele andere wurden von der amerikanischen und der französischen Revolution zum Denken und Handeln angeregt. Er war ein enger Mitarbeiter Jeffersons und aktiv an der amerikanischen und bis zu ihrem Absinken in die jakobinischen Exzesse auch an der französischen Revolution beteiligt. Sein *Rights of Man* ist mehr eine Streitschrift als ein theoretisches

Werk; allgemeine Überlegungen werden überwuchert von eingehenden Diskussionen aktueller Themen. Doch die Kraft und Klarheit seiner Sprache verschaffte ihm einen großen Leserkreis.

Der erste und weniger interessante Teil war hauptsächlich eine Entgegnung auf Burkes *Reflections on the French Revolution* und löste als Antwort Burkes *Appeal from the New to the Old Whigs* hervor. Es handelt sich im wesentlichen um polemisch zugespitzte Lockesche Theorien. Die Gesellschaft, die durch unsere Bedürfnisse entsteht und ein Segen ist, wird konsequent von der Staatsgewalt unterschieden, die aus unserer Schlechtigkeit entsteht und ein notwendiges Übel ist. Es gibt natürliche Rechte – auf geistige und praktische Freiheit, auf Verfolgung des eigenen Glücks, sofern die natürlichen Rechte der anderen nicht beeinträchtigt werden, und auch auf Sicherheit und Schutz. Letztere werden dem Staat übertragen und werden damit zu Bürgerrechten. Die Staatsgewalt sollte sich nicht auf Aberglauben oder Gewalt stützen, sondern auf »das Gemeininteresse der Gesellschaft und die gemeinsamen Menschenrechte«. Daß Paine nicht zwischen diesen beiden Begriffen unterscheidet, um die sich die Hauptkontroverse zwischen den politischen Denkern seiner Zeit drehte, läßt seine theoretischen Grenzen erkennen. Nur eine Republik sei konsequent am Gemeininteresse orientiert, und in der Praxis müsse es eine repräsentative Demokratie sein. Für wesentlich hält er eine wirkliche, d.h. geschriebene Verfassung wie die der Vereinigten Staaten. Burkes Lobgesängen auf die britische Verfassung hält er entgegen, an deren Stelle stehe nur eine Sammlung politischer Gewohnheiten. Im allgemeinen ist Paine darauf bedacht, die Staatstätigkeit in möglichst engen Grenzen zu halten. Doch das interessante Schlußkapitel des zweiten Teils von *Rights of Man* über Mittel und Wege, welches das allgemeine Glück und nicht den Schutz von Rechten zum Ziel des Staates erklärt, skizziert ein eingehendes und prophetisches System der Wohlfahrtspflege. Nach Angriffen auf Handelsbeschränkungen, die finanziellen Privilegien von Firmen und Landbesitzern und die Staatsverschuldung schlägt Paine die Ersetzung der Armensteuer durch Kindergeld und Altersrente vor, was er mit einer Menge einfallsreicher Statistiken garniert. Die ungefähre Verwirklichung seiner Vorschläge hat weder die Staatstätigkeit noch die Steuerlast verringert.

William Godwin, Shelleys Schwiegervater, ein viel soliderer Theoretiker, trieb die Abneigung gegen den Staat auf die höchste denkbare Spitze. Er verband einen konsequenten Utilitarismus mit der optimistischen Annahme, daß die Menschen durch Vernunft von der Gerechtigkeit überzeugt oder dazu erzogen werden könnten, worunter er das allgemeine Glück verstand. Idealerweise sollte es überhaupt keinen Staat geben, und die Menschen sollten durch vernünftige Überzeugung zum rechten Handeln gebracht werden. Es geht ihm ebenso um die Förderung der Tugend, der Neigung zum rechten Handeln, wie um die Verwirklichung der Gerechtigkeit, wofür die Tugend der beste Garant sei. Obwohl Determinist, bestand er darauf, daß die Menschen ihr Leben unabhängig gestalten sollten, was utilitaristisch nicht ohne weiteres einleuchtet. Er ist nicht nur gegen den Staat, sondern auch gegen alle Praktiken und Institutionen, die die Autonomie des einzelnen einschränken, z.B. Versprechen, auch eheliche, und alle Formen der Zusammenarbeit, auch Orchester. Sein Argument gegen Versprechen ist kennzeichnend für seine erhabene Gleichgültigkeit gegenüber dem Praktischen: Das Versprochene liegt, wenn die Zeit gekommen ist, entweder im allgemeinen Interesse oder nicht. Wenn ja, ist das Versprechen überflüssig, ich soll ohnehin das Versprochene tun; wenn nein, sollte ich das Versprechen nicht halten. Ähnlich: Wenn ich aus einem Feuer nur einen Menschen retten kann, dann sollte ich eine wichtige Person statt eines Verwandten retten, der weniger zum Gemeinwohl beitragen würde.

Tom Paine unterstützte die amerikanische Unabhängigkeit in den 1770er und die französische Revolution in den 1790er Jahren; doch er wurde von Robespierre eingekerkert, nachdem er sich gegen die Hinrichtung Ludwigs XVI. gewandt hatte, und ging später in die Vereinigten Staaten.

Der Staat ist nötig, um Verbrechen zu unterdrücken und äußere Feinde zurückzuschlagen. Die erste Aufgabe läßt sich auf lokaler Ebene erfüllen. Obwohl Godwin die Mafia kaum voraussehen konnte, erscheint das doch als zu optimistisch. Ungleichheiten des Besitzes (jedenfalls im gegebenen Grade) sind ungerecht. Der Besitz sollte an diejenigen umverteilt werden, bei denen er am meisten zum öffentlichen Wohl beiträgt. Als konsequenter Utilitarist erkennt er kein natürliches Recht auf Eigentum oder sonst irgend etwas an. Alle Staatsformen sind fragwürdig, und auch allgemeine Zustimmung führt nicht unbedingt zur Gerechtigkeit.

Godwin glaubt ebenso unbedingt an die Formbarkeit der menschlichen Natur wie Helvétius. Die Menschen können vervollkommnet, d.h. unbegrenzt verbessert werden. Sünde und Verbrechen entstehen aus Irrtum und Unwissenheit und können durch Aufklärung behoben werden. Godwin steht einer gewaltsamen Revolution zur Durchführung seiner Reformen ebenso negativ gegenüber wie den Zwängen, die er abschaffen möchte. Er ist vielleicht der allertheoretischste der politischen Denker. Alle seine außergewöhnlichen Ergebnisse werden sorgfältigst und mit unübertrefflicher Klarheit begründet, ganz wie die ähnlich erstaunlichen metaphysischen Thesen McTaggarts. Neben Godwin macht sich Bentham wie ein knochenharter Realist aus. Kein Wunder, daß Godwin nach kurzer Berühmtheit in der Versenkung verschwand, während Bentham der – aus respektvoller theoretischer Distanz agierende – Führer der größten Reformbewegung des 19. Jahrhunderts wurde. *Political Justice* erschien 1793, im Jahre des Schreckens in Frankreich, das in England der Sympathie für diese Revolution und für alle, die wie Godwin als ihre Befürworter galten – was in seinem Falle durchaus fragwürdig ist –, einen entscheidenden Stoß versetzte.

Burke – Edmund Burke (1729-1797) ist der äußerste Gegensatz zu Godwin, nicht nur in seinen speziellen Meinungen, sondern auch nach der Art ihrer Darstellung. Alle seine wichtigen politischen Schriften sind Reaktionen auf ganz aktuelle Ereignisse, die größte von ihnen, *Reflections on the Revolution in France*, auf das größte Ereignis in seiner Zeit. Und sie hatte besonders einige kühne Bemerkungen des Moralphilosophen Richard Price im Visier, nämlich daß die Regierenden gewählt, bei Mißbrauch oder Unfähigkeit abgesetzt und durch eine Regierung im Sinne der Regierten ersetzt werden sollten. Burkes Theorie ist überall von Polemik durchtränkt, von den Gegenständen eines aktiven politischen Lebenswegs. Das führte zu recht verschiedenen Interpretationen. Doch über seine Hauptgrundsätze ist man sich einigermaßen einig.

Der erste ist auf der negativen Seite eine entschiedene Abneigung gegen große und vor allem gegen gewaltsame Veränderungen, wie sie überreichlich in der französischen Revolution vorkamen. Auf der positiven Seite ist es die Achtung vor der Tradition, für das Herkömmliche und Gewohnte, für die sorgfältige Ansammlung der politischen Weisheit vieler Menschen über viele Generationen in ererbten Institutionen und Praktiken. Burke war nicht gegen jeglichen Wandel. Doch politische und vor allem Verfassungsänderungen sollten stets durch Veränderungen der nichtpolitischen Verhältnisse veranlaßt sein: »Ein Staat ohne Möglichkeit der Veränderung hat auch keine Möglichkeit zu seiner Erhaltung.« Doch der Wandel sollte stetig und allmählich erfolgen. Die Ersitzung, worunter er im juristischen Sinne »ununterbrochenen Gebrauch oder Besitz seit undenklicher Zeit« versteht, bilde den besten Herrschafts- wie auch Eigentumsanspruch.

Sein zweiter Grundsatz lautet, daß zum guten politischen Urteil keine rein oder auch nur vorwiegend rationale Erkenntnis nötig sei, vielmehr eine Art der Lebensklugheit, die durch ausgedehnte Erfahrungen in öffentlichen Angelegenheiten erworben werde und nicht wie die Geometrie am Schreibtisch ausgedacht werden könne. Die für die französische Revolution begeisterten radikalen politischen Denker mit ihren angeblich allgemeingültigen deduktiven Systemen des abstrakten Naturrechts und der abstrakten natürlichen Rechte waren für ihn ignorante, wenn auch vielleicht überzeugte Scharlatane, die in Wirklichkeit nichts von dem verstanden, worüber sie so begeistert redeten. Des weiteren ist die politische Weisheit nicht in erster Linie Einzelpersonen eigen. Sie ist ein kollektives, in den herkömmlichen Gebräuchen und Institutionen verkörpertes Ergebnis einer langen und gewichtigen Abfolge bestimmter Entscheidungen politisch fähiger Leute. Sie war für ihn nicht im strengen Sinne erblich, aber doch am ehesten bei denen zu finden, die in einer herrschenden Klasse inmitten wohlinformierter Diskussionen öffentlicher Angelegenheiten aufgewachsen sind. Burkes Ablehnung der abstrakten Theorie ist die Grundlage seines Traditionalismus.

Seinem zweiten Grundsatz liegt drittens eine Theorie der Gesellschaft und der Beziehungen des einzelnen zu ihr zugrunde. Eine Gesellschaft ist keine zufällige Ansammlung von Menschen, die sich eben zu einer Zeit ungefähr am selben Ort befinden. Sie werden zu dem, was sie – außer im einfachsten physischen Sinne – sind, durch ihre Gesellschaft. Ihr verdanken sie ihre Kultur und ihr eigentliches Menschsein, ihre moralischen Fähigkeiten und Überzeugungen, die Sprache als unentbehrliches Instrument des Denkens und Beiträge zu ihrem Geschmack, ihren gewöhnlichen Empfindungen und ihren primären Bindungen. Sie ist keine bloß äußere Vereinigung, nicht etwa »nichts Besseres als ein Geschäftsabschluß über Pfeffer oder Kaffee, Kaliko oder Tabak oder sonst etwas Niederes«, sondern konstitutiv für die soziale Identität des Menschen, der seinem Wesen nach sozial veranlagt ist.

Das ist die erste klare Formulierung des bei Rousseau vage angedeuteten Gedankens, der einzelne entwickle einen authentischen Willen, er werde durch seine Zugehörigkeit zur Gesellschaft moralisch entwickelt, das heißt also, die Gesellschaft sei ein Organismus. Die komplizierten Wechselbeziehungen zwischen ihren Teilen bedeuten, daß sie nicht ohne weiteres auseinandergenommen und wieder zusammengesetzt werden kann. Daraus folgt, daß es nur geringfügige und allmähliche Veränderungen geben darf. Die Gesellschaft ist wegen ihrer Komplexität schwer analysierbar; man kann nicht einmal die Ergebnisse bescheidener Eingriffe sicher voraussagen und muß stets bereit sein, diese zurückzunehmen.

Burkes Überzeugung, daß die Menschen zu dem, was sie sind, durch ihre geschichtlich herausentwickelten Gemeinschaften werden, und daß ihre eigentlichen Rechte diejenigen sind, an die sie sich mit der Zeit gewöhnt haben, unterstreicht den Gegensatz (den manche als Widerspruch mißverstanden haben) zwischen seiner Einstellung zur amerikanischen Revolution – und auch zu den Problemen der britischen Herrschaft in Irland und Indien – und seiner kompromißlosen Gegnerschaft zur französischen Revolution. Im Falle Amerikas, Irlands und Indiens ging es ihm um die Verteidigung der herkömmlichen Gebräuche und Rechte der betroffenen Gesellschaften. Im Falle Frankreichs verurteilte er leidenschaftlich die Gedanken und Taten von Politikern, die mit dilettantischen Gehirn-

EDMUND BURKE erscheint auf diesem Porträt von Thomas Hickey zusammen mit dem Whig Charles James Fox. Trotz des großen Unterschieds zwischen ihren theoretischen Standpunkten waren die beiden oft Bundesgenossen gegen britische Unterdrückung, sei es in Amerika, Indien oder Irland.

chirurgen zu vergleichen sind. Trotz der Ungezügeltheit und Polemik seiner Schriften stellte er auf eine bisher nie ganz erreichte Weise die Hauptgrundsätze des Konservativismus heraus. So sehr sie von Einzelheiten überwuchert waren, erschienen sie doch Wordsworth als so klar, daß er in einer Überarbeitung von *The Prelude* aus dem Jahre 1832 schrieb:

> »Er warnet, prangert an, gibt jed' System,
> das auf abstrakten Rechten ruht,
> dem Spotte preis; die Majestät verkündet
> Einrichtungen, Gesetze, die die Zeit geheiligt;
> verkündet die unbänd'ge Kraft gesellschaftlicher Bindung,
> die der Sitte teuer; und mit tiefer Verachtung
> erledigt sie eitle Theorien, hält hoch
> die Bindungen, in die die Menschen hineingeboren...«

Das 19. Jahrhundert

Der Verfassungsstaat – Zu Ende des 18. Jahrhunderts beruhten die aufgeklärten und unaufgeklärten Despotien Europas noch fast völlig auf der Landwirtschaft. Nur im verhältnismäßig undespotischen England war Industrie entstanden, hatte Wohlstand und Handel vermehrt und immer größere Menschenzahlen in großen Städten konzentriert. Ende des 19. Jahrhunderts beherrschte die Industrie das Wirtschaftsleben ganz Westeuropas und Nordamerikas. Von den drei politisch rückständigen Kaiserreichen Mittel- und Osteuropas war Deutschland zu einer führenden Industriemacht geworden; in Teilen Österreichs entwickelte sich die Industrie, und in Rußland hatte sie jedenfalls Fuß gefaßt.

Von den beiden Klassen, die die Industrialisierung geschaffen und politisch bewußt gemacht hatte, machten sich die Unternehmer in der ersten Hälfte des Jahrhunderts bemerkbar und das Industrieproletariat in der zweiten. Nach einer Periode der Stagnation und Immobilität in den ersten Jahrzehnten nach Napoleon forderte die Mittelklasse eine gewisse verfassungsmäßige Macht. In England traten daraufhin eine Reihe von Gesetzen in Kraft, die das Wahlrecht erweiterten, und in Frankreich kam es zu einer Reihe von Erhebungen, die nach dem deutschen Sieg über das Zweite Kaiserreich 1870 mit der Dritten Republik einer relativen Stabilität Platz machten. In Spanien gab es lange Kämpfe um eine Verfassung. 1848, im Jahr der Revolutionen, kam es in ganz Europa im Namen des liberalen Konstitutionalismus zu Erschütterungen. Als Hauptergebnis wurde der Liberalismus vom Nationalismus überschattet, dem 1861 die Einigung Italiens und 1870 die Deutschlands gelang, während er in Polen und bei den nationalen Minderheiten, die den größeren Teil des österreichischen Kaiserreiches ausmachten, nicht zum Zuge kam.

Die andere neue Klasse, das Proletariat, wurde von verschiedenen Formen des Sozialismus theoretisch umworben – einige idealistisch und utopisch, die Marxsche materialistisch und angeblich wissenschaftlich. Auf praktischer Ebene versuchten die Staaten, den Bedürfnissen der Armen in den Städten durch verschiedene Wohlfahrtsgesetze und durch allmähliche Legalisierung der Gewerkschaften entgegenzukommen. Die Industrie brauchte mit der Zeit eine besser ausgebildete Arbeiterschaft, ebenso das neue, technisch hochgerüstete Militär. Daher wurde allmählich ein nationales Bildungswesen für alle eingeführt.

Die beiden Phasen der politischen Theorie und Praxis des 19. Jahrhunderts wurden von zwei gleichzeitigen großen Denkbewegungen beeinflußt. Die Romantik war der Idee des Nationalen gewogen, einer gefühlsmäßigen Einheit, keiner abstrakten Personenmenge. Und in der zweiten Hälfte des Jahrhunderts beeinflußte die Entwicklungstheorie das gesamte Geistesleben. Marx widmete *Das Kapital* Darwin, und die materialistische Auffassung der Geschichte sieht in ihr einen Entwicklungsvorgang. Ebenso scharfzüngige Theoretiker wie Herbert Spencer auf der anderen Seite leiteten aus der Entwicklungstheorie die äußerste Steigerung des Wettbewerbs ab, der die Schwachen und Unfähigen ausmerzen sollte.

Die englische Bevölkerung stieg von 1800 bis 1900 trotz starker Emigration auf mehr als das Dreifache. Das politische Problem einer Epoche, die von Kriegen mehr als jede vorherige verschont blieb, war die Frage, wie die Bedürfnisse dieser neuen Stadtbevölkerung befriedigt werden konnten, und nicht zuletzt auch ihr Bedürfnis nach einer gewissen Beteiligung an den Regierungsfunktionen. Eine rasch sich wandelnde Massengesellschaft war an die Stelle der stabilen Agrargesellschaft getreten, die seit der Jungsteinzeit geherrscht hatte.

Der deutsche romantische Idealismus – Die Romantik lehnte das Newtonsche Weltbild ab, das in den Alltagsverstand eingegangen war, ein weitgespanntes System der Mechanik, das mit wohlabgegrenzten, dauerhaften Gegenständen arbeitet, deren Veränderungen mathematisch formulierbaren Gesetzen gehorchen; statt dessen bevorzugte sie als Naturbild einen organischen, stetigen Prozeß, der durch eine Art dichterischer Schau erfaßt wurde. Der Mensch war kein vorsichtiges, kalkulierendes Wesen, das mit Hilfe wissenschaftlicher Erkenntnisse seine Befriedigung maximiert, sondern schöpferischer Geist, getrieben von einem Chaos der Leidenschaften. Die Gesellschaft war keine wissenschaftlich-rationale Vorkehrung zur Vermeidung von Konflikten zwischen den Menschen bei möglichst geringen Abstrichen an ihrer individuellen Wunscherfüllung.

Für die literarischen, nichtphilosophischen Romantiker genügten Intuition und Gefühl, um die wissenschaftliche Vernunft zu unterminieren. Eine romantische Philosophie mußte auf einem diskursiveren Wege zu ihren Ergebnissen kommen. Das gelang durch Umwandlung einer zentralen Unterscheidung in der Philosophie Kants, der kein Romantiker war, wenn auch seine Ethik von Rousseau beeinflußt war, sondern ein Aufklärer. Nach Kant liefert der Verstand – den ich als die wissenschaftliche Vernunft bezeichnet habe – unser gewöhnliches und unser wissenschaftliches Weltbild, indem er Formen (die Ideen von Raum und Zeit, die Begriffe der Substanz und der Ursache) auf das formlose Chaos der Sinneserfahrung anwendet. Der Versuch, sie außerhalb der Erfahrung anzuwenden – auf die Welt als ganze, auf das Unendliche, auf das, was die Erfahrung übersteigt –, ist vergeblich und führt zu metaphysischen Illusionen. Diesen Verstandesgebrauch bezeichnete er irreführend einfach als Vernunft. Ich spreche von der metaphysischen Vernunft.

Seine Nachfolger, vor allem Fichte und Hegel, bewerteten die wissenschaftliche und die metaphysische Vernunft gerade umgekehrt. Erstere war für sie abstrakt und führte zu einer wenn auch praktisch brauchbaren Karikatur der Wirklichkeit. Die metaphysische Vernunft war eine höhere Fähigkeit, aber immer noch eine diskursive, die nach ihrer eigenen »dialektischen« Logik verfuhr, nach der alles außer der ganzen Wirklichkeit, dem Absoluten, seinen eigenen Widerspruch hervorruft, der seinerseits dasselbe tut und so eine versöhnende Synthese der ersten beiden schafft. Für die romantischen Idealisten ist die Wirklichkeit nicht nur organische Einheit, sondern auch etwas Geistiges. Kant schrieb den Ursprung des Chaos der Sinneswahrnehmungen, des passiv erfahrenen Rohmaterials der Erkenntnis, dem Ding an sich zu, den noumena. Er behauptete, es gebe eine Mehrzahl solcher Ursachen unserer Empfindungen, womit er seiner eigenen Grundthese widersprach, daß die Formen der Erfahrung auf das, was jenseits von ihnen liegt, nicht anwendbar seien. Seine idealistischen Nachfolger behaupteten, die Natur sei ein Produkt des Geistes. Nach Fichte »setzt« das primär Gegebene, das Ich, das Nicht-Ich, um ein Objekt seines Willens zu haben. Und Hegel sagte, die Idee (seine Version des Kantischen Systems der Formen) entlasse ihr partikuläres Moment aus sich heraus als die Natur, was wir hier nicht weiter zu diskutieren brauchen.

Als Theoretiker der Politik ist Kant nicht wichtig. Er erscheint als hochgesinnter Liberaler, der seine Ideen so zurechtstutzte, daß sie nicht den Zorn seines beschränkten preußischen Monarchen erregten, von dem er bereits eine scharfe Verwarnung wegen seiner Schriften zur Religion erhalten hatte. Der Vertrag machte für ihn aus einer bloßen Menge freier und gleicher Menschen ein Volk mit einem Gemeinwillen. Mit Rousseau und Montesquieu forderte er die Trennung der gesetzgebenden Gewalt, der Verkörperung des Volkswillens, von der ausführenden. Ein Staat ist im wesentlichen eine Republik, welche Form die Exekutive auch haben möge, sofern nur die Legislative den Gemeinwillen ausdrückt. So aufgeschlossen er der französischen Revolution gegenüberstand, ein Recht auf Revolution lehnte er wohlweislich ab. Interessanter ist seine Analyse der unsozialen Tendenzen des Menschen, seiner beständigen Konkurrenzhaftigkeit und Herrschsucht trotz seiner im Grunde sozialen Natur. Sie ist der Nerv des Fortschritts, muß aber durch das Recht in Schranken gehalten werden. Letzten Endes müssen auch die Nationen um des ewigen Friedens willen sich zusammenschließen und entsprechende Einschränkungen anerkennen. Hegel nahm, wie wir sehen werden, genau den entgegengesetzten Standpunkt ein.

Fichte formulierte den bei Rousseau angelegten Gedanken aus, der Mensch sei außerhalb der Gesellschaft »abstrakt«, nicht ganz Mensch. Vergesellschaftung sei eine notwendige Bedingung wahrer Freiheit. Die Herausbildung des Gemeinwillens sei wichtiger als persönliche Sicherheit und Schutz des Eigentums. Der Staat hatte zwei spezielle Aufgaben. Die erste und eher abseitige war der Ausgleich zwischen den sozialen Klassen durch Wirtschaftsplanung und vor allem das Verbot privaten Außenhandels. Die andere war die Volksbildung, die schließlich die Staatsgewalt überflüssig machen sollte – eine Vorwegnahme von Marxens Absterben des Staates aus einer unerwarteten Richtung. In seinen späteren Jahren entwickelte Fichte einen hochgesinnten deutschen Nationalismus (1807 war das besiegte und geteilte Deutschland zu schwach, um nicht hochgesinnt zu sein). Deutschland war für ihn besonders zur kulturellen und moralischen Erneuerung der Welt berufen. So wurde er unversehens zum Wegbereiter der bösartigsten Form des europäischen Nationalismus.

Hegel – Hegels politische Theorie ist Teil seiner Theorie des »objektiven Geistes«, faktisch seiner allgemeinen Sozialphilosophie. Die gesellschaftliche Ethik, wie er sie nennt, soll logisch und vielleicht auch historisch entstanden sein aus dem »abstrakten Recht« und seiner Negation, der »subjektiven Moral«, jener strengen Gewissenhaftigkeit, die Kant zum Wesen wahrer Moral erklärt hatte. Recht und subjektive Moral haben ihren Ort im Ganzen, doch sie sind beide unvollständig: das Recht ist etwas Äußeres, auf äußere Befolgung gerichtet; die subjektive Moral ist etwas Innerliches, es geht ihr um die Reinheit der Motive. Beide finden sich zusammen und werden dialektisch versöhnt in ihrer »Synthese«, der gesellschaftlichen Ethik.

Drei große gesellschaftliche Institutionen werden vor uns hingestellt. Zuerst die Familie, die unmittelbarste der menschlichen Gruppen – vielleicht sollte das heißen, sie sei biologisch determiniert und diejenige Gruppe, in der die Individualität am stärksten aufgesogen wird und das wirkliche Eigeninteresse sich nur unvollkommen vom Gruppeninteresse abhebt. Doch die Familie löst sich unvermeidlicherweise auf, wenn die Kinder erwachsen werden, sich von ihr lösen, ihrer Eigenständigkeit bewußt werden und freiwillige Beziehungen mit anderen zur Förderung gemeinsamer Interessen eingehen. Das ist die bürgerliche Gesellschaft, eine vorwiegend wirtschaftliche Organisationsform, in der die Arbeitsteilung vorherrscht und das Eigeninteresse umsichtig mit Hilfe des wissenschaftlichen Verstandes verfolgt wird. Man denkt an das England des frühen 19. Jahrhunderts, die erste Industriegesellschaft der Welt und damals größte Handelsnation, die es auf einige Zeit bleiben sollte.

Die Familie sei allgemein, da die Individualität in ihr nur latent vorhanden sei. Die bürgerliche Gesellschaft sei partikularistisch, die ihrer selbst bewußten Individuen hielten sich bei der wirtschaftlichen Zusammenarbeit auf Distanz. Die Synthese beider sei der Staat. Man denkt dabei an das Preußen zur Zeit Hegels, doch es handelt sich für ihn zu sehr um eine Idealisierung, als daß er, wie oft geschehen, als dessen sklavischer Apologet angesehen werden könnte. Im Staat »verwirklicht« sich der eigentliche Wille des Menschen, will heißen, indem er seine Interessen denen des Staates unterordnet, gewinnt er wahre Freiheit. Eine Verfassung muß jeweils den »Volksgeist« widerspiegeln, der von Volk zu Volk verschieden ist. Jedoch gibt Hegel der konstitutionellen Monarchie den Vorzug: Monarchie, weil ein Symbol für die Einheit des Staates nötig sei, und Verfassung mit Repräsentation, auf daß mit Bedacht der wahre, der Gemeinwille zur Geltung komme.

Eine interessante Besonderheit von Hegels politischer Theorie ist seine Lehre von der allgemeinen Klasse der Bürokraten und Magistrate, einer für das frühe 19. Jahrhundert abgemilderten Form von Platons Elite. Sie ist nach Hegel der spezifisch vernünftige Teil der Gemeinschaft und muß neben der Klasse der Landleute und der Unternehmer an der Gesetzgebung beteiligt sein.

Der Staat ist für Hegel einer der Gipfelpunkte in der Entwicklung des Geistes, in dem einen Sinne dessen Wirklichkeit als ein Ganzes, in einem anderen seine bewußte Erscheinung in beschränkten Individuen. In ihm erlangt der Mensch als soziales Wesen die höchste Entfaltung von Vernunft und Freiheit. Der Dienst an ihm ist seine höchste Selbstverwirklichung in der öffentlichen Sphäre. Doch über ihm steht in Hegels Hierarchie der absolute Geist, die Sphäre von Kunst, Religion und Philosophie. In der Erfüllung der

Bürgerpflichten erschöpft sich also für Hegel nicht die geistige Berufung des Menschen. Die nur allzu häufigen Eingriffe der Staaten in alle drei Sphären des absoluten Geistes werden nicht betrachtet und sind nicht vorgesehen.

Für Hegel war der Staat ganz eindeutig der sprachlich und kulturell homogene Nationalstaat, der damals in Westeuropa vorherrschte – Deutschland war eine schmerzliche Ausnahme. Für die meisten Leser Hegels schien aus seiner extremen Bevorzugung des Ganzen vor den Teilen die Notwendigkeit eines Weltstaats zu folgen. Doch ganz im Gegenteil meinte er, der Krieg sei gut für die Staaten, er stärke ihre Einheit und ihr Nationalbewußtsein. Dort, wo man eine Behandlung des Weltstaats erwarten würde, steht eine Darstellung der Weltgeschichte, in er eine orientalische, griechisch-römische und germanische Periode aufeinander folgten, worin es jeweils Freiheit für einen, für wenige und für alle gab.

Hegels Philosophie kam bald nach seinem Tode 1831 in Deutschland aus der Mode.

Der nachrevolutionäre Konservativismus – Die Ideen Burkes, des ersten großen theoretischen Gegners der Grundsätze der französischen Revolution, wurden in Kontinentaleuropa wie in England nach dem Sturz Napoleons begierig aufgegriffen, eben jenes Militärdiktators, den Burke als letztes Ergebnis der Revolution vorausgesagt hatte. De Bonald argumentierte in einem klaren, logischen Stil, der zu Burkes rhetorischem Tumult in größtem Gegensatz stand, es müsse eine einzige letzte Autorität geben, und zwar am besten einen erblichen Monarchen. Er sei auf einen Adel angewiesen, der durch erblichen Besitz gegen Korruption gefeit sei. Das Grundgesetz eines Staates müsse auf dem Herkommen beruhen und könne nicht im voraus ausgedacht und als Verfassung niedergeschrieben werden.

Einer solchen ist auch Joseph de Maistre absolut abgeneigt, der gewaltigste der französischen Reaktionäre. Staaten seien natürliche Gewächse, keine künstlichen Konstruktionen. Politische Weisheit erwachse aus der Erfahrung und einem intuitiven Verständnis des Nationalcharakters. Eine Gesellschaft ist für ihn keine zufällige Ansammlung von Einzelpersonen. Individualismus und Demokratie können nur ins Chaos führen. De Maistres bittere Pillen sind ein unfehlbarer Papst (darin war er seiner Zeit voraus) und ein absoluter Monarch. Es ist ein Gemeinplatz der Geschichte der politischen Philosophie, daß der Export von Lockes Ideen nach Frankreich explosiv wirkte, weil das von ihm verfochtene Ideal vom französischen status quo so viel weiter entfernt war als vom britischen. Ganz Ähnliches gilt für Burke. Das, was er verteidigen wollte, bestand schon, wenn auch vom Radikalismus bedroht. Was aber die französischen Konservativen wiederherstellen wollten, das war schon lange und sehr gründlich hinweggefegt worden.

Coleridge, der begabteste und einflußreichste britische Konservative des frühen 19. Jahrhunderts, begann als Schüler Godwins. Kurz vor 1800 besuchte er Deutschland und war von Kant und den romantischen Idealisten Fichte und Schelling fasziniert; ihre Unterscheidung zwischen dem bloßen Verstand und der höherstehenden Vernunft wandte er auf die Literatur in Form seiner Unterscheidung von vordergründiger und tiefgründiger Erfindung an. Er erkannte Burke als seinen politischen Meister an, doch sein Versuch in seinem politischen Hauptwerk *The Constitution of Church and State*, die vernünftige Idee herauszuarbeiten, die im gegenwärtigen Zustand beschlossen liege und auch einmal

Samuel Taylor Coleridge im Alter wandte sich von seiner revolutionären Jugend ab und entwickelte eine konservative Philosophie von Kirche und Staat, die unorthodox und trotzdem sehr einflußreich war.

hervortreten sollte oder werde, ist auf eine Weise metaphysisch, die Burke mißbilligt hätte. Geboten wird eine euphemistische Darstellung der Hauptbestandteile der historischen britischen Verfassung in einer ungewöhnlichen, poetisch-archaischen Sprache. Die Adeligen im Oberhaus und die Mitglieder der Grafschaftsaristokratien im Unterhaus vertraten die dauerhaften oder landbezogenen Interessen, die Bürger aus den städtischen Wahlbezirken die kommerziellen und industriellen oder die progressiven Interessen.

Der konkreteste Teil von Coleridges Nachspüren der »Idee« ist seine Behandlung der Kirche. (Sein Buch wurde ursprünglich durch die Gefahr, wie er es sah, einer katholischen Emanzipation angeregt.) In der Kirche sah er, wenigstens als Hoffnung für die Zukunft, eine Erziehungs- und keine Frömmigkeits- oder Priesterinstitution. Die Idee der Nationalkirche gibt dieser die Aufgabe, die Gemeinschaft zu zivilisieren, was bei weitem nicht nur die übliche Verantwortung für die moralische Besserung einschloß. Die Vorbereitung auf das ewige Leben tritt in den Hintergrund. Dieser Fichtesche Zug, dem aber Fichtes glühender Nationalismus fehlte, führte zu der ausgesprochenen viktorianischen Sorge um die Verteidigung und Stärkung der Kultur, am deutlichsten bei Matthew Arnold, aber auch bei Newman. Ein anderes konservatives Thema – zuerst vielleicht in Bolingbrokes Kritik des finanziellen Interesses angesprochen, aber bei Coleridge stark erweitert – ist die Abneigung gegen die Industrialisierung, die an die Stelle einer herkömmlichen Lebensform städtische Verwahrlosung und Verelendung setze und eine niedrige, berechnende, gröblich pragmatische Denkweise fördere.

Coleridges Einfluß war weitgespannt. Er bekehrte John Stuart Mill von dem öden, mechanischen Benthamismus, in dem er erzogen worden war, zu großzügigeren Vorstellungen von der wahren Beschaffenheit menschlichen Glücks und menschlicher Erfüllung. Er regte die christlich-sozialistische Bewegung dazu an, die sozialen Probleme der Zeit an die Kirche heranzutragen. Sein Einfluß auf Newman und Matthew Arnold wurde schon erwähnt. Seine Kritik der Industrialisierung und der erniedrigenden Arbeit, zu der sie die in sie Verstrickten verurteilte, wurde von Ruskin und William Morris fortgeführt. Als sozialer und weniger im strengen Sinne als politischer Denker regte Coleridge im viktorianischen England viel Nachdenklichkeit an.

Die Utilitaristen – Für die Utilitaristen oder philosophischen Radikalen war Bentham der wortreiche Anreger, James Mill der nüchterne Organisator und sein Sohn John Stuart Mill der größte und gebildetste Vertreter. Sie gaben den Reformanstößen ein festes und bestimmtes geistiges Gerüst, beflügelt von der wachsenden Macht und dem wachsenden Reichtum der industriellen und kommerziellen Mittelklasse, die nach dem Sturz Napoleons und dem Wegfall der französischen Bedrohung wieder an die Oberfläche kam. James Mill war ja sieben Jahre vor der Schlacht bei Waterloo Benthams Mitarbeiter geworden.

Bentham war bereits mehr als 30 Jahre schriftstellerisch tätig gewesen. Sein Hauptinteresse galt der Reform des Rechts, vor allem auch des Strafrechts, und in zunehmendem Maße auch der Verfassung. In seinem *Fragment on Government* von 1776 griff er die einflußreiche Verherrlichung des englischen Rechts in Blackstones *Commentaries* an. Diesen waren einige politische Überlegungen vorausgegangen, die wesentlich flacher waren als die zum rein juristischen Thema. Bentham zerfetzte genüßlich die unglückliche Verquickung zwischen der alten Lehre vom Gesellschaftsvertrag und den natürlichen Rechten, der Verehrung für die Weisheit der Ahnen, die sich im common law verkörpere, und dem angeblich in der Verfassung enthaltenen Grundsatz der gemischten Regierung und Gewaltenteilung.

Den Vertrag habe es nie gegeben, und für die späteren Generationen könne er ohnehin nicht maßgeblich sein. Natürliche Rechte seien Unsinn (und natürliche und unveräußerliche Rechte »Unsinn auf Stelzen«), worauf er in *Anarchical Fallacies* zurückkam, einem Angriff auf die Menschenrechtserklärung der französischen Revolutionäre. Die einzigen Rechte seien juristische, die auf Geheiß eines Souveräns geschaffen und durch Strafandrohungen vor Verletzungen geschützt seien. Wenn das Recht klar bestimmt sein soll – was es sein müsse, wenn es wirksam sein solle –, müsse es aus einer einzigen klar erkennbaren Quelle stammen, der die Bürger gewohnheitsmäßig gehorchten. Das *common law* sei ein alles andere als ein unvernünftiges Gewirr, das den Interessen der Anwälte und nicht denen der Allgemeinheit diene. An seine Stelle müsse ein kodifiziertes Rechtssystem treten, das dem Nutzenprinzip entspreche und nur im Interesse des größten Glücks der größten

Zahl etwas verbiete. Diese an Hume und Helvétius orientierte Formel wurde mit einer Theorie der Strafe ähnlich der Beccarias verbunden, nach der die Strafe an sich ein Übel ist und nur durch einen durch sie bewirkten größeren öffentlichen Nutzen gerechtfertigt werden kann.

Zunächst einmal war Bentham alles andere als ein Demokrat. Als Mann des 18. Jahrhunderts sah er seine Aufgabe in der Aufklärung der Despoten. Da sie sich dieser verschlossen, ließ er sich von James Mill zur Demokratie bekehren, zur Parlamentsreform mit allgemeinem, geheimem Wahlrecht und jährlichen Neuwahlen. James Mill ging von einer Analyse der menschlichen Motivation im Sinne des Nutzenprinzips aus: alle Handlungen erwüchsen aus dem Streben nach Lust (in einem weiten Sinne) und der Vermeidung von Schmerz. Demnach würden die Mitglieder jeder beschränkten herrschenden Klasse ihre Macht in den Dienst ihrer eigenen Interessen zu Lasten ihrer Untertanen stellen. Die einzige Gruppe, die von vornherein das Gemeininteresse im Auge habe, sei die ganze Gemeinschaft. Das veranlaßte freilich James Mill nicht, das Stimmrecht für Frauen zu fordern. Deren Interessen würden ausreichend durch ihre Ehemänner wahrgenommen, und wenn sie unverheiratet sind, durch ihre Väter.

Im Einklang mit seiner Hobbesschen Befehlstheorie des Rechts gab es für Bentham kein Widerstandsrecht gegen die Staatsgewalt, doch er meinte, diese werde ausreichend im Zaum gehalten durch die Möglichkeit des Ungehorsams oder Aufstands, wenn Sitten, Wünsche und Interessen zu stark mit Füßen getreten werden. Er war für eine starke Regierung, aber nur in dem engen, herkömmlichen Sinne der Rechtssetzung und -durchsetzung. Umverteilung von Eigentum oder Sorge für Alte, Junge, Kranke und Arme gehörte für ihn nicht zu ihren Aufgaben. John Stuart Mill wich von der benthamistischen Orthodoxie, in der er erzogen worden war, in einer Reihe von Grundfragen auf denkwürdige Weise ab.

Die wichtigste war seine Erweiterung und Verwässerung der offiziellen utilitaristischen Vorstellung von Befriedigung und Glück. Diese notwendige Korrektur an der Grobschlächtigkeit seiner Mentoren führte er auf Coleridge zurück, der in seiner Formulierung des Nutzenprinzips anklingt, daß sich das Wertkriterium an »den dauerhaften Interessen des Menschen als eines fortschrittlichen Wesens« zu orientieren hat. Sein Prüfstein war die aktive Förderung der menschlichen Natur, nicht die passive Befriedigung einer Konsumentengesellschaft. Selbstbestimmung schätzte er höher als bloße Befriedigung, und dazu sei das mögliche Höchstmaß an individueller Freiheit nötig. Des weiteren beruht der Fortschritt der Menschheit auf der menschlichen Vielfalt, ja auch Exzentrizität. Daher seien Beschränkungen der individuellen Freiheit nur um des »Selbstschutzes« willen statthaft, das heißt, zum Schutze gegen Schädigung durch andere. Danach würde wohl die Herstellung harter Drogen verboten, nicht aber ihr Gebrauch. Die Undeutlichkeit dieses Grundsatzes ist wohl ein schwererer Mangel von *On Liberty* als die vermeidbare Inkonsequenz im Hinblick auf höhere und niedrigere Freuden.

Am Ende war Mill für die Demokratie und hielt sie vielleicht wie de Tocqueville für das unausweichlich Kommende. Beide befürchteten die »Tyrannei der Mehrheit«, die Beherrschung und Ausbeutung der Begabten durch die mittelmäßige Masse Mensch. In *Representative Government* sprach sich Mill als Gegengewicht gegen diese Tendenz der demokratischen Herrschaft für eine besonderen Kriterien unterliegende Repräsentation aus und wollte den Gebildeten mehrere Stimmen geben. Die Demokratie war für ihn weniger ein Mittel, dem Gemeininteresse zur Geltung zu verhelfen, als ein Erziehungsmittel, das bei den Menschen Aktivität, Toleranz und Gemeinsinn fördern würde, welche freilich von vornherein in gewissem Maße gegeben sein müßten, wenn sie des aktiven Wahlrechts würdig sein sollten. Ähnlich war er für die Schulpflicht, wollte sie aber aus Skepsis gegenüber der Bürokratie nicht in die Hände des Staates legen.

Godwins Gattin, Mary Wollstonecraft, hatte ihr Buch *Vindication of the Rights of Women* 1792 auf der Höhe der revolutionären Wirren geschrieben. Es war ein konfuser, aber beredter Ruf nach koedukativer Mädchenbildung, damit die Frauen Kameradinnen statt Sklavinnen oder Spielzeug der Männer werden könnten. Ein Dreivierteljahrhundert später griff John Stuart Mill das Thema mit seiner gewohnten Klarheit in *On the Subjection of Women* wieder auf. Mary Wollstonecraft hatte das Frauenstimmrecht nur in einem einzigen, ziemlich nebensächlichen Satz angesprochen. Mill hielt soviel Vorsicht nicht für nötig. Sein spezielles Hauptproblem war die juristische Unterordnung der Frauen, vor al-

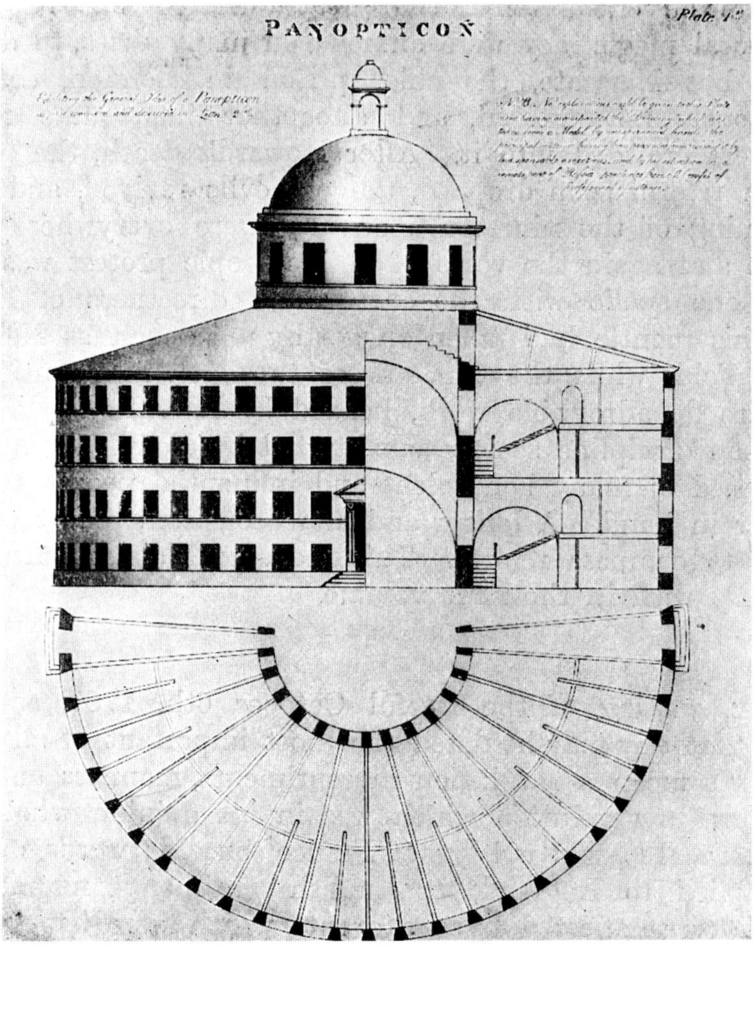

Das »Panoptikon«, ein wissenschaftlich konzipiertes Hochsicherheitsgefängnis, war eines der merkwürdigeren Produkte von Benthams fruchtbarem Reformgeist.

MARY WOLLSTONECRAFT, die Gattin von William Godwin und Mutter von Mary Shelley, schrieb mit *Vindication of the Rights of Women* eines der Gründungsdokumente des Feminismus.

lem bei der Kontrolle des Ehemanns über ihr Eigentum, doch er plädierte auch für die Zulassung von Frauen zu Berufen, die ihnen bisher durch Gesetz oder Herkommen verschlossen waren, sowie für das Frauenstimmrecht. Besonders nachdrücklich und verachtungsvoll wies er das Vorurteil zurück, Frauen neigten von Natur zur Abhängigkeit. Vielmehr würden sie von den Männern in die Abhängigkeit gezwungen. Und welchen Wert hätte eine solche Berufung auf die Natur überhaupt?

Politik und Wissenschaft: Saint-Simon, Comte, Spencer – Im sechsten und letzten Buch seines *System of Logic* hatte sich Mill, damals stark unter dem Einfluß Comtes stehend, der »Logik der Wissenschaften vom Menschen« zugewandt. Die hartnäckige Rückständigkeit der Sozialwissenschaften im Vergleich mit den Naturwissenschaften war ein ständiges und ärgerliches Hindernis für das Programm der Aufklärung gewesen. Vernünftige Erkenntnis von Mensch und Gesellschaft war für den sozialen Fortschritt nötig, doch wo war sie zu finden? Mill stützte sich stark auf Comte, ließ aber seine eigene Bedachtsamkeit in weitem Maße einfließen, wenn er behauptete, eine solche Wissenschaft sei möglich, doch man könne ihr nur langsam und tastend näher kommen. Wie eine Billardkugel eine andere beim Stoß beeinflußt, hängt nur von wenigen Faktoren ab: von Form, Gewicht, Härte und Oberflächenglätte der Kugeln, ihrer Stellung beim Stoß und der Geschwindigkeit der ersten. Bei Mensch und Gesellschaft liegen die Dinge wesentlich anders. Die ungeheuer viel größere Komplexität der handelnden Menschen und die demgemäß viel größere Vielfalt der Umstände, die ihre Handlungen beeinflussen, schließen eine ähnliche Strenge und Gewißheit bei den Gesellschaftswissenschaften aus.

Bis dahin war die Vernunft im politischen Leben entweder zur Kritik von Institutionen im Lichte unmittelbar einleuchtender Grundsätze nach Art der Geometrie gefragt, oder zur Ermittlung ihrer angenehmen oder unangenehmen Folgen im Rahmen des Alltagsverstands. Im 19. Jahrhundert entstand der Gedanke der Anwendung der Wissenschaft auf die Politik in verschiedener Form. Für Saint-Simon war die angewandte Technologie der unentbehrliche Motor des Fortschritts. Daraus schien zu folgen, daß die Führung der neuen, fortschrittlichen, industriellen Gesellschaften in den Händen von Wissenschaftlern und Industrieführern liegen sollte. Dem Baconschen Gedanken, daß die Wissenschaft vor allem wegen ihrer Dienstleistungen zur »Erleichterung der menschlichen Lebensbedingungen« wichtig sei, wurde von Saint-Simon mehr oder weniger religiöse Verehrung entgegengebracht. Zur sozialistischen Tradition wird er gerechnet, weil er darauf bestand, daß sich die Gesellschaft um die Verbesserung der physischen und moralischen Verhältnisse ihrer ärmsten Mitglieder bemühen müsse. Daher sei die Vererbung von Besitz unberechtigt. Im Interesse des Friedens schlug er ein europäisches Parlament vor und hielt, wie später Comte und Spencer, Industrialisierung und Militarismus für grundsätzlich unvereinbar.

Viele seiner Anschauungen treten in den umfangreichen Schriften Auguste Comtes wieder auf, der eine Zeitlang sein Sekretär war. Sein berühmtes Drei-Stadien-Gesetz baut Saint-Simons Entgegensetzung von Militär und Industrie weiter aus. Das erste, theologische Zeitalter ist militärisch geprägt; das letzte, wissenschaftliche ist industriell geprägt; das dazwischenliegende, metaphysische ist ein Zeitalter des Übergangs. Comte hielt eine der Physik gleichende Gesellschaftswissenschaft für möglich und ging damit über Saint-Simons Technologie hinaus, die lediglich das Armutsproblem lösen würde. Comtes Sozialwissenschaft sollte in ihrer Statik die Gesetze des sozialen Zusammenhalts und in ihrer Dynamik die des sozialen Wandels erfassen und die Fähigkeit des Menschen heben, die Gesellschaft und sich selbst zu verbessern. Wie bei Saint-Simon sollte eine – in der Comteschen Wissenschaft geschulte – Elite herrschen. Sozialer Wandel und Fortschritt sind zwar von Gesetzen beherrscht, aber nicht völlig festgelegt: die Menschen können zwar nicht die Richtung, aber die Schnelligkeit des Wandels beeinflussen. Comte folgt Saint-Simon auch darin, daß die Wissenschaft das herkömmliche Christentum untergraben habe und deshalb eine neue Religion (der »Bruderliebe« bei Saint-Simon, der Menschlichkeit bei Comte) dessen wertvolle moralstiftende Funktionen übernehmen müsse. Comte war wie Hegel und Marx ein vor-Darwinscher Entwicklungstheoretiker, wobei freilich die Entwicklung keine biologische war und nicht durch natürliche Auslese wirkt. Comte starb zwei Jahre vor dem Erscheinen von Darwins *Entstehung der Arten*. Zu dieser Zeit hatte Herbert Spencer schon viel veröffentlicht, doch er lebte noch so lange, daß er – im wesentlichen unverdient – von Darwins Ruhm etwas abbekam.

Spencer sah sich wie Comte als Schöpfer der Soziologie, einer ernstzunehmenden,

HERBERT SPENCER wandte Entwicklungsgedanken – noch vor Darwins *Entstehung der Arten* – auf moralische, soziale und politische Fragen an.

theoretischen Gesellschaftswissenschaft. Alles in der Welt entwickelte sich für ihn von inkohärenter Homogenität zu kohärenter Heterogenität, etwa vom Zustand des Meeres zu dem eines wohlgeordneten Supermarkts. In der Gesellschaft zeigt sich das in Form einer Zunahme der Individualität bei der Entwicklung der Menschheit von der militärischen zur industriellen Gesellschaftsorganisation. Er betont nachdrücklich, daß eine Zunahme der menschlichen Individualität – der Differenzierungsvielfalt – überlebensgünstig sei, und befürwortet sie wohl im wesentlichen aus diesem Grunde. Überraschenderweise meint er, je individueller die Menschen werden, desto weniger bedürften sie der Staatsgewalt. Mit fortschreitender Industrialisierung trete bewußte, obligatorische Zusammenarbeit an die Stelle der unbewußten und spontanen. Die Staatsgewalt war für Spencer ihrem Wesen nach ein Feind der Individualität, und in ihrer damaligen Form mit verzweifelten Anstrengungen zu Fabrikgesetzen, Armenfürsorge und Schulpflicht in Staatsschulen dazu angetan, aus selbständigen Menschen Kinder zu machen – ein Gedanke, der in weniger zugespitzter Form auch im Werk John Stuart Mills vorhanden ist. Spencer wollte, daß die Gesellschaft ihre schwächeren Glieder ausmerzt, nicht durch eine positive Eugenik, sondern durch uneingeschränktes laisser-faire. Er war kein begeisterter Demokrat und meinte, das gottgegebene Recht der Parlamente sei nicht besser als das Gottesgnadentum der Könige. Die Ausmerzung der Schwachen wirkt sich vielleicht auf die Entwicklung aus, doch der Nutzen der Individualität ist weniger offensichtlich. Spencer scheint nichts von dem außerordentlichen Erfolg der sozialen Insekten gelernt zu haben, bei denen die Individualität völlig der Gemeinschaftsorientierung untergeordnet ist.

Marx und der Sozialismus – Der Gedanke eines absoluten Rechts auf Eigentum hat sich in der Geschichte des westlichen politischen Denkens als sehr zählebig erwiesen. Locke hatte ihn mit der Notwendigkeit staatlicher Steuereinkünfte durch die Forderung einer besonderen Zustimmung zu diesen vereinbaren müssen. Als die herkömmlichen Verteidigungen der wirtschaftlichen Ungleichheit an Boden verloren, da lieferte die neue Wissenschaft der politischen Ökonomie eine neue, durchdachtere Rechtfertigung: man brauchte sie als Motiv für die Unternehmer zu Neuerungen.

In der fernen Vergangenheit hatte es verschiedene Träume vom Gemeineigentum gegeben, darunter die Regelungen für die herrschende Klasse in Platons *Staat* und in Thomas Morus' *Utopia*. Doch die industrielle Revolution lenkte die Aufmerksamkeit auf das Problem der Armut der Massen. Saint-Simons von Experten vernünftig geplante Gesellschaft bedeutete Eingriffe in die unvernünftige Eigentumsverteilung, und seine Anhänger zogen auch diese Konsequenz. Der wesentlich radikalere Fourier dachte an nicht allzugroße Genossenschaften, »Phalanxen«, in denen die Menschen die Arbeit taten, die ihnen gefiel, aus Liebe zur Sache und zueinander. An dem weniger radikalen Engländer Robert Owen orientierten sich Mustergenossenschaften, die zwar scheiterten, aber ihre Idee nicht gerade diskreditierten.

Mitte des 19. Jahrhunderts waren zwei Hauptrichtungen des sozialistischen Denkens erkennbar: eine idealistische, utopische bei Owen und Fourier, die die erlösende Wirkung freier Zusammenarbeit anstelle von Konkurrenz betonte, und eine autokratische, zentralistische, die zunächst keine großen Veränderungen der industriellen Lebensweise vorsah, sondern nur die Übertragung des Eigentums auf die ganze Gesellschaft und die mehr oder weniger gleiche Verteilung ihrer Produkte. Der Utopist Proudhon war der leidenschaftlichste Kritiker des Privateigentums; Marx war der geistig bedeutendste Zentralist und natürlich der einflußreichste Sozialist überhaupt. Die Idealisten waren keine Theoretiker, sie protestierten einfach moralisch gegen die sozialen Folgen der Industrialisierung und schlugen mehr oder weniger farbenprächtig ausgedachte Gesellschaftsordnungen vor, die die Übel der Industrialisierung nicht aufwiesen. Sie erklärten nicht, wie der Schritt von der Wirklichkeit zum Ideal erfolgen sollte – in Marxens Augen ihre Hauptschwäche, die er vielleicht überkompensierte, indem er behauptete, sein Ideal müsse sich mit historischer Notwendigkeit verwirklichen, wobei er sein Ideal im wesentlichen nur negativ bestimmte.

Die offizielle Grundlage des Marxismus ist die allgemeine Metaphysik des dialektischen Materialismus. Da sie nur eine schmückende Fassade ist, braucht sie hier nicht betrachtet zu werden. Marx interessierte sie wenig, er übertrug sie seinem weniger begabten Genossen Engels. Wichtig an sich und für die Politik ist Marxens historischer Materialismus, seine materialistische Geschichtsbetrachtung. In erster Linie handelt es sich um die Lehre, die ökonomische Basis der Gesellschaft bestimme ihren nichtökonomischen »Überbau«: ihre juristischen und politischen Institutionen und ihre Vorstellungen und Ideen. Der Staat als die herausragende juristische und politische Institution ist demnach nichts als ein Instrument der herrschenden Klasse zur Erhaltung und Vermehrung ihrer Macht und ihres Besitzes. Nachdem die Revolution das Eigentum und die Klassenspaltung beseitigt hat, wird der Staat »absterben«.

Die ökonomische Basis der Gesellschaft besteht aus den »Produktivkräften« – den natürlichen Ressourcen, der Arbeitskraft und der technischen Ausstattung – und den »Produktionsverhältnissen«, der Art der Organisation und Kontrolle dieser Produktivkräfte, in der menschlichen Geschichte zumeist in gegensätzlichen sozialen Klassen. »Alle Geschichte«, so Marx und Engels, »ist die Geschichte von Klassenkämpfen.« Die zweite Seite des historischen Materialismus ist eine Theorie des Wandels als Folge eines Zusammenstoßes in der ökonomischen Basis zwischen neuen Produktivkräften und veralteten Produktionsverhältnissen, mit denen sie unverträglich sind. Für die Ursachen der Veränderung der Produktivkräfte werden keine klaren Angaben gemacht. Der technische Fortschritt dürfte entscheidend sein, da er zum Bevölkerungswachstum und der Ausbeutung neuer natürlicher Ressourcen wie des Öls führt.

Marxens Aufmerksamkeit gilt größtenteils dem sozioökonomischen System des Kapitalismus. Die Entstehung der maschinell betriebenen Industrie führte zur Ablösung des Feudaladels durch das Bürgertum als herrschende Klasse und anderen Nebenprodukten wie der protestantischen Arbeitsethik. Ende des 19. Jahrhunderts hatte der Kapitalismus in Marxens Augen ein endgültiges Krisenstadium erreicht. Durch die Ausbeutung des Proletariats hatte er ein gewaltiges Industriekapital angesammelt, das dem Wohlergehen der Menschen statt ihrer Verelendung dienen konnte. Der Konkurrenzkampf zwischen den Firmen konzentrierte das Kapital in immer weniger Händen. So stand eine ständig schrumpfende Bourgeoisie einem ständig wachsenden Proletariat gegenüber, das sich seiner Stärke immer bewußter wurde. In den fortgeschrittenen Industriegesellschaften war die Zeit gekommen, daß das Proletariat in zwangsläufig gewaltsamen Revolutionen die Bourgeoisie beseitigte oder aufsog und damit die Klassenspaltung der Menschheit been-

Karl Marx nach dem Verbot seiner Zeitung wird hier als der mythische Prometheus dargestellt, der als göttliche Strafe dafür, daß er die Menschen den Gebrauch des Feuers lehrte, von einem Adler angefressen wird. Zu seinen Füßen bitten die rheinischen Städte um Aufhebung des Verbots der *Rheinischen Zeitung*.

dete. Es würde eine kurze Übergangsperiode geben, die »Diktatur des Proletariats«, und anschließend keine Notwendigkeit mehr für eine Staatsgewalt. Die Zusammenarbeit würde an die Stelle der Konkurrenz treten.

Marxens Analyse des Mechanismus und der Zukunft des Kapitalismus stützte sich auf zwei ökonomische Theorien: die Arbeitswert- und die Mehrwerttheorie. Die erste stammte von Ricardo und besagt, der Wert einer Ware sei proportional zum Arbeitsaufwand bei ihrer Herstellung. Das gilt nur in Ausnahmefällen, was aber Marx wenig stört, denn er faßte die Theorie so auf, daß der Wert der Waren im ganzen der zu ihrer Herstellung nötigen (Hand-)Arbeit zugerechnet werden könne, und das sollte den Schluß nahelegen, daß der Ertrag der Produktion gerechterweise ganz den beteiligten Handarbeitern zukomme. Die Mehrwerttheorie verweist ganz richtig darauf, daß in Wirklichkeit nur ein Teil dieses Ertrags dem Proletariat zufließt, und zwar nach Marx das Existenzminimum, das die Arbeitskraft des Proletariers aufrechterhält. Den großen Rest eignen sich die Kapitalisten an – eine massive und systematische Ausbeutung. Eine scheinbar neutrale Wirtschaftswissenschaft ist bei Marx mit moralischen Verurteilungen getränkt. Seine einfache, praktisch-politische Botschaft lautet, der Reichtum der Reichen stehe gerechterweise den Armen zu, die ihn überhaupt geschaffen hätten, und die Zeit sei reif dafür, daß die Karten neu verteilt werden.

An Marxens historischem Materialismus ist offensichtlich viel Wahres, wenn er auch nicht die umfassende Wahrheit besitzt, die er ihm zuschrieb. Wirtschaftliche Gesichtspunkte wirken sich wesentlich auf die Politik und die Anschauungen aus; das tun aber auch Faktoren wie Religion und Nationalität. Die Geschichte besteht auch aus Glaubens- und Völkerkämpfen und nicht nur aus Klassenkämpfen. Ein großer Teil des sogenannten Mehrwerts ist Arbeitsentgelt für Management, Spezialistentätigkeit und unternehmerisches Risiko. Schon zu Marxens Lebzeiten stieg das Einkommen der Industriearbeiter stetig über das Existenzminimum hinaus und tut es bis heute. Die monopolistische Kapitalkonzentration, die er richtig feststellte, verringerte nicht die Kapitalistenklasse, diese wuchs erheblich durch Eigentumsstreuung in Form direkter Anteile wie auch von Versicherungs- und Rentenansprüchen. Marx verkannte auch die Bedeutung der starken Zunahme des sogenannten Kleinbürgertums, der Manager- und Beamtenklasse, die keineswegs das gleiche Klasseninteresse wie das Proletariat hat. Sie ersetzte allmählich die alte Unternehmerbourgeoisie, in den fortgeschrittenen kapitalistischen Industriestaaten in großem Umfang und vollständig in der Sowjetunion, dem Teil der Welt, der angeblich nach Marxens Grundsätzen regiert wurde.

Sein eigener politischer Aktivismus als unermüdlicher Propagandist der sozialen Revolution und Schöpfer einer wichtigen politischen Bewegung wird manchmal als unvereinbar mit seiner deterministischen Behauptung angesehen, daß die Revolution unausweichlich sei. Doch er hätte seine politische Tätigkeit und die seiner Anhänger ohne weiteres als unentbehrlichen, aber kausal bestimmten Teil des von ihm vorausgesagten Ablaufs ansehen können. Auf der Ebene des Alltagsverstands rief er seine Anhänger dazu auf, die »Geburtswehen« der neuen Gesellschaftsordnung abzukürzen, die unausweichlich im Kommen war. Das revolutionäre Ergebnis war zwar streng determiniert, nicht aber die Form und Schnelligkeit seines Zustandekommens.

Eine wichtige taktische Frage führte zu Meinungsverschiedenheiten zwischen seinen Anhängern. Nach der orthodoxen Anschauung sollten die Sozialisten nicht ins Parlament einziehen oder reformistische Wohlfahrtsgesetze unterstützen. Das würde nur ihre revolutionäre Entschlossenheit schwächen. Die Linderung des proletarischen Elends würde nur eine wirkliche Verbesserung hinausschieben. Karl Kautsky, der Führer der Bewegung nach dem Tode von Marx und Engels, lag zunächst auf dieser Linie, kam aber schließlich zu dem Ergebnis, die Revolution brauche nicht gewaltsam zu sein. Eduard Bernstein, der erste »Revisionist«, ging noch wesentlich weiter. Er lehnte die Mehrwerttheorie ab und bestritt, daß die Arbeiter immer weiter verelendeten und die Kapitalisten immer weniger würden. Sein »evolutionärer Sozialismus« war die Parteidoktrin der Sozialdemokraten im deutschen Parlament, wie orthodox auch die offiziellen Äußerungen waren. Und 1914 unterstützte die Partei den Krieg – eine letzte Distanzierung von Marx. In Rußland blieb die Sozialdemokratie mangels verfassungsmäßiger Ausdrucksmöglichkeiten revolutionär und konspirativ. Ihr bolschewistischer Teil distanzierte sich von Marxens These, daß die

Revolution nur dort siegen könne, wo die Bedingungen aufgrund einer vollentwickelten bürgerlichen Industrialisierung reif waren. 1917 lieferte sie den Beweis der Richtigkeit, was die Machtergreifung betrifft. Doch diese Macht wurde zur Einführung nicht des Sozialismus, sondern einer neuartigen Despotie benutzt.

Das 20. Jahrhundert

Der kollektivistische Staat – Im 20. Jahrhundert hat der Staat überall an Macht und Zuständigkeit gewonnen. Der industrielle Fortschritt verlangte die allgemeine Schulbildung, die nur der Staat wirksam bereitstellen konnte. Die herkömmlichen Institutionen von Kirche und Familie, von denen die eine durch die Wissenschaft und die andere durch geographische und soziale Mobilität geschwächt wurden, übertrugen dem Staat die Wohlfahrtsaufgaben: Unterstützung der Alten, Armen und Kranken. Der vom Staat beanspruchte Teil des Volkseinkommens näherte sich immer weiter der Hälfte. Gesellschaftlich und strategisch notwendige, aber oft nicht gewinnträchtige Industrien wie Bergbau und Eisenbahn wurden verstaatlicht. Die Zahl der im Staatsdienst Beschäftigten nahm immer weiter zu.

Der totalitäre Staat war die extreme Ausprägung dieser Tendenz. Hier wurde jede Seite der Gesellschaft staatlicher Kontrolle unterworfen: Wirtschaft, Bildungswesen, Medien, die Kultur in allen ihren Ausprägungen – als Hoch- und als Volkskultur, als intellektuelle und als künstlerische – und selbst die Religion, sie wurde in ihrer herkömmlichen Form durch die Verehrung des Staates oder seines Führers ersetzt. Die Sowjetunion war das reinste Beispiel des Totalitarismus, weil das zaristische Regime so vollständig zusammengebrochen war (und autonome Institutionen in Rußland schwach gewesen waren). Im nationalsozialistischen Deutschland war die Durchdringung der Gesellschaft durch den Staat und die ihn kontrollierende Partei weniger vollständig. Das Privateigentum wurde wenig angetastet, die christliche Religion wurde herabgesetzt, aber nicht verboten. Doch Staatsterrorismus und Massenmord spielten in Deutschland keine geringere Rolle als in der Sowjetunion. Mussolinis Italien und Francos Spanien boten nur verwässerte Formen des Totalitarismus, teilweise wegen des Fortbestehens von Familie und Kirche.

In den liberal-demokratischen Nationen (USA, England, Frankreich und den kleinen, vorwiegend protestantischen Ländern Nordwesteuropas) hielt sich die Institution des Privateigentums, wenn auch durch Besteuerung und Verstaatlichung geschmälert, im ganzen Jahrhundert, und die Freiheit des Ausdrucks und Verhaltens nahm sogar zu, die sozialen Beschränkungen des Denkens und Handelns wurden schwächer. Doch ihrer gesellschaftlichen Organisation nach wurden diese Länder immer staatsbestimmter und zentralistischer. Nach 1945 wurden Deutschland und seinen ausgesprochen totalitären Bundesgenossen von den Siegern demokratische Systeme aufgezwungen, und zwar mit einigem Erfolg. Die Sowjetunion brach schließlich unter verschiedenen inneren Spannungen (wirtschaftlichen, nationalen und anderen), deren relative Bedeutung noch unklar ist, zusammen, auch wegen sinkender Entschlossenheit ihrer herrschenden Klasse, die schon lange nicht mehr an die offizielle Ideologie glaubte. Doch der Sieg des Westens war ein Sieg von Gesellschaften, die selbst, wenn auch nicht totalitär, so doch jedenfalls stark kollektiviert waren. Die nach 1945 in die Freiheit entlassenen Kolonien – mit der bedeutsamen Ausnahme Indiens – übernahmen nicht die liberale Demokratie und den ihr zugrundeliegenden Individualismus. In großen Teilen Mittel- und Südafrikas entwickelten sich Stammesdespotien. In vielen islamischen Ländern verband sich ein wilder, autoritärer Nationalismus mit gewisser Hingabe an die Einheit und den Triumph der islamischen Religion. China verharrte in einem quasimarxistischen Totalitarismus.

In diesem Jahrhundert hat die Sozialstruktur der fortgeschrittenen Länder einen wichtigen Wandel erfahren. Die Gesellschaften des 19. Jahrhunderts hatten, klassenmäßig gesehen, die gleiche Pyramidenform wie die meisten vorher. An der Spitze stand eine kleine Elite – Adelige oder Großkapitalisten und Großkaufleute. Darunter gab es eine größere Gruppe kleinerer Eigentümer. Unter diesen wiederum stand die große Masse der Bevölkerung, die Industrie- und Landarbeiter. Die modernen Gesellschaften sind birnenförmig, es gibt eine ziemlich große Machtelite, in der Mitte einen großen Sektor vom gelernten Arbeiter bis zum Akademiker und dann eine Unterschicht. Die Mittelschicht hat Häuser und Autos und investiert, sei es auch nur in Versicherungsbeiträge, sie macht Auslandsurlaub und geht essen. Der herkömmliche Gegensatz zwischen Arm und Reich hat seine revolutionäre Kraft verloren. Zu viele haben zu viel durch eine Revolution zu verlieren. Doch man kann hier Marxens Produktivkräfte am Werke sehen. Die moderne Produktion braucht viele gelernte Arbeiter, aber wenig Schwerarbeit. Was das für die rechtlichen und politischen Institutionen und die Anschauungen und Ideen bedeutet, bleibt abzuwarten.

Lenin und der Sowjetkommunismus – Der Marxismus fand seinen Weg nach Rußland und in den Wettstreit mit anderen radikalen Lehren unter den repressiven Bedingungen der zaristischen Autokratie mit der Übersetzung des *Kommunistischen Manifests* 1863 durch Bakunin, den anarchistischen revolutionären Rivalen Marxens. Kurz vor der Jahrhundertwende wurde dort eine sozialdemokratische Partei unter der Führung Plechanows gegründet. In ihr spielte nach kurzer Zeit Lenin eine beherrschende Rolle. Die russische Partei spaltete sich bald über der Frage des richtigen Tempos des revolutionären Wandels. Sollten die Geburtswehen der neuen Ordnung durch einen politischen Kaiserschnitt abgekürzt werden, oder sollte den wirtschaftlichen Faktoren ihr vorausgesagter Lauf gelassen werden? In einem Rußland, das sich noch in der Anfangsphase der Industrialisierung befand, schien es, daß die Revolution aufgeschoben werden müsse, bis die Industrialisierung voll ausgereift war. Lenin entschloß sich im vollen Bewußtsein des Risikos für die sofortige Revolution und führte sie im Herbst 1917 erfolgreich durch. Sein taktisches Be schleunigen der dialektischen Entfaltung der Geschichte war die erste seiner drei großen Neuerungen.

Die zweite war seine Theorie der Partei. Das Proletariat, so meinte er, könne von sich aus nur eine gewerkschaftliche Ideologie entwickeln. Es bedürfe gewiß in Rußland, vielleicht auch überall einer kleinen, disziplinierten Elite von Intellektuellen aus der Mittelklasse, die weitgehend im Untergrund arbeiten, um eine Revolution zustande zu bringen. Wegen des Unterdrückungsapparats der zaristischen Regierung mußte die radikale Politik in Rußland konspirativ arbeiten. Das war, wie Plechanow erkannte, kein gutes Rezept für das Absterben des Staates, sondern würde unvermeidlich zu einer Diktatur *über* das

LENIN, AUTOKRATISCH IN SEINER MACHTAUSÜBUNG, ließ sich gern als einfacher Arbeiter oder Intellektueller darstellen wie auf dieser Fotografie, die ihn auf dem Lande beim Schachspiel zeigt.

Proletariat führen. Die von Lenin konzipierte Partei konnte keine Meinungsverschiedenheiten in ihrem Inneren und nach der Machtergreifung in der Gesellschaft dulden. Die äußerst rücksichtslosen Mittel, die in Rußland nötig waren, führten dazu, daß die Ziele, denen sie dienen sollten, immer weiter aus dem Blickfeld rückten. Lenins Lehre von der Avantgarde-Partei war eine gewichtige Abweichung von der Orthodoxie, denn sie bedeutete, daß Ideen für den revolutionären Wandel wichtig waren, Ideen, für deren Ursachen eine ökonomische Erklärung nicht einmal versucht wurde.

Lenins dritter schöpferischer Beitrag war eher eine therapeutische Ergänzung der marxistischen Orthodoxie als eine Abweichung von ihr. Die fortgeschrittenen Nationen kamen der revolutionären Krise offensichtlich nicht immer näher. Die Bourgeoisie schrumpfte dort nicht, das Proletariat verelendete nicht immer weiter. Lenin erklärte das damit, daß die Kolonien den großen kapitalistischen Ländern billige Rohstoffe lieferten und für deren Erzeugnisse neue Märkte und überhaupt ein Überdruckventil für das Kapital bildeten. Der Imperialismus konnte die Revolution durch Export der Ausbeutung hinausschieben.

Das Abenteuer, auf das sich Lenin 1917 einließ, wurde durch die Erwartung annehmbarer gemacht, daß in anderen Ländern, vor allem in Deutschland, der Wiege des Marxismus, Aufstände losbrechen würden. Doch sie wurden, wie auch in Ungarn, rasch niedergeschlagen. Der Schlußappell des Kommunistischen Manifests – »Proletarier aller Länder, vereinigt euch« – blieb noch einige Jahre nach Lenins Tod ein dogmatischer Grundsatz der Sowjetmarxismus. Sein leidenschaftlichster Vertreter war Trotzki mit seiner Lehre von der permanenten Revolution. Ende der 20er Jahre, als sich Stalin die absolute Macht gesichert hatte und Trotzki im Exil lebte, trat Stalins realistischere Lehre vom Sozialismus in einem Lande in den Vordergrund. Nach dem deutschen Überfall 1941 appellierte Stalin an elementare patriotische Gefühle, um die Verteidiger des Sowjetsystems für ihre schreckliche und sich lange hinziehende Aufgabe zu stählen. Vorher waren schon die meisten wirklichen Marxisten Säuberungen zum Opfer gefallen – erschossen oder in die Lager geschickt –, und die Despotie einer nervösen Elite von Karrieristen war alles, was von dem ursprünglichen emanzipatorischen Traum übrig blieb.

Außerhalb Rußlands wurde nach der Revolution der Sozialismus immer revisionistischer und evolutionärer, außer in den servilen kommunistischen Parteien des Westens, die die Interessen der Sowjetunion durch Propaganda, Agitation und Spionage förderten. Ganz antirevolutionär waren die britischen Fabianer-Sozialisten; sie glaubten an die allmähliche Durchdringung der herrschenden Kreise, vor allem des öffentlichen Dienstes, mit Leuten, die das Gemeineigentum für effizienter als den Kapitalismus hielten. Bernard Shaw, der später die Diktatoren der 30er Jahre bewunderte, und H. G. Wells, der die Herrschaft einer wissenschaftlichen Elite befürwortete, waren die bekanntesten, wenn auch nicht die typischsten Fabianer. Da gab es die christlichen Sozialisten, die einfach das Leid der Armen lindern wollten, und die Gildesozialisten, die an die schöpferische Umgestaltung der Arbeit und an eine Herrschaft der Produzenten und nicht der Konsumenten glaubten. Doch es gab in der englischsprechenden Welt keine wichtigen Theoretiker. Die geistige Kraft des Sozialismus lebte nur bei den »westlichen Marxisten« Deutschlands und Italiens weiter, auf die wir später eingehen werden.

Die Vorläufer des Faschismus – Der Faschismus verbindet aggressiven Nationalismus mit leidenschaftlicher Ablehnung der Demokratie zugunsten eines begnadeten Führers und einer erleuchteten Elite. Die entscheidende weit zurückliegende Quelle seines Nationalismus ist Fichte, die seines heroischen Elitismus Carlyle. Weniger eindeutige Unterstützung leitet sich von Nietzsche her; sie beruht im wesentlichen auf Mißverständnissen, denn bei all seiner Verachtung der Massen war er weder Nationalist noch Antisemit. Seine Elitehelden oder Übermenschen waren kultureller und nicht politischer Art. Eine weitere dem Faschismus günstige geistige Strömung war der durch Hegels Extravaganzen hervorgerufene Irrationalismus. Bei Schopenhauer fand diese Reaktion die Form des passiven Rückzugs von einer grausamen, gleichgültigen Welt. Bei Kierkegaard führte sie zu einer stark verinnerlichten Religiosität. Keiner dieser beiden Philosophen hatte irgend etwas zur Politik zu sagen oder an ihr ein erkennbares Interesse. Doch indem sie den Anspruch von Hegels dialektischen Träumereien auf Vernünftigkeit untergruben, machten sie und dazu Nietzsche die tiefempfundene Intuition zur höchsten Fähigkeit des Geistes.

Im Rahmen der politischen Theorie machte sich diese irrationalistische Tendenz am aufdringlichsten bei Georges Sorel (1847-1922) bemerkbar. Er war philosophischer Anhänger des politisch gemäßigten Bergson, der die Intuition als Mittel zur Erfassung der Wirklichkeit systematisch über den Verstand gestellt hatte. Sorel hielt nur die von Men-

Stalin, noch rücksichtsloser als Lenin, wurde auf Propagandabildern als gütiger Vater seines Volkes dargestellt. Hier überreicht er der Frau eines Fabrikdirektors einen Blumenstrauß.

schen geschaffenen Mechanismen für ursächlich determiniert, die übrige Natur war für ihn Chaos oder Wirrwarr. Die Menschheit kann nur mit Hilfe heroischer, vom Mythos inspirierter Aktivität etwas Ordnung in dem sie umgebenden Meer von Zufall und Entropie stiften. Ein Mythos ist nicht einfach eine bewegende falsche Vorstellung, sondern die Vision einer Möglichkeit in der unvorhersagbaren Zukunft. Wie viele andere betrachtete Sorel die herrschende Bourgeoisie der Jahrhundertwende als dekadent und schalen Vergnügungen hingegeben. Mit Marx, aber in einem ganz anderen Sinne, erblickte er in der Industriearbeiterklasse das aussichtsreichste Reservoir heroischer Vitalität, das durch den Mythos des Generalstreiks zu gewaltsamer Aktion aufgestachelt werden könne. Er war für eine Ethik der aktiven Produzenten gegenüber der herrschenden Ethik der passiven Konsumenten. Der Kapitalismus habe seine schöpferische Energie verbraucht und solle durch Vereinigungen aktiver Produzenten ersetzt werden – ein äußerst farbiger Vorgeschmack der Anschauung der Gildesozialisten. Sorel war für die Gewalt – nicht im ausschließlich physischen Sinne – als Zeichen geistiger Gesundheit und Lebenskraft. Diese brodelnde Gedankenmasse führte ihn zu kurzlebigen Bündnissen mit dem Marxismus, den zornigen französischen Royalisten und schließlich mit Lenin, der davon wenig angetan war. Mussolini bekannte sich als in seiner Schuld stehend. Er war kein Nationalist oder Rassist, doch der Faschismus machte sich seine Bewunderung heroischer Aktivität und Gewalt zunutze, seine Vorstellung vom Kampf um seiner selbst willen und seine Verachtung des Fortschrittsgedankens und jener berechnenden Rationalität, aus der er angeblich floß.

Der große italienische Ökonom Vilfredo Pareto (1848-1923) kam von einem ganz anderen Ausgangspunkt zu ähnlichen Ergebnissen. Seine Gesellschaftstheorie wollte streng wissenschaftlich sein. Demokratie, vor allem die Wirtschaftsdemokratie des Sozialismus, sei unmöglich. Alle Gesellschaften würden von Eliten beherrscht, die die wirren, »nichtlogischen« Wünsche und Vorstellungen der Massen für ihre Zwecke benützten. Ideologien seien Rationalisierungen tieferer, uneingestandener Triebe. Die Eliten verfielen unausweichlich und würden durch andere ersetzt, sie »zirkulieren«, und die Geschichte ist von zyklischer Form. Zwei Haupttypen von Eliten werden unterschieden: die der abenteuerlustigen, spekulativen Füchse und die der wilden, raffgierigen Löwen. Wie Sorel war er vom Niedergang seines Zeitalters überzeugt – für den die korrupte parlamentarische Regierung des gerade vereinigten Italiens ein schlagendes Beispiel lieferte –, und er beklagte die Hemmung der wirtschaftlichen Initiative durch hohe Steuern und Nachgiebigkeit gegenüber den Forderungen der Gewerkschaften. Pareto ähnelt Marx darin, daß er eine glühende Ideologie aus einer angeblich wissenschaftlich objektiven Analyse der Gesellschaft und ihrer Geschichte ableitete. Elitenherrschaft sei unvermeidlich (so das »eherne Gesetz der Oligarchie«), daher soll man sie gewähren lassen. Paretos Elite steht mit ihren geistigen Qualitäten derjenigen Platons näher als der der Faschisten, für die militante Entschlossenheit und Gewaltbereitschaft im Vordergrund standen. Der Pöbel, der Hitler und Mussolini an der Macht hielt, wäre ihm ebenso verächtlich gewesen wie Lenins Avantgarde konspirativer Doktrinäre oder Stalins versteinerter und sklavischer Hofstaat.

Oswald Spengler (1880-1936) kam ebenfalls vom Gedanken des Niedergangs seines Zeitalters her zur Ablehnung der liberalen demokratischen Politik und des aus der Aufklärung stammenden Fortschrittsglaubens. Sein Hauptgedanke besagt, die Geschichte sei keine eindeutige, zum Fortschritt führende lineare Abfolge, sondern bestehe aus den Lebenszyklen einiger in sich abgeschlossener Kulturen – der chinesischen, indischen, klassischen, orientalischen (arabischen), westlichen usw. –, die alle eine Phase der starken, barbarischen Jugend, der produktiven Reife, des überreifen Verfalls und des schließlichen Zusammenbruchs durchliefen. Zu dieser historischen Vision oder »Morphologie« gelangt er durch eine Art ästhetischer Betrachtung der bekannten Tatsachen, ergänzt um viele bloße Vermutungen und Manipulationen. Trotzdem ist es ein faszinierendes Bild voller einzelner Gedankenblitze. Es stellt das verbreitete Gefühl vom Niedergang der westlichen Welt in einen großen und suggestiven geschichtlichen Zusammenhang. Im kranken Endstadium jeder großen Gesellschaft verkommt die Kultur zur bloßen Zivilisation. Die Bevölkerung, die vom Land in die Großstädte abwandert, bildet ein wurzelloses Proletariat, das von Demagogen im Interesse einer Plutokratie manipuliert wird. Heroische Tugend wird durch Sensualismus ersetzt. Die Kunst verdirbt und wird esoterisch. Der religiöse Glaube wird durch Skepsis ausgehöhlt. Das ist doch ein gar nicht so wenig überzeugendes Bild unserer heutigen Situation. Den Niedergang kann man nach Spengler nicht völlig abwenden, aber hinauszögern oder jedenfalls sich ihm mit heroischer Tapferkeit stellen. Auch bei ihm hat eine Elite die historische Aufgabe, eine Revolution der Massen im Westen und dessen Überwältigung durch die anderen Rassen der Welt zu verhindern.

Faschismus und Nationalsozialismus – Der Faschismus ist in einem Sinne ein Oberbegriff, von dem der italienische Faschismus und der deutsche Nationalsozialismus Unterarten sind. Die Literatur, in der ihre Lehren ausführlich dargelegt wurden, findet fast nur noch ein pathologisches Interesse, während es viele ausgezeichnete Werke gibt, die die deutschen geistigen Wurzeln aufzeigen. Hitlers *Mein Kampf*, wie der Titel sagt, eine Autobiographie, ist voller Lobgesänge auf Deutschland und voll grober antisemitischer Ausfälle. Der Faschismus ist keine Theorie, sondern eine Überzeugung, die in ein Bekenntnis und nicht eine Abhandlung gefaßt werden muß. Die Hauptzüge sind hinreichend klar. Erstens: die Nation steht über allem. Ihre Macht und ihr Wohlergehen stehen absolut über den Wünschen und Bedürfnissen der einzelnen, aus denen sie besteht. Deren höchste Pflicht und größte Erfüllung ist der Dienst an der Nation und wenn nötig die Hingabe des Lebens. Die Nation steht auch über den anderen Nationen (eine schwer verallgemeinerbare These) und muß stets bereit sein, diese mit Waffengewalt zu unterwerfen oder zurückzuschlagen. Eine gesunde Nation ist stets zum Kriege gerüstet. Zweitens muß eine erfolgreiche Nation einen einheitlichen Willen haben, der sich in einem begnadeten Führer verkörpert und von einer ergebenen Elite gestützt wird. Abweichungen von den Anschauungen und Entscheidungen der Partei sind nicht erlaubt. Sie soll alle Seiten des sozialen Lebens kontrollieren.

Das Verhältnis des Faschismus zum Kapitalismus und zum Privateigentum ist etwas kompliziert. Mussolini begann seine politische Laufbahn als Sozialist und wandte sich vom Sozialismus nur ab, weil er ein glühender Verfechter des italienischen Eintritts in den 1. Weltkrieg war. Seine italienische Version des Faschismus enthielt den Gedanken des Ständestaats, welcher Produzentenorganisationen kontrolliert und den Klassenkampf durch erzwungene Harmonie zwischen Kapitalisten und Arbeitern ausschaltet. Das trug dem Kapitalismus wegen seiner recht schwachen Stellung in Italien mehr ein als den Arbeitern. Die vollständige Bezeichnung von Hitlers Nazipartei lautete: Nationalsozialistische Deutsche Arbeiterpartei. Doch auf seinem Wege zur Macht wurde er von der Industrie finanziert und unterstützt, die von der Zerschlagung der Gewerkschaftsbewegung profitierte, ohne sich wie in Italien ständestaatlichen Regelungen fügen zu müssen. In beiden Ländern profitierten also die Besitzenden mehr als die Arbeiter. Doch alle profitierten von der Vollbeschäftigung und der Beschwichtigung tiefsitzender Ressentiments und Frustrationen durch eine Wiedererweckung des nationalen Selbstvertrauens und Selbstgefühls.

Ein weiteres Element, das Hitler seinem Faschismus als einen zentralen Bestandteil hinzufügte, war der Rassismus und vor allem der Antisemitismus. Der deutsche Gedanke der Nation, des Volkes, war weniger kultureller oder historischer als rassischer Art. Die Italiener nahmen ihn nach der Bildung der Achse Berlin-Rom halbherzig auf. Die Juden waren in Deutschland zahlreicher und wichtiger als in Italien, und Hitlers unbändiger Antisemitismus konnte sich bei seinen Untertanen auf ein großes Reservoir derartiger, wenn auch weniger übertriebener Gefühle stützen. Die Juden traf der furchtbare Hauptstoß von Hitlers Theorien, aber der Rassismus beschränkte sich nicht auf sie. Andere »nordische« Völker – die des protestantischen Nordwesteuropas – betrachtete er als Mitmenschen und sogar mögliche Verbündete. Die romanischen Völker wurden skeptisch und von oben herab betrachtet und nichtweiße mit offener Verachtung. Hinter dem Nazi-Rassismus stand eine pseudodarwinistische Vorstellung von der Geschichte als Kampf zwischen den Rassen – nicht den Klassen – um Existenz und Vorherrschaft.

In Hitlers Vorstellungswelt findet sich eine Sammlung schrecklich übertriebener Elemente: Fichtes Idee der besonderen nationalen Sendung Deutschlands; Nietzsches Idee des Übermenschen, der die christliche Demut und Menschenliebe durch eine Ethik heroischer Selbstbehauptung ersetzt; Sorels Gewaltbereitschaft als Gradmesser der geistigen Gesundheit; eine verbreitete Abneigung gegen Rationalität und objektive Wahrheit zugunsten der Intuition; schließlich der Kampf als Selbstzweck. Nach der Einigung 1871 erlangte Deutschland keinen rechten Platz neben den imperialistischen Nationen Westeuropas, und dieses Ressentiment wurde durch die Niederlage von 1918, den Versailler Vertrag und die Wirtschaftskrise mit Massenarbeitslosigkeit in den 30er Jahren bis zur Verzweiflung gesteigert. Andere Faschismen waren weniger monströs als der deutsche. Die meisten brachen mit dem Ende des 2. Weltkriegs 1945 zusammen. Der wichtigste Überlebende, Franco-Spanien, fand in aller Stille sein Ende, es kam zur Wiederherstellung der Monarchie und einer erfolgreichen parlamentarischen Demokratie. Nach 1945 war das einzige wichtige Beispiel aggressiven, elitistischen Nationalismus Stalins Sowjetunion, die sogar den Antisemitismus Hitlerdeutschlands übernahm.

Der westliche Marxismus – Die Zwänge der diktatorischen Herrschaft einer kleinen, unerfahrenen Partei über das vollständige soziale Chaos Rußlands nach dem Ende des Bürgerkriegs ließen theoretischen Entwicklungen wenig Raum. Die einzige bemerkenswerte Figur, Bucharin, brachte ein offizielles Lehrbuch heraus, das Stalin für seine eigenen, noch unbedeutenderen Schriften plünderte. Bucharin wurde 1929 politisch kaltgestellt, und 1938 ließ ihn Stalin aufgrund der üblichen falschen Anschuldigungen erschießen. Bucharin war Szientist, der Marxismus war für ihn eine objektiv wahre, zu verläßlichen Voraussagen befähigende Naturwissenschaft der Gesellschaft. Er behauptete ausdrücklich, »in letzter Instanz« sei der technische Wandel die Triebkraft der Geschichte.

In Westeuropa, wo die Revolution entgegen Marxens Prophezeiungen weder zustande gekommen war noch irgendwelche Anzeichen in dieser Richtung bestanden, begann György Lukács (1885-1971) eine radikale Umdeutung Marxens im umgekehrten Sinne wie Bucharin. Er ging von der Behauptung aus, daß der Marxismus im Grunde hegelianisch sei. Hegel sprach vom dialektischen Übergang der »Idee«, des unbewußten Geistes, durch seinen Gegensatz, die Natur hindurch, die ihrerseits in den seiner selbst bewußten Geist überging. Lukács sah darin eine allegorische Mystifikation der Marxschen Abfolge von Arbeitskraft, kapitalistischer Ordnung, in der sie »entfremdet« wird, und kommunistischer Zukunft, in der sie sich ihr entfremdetes Selbst wieder aneignet. Die Arbeitskraft ist unter dem Kapitalismus entfremdet, weil sie weder ihre Verwendung noch deren Früchte kontrolliert. In Form »falschen Bewußtseins« sieht sie ihre eigene Tätigkeit und deren Produkte als ihr wesentlich äußerlich (»Verdinglichung«). Die Berichtigung dieses

Fehlers wird es dem Proletariat, der arbeitenden Klasse, ermöglichen, durch die Revolution das ihr Entfremdete wiederzugewinnen.

Diese hegelianische, spiritualisierte Version des Marxismus war nicht bloß eine distanzierte geistige Spekulation. Zehn Jahre nach dem Erscheinen von Lukács' Analyse enthüllte die Entdeckung der frühen »philosophisch-ökonomischen Manuskripte« Marxens, daß der junge Marx ziemlich genau die Auffassungen gehabt hatte, die Lukács ihm zuschrieb, ehe er zu einer stärker naturalistischen und unmittelbar ökonomischen Betrachtungsweise überging. Für den jungen Marx war die Entfremdung, ein geistiges Übel, wichtiger als die Ausbeutung, eine wirtschaftliche Benachteiligung. Doch Lukács wurde wegen seiner Abweichung von der Lehre des offiziellen, späteren Marx von der Partei zum ersten einer langen Reihe unterwürfiger Widerrufe gezwungen.

Zwei Konsequenzen dieser Hegelianisierung Marxens fanden bei den unabhängig gesinnten westlichen Marxisten im folgenden halben Jahrhundert weite Verbreitung. Ihre Herausarbeitung vornehmlich durch die »kritische Theorie« der Frankfurter Schule und vor allem Herbert Marcuse wurde zum Leitmythos der Neuen Linken in der radikalen Protestbewegung der 60er Jahre. Die erste war die kategorische Ablehnung des Determinismus des späteren Marx und noch umfassender desjenigen Engels'. Faktisch wurde damit geleugnet, daß die ökonomischen Faktoren in der Geschichte das Grundlegende seien, und Ideen, vor allem das befreite Klassenbewußtsein des Proletariats, wurden zum entscheidenden Faktor der Revolution. Nach Lukács war dieses proletarische Bewußtsein nicht ausgebildet, sondern wurde in das Proletariat von der revolutionären Avantgarde hineingetragen. Dieser Gedanke paßte völlig auf Lenins brillant opportunistische Machtergreifung und ihre Folgen. Doch das schützte ihn nicht vor der Verurteilung.

Die zweite Konsequenz war die Aufgabe des Gedankens, daß wahre Welterkenntnis durch die Methoden der Naturwissenschaft garantiert werde. Philosophisches Nachdenken über Natur und Geschichte im ganzen, stets relativ und unvollständig, müsse die analytische Untersuchung isolierter Bruchstücke des Ganzen ersetzen. Demnach mußte Lenins naive Abbildtheorie der Erkenntnis fallengelassen werden. Was diese Anschauung, vor allem in der Welt der gesellschaftlichen Institutionen, als wirklich ansieht, ist bloßer Schein, im Grunde dasselbe wie das Mißverständnis der Arbeit als objektiver Notwendigkeit des Wirtschaftslebens. Der Gedanke, daß die Revolution eher die Entfremdung als die Ausbeutung beseitige, läuft auf eine Ablehnung der Industrialisierung überhaupt und nicht bloß in ihrer herrschenden kapitalistischen Form hinaus. Eine befreiende Revolution muß die gesamte Kultur und nicht nur ihre wirtschaftlichen Verhältnisse verändern. Sie muß den Menschen selbst verändern, nicht bloß die Güterverteilung. Das trug jedenfalls zur Erklärung der Versklavung der Massen unter dem Sowjetkommunismus bei. Es entspricht auch dem ökonomischen Utopismus des jungen Marx, der zu glauben schien, nach der Revolution brauche es keine Arbeitsteilung mehr zu geben.

In Italien verwarf auch Antonio Gramsci (1891-1937), von dem mehr oder weniger hegelianischen Croce beeinflußt, den Determinismus und Lenins Erkenntnistheorie. Er war ein früher und hartnäckiger Kritiker der von Stalin erdrückend verwirklichten Tendenz der Partei, zu einer rein manipulativen, bürokratischen politischen Maschine zu werden. Eine solche Entartung könne nur durch Arbeiterräte verhindert werden, die die Masse des Proletariats einbeziehen. Das war ziemlich dasselbe wie die Sowjets, die in der ersten, ansatzweise demokratischen Phase der Leninschen Herrschaft einflußreich waren, aber nach der Sicherung der Macht rasch kaltgestellt wurden. Für Gramsci gab es keinen wissenschaftlichen Sozialismus, der von einer ihn verwaltenden maßgebenden Parteielite anzuwenden war. Eine Voraussetzung der erfolgreichen Revolution war die »Hegemonie« der Arbeiterklasse, die Entwicklung einer bewußten Arbeiterkultur und eines entsprechenden Gesellschafts- und Geschichtsbildes bei den Massen.

Liberaler und konservativer Antisozialismus – Die Vertreter des evolutionären oder demokratischen Sozialismus in den eineinhalb Jahrhunderten nach Marxens und Engels' *Kommunistischem Manifest* von 1848 waren produktiv, aber theoretisch nicht besonders bedeutsam. Einige wie Bernard Shaw oder Bertrand Russell haben sich zugegebenermaßen auf anderen Gebieten aufs höchste ausgezeichnet. Tawney, Cole und der Mitläufer Laski in England ragen als bescheidene Hügel aus einer platten Ebene hervor. George Orwell war mehr, aber wie William Morris war er ein Literat und kein Theoretiker. Andere Länder haben noch weniger zu bieten. In Frankreich gab es ausgezeichnete sozialistische Führer wie Jean Jaurès und Leon Blum, aber keine erwähnenswerten sozialistischen Theoretiker. Es war, als hätte das gewaltige und verschlungene Wachstum des – orthodoxen oder häretischen – Marxismus mit seinem schweren metaphysischen Schatten die Entwicklung seines friedlicheren und ethischeren Konkurrenten niedergehalten.

Trotzdem, wie schon erwähnt, wurden die fortgeschrittenen Nationen des Westens immer kollektivistischer, ja immer sozialistischer, der Tätigkeitsbereich des Staates wuchs immer weiter. Auf dem Gebiet der Verteilung kam es zu umfangreichen ausgleichenden Einkommens-Umschichtungen aus Wohlfahrtsgründen, die aus progressiven Einkommens- und Erbschaftssteuern finanziert wurden. Auf dem Gebiet der Produktion wurden Industrien verstaatlicht und damit den Marktkräften entzogen. Obwohl die einzige ernstzunehmende sozialistische Theorie der Marxismus war, stand viel sozialistische Praxis zur Untersuchung an. Es gab im letzten halben Jahrhundert zwei wichtige theoretische Angriffe auf den Kollektivismus: der Friedrich von Hayeks war in einem weiten Sinne liberal, der Oakeshotts in einem weiten Sinne konservativ. Es handelt sich nicht einfach um Neuauflagen der Hauptgedanken Mills bzw. Burkes. In beiden Fällen ist eine wesentliche und eigenständige philosophische Komponente vorhanden, die in scharfem Gegensatz zu dem kalkulierenden Rationalismus Mills und der Utilitaristen steht, aber Ideen Adam Smiths und Burkes heranzieht.

Epilog

Im umfassendsten Sinne ist politische Philosophie die vernunftgeleitete Diskussion des Wesens des Staates, seiner aktuellen oder seiner rechtfertigenden Zwecke. In ihrer ersten großen Ausprägung bei Platon nahm sie die Form imaginativer Ausformung eines utopischen politischen Ideals an. Der erdgebundenere Aristoteles befaßte sich mit der politischen Wirklichkeit seiner Zeit und stellte wohldurchdachte Vergleiche der Stärken und Schwächen verschiedener Staatsformen an. Im Mittelalter nahm die Disziplin eine neue Richtung, indem sie sich auf die Legitimität des Staates statt seiner möglichen Vorzüge konzentrierte. Auf die eine oder andere Weise blieb das die vorherrschende Tonlage der sogenannten klassischen politischen Theorie, die in Hobbes und Locke gipfelte. Sie untersuchten die Grundlage der politischen Verbindlichkeit und holten sie aus dem Himmel der mittelalterlichen politischen Philosophie auf die Erde eines Gesellschaftsvertrags und schließlich des Nutzens herunter. Rousseau ging es, trotz des Titels seines Hauptwerks, nicht um den Gesellschaftsvertrag. Er wollte das Problem der politischen Verbindlichkeit aus der Welt schaffen, indem er seinen Ausgangspunkt in Frage stellte, die angebliche Notwendigkeit politischen Gehorsams. In seiner Sicht gehorchen die Bürger einer wahren Demokratie nur sich selbst, oder genauer: ihrem besseren Selbst.

Unter autokratischen Regierungen sind die politischen Möglichkeiten für den einzelnen beschränkt. Er kann gehorchen oder nicht gehorchen oder revoltieren. Unter solchen Verhältnissen ist die Gehorsamspflicht gegenüber dem Staat notwendig das Hauptproblem für das politische Denken. Doch mit wachsendem Einfluß der Bürger auf die Regierung werden sie sich fragen, was sie von der Regierung erwarten, welche moralischen oder für das Ganze oder bloß für den einzelnen vorteilhaften Ziele sie verfolgen soll. Die Hauptfrontlinie verläuft hier zwischen den Verfechtern der Freiheit und denen der Gleichheit, die sich manchmal den Namen der Gerechtigkeit zulegt. Sicherheit und Wohlstand bleiben im Hintergrund, als wären sie etwas Selbstverständliches. Die Sicherheit bleibt das erste, weil am einleuchtendsten zu definierende Staatsziel. Die letzten Ereignisse innerhalb und außerhalb des zerfallenden Sowjetimperiums haben Zweifel daran aufkommen lassen, ob der Wohlstand überhaupt ein direktes Staatsziel sein sollte.

Nachwort

Anthony Kenny

Bei der Planung dieser illustrierten Geschichte wurde beschlossen, lebende Autoren nicht in die Darstellung einzubeziehen. Das hatte einige seltsame Folgen. So wird z.B. nicht über Sir Karl Popper oder Friedrich von Hayek gesprochen [die beide zur Zeit der Drucklegung der deutschen Ausgabe verstorben sind]. Beide waren – der eine vor allem in der Erkenntnistheorie und Wissenschaftstheorie, der andere in der Moral- und Politikphilosophie – höchst einflußreich während der Lebenszeit anderer, die in dieser Geschichtsdarstellung ihren Platz gefunden haben. Beide werden zweifellos einen wichtigen Platz in Geschichtsdarstellungen finden, die nach ihrem Tode erscheinen werden. Doch es mußte eine Grenze gezogen werden, jede führt zu Anomalien, und in einer Geschichte ist wohl die Grenze zwischen Leben und Tod die am wenigsten willkürliche und anstößige.

In diesen abschließenden Bemerkungen möchte ich nicht auf einzelne Autoren eingehen, sondern nur die allgemeinen Entwicklungslinien der Philosophie in den letzten Jahrzehnten nachzeichnen. Um das Jahr 1960 ließ sich die Welt der westlichen Philosophie ohne allzu grobe Übervereinfachung in einer einfachen Vierfeldertafel darstellen: Oben links der damals im westlichen Kontinentaleuropa blühende Existentialismus; oben rechts

EXISTENTIALISM	ANALYTIC PHILOSOPHY
MARXISM	SCHOLASTICISM

Die philosophischen Schulen der 1950er Jahre lassen sich schematisch in dieser Vierfeldertafel darstellen.

die analytische Tradition der englischsprechenden Länder beiderseits des Atlantiks; unten links der Marxismus, damals die offizielle Philosophie Osteuropas und Chinas; unten rechts die scholastische Philosophie, die in der ganzen Welt in den Lehrstätten der römisch-katholischen Kirche gelehrt wurde.

Die Position in der Vierfeldertafel spiegelt Ähnlichkeiten und Unterschiede dieser vier Philosophien wider. Das Gemeinsame der beiden oberen Felder ist das Bemühen um geistige und moralische Autonomie des einzelnen: die Philosophie ist kein autoritatives Lehrgebäude, sondern eine Denkmethode (analytische Philosophie) oder ein Lebensstil (Existentialismus). Die Philosophien in den beiden unteren Feldern waren beide mit Institutionen verbunden, deren Hauptzweck ein nichtphilosophischer war, und waren beide davon überzeugt, daß die wichtigsten philosophischen Wahrheiten ein für allemal feststünden und somit nur dargestellt und niemals ernstlich in Frage gestellt werden könnten. Die Philosophien in den beiden rechten Feldern ähnelten einander in ihrem Interesse für rein theoretische Spezialfragen und ihren engen Verbindungen zu Systemen der formalen Logik. Die auf der linken Seite rühmten sich ihres praktischen Engagements für die Grundwirklichkeiten menschlicher Erfahrung, Arbeit, Macht, Liebe und Tod, und keine trug nennenswert zur Entwicklung der mathematischen Aspekte der Logik bei.

In den 60er Jahren begannen diese philosophischen Blöcke aufzubröckeln, sich zu spalten und zu verschieben. Das 2. vatikanische Konzil von 1962 führte zu einer Phase der Liberalisierung in der römisch-katholischen Kirche, und die Neuscholastik verlor viel von ihrer kanonischen Stellung in den höheren Bildungsanstalten der Kirche, und im folgenden Jahrzehnt war der Lehrkörper eines Priesterseminars gewöhnlich im Existentialismus ebenso bewandert wie im Thomismus. Doch gleichzeitig verlor der klassische Existentialismus seine Vorrangstellung: der Einfluß Heideggers ging stark zurück, und Sartre selbst interessierte sich in seinen späteren Jahren mehr für den Marxismus als für die Themen seiner früheren Kämpfe gegen den Essentialismus.

Während in den 50er und 60er Jahren der Ärmelkanal eine fast undurchdringliche Grenzscheide zwischen der angloamerikanischen und der kontinentaleuropäischen Philosophie gebildet hatte, entwickelten sich in den 70er Jahren viele Kulturverbindungen. Deutschland, Italien und (nach dem Tode Francos) Spanien öffneten sich den analytischen Methoden der Philosophie, während philosophische Ideen aus Frankreich in England und USA großen Anklang fanden, wenn auch eher in den philologischen als den philosophischen Fachbereichen.

So lag etwa in Deutschland Ende der 60er Jahre in einigen wichtigen Universitäten der Haupteinfluß bei der analytischen Philosophie (die von einigen der besten Professoren wirksam vertreten wurde) und beim Marxismus (den einige der energischsten Studentenführer lautstark vertraten). Der dem deutschen Existentialismus am nächsten stehende Restbestand war die hermeneutische Schule, sie konzentrierte sich auf das Verstehen überhaupt und spezieller das Verstehen literarischer sowie philosophischer Werke aus verschiedenen Traditionen (Hans-Georg Gadamer).

Die deutsche hermeneutische Schule ging versöhnend vor und nahm das notwendig fließende und flexible Interpretieren eines Textes als allgemeines Beispiel für das Verstehen menschlicher Tätigkeiten und Institutionen verschiedener Art. In Frankreich machten militantere Denker die Idee, die ganze Welt sei ein Text, zum Schlachtruf eines bilderstürmerischen Kreuzzugs.

Der Kreuzzug wurde im Namen des Strukturalismus unternommen. Als Methode geht er davon aus, daß in einer Struktur die Beziehungen zwischen ihren Elementen wichtiger seien als jede Beziehung nach außen. Als Theorie eines bestimmten Gegenstandsgebietes besteht der Strukturalismus in der These, daß die strukturalistische Methode der Schlüssel zum Verständnis dieses Gebietes sei. So besteht er bezüglich der Sprache in der These, wenn man die Bedeutung verstehen will, müsse man die Beziehungen zwischen den bedeutungsträchtigen Elementen einer Sprache untersuchen und nicht nach einer Beziehung zwischen diesen und dem Bezeichneten suchen.

Der Poststrukturalismus trieb diese Thesen auf eine Spitze, die nachgerade sich selbst ad absurdum führte. Wenn man einen Text verstehen will, müsse man konsequent alle außertextlichen Elemente ausschließen. Damit verzichtet man nicht nur auf die Suche nach jeglicher von dem Text dargestellten äußeren Wirklichkeit, sondern sieht ihn auch nicht mehr als Ausdruck der Gedanken eines außertextlichen Autors. Der Leser spielt die Hauptrolle bei der Schaffung von Sinn; doch da jeder Leser jeden Text anders interpretiert, tritt nie ein maßgeblicher Sinn hervor, und damit untergräbt jeder Text seinen eigenen Anspruch, einen Sinn zu haben.

Es gibt im französischen Poststrukturalismus mehrere Varianten oder Fraktionen. Jede Schule hatte kurzzeitig eine ungeheure Ausstrahlungskraft und sammelte eine wetterwendische Anhängerschar um sich, ehe sie ausbrannte und eine rivalisierende Sonne aufging. Alle diese Gruppen leiteten sich von ausgezeichneten Sprachtheoretikern wie Saussure und Jakobson her, und in diesem Sinne kann man ihre Vertreter als linguistische Philosophen bezeichnen. Doch sie stehen jenem philosophischen Stil denkbar ferne, der sich von jeher als die linguistische Philosophie par excellence verstanden hat, der angloamerikanischen analytischen Tradition.

Auch die analytische Philosophie hat sich seit dem einfachen Viererschema der 60er Jahre stark verändert. Am offensichtlichsten waren eine Abnahme des Selbstvertrauens und eine Schwerpunktverlagerung. 1960 war Oxford das unangefochtene Zentrum der analytischen Bewegung, und Philosophen aus den Vereinigten Staaten saßen den dortigen zu Füßen. Die Analytiker sahen sich als Erben zweier unzweifelhaft genialer Philosophen, Russell und Wittgenstein. Sie wollten dieses glückliche Erbe fruchtbar machen und der übrigen philosophischen Welt vermitteln. Seit den 60er Jahren hat sich die Führungsrolle der analytischen Bewegung eindeutig auf die andere Seite des Atlantiks verlagert, ohne daß die einstige führende Stellung Oxfords auf eine bestimmte amerikanische Universität übergegangen wäre. Die Tradition Russells und Wittgensteins ist nicht mehr unangefochten, doch kein jüngeres Genie konnte eine ebenso unbestrittene Stellung gewinnen. Niemand hat das Wesen der Philosophie neu bestimmen können wie sie, die ihre Anhänger davon überzeugten, daß die zentrale Aufgabe der Philosophie in der Untersuchung der Sprache bestehe, in der wir unsere Gedanken ausdrücken, und in der Klärung dieser Gedanken durch Aufarbeitung der Unklarheiten in der sie ausdrückenden Sprache.

So erweckt die angloamerikanische Philosophie nicht einmal mehr den Anschein einer einheitlichen Schule. Die linguistische Tradition besteht in dem Sinne fort, daß an Sprach-

Die angloamerikanische und die kontinentaleuropäische Philosophie kamen 1969 auf dieser Konferenz im Christ Church College, Oxford, zusammen, zu der führende Philosophen aus England, den Vereinigten Staaten und Deutschland eingeladen waren. Vorne in der Mitte Gilbert Ryle.

theorien kein Mangel ist. Doch die heutigen Sprachtheorien sind meilenweit von der Sprachphilosophie eines Frege oder Wittgenstein entfernt und werden deshalb von jenen heftig kritisiert, die die Einsichten der Gründungsväter der analytischen Tradition hochhalten möchten.

Frege wie Wittgenstein machten einen scharfen Unterschied zwischen Philosophie und Psychologie. Für Frege war die Logik, das Herz der Philosophie, eine apriorische Wissenschaft und etwas völlig anderes als eine empirische Wissenschaft wie die Psychologie; für Wittgenstein unterschied sich die Philosophie von der Psychologie dadurch, daß sie überhaupt keine Wissenschaft war, weder eine empirische noch eine apriorische. Darin folgten ihm die Oxforder Philosophen der 50er Jahre, und ihre psychologischen Kollegen, die sich damals wesentlich mehr für das Tierverhalten als für die menschliche Sprache interessierten, erklärten sich gerne damit einverstanden, daß die beiden Disziplinen durch eine tiefe Kluft getrennt seien.

Demgegenüber haben die amerikanischen Philosophen, seit sie die Fackel der analytischen Tradition übernahmen, dazu geneigt, die Philosophie als eine wissenschaftliche Disziplin mit eigenen strengen Spezialmethoden zu betrachten und nicht als ein informelles Bemühen um Verstehen, das aus dem Nachdenken über die unverbildeten Äußerungen des Alltagsmenschen hervorging. Insbesondere wird der Philosophie des Geistes heute oft die Aufgabe zugeschrieben, ein Modell ähnlich dem der künstlichen Intelligenz (KI) aufzustellen. Große Hoffnungen werden auf eine Vereinigungsdisziplin namens Kognitionswissenschaft gesetzt, die die theoretischen Fähigkeiten des Philosophen, die Modellbauerfähigkeiten des KI-Forschers und die empirischen Ergebnisse des Experimentalpsychologen miteinander verbinden soll. Diese Hoffnungen sind wieder über den Atlantik nach England und bis nach Oxford herübergedrungen.

Diese Entwicklung wurde zwar von Philosophen, die aus der analytischen Tradition kommen, gefördert, doch sie kehrt die linguistische Wendung um, von der diese Tradition wesentlich bestimmt war. Von Freges erster Anprangerung des Psychologismus in der Logik über die Schriften des frühen und späten Wittgenstein bis zur Oxforder Philosophie der Umgangssprache und ihrer Aufnahme in den Vereinigten Staaten waren alle darin einig, daß der Weg zum Verstehen des Denkens über die Sprache führt, daß Gedanken nur anhand ihres sprachlichen Ausdrucks festgemacht und behandelt werden könnten und daß es so etwas wie eine Struktur des Denkens, die unabhängig von der Struktur der Sprache zugänglich wäre, nicht gibt. Diesem ersten Grundsatz der linguistisch-analytischen Philosophie laufen die Absichten der Kognitionswissenschaftler völlig zuwider. Sie möchten die Sprache anhand geistiger Strukturen erklären, die schon jetzt grundsätzlich und künftig auch praktisch ohne Bezug auf irgendeinen sprachlichen Ausdruck untersucht werden könnten.

Gleichzeitig mit dieser dramatischen Wendung der angloamerikanischen Sprachphilosophie kam es zu einer ähnlich durchgreifenden Entwicklung in der analytischen Philosophie der Moral und der Politik. Auf dem Höhepunkt der analytischen Bewegung ging man gern von einem scharfen Unterschied zwischen Ethik und Moral aus. Diese beschäftigte sich mit unmittelbaren Fragen nach dem richtigen Verhalten, etwa ob man jemals lügen oder zur Abkürzung eines Krieges Städte bombardieren dürfe. Solche Fragen und Antworten machten die Moral als Disziplin erster Stufe aus. Es war nicht ganz klar, wer solche Fragen beantworten sollte, doch jeder Oxforder Philosoph der 50er Jahre hätte geantwortet: bestimmt nicht der Philosoph. Der betrieb etwas ganz anderes, nämlich Ethik, eine Untersuchung zweiter Stufe über die Begriffe, die in den Fragen und Antworten der ersten Stufe vorkommen, und der Philosoph stand zum Moralisten in keiner engeren Beziehung als der Automechaniker zum Autofahrer.

Auch das alles hat sich zwischen den 50er und 80er Jahren geändert. Heute wird in den englischsprachigen Ländern allgemein akzeptiert, daß Philosophen ihre Facherfahrung in den Dienst bestimmter öffentlicher Reformvorschläge oder einer bestimmten politischen Kritik stellen. Sie haben sich stark für Fragen erster Stufe wie die Rechte der Frau oder den Atomkrieg auf eine Weise interessiert, die bisher eher als der Zuständigkeitsbereich des Politikers oder des Geistlichen galten.

Die analytische Philosophie ist also nicht mehr homogen, sollte sie es je gewesen sein. Der Begriff der Philosophie selbst ist lockerer und an den Rändern offener geworden. Das hat eine weitere Folge, die für das vorliegende Buch von großer Bedeutung ist: die Philosophie in der englischsprachigen Welt hat ihre Einstellung zu ihrer eigenen Geschichte geändert. In Zeiten selbstbewußter Kreuzzugsmentalität wie auf dem Höhepunkt der Philosophie der Umgangssprache pflegt die Geschichte der Philosophie in den Hintergrund zu treten. Eine revolutionäre Epoche verschwendet ihre Zeit nicht an Spezialprobleme, die zur Zeit des ancien régime aktuell waren; sie verkündet ihre neuentdeckte Wahrheit, der ihre Vorgänger bestenfalls unbewußt gedient hatten. Die Verwitterungen und Spalten im analytischen Monolith haben zu einem neuen Interesse an der Geschichte der Philosophie geführt. Ein besonders frappantes Beispiel dafür ist das wiedererstandene Interesse am Mittelalter: die mittelalterliche Philosophie, die einst als Magd oder Amme der Theologie nur in kirchlichen Lehranstalten gelehrt wurde, gehört jetzt als wesentlicher Bestandteil des philosophischen Erbes zum Lehrangebot in weltlichen Universitäten. Erstaunlicherweise wurde selbst der ontologische Gottesbeweis, der in den 50er Jahren als der am gründlichsten geschleifte Bestandteil des philosophischen Arsenals galt, mit raffinierten modernen Hilfsmittel ausgestattet und auf dem aktuellen Schlachtfeld der philosophischen Theologie eingesetzt.

Kehren wir zum letztenmal zu unserer Vierfeldertafel zurück und folgen kurz dem Gang der marxistischen Philosophie. In den 50er Jahren verdankte der Marxismus ähnlich wie die Scholastik seinen Platz in akademischen Institutionen vor allem Organisationen mit nichtphilosophischen Hauptzielen, und wie die Scholastik war er von nichtakademischen Veränderungen in diesen Organisationen betroffen. Doch im Unterschied zur Scholastik erlebte der Marxismus in den 60er Jahren eine erweiterte Verbreitung, und viele Philosophen im Westen machten sich marxistische Ansätze zu eigen, wobei sie sich mehr auf die Werke des jüngeren Marx als auf *Das Kapital* konzentrierten. Gleichzeitig erzeugte die Enttäuschung über die Korruption und Despotie der marxistischen Regimes bei den Philosophiestudenten in den Ostblockländern Zynismus bezüglich des Wertes der offiziellen Philosophie. In den 70er Jahren wurde paradoxerweise der Marxismus im Osten überall gelehrt und nirgends geglaubt, während er im Westen in der Lehre zwar nur eine Randexistenz führte, aber leidenschaftlich ergebene Hörer fand. Heute ist wegen der Auflösung des Sowjetimperiums und der Befreiung der Satellitenstaaten die institutionelle Stütze für die marxistische Philosophie in Osteuropa fast völlig weggebrochen. Diese Philosophie ist für ihr Überleben auf ihre westlichen Jünger angewiesen.

Große philosophische Ideen können jede Seite des menschlichen Denkens und Strebens durchdringen; doch das dauert lange, und noch länger braucht eine Bewertung ihres Einflusses. Die Philosophien der zweiten Hälfte des 20. Jahrhunderts stehen uns noch zu nahe, als daß sie alle abschließend beurteilt werden könnten, nur daß einige bereits als vergängliche Erscheinungen erkennbar sind.

Jeder Leser, der durch die Seiten dieses Buches hindurch hier angekommen ist, wird davon beeindruckt sein, daß auch die größten Philosophen der Vergangenheit Meinungen vertreten haben, die heute – auf den Schultern der dazwischenstehenden großen Philosophen – als völlig falsch erkennbar sind. Das besagt nichts über das Genie unserer großen Vorläufer, sondern zeigt nur, wie schwierig die Disziplin doch ist. Die Philosophie strebt nach einer Wahrheit, die über das räumlich und zeitlich Gebundene hinausreicht; doch keiner der größten Philosophen hat das auch nur annähernd auf der ganzen Linie erreicht. Eine ständige Versuchung möchte die Schwierigkeit der Philosophie dadurch verringern, daß sie ihren Gegenstand so umdefiniert, daß das Ziel eher erreichbar scheint. Doch wir Philosophen sollten ihr widerstehen; wir sollten einerseits stolz sein auf unser hohes Ziel und andererseits unbeirrbar bescheiden im Hinblick auf unsere sehr begrenzten Leistungen.

Diesen Gedanken drückte der amerikanische Philosoph Thomas Nagel in seinem brillanten Überblick über die Philosophie *The View from Nowhere* aus: »Selbst jene«, so schreibt er, »die in der Philosophie etwas Reales und Wichtiges sehen, wissen, daß sie sich in einem speziellen und hoffentlich frühen Stadium ihrer Entwicklung befinden, beschränkt auf ihre eigenen unentwickelten geistigen Fähigkeiten und gestützt auf die begrenzten Erkenntnisse einiger großer Gestalten der Vergangenheit. Wie wir deren Ergebnisse als in grundlegenden Beziehungen falsch beurteilen, so müssen wir davon ausgehen, daß auch die besten Bemühungen unserer Zeit einmal als das Tasten eines Blinden erscheinen werden.«

Zeittafel

Viele der angegebenen Daten, vor allem in den vorchristlichen Jahrhunderten und im Mittelalter, beruhen auf Vermutungen oder sind nur ungefähr richtig.

V. Chr.

776	Erste olympische Spiele	
753	Gründung Roms	
550	Zarathustra gestorben	
538	Rückkehr der Juden aus Babylon	
530		Pythagoras
515	2. Tempel in Jerusalem	
509	Beginn der römischen Republik	
505		Heraklit
500		Anaxagoras geboren
490	Schlacht von Marathon	
484		Empedokles geboren
483	Buddha gestorben	
481		Protagoras geboren
479	Konfuzius gestorben	
469		Sokrates geboren
458	Aischylos, *Orestie*	
447	Errichtung des Parthenon	
431	Beginn des peloponnesischen Krieges	
430		Platon geboren
429	Sophokles, *König Ödipus*	
428		Anaxagoras gestorben
424		Empedokles gestorben
423	Aristophanes, *Die Wolken*	
404	Ende des peloponnesischen Krieges	
399		Tod des Sokrates
384	Rom von den Galliern eingenommen	
386		Platon gründet die Akademie
384		Aristoteles geboren

357		Demokrit gestorben
356	Alexander der Große geboren	
347		Platon gestorben
335		Aristoteles gründet das Lyzeum
331	Gründung Alexandrias	
323	Alexander gestorben	Diogenes gestorben
322		Aristoteles gestorben
310		Pyrrhon von Elis
307		Epikur gründet seine Schule
300	Baubeginn der chinesischen Mauer	Euklid, *Elemente*
295		Zenon von Kition
285		Krates gestorben
275	Septuaginta-Bibelübersetzung	
271		Epikur gestorben
254	Beginn der punischen Kriege	
265	Judas Makkabäus	
240		Archimedes
207		Chrysippos gestorben
146	Karthago zerstört	
106		Cicero geboren
100	Julius Cäsar geboren	
98		Lukrez geboren
86	Sulla plündert Athen	
85		Andronikos' Aristoteles-Ausgabe
55	Cäsar in Britannien	Lukrez gestorben
44	Cäsar ermordet	
43		Cicero ermordet
30	Tod des Antonius und Kleopatras	
27	Augustus wird Kaiser	
19	Vergil, *Aeneïs*	
4	Herodes der Große gestorben	
N. Chr.		
14	Augustus gestorben	
30	Jesus gekreuzigt	
39		Philon von Alexandria in Rom
43	Die Römer dringen in Britannien ein	
64	Brand Roms unter Nero	
65		Selbstmord Senecas
67	Martyrium des Paulus	
70	Zerstörung des Tempels in Jerusalem	
79	Ausbruch des Vesuv	
89		Epiktet
117	Errichtung der Trajanssäule	
140		Ptolemäus
161	Marcus Aurelius wird Kaiser	
162		Galen kommt nach Rom
180		Marcus Aurelius, *Meditationen*
185		Clemens von Alexandria

200		Alexander von Aphrodisias Sextus Empiricus
230	Origenes	
240		Plotin
280	Porphyrios	
293	Diokletian ordnet die Herrschaft neu	
325	Konzil von Nikäa	
354		Augustinus geboren
378	Schlacht von Adrianopel	
386		Bekehrung des Augustinus
396		Augustinus wird Bischof
401		Augustinus, *Bekenntnisse*
410	Plünderung Roms durch die Westgoten	
419		Augustinus, *Dreieinigkeit*
426		Augustinus, *Gottesstaat*
430		Augustinus gestorben
431	Konzil von Ephesus	
440	Leo I. wird Papst	
451	Attila besiegt Konzil von Chalkedon	
476	Ende des weströmischen Reiches	
486	Chlodwig gründet das Frankenreich	
510		Boethius Konsul in Rom
523		Boethius, *Trost der Philosophie*
525		Boethius hingerichtet
534	Justinian, *Kodex*	
570	Mohammed geboren	
590	Gregor I. wird Papst	
610	Gründung der Westminster-Abtei	
623		Isidorus, *Etymologien*
632	Mohammed gestorben	
637	Kalif Omar in Jerusalem	
711	Die Moslems dringen in Spanien ein	
731	Beda, *Kirchengeschichte*	
732	Moslems bei Tours besiegt	
770	Einführung der arabischen Ziffern	
800	Karl der Große in Rom gekrönt	
843	Teilung des karolingischen Reiches	
850		Eriugena am Karolingerhof
877		Eriugena gestorben
910	Gründung der Abtei von Cluny	
980		Avicenna geboren
1054	Kirchenspaltung	
1066	Schlacht von Hastings	Anselm, *Proslogion*
1079	Abaelard geboren	
1096	1. Kreuzzug	
1108		Anselm über Gott und Willensfreiheit
1109		Anselm gestorben
1116		Abaelard lehrt in Paris

1126		Averroes geboren
1140	Gratian, *Decretum*	
1158		Petrus Lombardus, *Sentenzen*
1159		Johannes von Salisbury, *Policraticus*
1187	Saladin erobert Jerusalem	
1198		Averroes gestorben
1200		Gründungsurkunde der Universität von Paris
1204	Kreuzfahrer plündern Konstantinopel	
1208	Gründung des Franziskanerordens	
1216	Gründung des Dominikanerordens	
1221		Bonaventura geboren
1225		Thomas von Aquin geboren
1227	Tod des Dschingis Khan	
1245		Albertus Magnus und Thomas in Köln
1259	Gründung des Ottomanischen Reiches	Bonaventura, *Itinerarium*
1264	Thomas, *Summa contra gentiles*	
1266	Giotto geboren	Thomas, *Summa theologiae* begonnen
1268		Roger Bacon
1271	Marco Polo in China	
1274		Thomas und Bonaventura gestorben
1294	Bonifaz VIII. wird Papst	
1302		Scotus lehrt in Paris
1305	Avignon wird Papstsitz	
1308		Scotus gestorben
1317		Ockham lehrt in Oxford
1321	Dante, *Göttliche Komödie*	
1324		Ockham nach Avignon bestellt
1337	Giotto gestorben	
1339	Beginn des Hundertjährigen Krieges	
1347		Ockham gestorben
1348	Der Schwarze Tod	
1353	Boccaccio, *Decamerone*	
1360		Wyclif Leiter des Balliol College
1374	Petrarca gestorben	
1377		Wyclifs Lehre verdammt
1378	Beginn des Großen Schismas	
1414	Beginn des Konzils zu Konstanz	
1415	Schlacht von Agincourt	
1431	Jeanne d'Arc verbrannt	
1439	Konzil von Florenz	
1445	Botticelli geboren	
1450	Gutenbergs Druckerpresse	
1453	Fall von Konstantinopel Ende des Hundertjährigen Krieges	
1472		Aristoteles auf Lateinisch gedruckt
1475	Michelangelo geboren	
1483	Luther geboren	
1484		Platon auf Lateinisch von Ficino

1492	Kolumbus entdeckt Amerika	
1495		Aristoteles auf Griechisch gedruckt
1511	Rafael, *Athenische Schule*	
1512	Deckengemälde der Sixtinischen Kapelle	
1516	Erasmus, griechisches Neues Testament	
1517	Luthers Thesenanschlag in Wittenberg	
1522	Luthers Bibelübersetzung	
1531	Heinrich VIII. bricht mit Rom	
1532		Vitoria, *De Indis* Machiavelli, *Der Fürst*
1536	Calvin, *Institutio*	
1540	Gründung des Jesuitenordens	
1543	Kopernikus	
1555	Friede von Augsburg	Ramus, *Dialectique*
1564	Shakespeare geboren	
1572	Bartholomäusnacht	Ramus gestorben
1578		Stephanus, Platon auf Griechisch
1580	Montaigne, *Essais*	
1588	Vernichtung der spanischen Armada	Hobbes geboren
1596		Descartes geboren
1597		Suarez, *Disputationes*
1600		Giordano Bruno verbrannt
1616	Shakespeare gestorben	
1618	Beginn des Dreißigjährigen Krieges	
1620	Die Pilgerväter segeln nach Amerika	Bacon, *Novum organum*
1632		Spinoza geboren Locke geboren
1633		Galileis Lehre verdammt
1636	Gründung der Harvard University	
1637		Descartes, *Abhandlung*
1641		Descartes, *Meditationen*
1648	Westfälischer Friede	
1649	Karl I. hingerichtet	
1650		Descartes gestorben
1651		Hobbes, *Leviathan*
1667		Locke, *Essay on Toleration*
1670		Spinoza, *Tractatus*
1672		Pufendorf, *De iure naturae*
1674		Malebranche, *Recherche*
1676		Leibniz erfindet die Infinitesimalrechnung
1677		Spinoza gestorben; *Ethik*
1679		Hobbes gestorben
1681	Charta von Pennsylvanien	
1682	Newton entdeckt die Schwerkraft	
1685	Händel und J. S. Bach geboren	Berkeley geboren
1686		Leibniz, *Discours*
1688	Jakob II. vertrieben	
1690		Locke, *Essay*

1705		Leibniz, *Nouveaux Essais*
1711		Hume geboren
1713	Vertrag von Utrecht	Berkeley, *Dialogues*
1714		Leibniz, *Monadologie*
1715	Ludwig XIV. gestorben	
1724		Kant geboren
1726	Swift, *Gullivers Reisen*	
1739		Hume, *Treatise*
1751		*L'encyclopédie*
1753		Berkeley gestorben
1769	Patent auf die Dampfmaschine	
1770	Beethoven geboren	Hegel geboren
1773	Unterdrückung der Jesuiten	
1774	Entdeckung des Sauerstoffs	
1776	Amerikanische Unabhängigkeitserklärung	Hume gestorben
1778		Voltaire und Rousseau gestorben
1779		Humes *Dialogues* erschienen
1781		Kant, *Kritik der reinen Vernunft*
1785		Kant, *Grundlegung*
1786	Mozart, *Figaro*	
1787	Verfassung der Vereinigten Staaten	
1789	Französische Revolution	Bentham, *Principles*
1790	Entdeckung der galvanischen Elektrizität	
1793	Ludwig XVI. hingerichtet	
1794	Robespierre hingerichtet	
1795		Fichte, *Wissenschaftslehre*
1797		Schelling, *Philosophie der Natur*
1799	Machtergreifung Napoleons	
1800	Beethovens 1. Sinfonie Erste elektrische Batterie	Schelling, *System*
1804		Kant gestorben
1806		Hegel, *Phänomenologie*
1812	Napoleons Rußlandfeldzug	Hegel, *Logik*
1813		Kierkegaard geboren
1814	Stephensons Lokomotive	Fichte gestorben
1815	Schlacht von Waterloo	
1816	Austen, *Emma*	
1817		Hegel, *Enzyklopädie*
1818		Schopenhauer, *Die Welt als Wille und Vorstellung*
1821		Hegel, *Rechtsphilosophie*
1831		Hegel gestorben
1841		Feuerbach, *Christentum*
1843		Kierkegaard, *Entweder-oder* Mill, *System of Logic*
1844		Nietzsche geboren
1847	Brontë, *Jane Eyre*	
1848	Revolutionen	Kommunistisches Manifest
1850	Tennyson, *In memoriam*	Marx, *Deutsche Ideologie*

1854	Krimkrieg	Schelling gestorben
1859		Darwin, *Ursprung der Arten*
1860		Schopenhauer gestorben
1865	Ende des amerikanischen Bürgerkriegs	
1867	Verdi, *Don Carlos*	Marx, *Das Kapital*
1869	1. Vatikanisches Konzil	
1870	Deutsch-französischer Krieg	Newman, *Grammar of Assent*
1874		Brentano, *Psychologie*
1878	Tolstoi, *Anna Karenina*	
1879	Brahms, Violinkonzert	Frege, *Begriffsschrift*
1882	Wagner, *Parsifal*	
1883		Marx gestorben
1884		Nietzsche, *Also sprach Zarathustra*
1889		Wittgenstein und Heidegger geboren
1895	Erfindung der drahtlosen Telegraphie	
1897	Entdeckung des Elektrons	Russell wird Fellow am Trinity College
1899	Erfindung des Kinematographen	
1900		Nietzsche gestorben
1902		Croce, *Ästhetik*
1903	Erfindung des Flugzeugs	Die Russellsche Paradoxie
1907	Picasso, *Demoiselles*	Bergson, *L'évolution créatrice*
1908		Sorel, *Gewalt*
1910		Russell und Whitehead, *Principia*
1911	Strawinski, *Frühlingsopfer*	
1913		Husserl, *Ideen*
1914	Beginn des 1. Weltkriegs	
1916		Einsteins Allgemeine Relativitätstheorie
1917	Russische Revolution	
1919	Vertrag von Versailles	
1922		Wittgenstein, *Tractatus*
1924	Lenin gestorben	
1927		Heidegger, *Sein und Zeit*
1928	Das Bauhaus von Gropius vollendet	Carnap, *Logischer Aufbau*
1931		Satz von Gödel
1933	Machtergreifung Hitlers	Heidegger Rektor in Freiburg
1938		Husserl gestorben
1939	Beginn des 2. Weltkriegs	
1940		Quine, *Mathematical Logic*
1943		Sartre, *Sein und Nichts*
1945	Erster Einsatz von Atombomben	
1949	Gründung der NATO	Ryle, *Concept of Mind*
1951		Wittgenstein gestorben
1953	Tod Stalins	Wittgenstein, *Philosophische Untersuchungen*
1956	Ungarnaufstand	
1969	Prager Frühling	
1976		Ryle und Heidegger gestorben
1980		Sartre gestorben
1989	Deutsche Wiedervereinigung	
1994		Popper und Paul K. Feyerabend gestorben

Weiterführende Literatur

Die Literaturhinweise wurden gegenüber der Originalausgabe überarbeitet und erweitert. In der Originalausgabe nicht enthaltene Werke sind mit einem * gekennzeichnet.

(Axel Bühler)

1. Antike Philosophie

Gesamtdarstellungen

Flashar, H. (Hrsg.), *Die Philosophie der Antike,* Bd. 3. *Ältere Akademie, Aristoteles, Peripatos,* Basel/Stuttgart 1983.*

Geschichte der Philosophie. Hrsg. von Wolfgang Röd.

Bd. 1: Röd, W., *Die Philosophie der Antike 1. Von Thales bis Demokrit,* München 1988.*

Bd. 2: Graeser, A., *Die Philosophie der Antike 2. Sophistik und Sokratik, Plato und Aristoteles,* München 1993*

Bd. 3: Hossenfelder, M., *Die Philosophie der Antike 3. Stoa, Epikureismus und Skepsis,* München 1986.

Graeser, A., *Interpretationen. Hauptwerke der Philosophie. Antike,* Stuttgart 1992.*

Die ersten Anfänge

Cornford, F.M., *From Religion to Philosophy,* New York 1957; zuerst veröff. 1912.

Frankfort, H. und H.A., Wilson, J.A., Jacobsen, Th., *Frühlicht des Geistes. Wandlungen des Weltbildes im Alten Orient,* Stuttgart 1954.

Lévi-Strauss, C., *Das wilde Denken,* Frankfurt 1968, 1973 (franz. Orig.: Paris 1962).

Lloyd, G.E.R., *Magic, Reason, and Experience,* Cambridge 1979.

Ong, W.J., *Oralität und Literalität. Die Technologisierung des Wortes,* Opladen 1987 (engl. Orig.: London 1982).

Sahlins, M., *Stone Age Economics,* London 1974.

Sahlins, M., *Kultur und praktische Vernunft,* Frankfurt 1994 (engl. Orig.: Chicago 1976)

Inspirierte Denker

Dodds, E.R., *Die Griechen und das Irrationale,* Darmstadt 1970 (engl. Orig.: Berkeley 1951).

Heidegger, M., *Heraklit. 1. Der Anfang abendländischen Denkens, 2. Logik. Heraklits Lehre vom Logos,* hrsg. v. M. Frings, Frankfurt ^{3}1994.

Kirk, G.S., Raven, J. und Schofield, M. (Hrsg.), *Die Vorsokratischen Philosophen,* Metzler 1994.
O'Flaherty, W., Dreams, *Illusions and Other Realities,* Chicago 1984.
Vernant, J.P., *Mythos und Gesellschaft im alten Griechenland,* Frankfurt/M. 1987 (franz. Orig.: Paris 1965)

Die sophistische Bewegung

Classen, C.J. (Hrsg.), *Sophistik,* Darmstadt 1976.*
Nestle, W., *Vom Mythos zum Logos. Die Selbstentfaltung des mythischen Denkens von Homer bis auf die Sophistik und Sokrates,* Stuttgart 1975.*
Patzer, A. (Hrsg.), *Der historische Sokrates,* Darmstadt 1986.*
Pirsig, R.M., *Zen und die Kunst einen Motor zu warten,* Frankfurt 1984 (engl. Orig.: London 1974).
Vlastos, G., *Sokrates: Ironist and Moral Philosopher,* Cambridge 1991.

Platon

Field, G.C., *Plato and his Contemporaries,* London [3]1967.
Martin, G., *Platon mit Selbstzeugnissen und Bilddokumenten,* Hamburg 1985.*
Findlay, J.M., *Plato und der Platonismus. Eine Einführung,* Königstein/Ts. 1981 (engl. Orig.: New York 1978).
Gadamer, H.-G., *Plato im Dialog,* Tübingen 1991.*
Suhr, M.: *Platon,* Frankfurt 1992.*

Aristoteles

Ackrill, J.L., *Aristoteles. Eine Einführung in seine Philosophie,* Berlin 1985 (engl. Orig.: Oxford 1981).
Barnes, J., Schofield, M., Sorabji, R. (Hrsg.), *Articles on Aristotle,* 4 Bde., London 1975-79.
Barnes, J., *Aristoteles. Eine Einführung,* Stuttgart 1992.*
Charpa, U.: *Aristoteles,* Frankfurt/M. 1991.*
Jaeger, W., *Aristoteles. Grundlegung einer Geschichte seiner Entwicklung,* Berlin 1923.*
Schmitz, H., *Die Ideenlehre des Aristoteles,* 2 Bde. in 3 Teil-Bdn., Bonn 1985.*
Sorabji, R., *Necessity, Cause and Blame,* London 1980.

Stoiker, Epikureer und Wanderphilosophen

Frede, M., *Die Stoische Logik,* Göttingen 1974.*
Long, A.A. und Sedley, D. (Hrsg.), *The Hellenistic Philosophers,* 2 Bde., Cambridge 1987.
Mitchison, N., *Kornkönig und Frühlingsbraut,* Lübbe 1985 (engl. Orig.: London 1931).
Pohlenz, M., *Die Stoa. Geschichte einer geistigen Bewegung,* 2 Bde., Göttingen [6]1984 und [5]1980.*
Epikur, *Briefe, Sprüche, Werkfragmente*; übers. und hrsg. von H.W. Krautz, Stuttgart 1984.*

Vom Zweifel zum Dogma

Annas, J. und Barnes, J., *The Modes of Scepticism,* Cambridge 1985.
Dillon, J., *The Middle Platonists,* London 1977.
Goedeckemeyer, A., *Die Geschichte des griechischen Skeptizismus,* Leipzig 1905 (Nachdruck Aalen 1968).*
Hengel, M., *Judentum und Hellenismus,* Tübingen [2]1973.
Ricken, F., *Antike Skeptiker,* München 1994.*
Sextus Empiricus, *Grundriß der pyrrhonischen Skepsis,* eingel. und übers. von Malte Hossenfelder, Frankfurt 1968.

Wolfson, H.A., *Philo: Foundation of Religious Philosophy,* Cambridge, Mass. 1946.

Heidnische Alternativen

Armstrong, A.H., *The Cambridge History of Later Greek and Early Medieval Philosophy,* Cambridge 1970.
Casey, M., *Kingfisher's Wing,* Crawley 1987.
Dodds, R.E., *Pagan and Christian in an Age of Anxiety,* Cambridge 1968.
Dombrowski, D.A., *The Philosophy of Vegeterianism,* Amherst, Mass., 1984.
Des Origenes acht Bücher gegen Celsus. Übers. von P. Koetschau (Bibliothek der Kirchenväter ²52/53), München 1926-1927.*
Wolfson, H.A., *Philosophy of the Church Fathers,* Cambridge, Mass., ³1970.
Zintzen, C. (Hrsg.), *Die Philosophie des Neuplatonismus,* Darmstadt 1977.*

2. Philosophie des Mittelalters

Allgemeine Überblicke und Untersuchungen einzelner Perioden

Flasch, K., *Das philosophische Denken im Mittelalter. Von Augustin zu Machiavelli,* Stuttgart 1986.*
Geschichte der Philosophie in Text und Darstellung. Hrsg. von R. Bubner. Bd. 2: *Mittelalter.* Hrsg. von K. Flasch, Stuttgart 1982.*
Kretzmann, N., Kenny A. und Pinborg J., *The Cambridge History of Later Medieval Philosophy,* Cambridge 1982.
Pinborg, J., *Logik und Semantik im Mittelalter. Ein Überblick,* Stuttgart-Bad Canstatt 1972.*
Röd, W., *Der Weg der Philosophie,* Bd. 1 *Altertum, Mittelalter, Renaissance,* München 1994.*

Die Patristische Zeit

Altaner, B. und Stuiber, A., *Patrologie. Leben, Schriften und Lehren der Kirchenväter,* Freiburg ⁹1978.
Quasten, J., *Patrology,* 4 Bde., Westminster 1950-88.

Augustinus

Flasch, K., *Augustin. Einführung in sein Denken,* Stuttgart 1980.*
Brown, P., *Augustin von Hippo,* München 1973.*
Kirwan, Ch., *Augustine,* London 1968.
Kreuzer, J., *Augustinus,* Frankfurt/M. 1995.*
van der Meer, F., *Augustine the Bishop: The Life and Works of a Father of the Church,* London 1962.

Boethius

Boethius, *Trost der Philosophie,* München 1981.*
Fuhrmann, M. und Gruber, J. (Hrsg.), *Boethius,* Darmstadt 1984.*
Gracia, J., *Introduction to the Problem of Individuation in the Early Middle Ages, München* ²1988.

John Scottus Eriugena

Beierwaltes, W., *Eriugena. Grundzüge seines Denkens,* Frankfurt 1994.*
O'Meara, J., *Eriugena.* Oxford 1988.*

Anselm

Kienzler, K., *Glauben und Denken bei Anselm von Canterbury,* Freiburg 1981.*
Mojsisch, B. (Hrsg.), *Kann Gottes Nicht-Sein gedacht werden? Die Kontroverse zwischen Anselm von Canterbury und Gaunilo von Marmoutier.* Lat.-dtsch. Übers. von B. Mojsisch, Mainz 1989.*

Das 12. Jahrhundert

Dronke, P. (Hrsg.), *A History of Twelfth Century Western Philosophy,* Cambridge 1988.
Haskins, C.H., *The Renaissance of the Twelfth Century,* Cambridge Mass. 1927.
Weimar, P. (Hrsg.), *Die Renaissance der Wissenschaften im 12. Jahrhundert,* Zürich 1981.*

Peter Abelard

King, P., *Peter Abailard and the Problem of Universals in the Twelfth Century,* Ithaca, NY. 1995.
Thomas, R. (Hrsg.), *Petrus Abaelardus, (1079-1142), Person, Werk und Wirkung,* Trier 1980.*

Neue Entwicklungen in der Logik

Bernath, K. (Hrsg.), *Thomas von Aquin. Philosophische Fragen,* 2 Bde., Darmstadt 1978-81.*
Chenu, M.-D., *Thomas von Aquin in Selbstzeugnissen und Dokumenten,* Reinbek ²1981.*
Grabmann, M., *Thomas von Aquin. Persönlichkeit und Gedankenwelt,* München 1946.*
Mensching, G., *Thomas von Aquin,* Frankfurt/M. 1995.*

Bonaventura

Quinn, J.F., *The Historical Constitution of St. Bonaventure's Philosophy,* Toronto 1973.
Ruh, K., *Bonaventura deutsch,* Bern 1956.*

Johannes Duns Scotus

Gilson, E., *Johannes Duns Scotus. Einführung in die Grundgedanken seiner Lehre,* Düsseldorf 1959.*

William of Ockham

Imbach, R. (Hrsg.), *Wilhelm von Ockham. Texte zur Theorie der Erkenntnis und der Wissenschaft,* Stuttgart 1984.*
Miethke, J., *Ockams Weg zur Sozialphilosophie,* Berlin 1968.*

Späte Entwicklungen

Hudson, A. und Wilks, M. (Hrsg.), *From Ockham to Wyclif,* Oxford 1987.
Kenny, A., *Wyclif,* Oxford 1985.
Maier, A., *Studien zur Naturphilosophie der Spätscholastik,* Rom, Edizioni di Storia e Letteratura.
Weinberg, J.R., *Nicholas von Autrecourt: A Study in Fourteenth Century Thought,* Princeton 1948, (Nachdr. New York 1969).

3. Von Descartes zu Kant

Allgemein

Bennett, J., *Locke, Berkeley, Hume: Central Themes,* Oxford 1971.
Höffe, O. (Hrsg.), *Klassiker der Philosophie 1. Von den Vorsokratikern bis David Hume,* München 1994.*
Röd, W., *Die Philosophie der Neuzeit 1. Von Francis Bacon bis Spinoza,* München 1978.*
Röd, W., *Die Philosophie der Neuzeit 2. Von Newton bis Rousseau,* München 1984.*
Russell, B., *Philosophie des Abendlandes. Ihr Zusammenhang mit der politischen und sozialen Entwicklung,* Frankfurt 1950.
Speck, J. (Hrsg.), *Grundprobleme der großen Philosophen. Philosophie der Neuzeit I,* München 1979.*

Descartes

Descartes R., *Von der Methode des richtigen Vernunftgebrauchs und der wissenschaftlichen Forschung (1637),* Hamburg 1978.
–, *Meditationen über die Grundlagen der Philosophie (1641),* Hamburg 1983.
–, *Die Prinzipien der Philosophie (1644),* Hamburg 1992.
–, *Die Leidenschaften der Seele (1649),* Hamburg 1984.
–, *Gespräch mit Burmann,* übers. und hrsg. von H.W. Arndt, Hamburg 1982.
Cassirer, E., *Descartes. Lehre – Persönlichkeit – Wirkung* (1939), Hamburg 1995.*
Chappell, V., und Doney, W., *Twenty-Five Years of Descartes Scholarship 1960-1984,* New York 1987.
Holz, H.H., *Descartes,* Frankfurt/M. 1994.*
Kenny, A., *Descartes. A Study of his Philosophy,* New York 1986; Bristol 1993.
Röd, W., *Descartes. Die Genese des cartesischen Rationalismus,* München ²1982.*
Schütt, H.-P., *Substanzen, Subjekte und Personen. Eine Studie zum Cartesischen Dualismus,* Heidelberg 1990.*
Specht, R., *Descartes in Selbstzeugnissen und Bilddokumenten,* Hamburg 1966.*
Vrooman, J.R., *René Descartes: A Bibliography,* New York 1970.
Williams, B., *Descartes. Das Vorhaben der reinen philosophischen Untersuchung,* Frankfurt 1988 (engl. Orig.: Harmondsworth 1978).
Wilson, M., *Descartes,* London 1978.

Locke

Locke, J., *Versuch über den menschlichen Verstand (1690),* 4. durchges. Aufl. in 2 Bänden, Bd. 1, Hamburg 1981; Bd. 2, Hamburg 1988.
–, *The Clarendon Edition of the Works of John Locke,* bisher 15 Bde., Oxford 1975-92.
Aaron, R.I., *John Locke,* Oxford ³1971.
Granston, M., *John Locke: A Biography,* Oxford 1957.*
Euchner, W., *Naturrecht und Politik bei John Locke,* Frankfurt 1969, ²1979.*
Krüger, L., *Der Begriff des Empirismus (=Quellen und Studien zur Philosophie Bd. 6),* Berlin 1973.*
Mackie, J.L., *Problems from Locke,* Oxford 1976.
Specht, R., *John Locke,* München 1989.*

Berkeley

Berkeley, G., *The Works of George Berkeley, Bishop of Cloyne,* hrsg. A.A. Luce und T.E. Jessop, 9 Bde. (Edinburgh 1948-57).

–, *Eine Abhandlung über die Prinzipien der menschlichen Erkenntnis (1710)*, übers. von F. Überweg mit Einl., Anm. und Registern neu hrsg. von A. Klemmt, Hamburg 1979.
–, *Versuch über eine neue Theorie des Sehens (1709)*, übers. und hrsg. von W. Breidert unter Mitw. von H. Zehe, Hamburg 1987.
Breidert, W., *George Berkeley* 1685-1753, Basel 1989.*
Foster, J. und Robinson, H. (Hrsg.), *Essays on Berkeley. A Tercentennial Celebration*, Oxford 1985.
Kulenkampf, A., *Berkeley*, München 1987.*

Spinoza

Spinoza, B. de, *Spinoza: Opera*, hrsg. C. Gebhardt, 3. Bde. (Heidelberg 1925; Nachdruck 1972).
–, *Sämtliche Werke in sieben Bänden und einem Ergänzungsband*, Hamburg 1977-1994.
Bennett, J., *A Study of Spinoza's Ethics*, Cambridge 1984.
Fischer, K., *Spinozas Leben, Werk und Lehre*, Heidelberg [6]1946.*
Vries, Th. de, *Spinoza in Selbstzeugnissen und Bilddokumenten*, Reinbek 1970.*
Yovel, Y., *Spinoza. Das Abenteuer der Immanenz*, Göttingen 1994.*

Leibniz

Leibniz, G.W., *Die philosophischen Schriften*, hrsg. C.I. Gerhardt, 7 Bde. (Berlin 1857-90; Neudr. Hildesheim 1965).
–, *Philosophische Werke in vier Bänden: Hauptschriften, Neue Abhandlungen über den menschlichen Verstand, Theodizee*, übers. von A. Buchenau und E. Cassirer; in der Zusammenstellung von E. Cassirer, Hamburg 1994.
Gurwitsch, A., *Leibniz. Philosophie des Panlogismus*, Berlin-New York 1974.*
Holz, H.H., *Gottfried Wilhelm Leibniz*, Frankfurt/M. 1994.*
Krüger, L., *Rationalismus und Entwurf einer universalen Logik bei Leibniz*, Frankfurt 1968.*
Mates, B., *The Philosophy of Leibniz: Metaphysics and Language*, New York 1986.
Müller, K. und Krönert, G., *Leben und Werk von G.W. Leibniz. Eine Chronik*, Frankfurt/M. 1969.*

Hume

Hume, D., *An Enquiry Concerning Human Understanding (1748)*, hrsg. L.A. Selby-Bigge und P.H. Nidditch, Oxford [3]1975.
–, A Treatise of Human Nature (1739), hrsg. L.A. Selby-Bigge und P.H. Nidditch, Oxford [2]1978.
–, *Eine Untersuchung über den menschlichen Verstand*, übers. von Raoul Richter, mit Einl. und Anm. von J. Kuhlenkampf, Hamburg 1993.
–, *Ein Traktat über die menschliche Natur*, übers. u. hrsg. von T. Lipps; mit Einl. u. Bibliographie von R. Brandt, 2 Bde., Hamburg 1989 und 1978.
Kreimendahl, L., *Humes verborgener Rationalismus*, Berlin 1982.*
Kulenkampf, J., *Hume*, München 1989.*
Streminger, G., *David Hume. Sein Leben und Werk*, Paderborn [2]1994.*
Stroud, B., *Hume*, London 1977.

Kant

Kant, I., *Gesammelte Schriften*, Kritische Ausgabe der Preussischen Akademie der Wissenschaften, 22 Bde., Berlin 1902-1944.
Gulyga, A., *Immanuel Kant*, Frankfurt 1985.*
Höffe, O., *Immanuel Kant*, München 1983.*

Vorländer, K., *Immanuel Kant. Der Mann und das Werk,* Hamburg [2]1977.*
Schmitz, H., *Was wollte Kant?,* Bonn 1989.*
Schulte, G., *Immanuel Kant,* Frankfurt/M. 1994.*
Strawson, P.F., *Die Grenzen des Sinnes. Ein Kommentar zu Kants Kritik der reinen Vernunft,* Weinheim 1992 (engl. Orig.: London 1966).

4. Kontinentaleuropäische Philosophie von Fichte bis Sartre

Allgemein

Höffe, O. (Hrsg.), *Klassiker der Philosophie. Von Immanuel Kant bis Jean Paul Sartre,* München [3]1995.*
Horstmann, R.-P., *Die Grenzen der Vernunft. Eine Untersuchung zu Zielen und Motiven des Deutschen Idealismus,* Frankfurt 1991.*
Hogrebe, W., *Deutsche Philosophie im XIX. Jahrhundert,* München 1987.*
Siep, L., *Praktische Philosophie im Deutschen Idealismus,* Frankfurt 1992.*
Poggi, S. und Röd, W., *Die Philosophie der Neuzeit 4. Positivismus, Sozialismus und Spiritualismus im 19. Jahrhundert,* München 1989.*

Die wichtigsten Werke einzelner Philosophen

Fichte, J.G. *Grundlage der gesamten Wissenschaftslehre als Handschrift für seine Zuhörer (1794),* Hamburg 1988.
–, *Die Wissenschaftslehre.* Zweiter Vortrag im Jahre 1804, Hamburg 1986.
–, *Die Bestimmung des Menschen (1800),* Hamburg 1977.
–, *Reden an die deutsche Nation, (1807/8), Hamburg* [5]1978.
Schelling, F.W.J., *Über das Verhältnis der bildenden Künste zu der Natur,* eingel. u. hrsg. von L. Sziborsky, Hamburg 1983.
–, *System des transzendentalen Idealismus* (1800), neu hrsg. von H.D. Brandt und P. Müller, Hamburg 1992.
Schiller, F., *Über die ästhetische Erziehung des Menschen in einer Reihe von Briefen (1795),* Stuttgart 1991.
Hegel, G.W.F., *Wissenschaft der Logik.* Erster Band: *Die objektive Logik (1812).* Zweiter Band: *Die subjektive Logik (1816),* 3 Bde., Hamburg 1986, 1992, 1993.
–, *Enzyklopädie der philosophischen Wissenschaften im Grundrisse (1830),* neu hrsg. von F. Nicolin und O. Pöggeler, Hamburg [8]1991.
–, *Phänomenologie des Geistes (1807),* neu hrsg. von H.F. Wessel und H. Clairmont, Hamburg 1988.
–, *Grundlinien der Philosophie des Rechts (1820),* hrsg. von J. Hoffmeister, Hamburg, [4]1955.
–, *Vorlesungen über die Ästhetik,* 3 Bde. Frankfurt 1986.
–, *Vorlesungen über die Philosophie der Weltgeschichte,* 2 Bde., hrsg. von J. Hoffmeister bzw. von G. Lasson, Hamburg 1993 und 1988.
Feuerbach, L., *Entwürfe zu einer neuen Philosophie,* hrsg. von W. Jaeschke und W. Schuffenhauer, Hamburg 1994.
Marx, K., *Das Kapital. Kritik der politiscchen Ökonomie (1867-94),* im Zusammenhang ausgew. und eingel. von B. Kautsky, Stuttgart.
Engels, F., *Ausgewählte Schriften in zwei Bänden,* Dietz Verlag Berlin 1967.
Schopenhauer, A., *Ein Lesebuch,* hrsg. von Hübscher, A. und A., Wiesbaden 1980.
–, *Die Welt als Wille und Vorstellung (1818),* hrsg. von W.V. Löhneysen, ges. Werke Bd. 1, Frankfurt 1986.

–, *Parerga und Paralipomena,* hrsg. von W.V. Löhneysen, ges. Werke Bd. 4, Frankfurt 1986.
Nietzsche, F., *Werke in drei Bänden,* München 1966.
Kierkegard, S.A., *Entweder-Oder (1843).* Gesamtausgabe. 2 Bde., München 1988.
–, *Der Begriff Angst (1844),* Frankfurt 1991.
–, *Furcht und Zittern (1843),* Ges. Werke, 4. Abt. Gütersloh [3]1843.
–, *Die Krankheit zum Tode (1849),* Eingel., hrsg. und übers. v. H. Rochol, Hamburg 1994.
–, *Die Wiederholung. Drei erbauliche Reden (1843),* Ges. Werke, 5. und 6. Abt. Gütersloh [2]1991, *Ausgewählte Texte,* München 1988.
Bergson, H., *Denken und schöpferisches Werden. Aufsätze und Vorträge,* Frankfurt, Neuauflage 1993.
–, *Zeit und Freiheit (1889),* Frankfurt 1989.
–, *Das Lachen. Ein Essay über die Bedeutung des Komischen,* München [2]1991.
–, *Materie und Gedächtnis. Eine Abhandlung über die Beziehung zwischen Körper und Geist,* Hamburg 1991.
Croce, B., *Ästhetik als Wissenschaft vom Ausdruck und allgemeine Sprachwissenschaft,* Tübingen 1930.
Brentano, F., *Psychologie vom empirischen Standpunkt,* 3 Bde., Hamburg 1973, 1971, 1974.
–, *Wahrheit und Evidenz,* hrsg. von O. Kraus, Hamburg 1974.
–, *Vom Ursprung der sittlichen Erkenntnis,* hrsg. von O. Kraus, Nachdr. der 4. Aufl. von 1955, Hamburg 1969.
Husserl, E., *Logische Untersuchungen (1900/01),* 1. Bd. und 2. Bd., Teil 1 und Teil 2, Tübingen [5]1968.
–, *Ideen zu einer reinen Phänomenologie und phänomenologischen Philosophie. Erstes buch (1913),* hrsg. von K. Schuhmann, Den Haag 1976.
–, *Cartesianische Meditationen (1931),* hrsg. von S. Strasser, Den Haag [2]1963.
–, *Die Krisis der europäischen Wissenschaften und die transzendentale Phänomenologie. Eine Einleitung in die phänomenologische Philosophie (1936),* hrsg. von W. Biemel, Den Haag [2]1962.
Ströker, E., *Husserls transzendentale Phänomenologie,* Frankfurt 1987.*
Schleiermacher, F.D.F., *Hermeneutik (1838),* nach den Handschriften neu hrsg. und eingel. von H.Kimmerle, Heidelberg 1974.
Kantzenbach, F.W., *Schleiermacher. In Selbstzeugnissen und Bilddokumenten,* Hamburg 1967, [3]1977.*
Dilthey, W., *Gesammelte Schriften,* in 17 Bänden, Stuttgart 1914 ff.
Rodi, F. und Lessing, H.-U. (Hrsg.), *Materialien zur Philosophie Wilhelm Diltheys,* Frankfurt 1984*
Heidegger, M., *Sein und Zeit (1927),* Tübingen 1993.
Franzen, W., *Martin Heidegger,* Stuttgart 1976*
Graeser, A., Philosophie in *Sein und Zeit. Kritische Erwägungen zu Heidegger,* St. Augustin 1994.*
Ott, H., *Martin Heidegger. Unterwegs zu seiner Biographie,* Frankfurt 1992.
Safranski, R., *Ein Meister aus Deutschland. Heidegger und seine Zeit,* Hamburg 1994.
Sartre, J.-P., *Das Sein und das Nichts. Versuch einer phänomenologischen Ontologie,* hrsg. von T. König, München 1993.
–, *Kritik der dialektischen Vernunft,* München.

5. Von Mill zu Wittgenstein

Allgemein

Coffa, A., *The Semantic Tradition. From Kant to Carnap. To the Vienna Station,* Cambridge 1991.*
Kneale, W. und M., *The Development of Logic,* Oxford 1962.

Mill

Gomperz, T. (Hrsg.), *Gesammelte Werke von John Stuart Mill,* Leipzig 1869-1881, Bde. I-XII (repr. Aalen 1968)*
Ralph Schuhmacher, *John Stuart Mill,* Frankfurt/New York 1994.*
Gräfrath, B., *John Stuart Mill: »Über die Freiheit«. Ein einführender Kommentar,* Paderborn/München u.a. 1992.
Wolff, J.-C., *John Stuart Mills »Utilitarismus«. Ein kritischer Kommentar,* Freiburg/München 1992.

Frege

Frege, G., *Begriffsschrift, eine der arithmetischer nachgebildete Formelsprache des reinen Denkens,* Halle 1879 (Nachdruck Darmstadt 1974).
–, *Die Grundlagen der Arithmetik (1884),* hrsg. von Ch. Thiel, Hamburg 1988.
–, *Grundgesetze der Arithmetik (1903),* Bd. 1, Jena 1893; Bd. 2, Jena 1903 (Nachdruck Hildesheim 1966).
–, *Funktion, Begriff, Bedeutung. Fünf logische Studien,* hrsg. von eingel. von G. Patzig, Göttingen 1962.*
–, *Logische Untersuchungen,* hrsg. und eingel. von G. Patzig, Göttingen 1966.
Carl. W., *Sinn und Bedeutung. Studien zu Frege und Wittgenstein,* Königstein 1982.*
Dummett, M., *Frege: Philosophy of Language,* London 1973.
–, *The Interpretation of Frege's Philosophy,* London 1981.
–, *Frege: Philosophy of Mathematics,* London 1991.*
Kutschera, F. von, *Gottlob Frege,* Berlin 1989.*
Schirn, M. (Hrsg.), *Studien zu Frege,* 3 Bde., Stuttgart/Bad Cannstadt 1976.*
Thiel, Ch., *Sinn und Bedeutung in der Logik Gottlob Freges,* Meisenheim am Glan 1965.*
Russell, B., *The Principles of Mathematics,* Cambridge 1903.
–, *Probleme der Philosophie,* Frankfurt 1967.
–, *Mystik und Logik. Philosophische Essays,* Wien und Stuttgart 1952.
–, *Einführung in die mathematische Philosophie,* Darmstadt und Genf 1953.
–, *Logic and Knowledge, Essays 1901-1950 (Hrsg. R.C. Marsh),* London 1956.
–, *Mein Leben,* Zürich 1967.
Sainsbury, R.M., *Russell,* London 1979.
Schilpp, A. (Hrsg.), *The Philosophy of Bertrand Russell,* Evanston, Ill., 1946.

Der Wiener Kreis

Ayer, A.J., *Sprache, Wahrheit und Logik,* Stuttgart 1970.
Carnap, R., *Der logische Aufbau der Welt,* Hamburg 1966 (1. Aufl. 1928).
Popper, K.R., *Logik der Forschung (1934),* Tübingen.
Schlick, M., *Allgemeine Erkenntnistheorie,* Berlin 1918. (*General Theory of Knowledge,* Berlin 1974).
–, *Philosophische Logik,* hrsg. von B. Philippi, Frankfurt 1986.
Kraft, V., *Der Wiener Kreis. Der Ursprung des Neopositivismus. Ein Kapitel der jüngsten Philosophiegeschichte,* 2. erw. und verb. Aufl., Wien/New York 1968.*
Waismann, F., *Ludwig Wittgenstein und der Wiener Kreis,* Frankfurt 1989.
Wittgenstein, L., *Tractatus Logico-Philosophicus (1921),* Frankfurt/M. 1989.
–, *Philosophische Grammatik,* Frankfurt/M. 1989.
–, *Das blaue Buch (Das braune Buch),* Frankfurt/M. 1989.
–, *Philosophische Untersuchungen (1953),* Frankfurt/M. 1989.
–, *Bemerkungen über die Grundlagen der Mathematik,* Frankfurt 1989.

–, *Über Gewißheit,* hrsg. von G.E.M. Ancombe und G.H. von Wright, Frankfurt/M. 1970.
Anscombe, G.E.M., *An Introduction to Wittgenstein's Tractatus,* London 1959.
Hintikka, M.B. und Hintikka, J., *Untersuchungen zu Wittgenstein,* Frankfurt/M. 1990.
Kenny, A., *Wittgenstein,* Frankfurt/M. 1974.
Kripke, S., *Wittgenstein über Regeln und Privatsprache,* Frankfurt/M. 1987.
Savigny, E. von, *Der Mensch als Mitmensch. Studien zu Wittgensteins »Philosophische Untersuchungen«,* Frankfurt/M. 1995.*
Stenius, E., *Wittgensteins Traktat,* Frankfurt/M. 1969.*
Vossekuhl, W. (Hrsg.), *Von Wittgenstein lernen,* Berlin 1992.*

6. Politische Philosophie

Die meisten der in diesem Kapitel diskutierten Philosophen erscheinen auch in früheren Kapiteln, und Literaturhinweise zu ihnen kann man auch dort finden. Die Liste hier bietet zusätzliche Literatur, die besonders der politischen Philosophie gewidmet ist. Sie erwähnt auch grundlegende Texte über anderswo nicht diskutierte Philosophen.

Überblick

Maier, H./Denzer, H. (Hrsg.), *Klassiker des politischen Denkens,* Bd. 1. *Von Plato bis Hobbes,* Bd. 2. *Von Locke bis Max Weber,* München 1968.*

Griechenland und Rom

Meier, C., *Die Entstehung des Politischen bei den Griechen,* Frankfurt/M. 1980.
Veyne, P., *Brot und Spiele. Gesellschaftliche Macht und politische Herrschaft in der Antike,* München 1994.

Platon

Annas, J., *An Introduction to Plato's Republic,* Oxford 1981.
Gigon, O., *Gegenwärtigkeit und Utopie. Eine Interpretation von Platons Staat,* Bd. 1, Zürich 1976.*
Karl Popper, *Die offene Gesellschaft und ihre Feinde,* Bd. 1, 7. vollst. neubearb. Aufl., Tübingen 1992.

Aristoteles

Aristoteles, *Politik*, übers. u. Anm. von E. Rolfes nach der 3. Aufl. von 1922, Hamburg [4]1981.

Stoa, Cicero und Seneca

Cicero, *Der Staat*, lat./dtsch., hrsg. u. übers. von K. Büchner, München/Zürich, [5]1993.

Augustinus

Augustinus, *Vom Gottesstaat,* 2 Bde, Paderborn 1981.

Das Mittelalter

Burns, J.H., *The Cambridge History of Medieval Political Thought,* Cambridge 1988.
Dempf, A., *Sacrum Imperium. Geschichts- und Staatsphilosophie des Mittelalters und der politischen Renaissance (1929),* Darmstadt [4]1973.*

Ullmann, W., *A History of Political Thought in the Middle Ages*, Harmondsworth 1965.

Thomas von Aquin

Gilby, T., *The Political Thought of Thomas Aquinas*, Chicago 1958.

Dante, Marsiglio und Ockham

Dante, *Monarchia*, lat./dtsch., Einl. und Übers. von R. Imbach, Stuttgart 1989.
Marsilius von Padua, *Defensor Pacis (Verteidiger des Friedens)*, lat./dtsch., 2 Bde., Darmstadt 1958.
Segall, H., *Der ›Defensor Pacis‹ des Marsilius von Padua*, Wiesbaden 1959.*

Wyclif

Daly, J., *The Political Theory of John Wyclif*, Chicago 1962.
Kenny, A., *Wyclif*, Oxford 1985.

Die Moderne Welt

Baruzzi, A., *Einführung in die politische Philosophie der Neuzeit*, Darmstadt 3. erw. Aufl. 1993.*
Macpherson, C.B., *Die politische Theorie des Besitzindividualismus von Hobbes bis Locke*, Frankfurt/M. 1967.
Skinner, Q., *The Foundations of Modern Political Thought*, 2 Bde., Cambridge 1978.
Steinvorth, U., *Stationen der politischen Theorie. Hobbes, Locke, Rousseau, Kant, Hegel, Marx, Weber*, Stuttgart 1981.*

Das 16. Jahrhundert

Skinner, Q., *Macchiavelli zur Einführung*, Hamburg 1988.

Souveränität und Naturrecht

Link, C., *Hugo Grotius als Staatsdenker*, Tübingen 1983.*

Hobbes

Hobbes, T., *Leviathan oder Stoff, Form und Gewalt eines bürgerlichen und kirchlichen Staates*, hrsg. u. eingel. von I. Fetscher, übers. v. W. Euchner, Neuwied/Berlin 1966 sowie Frankfurt/M. 1976.
Schmitt, C., *Der Leviathan in der Staatslehre des Thomas Hobbes, Sinn und Fehlschlag eines politischen Symbols*, Hamburg 1938.*
Strauss, L., *Hobbes' Politische Wissenschaft*, Neuwied/Berlin 1965.*
Tönnies, F., *Thomas Hobbes. Leben und Lehre*, Neudr. der 3. Aufl., Stuttgart 1971.*
Willms, B., *Die Antwort des Leviathan. Thomas Hobbes' Politische Theorie*, Neuwied/Berlin 1970.*

Locke

Locke, J., *Zwei Abhandlungen über die Regierung*, übers. v. H.-J. Hoffmann, hrsg. von W. Euchner, Frankfurt/M. 1967.
Brocker, Manfred, *Die Grundlegung des liberalen Verfassungsstaates. Von den Levellern zu John Locke*, Freiburg/München 1995.*

Rousseau

Rousseau, J.-J., *Der Gesellschaftsvertrag* oder die *Grundsätze des Staatsrechtes.* Übers. von H. Denhardt, hrsg. von H. Weihstock, Stuttgart 1975.

Burke

Burke, E., *Betrachtungen über die Französische Revolution,* Zürich 1986.

Coleridge

Coleridge, S.T., *On the Constitution of Church and State,* hrsg. J. Colmer, Oxford 1976.
Calleo, D., *Coleridge and the Idea of the Modern State,* New Haven, Conn., 1966.
Colmer, J., *Coleridge: Critic of Society,* Oxford 1959.

Die Utilitaristen

Bentham, J., *The Works of Jeremy Bentham,* hrsg. v. J.H. Burns, J.R. Dinwiddy und F. Rosen, London/Oxford 1968 ff.
Bentham, J., *Prinzipien der Gesetzgebung,* Rugell 1966 (Nachdruck der Ausg. 1833)
Gähde, U. und Schrader, W.H. (Hrsg.), *Der klassische Utilitarismus, Einflüsse-Wirkungen-Folgen,* Berlin 1992.*

Marxismus

Kolakowski, L., *Die Hauptströmungen des Marxismus,* 3 Bde., München 1976 ff.
Popper, K., *Die offene Gesellschaft und ihre Feinde,* Bd. 2, Tübingen 1992.
Lenin, W.I., *Was tun? Brennende Fragen unserer Bewegung,* Berlin [21]1988.

Totalitarismus

Arendt, H., *Elemente und Ursprünge totaler Herrschaft. Antisemitismus, Imperialismus, Totalitarismus,* München [4]1995.
Hayek, F.A., *Der Weg zur Knechtschaft,* Olzog 1994.
Sinowjew, A., *Ohne Illusionen,* Zürich 1981.

Bildnachweis

Herausgeber und Verlag danken den nachfolgend aufgeführten Institutionen, Agenturen und Personen für die freundliche Erlaubnis zum Abdruck der Illustrationen:

15 Mansell Collection, London
16 Landesmuseum, Trier
18 Giraudon
20 Mansell Collection, London
21 Mansell Collection, London
23 Rijksmuseum-Stichtung, Amsterdam
24 Archiv für Kunst und Geschichte, Berlin
28 City of Bristol Museum and Art Gallery; Foto: Bridgeman Art Library
35 Louvre: Paris; Foto: Archiv für Kunst und Geschichte, Berlin
37 University of London/The Warburg Institute
41 Historisches Museum der Stadt Wien
43 British Library, London: BL Royal 20Bxx77^{v}
44 Vatican, Rom; Foto: Archiv für Kunst und Geschichte, Berlin
46 Pisa, Italien; Foto: Archiv für Kunst und Geschichte, Berlin
51 Privatsammlung. Christie's London
52 Louvre, Paris; Foto: Archiv für Kunst und Geschichte, Berlin
55 British Library, London: BL Add 11912.2
57 Bodleian Library, Oxford
61 The Board of the Trustees of the Victoria and Albert Museum, London
64 Walker Art Gallery, Liverpool; Foto: Mansell Collection, London
72 British Library, London: BL Add 1054625^{v}
75 Chiesa d'Ognissanti, Florence; Foto: Mansell Collection, London
78 *Scientific American* (Readings in Psychology, vol. II)
80 Hedlund & Rowley: Nelson, *Atlas of the Early Christian World*, S. 177 Abb. 602
83 Privatsammlung. Foto: Christie's, London
86 Stadtbibliothek, Bamberg
91 Bibliothèque Nationale, Paris (Cabinet des Médailles)
92 Vatican Apostolic Library: Vat. Lat. F 32219^{v}
95 Ancient Art and Architecture Collection, London
97 Musee Condé, Chantilly; Foto: Giraudon
105 British Library, London
107 Giraudon
114 Bibliothèque Nationale, Paris
116 Gonville and Caius College, Cambridge: MS 464/571
117 Bodleian Library, Oxford
118 Krakow, Jagiellonian Library: MS 1771
122 Bodleian Library, Oxford: Byw c. 124
124 Uffizi Gallery, Florenz; Foto: Scala
128 The American Philosophical Society
130 Privatsammlung mit freundlicher Erlaubnis von Madame Vieillard; Foto: Ashmolean Museum, Oxford
132 Louvre, Paris; Foto: © R.M.N.
134 Archiv für Kunst und Geschichte, Berlin
136 Basilica S. Marco, Venedig; Foto: Alinari
137 Bodleian Library, Oxford
139 Archiv für Kunst und Geschichte, Berlin
141 Lolo Handke, Bad Berneck
142 Musée de l'Homme, Paris
145 Christ Church, Oxford
148 Ashmolean Museum, Oxford
155 Mansell Collection, London
160 Mansell Collection, London
162 Bodelian Library, Oxford: D. 4. 14. Art.
166 Herzog Anton Ulrich Museum, Braunschweig; Foto: Archiv für Kunst und Geschichte, Berlin
167 Archiv für Kunst und Geschichte, Berlin
169 Archiv für Kunst und Geschichte, Berlin
171 Giraudon
174 Privatsammlung. Foto: J.W.F. MacKenzie
178 Bridgeman Art Library
180 Archiv für Kunst und Geschichte, Berlin
184 Museo Bandini, Fiesole; Foto: Archiv für Kunst und Geschichte, Berlin
188 Archiv für Kunst und Geschichte, Berlin
191 Bodleian Library, Oxford
196 Oskar Reinhart Stiftung, Winterthur
200 British Library, London; Foto: Bridgeman Art Library
210 Schiller National Museum, Marbach
211 University Berlin; Foto: Joachim Fisahn
213 Mansell Collection, London

212 Archiv für Kunst und Geschichte, Berlin
216 Hulton Picture Company
221 David King Collection, London
222 Phil Starling, London
224 Archiv für Kunst und Geschichte, Berlin
228 Schopenhauer Archiv, Stadt- und Universitäts-Bibliothek, Frankfurt am Main; Foto: Archiv für Kunst und Geschichte, Berlin
229 Archiv für Kunst und Geschichte, Berlin
231 Archiv für Kunst und Geschichte, Berlin
233 Archiv für Kunst und Geschichte, Berlin
234 Archiv für Kunst und Geschichte, Berlin
236 Mansell Collection, London
237 Mansell Collection, London
239 Popperfoto
241 Popperfoto
243 Popperfoto
246 Balliol College, Oxford; Foto: Nigel Frances
248 Mit freundlicher Erlaubnis der Universität Freiburg
250 Giraudon
252 Magnum, London
258 Image Select/Ann Ronan Picture Library
262 Aus *Judgements of Pure Thought* von Frege
263 Archiv für Kunst und Geschichte, Berlin
265 M.C. Escher/Cordon Art-Baarn-Holland
270 Camera Press, London
272 Magnum, London
274 Archiv für Kunst und Geschichte, Berlin
276 Aus dem *Protractatus,* einer früheren Variante des *Tractatus Logico-Philosophicus* von Wittgenstein
279 Archiv für Kunst und Geschichte, Berlin
281 Archiv für Kunst und Geschichte, Belrin
284 Hulton Picture Company
287 Trinity College, Cambridge
296 Palazzo Pubblico, Siena; Foto: Anderson
298 National Gallery, London
303 American School of Classical Studies at Athens
307 Museo Capitolino, Rome; Foto: Archiv für Kunst und Geschichte, Berlin
308 Museo Nazionale Archeologico, Naples; Foto: Archiv für Kunst und Geschichte, Berlin
311 Foto Fabbri
313 Musée de Bayeux; Foto: Michael Holford
315 Badische Landesbibliothek
316 Privatsammlung; Foto: Christie's, London
319 Museo Petriano, Rome; Foto: Anderson
321 Foto Fabbri
323 National Gallery of Art, Washington, DC: Samuel H. Kress Collection
324 San Silvestro, Rome: Foto: Foto Fabbri
326 Foto Fabbri
331 Mansell Collection, London
334 Mansell Collection, London
336 British Library, London
339 National Portrait Gallery, London
342 Kunsthistorisches Museum, Wien; Foto: Archiv für Kunst und Geschichte, Berlin
347 Mansell Collection, London
350 Archiv für Kunst und Geschichte, Berlin
353 National Portrait Gallery, London
356 National Gallery of Ireland, Dublin
362 Mansell Collection, London
365 Mansell Collection, London
366 National Portrait Gallery, London
368 National Portrait Gallery, London
371 David King Collection, London
375 David Kind Collection, London
377 David King Collection, London

Farbtafeln stehen den aufgeführten Seiten gegenüber

32 Tomkins Collection. Mit freundlicher Erlaubnis des Museum of Fine Arts, Boston
33 Selcuk Museum, Turkei. Foto: Erich Lessing/Magnum
48 Stanze die Raffaello, Vatikan. Foto: Scala
49 Privatsammlung. Foto: Christie's, London
112 Privatsammlung. Foto: Christie's, London
112 Österreichische Nationalbibliothek, Wien. Codex 2315, Folio 14. Foto: Erich Lessing/Magnum
113 Library of Congress, London
128 Louvre, Paris
128 Wallraf-Richartz-Museum, Köln. Foto: Rheinisches Bildarchiv
129 Louvre, Paris
192 National Gallery, London
192 Privatsammlung. Foto: Christie's, London
193 Musée Condé, Chantilly. Foto: Bridgeman Art Library, London
208 Foto: Scala
209 Foto: Thomas Koepker/Magnum Photos
288 Editions Electo, New York. Foto: Bridgeman Art Library, London
289 Los Angeles Country Museum of Art. Foto: Giraudon, Paris. © ADAGP Paris/DACS
289 National Gallery, London
304 Bibliothèque Nationale, Paris. Foto: Bridgeman Art Library, London
304 Foto: Ancient Art and Architecture Collection
305 Foto: Erich Lessing/Magnum

Register

Seitenzahlen in kursiv beziehen sich auf einen Abbildungstext.

Der Zusatz + bzw. – zu einer Seitenzahl bezieht sich auf eine Farbtafel nach bzw. vor dieser Seite.